HISTOIRE
DE LA CHASSE

DU MÊME AUTEUR

OUVRAGES PERSONNELS

L'Homme et l'arbre sous l'Ancien Régime, Paris, Economica, 1984.

L'Homme aux bois, Histoire des relations de l'homme et de la forêt, XVIIe-XXe siècle, Paris, Fayard, 1987.
  Prix Jean-Sainteny, Fondation de la Nature ; Prix Sully-Olivier de Serres, ministère de l'Agriculture.

Eloge des arbres, Paris, Robert Laffont, 2003.

Les Arbres voyageurs : découverte, déplacement et utilisation des essences exotiques, XIIIe-XXe siècle, Paris, Robert Laffont, 2005.

L'Arbre en Occident, Paris, Fayard, 2009.

OUVRAGES DIRIGÉS

La Nature en révolution, 1760-1800, Paris, L'Harmattan, 1993.

La Forêt malade, débats anciens et phénomènes nouveaux, XVIIe-XXe siècle, Paris, L'Harmattan, 1994.

Nature, paysage et environnement, t. I, *L'Héritage révolutionnaire* (avec la collaboration de I. Richefort), Paris, L'Harmattan, 1995.
  Prix Michel-Texier, Académie des Sciences morales et politiques.

Les Sources de l'histoire de l'environnement, t. II, *Le XIXe siècle*, Paris, Ministère de la Culture et L'Harmattan, 1999.

Les Sources de l'histoire de l'environnement, t. III, *Le XXe siècle*, Paris, Ministère de la Culture et L'Harmattan, 2002.

Tempêtes sur la forêt française, XVIe-XXe siècle, Paris, L'Harmattan, 2006.

OUVRAGES ÉDITÉS

La Forêt, actes du 113e Congrès annuel des Sociétés savantes, section La Forêt, Strasbourg, Université de Strasbourg, Faculté des Lettres et Sciences humaines, 1988, Paris, Editions du Centre des travaux historiques et scientifiques (CTHS), 1991.

Enseigner et apprendre la forêt, XIXe-XXe siècles, avec la collaboration de C. Dugas de la Boissonny, Paris, L'Harmattan, 1992.

Forêt et guerre, avec la collaboration de J.–P. Amat, Paris, L'Harmattan, 1994.

Roger Blais : agronome, forestier, historien, géographe et humaniste, avec la collaboration de P. Arnould et de A. Bloch, Paris, Groupe d'histoire des forêts françaises (GHFF) et Office national des forêts (ONF), 1996.

La Forêt : perceptions et représentations, avec la collaboration de M. Hotyat et de P. Arnould, Paris, L'Harmattan, 1997.

Forêt et marine, Paris, L'Harmattan, 1999.

Duhamel du Monceau : un Européen des Lumières, Orléans, Académie des Lettres, Sciences et Beaux-Arts de l'Orléanais et Musée d'histoire naturelle, 2001.

Le Sapin. Enjeux anciens, enjeux actuels, Paris, L'Harmattan, 2001.

Forêt et vigne, Bois et Vins, Paris, L'Harmattan, 2002.
  Prix Drouyn-de-Lhuys, Académie des Sciences morales et politiques.

Les Forêts dans l'Occident, du Moyen Age à nos jours, Toulouse, Presses universitaires du Mirail, 2004.

Forêt et chasse, X^e-XXe siècle, Paris, L'Harmattan, 2005.

Eau et forêt, XVIe-XXe siècle, Paris, L'Harmattan, 2007.

Forêt et paysage, XVIe-XXe siècle, à paraître.

*A Julien, le meilleur chasseur
que j'ai connu, toujours aux aguets
et souvent victorieux.*

« In memoriam », 25 juin 2008.

Lever de rideau

J'avoue bien volontiers que je ne chasse pas, mais ne blâme pas non plus ceux qui le font, consciente des dégâts qu'occasionne le gibier. Je précise d'ailleurs qu'à l'image de maintes familles françaises, la mienne chassait : mon grand-père maternel tuait grives et lièvres, mon arrière-grand-père, chevreuils et sangliers, et tous deux, force perdrix, faisans et perdreaux. Ils dépiautaient le poil, les femmes du logis ayant mission d'arracher la plume, de brûler la peau et, bien sûr, d'allécher la maisonnée. Ah ! Ce fumet de la daube ! J'en revois la cocotte en fonte et me revois ôter le couvercle pour tremper un morceau de pain : on m'aurait laissé faire que toute la sauce y passait ! Mon père, élevé à la campagne, savait poser des collets, mais après guerre, il n'expliquait plus que leur confection. Par contre, avec lui, j'ai appris à capturer grillons et grenouilles : les uns finissaient dans une cage sans que leur mélodie dérangeât ma conscience, et les autres retrouvaient la liberté, ce qui me chagrinait vivement. Assurément, j'aurais mieux fait d'apprendre l'art des conserves de grive et du sauté de marcassin, au lieu d'imiter les classiques, cailles sur canapé et faisans à la bohémienne. Si je vous raconte cela, ce n'est pas pour brosser l'histoire parentale, mais pour dire ma position personnelle. Comment la chasse, qui occupait voilà un siècle les hommes de toute condition, devint-elle une distraction limitée et contestée ? Cela renvoie aux questions qui vinrent sans doute à l'esprit d'Harlan Coben, quand il décrivait son aïeul :

> Mon grand-père adorait la chasse, ce qui m'a toujours paru bizarre, car cet homme-là était la douceur et la gentillesse mêmes. Il ne parlait jamais de sa passion. Il n'accrochait pas de têtes de cerfs au-dessus de la cheminée. Il ne conservait pas de photos de trophées, de ramures en guise de souvenir ni aucun autre objet fétiche cher aux chasseurs. Il ne chassait pas avec des amis ou des membres de la famille. Pour lui, la chasse était une activité solitaire ; il ne l'expliquait pas, ne la défendait pas, ne la partageait pas avec autrui.

Harlan Coben, *Une chance de trop*,
Paris, Pocket Thriller, 2003, p. 88.

Aujourd'hui, lorsque le cinéma ou la télévision évoquent la chasse et le gibier, c'est toujours sous l'angle d'un drame. Michael Cimino introduit *The Deer Hunter* (*Voyage au bout de l'enfer*, 1979) par une longue séquence sur la noce et la chasse, l'amour et la guerre : les trois amis partiront au Viêt Nam comme ils allèrent en forêt, mais un seul revint intact, Mike, qui connaissait le prix de la vie : il avait épargné son dernier daim. Plus récent, Louis Choquette commence *Mafiosa* (2006) par une chasse au tir, le garde du corps escortant le patron du clan. François Paoli est assassiné en rentrant au village : sur le trottoir, un corps taché de sang et des oiseaux truffés de plombs. Sa nièce reprend le flambeau, mais la première chose qu'elle découvre en pénétrant dans le bureau, c'est le tableau d'un sanglier affrontant la meute comme elle devra affronter ennemis et policiers. Enfin, le scénariste Michael Hirst termine l'histoire d'Henri VIII et d'Anne Boleyn (*Les Tudors*, 2008) en montrant le roi qui éventre une tourte de cygne, aperçu deux jours plus tôt : sa blancheur, sa pureté lui rappelait sa future épouse, dont il usera avec sa violence ordinaire. Mais la chasse et le gibier ne furent pas, ne sont pas ces spectacles tragiques. Comment la première a-t-elle évolué dans ses techniques, ses armements, ses pratiques, ses espaces ? Comment le second a-t-il été modifié au travers des sélections, des perceptions, des importations et des élevages ?

Autrefois, il y avait des espèces consommables et d'autres qui ne l'étaient pas, des espèces menaçantes et d'autres qui ne l'étaient pas. Et puis, il y eut des espèces protégées, des espèces produites pour approvisionner des territoires dégarnis et d'autres, pour reconstituer une biodiversité appauvrie. Progressivement, les expressions « faune sauvage » et « gibier chassable » furent distinguées et définies : la puissance publique, nationale et européenne, marquait son emprise sur une gestion de la nature qui, longtemps, releva de l'initiative privée et de l'équilibre social. Pouvait-on parler alors de la « gestion » des chasses et des gibiers ? Le terme aurait surpris nos ancêtres qui, du XVe au XVIIIe siècle, conçurent la chasse comme un affrontement, l'homme rivalisant de force et de ruse avec la bête dont il espérait la dépouille. C'était le cas dans les chasses aristocratiques qui monopolisaient les bêtes rousses et noires, achevées avec honneur à l'issue du courre et du vol. C'était le cas aussi dans les chasses populaires où les nuisibles et les migrateurs étaient tués à l'aide de pièges, de filets et de bâtons. Entre le début du XIXe et le milieu du XXe siècle, la banalisation du fusil et la démocratisation de son port affectèrent les effectifs et supprimèrent les prédateurs. Des critiques montèrent, protestations politiques, économiques et culturelles, relayées par la littérature et les caricatures, alors que le public plébiscitait le genre animalier en peinture comme en sculpture. Ce substrat nourrissait les sociétés de la nature : après les animaux familiers et les bêtes domestiques, elles militaient en faveur des espèces sauvages, leurs premières demandes visant les petits volatiles et les jolis herbivores. Les chasseurs se présentèrent aussi en protecteurs de la nature, sauf que ce n'était pas la même : ils préservaient leur ressource et leurs détracteurs, les espèces, *toutes* les espèces.

Ces opposants réduisent la chasse au loisir de quelques-uns, bien qu'elle touche beaucoup de monde et que, dans leur plaisir, le succès compte moins que la convivialité des départs par temps froid, au petit matin, et des retours, pas toujours glorieux, quand le brouillard tombe. Les discussions, les collations, les déjeuners et le banquet annuel comptent également beaucoup. Oui, mais voilà : ce n'est qu'un loisir. Comme la civilisation occidentale se caractérise par l'abondance alimentaire et la sécurité personnelle, légitimer la chasse par la protection des individus ou la demande des agriculteurs semble discutable, même si les prédateurs gênent le pastoralisme montagnard. Mais elle peut l'être par la régulation des « proliférants ». Ces espèces bénéficient d'un territoire qui, jamais, ne fut aussi vaste et aussi riche : la déprise agraire l'a libéré, mais toutes n'y restent pas : elles vont vers l'Homme, vers ses cultures et ses décharges. Ainsi, la chasse ne renvoie pas qu'à des expressions courantes dont la signification cynégétique est oubliée : « tomber dans le panneau », « prendre au piège », « donner de la voix », « donner le change », « faire un carton » ou « tirer un bon coup ». Les problèmes dépassent le clivage entre écolos et pratiquants. Reste à savoir la part que tiendront les chasseurs dans cette régulation. Assurément, la chasse demeure une affaire sérieuse ; pour autant, elle ne relève plus d'eux seuls. Cela touche l'ensemble de la société. A moins de conclure un nouveau pacte avec nos amies les bêtes ? C'est peut-être ce qu'annoncent les Nouveaux Animaux de Compagnie (NAC) ? Mais s'il est facile de vivre avec des serpents ou des rongeurs en cage – ils mangent et bougent peu –, c'est plus compliqué avec des chevreuils et des sangliers.

Selon la formule convenue, les erreurs, les lacunes, les interprétations me sont imputables. Je remercie M.M. Jean-Marie Ballu, Gérard Tendron, Paul Havet et leurs collaborateurs à l'OFNCS pour les renseignements généreusement fournis. Je remercie aussi mes étudiants pour leurs recherches sur la presse et la fraicheur de leurs réactions. En effet, aucun ne chassait et certains ne comprenaient pas mon intérêt pour ce sujet, attitude fréquente chez les générations Walt Disney : exploitable hier, l'animal sauvage est bel et bien sacralisé. Je remercie enfin mon éditrice, Mme Mary Leroy, qui m'a convaincue de quitter mon Arbre et ma Forêt pour courir en vrai garenne que je suis dans les champs d'autrui.

A Mennetou, le 9 octobre 2009.

PREMIÈRE PARTIE

AFFRONTEMENTS
XVIᵉ-XVIIᵉ siècle

« Laissez-moi achever ce chapitre, François
[duc d'Alençon], et ensuite vous me direz
tout ce que vous voudrez. Voilà cinquante
pages que je lis, c'est-à-dire que je dévore
[le livre sur la chasse de Gaston Phébus]. »

Alexandre Dumas, *La Reine Margot*.

1

Honorer l'animal

Les Bourbons, les premiers du moins, avaient le tempérament belliqueux : ils passèrent leur temps à guerroyer, Louis XIV autant que ses père et grand-père, même s'il préférait assiéger une ville que mener une bataille. Pour eux et leurs sujets, le royaume était menacé, chacun craignant que la tenaille habsbourgeoise finisse par l'écraser. Tous mesuraient le coût du conflit et le poids de l'impôt : il fallait réprimer les séditions en espérant que les ennemis ne les soutiendraient pas ; certains finançaient déjà la minorité protestante, ce qui aggravait les tensions... C'est dans ce contexte que les souverains chassèrent en tout temps et en tout lieu. Dans ses *Œconomies royales*[1], Sully justifiait l'ardeur du Béarnais : cette activité effaçait la fatigue et l'anxiété que lui causait la politique. Il en allait de même pour ses compagnons et, au-delà, pour tous les gens d'épée. En effet, consubstantielles au statut nobiliaire, la guerre et la chasse s'enseignaient vite. Les risques faisaient partie de l'éducation. Endurcis, les jeunes garçons deviendraient ces adultes valeureux qui poursuivent un chevreuil ou un fauve jusqu'au seuil de leur vieillesse. La distraction s'insérait entre deux chevauchées ; elle décevait quand l'animal était facile : la partie finissait sitôt commencée. Cela heurtait le code chevaleresque, qui imposait une lutte équilibrée, seule façon de protéger les faibles. La condition respectée, le vaincu s'inclinait devant le vainqueur. Celui-ci, guerrier ou chasseur, honorait l'homme ou la bête qui avait vaillamment résisté : en octroyant la vie ou la mort, il les attachait à son service ou éteignait leur souffrance.

Le dressage des chefs

Chez les Bourbon-Albret, la vocation cynégétique relevait de la transmission patrimoniale : commune à tous les lignages, elle les obsédait davantage car leur ancêtre, comte de Foix et vicomte de Béarn, l'avait grandement illustrée. Gaston Phébus (1331-1391)[*] la célébrait dans son *Livre de la chasse*[2], manuel pratique et théorique : le vocable « art » qui la qualifiait annonçait les mots « technique » et « procédé » apparus avec l'industrie, ses inventions et ses brevets. Dans un XIVe siècle où la peste sévissait, les hommes redoutaient l'enfer plus que tout. Pour Phébus, la chasse « contribu(ait) au salut » en conjurant l'oisiveté, la « cause de tous les péchés ». La pratiquer, c'était accéder au paradis au propre comme au figuré ; c'était découvrir la nature aussi, qui fortifiait la santé, gage de longévité, et exaltait la vertu, source de réussite. Ainsi, grâce à la chasse, la noblesse devenait meilleure : « Oncques ne vit homme qui aimât travail et déduit des chiens qui n'eût de bonnes coutumes en lui car cela vient de droite noblesse et gentillesse de cœur, de quel état que l'homme soit, ou grand seigneur ou petit » (Tableau 1).

_____

* « Fébus » correspond à la graphie première. Mais, avec la Renaissance et le goût de l'Antiquité, l'homme devint l'« astre qui éclaire la chasse », puis, avec le XVIIe siècle et le culte du Roi-Soleil, le dieu « Phébus », ce qui convenait bien à l'ancêtre de Louis XIV. Cette forme est retenue dans le présent ouvrage.

La référence familiale

Au XVᵉ siècle, les successeurs du comte maintinrent la réputation du clan. Alain d'Albret (1440-1522) transforma Casteljaloux et Nérac en résidences dédiées à l'art cynégétique. Henri II d'Albret (1503-1555) y installa Marguerite de France, son épouse, sœur de François Iᵉʳ. Leurs noces rapprochaient les deux maisons, alliance resserrée par celle de Jeanne d'Albret (1528-1572), leur héritière, avec Antoine de Bourbon, le premier prince du sang. Le fruit de cette union, Henri de Bourbon (1553-1610), fut élevé chez les Valois, la monarchie restant itinérante : chassant et jouant avec eux, il était de l'âge de Charles (1550), Henri (1551) et François Hercule (1555), les derniers des cinq fils d'Henri II et de Catherine de Médicis. L'enfant avait neuf ans quand son père mourut sous les remparts de Rouen. Pour le récupérer, Jeanne attendit le tour de France qu'effectua la régente en compagnie du jeune roi* et de toute la Cour. Henri avait alors quatorze ans et voyait enfin son Béarn natal... Mais la démonstration monarchique n'évita pas une troisième guerre religieuse : cinq années de fureurs et de trahisons, de trêves et de ruptures. En 1572, Jeanne mourut. Deux mois plus tard, Navarre reçut la main de Marguerite de Valois, ce qui scella la paix de Saint-Germain**. Voilà le huguenot gendre de Catherine et beau-frère des derniers Valois ! Cette position n'avait rien de rassurant.

De fait, jusqu'alors, l'intérêt pour sa personne se limitait au décès prématuré d'Antoine de Bourbon et à la haine viscérale de Jeanne d'Albret qui obligea son peuple à embrasser

---

* La majorité officielle était fixée à vingt-cinq ans et un jour pour les nobles comme pour les manants, et à treize ans et un jour pour les dauphins de France. Le problème exista avec Louis XIII et Louis XIV : le premier perdit son père à neuf ans – comme Henri de Bourbon – et le second, à six ans.

** J.-P. Babelon, *Henri IV*, Paris, 1982. La paix datait de 1570, deux ans avant le mariage de Navarre, clause du traité, et le massacre de ses partisans, Charles IX (1550-1574) laissant faire sa mère.

la « religion prétendue réformée » (R.P.R.). Au lendemain du traité, les Guise voulurent capturer le Béarnais à la faveur d'une chasse : son camp devrait négocier et admettre, au bout du compte, leur domination politique et la supériorité catholique. Mais les préparatifs de la Saint-Barthélemy balayèrent le projet car Henri fut retenu au Louvre. Par contre, le supprimer devenait utile : l'assassinat décapiterait l'adversaire sans légitimer ses accusations, puisque les blessures sembleraient accidentelles. L'exécution serait aisée, Henri ayant repris ses sorties. Mais il déjoua le complot en filant vers Senlis, dans la forêt de Halatte (Oise), entouré de ses compagnons : les cavaliers suivirent les chemins boisés jusqu'aux possessions du feu duc d'Alençon, premier époux de sa grand-mère.

Le Béarnais y résida jusqu'à l'accalmie obtenue par le duc d'Anjou*, qui lui fit confirmer le gouvernement de la Guyenne. Il la rejoignit au plus vite. Il étoffa sa clientèle, sans exclusive religieuse, mais avec préférence régionale. Les relations d'homme à homme le préservaient de ses ennemis dont le nombre progressait avec son rang dans la succession royale. Ayant chassé avec les Gascons invités au mariage et rescapés du massacre, il appréciait leur dévouement. Réciproquement, ayant chassé avec lui, moments de libres propos, ils tiraient leur espérance de sa fréquentation. Ainsi, Navarre gagnait des partisans et ces derniers, des promesses. Bien que commandant la province en qualité de gouverneur et d'amiral, fonctions que déléguait le roi, il n'avait pas les coudées franches : le lieutenant général contrôlait ses gestes et renseignait la reine mère. Constamment surveillé, il égarait les espions dans les massifs du Limousin, du Périgord ou du Rouergue, où les Albret détenaient fiefs et seigneuries. Toujours sur le qui-vive, il réagissait à la première nouvelle. Gibier, il le resta jusqu'au passage de la Garonne : le gîte était à sa portée.

---

* Henri d'Orléans devint duc d'Anjou à la mort de son aîné, François II. Elu roi de Pologne, il la quitta en apprenant la mort de son autre aîné, Charles IX : il arriva trois mois plus tard pour recueillir la succession, ce qui écarta son cadet : François Hercule d'Alençon.

Ainsi, ses réflexes de chasseur l'aidèrent beaucoup, ses amitiés de chasse aussi, relations décrites par Gaston Phébus, l'aïeul lointain. Henri flatta l'âme chasseresse : toute la noblesse l'avait, qu'elle le soutienne ou qu'elle l'exècre. En 1577, quand Catherine descendit en Guyenne pour connaître l'état des négociations sur l'édit de pacification, il la couvrit de cadeaux : mise en confiance, elle accepta de venir à Nérac. En 1579, pendant ce séjour, le mois d'avril lui vit offrir une chasse à l'ours et le mois de novembre, un tiercelet de faucon et deux femelles. Les fidèles de la reine furent tout aussi comblés. Deux ans plus tard, quand le maréchal de Matignon devint lieutenant général, Henri le reçut de manière à atténuer ses préjugés, voire à infléchir sa conduite : ils chassèrent et dînèrent ensemble. En 1584, il lui envoya des perruches, mais lui demanda quatre des chiens ramenés par M. de Canisy. C'était un ordre plus qu'un souhait : l'homme comprit qui serait le maître. Lorsque le duc d'Alençon* parut souffrant, il convia le duc d'Epernon (1554-1642), mignon royal, à une chasse à l'ours. C'était un rappel des liens tissés par leur naissance en Gascogne et leur jeunesse en Ile-de-France. La vallée d'Ossau paya un lourd tribut à cette diplomatie cynégétique : entre 1550 à 1600, 112 « fauves » tués, les maximums correspondant aux décennies 1556-1565 et 1576-1585[3].

Comme l'a montré Anne-Marie Cocula, le groupe béarnais visitait les autres chasseurs : l'exercice aidait la discussion, à moins d'en fournir le prétexte. Ce fut le cas à Noël 1584, lorsque Montaigne hébergea la compagnie au château de la Brède (Gironde). Navarre, isolé et cherchant des appuis[4], sondait les âmes et les cœurs ; il pensait que le maire de Bordeaux, catholique et royaliste, le servirait auprès de Catherine. En effet, il avait autant besoin de connaître ses intentions que de l'éclairer sur les siennes. La

---

* François d'Alençon devint duc d'Anjou à la mort de Charles IX ; il demeura l'héritier potentiel d'Henri III entre 1574 et 1586, année de son décès. Henri de Navarre devint l'unique héritier possible. Henri III fut poignardé trois ans plus tard en assiégeant Paris que tenaient les ligueurs.

période était cruciale : François II, Charles IX et Henri III restaient sans descendant ; François Hercule, affaibli, n'en aurait pas. Et pendant ce temps les ligueurs, armés et payés par Madrid, renforçaient leur emprise. Le philosophe ne relata pas la conversation, mais écrivit dans ses *Ephémérides* : « Au partir de céans, je lui fis élancer un cerf en ma forêt (de Bratanor), qui le promena deux jours. » Le contact n'avait guère été fructueux.

De fait, un an plus tard, Henri III prenait le parti des Guises et le Béarnais perdait ses droits au trône : le chasseur redevenait gibier ! Aussi, quand la Ligue assembla ses forces, préféra-t-il revenir dans son royaume, et pour cela gagner La Rochelle, cité protestante, et voguer vers Bayonne, ou prendre la route et franchir le fleuve. L'heure était venue de s'échapper et de s'abriter jusqu'à ce que le souverain décide de s'affranchir des ligueurs et de s'adresser à lui, son cher cousin, d'autant que, François Hercule enterré (1586), il serait l'héritier de la Couronne ! En attendant, l'affrontement était déséquilibré, d'où ses dérobades permanentes. Selon l'expression de Montaigne, il « promenait » ses ennemis comme le cervidé ses poursuivants : comme lui, il donnait le change, laissant croire qu'il galopait vers le littoral quand il chevauchait vers la Garonne ; il empruntait les détours dont sa mère avait usé pour le ramener au château de Pau ; il observa l'armée du roi sur les rives du fleuve et le traversa à deux reprises, ayant repéré ces gués quand ses parcours de chasse l'entraînaient dans les parages. Sain et sauf, il informa Batz de cette heureuse conclusion : « Ils m'ont entouré comme une bête et croient qu'on me prend aux filets » (lettre, 11 mars 1586)[5]. Cette fois, les chasseurs l'avaient bel et bien perdu !

Les espaces que fréquenta le Béarnais sidèrent par leur superficie et leur diversité, relief et végétation, faune et cynégétique[6]. Même ses beaux-frères ne vécurent rien de comparable ! Enfant, Henri parcourut les forêts de l'Ile-de-France, du Valois et du Val-de-Loire[7]. Adulte, Paris conquis, il sillonna les forêts du Vendômois et de Picardie, héritées de son père, mais désertées en raison des conflits religieux qui le menèrent loin de la capitale. Roi de Navarre, il jouissait d'un domaine centré sur Nérac et ponctué de relais, Barbaste, Durance et La Tour d'Avance. Roi de France, il regretta le Béarn, la Navarre, le Nebouzan, la Soule, les Quatre Vallées et le comté de Foix. Leurs forêts, montagnardes pour l'essentiel, étaient grevées de servitudes : les chartes concédaient le droit de pâture et le port d'armes aux communautés septentrionales, moyennant assistance en cas d'invasion espagnole. Leurs parcours le changeaient des futaies franciliennes et des taillis périgourdins, aux peuplements fortement essartés. Là-haut régnaient l'ours et le lynx, l'épervier et le bouquetin[8]. Comme Phébus, Henri IV aimait le danger et la crainte : sur l'instant, ils l'obligeaient à se dépasser et, ensuite, à se protéger.

Le Béarnais effraya constamment son entourage par sa témérité. Dans son *Journal*, L'Estoile, bourgeois parisien, rapporta un incident qui aurait pu mal tourner : « Le vendredi 16 octobre 1601, le roi, courant un cerf en plaine d'Herblay, après avoir pris son dîner au logis de M. Prévost-Malassis, fut blessé d'un coup de pied de cheval, duquel il eût couru fortune de sa vie si M. le duc de Montbazon ne (se) fût jeté au-devant. Aussi Sa Majesté dit tout haut (qu'en) quelque rencontre et bataille qu'il se fût trouvé, il n'avait jamais eu tant de peur que de ce coup. En juillet 1602, il se froissa les reins ; en janvier 1603, (il) se blessa au genou. » C'est dire que rares furent les années sans chute ni accroc ! Evidemment, l'homme chérit une chasseresse. Las ! Gabrielle d'Estrées expira en accouchant : les esprits méchants dirent que le parti florentin avait occis la chienne qui mettait bas... En tout cas, sa mort permit au roi d'épouser Marie de Médicis. La princesse affectionnait la chasse au vol à l'instar de sa tante Catherine et de leurs dames de compagnie[9]. Evidemment, l'homme transmit son art à ses enfants comme à ses bâtards : en la matière, tous furent traités de même. L'histoire se répéta avec ses successeurs : orphelins précoces, leurs mères assumant la régence, Louis XIII (1601-1643) et Louis XIV (1638-1715) connurent les logis improvisés et goûtèrent les plaisirs cynégétiques.

Véritables Nemrod, ils chassèrent tous les jours ou presque, n'interrompant cette activité qu'en raison des maladies ou de la vieillesse. Ainsi, le dicton « tel père, tel fils » était fondé, ce que confirmèrent les derniers Bourbons.

L'éducation princière

Henri IV chassa jusqu'à la veille de son assassinat. C'était un homme changé car la maturité d'aujourd'hui est la décrépitude d'autrefois. Certes, il renonça au jeu de paume et délaissa les jeux de bague, mais il assistait encore aux quintaines et aux tournois. Cela participait des « oisivetés » nobiliaires. A la différence des divertissements populaires, celles-ci n'étaient pas attribuées à la paresse, à la morte-saison ou aux manifestations religieuses ; elles entretenaient la forme musculaire et satisfaisaient un besoin psychologique. Le souverain l'admettait volontiers ; il confessa au duc de Nevers, un familier : « Je monte à cheval pour me désennuyer de dix mille fantaisies qui me brouillent la tête » (lettre, 13 septembre 1590). L'historien Jean-Pierre Babelon résuma parfaitement l'éducation nobiliaire : « Pour le jeune gentilhomme, la pratique équestre doit devenir une seconde nature. Il est un homme à cheval regardant de haut celui qui n'est qu'un homme de pied. » L'habileté en selle permettait de figurer avec honneur dans les courses de bague et dans les carrousels[10]. Elle trouvait son application dans l'art cynégétique[11]. La chasse, loisir dominant et sport nécessaire, confortait l'aristocratie dans son rang, sa force, sa confiance et ses privilèges.

Dans le cas du Béarnais, ses équipages paraissent modestes, comparés à son activité. Cela permettait de les déplacer, campagnes de guerre et pratiques de chasse étant associées[12]. Leur volume, limité, facilitait l'emballage et le déménagement. En effet, les bagages, les armes, les chevaux et les chiens le suivaient partout. Selon l'encombrement de ces « nécessités », les espions avançaient des hypothèses quant à la durée de son séjour à Nérac ou à Bordeaux, en Béarn ou en Aquitaine. La Petite Ecurie rassemblait les chevaux de selle aptes à la chasse comme à la fuite. La Grande Ecurie regroupait les montures de guerre, plus nombreuses et plus puissantes[13]. Quand il résidait en Guyenne, ses chenils accueillaient une quarantaine de chiens. Certains étaient affectés au gibier noble : 4 grands lévriers pour les loups et les sangliers, 12 lévriers pour les cervidés, deux chiens courants adultes et 10 juvéniles ; les autres, 13 épagneuls et deux turquets à poil ras, étaient employés au menu gibier, poil et plume. La sélection demeurait restreinte, les derniers servant au courre comme au vol. Chaque « race », vocable encore impropre, disposait d'un valet et de son aide. Ils recevaient un salaire, la prime montrant réussite ou sacrifice. C'était le cas lorsqu'ils baignaient un lévrier mordu par un renard ou par un chien : l'eau de mer nettoyait la plaie, mais ne guérissait pas de la rage et n'empêchait pas sa transmission. Elle était fatale au malheureux.

Les volières abritaient 10 faucons gardés par 4 fauconniers. La proportion étonne, mais il arrivait qu'un rapace s'égare et que sa recherche s'impose, eu égard à sa valeur intrinsèque, à laquelle s'ajoutaient les frais de dressage et d'entretien. Ainsi, les dépenses furent élevées, surtout pour un prince avare ou démuni, encore qu'il fût l'un pour cacher l'autre. Cependant, même après l'abjuration et le sacre (1593-1594), il conserva cette structure : c'était affaire d'efficacité et non d'ostentation. Il inculqua l'idée au Dauphin et à son frère, le duc d'Orléans. Au reste, il vérifiait plus souvent leur science cynégétique et militaire que leurs acquis rhétorique et géométrique... En cela, l'apprentissage des Enfants de France rappelait celui des fils de l'aristocratie, lignages illustres comme les Condé, issus d'une branche cadette des Bourbon-Navarre, ou modestes comme les Du Plessis, issus d'un hobereau poitevin. Comme ses frères, Armand du Plessis maniait l'épée et la dague ; il en usait volontiers, bien que sa famille le destinât à la carrière ecclésiastique sans espérer le voir un jour cardinal et ministre : l'Homme rouge toujours en guerre, toujours en selle.

Grâce au *Journal* rédigé par Jean Héroard, médecin du Dauphin, l'éducation et le développement du petit Louis XIII sont connus[14]. Les traités de vénerie lui servirent à commenter les images et à retenir l'alphabet. Héroard constata qu'à trois ans, éveillé « à six heures, il avait le cœur à la chasse et aux armes ; les autres passe-temps ne lui étaient rien » (4 octobre 1604) ; et qu'à sept ans, « mis au lit, il s'amusait et prenait plaisir bien grand au *Livre des chasses* du seigneur du Fouilloux[15] que M. de Frontenac venait lui donner ; il s'apprenait à dire en musique l'appel des chiens » (10 janvier 1609). Frontenac escortait fréquemment le souverain et n'aurait pas offert ce livre sans autorisation. Henri IV l'accorda : il approuvait tout ce qui excitait la passion de son aîné pour la chasse. Afin que l'empreinte perdurât, la demande devait précéder la pratique ; pour cela, il fallait l'habituer à la vue du sang. Mieux valait commencer de bonne heure. Aussi, rentrant de chasse, le roi et la reine mandèrent nourrice et nourrisson. Henri « lui fit donner la curée du cerf pris au-dessus de Rueil ; il (le petit) ne s'en étonna point » (29 juillet 1602) : il avait dix mois ! Sa réaction demeura inconnue, mais, comme elle ne comportait ni effroi ni dégoût, le monarque « se déclara content ». Orgueil paternel ? Ou fierté royale ?

L'observation animalière préparait l'enseignement cynégétique. A trois ans, Louis découvrit le parc de Fontainebleau ; il appréciait tout particulièrement les « jardins (enclos) des faisans et des cerfs ». A six ans, il assista dans la salle de bal à son premier combat : un ours contre des dogues. La même année le vit enfin botté. Un cap venait d'être franchi : la pratique devenait possible à condition qu'elle fût encadrée. Le roi lui dit : « Mon fils, que ferons-nous, maintenant que vous êtes botté et éperonné ? » La réponse fusa : « J'irai à la chasse ! » (10 octobre 1604). Un an plus tard, Héroard raconta une scène pleine de fraîcheur. Levé à sept heures, le Dauphin attendait ses serviteurs. Questionné sur ses intentions, il affirma : « J'irai à la chasse. Je tuerai un sanglier avec mon épée. » Le médecin entra dans son jeu : « Monsieur, vous irez à la chasse et porterez votre épée. Puis le sanglier qui viendrait à vous s'enferrera dedans. Après vous donnerez un coup d'épée : il mourra. » Enchanté, Louis

cria : « Puis je lui couperai le cou ! » Consternation !
L'erreur fut montrée : « Monsieur, non pas. Vous lui ferez
couper par les veneurs » (16 avril 1605). Le prince comprit :
premièrement, que les basses œuvres, couper la hure d'un
sanglier ou le pied d'un cerf, ne seraient pas les siennes ;
deuxièmement, que son statut le mettrait au-dessus des
autres ; troisièmement, qu'il serait le guide de ses peuples et
qu'ils lui obéiraient. Il appliqua cette méthode à son frère et
à ses compagnons, ainsi qu'au personnel de sa vénerie et de
sa volière.

L'observation animalière devançait également ses interrogations naturelles. A cinq ans, Louis visita le chenil pour
regarder les femelles en chaleur et les mâles en érection
(1er octobre 1606). D'ailleurs, il possédait de nombreux
chiens, beaucoup trop d'après M. de Souvré : « Il faut en ôter
de ceux qui ne valent rien et sont trop vieux comme Pataut »
(27 février 1609), mais le garçonnet entendait le conserver.
L'occasion lui révéla que les croisements amélioraient la descendance, moyennant une sélection rigoureuse. Les chiens
étaient retenus pour leur flair, leur vigueur ou leur vitesse.
Au contraire, ils étaient abattus comme inaptes aux poursuites ou agressifs envers les soigneurs ou envers la meute. Les
professeurs lui parlèrent de la relève des générations, qui
valait en monarchie comme en vénerie : un jour, il serait à la
place de son père comme, plus tard, son fils serait à la
sienne. La vie étant dure, sa cruauté était admise, mieux,
accentuée. Très jeune, il traversa en chariot les « jardins de
Ferrare » dans le parc bellifontain, « pour (y) voir courir les
chiens terriers contre une laie à demi morte » (24 septembre
1604). Le spectacle exista en diverses versions : blaireaux,
lapins, lièvres, etc. Déjà, Louis apprenait à sacrifier des
bêtes. Demain, pour conserver son trône ou ses sujets, ses
décisions viseraient des hommes : les imposer serait plus terrible encore.

Le dressage des rapaces figurait à son programme[16]. Louis
débuta avec une pie-grièche. A Noisy-le-Sec (Seine-Saint-
Denis), il réclama « un gant de fauconnier, le prit sur le
poing dans la salle haute, le lâcha fort à propos après un

moineau, lui en fit voler deux » (19 août 1607). Là aussi, la bestiole n'avait aucune chance. Plus surprenant, quand « on lui apport(a) morte sa pie-grièche, où il prenait fort grand plaisir, il ne s'en émut pas beaucoup, mais lui fit ôter la longe et les sonnettes, disant froidement : "Ce sera pour une autre" », bien qu'en son âme « il en fût marri, mais ne voulait pas faire paraître son déplaisir » (25 août 1607) : un futur roi domine ses émotions. Aussi le lendemain put-il prendre un carrosse pour suivre deux vraies chasses, l'une au courre, l'autre au vol. Il fut transporté « aux environs du Moulin de Pierre allant vers Versailles » ; il y « vit prendre près de lui un levreau avec deux lévriers ; cinq ou six cailles à la remise (à terre) chassées par le hobereau ; et deux perdreaux, dont un pris par son épervier » (26 août 1607). Louis atteignait l'âge de raison et désirait toujours chasser. Par la suite, sa pratique fut continue, forcenée même entre juillet et octobre ; ses horaires étaient réguliers, aussi stricts que ceux du lever, de l'hygiène et du déjeuner : départ vers midi et demi et retour avant dix-sept heures. Il adorait le vol et le tir, le courre et les toiles, mais dédaigna l'affût et l'approche, à la différence des monarques allemands, autrichiens et espagnols.

Le roi des forêts

Par la précocité du goût et la nature des chasses, encore que ce point fût moins net, Louis XIII rappelait autant le Béarnais, premier Bourbon, que les Valois qui portèrent aux nues l'art cynégétique : François Ier ou Henri II ; il rappelait surtout Charles IX[17], résistant de corps et faible de santé – comme lui. A vingt ans, tous étaient des fauconniers réputés et des veneurs émérites. Les « grands capitaines français », pour reprendre l'expression de Brantôme[18], présentaient ces mêmes qualités : cavaliers infatigables, ils furent de toutes les campagnes royales. Les uns et les autres coururent les mêmes étendues, délaissant les parcs de Vincennes et des Tuileries une fois l'apprentissage terminé. L'espace

« de Paris » désignait les villages adjacents : Grenelle, Le Roule, Le Bourget. L'espace « autour de Paris » englobait Saint-Denis, Saint-Cloud, Neuilly, Courbevoie et Long-champ ; ils logeaient au château de Madrid. L'espace « de l'Ouest et du Sud » comprenait Saint-Germain et Fontaine-bleau : ils dormaient dans l'un des deux châteaux. Ces domaines convenaient au vol et au courre. La noblesse appréciait les deux techniques, mais préférait la seconde. Cela correspond aux dires du marquis Dorante, un person-nage de la comédie moliéresque :

> Nous étions une troupe assez bien assortie,
> Qui pour courir le cerf avions hier fait partie ;
> Et nous fûmes coucher sur le pays exprès,
> C'est-à-dire, mon cher, en fin fond de forêts.
> Comme cet exercice est mon plaisir suprême,
> Je voulus, pour bien faire, aller au bois moi-même ;
> Et nous conclûmes tous d'attacher nos efforts
> Sur un cerf qu'un chacun nous disait cerf dix-cors ;
> Mais moi, mon jugement sans qu'aux marques, j'arrête,
> Fut qu'il n'était que cerf à sa seconde tête.
>
> Molière, *Les Fâcheux*, acte II, scène 5.

La gloire du cerf

Grisé par le succès, notre petit marquis transformait le terrain de parcours en champ de bataille, le mouvement des animaux en celui d'un ennemi et leurs capacités d'attaque et de défense en celles d'une armée ! Dorante exposait chaque élément comme un stratège, une campagne militaire. En fait, le courre existait en deux versions : la grande vénerie, pratiquée à cheval[19], avec une meute pour grand gibier, et la petite vénerie, pratiquée à pied, avec des chiens pour petit gibier. Dans l'affaire, l'espèce importait moins que la méthode. En effet, certains coursaient à cheval le lièvre ou le renard, mais à pied le chevreuil ou le sanglier[20]. Dorante soulignait la justesse de son intuition, qualité vitale[21], car ses compagnons retinrent un dix-cors, un vieux mâle, quand lui annonçait un deux-cors, un jeune donc : les indices, fumées, brisées, traces, les avaient trompés. La suite le prouva : le trophée fut modeste. Le mot désignait les bois de la tête dont le merrain constituait l'axe. Le terme venait du latin *materia*, matériau destiné à construire les barriques. Le bois de merrain, bois d'œuvre donc, exigeait les meilleurs chênes : un usage noble pour une essence noble ; une chasse noble pour un gibier noble, c'était la règle...

En principe, le nombre de cors[*] indique l'âge du cerf. En vérité, les cerfs de vingt ans présentent rarement douze cors et plus. Certes, le nombre dépend de l'âge, mais sa progression n'est pas continue : très souvent, le printemps ôte un andouiller quand, naguère, il en offrait un nouveau. L'apogée de la couronne révèle l'animal dominant et son éclaircie, l'animal dominé. Celle-ci commence avec le brame où ce mâle fut défait : l'échec aux joutes automnales lui coûta son rang, son harem et son territoire, le vainqueur prenant le tout. Au fond, le vieux mâle et le vieil arbre connaissent une sénescence comparable. Chez ce dernier aussi, la couronne diminue : la cime sèche, les branches tombent, les restantes comportent moins de rameaux et les rameaux moins de feuilles. Comme le cerf solitaire, cette vieille écorce est une survivante, sa génération ayant disparu. Elle le doit à la beauté de sa tige : le bûcheron l'a épargnée, le sujet étant classé reproducteur. Plus tard, même « déshonoré », c'est-à-dire décapité, il demeure admiré : le bûcheron le préserve en abattant les baliveaux qui l'entourent. Comme ce vénérable, le solitaire méritait d'être respecté. Mais l'envie du trophée l'emportait et le grand mâle était poursuivi, sachant qu'il combattrait avec vaillance. Mort, les veneurs lui feraient honneur[22].

Au matin, le personnel étudiait les fumées et relevait les voies[23], puis rendait compte des possibilités, ce qui permettait au maître veneur d'en sélectionner une. Une fois l'animal retenu, il convenait de le traquer, la meute déjouant chaque ruse : par exemple, couper la voie, c'était revenir sur sa

---

[*] Le cor désigne l'extrémité des bois.

trace, ce qui perturbait les chiens courants ; donner le change, c'était les dérouter vers une autre bête, ce qui obligeait les chiens limiers à retrouver sa piste. Parfois, il parvenait à distancer la meute ou à l'égarer ; il était sauvé, pour la journée du moins, car le lendemain il serait relancé et peut-être retrouvé et acculé, c'est-à-dire réduit aux abois[24]. Les chasses postées ignoraient la sélection préalable et la conclusion incertaine, puisqu'elles consistaient à tirer ce qui venait. Dans ces conditions, il était logique que les langages nobiliaire et sylvicole eussent influencé l'expression cynégétique et réciproquement. Terrienne, la noblesse contrôlait un espace – comme le cerf. Guerrière, elle repoussait ses concurrents – comme lui. Bien évidemment, elle ne l'affrontait pas désarmé : la mue opère au sortir de l'hiver, entre fin février et début mars, et la repousse demande cent trente jours. Devenu « cerf-mulet », l'animal s'enfonce dans la forêt. Au printemps, pour ménager ses refaits, bois recouverts de velours, il s'installe dans les futaies claires. A l'été, exhibant fièrement sa couronne, il retrouve sa place de brame.

C'est pourquoi le cerf incarne le renouveau saisonnier, promesse de récoltes et de richesses. Au même titre que l'arbre, il fut le parèdre des Mères génésiaques[25]. Cet héritage néolithique ne disparut pas. Chez les Celtes et les Germains, l'animal renvoyait au dieu Cermunos[26] brandissant d'une main la torche enflammée et, de l'autre, le serpent à tête de bélier : ces espèces régissaient la fécondité du sol et la perpétuation de la vie. Chez les Grecs et les Romains, il renvoyait au dieu Zeus (Jupiter), maître de la montagne, de la foudre et du chêne, et au dieu Bacchus (Dionysos), maître du sang et du vin, de la sève et de la vigne. Le christianisme récupéra l'ensemble des images : le Messie, l'homme qui porta la parole divine, fut comparé au cerf blanc et le Christ, l'homme qui transmit le pardon divin, au cerf nouveau. Le cervidé rappelait la résurrection des morts après le Jugement dernier, les péchés des convertis étant lavés par le sang du Crucifié. Au-dessus de ses bois brillait la croix de lumière. Les contes de veillée le faisaient intervenir au cours d'une chasse ratée où le prince était perdu – au propre comme au figuré : la meute, les veneurs étaient trop loin pour qu'il les entendit ; le cerf surgissait, qui le conduisait dans la voie du Seigneur. L'histoire reposait sur l'inversion des comportements cynégétiques. Ici, la bête précédait l'homme et l'homme la respectait.

Inspirés par la Renaissance italienne, les artistes greffèrent cet acquis théologique sur les récits mythologiques. Pour illustrer le péché et la sanction, Actéon eut leurs faveurs par ses excès et son trépas[27]. Ovide l'employa, ses contemporains connaissant l'anecdote, pour traduire l'ambiguïté des êtres et du monde. En effet, lassé de tuer, le héros cherchait le repos quand il vit Artémis et ses nymphes endormies à proximité de la source de vie. Etrangeté de la forêt : le poète la montra claire et pénétrable, le contraire des halliers et des fourrés que le cerf déserte quand ses bois sont tendres. Etrangeté de l'homme aussi : il montra Actéon découvrant les souffrances du cerf quand ses bois le percent ou quand sa meute l'assaille. Etrangeté de la bête enfin : il montra le brame semblable à l'appel des veneurs, les sanglots et les larmes semblables à ceux des hommes. La mort délivrait de ces souffrances. Le cerf l'affrontait dignement : solitaire, il quittait l'animalité sans atteindre à l'humanité. Métamorphosé, le héros « gémit et pousse une espèce de voix qui n'est pas véritablement d'un homme, mais qui n'est pas d'un cerf[28] » : isolé, personne ne le reconnaît plus. Lui quitte l'humanité sans atteindre l'animalité. Ainsi, chaque espèce renferme une part précieuse et chaque personne recèle une part sauvage[29]. Les légistes de l'Ancien Régime en conclurent que les chasses nobles permettaient de maîtriser l'instinct et les chasses viles* de le libérer.

Actéon fut puni pour y avoir cédé. Ses pulsions lui firent enfreindre deux tabous : pénétrer la forêt et convoiter la vierge[30]. Ces actes étaient la suite de ses excès : saisi du désir de mort, il massacra les animaux engagés dans les toiles : « nos armes sont toutes teintes et nos filets trempés du sang

---

* L'adjectif « vil » dérivait de « vilain », le paysan attaché à la terre. Il ne comportait aucune nuance morale.

des bêtes[31] ». Effaré par sa cruauté, il la retourna contre lui car, en traversant la forêt et en offensant la vierge, il provoquait la divinité : sa bestialité justifiait sa transformation. Accourus, les chasseurs virent enfin ce qu'il fut et ce qu'ils étaient : des créatures sanguinaires. Entraînement militaire, la chasse imposait conscience et courage, ce qui interdisait le défoulement ou la couardise. Aussi la morale approuvait-elle le courre et le vol, la bête gardant ses chances, mais critiquait les toiles, qui l'en privaient. Mais cela n'empêchait pas leur pratique quand les souverains manquaient de temps. Bien que déloyal, ce système n'entra pas dans les critiques sur la diminution du gibier et l'intensivité des chasses. Certains déploraient seulement leur composante passionnelle. Louis de Bourbon (1621-1686) retint ainsi son fils[32] et son petit-fils, le Grand Dauphin, les conviant à chaque sortie : celles-ci étaient journalières ! Lorsqu'on « y va tous les jours, leur écrivit-il, on n'étudie point, et outre les accidents, il est bien difficile de ne pas tomber malade » (lettre à Enghien, 23 septembre 1685)[33]. Sinon, son héritier serait « fort bon veneur, mais ignorant dans tout ce qu'il faut qu'il sache » (16 septembre 1686). Ce discours pascalien ne dominait pas encore, mais traduisait l'inflexion : l'aïeul du Grand Condé, le connétable de Bourbon, ne savait ni lire ni écrire car la guerre et la chasse lui suffisaient amplement.

La chasse à courre

Longtemps, la chasse à courre resta une chasse comme une autre[34]. L'adjectif « noble » appliqué aux bêtes noires (sanglier) ou rousses (chevreuil) soulignait la noblesse de l'épreuve, impression que partageaient les aristocraties occidentales. Avec les guerres d'Italie, les Valois, amateurs d'art et de chasse, privilégièrent celle du cerf : le modèle médicéen les guidait et, à travers lui, les pratiques romaines. Au même moment, les Habsbourg restauraient les habitudes germaniques. Au-delà du contexte culturel, qui pesait lourd dans une période où les zones d'influence émergeaient, deux autres données jouèrent. Le domaine impérial comprenait des espaces montagnards ou vallonnés, humides ou marécageux. Les revenus de l'empereur paraissaient médiocres, comparés à ceux des monarques français, et cela, jusqu'à l'arrivée de l'or des Amériques. Dans ces conditions, Maximilien, Charles Quint et les archiducs chassèrent assez peu à courre[35], méthode qui supposait forêts feuillues, reliefs modérés et voiries adaptées. Cependant, en 1675, Léopold Ier (1640-1675) avança un nouvel argument : d'après le Règlement pour la Chasse à courre et la Chasse au vol, les chasses nobles causeraient « un grand tort aux chasses de (ses) sujets ». L'empereur entendait préserver leurs droits et leurs baux. En 1728, Charles VI (1685-1740) reprit cette idée dans le Règlement des Chasses appliqué à la Basse-Autriche. Ainsi, les techniques françaises et allemandes divergèrent, au contraire des techniques françaises et britanniques, mis à part le gibier : la chasse au renard convient mieux aux bocages et aux pâtures[36].

Ce décalage explique qu'en Allemagne la grande vénerie fut appelée « chasse à la française » : elle disposait des espaces forestiers du Val-de-Loire et de l'Ile-de-France, ce qui les fit conserver et structurer. François Ier (1494-1547) témoigne des difficultés que pose l'aménagement d'un espace « sauvage » en hésitant entre Chambord (Loir-et-Cher), relais cerné de prairies humides et de landes à bruyère, et Romorantin (id.), ville dressée au bord de la Sauldre. L'adjectif « sauvage » renvoyait à la forêt alluviale, celle du Rhin, de l'Escaut, de la Meuse et de la Moselle, de la Loire ou de la Seine : entre fleuve et terre, les arbres maintiennent les berges et agissent comme des éponges, d'où la variété des habitats et des provendes. Mais cette forêt royale devait être à proximité des résidences valoisiennes, du château de Blois notamment, et percée de routes pour faciliter le passage des voitures. En 1519, le roi choisit Chambord, malgré la nécessité de drainer les marais et de bâtir sans portance. Le domaine fut clôturé : les habitants perdirent 5 000 hectares – la surface du Paris actuel – et un palais de rêve remplaça le relais de chasse. Et pourtant, le souverain n'y séjourna pas quarante jours ! Aux entrées, le dessus des portes montrait un trophée de cerf. Ce décor témoignait de l'abondance de sa population, cet animal de steppe aimant les lisières basses et les vastes clairières.

Le sanglier serait-il moins prisé ? Pas du tout, mais ce migrateur ne demeurait pas longtemps sur un territoire, fût-il aménagé exprès. De nombreuses légendes illustraient ses errances[37] : croiser la bête changeait le destin. Les veneurs rencontraient la mort, qui les mènerait vers le Seigneur comme le prince Hubert, ou vers le Diable comme le Chasseur noir. Ces épopées religieuses nourrirent les hagiographies royales[38]. Les monarques vertueux protégeaient le peuple, d'où l'image d'un Henri IV converti qui baisse les impôts pour plaire à Dieu ; les monarques mécréants les accablaient jusqu'à ce que l'Eternel les punisse. Le Tout-Puissant déchaînait alors le sanglier blanc : l'intrusion infléchissait la politique ou paralysait son instigateur qui, éventré et piétiné, décédait. La Saint-Hubert aurait pu célébrer cet animal, mais le grand cerf blanc lui fut préféré : lui apportait la rédemption, et non la vengeance[39]. Cela faisait écho au dieu magnanime du Nouveau Testament et non au dieu vindicatif de l'Ancien. Le 3 novembre, la fête attirait la foule ; les huguenots y venaient aussi, bien que leur doctrine condamnât le culte des saints. Tous attendaient veneurs et équipages. Pendant l'office, les chasseurs priaient le saint patron de les épargner, eux, leurs chiens et leurs chevaux.

D'après *La Légende dorée*, le prince Hubert parcourait le massif ardennais quand, égaré, il tomba en prière et qu'un cerf blanc lui apparut : il devint chrétien. Ermite, il convertit les habitants, mais accepta le diocèse de Tongres, Maastricht et Liège (VIIIe s.), créé pour accélérer l'évangélisation du pays[40]. Au XIVe siècle, le siècle des fléaux, les artistes chrétiens montrèrent l'homme mitré ou le chasseur priant, accompagné ou agenouillé, le cerf crucifère à ses côtés. Ce fut le cas avec les bas-reliefs et les vitraux de Vignory (Haute-Marne), La Ferté-Milon (Aisne), Amboise (Indre-et-Loire) et Saint-Martin-de-Laigle (Eure-et-Loir) : ces chapelles érigées en églises restèrent des lieux de ralliement. L'essaimage du culte loin de son berceau montre sa popularité dans les espaces domaniaux[41]. Le thème séduisit les miniaturistes comme Bourdichon, l'auteur des *Heures d'Anne de Bretagne*, et les peintres comme Stephan Lochner ou Pierre Bruegel l'Ancien. Tous bousculaient la tradition romaine qui limitait la protection canine à saint Eustache, martyr du Ier siècle. Ce fut le cas dans le *Couronnement de la Vierge* de Fra Filippo Lippi comme dans le retable Paumgartner d'Albert Dürer. Les scènes de sa vie ornèrent les vitraux de Chartres (Eure-et-Loir), Le Mans (Sarthe), Auxerre (Yonne) et Saint-Patrice de Rouen (Seine-Maritime). Là aussi, le culte était lié aux espaces domaniaux. Trois scènes revenaient souvent : la *Vision du cerf* (chapiteau à Autun), le *Passage du fleuve entre le lion et le loup* (portail de la Calende à Rouen), et le *Martyre* suivi de l'*Apothéose*, deux volets commandés à Simon Vouet par le chapitre de Saint-Eustache (Paris). Le choix du supplice – la langue arrachée et jetée aux chiens – expliquait l'attribut du saint : son étole effaçait la rage qui décima les meutes et effraya les hommes ; il l'expliquait d'autant mieux que les veneurs d'autrefois sectionnaient le nerf situé sous la langue des chiens pour éviter la rage…

Au XVIe siècle, le culte de saint Eustache profita à celui de saint Hubert[42]. C'était un temps où la Contre-Réforme essayait de reprendre les âmes égarées, alors que les princes allemands continuaient à résister. Les Trois Evêchés lui servirent de postes avancés : la propagande catholique glorifiait l'évangélisateur. Au siècle suivant, ces terres d'Empire furent annexées : Hubert éclipsa Eustache[43]. Cela contribua à définir le roi de la forêt : le cerf pour les papistes et le sanglier pour les luthériens, qui revenaient à l'Ancien Testament. A l'ouest de la Meuse et du Rhin, le suidé était couru, et, à l'est, tué à l'épieu, l'épée ou la dague. Dans un cas, la chasse exposait la meute et, dans l'autre, les veneurs. Les « grands vieux sangliers » étaient traqués jusque dans leurs retraits : âgés de trois à cinq ans, ils possédaient deux incisives redoutables, ces défenses constituant le boutoir. Les « bêtes de compagnie » étaient plus jeunes, « bêtes rousses » de six à douze mois ou « bêtes noires » d'un an et plus. Les « ragots » de deux à trois

ans, aux défenses moins acérées, et les « mirés » de cinq ans
et plus, aux défenses recourbées et émoussées, en faisaient
partie. Voilà longtemps, les « grands vieux sangliers »
n'étaient chassés qu'aux toiles. Très coûteuse, vu la longueur
du couloir débouchant sur la chambre, cette méthode honorait les hôtes de marque : les rideaux ou les filets délimitaient
le périmètre que le personnel resserrait pour diriger les animaux vers l'enceinte. Là, les veneurs affrontaient les fauves.
Le terme englobait les félins, les taureaux de combat, l'ours de
montagne et le sanglier véritable*.

Cette chasse aux toiles transposait la joute courtoise à
l'étendue boisée, sauf que la partie était inégale : le chasseur
était exposé et l'animal, condamné. La chasse à courre était
plus équitable, mais restait dangereuse : les chiens et les chevaux payaient un lourd tribut ; les piqueurs qui menaient les
premiers et les hommes qui montaient les seconds le
payaient aussi, mais indirectement[44]. Les chiens étaient ren-
versés, piétinés, décousus, éventrés. Les montures ruaient ou
cabraient, ce qui désarçonnait le cavalier ; elles sautaient un
tronc ou une barrière et chutaient lourdement, écrasant ce
malheureux. Ces montures étaient réformées. Les plus atteintes, genoux couronnés ou antérieurs cassés, étaient abattues.
Très souvent, la perte financière coûtait moins que la perte
sentimentale : au fil des ans, une relation intime était née,
fondée sur l'obéissance du cheval et l'attachement du
maître[45]. En effet, la bête devait épouser l'allure de la meute
et négocier les imprévus du terrain. Il fallait un cheval équi-
libré, ni trop calme ni trop nerveux ; il fallait aussi du souffle
pour soutenir la distance et du tonus pour galoper malgré
l'effort ; il fallait enfin tourner ou stopper, reculer soudaine-
ment ou rejoindre les chiens de tête. Tout cela exigeait
maniabilité et promptitude. Certes, le physique condition-
nait la sélection, mais le dressage l'améliorait beaucoup.

La compréhension réciproque augmentait la sécurité de
chacun : menacé, le maître provoquait un écart qui le sauve-

---

* Le sanglier est issu d'un mâle et d'une laie, et non d'un mâle et d'une
truie ou d'un cochon et d'une laie (cochonglier).

rait ; perplexe, le cheval attendait un ordre qui le guiderait. Néanmoins, un drame n'était jamais exclu. Dans le *Livre de chasse*, au chapitre du rut, Phébus évoquait des cerfs qui tuèrent des valets et des limiers « en les lançant », c'est-à-dire en les chargeant, et d'autres qui avaient pu « venir sur les chevaux » et les pousser. Rappelons que Marie, la fille du Téméraire, fut victime d'un accident semblable : sa dot, avec les Flandres et la Bourgogne, resta à Maximilien d'Autriche, son époux, ce qui réalisait les pires craintes des Valois. Sous le règne d'Henri IV, deux veneurs furent transpercés par un andouiller, Clairbois en forêt de Livry (Seine-Saint-Denis) et l'autre, Bon, en forêt de Sénart (Seine-et-Marne). Sous le règne de Louis XV, les mêmes tragédies eurent lieu. En 1725, dans la forêt de Chantilly (Oise), le duc de Melun fut tué par « un cerf qui lui donna un coup d'andouiller dans le corps[46] ». Peu de temps après, M. de Courchange, veneur du comte d'Evreux, fut tué par un autre qui « le renversa en traversant la route ». Phébus signalait déjà que, pendant le rut, le cervidé retournait contre l'homme les armes qui lui servaient contre ses rivaux. Un proverbe résumait la nature des blessures : « au cerf la bière, au sanglier le barbier ». Les andouillers perçaient le flanc comme le glaive : c'était le registre de la noblesse ; les boutoirs tranchaient la gorge comme le rasoir : c'était le domaine du chirurgien.

Le sanglier n'était donc pas commode : les récits mythologiques mettaient en scène son acharnement, avec Adonis vidé de son sang qui nourrissait l'anémone forestière ; les récits arthuriens également, avec Guingamor contraint par la reine, sa belle-mère, de ramener le sanglier blanc qui emporta vers l'au-delà un grand nombre de chevaliers[47]. De fait, lorsque la poursuite devenait pénible, l'animal s'adossait à un hallier et se ruait « sur tout ce qui se trouvait devant lui ». Les « grands vieux sangliers » décousaient les chiens qui voulaient les « prendre à force ouverte » : les secourir exposait les chasseurs, mais l'habileté « à tirer diminuait beaucoup le péril, et ce péril ajoutait à l'intérêt[48] ». Les veneurs aimaient le frisson… La remarque sous-entend un changement dans le choix des armes et des bêtes : l'arquebuse ou le mousquet remplacèrent l'épieu ou l'épée de chasse, et surtout les solitaires furent abandonnés. Les repérer était facile car ils « se rembuchent seuls lorsqu'ils ont atteint l'âge où ils deviennent dangereux, et cette solitude est toujours une forte présomption, excepté dans le temps où les laies sont prêtes à mettre bas : alors elles se séparent aussi pour faire leurs marcassins[49] ». La confusion était évitée, les grands mâles ayant « les pinces plus grosses, la sole, les gardes et le talon plus larges, les allures plus longues et plus assurées », leurs empreintes plus écartées et plus profondes.

Le maître des cieux

Avec les années, la ruse, la puissance, la résistance de l'animal progressaient, ce qui rendait le courre plus ardu, plus hasardeux, plus intéressant donc. La protection des saints chasseurs se justifiait par l'angoisse de mourir sans confession ni sacrement. Leur fête ouvrait la saison : 20 septembre pour saint Eustache et 3 novembre pour saint Hubert. L'officiant accueillait les personnalités : le roi, sa famille et la Cour, ou le seigneur, les siens et les notables. Tous demandaient la bénédiction du saint. L'office commençait de bonne heure, les veneurs partant après. Le premier piqueur déposait un pain sur l'autel et le maître veneur allumait un cierge. Au XVIIe siècle, tous deux donnaient un écu pour la messe et un pain au prêtre, le reste de la fournée étant distribué au personnel. Les valets de limiers faisaient bénir les brioches destinées au roi, à la reine, aux princes du sang, au grand veneur et aux seigneurs de la Cour. En retour, Sa Majesté distribuait 400 livres pour la brioche, quatre louis pour leur souper, 400 livres au chirurgien, 200 par piqueur, 24 par valet, 150 au châtreur et 48 au boulanger ! Dans les provinces, le cérémonial était identique[50]. La hiérarchie des sommes révélait la hiérarchie des hommes. Mais la vénerie coûtant fort cher[51], elle absorba les crédits de la fauconnerie quand celle-ci suscita moins d'engouement : sa mode fléchit nettement dans le dernier siècle de l'Ancien Régime.

Le règne du faucon

Les souverains du Moyen Age appréciaient la compagnie des rapaces[52] : ils distrayaient la Cour, relevaient son éclat et contribuaient à sa table. Les coutumes les réservaient aux rois et aux nobles. En Bigorre, les Fors, rédigés vers 1110 et recopiés au XIIIe siècle, empêchaient quiconque « d'avoir faucon et épervier, excepté aux monastères et aux chevaliers qui suivent l'armée et rendent service de plaid (justice) et de cour (conseil) »[53]. En Bourgogne, les registres de la Chambre des comptes révèlent qu'au XVe siècle les vols ducaux demeuraient quotidiens, ce qui supposait un personnel permanent[54] : le maître fauconnier le dirigea jusqu'à ce que la nomination d'un grand fauconnier le cantonne au service d'une espèce. Les premiers Bourbons maintinrent cette tradition : un épervier figurait sur le cartulaire de Millau juste au-dessus du blason, d'où le titre de l'édition de 1668 : *Livre de l'Epervier*[55]. Dans cette commune (Aveyron), son commerce était détaxé, si bien que les oiseleurs venaient y vendre ou y chercher des oiseaux. Car les autres rapaces profitaient également d'une franchise : à moitié, introduits avec lui ; en entier, introduits derrière « pour (lui) faire honneur ». Le cas du faucon demeure incertain, le texte ne l'évoquant pas. Comment l'en dispenser, alors qu'il valait davantage qu'un épervier ? La question visait surtout les faucons étrangers (14 janvier 1418). Les autres soulevaient moins de problèmes : la ressource abondait, d'où la faiblesse des transactions. Chaque seigneur contrôlait un bassin d'approvisionnement. Ainsi, dans le canton de Mauléon-Barousse (Hautes-Pyrénées), le cartulaire de la Barousse précisait celui de deux seigneurs : Bramevaque obtint la vallée de Ferrère, et Mauléon, la vallée de Sost.

Les rapaces rehaussaient, par leur nombre et leur beauté, la magnificence aristocratique. Ils étaient achetés ou capturés, travail du maître des tendues, les naissances n'y suffisant pas. Les chasses au vol décorent le Palazzo Publico à Sienne (1338) et le Palais des Papes en Avignon (1343) ; elles décorent aussi les entrevous de plafond comme à l'Hôtel de

Nèves (Montpellier) et les ouvrages de piété comme le bréviaire en « usage à Lisieux » (Caen). Les ducs bourguignons
possédaient une volerie réputée*. Certains rapaces venaient
de la Comté et la plupart des Pays-Bas, les dix-sept provinces
recelant d'immenses réserves humides. Les acquisitions
étaient dispendieuses en fonction de la variété, de l'origine et
de l'éducation. L'équipement l'était tout pareillement ; il
comprenait des gants de fauconnier dont la consommation
était importante, des entraves composées du touret (deux
anneaux) pour accrocher deux courtes et deux longues lanières (jets et longes) et, enfin, des vervelles. Elles prirent la
forme de plaques puis de bagues ; leur poids devait être
assez léger pour ne pas gêner le vol et leur taille assez
grande pour y graver le nom du maître. Les chaperons complétaient l'équipement, chaque oiseau ayant le sien pour protéger ses yeux et éviter la transmission de maladies. Ces
coiffes en cuir brodé présentaient un cimier à aigrettes ; elle
ressemblaient aux heaumes de tournoi, les joutes courtoises
autorisant toutes les extravagances ; elles chapeautaient
jusqu'aux autours et aux éperviers. Pourtant, dressés, ils n'en
avaient aucun besoin, à la différence du faucon : aveuglé, il
cessait de bouger, quand tous les autres attendaient attachés
à une perche ou à un rondin.
    La collection ducale comportait plusieurs émerillons,
éperviers, gerfauts, faucons, hobereaux, laniers et sacres,
davantage de mâles (tiercelets) que de femelles (formes), et
extrêmement peu d'aigles : ils n'étaient pas destinés au vol.
Comme la plupart des nobles, les ducs l'appréciaient vivement : cette technique concernait le gibier à plume en haut
vol comme la buse, le héron, le milan ou la corneille, chasses où le faucon excelle, encore qu'il sache prendre en bas
vol la pie, la perdrix ou le canard. Chasseur complet, il était
sans rival, d'où sa place dans les voleries célèbres
(Tableau 2**). Au reste, le vocabulaire exprimait sa supé-

---

* La volerie, collection de rapaces destinés à la chasse, diffère de la
volière, où les oiseaux ont un rôle d'agrément.
** Les textes ou tableaux numérotés figurent en annexe, p. 497 et suivantes.

riorité[56]. Lui avait une « queue », et l'autour et l'épervier, un « balai », ces voiliers servant uniquement au bas vol. Lui était « jeté » hors du poing et les deux autres, « lâchés » par leur oiseleur. Lui « volait d'amont », au-dessus des chiens et des chasseurs, guettant son gibier, quand les deux autres « volaient » tout simplement. Lui saisissait la proie avec sa « main » (serre) et les deux autres, avec leur « pied ». Comme la plupart des nobles enfin, les ducs exploitaient la moindre occasion pour satisfaire leur passion. En 1504, Philippe le Beau chargea Adolphe van der Aa, grand fauconnier, d'escorter huit sacres de Tolède (Espagne) jusqu'à Malines (Belgique)[57]. François Ier reçut des faucons de Perse par son intermédiaire : Marie de Hongrie demanda à cet écuyer de les transmettre de la part de Charles VI, son frère[58].

La présence des rapaces démontrait la puissance du seigneur et la richesse de ses terres. Ce fut le cas pour l'amiral Malet de Graville (1438-1516) qui servit trois rois, Louis XI, Charles VII et Louis XII. A l'issue de la guerre de Cent Ans, il entreprit de recouvrer les arpents usurpés à la faveur des désordres : en 1493, il fit mesurer la seigneurie de Marcoussis (Essonne) et vérifier la liste des censitaires et le montant des redevances. Ce terrier contenait une vingtaine de folios imagés dans le goût des *Très Riches Heures du duc de Berry* qui remontaient au début du siècle[59]. En 1928, le manuscrit disparut : restent les photographies faites par son propriétaire, le marquis de La Baume-Pluvinel. Les enluminures représentaient les premières chasses de Graville (Pl. IV), le départ avec chiens et fauconniers (Pl. V), la héronnière (Pl. VII) et la chasse aux hérons (Pl. XII). Celle-ci demandait plusieurs faucons héronniers, dont un hausse-pied pour obliger l'oiseau à prendre de l'altitude avant l'attaque des deux autres. Or, Graville en possédait treize ! C'était inouï, même si la période de la mue l'obligeait, pour maintenir les sorties de mai à novembre, à établir une rotation. En effet, durant six mois, il fallait les isoler, les garder dans la pénombre et les nourrir de manière à restaurer le pennage. Par exemple, dans la seigneurie de Montbrison (Loire), qui relevait du comte du Forez, 10 faucons, deux sacrets, quatre laniers, un laneret et un tiercelet de gerfaut reçurent 615 gélines dans le semestre, outre les tranches de gigot ; elles faisaient partie des redevances en nature. Cette nourriture indignait les cultivateurs, bien que le maître limitât ainsi le nombre de ses pigeons. Eux ponctionnaient directement les récoltes. Mais le colombier demeurait utile car la chair grasse et tendre de ses habitants fortifiait les rapaces affaiblis[60] (Tableau 2).

Guy Chevallier, président de la Société archéologique et historique du Giennois, étudia la fauconnerie royale. Louis XIII fut le monarque qui, en cinq siècles (1363-1662), lui consacra le plus d'argent et le plus d'heures ! Selon M. Le Fèvre, son précepteur, cet engouement daterait de ses onze ans : il fallut « dresser une fauconnerie tout contre son cabinet, laquelle le divertit totalement de l'étude ; que ceux qui en ont la charge ne manquent jamais de flatter son inclination (et)... qu'il fait souvent des présents à Haran, jeune garçon qui lui garde ses oiseaux ». En moins de vingt ans (janvier 1612-décembre 1630), ses dépenses montèrent à 107 000 francs pour 265 rapaces, soit quatre fois plus que son père (28 454 francs) pour la même durée ou presque (juin 1596-août 1609)*. Le total était grossi des gages du trésorier, « receveur et payeur des véneries, toiles de chasse et fauconnerie », qui gérait les comptes des chasses, et du grand fauconnier, qui gérait six équipages : les vols du milan, du héron, de la corneille, de la pie, des champs (lièvre) et de rivière (canard). Ce dignitaire recevait les finances nécessaires à la rétribution du personnel, à l'acquisition et à la nourriture des oiseaux : en 1640, chaque service commanda ainsi des volailles pour une somme allant de 23 400 à 54 800 francs.

Comme l'office de grand veneur, celui de grand fauconnier resta pourvu jusqu'à la Révolution ; il résista donc trois ans

---

* Pour faciliter la comparaison d'un règne à l'autre, Guy Chevallier a calculé en monnaie de compte suivant les tableaux d'équivalence de la livre tournois en grammes d'argent fin et pris le cours de l'argent fin au 27 décembre 1993.

de plus que son administration. Cela montre le rang social du titulaire et le caractère honorifique de la fonction. Le contrôle des « plaisirs et services du roi » revenait à un favori : issu d'une famille distinguée, il escortait le roi à la chasse et à la guerre, comme le maréchal de Brissac avec Henri IV ou le duc de Chevreuse avec Louis XIII. Les chefs de vol étaient aussi gentilshommes, comme Luynes pour le milan, Lignié pour le héron ou Villé pour la corneille. Selon l'équipage, ils recrutaient un aide fauconnier, écuyer en général, cinq à six fauconniers et un à quatre gardes-perches pour le port des oiseaux, le repas et les soins. Tous ces officiers étaient assistés de piqueux, de valets de chiens (épagneuls pour la perdrix et levrettes pour le héron), de palefreniers et de maréchaux-ferrants. Le dernier compte signé par Louis XIII mentionne une centaine de personnes (15 avril 1643). C'était tout à la fois important et modeste, important par rapport aux princes et aux nobles, et modeste comparé à la vénerie. L'état des comptes, publié en 1912 sous le titre *Ecurie, vénerie, fauconnerie et louveterie du roi Louis XIII*, montre qu'à sa mort la fauconnerie gérait une centaine d'oiseaux : ils mangeaient de la viande[*], mais petitement, surtout avant une chasse. Le soigneur réduisait la gorge (ration), voire la supprimait « pour les rendre plus ardents ».

Luynes rapporta que Louis XIII venait tous les jours ou presque. Cette visite réjouissait le duc, encore que l'objet fût « les oiseaux du cabinet[**] (et) le vol des milans et émerillons » que Sa Majesté « aimait beaucoup ». Les rapaces étaient importés de Grèce et des Pays-Bas, de Méditerranée aussi : le grand maître de Malte en envoyait jusqu'à douze par an. Luynes reçut l'un d'eux en guise de remerciement. Il avoua : « Je (le) chéris à l'égal de ma vie, le nommant Réal, parce qu'en me le donnant, il (le roi) l'honora de ce nom et me commanda de le nommer ainsi. » En tant qu'administration, la

---

[*] Un chien, surtout de vénerie, mangeait davantage, quoique sa ration contînt surtout du pain.

[**] Le cabinet désignait la volière et la salle contiguë qui conservait les oiseaux empaillés.

fauconnerie déployait un spectacle impressionnant. « Il fait beau voir tous ces chefs de vols, suivis de cent ou cent vingt fauconniers portant les oiseaux, et tous vêtus des livrées de Sa Majesté ; puis quatre autres portant les ducs pour attirer le milan, les corneilles, la buse, la crécerelle, le corbeau et autres oiseaux. » Les sorties ne manquaient pas : « Ces quatre (fauconniers) aussitôt que le roi est à demi lieue des faubourgs de Paris, et en part où l'on puisse commencer à voler, vont deux de çà et deux de là des ailes (côtés) du chemin que Sa Majesté fait. Et faisant voler leurs ducs, ils attirent toutes sortes de ces oiseaux. Et aussitôt qu'on les voit venir, on crie pour avertir : Milan ! Milan ! Corneille ! Corneille ! » En l'occurrence, l'oiseau nocturne, attaqué par les diurnes, distrayait le cortège.

La chasse au vol

La polyvalence du faucon explique l'appellation « fauconnerie » regroupant l'ensemble des services[61] ; chacun gérait un type de vol, avec dressage des oiseaux, équipements et équipages de chasse, l'organisation conditionnant de son déroulement. L'intérêt du spectacle résidait, là aussi, dans l'incertitude de l'issue : le rapace échouait souvent, incapable de « lier » sa victime s'il était faucon ou de « l'empiéter » s'il était autour ou épervier. L'intérêt résidait également dans la technique : certains montaient vers leur proie quand d'autres fonçaient sur le gibier à terre ou à faible hauteur. Mus non par l'instinct, mais par la voix et le geste du dresseur, ils quittaient leur perchoir : faucons, ils étaient « jetés » vers leur proie ; autours et éperviers étaient, eux, « lâchés ». Leur gibier était classé nuisible, jugement rapide, concevable envers les granivores, herbivores et fructivores, discutable envers les insectivores… Certaines chasses mobilisaient plusieurs rapaces. Deux figures étaient possibles : soit le fauconnier les faisait travailler ensemble, ce qui était de règle contre le héron (Texte 2) ; soit il les obligeait à combattre un autre oiseau de proie (Texte 1). La bataille s'engageait sur un équilibre des forces, par exemple l'épervier contre deux ou trois émerillons ; elle s'engageait aussi sur leur disproportion, par exemple le faucon contre un hobereau. Apparemment, il n'existait aucune conscience que, dans la nature, ces petits rapaces régulaient les effectifs des mulots et des autres rongeurs.

Le terme « faucon » valait pour l'espèce et pour toutes celles où il était précisé : faucons-gerfauts, faucons-laniers, etc., l'utilisation étant similaire. Cela dura jusqu'au XIXᵉ siècle : le savoir ornithologique éclipsa alors l'emploi cynégétique[62].

Entre faucons, les adjectifs indiquaient l'âge de la capture, élément essentiel pour le dressage. Les « sors » dits « passagers » avaient quitté le nid, mais ne volaient pas encore : ils furent longtemps confondus avec les « pèlerins », faucons communs. Les faucons « hagards » avaient déjà volé, ce qui gênait l'apprentissage car, trop curieux, ils étaient fort distraits. Les faucons « niais », dits « royaux », enlevés du nid, n'avaient jamais volé, ce qui aidait l'éducation. Mais cet avantage avait un prix, d'autant que leur mortalité était importante : les conditions offertes par la fauconnerie avec ses chaufferies étaient meilleures que dans les élevages ordinaires. La précocité de l'imprégnation liée à la fréquentation du fauconnier augmentait leur fidélité, encore qu'elle fût exagérée : le rapace « fidèle » reviendrait toujours vers son suzerain, c'est-à-dire vers celui qui le nourrissait. Le budget prévoyait d'ailleurs une prime pour remercier les gens qui ramèneraient le faucon « infidèle », en espérant que cela dissuaderait leur revente. En 1579, Henri III de Navarre accorda six livres à un paysan[63] : le geste le combla, quoique le chaperon orné de plumes d'oiseau de paradis coûtât cinq fois plus ! Maints exemples illustrent la fuite des faucons. Charles d'Arcussia* en relata deux qui traduisaient leur vitesse. « Du temps du roi Henri II, étant icelui à Fontainebleau, un sacret de sa Fauconnerie s'écarta, suivant une canne pentière. Lequel, le lendemain, jour de Notre-Dame de mars, fut repris en l'île de

---

* Charles d'Arcussia, seigneur d'Esparron (Var), fut consul d'Aix et député de la ville aux états généraux de 1596 et de 1619.

Malte ainsi que le grand maître d'icelle qui, pour lors, y était, l'écrivit au roi en lui faisant tenir. Et l'année passée, un faucon que j'avais donné (à Henri II) monta en essor à une lieue de Paris et, le même jour, fut repris à Clèves en Allemagne et rapporté à Paris à Monseigneur de Guise, à qui il appartenait[64]. » Henri l'avait donc cédé à Guise, mais Arcussia n'en fut pas amer, ayant eu un faucon maltais : offert par son roi, il lui devint « sacré ».

L'engouement de l'élite affectait la population de l'espèce. Chaque année, le roi du Danemark commandait des gerfauts d'Islande. Les oiseleurs contactés récoltaient les oisillons, en éloignant les adultes au moyen d'un pigeon ou d'une perdrix : ces géniteurs ne voyaient pas le piège, l'appeau battant de l'aile pour dégager sa patte. Les petits volés, les oiseleurs attendraient les naissances suivantes. Comme leur revenu en dépendait, chacun surveillait cette ressource afin qu'un concurrent ne l'obtienne pas ! En un sens, les aires étaient protégées, mais non défendues puisqu'elles finissaient désertées, ce qui compromettait le renouvellement des générations. Le fauconnier recevait les rapaces, conservait les plus beaux et refusait les autres : ces derniers seraient présentés à la noblesse. Le roi en offrait à ses alliés, à Louis XIII notamment. En France, le droit de préemption concernait l'aigle, l'épervier, l'émerillon et le faucon commun. Cependant, il en venait d'ailleurs, surtout des Orcades, archipel écossais, et de Courlande, province balte. Ces races éteintes, les importateurs prospectèrent le Proche et le Moyen-Orient : dans la péninsule Arabique, le faucon n'était-il pas le *Taïr-el-Hoor*, l'« oiseau de race » ? Quatre espèces furent retenues : le *Terakel* (sacre), dont la femelle possédait l'envergure de l'aigle pyrénéen ; le *Berana* (faucon de Barbarie), de moindre taille et de couleur grise ; le *Nebala* (faucon pèlerin), de dressage facile ; et le *Bahara* (faucon noir), réputé stupide. Comme les chefs bédouins le méprisaient, ils acceptaient son exportation, mais interdisaient celle des autres : les marchands soudoyaient les hommes et passaient les oiseaux en contrebande.

Les critères physiques étaient essentiels : on recherchait les signes de puissance et de courage, vertus guerrières, chez le faucon comme chez le gerfaut et, de manière générale, chez leurs tiercelets. En effet, chez toutes les espèces, les mâles sont plus petits que les femelles. L'écart est du cinquième et non du tiers, mais l'opinion était tellement ancrée qu'elle explique le terme « tiercelet ». Il leur fallait « la tête ronde, le bec court et gros, le cou fort long, la poitrine nerveuse (maigre), les cuisses longues, les jambes courtes, la main large, les doigts déliés, allongés et nerveux aux articles[65] ». Le descriptif conviendrait à un combattant trapu et musclé, morphologie qui ne caractérisait pas seulement l'aristocratie. Chez les rapaces, la « marque de bonté » suprême était de « chevaucher le vent », c'est-à-dire d'exploiter les courants porteurs ; juchés sur leur perchoir, ils restaient par contre « tranquillement et sans vaciller ». Quant aux couleurs, c'était moins affaire d'esthétique que de tempérament. Le pennage brun et uni annonçait l'humeur égale, et le noir, l'humeur farouche. Cela annonçait l'oiseau réceptif ou l'oiseau coléreux qui risquait d'agresser le soigneur ou de lacérer le gibier. Le coloris des serres intervenait aussi : vert pâle, le chasseur était excellent, et jaune vif, décevant. Cet « égalé », dit « haglé », ne méritait pas son entretien – d'où une revente rapide.

Le rapace acheté était transporté à l'été, la saison des vols ouvrant en automne, quand l'air fraîchit. Le dresseur lui mettait ses entraves avec la bague pour l'identifier et ses sonnettes pour le repérer. Le premier jour et les nuits suivantes, il le chaperonnait : l'oiseau supportait mal la nuit et le jeûne forcés, ce qui l'épuisait et atténuait « sa fierté naturelle », c'est-à-dire son agressivité. Selon un lieutenant des chasses au parc de Versailles, « les besoins étant le principe de (sa) dépendance, on cherche à les augmenter », puis « on le satisfait après l'avoir excité, et la reconnaissance l'attache à celui-là même qui l'a tourmenté ». La soumission obtenue, le dressage opérait en chambre : le fauconnier associait la viande à un appel, diphtongue stridente ; il l'éloignait quand l'oiseau fonçait dessus. Après quelques jours de frustration, celui-ci comprenait que la nourriture serait distribuée à la main, sur perchoir et par « beccades » (bouchées). « Toutes ces leçons doivent être répétées souvent, et, par le progrès de chacune, le fauconnier jugera de celles qui auront besoin de l'être davantage. Il faut chercher à bien connaître le caractère de l'oiseau, parler souvent à celui qui paraît moins attentif à la voix, laisser jeûner celui qui revient moins avidement au leurre, veiller plus longtemps celui qui n'est pas assez familier, couvrir souvent du chaperon celui qui craint ce genre d'assujettissement. » Les acquis étaient vérifiés et les oublis, sanctionnés : le fauconnier affamait au moyen de « cures », pelotons de filasse avalés et régurgités, et punissait le méchant qui « cherch(ait) à se défendre » en lui mouillant la tête.

Les étapes suivantes élargissaient le cercle de captivité : le rapace travaillait d'abord sur enclos herbeux, ensuite sur pelouse dégagée, et toujours au bout d'une « filière » (laisse). La méthode ressemblait au dressage des chevaux en manège puis sur pré, et toujours au bout d'une longe. Au début, le fauconnier l'obligeait à sauter sur le poing ; il lui enlevait et lui retirait son chaperon plusieurs fois de suite jusqu'à ce que le geste semblât normal. Bien vite, il lui présentait le « leurre », assemblage de pattes et d'ailes, qui le ferait revenir vers son perchoir, à condition que l'appel en indique la direction. Peu à peu l'oiseau liait le mouvement du leurre et la modulation du cri à l'endroit où la pitance attendait.

Cependant, ce leurre ne servait pas aux rapaces qui voleraient la pie ou la perdrix. Ceux-là découvraient le « vil » (la proie) plus tôt. C'était un pigeon saigné et pendu à un piquet, puis un deuxième qui volait au bout d'une ficelle, et, enfin, un troisième aux yeux crevés, qui volait librement, mais lourdement : la prise était aisée et la récompense, immédiate. L'apprentissage du faucon à corneille était similaire, à ceci près que le corvidé remplaçait le columbidé. L'exercice était renouvelé avec des bandes de pigeons ou de corbeaux. Il existait un élevage à cet usage. Le rapace pourchassait la victime qui lui était désignée ; plus tard, il ne poursuivrait que celles de cette espèce. A ce stade, le rapace ne la becquetait pas, ce qui l'obligeait à répéter les attaques. Cette docilité restait superficielle car il lui arrivait d'élire une autre proie, de refuser l'envol ou de préférer la fuite. Ces manifestations rappelaient au propriétaire la différence entre « apprivoiser » et « domestiquer » : le rapace demeurait sauvage ; il obéissait au fauconnier, mais ne l'aimait pas, la réciproque n'étant pas vraie.

L'entraînement cynégétique en milieu libre démarrait alors : les filières traînantes limitaient les distances parcourues et allaient par deux, afin de préserver l'équilibre en vol. Dans les entraînements au poil, l'assistant fauconnier égorgeait un lièvre et lui écartait la peau pour découvrir la plaie. Le rapace était « appelé ». Il répondait en maltraitant la dépouille : on la lui laissait pour qu'il y prenne goût. Il était d'autant mieux affriandé qu'elle lui était proposée sept jours durant. Après ce régime, le dressage réclamant huit semaines, le fauconnier faisait courir un lièvre vivant : avant de le lâcher, ses oreilles étaient tordues, les couinements de la bête et l'appel du fauconnier se confondant. Excité, le rapace s'élançait sur lui, s'acharnait sur la tête et s'efforçait d'arracher le corps. Cela révélait le combattant : ni pitié ni crainte, mais de la fureur. Si l'ordre donné suffisait à l'arrêter, il obtenait la « curée », faite des entrailles, du foie et du cœur, organes au puissant fumet.

Ces réactions paraissaient de bon augure. Elles étaient vérifiées avant le début des chasses. L'oiseau était testé au cours de sa première sortie, juché sur le poing du fauconnier. Autour de sa monture, ses assistants avançaient à pied, transportant les paniers qui contenaient quatre à cinq lièvres pour un faucon, autant de lapins pour un autour. Arrivé en terrain plat, le fauconnier ôtait les filières traînantes, prenait un rongeur, lui cassait deux pattes et le lâchait à portée d'œil : la bête tentait de fuir, mais difficilement, quand le rapace était projeté sur elle. L'épreuve était refaite avec un animal moins abîmé, puis avec un animal valide.

L'examen réussi, l'ultime principe était de tuer sans manger, ce qui supposait de renoncer à la proie, gibier que rapportait le chien. Ayant lâché prise, le rapace rejoignait son perchoir, où il recevrait la beccade espérée. En un sens, si le fait de jeûner était frustrant, ce qui était imposé avant une chasse, manger l'était aussi, puisque son menu ne serait fait que « de tranches de bœuf et de gigots de mouton », des viandes crues, certes, mais d'élevage.

*

Au fond, les chasses au vol proposaient la version aérienne des combats terrestres, dans ces arènes où les « féroces » combattaient jusqu'à la mort : un ours contre des loups, mêlée indécise, ou un lion contre des chiens, lutte inégale. Mais leur spectacle imposait une violence tout aussi maîtrisée que celle des tournois et des duels. Au reste, il déclina en même temps qu'eux : les autorités réglementèrent les tournois pour limiter les accidents et interdirent les duels pour empêcher les vengeances. Ces chasses obligeaient à retenir les chiens ; ils ne devaient pas gêner les évolutions du rapace, mais l'aider en débusquant et en rapportant le gibier. Il convenait donc qu'ils refrènent leurs aboiements et demeurent au pied, réactions que ne demandait pas la vénerie[66]. Ces chasses permettaient aussi d'admirer les parures des cavaliers, des montures et, bien sûr, des rapaces, les vedettes du spectacle. Dans ses *Dames galantes*, Brantôme dépeignit les atours de Diane de Poitiers et de son entourage. Toutes étaient « accoutrées de diverses façons d'habits et de taffetas rayés d'or, tant plein que vide, et de plusieurs autres couleurs à l'antique, entremêlées tant pour la bizarreté (originalité) que pour la gaieté, les chausses et bottines de satin, leur tête adornée de même à la nymphale, avec force perles et pierreries. Aucunes conduisaient des limiers, petits lévriers et autres chiens en laisse, avec les cordons de soie blanche et noire – couleurs du Roi pour l'amour d'une dame du nom de Diane qu'il aimait[67] ». Ces « divertissements plaisants » avaient les faveurs de la maîtresse, de l'épouse également, tendance commune à toutes les dames de grand lignage. Evidemment, les chasses plus physiques et plus mobiles bannissaient les excentricités vestimentaires. Ce n'est pourtant pas le goût de la simplicité qui évinça la fauconnerie, mais l'efficacité du tir.

2

Les ayants droit

La fauconnerie coûtait cher, mais infiniment moins que la vénerie. Ses crédits furent maintenus par Louis XIV et supprimés par Louis XVI. En revanche, le premier augmenta le budget de la vénerie, que le second pratiqua jusqu'aux derniers jours de la monarchie. Ce n'était donc pas affaire d'économies, mais de mentalités. Naguère, l'amateur appréciait les mouvements des rapaces, leur réussite étant secondaire ; maintenant, il mesurait le succès par le nombre de prises. Tous les habitants désiraient une arme à feu, les uns parce qu'elle était interdite et les autres parce qu'elle était inaccessible. Quand les prix baissèrent, les nobliaux furent les seuls à continuer le bas vol : cela les identifia au hobereau, leur rapace préféré. La fauconnerie périclita jusqu'au XIXᵉ siècle, sa résurrection tenant à l'histoire et aux fêtes médiévales. Le dressage exploitait les réflexes sauvages : aujourd'hui, certains le diraient barbare ; autrefois, il valait pour tout être, homme, enfant ou bête. Le tir ouvrit une nouvelle époque, celle où le pouvoir contrôla les chasses. Les juristes fixèrent le statut des ayants droit au travers des textes relatifs au port d'armes, à la clôture des parcs et à l'accès des réserves. Ils fixèrent aussi celui des forêts afin de concilier sylviculture et cynégétique. Les souverains étaient concernés : ces mesures furent appliquées dans leurs domaines puis étendues au nord de la Loire. Compte tenu de cette géographie, les provinces méridionales ou frontalières furent traitées à part[1]. Revenir là-dessus enflammait les esprits, si bien que les gouvernements laissèrent en l'état : le chantier resta ouvert en 1789.

Le cadre des ordonnances

Les armes de tir étaient anciennes mais, à l'époque moderne, l'arc, la fronde, la sarbacane servaient aux jeunes garçons pour abattre un lapereau, une merlette, un écureuil. Au XIIe siècle, l'arbalète « gothique » fut inventée, avec son arc en bois et en corne, et son arbrier long et svelte. Au XVe siècle, l'arbalète « allemande » la remplaça avec son arc en acier. L'utilisation réclamait expérience et habileté : l'arme était bandée au moyen d'un cric ; la corde bougeait peu car insérée dans l'encoche de la « noix », cylindre taillé dans le merrain de cerf ; il pivotait à la détente, libérant la corde qui glissait le long de l'arbrier et lançait le trait avec force. La double détente procura le même effet avec une moindre pression, premier progrès dans le principe de percussion. Cette arbalète survécut jusqu'au XVIIIe siècle, grâce aux retouches apportées au système de bandage. L'arbalète « à coulisse » posséda même une rainure couverte, son logement recevant les balles. Certaines résistèrent d'autant mieux à la concurrence du fusil qu'il leur empruntât beaucoup.

La force de traction d'une arbalète de chasse atteignait 550 kilogrammes et la vitesse initiale, 67 mètres par seconde : la portée théorique était de 300 mètres et la portée pratique, de 75 mètres[*]. Les traits (carreaux) étaient empennés de lamelle ou de parchemin, et terminés par une pointe à barbillons qui restait dans la plaie. Pour tirer les oiseaux, le chasseur préférait les bougons à tête plate qui les assommaient : après engraissement, la cuisinière ou la ménagère les étranglait en fonction des besoins ; les cages

---

[*] Les calculs de portée sont effectués avec un angle de 45°, celui d'un chasseur visant son gibier.

pendaient au plafond. Au XVᵉ siècle, l'arquebuse fut adaptée à la chasse, mais l'arbalète, même très ancienne, lui résista fort bien. Cela tenait au réglage compliqué et aux résultats incertains. Le mécanisme grinçait et bloquait, et son poids était tel que, pour le monter jusqu'à l'épaule, il fallait poser le canon sur la « fourche » (appui). La mise en feu ratait souvent, d'où l'expression « faire long feu ». C'était l'échec assuré par temps humide ! Les maîtres mots étaient déjà la commodité, la fiabilité et la rapidité.

Le durcissement général

Le fonctionnement de l'arquebuse dépendait de la poudre noire, de son dosage, de sa nature et de son état : l'explosion libérait l'énergie qui propulsait la balle à l'intérieur du tube de métal ; ce canon était installé sur un fût de bois que prolongeait la crosse, de bois aussi, qui permettait d'épauler. Les édits de François Iᵉʳ en 1515 et d'Henri II en 1543 la classèrent « arme de chasse » lorsqu'elle fut allégée : posté sur un passage de gibier, l'amateur l'employait à l'affût. A présent, au lieu du rouet, la détente actionnait un chien dont les mâchoires maintenaient le silex ; l'étincelle survenait quand, débloqué, il rencontrait la batterie métallique : le pulvérin puis la poudre prenaient feu. Au XVIIᵉ siècle, cette arquebuse « à fusil » fut nommée « fusil » avec la parution du double canon : superposés ou juxtaposés, ces canons autorisaient le tir double. Bien évidemment, il fallait les charger par la gueule et tasser la charge, poudre, bourre, carton, balle, en enfonçant la baguette plusieurs fois de suite. Le geste prenait du temps et n'était pas fini que l'animal surgissait... Entre la fin du XVIIIᵉ siècle et le milieu du suivant, les plombs de chasse permirent un tir plus efficace, et les cartouches* un chargement plus rapide,

---

* La cartouche réunissait la charge, contenue dans la douille éjectée au moment de la percussion, et la balle qui perforait ou les plombs qui, dispersés, augmentaient les chances de toucher la cible.

puisqu'il opérait par la culasse*. Cette arme, même dans ses premières versions, constituait une avancée notable. L'admettre n'empêcha pas les uns de déclarer le résultat médiocre, et les autres, le principe « ignoble », c'est-à-dire indigne d'un homme bien né. De fait, le tir surprenait le gibier, ce qui diminuait ses chances ; il supprimait le combat, ce que regrettait la noblesse[2]. Ces esprits chagrins firent silence quand Louis XIV afficha un autre point de vue. Toute la noblesse, du moins celle qui le pouvait, adopta le fusil. Comme elle n'était pas la seule, il devint urgent de légiférer.

Cette révision était utile, les textes étant rares et confus ; elle commença au lendemain des guerres religieuses, terminées sous Henri IV, et des révoltes fiscales, réprimées sous Louis XIII. Avec le Béarnais, les rentiers du sol, bourgeois d'une ville privilégiée, perdirent leur droit de chasse. Mais le texte de 1601 l'accorda par délégation ou par acquisition : il suffisait de négocier une concession ou d'acheter une seigneurie[3]. Mieux, le texte ouvrait la porte aux receveurs, aux serviteurs et aux gardes qui chasseraient dans les limites du domaine où ils résidaient. Cela faisait beaucoup de monde ! L'idée germa de restreindre la pratique aux armes anciennes, ce que devenait l'arquebuse traditionnelle. Certains chasseurs n'en possédaient pas, qui l'empruntaient à d'autres, notamment au seigneur : responsable de cet abus, il répondait des délits qui en proviendraient : les incursions dégradaient les récoltes et perturbaient les naissances. L'ordonnance de 1601 offrait trop d'inconvénients pour être gardée, mais le texte de 1602 qui la remplaça fut tellement incompris qu'il fallut le compléter ; celui de 1604 rappela donc que les nobles gênés par l'âge, une blessure ou une maladie pourraient maintenir leur permission : un serviteur chasserait à leur place et, au retour, leur en donnerait le produit et le récit. Ainsi, les

---

* Le principe de la culasse fut appliqué par l'allemand Krupp aux canons puis aux fusils de guerre ; il fut très vite adapté aux armes de chasse pour la rapidité du tir.

juristes affirmaient deux principes[4]. Le domaine seigneurial englobait la terre, le gibier, les auxiliaires de chasse, les animaux d'élevage et l'ensemble des personnels. Le maître en disposait à son gré, mais selon son rang, ce qui renvoyait *au statut du propriétaire* et non à la nature de la propriété.

La question du statut étant formulée, mais non résolue, l'ordonnance d'avril 1669[*] indiqua la position officielle : les gentilshommes continueraient à chasser pour entretenir leurs armes, leur santé et leur force ; les roturiers cesseraient de chasser, l'exercice détournant les paysans de la terre, les marchands de leur commerce et les artisans de leur travail. Elle les préserverait ainsi d'une oisiveté regrettable, ce qui rappelait à tous que le roi était le père de ses sujets. Etape majeure dans l'histoire des chasses, elle passa fort mal : certes, le parlement de Toulouse l'enregistra en 1670, mais celui de Franche-Comté la repoussa jusqu'en 1694 ! Et, pourtant, elle confortait les mesures de 1515, de 1602 et de 1604, et la trentaine d'arrêts relatifs à leur application ; elle codifiait l'ensemble pour infléchir sinon éteindre les pratiques locales que la réformation générale des forêts révélait[**]. Le texte de 1669 n'échappa pas au sort commun : il exigea précisions et avenants au travers des arrêts du Conseil : plus de 200 entre 1670 et 1789 ! Conservatrice, l'ordonnance accentua la répression. La protection de la société fut renforcée : les roturiers furent interdits de chasse ; les nobles sans « fief, ni seigneurie avec haute justice » furent traités de même, d'où les réticences parlementaires. La protection du domaine fut resserrée : les nobles ne pouvaient plus chasser à moins de 12 kilomètres des bornes et des fossés ; ils ne pouvaient plus user d'arquebuses et de chiens dans les capitaineries royales[5], si bien que les nobles méridionaux furent heureux

---

[*] Cette ordonnance est souvent confondue avec celle d'août 1669 qui concerne les forêts, mais qui, de ce fait, renferme des dispositions concernant les chasses.

[**] Cette opération gigantesque, qui supposait de cartographier le patrimoine sylvicole du royaume, débuta après la mort du cardinal-ministre, en 1661.

que leurs provinces n'en eussent pas. Enfin, la protection des animaux fut imposée : les sujets qui détenaient enclos, vergers, jardins et terres dans le ressort de ces circonscriptions ne pouvaient plus percer les murs pour traquer le gibier ; ils ne pouvaient plus y prendre les œufs de caille, de perdrix, de faisan ou de dindon, espèce récente[*].

L'ordonnance annonçait les orientations prochaines : annexer le droit de chasse à la propriété et préserver les milieux naturels en fonction des espèces et des naissances[6]. Aussi interdit-elle la chasse nocturne : le gibier diurne – le seul qui comptât – était surpris dans son sommeil, ce qui le rendait vulnérable. Les braconniers en profitaient « à la lueur des feux qu'ils allument dans les forêts dont il est arrivé de grands embrasements ». L'exception en faveur des gentilshommes cantonnait cette pratique à leur seigneurie. L'article 12 durcissait les châtiments encourus par « tous (les) tendeurs de lacs, tirasses, tonnelles, traîneaux, bricoles de corde et de fils d'archal, pièces et pans de rets, colliers, halliers de fil ou de soie », puisqu'en très peu de temps ils prenaient beaucoup de proies. La première fois, ce serait le fouet avec 30 livres d'amende, et la seconde, la fustigation avec bannissement, l'individu étant marqué au fer rouge pour le reconnaître s'il revenait dans les parages. L'exception en faveur des roturiers concernait les migrateurs, rongeurs ou oiseaux. Elle admettait le commerce des engins et des pièges : « poches et panneaux à prendre lapins, halliers à caille, nappes et filets à alouettes, grues et merles, ramiers, bizets, bécasses, pluviers, sarcelles et autres oiseaux de passage ». Mais elle restait vague quant à leur droit d'en poser : certains se ruèrent dans la brèche qui s'avéra difficile à combler. Par contre, l'article 16 spécifiait que ces chasses populaires s'effectueraient sans l'aide de chiens : ils mangeraient les portées et troubleraient celles qu'ils auraient épargnées.

----

* Le dindon, importé d'Amérique du Sud, fut introduit dans les parcs puis dans les bois, à commencer par le massif de Saint-Germain (Yvelines) sous Louis XIV.

Cette ordonnance pour le Règlement des Chasses, bien que générale, favorisait les « plaisirs » du roi. Le principe remontait au xvᵉ siècle[7]. Les juristes concevaient le droit de chasse comme un attribut de la monarchie : le souverain était libre de l'exercer, de le déléguer, de le suspendre ou de l'éteindre. Ce principe justifiait de le retirer aux roturiers – c'était leur éviter la paresse – et de l'accorder aux gentilshommes – c'était entretenir leur vocation militaire, à condition de ménager les récoltes. Sinon, ils heurteraient l'intérêt collectif : le prélèvement de l'impôt et l'alimentation des gens dépendaient du volume céréalier. Sinon, ils détruiraient le gibier à plume et à poil : il habite et se reproduit dans les chaumes. C'est une des raisons qui obligeaient à commencer les chasses au vol à l'automne, quand le glanage et le battage étaient terminés et les parcelles désertes : les paysans travaillaient à l'affouage ou au voiturage des farines et des huiles que livraient les meuniers. Aux Pays-Bas espagnols, ces mesures existaient depuis 1613, liées, là aussi, à l'essor de la chasse au tir. L'ensemble, 116 articles, précisait l'usage des armes à feu, le commerce du gibier, la pratique du piégeage, la présence des chiens, la période de chasse et la protection des oiseaux. Il perdura sous le titre de Code de la Chasse des Provinces belgiques. La Liste des édits et ordonnances des Pays-Bas autrichiens de 1700 à 1794, publiée en 1858, montre leur application régionale. Les nuances n'affectèrent pas le socle commun : définition des ayants droit, préservation des « récoltes sur pied », ouverture au 1ᵉʳ septembre, obligation de poursuivre les délinquants, tarification des amendes et apposition en réserve de la forêt de Soignes et de la plaine de Boisfort. Cette réserve profitait au « souverain en Brabant », c'est-à-dire aux gouverneurs autrichiens[8]. Mais, comme ils ne sauraient sortir tous les jours, les nobles et les échevins obtinrent le droit d'y chasser. En fait, ils l'avaient si leur communauté l'avait eu voilà longtemps, ce qui était autrement restrictif ! Ainsi, dans toute l'Europe occidentale, le droit de chasse devenait régalien et privilégié.

Parfois, l'élite roturière accédait aux « agréments » nobiliaires en fonction non du droit nouveau, mais du droit ancien, situation résiduelle de coutumes généreuses[9]. Les habitants ne cessèrent donc pas de réclamer la suppression des nuisibles en invoquant la protection des cultures et l'histoire des provinces.

Les tolérances régionales

Les provinces frontalières jouissaient d'une dérogation qui tenait aux droits étrangers et coutumiers. C'était le cas en Flandres, Artois, Alsace, Roussillon et Franche-Comté : leurs avantages précédaient l'annexion et la monarchie les conserva. Les Etats de la maison d'Albret bénéficièrent ainsi de privilèges incroyables en Guyenne ou en Languedoc.

Les habitants de ces provinces en obtinrent certains en 1501, dans une période où Louis XII engageait les guerres d'Italie pour récupérer son héritage. L'ordonnance ménageait les autochtones qui chassaient dans les forêts et les parcours[10], la verbalisation intervenant en cas d'entrée dans les garennes réservées à la reproduction des gibiers puis des lapins. Depuis, ils chassaient sans crainte : François Ier confirma leurs privilèges en 1535 et ses successeurs en firent autant. Au reste, lors des conflits civils qui marquèrent la régence de Catherine et la royauté de ses fils, qui aurait poursuivi leurs infractions ? Le laxisme général – toutes les provinces le connaissaient plus ou moins – répandit le sentiment que certaines chasses étaient admises. Et d'ailleurs, au moment d'enregistrer l'ordonnance d'avril 1669, les parlementaires toulousains n'en discutèrent même pas... Aussi la désillusion fut-elle brutale quand les arrêts, commentés au prône et placardés sur la place, empêchèrent « tous les marchands, paysans, artisans et roturiers non possédant justice ou fief noble (dans ces provinces) et non imposés à la taille, de chasser, en aucun temps et en aucune manière ». Pour les gens d'Aquitaine, ces textes bafouaient leurs acquis[11] en liant l'exercice des chasses à la détention seigneuriale et à la position nobiliaire ; ces textes choquaient d'autant plus que le droit romain excluait la possession sans titre. Faute d'en

avoir pour démontrer un droit de chasse exclusif, les seigneurs perdirent en appel.

En fait, les magistrats acceptaient tout ce qui était situé
entre chasses autorisées et délits caractérisés : l'essentiel,
c'était que le propriétaire ne déposât pas plainte, ce qui mettait la machine judiciaire en branle. Au demeurant, ils
essayaient d'arranger les deux parties, initiative impossible
quand l'une d'elles était une capitainerie[12]. Tous interprété-
rent largement le mot « gentilhomme » : ils mettaient dans
cette catégorie « les bourgeois et (les) autres personnes
vivant noblement de leurs rentes, ou exerçant des professions honorables comme juges, avocats et médecins, quoique roturiers » ; ils fermaient les yeux sur les bourgeois qui
chassaient sur leurs terres ; souvent ils faisaient de même
pour les artisans qui chassaient sur leur « bien de roture ».
Dans sa *Nouvelle maison rustique*, Liger les approuvait puisque l'expression « noble homme » honorait les rentiers du
sol jusque dans les actes notariés. Mais il ignorait qu'au pays
de Soule tout le monde était « noble » : il suffisait de quatre
générations d'ancêtres basques pour figurer comme tel dans
l'enceinte des tribunaux. Aussi la coutume de 1520 déclarait-
elle la chasse et la pêche usages « communs et francs (libres)
à cha(que) manant et habitant dudit pays » ; elle permettait
donc « à tout manant et habitant de chasser, prendre vautours et éperviers au filet ». Les Fors de Navarre, rédigés en
1555, furent rappelés en 1611 ; ils exigeaient seulement que
la période de chasse fût respectée des roturiers : l'ouverture
n'était pas encore fonction des espèces chassables.

Il est vrai que les coutumes provinciales convenaient mieux
aux économies autarciques que les ordonnances royales : les
chasses constituaient plus un moyen de subsistance que de
divertissement. Il est vrai aussi que leur restriction attentait à
l'identité régionale et qu'en la matière les épidermes étaient
sensibles. Le règlement de 1555 autorisait les Béarnais à
prendre tout gibier, sauf perdrix et lièvres, dans les montagnes d'Ossau, d'Aspe et de Barétons : il était dangereux de le
contester. Un ingénieur à la mâture, envoyé de La Rochelle,
confessa sa surprise que « les habitants des vallées de la pro-

vince du Béarn (aient) des droits qui leur ont été accordés par les rois de Navarre et conservés lorsque cette province a été réunie à la couronne de France[13] ». Il en était de même pour ceux des Pyrénées maritimes et ariégeoises : les gens chassaient la palombe et versaient une redevance à la communauté ou au propriétaire[14] ; ce droit de palomance était d'un oiseau sur dix, rappel de la dîme payée au curé : une gerbe sur dix. Ce système était habituel bien que, parfois, la redevance fût pécuniaire[15]. Le métayer de Blettes (Hautes-Pyrénées) la donnait à la duchesse de Gramont, vicomtesse d'Asté en Bigorre, depuis l'année où il planta pour les prendre au filet « ses trépieds aux endroits qui seront nécessaires ». En 1650, vu la faiblesse des densités humaines, il ne lésait personne.

Les petits arrangements entre gens de bonne compagnie caractérisaient le Sud-Ouest, l'étendue landaise étant sèche l'été et trempée l'hiver, et le Nord-Ouest, épuisé par les conflits franco-anglais avec la guerre de Cent Ans et les conflits franco-espagnols avec la guerre de Trente Ans. La pression des troupes, leurs exactions et leurs pillages durèrent jusqu'au mariage de Louis XIV avec l'infante Marie-Thérèse. Les seigneurs créaient des bastides et des villeneuves pour tenir le pays et donnaient des franchises pour fixer les immigrants, franchises assorties de droits d'usage. Ainsi, chasser était possible en remettant la moitié des prises au garde du seigneur, geste qui reconnaissait sa propriété éminente et sa justice basse et haute. Dès lors, pourquoi les habitants auraient-ils respecté une législation moins intéressante que leurs coutumes ? Pragmatique, l'ordonnance de 1669 les ménageait d'ailleurs en arguant des spécificités géographiques. L'article 15 permettait à tout seigneur de tirer à « l'arquebuse sur toutes sortes d'oiseaux et de gibier de passage, hors le cerf et la biche, à une lieue de nos plaisirs, tant sur leurs terres que sur nos étangs, marais et rivières[16] ». Cela suggérait que si la chasse royale n'était pas exploitée, les gentilshommes de la province, seuls habilités à tirer, en profiteraient, alors que les roturiers chasseraient les migrateurs aux filets[17].

Dans les provinces orientales, la situation était inverse : la tradition germanique valorisait l'exploit cynégétique, mais l'attachait à la *juridiction* et non au privilège. Les détenteurs du droit de chasse pouvaient donc l'exercer, le déléguer ou l'affermer à une communauté, et non à un individu. Au XVIe siècle, cette situation commença à évoluer, les seigneurs réduisant les usages forestiers[18]. La mesure alourdit le climat social dans lequel éclata la guerre des Paysans (1524-1526). Le landgrave de Wissembourg fut de ceux qui poussèrent à cette révision. Désormais, en Alsace, il y eut la « haute » (cerf, élan) et la « moyenne » chasse (chevreuil, sanglier), dévolues à la noblesse, et la « basse » chasse (nuisibles), délaissée aux roturiers. Cela montrait que les nuisibles ne relevaient pas de la *foresta* (réserve) où les espèces étaient protégées. Aussi leur destruction était-elle accordée, et les pièges et les poisons, autorisés. Le règlement forestier du comté de Nassau-Sarrewerden consentit ainsi aux pièges à blaireaux, à loutres et à martres. Une fois la guerre finie, la répression fut féroce et les habitants oublièrent l'état antérieur... En Lorraine, l'influence française justifia les mêmes changements[19], le duc Antoine ayant vécu à la cour des Valois. La déclaration de 1528, renouvelée en 1698 et 1704, imposait aux roturiers de ne plus chasser au tir et de mettre un billot aux chiens qui aimaient chasser : la prochaine fois, leur jarret serait coupé. Dans ces provinces, la restriction des droits de chasse conduisit à indemniser les dégâts de gibier. De fait, en 1546, quand les riverains du Rheinhardwald lui montrèrent les ravages des sangliers, le comte de Hesse compensa la destruction des blés en distribuant des grains.

Les réserves à gibier

La critique d'une réserve à gibier[*] commençait du jour où les villageois en découvraient le tracé. Ce fut le cas à Imbsheim (Bas-Rhin) : les habitants déposèrent plainte

---

* La colère était semblable à l'égard des réserves à bois, leurs arbres étant destinés à produire du bois d'œuvre. Le système fut généralisé au XVIIe siècle. Les réserves à gibier remontaient, elles, au Moyen Age.

contre M. de Hanau. Le comte entendait « chasser et parquer » dans le Breitschlob. Or, les paysans exerçaient leur paisson dans ce canton : étant « dans leur propre forêt », ses officiers ne pouvaient « rien prétendre ». Le malentendu remontait à la transaction de 1503 : le chapitre de Neuwiller échangeait le relais d'Imsthal et son droit de chasse contre la réfection de l'église de Weinburg. Malheureusement, le document négligea les usages. Mais omission n'implique pas extinction : la charte restant en vigueur, le procès dura jusqu'au XVIIIᵉ siècle ! La communauté ne capitulait pas. Comme l'abondance du gibier lui occasionnait des désagréments, pertes en pâtures et dégâts aux récoltes, elle refusait son élevage et, partant, sa concentration. Ces objectifs différenciaient réserves et ménageries. Celles-ci encageaient les animaux, à l'instar de la Ménagerie royale qui engendra le Muséum national d'histoire naturelle, le Jardin des Plantes lui étant annexé. Au contraire, les réserves leur permettaient de circuler. Mais il était interdit de les chasser, encore que le propriétaire puisse consentir une exception. Ces aménagements étaient le fait de privilégiés suffisamment possessionnés pour affecter une partie des terres à la reproduction cynégétique. Leur géographie correspondait aux zones giboyeuses du Moyen Age[20] : au centre du massif était la résidence forestière, occupée en saison de chasse.

Les parcs à gibier étaient établis en milieu boisé, dans les portions claires facilement convertibles en pelouses arborées. Ces espaces étaient ceinturés pour éloigner les intrus, hommes ou bêtes[21]. Leur clôture les distinguait des réserves à gibier et des étendues de chasse, massifs, landes, chaumes ou prairies naturelles. Selon les contrées, c'était une haie, une muraille ou une palissade. Souvent, cette clôture était renforcée par un fossé, un rempart surmontant son talus comme à Vincennes (Val-de-Marne) et à Boulogne (Hauts-de-Seine), à Ravenstein et à Tervuren (Bruxelles-Région), à Clarendon (District Londres) et à Havering (Essex). Le fossé était interne, pour retenir le gibier, ou externe, pour repousser le bétail : d'après M. Birrel-Hilton, certains mesuraient 10 mètres de large[22]. Le bâti – dont très peu subsiste – atteignait 3 mètres de hauteur pour 5 mètres à la base, ce qu'attestent les vestiges de Parcq-en-Artois, l'Hesdin médiéval (Pas-de-Calais)[23]. Les parcs pouvaient embrasser une surface conséquente, ce qui rendait, par comparaison, les parcelles voisines minuscules : selon M. Beaumont-James qui en repéra plus d'un millier[24], ceux de la moyenne noblesse anglaise recouvraient 40 à 120 hectares et ceux de la haute aristocratie, 500 à 1 500 hectares. Au XIIe siècle, le parc de Clarendon englobait 1 800 hectares et le parc de Vincennes, 700 hectares, les acquisitions et les confiscations du XIIIe et du XVe siècle l'amenant à 1 200 hectares. Enclore ces territoires supposait de l'argent et des hommes : les enceintes s'étiraient sur 7 kilomètres à Aisey-sur-Seine (Côte-d'Or), le double à Hesdin, le triple à Clarendon et à Tervuren ! Les comptes royaux et princiers précisent les salaires des constructeurs ; les corvéables fossoyaient et évacuaient la terre, extrayaient et transportaient les moellons de la carrière seigneuriale. L'installation, le façonnement et la fermeture amplifiaient la dépense : les grilles avec serrures étaient encadrées de pavillons où les gardes logeaient et filtraient les entrées.

Les parcs des Artois et des Bourgogne ont été étudiés du XIIIe au XVe siècle par François Duceppe-Lamarre, archéologue et historien[25]. Celui d'Hesdin (Pas-de-Calais) dépendait des Artois d'abord, des Bourgogne ensuite : 2 000 hectares boisés le cernaient. Celui de Mormal (Nord) relevait des comtes d'Avesnes, puis de la Maison de Bavière, enfin de la Maison de Bourgogne[26] : 9 000 hectares boisés le jouxtaient. Car, la relève assurée, les cervidés étaient relâchés. Aujourd'hui, la forêt d'Hesdin est défrichée pour moitié, et celle de Mormal, amputée des boqueteaux adjacents ; distantes de 110 kilomètres, c'étaient des chênaies-hétraies. Autrefois, le parc d'Hesdin était maçonné, mais en 1553 Charles Quint le fit araser, Mormal restant simplement fossoyé. Le premier renfermait une trentaine d'espèces et le second, une quinzaine. Leur présence reflétait le clivage entre herbivores, protégés, et carnivores, pourchassés ; la classe intermédiaire était jugée sur sa valeur culinaire (Tableau 1). Les indésirables comprenaient la buse, le loup, le blaireau, la loutre, le renard, la belette et le chat sauvage ; certains finissaient à la ménagerie avec les ours et les castors, espèces autochtones, les buffles et les chameaux, espèces allochtones[27]. Les favorisés étaient en semi-liberté comme l'aigle, l'autour, le gerfaut et l'épervier, logés à la fauconnerie, ou le cerf, confiné à l'intérieur du parc. Les princes français et anglais aimaient particulièrement le daim. Havering en recevait 40 par an, ce qui en faisait l'espèce la mieux représentée. Les registres franciliens ou bourguignons ne consignant pas les entrées et les sorties, les effectifs demeurent inconnus.

Les traités de chasse éclairent ces remarques. Celui d'Henri de Ferrières mentionne 20 animaux sauvages, dont 11 mammifères et 9 volatiles. Les mammifères, des cervidés et des sangliers, occupent 78 chapitres, 63 % de l'ouvrage, et les volatiles, des rapaces en général, 22 chapitres, 28 % du volume. L'élevage visait à restaurer, voire à étoffer leur population. Pour l'auteur, 40 % des « belles chasses » étaient faites de cervidés et de sangliers, et 60 %, de lièvres et de gibier à plume, de hérons surtout. Ferrières suggérait ainsi que les chasses au loup, au renard, à la loutre et au blaireau étaient moins plaisantes qu'utiles... Il négligea l'aigle et la buse, l'ours et le chat sauvage, fréquents en fauconnerie et ménagerie ; il n'évoqua pas non plus la martre, la fouine et la belette que citaient ses contemporains. Tous décrétaient ces espèces exécrables ou indifférentes, en fonction des réactions face au chasseur. Ferrières évinçait l'aigle du haut vol en raison de son naturel charognard (chapitre CXXIV), quand le *Guillelmus falconarius* l'écartait pour son envergure : il impressionnerait la concurrence (chapitre XXXIV). « Prends garde (que le faucon noir) ne voie l'aigle car, s'il le voit, il ne prendra plus d'oiseaux. » Phébus déclarait le blaireau trop facile à chasser pour mériter attention. « Et, parce que la chasse du tesson (blaireau) n'est mis (n'exige) grande maîtrise et aussi (parce qu'il) n'est pas bête qui fuit longuement, (il) ne me semble (pas) qu'il convienne guère à deviser » (chapitre LVII). Au total, les spécialistes bornaient leurs commentaires aux espèces divertissantes. Mais, trop chassées, elles régressaient, ce qui obligeait à y remédier.

Les parcs à gibier, instaurés à cette fin, remonteraient au XIe siècle. Ils résistèrent longtemps, et parfois jusqu'au XIXe siècle qui en eut aussi, mais sans architecture monumentale. Cependant, au cours des siècles, les remaniements furent considérables : certains devinrent des jardins, la résidence servant de villégiature ; d'autres revinrent en forêt, leur propriétaire vendant du bois d'œuvre ; d'autres enfin donnèrent des parcs animaliers, avec attractions et billetteries. Mais leur souvenir perdura. Nouvel éden, ils associaient des cervidés régionaux, des ruminants étrangers et des oiseaux bizarres : à l'occasion d'une chasse de prestige, l'un d'eux pouvait être sacrifié[28]. Entre eux, les habitants en discutaient, magnifiant la rareté et l'entente des animaux, qu'ils connaissaient seulement par ouï-dire, puisque cet univers était interdit. Leurs récits nourrirent l'imaginaire et les conteurs parlèrent d'êtres fantastiques et d'îles inaccessibles.

Ces parcs contribuaient ainsi à la notoriété des maîtres. Ils contribuaient aussi à la diplomatie des grands : à la requête du Capétien Louis VII le Jeune, Henri II Plantagenêt expédia des cerfs à Vincennes. Jean-Michel Derex a dépeint Vincennes accueillant les souverains du XIVe siècle, à commencer par l'empereur germanique. François Duceppe-Lamarre a décrit Hesdin recevant les émissaires franco-anglais en pleine guerre de Cent Ans. Enfin, ils évitaient trop de consanguinité : les ducs de Bourgogne envoyaient des daims nés à Hesdin vers Aisey-sur-Seine et La Bussière (Côte-d'Or).

Dernier constat, ces parcs fournissaient la venaison des cuisines : le repas de gibier flattait les hôtes de marque. En 1343, les comptes concernant Hesdin indiquent une « mine de sel pour saler cinq sangliers pris au parc » et « un setier de sel acaté (gris)... pour saler venaison (de cerf) prise au parc ». Cette consommation restait exceptionnelle, à la différence de celle du garenne. Le parc aristocratique connut en conséquence une version plus ordinaire, la garenne[29]. Maître Lapin n'avait pas besoin d'installations somptueuses : son élevage réussissait parfaitement car l'espèce était féconde, pullulait vite et creusait partout ! Les garennes naquirent au XIVe siècle dans l'enceinte des parcs : certaines y restèrent. Cependant, la plupart furent déplacées une fois la pelouse détruite. Cela les libéra des parcs, mais la volonté de les agrandir aggrava les difficultés de l'implantation. A entendre les riverains, tous les terriers mèneraient aux potagers ! Bientôt, à défaut de parc, de fauconnerie ou de héronnière, beaucoup de seigneuries eurent une garenne. Comme le colombier[30], celle-ci marquait le statut nobiliaire. Le furet tuant leurs lapins[*], les villageois choisirent de le dresser. Terreur des clapiers, le voici auxiliaire de chasse ! Mais cette promotion ne l'éleva pas au rang du cheval et du chien, les plus vieux amis de l'homme[31].

Protéger les géniteurs

Préserver le gibier, c'était lui assurer un refuge sans prédateur. Les registres comptables, dits Chandeleur (2 novembre-2 février), Ascension (3 février-15 mai) et Toussaint (15 mai-1er novembre), dévoilent la destruction ou la capture des nuisibles, puisqu'elles justifiaient l'octroi d'une prime. Pour l'aigle, 60 % des mentions et 82 % des prises se concentrent en hiver. Pour le loup, 54 % des mentions et 64 % des prises s'effectuent en février et en avril. Pour la loutre, 57 % des notations s'inscrivent dans ce créneau. Pour le renard, 38 % des mentions et 42 % des prises se produisent dans les registres Chandeleur et Ascension, soit deux campagnes par an. Les documents du XIVe siècle ne précisent pas le nombre de renards et de chats sauvages supprimés, mais ils l'indiquent pour d'autres espèces : en moyenne, quatre blaireaux, six belettes, 10 aigles et 14 buses par an. Plus étonnant, certaines paraissent omises, tels le loup et la belette : en moyenne, moins d'un par an. Ces

---

[*] Par opposition aux garennes, espèce sauvage, les lapins domestiques étaient « lapins de chou ».

indésirables, détestés ou méprisés, étaient traqués. Aussi le château d'Hesdin exposait-il l'un d'eux dans sa galerie des « anti-trophées » : des peaux de blaireau recouvraient des singes de bois ! Le tarif 1300-1315 montre ce dédain : la capture d'un blaireau ne rapportait rien, quand celle de la buse procurait deux deniers, celle de l'aigle quatre sous et de la loutre 10 sous*. Les prises payaient mieux leur homme que la vente d'une poule (12 deniers) ou d'un chapon (20 deniers). Quant au faucon, celui qui l'enlevait encaissait 60 sous. Pour un paysan, c'était une somme ! Cela incitait à les dénicher, quitte à tarir le filon.

Comme Ferrière néglige la prise des aigles mentionnée dans ces registres, leur calendrier de campagne est comparé à celui que propose le *Traité du roy Modus et de la reyne Ratio*[32] : ouvrage célèbre, il inspira les liciers flamands et ligériens. Rappelons la tenture aux armes des Ravenstein et des Enghien, *Hommage des chasseurs au roi Modus et à la reine Ratio* (XVIe siècle)[33]. Modus incarnait la pratique et Ratio, la théorie : le couple accueillait le cortège des souverains venus le remercier. Grâce à son enseignement, leur supériorité physique et leur domination morale étaient renforcées : elles les plaçaient au-dessus de tous[34]. Les sujets acceptaient leur autorité et les admiraient en contribuant aux chasses, par exemple en aidant les battues ou en tendant les toiles. Les monarques entretenaient cette dépendance en leur distribuant le surplus du gibier car les gens du château ne sauraient tout consommer. La permanence de l'exercice leur imposait de maîtriser l'espace et de réguler sa faune : la volonté était ancienne, ce que révèlent les *custos silvae* dégagés en forêt de Cuise (Compiègne), de Laigue et de Retz (Oise)[35]. Selon le *Traité*, le loup était traqué à partir de février pour exploiter sa faiblesse physique au sortir de l'hiver, saison où les proies se font rares ; la loutre l'était en mars et en septembre ; le renard, en février et en mars. La concordance entre les conseils de l'auteur et les prises enregistrées s'avère totale.

---

* Le sol contenait 12 deniers tournois.

Du XVIe au XVIIIe siècle, les Plaisirs du Roi* désignèrent les circonscriptions où il détenait le monopole des chasses. Gérés par
sa maison, ces territoires relevaient de juridictions spéciales :
les capitaineries. La première fut créée à Fontainebleau en
1534[36], la deuxième au Louvre en 1594 et la quarantième en
1669. Cité fortifiée, Metz en reçut une[37], mais, si les souverains
y vinrent quand la ville fut assiégée (1552) puis annexée
(1648), ils n'y restèrent jamais assez longtemps pour justifier
la mesure. En 1603, Henri IV y demeura quelques jours, mais
chassa plusieurs fois, afin de rencontrer en toute discrétion
le duc de Lorraine escorté de Madame, sœur du roi. En 1632,
Louis XIII y demeura cinquante jours, mais sans chasser, les
routes étant dangereuses. En 1657, Louis XIV y demeura
trente-neuf jours, mais sans chasser, en admettant que les
chroniques locales disent vrai. En 1774, Louis XV y demeura
cinquante-six jours, mais sans chasser non plus : les médecins
le clouèrent au lit ! Aussi le monopole du souverain bénéficiait-
il à ses représentants. Eu égard à la chasse, seul passe-temps
dans ce pays, le territoire devait être régulièrement approvi-
sionné. Pour cela, dans un rayon de 7 kilomètres, 3 400 hectares furent apposés en réserve : l'interdiction d'y entrer et d'y
chasser était placardée sur les poteaux d'entrée ; elle valait
pour tous, sauf pour l'état-major et les délégués du monarque.
Le principe des réserves cynégétiques et des réserves sylvicoles était semblable : distraire une fraction de terrain, le tiers
au XVIe siècle, le quart au XVIIe siècle, pour « élever » du gibier
ou des arbres. Le verbe valait pour les deux, naissances ou
semences. Les infractions commises l'étaient pour le profit, la
population jugeant le dispositif inutile. Les habitants tiraient
les animaux et les riverains coupaient les baliveaux pour le
même motif : la vente.

La distraction d'une réserve contrariait les ayants droit, les
uns parce qu'elle diminuait l'espace de chasse et les autres
parce qu'elle limitait l'usage du taillis. Elle était dénoncée à

---

* Les Plaisirs du Roi, réserves où lui seul peut chasser, sont souvent
confondus avec les capitaineries, où ses équipages ont le droit de suite.
Cela tient à ce que, dans les deux cas, l'avantage semble exclusif.

cause de cette confiscation subreptice. Elle l'était aussi en raison du bornage dont la facture retombait sur les communautés[38]. Comme le Pays messin constituait une annexion récente, le pouvoir royal entendait rassurer les élites locales : l'édit de 1702 confirma leurs droits de chasse aux parlementaires et aux bourgeois, mais leur octroya un autre terrain. Les paysans firent les frais de ce déplacement ; ils n'étaient pas au bout de leurs peines car, l'année d'après, la réserve fut doublée, intégrant les îles de la Seille et de la Moselle, la forêt de Sillegny et ses nombreux étangs. Dans la ville, les gens accusaient le marquis de Varennes, lieutenant général des armées et commandant en chef de la province des Trois-Evêchés, d'avoir suivi l'avis de M. de Lorraine : prolonger la réserve jusqu'à ses parcours de chasse lui ferait profiter du gibier échappé. Cette rumeur était due aux parlementaires arrêtés à la porte Mazelle parce qu'ils en revenaient avec chiens et fusils. Offensés par l'officier de garde, ils portèrent plainte contre l'état-major. Pour calmer les esprits, Louis XIV remplaça Varennes sans modifier le nouveau tracé : il convenait non aux bourgeois de la ville, mais aux amis du prince. Les protestations étaient prévisibles : la surface de cette réserve égalait celle de Chambord ! Et, pourtant, elle ne suffit pas au repeuplement. Une seconde réserve fut dessinée puisqu'en trente ans les militaires avaient épuisé la précédente.

L'anecdote dévoile la complexité du problème : comme les officiers, les habitants violaient les réserves. La remise* de Fontainebleau souffrait également de ces incursions, et pourtant sa présence tenait à une résidence que Louis XIV n'aimait guère, une résidence et non une citadelle... Comme le remarque l'historien Jean Boissière, s'il était normal de classer les documents à la Maison du Roi (série O1), il l'était moins que les Plaisirs du Roi viennent la court-circuiter ! Par lettres de cachet, leur personnel corrigeait des mesures

---

* Au XVIIIe siècle, les termes « réserve », « remise » et « resserre » sont synonymes. Par la suite, le deuxième concerna des voitures, et le troisième, des instruments ou des provisions.

aussi banales qu'un lâcher d'animaux ou qu'un transport de matériaux. Comme à Chambord au xvie siècle, Saint-Germain ou Compiègne plus tard[39], le droit commun n'y avait plus cours. A l'issue de la réformation de 1664, les terres usurpées furent reprises : le domaine retrouva sa surface. La création de la capitainerie en 1687 étendit le territoire de chasse au-delà de la ligne bornée et fossoyée[40] entre massif royal et terrains privés : désormais, le droit de suite les affectait[41]. La route de ceinture, empierrée au xviiie siècle, concrétisa le report de limite : les participants rejoindraient l'équipage sans emprunter les voies de traverse. Tout l'espace devenait chassable. Plus que jamais, les réserves étaient utiles : leur nombre, 40 vers 1690, passa à 80 vers 1750, à 140 vers 1790. La plupart mesuraient moins de 20 hectares[42]. Landes à bruyère, elles furent mises « en bois taillis pour le service des Chasses[43] ». Le gestionnaire les déplaçait quand elles étaient vidées de leur gibier. Il aurait pu les dire « volantes », comme les pépinières vidées de leurs plants pour repeupler les cantons dégradés.

Les moyens de chasse

Les élites seigneuriales appréciaient les ouvrages cynégétiques, créneau porteur vu la diversité des titres et la beauté des illustrations.

Les traités d'économie rurale, ceux d'Estienne, de Liébaut, de Froidour ou de Duhamel du Monceau, définirent les diverses réserves. Les garennes limitées naguère aux « grosses bêtes » accueillaient du petit gibier, du lapin surtout. Les breuils désignaient les boqueteaux clôturés. Les parcs à gibier recouvraient les grands parcs, exploités comme les massifs feuillus, et les petits parcs, modifiés tous les soixante ans : les uns annonçaient nos parcs d'animaux comme Thoiry (Yvelines), et les autres, nos parcs d'attractions tel Disneyland (Seine-et-Marne). Les auteurs de ces traités prônaient conduite éthique et ressource durable. Il fallait donc associer les taillis, qui fournissaient le refuge, aux futaies, qui permettaient la chasse à courre. Il fallait aussi attirer le gibier avec des « fruitiers », pommiers et poiriers, chênes et hêtres. Pour les hivers rudes et les étés brûlants, il fallait enfin concevoir des zones de gagnage, prairies et bandes emblavées, de l'affourragement (foin, chicorée, marc de fruit) et de l'agrainage (orge, fève, avoine). C'était coûteux...

Les traités de chasse, ceux de Jacques du Fouilloux, Robert de Salnove ou Goury de Champgrand, privilégiaient l'aménagement. Pour l'intérêt du spectacle, le parcours devait se dérouler dans un triage, la forêt en comportant plusieurs, et s'observer de loin, d'où les terrasses étagées du rez-de-chaussée aux toitures. Mais les invités du château qui voulaient rejoindre les veneurs coupaient au plus court grâce aux rocades : les collations attendaient à ces carrefours d'où partaient les avenues unies par les voies traversières. L'ensemble supposait une logistique impressionnante, ne serait-ce que pour prévoir les relais en chiens et en chevaux : la chasse à courre structura ainsi davantage les forêts que la chasse au tir. Il en allait de même pour le domaine de la Couronne et celui de la noblesse. Cependant, l'organisation des tirés imposait des règles de sécurité. Car le décès d'un chasseur engageait la responsabilité du tireur, alors que l'accident survenu pendant le courre ou l'approche renvoyait uniquement à la fatalité, ce qui le rendait inévitable.

Les armes : tradition et nouveauté

A la chasse à courre, le gentilhomme « servait » le gibier dans ses derniers instants, le « ferme », moment où la meute le cerne de toutes parts[*] ; il l'en délivrait à l'épée, exécution honorable, le port de cette arme étant privilège nobiliaire.

C'est au XVe siècle que survint l'épée de chasse. D'origine allemande, elle comprenait un tranchant à dos fin, suffisam-

---

[*] Le « ferme » désigne aussi le moment où les aides coupaient le tendon arrière de l'animal, ce qui l'empêchait de charger une dernière fois.

ment allongé pour porter l'estocade sans mettre pied à terre, et une poignée recouverte de bois de cerf que terminait un pommeau à tête d'oiseau. Cette poignée équilibrait le tranchant, ce qui rendait l'arme plus facile à manier. Au xve siècle, sa garde reçut la forme propre aux épées de guerre : une poignée ronde et allongée évinça la poignée plate et très courte, la coque couvrant la main derrière un ou plusieurs renforts. Vers 1600, l'épée à sanglier surgit ; elle leur aurait ressemblé, sans une pointe pour remplacer le tranchant et une croisette pour empêcher de pénétrer trop avant. La précaution était utile face à un animal courroucé, prompt à mordre ou à griffer... Le veneur glissait son épée dans un étui, la « trousse », avec un poinçon pour dégager la peau et deux ou trois couteaux pour dépecer le corps. Au xviie siècle, ces couteaux, toujours larges mais plus ou moins longs, servaient toujours[44]. Le hachoir leur succéda pour décapiter la bête et débiter sa venaison ; son emploi montrait la place du veneur au sein du groupe. Il en fut de même avec la dague. Polyvalente, elle élimina les épées[45] pour achever l'animal, lui sectionner un tendon ou l'empaler s'il chargeait. Léguées de père en fils, les trousses associaient la dague au batardeau ou la dague au pistolet, les poignées étant en merrain de cerf et les étuis en peau de cervidé.

L'épieu était passé de mode depuis longtemps que les anciens rappelaient encore les exploits accomplis avec cette arme. Vieille comme le monde, c'était une pique courte et forte, dont la hampe était couverte de lanières cloutées, afin que la main ne dérape pas. Il comportait un butoir – une rondelle d'andouiller –, de manière à éviter le corps-à-corps. Aussi était-ce un aide réputé pour sa force et son geste qui « servait » le sanglier ainsi. Cependant, preuve de courage et de sang-froid, certains princes comme Charles IX et le Béarnais prenaient le risque, au grand dam de l'entourage. Par la suite, rois et saints inspirèrent les conteurs, l'épieu du héros perçant la gorge du monstre, sanglier furieux ou dragon fumant. Evidemment, personne ne détaillait l'avatar ultime, ce couteau-bouchon qui mariait canon de fusil et lame de baïonnette. Le chasseur le maniait comme un épieu si la bête ne laissait pas le temps de tirer. Les inventaires après décès révèlent un capharnaüm d'autant plus incroyable que les notaires ne recensaient pas tout. Ces actes citent des épées, des couteaux et des hachoirs, des arquebuses aussi, mais les arquebuses à fusil, les mousquets*, les fusils et les pistolets y étaient rares, alors qu'ils figuraient dans les procès-verbaux de délits. Il est vrai que ces armes servaient à la guerre et à la chasse : les héritiers les dissimulaient pour minorer la succession, donc sa taxation, ou pour écarter toute interrogation sur leur provenance. Celle-ci était souvent illégale, désertion, contrebande ou collecte après bataille.

Contemporain des dernières arquebuses, le fusil à mèche était une arme où la mise à feu opérait à l'intérieur d'une chambre au moyen d'une mèche de chanvre ou de calfat imprégnée de salpêtre[46] ; il ne concurrença jamais l'arbalète, la mèche s'éteignant trop facilement. De toute façon, il fallait la souffler avant de viser : le temps de réaction, délai entre détente et explosion, interdisait le tir rapide. Ce problème fut résolu avec la mise au point au cours du XVIe siècle de la platine à rouet, puis de la platine à double détente et enfin du canon rayé. Le premier fusil équipé d'une platine à rouet fut apporté par les mercenaires germaniques et scandinaves, recrutés à l'occasion de la guerre des Paysans et, ensuite, de la guerre de Trente Ans. Très vite, il servit à chasser, certains fonctionnant encore trois cents ans plus tard ! La crosse renfermait un réservoir à couvercle coulissant où le propriétaire rangeait projectiles et accessoires, idée tirée des arbalètes à coulisses.

Au XVIIe siècle, le fusil équipé d'une platine à double détente gagna l'Occident et fut nommé « fusil à la française », conséquence inattendue des guerres louis-quatorziennes. Cette fois, l'amorce par le platine à rouet agissait de manière à ce que la détente fasse pivoter le rouet d'acier contre le chien rabattable qui maintenait le morceau de pyrite : le « fusil ». En

---

* Le terme « mousquet », très présent dans ces documents notariés, indique certainement les fusils à mèche prélevés sur les soldats espagnols.

basculant contre le rouet, il déclenchait l'étincelle qui enflammait l'amorce du bassinet. A son tour, et c'était la seconde détente, il embrasait la charge de la chambre. Le chasseur doté de ce fusil portait deux poires à poudre, la grande pour la poudre noire en gros grains (charge) et la petite pour les grains fins (amorce). Faites de métaux précieux ou de matériaux exotiques, ces poires honoraient celui qui les recevait ; elles le récompensaient de ses mérites ou commémoraient un événement heureux. Leur usage était donc limité. En général, les poires à poudre servaient non au propriétaire, mais à ses « chargeurs », les hommes qui préparaient ses fusils – il fallait une clé pour remonter le rouet –, les bourraient par la gueule et les lui tendaient quand il en donnait l'ordre. Comme les chasses de prestige entraînaient force pétarades, l'invité avait à sa disposition plusieurs armes et deux ou trois « chargeurs ».

A la fin du siècle, le fusil long, fusil à canon allongé et à platine française, fut chargé à plombs pour le tir aux oiseaux : le silex, fixé entre les mâchoires du chien qu'actionnait un puissant ressort, heurtait la batterie combinée avec le couvercle du bassinet ; l'étincelle enflammait la poudre. Bientôt, l'ajout d'un canon qui, par simple pivotement, était prêt à tirer, permit de doubler le coup. C'est avec cette arme que fut tué le jeune Amelot de Gournay, son père étant ambassadeur à Madrid. Sa famille, persuadée que la partie de chasse avait dégénéré, engagea des poursuites contre l'aîné des Tonnerre, famille d'extraction chevaleresque. Le souverain dut trouver une solution qui convienne aux deux parties (Texte 3). Un siècle plus tard, le fusil à canons juxtaposés, raccourci, donc plus aisé à porter, le remplaça jusqu'à l'invention du fusil à percussion vers 1820.

Dans l'intervalle, le fusil à air comprimé conquit sa place pour le tir de tout gibier, même du gros : la chambre à compression en fer ou en cuivre était logée dans la crosse et parfois formait la crosse même ; l'air comprimé par une pompe propulsait le projectile. Ce système fut adapté pour le tir à balles et à plombs. Le prix était intéressant et le maniement, rapide, grâce au mécanisme à répétition. Inventé par un armurier italien installé à Vienne, Bartolomé Girandoni, le « fusil à vent » fit partie des présents de mariage offerts pour les noces du dauphin Louis et de l'infante Marie-Antoinette. La curiosité déconcerta, mais il arriva avec Louis XVI et le fusil à vent ce qui était arrivé avec Louis XIV et le fusil à deux coups : le monarque l'ayant adopté, les courtisans suivirent, et avec eux toute la noblesse éprise de nouveauté. Les tenants de la tradition estimèrent qu'ils en avaient fait assez en utilisant le fusil à deux coups. Ces avancées dans l'armement accrurent l'efficacité du tir, efficacité mesurable à la composition des tableaux de chasse. Peu à peu, le spectateur admira davantage la performance de l'arme[47] que le comportement du chasseur. Bientôt, celui-ci prêta le flanc à la critique en raison, précisément, de la diminution des ressources cynégétiques. Un cercle vicieux apparut où cette diminution imposait davantage d'élevage, mais où cet élevage contrariait davantage de cultivateurs. Les décisions à l'encontre des chiens de ferme, qui aidaient leur maître à chasser ou qui chassaient pour leur compte, achevèrent de cristalliser la colère paysanne. Les roturiers voulurent acheter un fusil et haïrent les chiens de meute, aspiration et détestation qui leur semblaient parfaitement fondées.

Les chiens : courants et couchants

La chasse à courre consistait à poursuivre la bête : épuisée, elle finissait par capituler. Mener ce train exigeait des montures aguerries et des chiens sélectionnés pour leur vitesse, leur odorat, leur vigueur et leur mordant. L'ensemble, hommes et bêtes, constituait l'équipage[48]. Les salaires du personnel chargé du dressage et de l'entretien alourdissaient le budget de fonctionnement. Cela demandait une belle fortune et des terres étendues, même si, entre voisins, le parcours était ouvert, et les invitations, réciproques. Cependant, la possession d'un domaine ne suffisait pas, puisque des seigneurs bien nantis ne pratiquaient guère le courre et préféraient le tir, le vol n'ayant jamais compté pour eux. Souvent, ils appartenaient à la finance, la robe ou la cloche. L'intégration nobiliaire était trop récente pour leur faire considérer la grande vénerie comme une évidence[49] aussi nécessaire à l'éducation que l'escrime, l'équitation ou l'héraldique. Les héritiers raisonnaient autrement : ils réalisaient l'idéal chevaleresque à travers la petite vénerie. Précédés de leurs chiens, ils pourchassaient à pied le blaireau, le castor, la loutre, voire le renard. L'intérêt des véneries, grandes ou petites, résidait essentiellement dans la tactique des chiens, quelques dizaines pour le sanglier et le cervidé, quelques unités pour le restant.

A ses débuts, la pratique du tir ne modifia pas la sélection des chiens car il servait à achever l'animal, ce qui le clouait au sol, et à remplacer les rapaces. La chasse demeurait noble puisqu'elle ménageait deux principes : laisser ses chances au gibier et ne pas le tuer avant qu'il en ait usé. Aucun chasseur n'aurait voulu d'une victoire lâchement obtenue. Il n'était donc pas question de tirer le sanglier dans sa bauge, la biche prête à mettre bas ou l'oiseau encore perché. Par conséquent, le chien parfait restait le chien courant. Les critères de qualité progressaient pourtant, quoique moins que prévu. Phébus évoquait des caractères, cinq au total, plutôt que des catégories. Les chiens « très bons » couraient vite, mais leur odorat était limité au proche gibier. Les chiens « pugnaces » couraient longuement, mais « lentement et pesamment ». Les chiens « beaux » couraient tout gibier, en tout lieu et par tous les temps. Les chiens « sages » couraient le cerf et le trouvaient quand il donnait le change. Enfin, les chiens « beaux restis » couraient bien, sauf quand le rut des mâles ou la chaleur des femelles les troublaient au point de perdre la trace s'ils n'étaient relancés. Charles IX expliquait la couleur du pelage par la provenance du chien : blancs et noirs, ils seraient européens ; gris, ils auraient été introduits à l'époque des croisades, d'où leur présence dans les meutes des souverains et de leurs favoris ; les meilleurs seraient les plus grands, hauts sur pattes et droits d'oreilles.

Au XVIIe siècle, Jacques du Fouilloux et Robert de Salnove rapprochèrent noblesse d'aspect et pureté de race : ils constataient que, croisée avec des mâtins, celle-ci faiblissait et que, depuis la mort de Louis XIII, M. de Soissons gardait seul ce genre de chiens. En effet, leurs défauts étaient nombreux, le pire étant la médiocrité du nez, si bien que, si le cerf fuit « droit devant lui sans retour et sans change, ils le prennent vite, mais (que) s'il ruse, on peut les coupler et les ramener au chenil ». Comme la vaillance et la vitesse ne suffisaient plus, les chiens européens revinrent en grâce, d'autant que leurs variétés, terme plus exact que celui de race, avaient augmenté. Les blancs greffiers résultaient du croisement d'un blanc avec un braque italien introduit par un secrétaire de Louis XII, d'où leur nom : ils constituaient les meutes du cardinal de Guise et du duc de Souvray. Les saint-huberts résultaient du croisement d'un noir, réputé pour son flair, avec un merlan offert à Henri IV par François de Lorraine. A ces croisements s'ajoutaient les croisements entre blancs et noirs, entre blancs et saint-huberts, entre blancs et gris et, enfin, entre noirs et gris. Le gentilhomme qui obtenait une variété aux qualités constantes lui attribuait le nom de sa terre : en Berry, la première moitié du siècle vit naître les races de la Hunaudaye, du Bois et de la Loue. Un processus s'enclenchait que l'arrivée des chiens anglais accentua. Les livres anciens n'en faisaient pas mention.

Salnove fut le premier, en 1656, à signaler leur vitesse, leur odorat, leur docilité, leur légèreté, et à décrire les plus grands (72 cm au garrot) qui n'ont « ni les oreilles ni la queue coupée(s) », et les plus petits (66 cm au garrot) dont la queue et les oreilles sont taillées : les uns couraient le cerf et les autres, le renard. Mais tous avaient un défaut fâcheux : « ils ne crient pas si bien que les chiens français ». Comme la « meute » se dirigeait d'après les aboiements, l'allure étant trop rapide pour s'orienter à vue, il constatait « une tête de chiens en avant bien loin des autres ». Cela « fait prendre des cerfs, mais fait faire des chasses bien désagréables ». Dans l'*Encyclopédie*, l'article « Meute » confirme ses remarques, à savoir que la meute doit faire bloc – « on la couvrirait d'un drap » – et que le plaisir de chasser tient à la beauté de son travail – elle agit comme un seul chien... En effet, quand elle courre et aboie à l'unisson, les chiens sans flair ne

gênent pas car « la rapidité du train ne (leur) laisse pas goûter la voie ; ils s'accoutument (donc) à ne crier que sur la foi
des autres (et) à ne faire aucun usage de leur nez ». Mais,
avec cela, ils ne progressaient pas (Tableau 4). Qu'en faire
alors ? Très souvent, ils étaient abattus et consommés, ce qui
économisait l'entretien.

L'unité de la meute tenait à trois facteurs : la composition,
l'éducation, le comportement. Assortis en taille et en couleur, c'est l'âge qui distinguait les chiens. Car il fallait assurer la relève et enseigner aux jeunes « à bout de voie » (ayant
perdu la trace) comment revenir en arrière, remettre nez à
terre, repérer la piste et avertir du succès en aboyant. Cette
mission incombait aux « vieux et bons ». Ainsi, les jeunes
venaient « à eux (et) apprenaient que, quand l'on (était) à
bout de voie, il fa(llait) retourner pour la retrouver ». Ligni-
ville confessa qu'il avait mis dix ans avant d'éprouver « un
peu de plaisir à la chasse pour trop mettre de jeunes chiens
dans sa meute » : trop fougueux, ils attaquaient en désordre
et laissaient filer le gibier au point que ce veneur « s'en revenait souvent sans rien prendre ». L'apprentissage commençait à la naissance, voire avant, puisque les croisements
étaient fonction des géniteurs. Charles IX innova en basant
la généalogie des chiens sur la généalogie des rois, l'arbre
généalogique étant d'invention récente, liée aux Habsbourg
d'Autriche[50]. En transcrivant les vertus d'hier, Charles pressentait le chiot de demain : il serait vaillant si les parents
l'étaient. En un sens, ces croisements interraciaux préfigu-
raient nos recherches génétiques, à ceci près que les caractères de la descendance résultaient de l'observation des
individus. Athlètes de haut niveau, ces chiens sortaient trois
fois par semaine, les jeunes en forêt, afin qu'égarés ils puissent revenir, et les autres sur gazon, pour se défouler et se
connaître. Cela permettait de renforcer la cohésion du
groupe – on dirait presque de l'équipe.

Les effectifs de la meute posaient problème. Fallait-il qu'ils
fussent nombreux ou réduits ? Les réponses divergeaient. Pour
ceux qui plaçaient l'intérêt du sport dans l'harmonie des chiens,
la question était vaine ; leurs meutes étaient fort réputées, mais

modestes. Mais cette décision faisait bon marché de l'envie de paraître qui animait la noblesse et, par ricochet, les parvenus en passe d'y accéder. En effet, camouflant leur sentiment derrière la technique, ces gens-là possédaient beaucoup de chiens, beaucoup trop même : la quantité traduisait leur fortune et le chenil, leur magnificence. Ils expliquaient ce choix par la possibilité de multiplier les relais, les chiens épuisés étant remplacés ; celle, aussi, de développer leurs spécificités, les limiers repérant la bête, les lévriers la fatiguant et les mâtins l'attaquant ; celle, enfin, de reconstituer les populations à partir des survivants d'une épizootie. Le fléau était fréquent et la contagion rapide. Car, chez les canidés, les dominés expriment leur soumission en toilettant les dominants. Les spécialistes citaient toujours la catastrophe de 1763 qui marqua les esprits en décimant la « race ancienne » – la lignée des chiens gris de Saint Louis. Faute de connaissance vétérinaire, ils accusaient la rage, « les rages » serait plus exact[*] car les causes étaient variées, mais les symptômes semblables : les carnivores souffraient, comme l'humanité, des pestes, des fièvres et des maladies éruptives. Le chien atteint transpirait et maigrissait à vue d'œil, refusant de boire et de manger. La rage dont Pasteur trouva le vaccin desséchait et irritait leur bouche, d'où « une aliénation de la raison ». Elle était traitée avec des bains froids et salés, méthode appliquée aux « convulsifs » des Petites Maisons, bâtiments séparés du reste de l'hospice. L'isolement des malades, hommes ou bêtes, était imposé par la crainte des morsures : elles transmettaient le mal, donc la mort.

*

Au XVIIe siècle, les meutes groupaient 50 à 60 chiens, un effectif à peine supérieur à celui d'autrefois ; au XVIIIe siècle, les « grandes meutes » en eurent jusqu'à 200. C'était affaire de prestige car mener le courre jusqu'au ferme montrait la

---

* Les auteurs du XVIIIe siècle en voyaient trois, dont deux guérissables : la « rage de glai », due à l'excès de curées et d'efforts ; la « grande rage », caractérisée par des spasmes ; et la « rage hydrophobique », pour laquelle « les remèdes connus ne font pas toujours des effets certains ».

science des veneurs et l'ardeur de la meute, et non son importance numérique. L'inflation eut des effets fâcheux. Malgré l'embauche de personnel, les chiens cessèrent d'être chauffés et pansés, au contraire des chevaux. Cela acheva de clarifier les situations : les rapaces finirent en ménagerie, les animaux de compagnie logèrent dans la maison et les chiens de chasse dormirent au chenil. Après avoir vécu au côté du maître, ils restèrent entre eux et ne sortirent plus qu'à l'occasion du courre. Ce changement de rapports entraîna celui des rations : pour les adultes, de l'orge et du froment, et, pour les chiots sevrés, du pain sec ou frais ; les soigneurs y mêlèrent de la viande crue, limitée jusque-là à la curée, faite des abats et des entrailles du gibier. Cette modification était britannique. Adoptée sous la régence de Philippe d'Orléans, passablement anglophile, elle conduisit à acheter des carcasses, les équarisseurs livrant surtout de la viande de cheval. C'était donner un noble compagnon à un animal vil. L'idée choquait ; elle triompha pourtant.

Un autre changement survint, qui fut lourd de conséquences car, engagé à propos des chiens, il concerna au XIXe siècle les animaux familiers puis, au XXe siècle, les animaux sauvages. C'est l'anthropomorphisme. Voilà longtemps qu'à l'instar des chevaux et des rapaces les chiens étaient décrits en fonction de l'homme : ils avaient un « corsage » (poitrine), des « jambes » (pattes) et des « reins » (dos) ; mieux, en fonction des nobles : ils avaient le « port élégant » et la « jambe bien faite ». Au XVIIIe siècle, le rapprochement entre gens et chiens passa par l'éducation : la mère allaitait son nourrisson et les lices agissaient de même avec les chiots ; le père estimait que la campagne fortifiait son enfant et les maîtres y envoyaient les chiots destinés à intégrer la meute : ils les confiaient à un laboureur qui « les mèner(ait) avec lui quand il (irait) aux champs ». L'engouement pour la nature était général, motif esthétique ou raison sanitaire. Ainsi, la « chasse aimable », proche de la marche tranquille, attirait bon nombre d'amateurs. Aimant la verdure et le silence, ils n'avaient besoin que d'un ou deux chiens, amis fidèles et dociles, ayant du nez et de l'endurance. Insensiblement, la découverte des champs et des bois l'emportait sur la poursuite du gibier. Tout cela ne participait-il pas à la beauté universelle ? Ronsard le disait déjà et, maintenant, d'autres le pensaient aussi.

> Mais sur tous les plaisirs de la chasse aimable
> Celle du chien couchant m'est la plus agréable
> Pour être solitaire, et me faire penser
> Je ne sais quoi les siècles devancer.
> Lequel est digne d'être admiré davantage
> Ou la brutalité du chien qui est si sage
> Ou la dextérité du chasseur inventif
> Qui façonne le chien si sage et si craintif ?

> Ronsard, « La Chasse », in *Le Premier Poème des Livres*.

3

Consommer l'animal

Les manuels scolaires de la Troisième République enseignaient que, jadis, le gibier améliorait la table ; mieux, que
sans lui les pauvres n'auraient jamais eu de viande*. C'était
condamner la monarchie qui rogna les droits de chasse...
Sauf que cette thèse méconnaissait les réalités alimentaires
de l'Ancien Régime. En fait, tout le monde préférait la
viande de boucherie** : les gens fortunés en mangeaient
beaucoup et les modestes, très peu ; ces derniers préparaient du lapin, du cochon, du pigeon, du poulet, tous issus
de l'élevage. Cela dit, même informés, les rédacteurs
auraient déformé la vérité. Elle l'était par l'iconographie :
tous se rappelaient les images de la préhistoire, science
nouvelle, où l'ancêtre dépouillait les animaux pour les

---

* Il est vrai que leur repas, outre les céréales, comprenait surtout des
légumes et des légumineuses, des fruits et des œufs, la ration manquant
de protéines et de lipides.

** A l'époque, le commerce de boucherie se limitait aux ovins et aux
bovins. La viande de mouton constituait un sous-produit de l'industrie
textile, activité dominante, et la viande de bœuf, un recyclage des bêtes de
somme. Mais, au XVIIIᵉ siècle, la demande en bœuf de qualité s'accentuant, le cheptel augmenta et l'embouche naquit, d'où l'extension des her-
bages.

fourrures et les nutriments, les armes et les outils. Elle l'était aussi par le rationnement : les plus âgés se souvenaient de 1870[1] et les plus jeunes, de 1914. Dans ces années de guerre, les paysans faisaient envie : eux, ils avaient les produits de la terre et de la forêt ! Ce constat revint avec le second conflit mondial car, si les fusils furent interdits, les pièges restaient tolérés. La Libération n'y changea rien, puisque les restrictions furent maintenues. L'obsession du bien manger marqua jusqu'aux personnages de René Goscinny (1926-1977) : créés en 1959, Astérix était petit et maigre, et Obélix, grand et gros, alliance des contraires qui arrêtaient l'avancée du dictateur. Tous ses albums finissaient sur une fête où les villageois célébraient la victoire pendant que les carcasses rôtissaient à feu vif. Les convives n'en demandaient pas la provenance car, dans ce microcosme républicain[2], la chasse au soldat et au sanglier était toujours ouverte ! Après tout, ces ennemis revenaient sans cesse... Au-delà du droit de chasse assimilé à l'autodéfense, la scène montrait l'animal sacrifié et partagé. Assurément, sa viande différait des autres par son statut.

Le syndrome d'Astérix

Dans le monde chrétien, la viande des suidés – élevés ou sauvages – était admise et la chair de certaines espèces, repoussée. L'Ancien Testament précisait ces interdits : conformes aux traditions du Proche et du Moyen-Orient, ils associaient bêtes immondes et viandes impures. Le Nouveau Testament écarta quelques exclusions, atténua celles qui restaient, mais en conserva l'essentiel. Le pape Zacharie (742-752) l'évoquait dans sa réponse au nouveau légat de Germanie (751-754). Originaire du Wessex, Boniface désirait connaître les espèces à prohiber tout en pressentant les inconvénients de cette politique. De son enfance saxonne, il retenait que maintes familles appréciaient les « immondes ». Archevêque de Mayence, il découvrit que ses ouailles en consommaient, malgré les interdits envers trois volatiles, héron, corneille, cigogne*, et trois mammifères, castor, lièvre, cheval. Appliquée à une Germanie englobant la Frise, la Thuringe, la Hesse, contrées païennes, ils seraient refusés[3], nourriraient l'hostilité et freineraient l'évangélisation. L'échange épistolaire de 751 ne fut pas isolé car les évêques francs, engagés dans la réforme de l'Eglise, rencontraient le même problème et questionnait le Saint-Siège. Leur clergé donnait le mauvais exemple car, autochtone, il acceptait les immondes, quand il n'en offrait pas, et, missionnaire, il ménageait les convertis, quand il n'en faisait pas autant. Sans clarification pontificale, l'incertitude quant à la nature des interdits compliquerait grandement le fonctionnement ecclésiastique.

Les viandes intouchables

En fait, sévérité des règles et pragmatisme des actions alternèrent. Dans un premier temps, du VIe au Xe siècle, le Saint-Siège souhaita purifier le christianisme occidental ; dans un second temps, du XIe au XIIIe siècle, il préféra combattre le paganisme slave et scandinave. Cependant, ces objectifs n'expliquent pas chaque inflexion : l'origine pontificale comptait aussi. Les premiers papes vinrent de l'Orient méditerranéen. L'Eglise grecque contrôlait l'identité des bêtes et les sites d'abattage : les espèces sauvages, tuées en milieu ouvert, n'entraient pas dans ce schéma. Les héritiers de saint Pierre reprirent ces mesures, bien que les populations occidentales eussent une nourriture différente. Ils choisirent de favoriser les produits d'élevage, les pièces de gibier devenant suspectes. Cette décision orienta les ouvrages consacrés aux péchés et à leur rachat. Malheureusement, faute de conservation, les pénitentiels ne remontent pas au-delà du VIIIe siècle : commandés par les métropolitains à l'usage des desservants, ils

---

* La cigogne était consommée par les païens car, revenant du continent africain, elle annonçait le printemps. Les hommes la servaient à l'occasion de la fête des dieux végétaux qui reverdissaient. Chez les chrétiens, elle resta un porte-bonheur, mais ne fut plus mangée.

unifiaient leurs réactions à l'écoute des confessions ; ils indiquaient ainsi les animaux qu'un croyant ne saurait manger sans pécher. Et, pourtant, 85 % omirent des exclusions reprises dans le Nouveau Testament. Quant aux 15 % qui les citèrent toutes, ils minoraient leur portée. Dans le Wessex, le *Confessionnel* d'Egbert remarquait que « ce (n'était) pas la coutume d'y manger » du cheval. En Bavière, le *Capitula Dacheriana* déclarait que le lièvre pouvait l'être, puisque « sa viande est bonne contre la dysenterie et (que) son fiel, mélangé avec du poivre, agit contre le mal de foie ».

Il est clair, au travers de ces exemples, qu'en rédigeant leurs ouvrages les clercs songèrent au bien-être des fidèles et à l'attitude du voisinage, aux prescriptions papales également, prescriptions relatives aux interdits d'espèce.

Certaines étaient prohibées, comme le lièvre et le corbeau, le premier pour sa sexualité – hermaphrodite ou homosexuelle selon les écrivains gréco-romains –, le second pour sa nourriture, les gibets et les charniers l'attirant irrésistiblement. Le léporidé symbolisait la lubricité et la lâcheté qu'il transmettait à ses consommateurs. Le corvidé représentait l'ingratitude et la trahison qu'il transférait de même. Cet oiseau avait oublié Noé : au lieu de revenir lui annoncer que les eaux baissaient, il dévora les corps échoués, infidélité qu'il paya de sa réputation. Elle concerna tout volatile noir de plume, sinon d'esprit, freux, pie, choucas, corneille : ils n'annonçaient rien de bon et finissaient cloués aux portes des granges.

D'autres espèces étaient suspectées comme le castor et le héron, animaux ambigus qui fréquentaient deux milieux, eau et sol, eau et air ; comme le cheval sauvage aussi, animal indompté qui échappait aux besognes vulgaires. Obéissant à l'Eternel, le peuple d'Israël écartait déjà les espèces sauvages[*] : le chien et la vache, bêtes domestiques, étaient

---

* En effet, il fallut le XVIIIe siècle pour admettre que spécimens sauvages et spécimens élevés relevaient des mêmes espèces, les différences n'étant que morphologiques. Jusque-là le « lapin de chou » était d'une espèce distincte du « lapin de garenne ». A ce titre, une symbolique particulière leur était attachée, la fécondité pour l'un, l'innocence pour l'autre. Tous deux représentaient l'épouse féconde et docile.

consommables, au contraire du loup ou du hibou, bêtes sataniques. Les Livres saints exposaient les interdits que les pénitentiels retinrent en partie. Mais les évangélisateurs les adaptèrent aux circonstances car, trop rigoureux, leur discours aurait braqué l'auditoire et, trop indulgent, il aurait créé le précédent qui eût embarrassé leurs successeurs.

Quant aux espèces admises, leurs viandes devenaient « impures » si le sang ne coulait pas[4], ce qui renvoyait aux causes du décès. Non moins importants que les interdits d'espèce, ces interdits d'état évinçaient sûrement les animaux flottant au fil de l'eau, rompus au pied d'un rocher ou noyés au fond d'un puits et, peut-être, ceux qui étaient pris au collet, quoique ce fût discuté. Pour les charognes, l'exclusion relevait du simple bon sens car, en l'absence de famine, leur spectacle suffirait à dégoûter n'importe qui. Pour les gibiers piégés, l'exclusion résultait du rapport noué entre prohibition et « suffocation ». Le terme recouvrait tous les types de mort sans blessure visible. Ces interdits étaient mentionnés dans l'Ancien[5] comme dans le Nouveau Testament[6] : les pénitentiels les décrivaient* et saint Augustin les commenta[7]. Mais les cardinaux de la Contre-Réforme voulurent actualiser l'orthodoxie alimentaire, à commencer par les gibiers assommés ou étranglés qui, eux, gardaient leur sang. Comme la nature sauvage y demeurait présente, il fallait beaucoup les cuire. Voilà qui justifiait l'art du bouilli dans les pays de la R.P.R. ! Les protestants étaient convaincus que le Diable inspirait la cuisine papiste avec ses recettes de grillés et de rôtis. Là aussi, pourtant les cuissons duraient longtemps[8]. Cela valait mieux, vu la difficulté de la conservation, l'été surtout[9]. Mais la chasse à tir minait déjà les interdits d'état liés au piégeage, les plombs ouvrant une plaie. Il en avait été de même avec la chasse au vol, le rapace becquetant la proie, et avec la chasse à courre, les chiens la mordant à chaque assaut. Ainsi, les interdits d'état ne concernèrent

---

* Le pénitentiel de Théodore rappelle l'interdiction « des oiseaux ou de tout autre animal que l'on trouve étranglés dans des filets », dans F. W. H. Wasserschleben, *Die Bussordnungen der abendländdischen Kirche*, Halle, 1851.

plus la viande de gibier ; les interdits d'espèce résistèrent davantage[10], mais, plus ou moins assimilés, ils exprimaient seulement le jugement à l'encontre d'une espèce sauvage, de ses réactions ou de son emploi.

Etait-elle tuée pour sa chair, sa peau, son cuir – ou pour sa chasse ? Car la plus difficile à traquer était la plus intéressante à avoir. Tous les animaux n'étaient donc pas cuisinés[11]. Dans leur cas, le chasseur prenait le trophée, crâne ou patte, bois ou pied, et laissait le corps – une aubaine pour tous les prédateurs des environs. Les autres, dont la viande plaisait, étaient transportés jusqu'au village. Les consommer supposait un certain nombre d'actions, dépiauter, démembrer, découper la carcasse, gestes qui marquent les ossements. Ensuite, les reliefs de repas étaient jetés dans les fosses creusées à l'intérieur de l'enceinte. Il est donc possible de connaître la consommation et son évolution dans les sites qui furent longuement occupés. Les archéologues examinent les contenus ; les zoologues identifient les espèces. Une condition toutefois : les ossements doivent avoir résisté à l'enfouissement et à l'écrasement. C'est pourquoi les évaluations sous-estiment les espèces à squelette fragile, ce qui augmente d'autant le pourcentage des espèces à ossature lourde, cas du sanglier et du cerf, du héron et de la grue. Ces oiseaux chassés au vol ne contribuaient évidemment pas à l'alimentation populaire.

En retenant pour l'Antiquité classique 31 sites dans le Nord et le Pas-de-Calais*, sites comparés aux puits de Compiègne (Oise)[12], les ossements correspondent à sept mammifères, blaireau, castor, cerf, chevreuil, lièvre, renard, sanglier, et à cinq volatiles, bécasse, corvidé, geai, pigeon, rapace. Même en considérant que certaines espèces disparurent des fosses, les proportions diffèrent. Chez les quadrupèdes, le cerf et le lièvre dominent. Chez les volatiles, ce sont les corvidés, choucas, corbeau, corneille, l'ostéologie les confondant fréquemment. Les restes de sanglier font défaut car la

---

* Les 31 sites sélectionnés vont du Ier siècle avant J.-C. au Ve siècle après J.-C.

civilisation gréco-romaine réservait cet animal combatif à la chasse et à la table des patriciens[13]. Les restes de cerf sont nombreux[14] car, jugé aussi couard qu'un lièvre, il était laissé aux *labor* : ils le tiraient avec une arme de jet, lance ou flèche ; ils précipitaient sa chute aussi, moyens qui préservaient la viande[15].

En retenant pour le haut Moyen Age neuf sites en Artois*, soit six implantations villageoises et trois seigneuriales, sites comparés aux puits des Hallettes (Oise), les ossements correspondent à huit quadrupèdes, aurochs, castor, cerf, chevreuil, lièvre, ours, sanglier, renard, et à trois volatiles, bécasse, pigeon, geai. Les restes de cerf l'emportent encore. En revanche, la part du sanglier excède celle du lièvre. Est-ce l'effet de l'interdit concernant ce dernier ? Il existe des ossements d'ours. L'animal était abattu pour sa carcasse et non pour sa fourrure, car n'en subsistent que des canines – la gueule – et des griffes, phalanges et métatarses – les pattes. Est-ce l'effet d'un repli rural ? En raison d'une insécurité générale, la forêt aurait gagné du terrain et le fauve rôdé près des maisons, d'où les expéditions punitives destinées à l'occire. Il existe aussi des ossements de loup, mais leur carcasse fut méprisée, puisque dépourvue d'incisions.

Ces résultats nuancent l'image traditionnelle de l'alimentation ancienne : les paysans chassaient et mangeaient les animaux nobles que l'Ancien Régime leur refuserait : cerf, chevreuil, ours, sanglier ; ils chassaient et mangeaient les bêtes immondes que le Saint-Siège interdirait : blaireau, héron, lièvre, loutre. Cependant, dans les 40 sites retenus, les immondes comptent fort peu, ce qui exprime une répugnance qui contribua à l'observation des mesures papales. Une exception, celle des marges orientales, corrobore l'hypothèse. A la différence du Nord et de l'Ile-de-France évangélisés sous les Antonins (96-192), leurs habitants ignoraient tout du christianisme. Or, dans les fosses de Villeneuve-Saint-Germain, les ossements de castor abondent ! Le site appartient à la civilisation néolithique du même nom,

---

* Les neuf sites sélectionnés vont du VIe au Xe siècle après J.-C.

quadrilatère délimité par la Meuse et l'Oder, le Jylland et la Thuringe. Par la suite, les missionnaires notèrent que, les jours maigres, les convertis le cuisinaient encore. D'après les évêques alsaciens, les fidèles l'employaient pour échapper aux contraintes du carême ou du vendredi : questionnés à ce sujet, ils affirmaient que la bête avait tout d'un poisson. Eux-mêmes lui reprochaient sa dualité : museau de rongeur et arrière-train bizarre, avec pattes palmées et queue en raquette. Au reste, les descriptions scientifiques de Gesner, dans son *Historia animalium* (1551), et culinaires de Rumpolt, dans son *Ein neu Kochbuch* (1581)[16], lui prêtaient un appendice identique à celui de la carpe ! Comme la loutre, il mangeait du poisson, ce qui pouvait ranger sa viande dans la catégorie autorisée, classement longuement débattu.

Peu à peu, la consommation d'animaux élevés et d'animaux sauvages parut souhaitable ; le corollaire fut de lier la santé de l'individu à la valeur de sa nourriture : l'intérêt médical progressait nettement. C'est ainsi qu'à quatre siècles d'intervalle, et malgré la prohibition religieuse, deux personnalités éminentes conseillèrent la viande de castor. Au XIIe siècle, l'abbesse Hildegarde de Bingen (1098-1179) la déclara « aussi bonne à manger pour les bien-portants que pour les malades[17] ». Au XVIe siècle, Bruyeron Chamtier confirma le jugement. Mieux, son *De re cibaria* (1555) l'étendit à tous les sauvages, qu'ils relèvent des Animés (les animaux) ou des Inertes (les végétaux). L'innovation était importante. Car, jusque-là, la hiérarchie des espèces ressemblait à une échelle qui aurait uni la matière inerte à l'espace céleste : les sauvages occupaient les barreaux inférieurs. Installé à mi-hauteur, l'Homme, créature d'instinct et de raison, combinait le matériel et le sensible avec l'intelligence et la spiritualité. Héritée de la philosophie aristotélicienne, cette conception accordait le septième ciel, la sphère supérieure, aux esprits parfaits. Ces Justes plaidaient la cause des défunts, ceux de leur sang ou les autres.

Le salut des âmes dépendait de cette intercession et, pour l'avoir, les hommes offraient leurs prières, et les bêtes leur travail et leur viande. Ainsi, c'est la maîtrise du langage,

conservée aux hommes et retirée aux bêtes[18], qui régissait
l'ensemble du système. D'après l'Ancien Testament, Dieu
aurait conçu simultanément les animaux familiers et les animaux sauvages (Genèse, 1-25). Ce Livre, fondement du
monothéisme hébraïque, excluait l'évolution des espèces et
la domestication de certaines. Il en fut de même dans les
religions chrétienne et musulmane. L'élevage proviendrait
uniquement de l'expulsion édénique. Car les animaux familiers auraient rejoint le couple déchu (4-2) : ils l'auraient
servi en échange de sa protection, d'où les crucifix dans les
étables, les rameaux au-dessus des mangeoires et les messes
célébrées en cas d'épizootie. Au contraire, les animaux sauvages auraient rejoint l'aigle dans le ciel, le lion sur la terre
et le dauphin dans la mer : incapables de communiquer, ils
luttèrent les uns contre les autres. Mais l'Homme remédia à
l'anarchie : en chassant dévoreurs et dévorés, il leur montra
qui était le maître. Depuis, deux camps étaient face à face :
le Bien, où les hommes commandent aux chiens, aux chevaux et aux rapaces, et le Mal, où les démons déchaînent les
« féroces » et les « immondes ». Dès lors, la guerre prit une
allure nouvelle car tuer les indésirables était la mission des
saints et des chrétiens.

Hildegarde de Bingen regardait autrement l'univers animal*. Elle avait quitté l'abbaye bénédictine du Disibodenberg
pour fonder celle du Rupertisberg : inculte et dépeuplée, la
région constituait la version occidentale, froide et boisée, du
désert moyen-oriental chaud et dénudé. C'est dans cette
Rhénanie sauvage qu'elle entama ses recherches. Hildegarde
acceptait, bien sûr, la vision anthropocentrique et utilitariste
de la Genèse : nouvel Adam, elle identifia les animaux et les
végétaux encore inconnus. Hildegarde admettait aussi l'idée
d'une Création parfaite et achevée : femme pieuse, elle
n'imaginait pas que les espèces puissent s'adapter aux modifications environnementales et encore moins que les exigences économiques puissent les modifier. Cela lui semblait

---

* Ce qui est extraordinaire, c'est que sa vision anticipe ce que nous
savons de la domestication néolithique africaine et eurasienne.

totalement hérétique. Au reste, elle était convaincue que l'expulsion édénique n'avait pas aboli tous les attributs paradisiaques. Par exemple, la parenté des espèces demeurait flagrante, d'où les similarités de comportement et les possibilités de compréhension. Les animaux façonnés en même temps que l'homme agissaient comme lui et réciproquement : ainsi, certains individus étaient plus cruels que des loups, mais des louves allaitaient des enfants. Les animaux façonnés à sa suite dialoguaient comme lui et réciproquement : ainsi, certains individus étaient aussi bavards que des pies, et des corbeaux prévenaient des paysans. Ces théories persistèrent longtemps[19].

L'abbesse espérait que l'entente renaîtrait. Elle savait que cela prendrait du temps. A ses yeux, la situation actuelle, où les uns mangeaient les autres, provenait de la Chute et durerait jusqu'à la Rédemption. En attendant de sauver l'âme, il fallait nourrir le corps : l'aliment qui attirait était celui qui convenait, principe qui engendra les régimes « instinctivistes ». Certes, l'abbesse consommait davantage de céréales et de légumes que de protéines, ce qui tenait à ses vœux, mais elle acceptait que les croyants aiment la viande et en mangent six jours sur sept, à condition d'éviter la chair des espèces dépravées*. C'était faire une concession ultime aux préceptes religieux, bien qu'Hildegarde fasse fi d'un grand nombre de préjugés.

En réhabilitant les espèces sauvages, elle rappelait l'égalité entre les bêtes et annonçait l'égalité entre les êtres. Désormais, le maintien des espèces assurait la survie de l'ensemble. A la génération suivante, l'encyclopédiste Alexandre Neckam prétendit qu'avant le Déluge les êtres vivants, les hommes comme « leurs amies les bêtes[20] », consommaient uniquement des herbes et des fruits : les saisons n'existant pas, les récoltes étaient continues... Cet état ne dura pas, en

---

* Les êtres les plus purs étaient fécondés par l'eau chargée des « substances vitales ». Aussi le poisson était-il seul admis durant les jours ou les périodes de pénitence, et cela chez tous les monothéistes. Les interdits alimentaires reposèrent souvent sur l'ignorance des mécanismes procréatifs.

raison, précisément, d'une trop bonne entente : des hommes copulèrent avec des femelles, et des femmes avec des mâles. La descendance d'Adam avait oublié que Dieu l'avait conçue à Son image : elle l'avait souillée. La colère de l'Eternel provoqua le Déluge qui engloutit la race maudite. Il avertit toutefois un couple de justes, Noé et sa femme, qui bâtirent une arche capable d'accueillir un couple de chaque espèce. Les géniteurs épargnés engendrèrent les races nouvelles : aucune ne s'accouplerait avec une autre*. Moyennant ce pacte, les hommes conservèrent le savoir premier[21] qui leur permit de manger et de soigner. En échange de sa provende et de son entretien, le bétail continua à travailler. Les espèces sauvages refusèrent de l'imiter, préférant se nourrir et se soigner sans l'aide des hommes. Ces derniers jalousaient ce pouvoir, mais en leur viande ils absorbaient ses principes actifs. Ils régnèrent ainsi sur les animaux sans jamais retomber dans la zoophilie ou l'homosexualité. Comme Hildegarde de Bingen, Alexandre Neckam refusait la viande de lièvre car, en transmettant ses « poisons » (les péchés), elle éteindrait l'humanité, celle qui naquit de Noé.

Les chasses nourricières

Le classement des animaux entre espèces prohibées et espèces suspectées explique certaines tendances. Ainsi, au Moyen Age, l'exclusion du lièvre profita au « lapin de choux » et au lapin de garenne, l'un élevé et l'autre sauvage[22]. Et, pourtant, les villageois n'hésitaient pas à préparer le beau lièvre pris au collet[23]. De même, et jusqu'aux Temps modernes, la discussion sur le castor ne lui évita pas les marmites alsaciennes. Dans son *Histoire de la vie privée des Français* (1816), Le Grand d'Aussy signala que cela

---

* Très ancré, ce tabou explique la suspicion actuelle quant aux organismes génétiquement modifiés (OGM) : par manipulation scientifique, le gène d'une espèce est introduit dans le patrimoine d'une autre. Il explique aussi la suspicion ancienne quant aux animaux nés d'espèces voisines : par exemple, le chien-loup (louve et chien) ou le tigron (tigresse et lion).

continuait[24]. Il est possible que sa consommation, disparue au XVIIIe siècle, fût revenue en 1813, l'« année terrible » où les intempéries anéantirent les récoltes, d'où la pénurie céréalière, aggravée par le stockage des farines pour le compte de l'armée : les munitionnaires s'enrichirent et les populations s'appauvrirent. Comme il fallait bien manger, elles se rabattirent sur les castors, nourriture immonde mais appréciée à l'époque des ancêtres.

Autre espèce à problème : le cheval. Voilà longtemps que l'Occident ne possédait plus la moindre harde, mais un cheptel spécialisé, dont l'effectif progressait avec la demande. Que faire des bêtes réformées ? Leur viande n'était pas suspecte, mais son commerce dérangeait la religion chrétienne et la société guerrière. Evangélisés très tôt, les Méditerranéens la refusaient. Christianisés très tard, les Britanniques, les Bulgares, les Ukrainiens, les Nordiques et les Germains l'appréciaient. Une première division apparut : chez eux, l'aristocratie la distribuait aux chiens de meute quand le populaire fabriquait des boulettes, hachis mêlant cheval et âne, porc ou veau. Les autres peuples n'en voulurent point, refus qui tenait moins à l'utilisation économique de l'animal qu'à son importance militaire. Cela n'empêchait pas les riverains, en temps de guerre, de dépecer les carcasses récupérées sur le champ de bataille. Mais, en temps de paix, le clivage revenait : elle dégoûtait les nobles, ceux du continent surtout, et plaisait aux roturiers en raison de son prix, moins élevé qu'un morceau de bœuf. Cependant, au XVIe siècle, une seconde division opéra, la relecture des Saintes Ecritures déplaçant les lignes*. Chez les protestants, certaines viandes restèrent impures, comme celles du castor, de la loutre, du ragondin et des batraciens, espèces qui évoluaient entre deux milieux ; comme celles, également, du garenne, du lièvre, de la souris et du rat, espèces qui forni-

---

* Dans l'Angleterre protestante que laissa Henri VIII, les anglicans issus de la noblesse terrienne boudèrent la viande de cheval, quand les puritains venus du commerce et de l'artisanat la consommaient. Avec le retour des Stuarts, elle fut servie aux chiens de meute, le chien de travail gardant sa soupe au pain.

quaient sans cesse[25]. Par contre, concernant la viande de cheval, les puritains maintinrent son usage et, concernant la viande de rongeur, les armateurs veillèrent à ce que les commandants n'embarquent aucune cage de lapin et contraignent l'équipage à chasser le rat. Le tuer protégeait les cordages nécessaires à la voilure et à la conduite du navire. Le manger préservait les matelots du scorbut, sa chair étant riche en fer et en vitamines. Pour les encourager, une prime fut offerte. Quant à la consommation, elle dépendait des nationalités et, bien sûr, du niveau des vivres.

Les renseignements ostéologiques confirment ces évolutions culturelles et religieuses. Etablis pour la période moderne (XVIe-XVIIIe siècle), ils varient peu, que les fosses soient en milieu fortifié, citadin ou campagnard : la ration carnée dépendait de l'élevage (95 %)[26], constat qui changeait beaucoup des résultats médiévaux[27]. En effet, jusqu'au XIIIe siècle et la dernière vague des essartages, les restes de cervidé constituaient plus de la moitié des ossements, les restes de cerf dominant largement (80 %). La valorisation agricole ramena la part des cervidés à 50 %, celle du cerf descendant à 30 %, réduction compensée par la progression du chevreuil, dont le prestige était médiocre et l'abattage, admis. La part du sanglier connut une évolution similaire, passant de 20 à 11 % entre le Xe et le XIVe siècle. Ainsi, le retournement de la conjoncture, lié aux calamités naturelles et aux épidémies de peste qui marquèrent la guerre de Cent Ans, ne modifia pas le principal : désormais, les roturiers respectaient les bêtes nobles. En décalant vers le nord l'aire du garenne, espèce méditerranéenne, le réchauffement climatique facilita le redéploiement cynégétique : les manants le chassèrent au collet et au bâton, les nobles le poursuivant au vol et à courre. Mais, si l'extension des cultures incitait les producteurs à détruire les nuisibles, oiseaux et rongeurs, elle était loin de supprimer les étendues humides[28]. L'absence de restes de héron et de colvert indique donc moins l'assèchement des terres que la résignation des *labor* : ils cuisinaient maintenant les gibiers qui autrefois étaient dédaignés[29].

A la différence du héron, du colvert, du cygne ou de la perdrix, le lièvre, le garenne, l'écureuil et le hérisson étaient piégés. En bordure de haie ou de bois, les paysans enfonçaient des rouettes auxquelles ils attachaient ficelle et collet. En saisissant l'appât, ces bestioles renversaient la branchette, le nœud de la ficelle lâchait, la baguette se redressait et le collet se resserrait. Autre méthode pour Maître Jeannot : glisser un furet dans son terrier, guetter sa sortie et lui briser la nuque. La besace ouverte l'avalait vite ! Sitôt rentré chez lui, l'heureux chasseur le suspendait par les pattes arrière : lièvre ou garenne connaissaient le même traitement et « mûrissaient » de la sorte jusqu'à ce que leur nez vienne à goutter. Par contre, l'écureuil et le hérisson étaient dépiautés sur place : l'homme des bois improvisait une broche et les mettait à rôtir, mets particulièrement délectables. Ces procédés, collet ou bâton, présentaient plusieurs atouts. Pratiqués au lever ou au coucher du soleil, ils étaient silencieux et permettait d'opérer sans témoin. L'étranglement avait un avantage sur la bastonnade : il hérissait le poil du lièvre, du garenne, de l'écureuil et, de manière globale, de toute la « sauvagine », fouine, martre, furet, putois et belette. Il rendait les fourrures plus belles, donc plus chères[30]. Une fois réunies et préparées, le piégeur les proposait aux marchands et comparait les offres, encore que beaucoup eussent un négociant attitré qui, chaque année, visitait ses fournisseurs.

En raison du petit âge glaciaire (1550-1880), la clientèle augmenta qui désirait « être fourrée », c'est-à-dire chaudement vêtue. De fait, si la fourrure exotique témoignait de la fortune et de l'élégance, la fourrure indigène signifiait, elle, moins de chauffage et davantage d'économies. Car, avec des printemps frais et pluvieux, des hivers longs et glacés, l'état des routes et le gel des rivières retardaient les convois routiers ou fluviaux, d'où le manque de bois et la flambée des prix. Ainsi, la collecte des fourrures répondait au changement de contexte : par suite des mauvaises récoltes, le revenu des villageois baissait, ce qui obligeait les chefs de famille à trouver ailleurs que dans la vente des surplus de quoi régler le montant du loyer, des charges, des impôts et des

taxes. Aussi la morte-saison agricole, période que le transport des farines et le début des semailles encadraient, était-
elle consacrée aux activités cynégétiques. De novembre à fin
février, les hommes restaient au logis ou partaient en forêt.
Ils fabriquaient les pièges : les crins tordus servaient à
confectionner les collets et les ficelles. Ils remplissaient les
bûchers : le bois d'affouage couvrait les besoins de l'année.
Pour cela, ils exploitaient leur part de taillis, façonnaient le
peuplement sur place et, enfin, vidangeaient la coupe ; ils en
profitaient pour « monter au bois », c'est-à-dire pour savoir
si, au petit matin, « le gibier avait donné ». Les collets convenaient aux lapins et aux lièvres, aux oiseaux migrateurs
aussi, cailles, grives, perdrix, bécasses, étourneaux, ortolans,
palombes, tourterelles et alouettes. Les pièges ne fonctionnaient pas toujours. Chacun tentait d'en apprendre davantage sur l'espèce et sa capture en copiant les voisins.

Les chasses populaires

« Nourricières », les chasses populaires l'étaient doublement, puisqu'elles diversifiaient l'alimentation et amélioraient l'ordinaire[31]. Transmises de père en fils, leurs
techniques étaient multiples, et certaines âprement défendues*.
La tenderie aux pliettes renvoyait aux traînants, rejets de
cépée qui dessinaient l'arc du piège. Fixées au niveau du collet** ou des branches, les pliettes formaient une ogive, un
ovale, un rectangle ou un arceau. Comme elles devaient rester souples, la veille de la chasse le tendeur coupait les rejets,
les taillait en biseau et les gardait dans l'eau. Le jour venu, à
l'aide du fer à tendre, son seul outil, il incisait l'écorce
jusqu'à l'aubier, espaçant ces fentes horizontales de la hau-

---

* Elles l'étaient contre les Eaux et Forêts en raison des dégâts causés
aux taillis en coupant les rejets ou en y mettant accidentellement le feu.

** Le terme « collet » appliqué à un arbre désigne l'empâtement à la
base du tronc.

teur d'une main. Puis, il enserrait un rejet dans la coupure
du bas et le pliait, d'où le nom du piège, avant de l'insinuer
dans la coupure du haut. Ensuite, il entaillait la partie supérieure de l'arc pour accrocher une grappe de sorbes ou de
mûres, et transperçait sa partie médiane pour enfiler un
lacet doté d'un nœud coulant. La boucle se trouvait au centre du piège. La confection des lacets occupait l'ensemble
des membres ; elle continuait jusqu'à ce que le piégeur juge
leur quantité suffisante : les crins de cheval étaient dégrais-
sés à l'eau tiède, et chaque paire pliée, roulée, enduite de
cendres et torsadée, deux nœuds bloquant la tresse... Après
le montage, l'attente. Enfin, un oiseau sautait sur le perchoir
de la pliette[32]. En prenant l'appât, il tendait le cou à travers
la lunette. Et s'envolait, mouvement qu'arrêtait net sa pen-
daison ! Une fois la prise ôtée, le piège était remis en état.
Dans *Les Amusements innocents... ou le Parfait Oiseleur*
(1774), l'auteur, un certain Olina, donnait le conseil suivant :
« après avoir tendu le piège, on s'en écartera assez pour ne
pas effrayer les oiseaux, mais il ne faut cependant pas trop
s'en éloigner car les passants pourraient bien emporter la
proie[33] ». Moralité, le piégeur était souvent piégé !

La tenderie aux haillettes n'exigeait pas autant de précautions, le piège fonctionnant à terre car, à la différence des
tenderies au brancher, la rapidité des préparatifs caractérisait les tenderies au sol[34]. Dans celles-ci, le piégeur traçait
une coulée dans le hallier, d'où le nom du piège, coulée que
suivrait la bête ; il la ponctuait de piquets de la taille d'un
doigt, chacun portant un grain ou une baie. Long de quatre
à cinq pas, le couloir avait la hauteur de deux mains et la
largeur d'une paume*, et menait droit vers le piège. Masqué
par deux haillettes, rameaux feuillus, le piquet était planté
en retrait et pourvu d'un lacet doté d'un nœud coulant. Là
aussi, la boucle se trouvait au centre du piège ; elle descendait à trois doigts du sol. Fascinée par l'appât, épi ou grappe,
la victime ne la repérait pas. En piquant l'appât, elle passait

---

* Les unités de mesure correspondaient aux dimensions de l'homme :
pied et main, paume et doigt.

le cou dans la boucle. Et s'étranglait en voulant s'échapper !
Plus ou moins sophistiqués, tous ces procédés réclamaient
de l'habileté et de l'expérience, qualités promptement acqui-
ses : l'apprenti observait ses parents, ses aînés aussi, les
méthodes rudimentaires n'étant pas les moins spectaculaires.

La chasse aux lecques faisait partie de cet enseignement :
elle rompait la monotonie des journées passées à garder le
troupeau. Pratiquée dans les Causses et la Provence, elle
demandait deux lauzes* pour constituer le plancher et le plafond, et quatre bâtonnets pour maintenir celui-ci. L'ensemble ressemblait à une petite enceinte. L'appât, des baies de
genévrier, était posé sur la dalle du bas. Enfin, une bestiole
avançait. En volant l'appât, elle renversait le montage. Et
s'assommait toute seule, coincée par la dalle du dessus ! Le
piège était si facile à édifier qu'un enfant pouvait en construire jusqu'à cinquante par jour, le vainqueur alignant le
plus grand nombre de prises, des mulots ou des oiseaux. Il
montrait aussi que, parfois, estourbir valait mieux qu'étrangler car le gibier ramené en vie était encagé et consommé
plus tard, ce qui évitait les difficultés de la conservation et
procurait les avantages de l'engraissement. Les lecques rappelaient les « châteaux », petites pierres posées à l'aisselle
des branches. En montant la pile, l'auteur formait un vœu.
Un oiseau viendrait, qui la ferait chuter, et le mal partirait
avec lui...

La chasse aux gluaux remontait à l'Antiquité et concernait
moins le Sud-Est que la Gascogne ou le Languedoc. Selon
L'*Agronome*, la glu formait « une espèce de gomme fort
tenace dont on se sert pour prendre des oiseaux à la pipée ».
L'ouvrage mentionnait deux recettes. Dans la première,
l'aubier du houx était pilé : c'est au dernier moment, celui de
l'emploi, que l'huile d'olive délayait la pâte. Dans la seconde,
les tiges de gui étaient mises à pourrir : au bout de huit

---

* Les lauzes sont des pierres plates, dalles calcaires qui, dans le Sud-
Est, recouvrent les charpentes des édicules agricoles ou des chapelles
rurales.

jours, elles étaient écrasées. Conservées dans un pot, ces purées étaient très visqueuses. Le piégeur les liquéfiait en touillant « jusqu'à ce que la glu se prenne au bâton : plus elle est nette (grâce aux lavages qui enlèvent les résidus), plus elle est tenace ». Restait alors à l'étaler. La méthode « grecque » consistait à enduire les bâtonnets avant de les disposer en oblique : à cette fin, le piégeur pratiquait des encoches sur une branche. L'oiseau se posait. En prenant son envol, il plaquait ses ailes contre les bâtonnets et restait prisonnier. La méthode « romaine » consistait à empéguer la baguette fixée à un support et à l'installer au-dessus d'une branche. L'oiseau se trompait. En posant ses pattes sur ce qu'il croyait être un perchoir naturel, il y collait ses pattes puis ses ailes, conséquence de ses efforts désespérés pour se dégager. Le piégeur n'avait plus qu'à le « cueillir », verbe qui décrivait parfaitement cette tenderie au brancher.

La chasse aux appeaux, ou aux appelants, renforçait ces procédés à l'aide des signaux, cri, couleur ou mouvement, qui permettent au membre d'une espèce d'avertir ses semblables de la présence d'un grainage. Pour cela, le piégeur usait d'un appeau, instrument qui imite l'appel d'une femelle : les mâles volent vers celle-ci ; il usait aussi d'un appelant, oiseau retenu au sol ou sur une branche : les congénères voient ses battements d'ailes comme une invitation à le rejoindre. Ces deux systèmes obligeaient l'oiseleur à rester caché. Très souvent, le camouflage était instantané : une couronne de feuillage suffisait. Par contre, lorsque l'attente s'annonçait durable, le camouflage se devait de l'être aussi : un abri était construit au pied d'un tronc. De cette loge, l'oiseleur actionnait la ficelle attachée à l'appelant et la secouait fortement, afin qu'il montrât plus de vigueur. L'instinct grégaire faisait le reste, si bien qu'un groupe d'oiseaux, des palombes par exemple, volait vers le piège. La méthode convenait aux migrateurs dont les chasseurs guettaient le passage.

Contrairement aux précédentes, la chasse à l'agrain concernait uniquement les volatiles sédentaires[35]. L'oiseleur employait un filet : il patientait longtemps pour en capturer beaucoup, ou abattait une trappe : il n'attendait pas pour en assommer quelques-uns. C'est la version que montre le *Paysage d'hiver avec patineurs et trappe d'oiseaux**, de Pieter Breughel l'Ancien (1525-1569). L'oiseleur ramassait les bestioles étourdies en rentrant des champs. Dans les deux cas, pour les attirer et les rassurer, il amorçait le piège, c'est-à-dire qu'il étalait une ou deux poignées de semence. Ainsi, ils fréquentaient cet agrainage et leurs effectifs augmentaient d'un jour à l'autre. Confiants, ils grainaient : leur surprise était totale. Et dramatique ! La trappe se rabattait sur eux, parce qu'ils l'avaient déséquilibrée. Le filet se rabattait de même, parce que le « chiffleur » (oiseleur) tirait la ficelle. Ces méthodes furent souvent alliées à une fosse jonchée de graines, fosse que fermait trappe ou filet. Ce contraste entre satisfaction éphémère et disparition définitive inspira les peintres flamands, dans un XVIe siècle où la vie tenait à peu de chose. Pour le poète Claude Gauchet, le chiffleur avec son filet était l'image même du Destin avec sa faux :

> Sa corde en saute en haut, d'une secousse telle
> Qu'en un instant, l'oiseau couvert de sa ficelle
> Pensant s'ôter de là, voit en un coup et sent
> Sous la neige caché le filet qui descend[36].

Le gibier à l'honneur

Chassant moins pour se nourrir que pour s'épargner un achat, les paysans respectaient les interdits religieux sans y songer, et pensaient aux restrictions légales sans les admettre... Comme la possession d'un fief incluait la terre et ses

---

* Bruxelles, Musées royaux des Beaux-Arts, musée d'Art ancien, legs Delporte, huile sur panneau, 0, 38 × 0, 56 m, 1555. Son fils aîné, Pieter Breughel le Jeune (1564-1637), en peignit trois copies (au moins), intitulées *Paysage à la trappe aux oiseaux*, comme celle de 1616, preuve que cette trappe constituait le motif principal, déporté à main droite, partie réservée au Spirituel selon les principes de l'époque, la gauche accueillant le Matériel.

gibiers, leurs droits étaient limités aux migrateurs, aux oiseaux surtout, le loup et le sanglier n'en faisant pas partie : certes, ils migraient aussi, mais relevaient du privilège nobiliaire. La règle était stricte, quoique des arrangements fussent possibles et des tolérances, fréquentes. Néanmoins, prendre du gibier sédentaire, du gibier noble surtout, créait trop de désagréments pour ne pas orienter le petit peuple vers le menu gibier. Comment décrire les espèces chassables ? C'était évidemment plus facile dans le cas des volatiles, certains pièges les gardant vivants, assommés, empégués ou capturés, que dans celui des mammifères, certains étant de mœurs nocturnes ou furtives, comme le furet ou la martre. La plupart des gens les découvraient à l'état de cadavres. Les tableaux de chasse montraient donc des cerfs, des chevreuils ou des sangliers entourés de veneurs ou assaillis par les chiens. De même, les tableaux de gibier présentaient de la plume – les oiseaux – et du poil – lièvres et lapins. Cette sélection était logique. Ce qui l'était moins, c'est que les tableaux de chasse fussent moins nombreux que les tableaux de gibier : les premiers mettaient pourtant en scène ces bêtes rousses et noires qui intéressaient la clientèle détentrice de seigneuries[*].

Natures mortes

La production dépendait des amateurs qui achetaient les œuvres et des mécènes qui influençaient les peintres[37]. Même dans le Trophée, le grand gibier ne dominait pas. Tout opposait ce genre à deux autres, assez proches pourtant. Dans le Tableau de forêt, le paysage est luxuriant, les

---

[*] Une seigneurie rapportait par la valeur de ses fonds et de ses droits, ceux qui pesaient sur la main-d'œuvre pour sa jouissance des tenures, des usages et des banalités, ceux qui venaient du fonctionnement de la justice, enfin, ceux qui tenaient à l'exercice de la chasse et de la pêche. Un roturier pouvait en acheter une, à condition de payer la taxe de franc-fief en signant son acquisition. Il pouvait alors chasser le gibier noble qui s'y trouvait.

animaux vivent en harmonie et le temps cesse de couler. Dans le Tableau de chasse, les bêtes luttent contre l'homme et la meute dans une lande ou un taillis, l'heure étant au sang et au bruit. Au contraire, dans le Trophée, l'affaire est terminée, l'animal vient d'être abattu et va être préparé. Le cadre est une cuisine, une resserre, un étal de marché, voire une niche, placard sans porte ni planche, afin de rendre le contenu visible. La scène montre des animaux chosifiés car associés à des éléments inertes, table, tapis, chaudron ou verre, à des victuailles aussi, pièces saignantes, légume nouveau et fruit de saison. Composé de denrées périssables, l'ensemble résume les richesses fugaces, celles que l'homme convoite au lieu de préparer son salut[38]. Car c'est pour l'éternité que l'élu vivra au paradis, le pécheur au purgatoire et le damné en enfer. Le Trophée visait les croyants partagés entre réforme luthérienne et réponse catholique. Né au XVIe siècle, sa portée faiblit avec ce débat, si bien que, deux siècles plus tard, cette nature morte était tout aussi dénuée de connotation religieuse que les autres agencements de fleurs ou de fruits[39]. Le maintien du thème prouve cependant que l'animal sauvage, beau et mort, plaisait beaucoup. Pourquoi donc ?

A l'origine, le trophée désignait les dépouilles, armes et corps, suspendues à un chêne, symbole de puissance. Le vainqueur remerciait ainsi ses divinités protectrices, à l'exemple du Chérusque Arminius après la défaite du légat Quintilius Varus (9 ap. J.-C.). Ensuite, ce trophée illustra la gloire des armes, disposées en faisceaux à la mode antique, ou en mannequins à la mode nouvelle. En général, les collectionneurs étaient de tradition militaire, des nobles donc, qui servaient ou avaient servi aux armées : le montage témoignait des défaites ennemies et des qualités guerrières, les leurs et celles de leur lignage. Très vite, ce principe, réunir des pièces de même type, fut appliqué aux instruments de technique et de musique et, bien sûr, aux têtes de gibier et à leurs trophées, bois, cornes ou gueules. La mise en scène rappelait une partie mémorable et une bête magnifique. Tel n'était pas l'objet du Trophée : le gibier était pendu au plafond, couché sur une table ou rangé sur une étagère. Il occupait toute la surface ou presque, alors que, dans les Repas de chasse et les Intérieurs de cuisine, il côtoyait soit un amoncellement de récipients, soit une assemblée de personnages, convives et serviteurs.

Dans l'art occidental, la première nature morte avec gibier remonte à 1504, l'artiste vénitien Jacopo de Barbari (1440-1515) traitant le sujet en trompe-l'œil : l'illusion est si parfaite que le spectateur a le sentiment qu'en tendant la main, il touchera le plumage. Il n'était pas encore question de soubresauts religieux, d'où la sobriété de l'ensemble : une perdrix grise et une paire de gantelets, qu'un carreau d'arbalète fixe sur un mur craquelé[40]. Il en alla autrement dans la seconde moitié du XVIe siècle : les artistes attirèrent le regard vers un fatras de victuailles et de dinanderie, rappel du luxe qui mène en enfer. Aussi, dans les cuisines de Pieter Aertsen (1508-1575) et de ses suiveurs, les produits de la chasse et du marché devinrent-ils des viandes à farcir ou à rôtir. Transformé en nourriture alléchante, mais semblable à toutes les autres, le gibier commun, perdrix, lièvre et chevreuil, perdait cette apparence cadavérique que conservait le gibier noble, cerf, daim et sanglier, digne jusqu'au bout, même dans la mort. Scénographies de l'ordinaire, les œuvres flamandes et hollandaises déconcertèrent la noblesse française[41] : sensible aux influences italiennes, elle préférait les peintures mythologiques ou historiques, attitude qu'amplifia la politique internationale de Louis XIII et de Louis XIV.

Au XVIIe siècle, Gerrit Dou (1613-1675) et l'Ecole de Leyde renouvelèrent l'abondance anarchique en utilisant devantures d'échoppe ou appendices de cuisine : par l'ouverture, le spectateur devinait garde-manger, étagères, bassines en cuivre et crochets en ligne où la plume, perdrix ou faisan, attendait la casserole. Dans cette image policée, l'activité culinaire et l'anecdote amoureuse effaçaient la sauvagerie des volatiles. En exploitant les relations ancillaires, ces artistes unirent le plaisir gustatif au plaisir amoureux. A l'instar de ses confrères qui redoutaient l'occupation espagnole au moins autant que les ambitions françaises, Adrien Nieulandt (1587-1658) emménagea aux Pays-Bas septentrionaux. C'est dans ces Provinces-Unies, république autoproclamée, qu'il réalisa la *Grande Cuisine* de 1616[42]. Dans cette nature morte monumentale, deux domestiques lutinent une servante. La pièce mêle vaisselle précieuse et mets exceptionnels, homard et langouste, raisin et cédrat, biche et sanglier, cygne et dindon. Ces gibiers de prestige inspiraient la pitié : la biche a une jambe cassée et les cuisses ouvertes, le sanglier n'est qu'une hure sur un plat, le dindon pend du plafond et le cygne gît sur la table. L'exhibition les mettait à égalité. La servante plume un coq, tandis qu'un compagnon lui touche le sein. Allusion au péché charnel, la scène invitait à la prière et au jeûne pour conjurer la tentation.

Cet enseignement affecta la représentation des trophées qui glorifiaient le chasseur, sa force et ses passions. De fait, le Trophée atteignit son apogée entre la guerre de Trente Ans et la guerre de Hollande.

Première étape, ce genre différa des compositions alimentaires par ses références aristocratiques, épées, meutes, gants de fauconnier ou rapaces avec cimier. Il profita également de la collaboration des paysagistes comme Paul Bril (1554-1626) et des animaliers comme Roland Savery (1576-1639), d'où les aperçus sur la nature. C'est le cas dans *Diane et ses nymphes surprises par deux satyres* de Franz Snijders, Pierre-Paul Rubens et Jacob Brueghel[43]. Cachés derrière les arbres, les deux satyres lorgnent les belles assoupies. A droite de l'œuvre, côté Raison, les chiens somnolent, sont assis ou debout, mais toujours en laisse. A gauche, côté Instinct, les fourrures empilées confèrent à la scène une signification érotique. Au centre gauche, les armes abandonnées, arcs, flèches et filets, le sont après une partie mouvementée. Ce désordre résumait les excès de l'amour – Cupidon les inspira – et de la chasse – la meute est prête à repartir. Le *Livre du Roy Modus et de la Reine Ratio* n'était donc pas oublié, bien qu'un siècle et demi séparât ces artistes de l'auteur, Henri de Ferrières[44].

Deuxième étape, le Trophée renonça à la scénographie mythologique. Franz Snijders (1579-1657) l'écarta car c'était justifier le motif en le réduisant à la portion congrue. Grâce aux « effets pyramidaux », expression chère à Olivier Bihan, il étagea des oiseaux colorés, des fruits estivaux et des légumes coûteux, tels l'asperge ou l'artichaut introduits depuis peu ; il opposa souvent, au centre de la composition, un volatile de parc comme le paon à un gibier d'eau comme le cygne dont la mode culinaire disparaissait. Vantés moins pour leur viande que pour leur beauté, ils occupaient le premier plan, diffusaient la lumière et accentuaient les contrastes. Ainsi, dans *Nature morte avec corbeille de viandes*[45], le plumage du paon, brillant et chamarré, souligne le pelage du chevreuil, terne et grisâtre, et la carapace du homard, mat et rouge sang. De même, dans *Intérieur de cuisine*[46], l'arrière-plan comporte une scène galante qui aboutit sur le devant de la scène : le spectateur pressentait sa conclusion en voyant le cygne couché sur la table, ailes déployées dans un ultime spasme. Enfin, certains tableaux montrèrent un chat et un chien : voleurs de viandes et rivaux de toujours, ils illustraient le combat entre la mort et la vie, l'inerte et l'animé, au même titre que l'homme avec sa corbeille de fruits, la femme avec son plat de volailles ou le chasseur avec sa trompe d'appel. Il lui revient d'ailleurs d'accrocher le chevreuil, gibier commun, au-dessus des gibiers rares.

Dernière étape, le Trophée échappa à la scénographie alimentaire. Jan Fijt (1661-1661) emprunta le vocabulaire stylistique de son maître Franz Snyders, mais le transforma grâce à l'éclairage qui dramatisait le sang et à la structure qui supprimait l'anecdotique. Sa *Nature morte* de 1646[47] rapproche hure sanglante, paon majestueux et corbeille de fruits. Ces fruits automnaux symbolisaient la vie finissante. Fijt installa le trophée dans une demeure ou dans un paysage. Dans la demeure, une colonne, un drapé, un tapis suggéraient un intérieur raffiné, ce qu'aucune cuisine ne saurait être. Dans le paysage, un tronc soutenait le trophée avec, au loin, la lisière du bois ou le parc du domaine. Deux autres éléments jouaient : le ou les chiens, qui veillent sur les bêtes tuées, et l'équipement, trompe d'appel, panier d'oiseleur, appeau et filet, et, plus rarement, gibecière et fusil. Les armes renvoyaient au gibier : perdrix, bécasse, pic épeiche, martin-pêcheur, mais aussi bouvreuil, mésange, chardonneret, avec un lièvre en plus. Sa *Nature morte* de 1651[48] rapproche deux perdrix pendues à une excroissance du tronc, un épagneul et un lièvre, des oiseaux qui gisent à même le sol. En détournant les codes anciens, Fijt dirigeait les regards vers le lièvre vaincu, ventre immaculé et gueule ensanglantée. A l'époque, certains y virent une allusion aux Pays-Bas méridionaux occupés par l'Espagne et ravagés par la France. Leurs malheurs profitèrent aux Provinces-Unies.

Cette république fondait sa prospérité sur le commerce exotique : ses négociants revendaient les épices de l'océan Indien de la mer Baltique au golfe de Gascogne, d'où l'activité des financiers, des armateurs, des assureurs et des manufacturiers. Un nombre incroyable de peintres travaillaient pour cette bourgeoisie austère, mais fortunée[49]. Elle jugeait de leur maîtrise technique d'après le réalisme du gibier et la somptuosité des objets. Réalisme du gibier : la *Nature morte aux deux paons*[50], un Rembrandt des années 1630, décrit une paire de paons, l'un à l'extérieur de la fenêtre, l'autre saignant sur le rebord. Somptuosité des objets : l'*Intérieur de cuisine avec perdrix et bécasses*[51], un Elias Vonck de la décennie suivante, range dans un placard une assiette de tripailles, une perdrix à une tringle et deux bécasses sur une étagère.

A terme, le Trophée perdit l'austérité qui singularisait cette république protestante et l'opposait violemment aux monarchies catholiques. Maintenant, il aurait pu séduire leurs aristocraties... Un artiste comme Jan Weenix (1642-1719), connu pour ses sujets amoureux, scènes portuaires et paysages antiques, sentit ce changement d'ambiance. Les dynasties commerçantes lui commandèrent des Trophées. Certaines régentaient l'économie et le gouvernement de père en fils. Elles investirent dans le foncier, moins volatil que l'immobilier. Leurs descendants partirent à la campagne découvrir les plaisirs de la chasse et de la table. Ils vivaient comme les nobles qui épousaient leurs filles. Aussi voulaient-ils montrer que l'argent valait bien la gloire. Weenix combla ce vœu en revoyant la hiérarchie des espèces. Ce fut le cas du *Chasseur endormi près d'un trophée*[52], titre qui ne correspond pas au thème : le héros n'est pas le chasseur, mais la paire d'oiseaux. Le héron cendré est accroché si bas que le lévrier pourrait le voler. Le grand échassier est suspendu si haut qu'il semble hors de toute atteinte. Tous deux étaient nobles, le second moins que le premier, comme les gens de finance par rapport aux gens d'épée. Mais, à présent, les uns prospéraient quand les autres déclinaient. La lutte laissait des traces : les soldats – des petits oiseaux – gisent au pied de l'arbre et l'officier – un butor étoilé – expire sur une motte voisine. Weenix transformait le message religieux en réflexion sociale. La religion poussait les croyants à sauver leur âme plutôt que des biens qu'un jour ils devraient laisser. La société conseillait aux riches de garder leur rang plutôt qu'un métier que la conjoncture fragilisait. Melchior d'Hondecoeter (1636-1695) continua dans cette veine en disposant les gibiers selon une figure géométrique et les armes selon un principe militaire[53].

Ses Trophées allièrent l'exactitude des détails à l'invraisemblance de l'œuvre. Dans son *Trophée de chasse*[54] de 1659, année où Hondecoeter quitta Utrecht pour La Haye, les deux perdrix et le butor, placés à la pointe du triangle, pendent en grappe au-dessus d'une trompe de chasse et d'une mouette. Situées à la base du tableau, les ailes tracent une accolade festonnée. Les accessoires sont admirables de préciosité, carnier en velours vert et cordelière en fil d'or. Celui du musée de Bordeaux, légèrement postérieur[55], est tout aussi fastueux avec, sur un banc de marbre rose, un lagopède, un panier d'oiseleur et un fusil à deux coups. L'ensemble est très coloré et très contrasté grâce au dessous des ailes. Cette peinture évoque une belle demeure où le maître rentrerait de la chasse en posant armes et butin. Hondecoeter délaissa les arquebuses de sa période utrechtoise pour le fusil à silex avec crosse lisse, canon court et mécanisme sophistiqué. La présence du panier indiquait que son propriétaire tirait la plume, tandis que celle du chaperon signifiait qu'il chassait au vol ! Au-delà du symbole nobiliaire et des conventions cynégétiques, le tableau restait une Vanité : plaquée sur la blancheur du lagopède, la mouche bleue induisait la corruption. Loin de préciser les espèces consommées, le Trophée illustrait le message religieux : leur vie tenait à un fil, celui du filet ou du panneau, ou à un tir, celui de l'arbalète ou du fusil[56]. Mais enseigner la condition de l'homme au travers de celle du gibier supposait la possibilité d'une identification. Cela excluait les espèces immondes ou suspectes : l'amateur d'art les souhaitait belles et bonnes, bonnes à la chasse comme à la table et bonnes au propre comme au figuré. C'était inconcevable avec un carnivore, que son régime alimentaire cataloguait « féroce ».

Cuisine riche

Avant la révolution du XIXe siècle, la gastronomie en connut trois auparavant : au Ier siècle après J.-C., qui cuisina les viandes d'ailleurs, dont le chameau et le flamant, au XIVe siècle, qui rectifia les cuissons et au XVIIe siècle, qui allégea les sauces. Mais elles n'ébranlèrent pas le socle culinaire du Moyen Age et de la Renaissance, périodes où le gibier était de toutes les fêtes. Aussi les manuscrits du XIVe siècle furent-ils édités jusqu'au siècle de Louis XIV.

Ecrit en 1306, le *Traité où l'on enseigne à faire et à appareiller et assaisonner toutes viandes selon divers usages de divers pays* conseillait de faire bouillir le gibier dans un jus sucré et vineux, coupé « de force épices, cannelle, lavande, girofle[57] ». Ecrit en 1350, *Le Grand Cuisinier de toute cuisine* partageait cet avis, lequel fut repris dans les ouvrages qui le plagiaient sans vergogne. Dans la seconde moitié du XIVe siècle, deux autres recueils, le *Ménagier de Paris* composé par l'un de ses bourgeois[58] et le *Viandier* de Guillaume Tirel, dit Taillevent[59], leur ajoutèrent des recettes nouvelles. Le sous-titre de celui-ci dévoilait son objectif : révéler l'art « pour appareiller (mélanger) toutes manières de viandes que Taillevent, (maître) queux du roi notre sire (Charles VI), fit tant pour habiller (préparer) et appareiller (assortir) bouillis, rôtis, poissons de mer et d'eau douce, sauces, épices et autres choses à ce convenables et nécessaires[60]... ». Ainsi, le même siècle glorifia la chasse, avec l'ouvrage de Gaston Phébus, et le gibier, avec ces écrivains gastronomiques. Pourtant, sa part restait très en deçà des produits d'élevage et de pisciculture. L'importance du poisson, poisson d'eau douce surtout, tenait à l'existence de cent cinquante jours de maigre annuels.

Etablies par les services de bouche des Maisons royales et princières, ces recettes sidéraient les nobles et les marchands, qu'ils eussent possédé l'ouvrage ou qu'ils en aient entendu parler : le bien manger ne leur coûtait pas tant, ses éléments venant des environs. Mais, en faisant saliver les gourmets, elles incitaient à traiter la viande « de sang[61] » autrement que la viande d'élevage. Au lieu d'être rôtie ou mijotée, elle fut bouillie et préparée avec une sauce claire relevée d'ingrédients épicés et acides. Les préférences allant aux saveurs aigres-douces, ce verjus était additionné de sucre. C'était l'effet de la première mondialisation : les curieux découvraient les produits importés et recherchaient leurs substituts locaux, l'exotisme étant hors de prix. C'est ainsi que le miel et le fructose remplacèrent le sucre de canne, plante cultivée dans les vallées du Proche-Orient et produit rapporté par les négociants italiens. Leur influence dans les milieux huppés facilita la diffusion des nouveautés, à commencer par l'accommodement et la présentation des gibiers.

Les pièces d'exception l'étaient en raison de leur taille, de leur beauté ou de leur rareté car, à l'occasion d'un grand banquet, l'usage était de sacrifier quelques oiseaux de parc ou de ménagerie[62]. Leur prestige justifiait leur remise en poil ou en plume : les convives admiraient ce spectacle*. Quant aux autres gibiers, ils finissaient fréquemment en « tourte » ou en « terrine ». Ces termes renvoyaient aux récipients, les uns à bord plat et les autres à bord haut. Ces préparations utilisaient tous les morceaux, nobles ou communs, les abats accentuant les saveurs. Les cuisiniers associaient la viande sauvage à la viande élevée[63], ainsi du cerf avec de l'oie ou du

---

* Jusqu'au premier conflit mondial, cette remise en poil ou en plume fit partie des épreuves requises pour accéder à la maîtrise de bouche.

lièvre avec du chapon, méthode destinée à affaiblir la « force du sang ». Protégé par son couvercle de pâte (tourte) ou de grès (terrine), le mélange cuisait lentement, ce qui lui évitait de se dessécher ou de se corrompre : il fallait pouvoir le garder plus d'une semaine*, d'où les procédés : ébouillanter avant de saler et d'épicer généreusement, le clou de girofle étant antiseptique. Ces pâtés étaient servis à tout moment. Quand le trajet s'éternisait, ils alimentaient la conversation, chacun offrant du sien, et amélioraient l'ordinaire de l'auberge. Quand la chasse se prolongeait, ils rassasiaient ses participants. Et, s'ils en laissaient, rien ne serait gâché, les terrines se conservant mieux que les tourtes en raison d'une cuisson prolongée et du saindoux étalé en surface.

Les raffinements culinaires, qui supposaient des bêtes rousses ou noires, des bêtes exotiques aussi, étaient réservés aux grands. Mais les personnes qui appréciaient le menu gibier l'achetaient aux revendeurs de volaille. En 1577, leurs étals émerveillaient l'ambassadeur vénitien : « Paris a en abondance tout ce qui peut être désiré. Le porc est l'aliment accoutumé des pauvres gens, mais de ceux qui sont vraiment pauvres. Tout ouvrier, tout marchand, si chétif qu'il soit, veut manger les jours gras du chevreuil et de la perdrix aussi bien que les riches (…). Tout semble tomber du ciel. Cependant, le prix des comestibles est peu élevé à vrai dire, car les Français ne dépensent pour nulle chose aussi volontiers que pour manger et pour faire ce qu'ils appellent bonne chère. » Ainsi, la nourriture serait excellente et accessible, vision optimiste, mais biaisée, car la viande de porc était largement consommée. Jérôme Lippomano avait raison sur un point : le menu de gibier

---

* Il fallut 1810 et le brevet d'Appert pour conserver les aliments par stérilisation, ce qui économisait salages et épices. Bien que les ménages aient longtemps boudé les conserves – certains les découvrirent dans les tranchées allemandes –, elles accrurent la demande en pâtés de gibier, lièvre ou garenne, grive ou palombe. En milieu ouvrier, ces produits étaient partagés sur le chantier ou achetés pour un événement exceptionnel. Ils avaient quelque chose de rare, au contraire du pâté de foie, confectionné avec du porc et du lapin. Comme tous étaient vendus en charcuterie, c'est bien la composition qui faisait la différence.

concernait les « gens sans aveu » – les errants sans toit ni loi qui échappaient à l'impôt – et ceux qui le payaient, ce qui sous-entendait des rentrées stables, « taillables ». C'était vrai en tout cas dans la capitale et les villes car, ailleurs, les chasses nourricières procuraient au petit peuple du menu gibier.

Un siècle plus tard, les élites rêvèrent sur *Le Cuisinier français* de Pierre-François de La Varenne, officier de bouche dans la Maison de Louis Chalon du Blé, marquis d'Huxelles[64]. Le livre, paru en 1651[65] et traduit en anglais, en italien et en allemand, connut quarante et une éditions en cinquante ans ! Trois ans plus tard, il fut suivi des *Délices de la campagne* de Nicolas de Bonnefons, ce qui enclencha le mouvement, d'où *Le Cuisinier* de Pierre de Lune (1656)[66], *L'Ecole parfaite des officiers de bouche* d'un anonyme (1662), *L'Art de bien traiter* de L.S.R. (1674), *Le Cuisinier royal et bourgeois* de François Massialot (1691) et d'autres encore. Certaines recettes étaient empruntées aux prédécesseurs, voire aux contemporains, preuve qu'elles plaisaient beaucoup[67]... La Varenne modifia la cuisson des gibiers grâce aux « herbes fines », basilic, cerfeuil, ciboulette et estragon, et aux bouquets garnis, laurier, persil, sauge et thym. Il les entoura de légumes, de champignons, de truffes et de câpres. A la table du marquis, les invités louèrent ses colverts et ses venaisons aux asperges et aux petits pois ; ils voulurent que leur cuisinier reprenne ces recettes et délaisse les mets aigres-doux et les préparations sophistiquées[68]. Mais, si les traditions étaient ébranlées, le service fut maintenu : codifié, le « service à la française » fut adopté dans les cours occidentales[69]. Deux principes le régissaient : une table couverte de mets, l'hôte marquant sa magnificence par leur multiplication et leur diversité, et des convives qui saisissaient le plat le plus proche*. Vu le choix, ils en trouvaient forcément un à leur

---

* Au XIXe siècle, il ne fut plus question de rapprocher le plat de son assiette, mais de l'attendre : le serviteur le présentait à gauche, afin que le convive puisse employer sa main droite et reposer les couverts de service sur le plat. Le changement était notable, encore que, pour les gibiers, certains aient continué à les saisir à pleine poignée, même s'ils mangeaient avec fourchette et couteau !

convenance. Car, par exemple, l'entrée froide offrait pâté de caille et poulet à la portugaise, et les trois services, pâté de perdreau et côtelettes d'agneau, bécassines rôties et jambon à la broche, ortolans sur canapé et canetons à la rouennaise. Les invités pouvaient donc prendre du gibier ou un produit d'élevage.

C'est à l'Age classique que la dinde, devenue volaille de basse-cour, conquit les tables. Fini le héron, le butor, le cygne et le paon ! Vive la bécasse, l'ortolan, l'alouette et le coq de bruyère... Curieusement, les ouvrages n'évoquent guère le faisan, sa mode étant plus tardive. Quant aux sauces moirées proposées avec la plupart des gibiers, elles figeaient vite et rendaient peu ragoûtant le geste de saisir et manger avec trois doigts : Louis XIV n'employa la fourchette qu'à la fin de sa vie. Saint-Simon remarquait : « lui seul sait sans se tacher manger un ragoût ». Les courtisans, debout et tête nue, admiraient l'exploit du monarque, le ballet des serviteurs et le nombre des « couverts », mets couverts pour rester chauds[70]. Le prestige versaillais aidant, l'inventivité française détrôna les gastronomies locales et la cuisine florentine apportée par les reines Catherine et Marie[71]. Certains rois détestaient cependant les manières françaises. Ce fut le cas de Frédéric II le Grand (1712-1786). Dans ses *Mémoires*, le duc de Luynes relata ce dîner de 1752 où la cuisine ne lui sembla « ni délicate ni recherchée. Il n'y a que deux services. Les plats y sont remplis de viande comme on faisait autrefois : dix-huit ou vingt perdrix dans un plat, douze ou quinze dans un autre, etc. ». C'était un progrès pourtant car, naguère, le souverain désossait poulets et oiseaux à même l'assiette ! Quant aux invités, ils en prenaient un de chaque et, comme lui, les entassaient. La coutume persistait donc de présenter les viandes de sang en même temps que les « viandes de bouche »[72]. Mais cet archaïsme n'empêcha pas l'adoption d'une nouveauté : le « potager » (fourneau).

A la différence de l'âtre ouvert, défini par un foyer unique et des pendoirs multiples, le « potager » permettait, grâce à dix ou douze foyers placés au-dessus des fours, de mener de front des cuissons lentes et vives, des grillades et des mises en réserve. Dès lors, les gibiers furent servis avec coulis, purée, salpicon ou mirepoix : l'assiette contenait une viande sauvage et un légume cultivé, au lieu des deux sortes de viande. C'est dans ce contexte que naquirent le « lièvre à la française » et le « lièvre à la royale » : lui était enrichi de foie gras et de truffe, mijoté et arrosé de vins bourguignons. Le principe dérivait des civets régionaux[73], préparés avec du vin ou de la bière. Il ressemblait moins aux bouillis d'autrefois qu'à la gibelotte de lapin[*] où les morceaux dorent dans le saindoux, le vin étant versé en fin de cuisson (Texte 4). Ces changements semblèrent tellement radicaux que leurs partisans nommèrent « nouvelle cuisine » les ragoûts au vin et les sauces veloutées, les beurres roux et les fonds crémeux qui liaient le sang et les abats. Mais leurs détracteurs étaient légion. Parmi eux, Voltaire. En 1765, il écrivit au marquis d'Autrey : « J'avoue que mon estomac ne s'accommode point de la nouvelle cuisine. (...) Je ne puis manger d'un hachis composé de dinde, de lièvre et de lapin, qu'on veut me faire prendre pour une seule viande. (...) Quant aux cuisiniers, je ne saurais supporter l'essence de jambon, ni l'excès des morilles, des champignons et de poivre et de muscade avec lesquels ils déguisent des mets très sains en eux-mêmes. Et je ne voudrais pas seulement qu'on lardât. » Bref, notre philosophe appréciait le gibier, à condition qu'il fût identifiable ! Il confondait néanmoins les pratiques passées, comme l'excès d'épices et de mélanges, et les idées récentes, comme la cuisson réduite et la sauce épaisse[74].

*

Premier constat, l'absence de bouteille de vin dans ces peintures ou dans ces ouvrages[75]. Les recettes au vin rouge

---

* La recette valait pour le lapin de choux et le lapin de garenne. Elle concerna le lièvre, mais assez tard, ce qui reflète les réticences à son sujet jusqu'à la Renaissance au moins : sa consommation supposait d'affaiblir, par la cuisson au vin, le vice de son sang.

ne mentionnaient ni sa nature ni sa proportion[76]. C'est la gastronomie de la Belle Epoque qui maria gibiers et boissons. Certaines alliances demeurent : perdreau et corton, faisan et chambertin, lièvre et beaujolais, lapin et touraine, bécasse et musigny, alouette et beaune. Ces recettes ne précisaient pas non plus la durée de leur maturation. L'important étant le principe, celui-ci ne valait rien aux patients atteints de goutte, conséquence d'une nourriture trop riche : les médecins les détournaient des gibiers faisandés et des viandes trop grasses[77]. Mais comment résister à une bécasse longuement mûrie ? Pendue par les pattes, elle était bonne à cuire quand son bec suintait, voire quand il tombait. Le gibier à poil était traité de même[78]. Restait la question des entrailles. Les ôter aidait à conserver (Texte 5). Les laisser aidait à imprégner : le « fumet » venait d'un début de corruption. Ce dilemme n'existait pas avec un ortolan[79]. Trois semaines à vivre enfermé et picorant continûment le transformaient en pelote de graisse. Les convives n'en faisaient qu'une bouchée (Texte 6) : ils fermaient les yeux pour sentir le goût ; ils en mangeaient plusieurs, l'oiseau étant petit. Vu le nombre et le rituel, il leur était impossible d'échapper au péché de gourmandise[80]...

Second constat : la disparition culinaire de certaines espèces. Le XVIIe siècle finissait à peine que les cuisiniers jugèrent la viande du butor, du héron, du cygne, de la mouette et du paon trop dure ; celle des petits oiseaux, bouvreuil, chardonneret, pic-vert, rouge-gorge et martin-pêcheur, trop sèche ; et celle du blaireau, de la loutre et de leurs apparentés, trop forte. Ces espèces ne passèrent plus à la casserole ! Condamner les mustélidés s'inscrivait dans la logique chrétienne. Ecarter les volatiles s'inscrivait dans une autre logique. Mais, retirées du domaine alimentaire, aucune ne l'était du registre cynégétique : leur régime granivore, carnivore ou piscicole gênant l'activité humaine, il convenait d'en réduire les effectifs. C'était un devoir public. Les artistes l'illustrèrent par les chasses à courre et au vol, leurs symboles attirant la clientèle. La bourgeoisie limitait pourtant ses ambitions à l'usage du fusil. Comme les roturiers ne pouvaient pas tirer,

elle invoquait la protection familiale, agricole et patrimoniale. Cet argument affaiblit sa position : elle dénonçait
les braconniers qui volaient le gibier des autres, mais célébrait le Braconnier qui agissait « en liberté ». L'expression
concerna l'homme avant la bête. L'animal sauvage vivait
« en liberté », lui aussi. Personne n'ayant pu l'élever pour le
travail ou la viande, l'insoumis restait détesté et admiré, lui
aussi.

4

Les braconniers

La chasse ouverte, les participants intervenaient au grand jour et, souvent, avec un grand concours de peuple ; en échange de cette aide, ils distribuaient quelques pièces de gibier. Ce système permettait de connaître le prélèvement et de repeupler le territoire : la ressource demeurait constante. Avec ses procédés nocturnes et silencieux[1], étranglement ou égorgement, le braconnier la menaçait. Avec ses méthodes brutales, fosse ou piège, l'animal qui en réchappait, estropié, souffrait longuement et mourait sans gloire. L'homme violait le droit de propriété en ignorant seigneurs et manants ; il violait aussi le droit de nature en braconnant jusque dans la saison des amours et les mois de naissance. Enfin, il n'hésitait pas à tuer le garde-chasse trop consciencieux. Bref, ce révolté constituait un « gibier de potence » qui, un jour ou l'autre, finirait... aux galères.

Le braconnier savait que les nantis lui voulaient du mal et qu'ils n'étaient pas les seuls. Au village, il était dit fainéant et jouisseur : n'ayant ni parent ni lopin, il ne craindrait pas pour sa famille ou pour sa récolte. Libre, il fuirait à l'approche des gendarmes. Libre, il prendrait la femme des autres. Le sacrement du mariage ne le retiendrait pas ; il sèmerait ses bâtards dans toute la contrée ! Assurément, pareille conduite heurterait la religion et la morale ; elle choquerait les gens et nuirait aux bêtes. Certains expliquaient ces agissements par ses origines : ce serait un déserteur, le contraire du garde, ancien soldat. Mélangeant un peu de vrai et beaucoup de faux, le poncif tint bon, bien que la littérature ait réhabilité le personnage. En fait, la plupart des critiques visaient un mode de vie fascinant mais dangereux, car l'imiter détruirait les fondements de la société.

Le portrait du maraudeur

L'image masquait l'essentiel : au pays, tout le monde braconnait un peu, pour varier le menu, rétribuer un coup de main ou obtenir un argent trop rare, un produit trop coûteux. Ce qui rendait l'homme impopulaire, c'était de transformer l'appoint occasionnel en revenu permanent. Les acheteurs ne le dénonçaient pas, mais le récusaient comme gendre. Les possédants étaient moins tolérants : nobles, ils exécraient l'individu qui méconnaissait leurs privilèges ; roturiers, ils jalousaient celui qui chassait envers et contre tout. Et pourtant, le braconnier abattait rarement une bête noire ou rousse, sanglier ou cervidé, trop difficile à cacher et à vendre ; il préférait le poil et la plume, menu gibier qui se dissimulait dans la gibecière et se négociait sous le manteau. Outre la pose des pièges, filets et collets, il usait d'une arme à feu, héritée peut-être d'un passage à l'armée.

L'hypothèse est concevable car, à l'instar des soldats, le braconnier portait un surnom : la Belette, la Fouine, le Renard, etc. Mentionnée dans les procès-verbaux, l'appellation traduisait sa physionomie ou son caractère. De fait, terreurs des lapins et des poulets, ces petits carnassiers les saignaient ; dérangés, ils les laissaient mais revenaient une fois le calme rétabli et les mâtins apaisés. Bien que les mulots et les musaraignes fussent leurs premières victimes, cette audace, cette patience aussi, inspirait l'analogie entre le « braco » et les nuisibles[*], le garde et les molosses : l'un rava-

_____
* Le terme « ravageur » était fréquent aussi, du moins jusqu'au XIXe siècle.

geait la chasse que l'autre défendait. Sauf flagrant délit, le braconnier était condamné non pour l'objet de l'infraction, vendu et mangé depuis longtemps, mais en fonction de la propriété, du calendrier ou de l'instrument. En effet, le magistrat disposait de l'arme ou du piège, saisis et placés sous séquestre.

Poser les règles

La saisie était toujours risquée : le « braco » refusait de perdre l'outil qui lui permettait de travailler et qui, en plus, prouverait sa culpabilité*. Le placement sous séquestre négligea l'arquebuse, inadaptée au braconnage, mais concerna le fusil à silex. Au XVIIe siècle, l'arme coûtait cher, ce qui la réservait aux élites fortunées. Au XVIIIe siècle, ses prix baissèrent, mais pas assez[2] : les procès-verbaux qui la mentionnaient ciblèrent davantage de marchands et de rentiers que de paysans. Tous succombaient à leur passion. Pour autant, ils n'en faisaient pas métier ! Dans les provinces frontières, il en allait autrement : si les délits de chasse comptaient moins, les citadins conservant les droits antérieurs à l'annexion, les délits de braconnage pesaient plus. Ceux-là inquiétaient le pouvoir qui les savait liés à la contrebande : elle fournissait les armes que ses profits permettaient d'acquérir. Mieux armés que les gardes, les malfaiteurs abattaient les animaux en nombre, bêtes nobles comprises, et menaçaient les personnes qui surprenaient

---

* Les gardes rédigeaient chez eux ou chez l'aubergiste ; celui-ci les accueillait et acceptait les séquestres. Ayant suffisamment de procès-verbaux, les gardes les portaient au greffe. Souvent, ils tardaient trop ou perdaient actes et preuves, si bien que l'enregistrement demeurait incomplet. C'était encore le cas au XVIIIe siècle, sauf que la transcription était meilleure, et le registre, folioté. Afin qu'aucune page ne fût enlevée, le procureur les paraphait à mesure que le greffier recopiait les actes et en délivrait copie. Il fallait ensuite distribuer les avis à comparaître. La rencontre des gardes et des prévenus à domicile ou en tournée dérapait aisément, quoique moins souvent et moins gravement qu'au moment de l'interpellation, *a fortiori* du placement de l'arme sous séquestre.

leur manège. C'était le cas dans les Vosges du Nord. Motivant sa plainte, le seigneur d'Oberbronn décrivit les mœurs locales : « la cense de Wildenguth est un pays de braconniers qui ne font grâce à aucune pièce de gibier[3] ». Cela faisait longtemps, pourtant, que les ducs de Lorraine les combattaient. Impuissants, ils confièrent le soin de la lutte aux fermiers du sel, leur compagnie étant assez prospère pour financer les milices nécessaires au quadrillage du terrain. En même temps, ils durcirent les châtiments à l'encontre des coupables, les édits de 1704 et de 1729 ouvrant une longue série.

L'enclave lorraine n'était pas seule en cause. Toutes les zones de contact entre deux Etats ou deux régions connaissaient cette situation : il suffisait que l'écart des taxes rende lucratif le trafic illégal du sel ou d'autre chose[4]. Aussi la période vit-elle l'intendant de Strasbourg* dénoncer l'association infernale du braconnage et du « vagabondage ». Assez vague, le terme recouvrait tous les gens « sans aveu », c'est-à-dire sans domicile fiscal. Ils ne comptaient pas que des contrebandiers, encore que certains le fussent devenus après avoir perdu emploi et maison : la province, dévastée à maintes reprises, subissait le retour de la guerre et les va-et-vient des troupes. Les « sans-aveu » comportaient également les mendiants et les filous, les uns gênant la population et les autres fuyant la maréchaussée. Les trafiquants leur demandaient de collecter l'information ou d'organiser le recel. L'intendant ordonna aux officiers d'accroître la répression et limita la chasse aux nobles, aux gardes-chasses et aux porteurs de permis : il fallait avoir l'acte sur soi, au cas où le préposé voudrait le contrôler. Mais ces mesures généraient deux problèmes : l'arbitraire des textes, qui autorisait les arrestations sur simple soupçon, et l'engorgement des prisons, qui obligeait à renvoyer les contrevenants. Incarcéré et promptement relâché, le prévenu en faisait des gorges chaudes et mettait les rieurs dans son camp. Au total, le dispositif

---

* Créée en 1689, cette intendance gérait la principauté impériale : sa conquête était récente et son désordre, permanent. Avec le déclenchement de la guerre de Succession d'Espagne, l'insécurité régionale augmenta, circonstance favorable au braconnage et à la contrebande.

n'avait qu'un effet éphémère, ce qui supposait, pour dissuader les villageois, de renouveler les ordonnances :

Le nombre de vagabonds et (de) braconniers augmentant chaque jour en Basse Alsace, il est absolument nécessaire de l'arrêter. J'envoie en conformité des ordres aux brigadiers des maréchaussées (afin) de prendre tous ceux qu'ils trouveront armés de fusils et autres armes à feu sur les chemins ou dans les bois et forêts, et de les conduire dans les prisons les plus prochaines pour y rester jusques à nouvel ordre. Je vous prie de votre côté de donner main-forte auxdites maréchaussées lorsque vous en serez requis pour l'exécution desdits ordres et, en même temps, (d'indiquer votre plan) pour faire arrêter, dans toute l'étendue de votre commandement (district de la Petite Pierre), tous ceux que vous soupçonnez être dans le cas de braconnier ou de vagabond. (Ne doivent chasser) que les chasseurs des seigneurs, ou (les) gentilshommes en droit de porter des armes à feu, ou ceux qui en ont la permission ou un billet de moi écrit. Pour tous les restes, vous n'aurez qu'à les faire arrêter et conduire en prison, et ensuite m'en donner avis[5].

Trente ans plus tard, l'intendant de Bordeaux[*] entreprit une opération similaire : désarmer cette « infinité de gens désœuvrés, vagabonds, braconniers et autres mauvais sujets qui n'étaient capables que de faire du mal. Il était ridicule de voir jusques aux plus médiocres artisans des petites villes ne parler que de chasse et y aller réellement avec des fusils et des chiens, en abandonnant leur travail[6] ». Mais, craignant l'opposition, il sollicita l'appui militaire. L'affaire réussit – localement et passablement. C'est ainsi que le 16 octobre 1757, effrayés par l'arrivée d'un régiment à Saint-Léonard (Gers), 51 chefs de famille livrèrent leurs armes. D'après le rapport au Conseil du roi, le quart des foyers auraient été désarmés. A y regarder de près, la proportion était d'autant plus médiocre que ces pièces étaient « vétustes » ou « hors d'usage » ! Le lendemain, la maréchaussée perquisitionna chaque maison et récupéra 37 fusils, 7 mousquetons et 6 pistolets : leur

---

[*] Créée en 1542, cette intendance était parmi les plus anciennes.

état n'était pas meilleur. Les gendarmes sondèrent jusqu'au chaume des toits, tas de bûches et grain des greniers ! Ils oublièrent l'extérieur du village, les potagers notamment. Les armes refirent surface. Le pouvoir riposta par voie réglementaire : les ordonnances de 1759 et de 1777 furent enregistrées sans difficulté. Car, dans l'intervalle, le parlement de Toulouse décida de soutenir cette mission d'ordre public. L'arrêt de 1766 constituait une première, preuve de l'exaspération générale :

> La licence que toutes sortes de gens, de tous états, se donnent de chasser dans tous les temps, dans tous les lieux et de toutes les façons n'est pas seulement devenue un abus qui détruit le gibier et en prive les véritables propriétaires, mais encore devient la source de beaucoup d'autres crimes. Des paysans, des artisans, faits pour vivre d'un travail journalier, s'en détournent pour s'adonner à la chasse. Tous apprennent dans cette profession qui leur est étrangère à se dissiper et à se débaucher. Et, plus occupés de manier un fusil que des outils mécaniques ou aratoires, il arrive quelquefois qu'ils se servent des armes qu'ils ont en main pour chercher dans la poche des passants des ressources que le hasard de la chasse ne leur a pas fournies[7].

Les propriétaires appréhendaient l'engrenage : en affaiblissant les attaches sociales, le braconnage mènerait au vagabondage et au banditisme[8]. Le glissement était d'autant plus rapide que les gardes étaient plus timorés : ils exerçaient leur fonction à tour de rôle et cousinaient avec le coupable. Cependant, la réalité était moins sombre. La plupart des ruraux braconnaient sans devenir criminels. Le curé braconnait comme eux, expliquant son infraction par sa pauvreté : elle tenait à l'affermage des dîmes, qui le réduisait à la portion congrue. En fait, le braconnage n'était pas perçu comme un délit et encore moins comme un « vice » : les autochtones agissaient en vertu de privilèges qui remontaient à une époque antérieure à celle des fusils. Bien souvent, l'impunité venait de l'administration qui classait sans suite la plainte des seigneurs. Celui de Bouillon (Gers) en fit l'amère expérience[9], bien « que toutes sortes de personnes

sans distinction (et) sans aucune sorte de permission (...)
chassent journellement » sur ses terres. Comme ces délits
étaient « toléré(s) par les officiers, tant des maîtrises particulières des eaux-et-forêts que desdites chasses », il espérait
que les procès-verbaux collectés convaincraient le juge royal,
son dernier recours. Contrairement au sien, bon nombre de
dossiers tournaient court, le plaignant n'ayant pu obtenir ces
actes. Un garde, le sieur Guitar, avoua qu'il les retenait,
sachant les « coups par lui reçus » et les « menaces de lui tirer
un coup de fusil et de mettre le feu à sa maison »[10]. Une loi
supplémentaire, une sévérité nouvelle, n'y changerait rien. Au
reste, certains seigneurs finissaient par imputer le problème
non à la détention du fusil, mais à son usage car, après tout,
un piégeur obstiné causait également beaucoup de dégâts.

Il arrivait cependant que sa possession fût tolérée. Ainsi,
les autorités de Briançon (Hautes-Alpes), au confluent de la
Durance et de la Guisanne, acceptaient ce qu'elles auraient
refusé à l'époque impériale, quand armes et chasses étaient
réservées aux gens d'épée. Il en allait de même pour celles de
Chambéry (Savoie), qui cessèrent toute poursuite à partir de
1561, quand le prince installa sa résidence à Turin. Ces
exemples touchèrent le Dauphiné : ses états* relayaient la
demande des corps de ville qui entendaient retrouver le droit
de chasse perdu en 1396. Soixante ans plus tard, le gouverneur accéda à leur requête : il donna « congé de la chasse et
de la pêche (car), le roi a(yant) réservé le pays plat, ès montagnes (ils) pourront chasser ». Henri IV souhaita rétablir le
texte antérieur, mais le parlement de Grenoble n'enregistra
pas ses édits de 1603 et de 1607 et ne revint pas là-dessus.
Mais, pour l'heure, il faisait exception car les autres suivirent
les magistrats de Toulouse et de Besançon, qui déploraient
l'insuffisance de la verbalisation. En adoptant cette position,
le parlement bisontin rejetait la tradition défendue par les

---

* En 1349, la tenue de ces états était une des clauses du traité de
Romans, Humbert du Dauphiné (1333-1349) vendant le Dauphiné à
Charles, petit-fils de Philippe IV. Huit ans plus tard, ils étaient institués,
ce qui annonçait l'annexion de la province sous Louis XI. Dès lors, l'héritier du roi porta le titre de dauphin.

états de Franche-Comté : ils l'avaient rappelée dans leurs doléances de 1396, 1459, 1543, 1585 et 1599. Cette démarche paraissait rituelle, les archiducs Albert et Isabelle ayant réactualisé la législation impériale : les Habsbourg n'avaient pas oublié l'insurrection puis l'indépendance helvétiques. C'est pourquoi ils avaient donné aux cités jurassiennes les mêmes droits que les cités flamandes : désormais les bourgeois d'Arbois, Dole, Gray, Poligny, Pontarlier et Salins pouvaient chasser dans les communaux des environs. Ces mêmes droits, les paysans les obtinrent un siècle plus tard, au lendemain de neuf années de troubles (1636-1644). La province annexée, leurs pratiques furent prohibées[11]. Les habitants répondirent aux lois nouvelles en joignant la délinquance et le braconnage à la contrebande.

Défier les gardes

La priorité étant d'arrêter les contrebandiers et de démanteler leurs réseaux, les représentants du roi choisirent de ménager délinquants et braconniers. Cela tenait peut-être à la manière dont la répression fut orchestrée* et sûrement à la nécessité de collecter les renseignements. La collaboration fut effective, au début en tout cas. Enregistrées tardivement dans les provinces frontières, l'ordonnance sur la chasse (avril 1669) ne dérangea pas, au contraire de l'ordonnance sur la forêt (août 1669)[12]. La colère suscitée par l'aménagement des massifs et l'affectation du bois resurgit en 1789 : dans chaque bailliage et pour chaque ordre, l'assemblée collectait les doléances destinées aux états généraux. Les critiques omirent le texte sur la chasse[13] et portèrent sur la gestion des forêts, ce qui

---

* Ces provinces frontières furent annexées d'autant plus rapidement qu'elles possédaient des bois et du sel, produits régaliens. L'exploitation, affermée, assurait des rentrées substantielles au roi, toujours en guerre, et garantissait les emprunts souscrits pour la mener. Aussi les compagnies du sel et du bois, qui prenaient à bail mines, marais et forêts, orientaient-elles les décisions en matière de répression.

reflétait la nature de la répression : indulgence cynégétique et sévérité sylvicole. En effet, comme l'approvisionnement des salines royales et des constructions navales dépendait du domaine forestier, les maîtrises le géraient de près. La coercition sylvicole l'emportait donc. En soixante-quinze ans (1715-1789), la maîtrise de Baume-les-Dames (Doubs) signala 167 délits de chasse sur 4 480 contraventions personnelles, et 23 délits de chasse sur 1 415 contraventions collectives, soit 2,5 infractions annuelles. En quarante ans (1748-1789), la justice d'Héricourt (Haute-Saône) releva 59 délits de chasse sur 890 contraventions, toutes confondues, soit 1,4 infraction annuelle. Assurément, les braconniers vivaient dans l'impunité ! Les verbalisés le furent pour avoir injurié et molesté le personnel, dévasté les réserves et ravagé les garennes.

Au fond, la répression fonctionnait sur le principe : « à gardes aveugles, juges pugnaces ». C'était le cas au bailliage de Fougerolles (Haute-Saône) : les gardes fuyant les braconniers, le juge en voyait peu, mais ne les ratait pas[14]. Sur les 59 prévenus condamnés *illico*, 16 % le furent à des amendes allant de 20 à 49 livres, 35 % de 50 à 99 livres et 6 % de 100 à 200 livres et plus, soit l'équivalent d'une bête de somme. Ce n'était pas rien. Quand leur montant était versé ! Comme la famille et le village soutenaient le coupable, les gardes hésitaient à réclamer cet acquittement comme, déjà, ils hésitaient à délivrer l'assignation qui déclenchait la mécanique judiciaire ; ils connaissaient évidemment le délinquant et son domicile, mais certains refusaient d'y escorter le collecteur des amendes. Car les voisins les verraient et préviendraient le braconnier à son retour si, par chance, il n'était pas là. Ce répit serait bref, et la suite terrible, le jour où l'un d'eux se trouverait seul : le clan ne se priverait pas de le rosser copieusement. Très souvent, la correction portait ses fruits : le malheureux cessait de confisquer les pièges, de défaire les collets ou d'attendre ceux qui les posaient afin de les prendre en flagrant délit. Cette guérilla était constante : le garde préservait la faune et évitait le braconnier, tandis que celui-ci volait le gibier et évitait le garde : aussi l'un sortait-il très tôt et l'autre très tard...

Le braconnier professionnel employa d'abord un fusil à long canon puis un fusil à deux coups : il agissait vite, son chien rapportant les proies. Même si le garde ne les rencontrait plus, il repérait l'animal quand, échappé, il folâtrait ou chassait pour son compte ; rancunier, il l'abattait de sang-froid, lui faisant payer par cette exécution l'attitude de son maître. Lequel préparait sa vengeance, guet-apens contre le meurtrier ou incendie visant sa maison, ce qui transformait la guérilla en tragédie et le conduisait aux galères. Tout cela à propos d'un auxiliaire de chasse ? Mais c'est qu'il était indispensable : le braconnier travaillait avec et détestait l'idée de le remplacer et d'éduquer le successeur. Ce résultat n'était jamais garanti. Heureusement, ces drames n'étaient pas fréquents, bien qu'ils fussent le ressort de plusieurs romans à l'époque du réalisme littéraire.

Le braconnier occasionnel adoptait un autre comportement : il n'agissait pas en fauve, mais en furet, installant ses pièges pour y revenir les jours suivants. Furtif et patient, il œuvrait à main nue. Aussi, pendant longtemps, le pouvoir ne voulut-il pas armer les gardes, mesure d'économie certes, politique de précaution également : en chassant avec ces fusils, ils auraient fourni un exemple désastreux. Il est vrai pourtant que la possession d'une arme modifiait les relations sur le terrain et les suites en justice... Le délinquant enseignait son art à son fils tout juste sorti de la petite enfance. En 1759, trois garçons d'Héricourt furent pris à piéger l'écureuil. Le bailli de Fougerolles leur infligea 100 livres d'amende[15], un père étant là. Il sanctionnait ainsi sa conduite « indigne », mais ramena le montant à la moitié, ce « contestateur des droits de la seigneurie » étant tanneur et sa « famille nombreuse ».

Les circonstances atténuantes n'intervenaient pas quand les braconniers chassaient en groupe la bête noire ou rousse. En 1756, six hommes avec chiens et fusils effectuaient une battue en forêt de Mondain et rentrèrent à Héricourt en transportant un énorme sanglier[16]. Interpellés un 6 décembre, ils déclarèrent au garde que l'animal dévastait la récolte. Laquelle ? Celle qui était passée ou celle à venir ? Quand, comparaissant devant le tribunal, ils réitérèrent cette explication, le magistrat ne l'apprécia guère et les condamna au maximum. Il convient cependant de pondérer la situation. De fait, en Franche-Comté[17] comme dans l'ensemble de l'Est, ces contraventions étaient imputables à une attitude inappropriée. Sinon, l'indulgence était manifeste en raison de l'héritage législatif et des superficies communales. Ce dernier point est essentiel. En témoignent *a contrario* les provinces littorales où, pourtant, la chasse aux migrateurs était admise. La plupart présentaient peu d'étendues domaniales, sauf en Artois, et peu d'étendues communales, sauf en Gascogne, si bien que les braconniers opéraient dans les étendues privatives. Leurs propriétaires les accusaient de voler le gibier, les professionnels étant les pires de tous, puisqu'ils en faisaient métier. Certains propriétaires, seigneurs du lieu, possédaient les droits de basse justice : les gardes et le juge étant à eux, les sanctions pleuvaient. Mais la répression baissait lorsqu'ils désertaient le château.

En la matière, le royaume connaissait tous les degrés : tolérance dans les montagnes, diversité sur le littoral et les plateaux de l'intérieur, et sévérité en Ile-de-France et Val-de-Loire, ce qui tenait au maillage administratif associant maîtrises des Eaux et Forêts[18] et capitaineries de chasse[19]. Dans ces deux provinces, il était conseillé de ne pas chasser sans permis, ces administrations le délivrant sur avis du procureur royal, à condition que la requête fut motivée. Comme la France regardait Paris, beaucoup de gens croyaient la persécution générale. Il n'en était rien. D'ailleurs, même là, les procès-verbaux pour chasse illicite étaient en nombre réduit[20]. A titre de comparaison, dans la maîtrise de Baume-les-Dames, les actes relatifs aux coupes illégales et aux pâturages interdits constituaient 64 % et 27 % du total ; dans celle de Guyenne, étudiée par Philippe Crémieu-Alcan[21], il en allait de même, beaucoup moins cependant (53 % contre 91 %), les délits de pêche et de navigation comptant davantage (33 %). Cette maîtrise, l'une des plus vastes de France,

embrassait l'ensemble aquitain. La situation y était variable :
les braconniers évitaient les environs de Bordeaux. En effet,
dans la décennie 1780-1790, 43 % des actes relatifs aux chasses illicites furent dressés dans l'actuelle Gironde, contre
24 % en Dordogne, 20 % dans les Landes[22] et 12 % en Lot-et-
Garonne. Ces différences étaient fonction du degré d'appropriation et de la proximité du siège : commis loin de lui, les
délits de chasse échappaient aux tribunaux des maîtrises[*], à
charge pour les juges locaux de transférer les affaires sérieuses. Ils y répugnaient sous prétexte que l'appréciation leur
appartenait. Dans le cadre d'une enquête sur la province[23],
Gérard Pédemay remarqua qu'à partir des années 1730 la
répression cynégétique progressait d'autant plus nettement
qu'elle partait de pas grand-chose. En Périgord, elle dépassa
les poursuites engagées pour bétail errant (8 %) sans atteindre, pourtant, les poursuites engagées pour dégâts forestiers
(59 %). Les procès-verbaux établis pour chasse illicite occupaient le tiers du total. De part et d'autre, la tension était
manifeste : les seigneurs criaient à la remise en cause des
chasses privilégiées, et les délinquants, à celle des chasses
populaires. A les en croire, les amendes ruinaient les
familles, jugement qu'expliquait leur nouveauté. Dans ce
contexte dégradé, les représailles étaient spectaculaires :
l'incendie des garennes permettait d'effrayer le maître et de
massacrer ses lapins[24] !

Violer la propriété

Dans les Vosges[25], le Jura, les Alpes ou les Pyrénées, les
braconniers « occasionnels », situation ô combien fluctuante, comprenaient une majorité de paysans : ils chassaient parce que la morte-saison n'offrait aucun loisir et que

---

[*] Les tribunaux des maîtrises particulières des Eaux et Forêts représentaient une juridiction d'exception, comme les Tables de Marbre, qui
recevaient les procédures d'appel, au grand dam des parlements. En
1789, ce système concentra les critiques.

la pauvreté excluait l'achat de viande ou de poisson. Plus riches, la plupart auraient fait de même, l'enneigement les coupant du monde durant plusieurs semaines. Dès lors, rapporter au logis un garenne, voire un écureuil, était bienvenu (Texte 7). En 1775, vers les sept heures du matin, le garde général vit un certain Lemercier, « armé d'un grand pistolet, qui suivait le pied d'un lièvre dans la neige, dans un champ rempli de genêts situé auxdites Granges du Fahy, où il a fait plusieurs tours et détours en suivant toujours le pas du lièvre, tant dans lesdits genêts que le long de la haie vive dudit champ, en battant ladite haie et genêts[26] ». Mais le garde fut entrevu et le projet, enterré : le dossier étant vide, le juge le referma. Ces braconniers comportaient aussi, mais en petit nombre, des tanneurs, des bûcherons, des charbonniers, des tisserands et, enfin, des laboureurs et des valets de ferme, des notaires et des clercs, et des aubergistes quelquefois. Cette répartition n'était pas spécifique à ces montagnes : elle caractérisait l'ensemble du royaume, avec des nuances qui exprimaient l'histoire locale.

En Périgord, les curés étaient pauvres. Ils soutinrent les révoltes fiscales de la première moitié du XVIIᵉ siècle ; certains en prirent même la tête ! Les émeutiers pourchassaient les agents des traitants, chargés de collecter les impôts indirects, dont la taxe sur le papier timbré*. Ils pourchassaient aussi les agents des seigneurs, chargés de recouvrer les cens sur les terres et les banalités sur les services, four, moulin, pressoir, etc. Héritées du Moyen Age, les possessions des hauts justiciers** enserraient le pays avec : au nord-ouest, les Talleyrand ; à l'ouest, les Hautefort ; au sud-ouest, les La Force ; au sud, les Gontaut-Biron et les archevêques de Bordeaux ; au nord-est, enfin, les Salignac. Leurs domaines côtoyaient, au nord et au sud-est, des

---

* La rumeur courait qu'il faudrait ce papier pour tout, pour baptiser ou pour enterrer, pour acheter un lopin ou du bétail, ou pour exercer un usage ou un droit.

** La haute justice permettait aux juges du siège de retenir les affaires assez graves pour une sentence de mort. Celle-ci prononcée, le condamné pouvait porter l'appel au parlement de la province.

seigneuries moins étendues, achetées par des nobles de robe ou de cloche, des anoblis également. Très attachés à ce statut, ils conservaient le souvenir des séditions et craignaient de nouvelles flambées : les magistrats seraient trop laxistes. C'est pourquoi Pierre de Beynac décida d'assigner toute personne ayant « eu la témérité de chasser autour du château de Commarque et même jusques dans la garenne[27] ». Ce « sont des entreprises criminelles, qui méritent punition exemplaire, ayant même été commises par des gens de très basse naissance, ayant même porté les armes contre les défenses expresses de Sa Majesté ». La justice relevant de sa seigneurie, il attendait du magistrat un dévouement particulier.

Dans ces marges de l'Aquitaine septentrionale et pyrénéenne, les curés luttaient et chassaient avec leurs ouailles. Ensemble, ils dénonçaient l'interdit relatif au gibier sédentaire, les migrateurs ne suffisant pas. Pour marquer leur réprobation, ils exterminaient lapins et lièvres, d'où la violation des garennes... Mais, en rentrant d'expédition, ils essayaient d'éviter le garde ou le seigneur : celui-ci remplissait les devoirs de sa charge à Bordeaux ou à Paris et, s'il connaissait les fortes têtes, c'était au travers de ses gardes. C'est en raison de ces rapports que le seigneur de Cunège (Dordogne) adressa des reproches justifiés à un délinquant notoire. Ayant la langue bien pendue, celui-ci rétorqua qu'il « le trouvait bien impertinent d'être descendu de son château pour les en empêcher ![28] ». Comment ne pas inculper l'insolent ?

En fait, les curés n'admettaient pas que le maître fût seul à chasser. L'archevêque les sermonnait en vain. En 1753, le curé de Périlhac, Isaac Lanore, lâcha ses furets dans les terriers à lapin du marquis de Fénelon. Et, pourtant, il était fort âgé et la neige, épaisse (Texte 8). En 1777, celui de Sainte-Marie de Chignac, Elie du Raye, « en robe de chambre et bonnet de nuit », fut entrevu au petit matin, qui tirait les poules d'eau sur l'étang. Comme c'était une « petite paroisse où la société était rare[29] », l'ennui lui vint de nouveau, si bien qu'à l'heure de l'Angélus il reprit son fusil et son poste. Arnaud de Foucaud, seigneur de Lardimalie, l'invita chez lui pour lui rappeler que « ces amusements dangereux » – les tirs tous azimuts – ne convenaient guère à la soutane !

Le marquis de Bridoire, possessionné dans le Bergeracois, n'avait pas cet humour. En 1764, il ordonna à son procureur de poursuivre tout délinquant et tout braconnier. Car « je veux préserver ma terre et punir tous ceux qui seront en état de s'émanciper. Tant pis pour ledit Peyronnet fils, qui s'est exposé le premier à se faire punir pour pareille entreprise : il servira d'exemple aux autres[30] ». Sa vindicte épargna le père, chargé de famille, et le curé, chargé de paroisse, qui en profita pour défendre les accusés ! Le marquis de Castelmoron d'Agenais, agacé par la fréquence des incidents, demanda au parlement de Bordeaux de rappeler que le privilège nobiliaire reposait sur une délégation royale concernant l'exercice de la chasse et la pratique de la justice, la « liberté naturelle de chasser (ayant) été limitée et restreinte par les mœurs des peuples et les lois politiques aux souverains et à quelques autres personnes[31] ». Il était donc tout à fait scandaleux que « des personnes viles et mécaniques entrepren(nent) de chasser, avec armes à feu et autrement, sur la terre et seigneurie dudit Castelmoron, où le seigneur a droit de haute et basse justice et, par conséquent, la faculté de défendre ladite chasse et de chasser lui-même[*] ». L'issue reste vague. Mais l'assignation systématique des contrevenants eut pour effet d'accroître leur audience, pire, de les rendre sympathiques. Au cabaret, les buveurs savouraient leurs récits et sa chute : l'hécatombe dans les garennes et les colombiers. C'est ainsi que les braconniers devinrent les héros d'une société sans ordres ni privilèges.

Pierre de Beynac appartenait à une lignée chevaleresque. Marquis de Commarque, seigneur de Montgaillard, La Rivière et autres lieux, il ne parvenait pas à soumettre « quelques libertins et autres personnes de la présente juridiction, (qui) ont eu la témérité de tirer plusieurs fois sur les pigeons et sur la volaille des voisins et, par là même, (en ont)

---

[*] Les adjectifs « vil » et « mécanique » définissent, l'un, la naissance roturière, et l'autre, l'activité manuelle.

fait périr une si grande quantité qu'ils ont dépeuplé presque tout le colombier[32] ». En avril 1735, M. de Beynac imputa l'affaire à quelques trublions qui aimeraient le tir aux pigeons, aux siens surtout. Ce n'était pas grave : les archives des justices inférieures regorgent de têtes brûlées et de paris idiots. C'était apparemment le cas, puisque les coupables avaient tendu un filet entre deux piquets, les pigeons venant chercher du sable* dans les fissures de la tour de Carolie ; le « lacet » empêchant leur fuite, ils les avaient tués les uns après les autres : les plumes accrochées aux mailles montraient l'affolement des volatiles. Un mois plus tard, le concours visa les pigeons posés sur le toit du château et cela, pendant la procession de la Pentecôte : l'attentat nobiliaire virait au sacrilège ! La rumeur accusa François Lasserre, dit Simounet. Vingt ans auparavant, il en avait fait autant, ce qui lui avait valu 100 livres d'amende. Revenu au pays depuis trois ans, il braconnait derechef. Furieux, le marquis le pria d'arrêter, au dire d'un témoin. Le calme revint. Mais le « vice » le tenait et, cette fois, il fut prouvé : en 1738, l'homme attrapa une dizaine de pigeons et les apporta à Sarlat[33]. Il était peut-être innocent des incidents précédents, mais fut jugé responsable, ayant « brav(é) et insult(é) » M. de Beynac « en abusant de la bonté qu'il avait eue pour lui ». Le magistrat le condamna encore une fois au maximum. Le marquis, qui réclamait 500 livres d'indemnités, fit appel au Parlement. L'incorrigible Simounet partit à Bordeaux en claironnant qu'il livrerait ses bécasses, perdreaux et autres lièvres comme prévu. Une bravade de trop ?

Les enjeux du commerce

Le jeu du chat et de la souris aurait résumé ces affaires si le félin n'avait pas été lié aux puissances maléfiques, et la souris, aux réserves céréalières. A Lyon, Guignol serait braconnier et le Gendarme, garde-chasse. Ailleurs, Maître Renard était un

---

* Ce sable leur permet de broyer les graines dans le gésier.

fuyard malicieux et Ours Brun, un stupide têtu. Ces clichés correspondaient aux rapports qu'entretenait le braconnier, dont les ruses rappelaient la bête rousse, et le garde-chasse, dont les échecs rappelaient le plantigrade : le premier renvoyait au milieu naturel et le second, à l'univers paysan. Tout les opposait. Pour l'un, la forêt était « un centre de vie, une réserve de fraîcheur, d'eau et de chaleur associées, comme une sorte de matrice[34] » : traverser régénérait ses forces. Pour l'autre, elle les affaiblissait : « Les chiens accélérèrent leur course/et commencèrent à glapir/mais Renart n'osa pas se cacher avant d'avoir entièrement franchi le bois : là, les chiens, épuisés, défaits, revinrent sur leurs pas[35]. »

On comprend le succès des images d'Epinal qui montraient un garde-chasse dormant comme un loir et un braconnier goguenard, un lièvre à la main ! Il emportait l'animal aussi vite que le Rouquin, une corneille : « Voyant qu'il en avait l'occasion, Renart bondit et l'attrapa fermement : il coinça sa tête dans sa gueule[36]. » Le garde-chasse, réveillé en sursaut, ratait le délinquant, mais ne renonçait pas à l'arrêter, raisonnement similaire à ceux de l'Ours Brun : «... je lui nuirai toujours/si je peux l'attraper aux champs/ou dans les bois pour son malheur[37]. » La littérature exploita ces différences de comportement[38] : les roturiers voulaient chasser, mais le braconnier osait le faire, quels que fussent le gibier ou le moment. Cette « inconduite », terme qui revient souvent dans les procès-verbaux, ébranlait la hiérarchie des animaux et de la société (Texte 9). Le personnage fut ainsi la première figure d'une révolution qu'il n'aurait jamais imaginée.

Le marché du gibier

Braconnier de profession ou d'occasion, l'individu ne défendait pas une cause, mais un profit, celui que procurait la vente du gibier, et cela aussi longtemps que lui, ses complices et ses acheteurs tiendraient leur langue. Un mot de trop, et les gardes perquisitionnaient les maisons, interrogeaient les voisins et démantelaient le réseau. Faute de données, le hasard les y aidait. Une charrette circulant à la nuit tombée était *a priori* suspecte, donc arrêtée et inspectée : les fagots cachaient souvent lièvres et chevreuils. Faute de chance, la trace les y aidait aussi. Des feuillages étalés sous les dépouilles ne parvenaient pas à éponger le sang : les gouttes menaient au transporteur d'abord, au coupable et aux clients ensuite. En 1777, elles firent repérer Louis Damotte, qui logeait au hameau des Vallettes (Haute-Saône) : il convoyait un cerf tué en forêt de Champey quand le garde, qui suivait les sillons des roues, découvrit la carriole embourbée. Damotte affirma avoir seulement voituré, l'animal étant attendu à l'auberge. L'indiscrétion fut récompensée : il conserva son outil de travail et l'amende fut limitée à 25 livres[39]. Comme l'accident précédait la livraison, le juge laissa le patron tranquille, la parole du transporteur ne constituant pas une preuve : il le tança pourtant, espérant que la leçon servirait. Lourde erreur ! Comme ce commerce progressait fortement, le parlement de Besançon concentra les recherches sur les receleurs, les cabaretiers et les aubergistes : l'arrêt du 11 mars 1784 leur interdit de recevoir, d'acheter ou de revendre tout gibier du 1er mars au 1er septembre, la chasse étant fermée, sous peine de 20 livres par tête. Quant aux fournisseurs, les armes, les filets et les transports seraient vendus au profit du Domaine. Le texte n'eut aucun impact : dépiauté et débité, le gibier finissait sur les étals, les gardes demeurant en forêt.

Par ce biais, la filière commerciale accédait à la ressource cynégétique. Dans la seconde moitié du XVIIIe siècle, quoique la tendance fût plus ancienne, les assemblées de village* voulurent contrôler les ressources naturelles, quitte à contester le fondement des communaux** et des droits d'usage : les

---

* L'assemblée de village réunit tous les propriétaires y résidant. Son pouvoir est considérable, puisqu'elle répartit l'impôt entre les chefs de famille, décide du montant de la taxe d'affouage, sa seule recette ou presque, planifie l'exploitation des lots d'affouage et arrête les priorités en matière de construction ou d'entretien des bâtiments collectifs.

** Dans maintes régions, le mot « communal » désignait l'étendue où les habitants avaient le droit d'usage : ils n'en étaient donc pas propriétaires.

chartes auraient revêtu les usurpations seigneuriales d'une apparence juridique, celle d'un contrat. La thèse semblait osée ! Pourtant, nombre de bénéficiaires réclamèrent le droit de consommer *ou* de négocier le gibier. C'était répudier le principe des « commodités » : satisfaire aux nécessités quotidiennes comme se chauffer, se nourrir, cuire les aliments et élever le bétail. Les chartes prévoyaient d'ailleurs l'annulation en cas de détournement : les usagers ne sauraient donc vendre les produits de la forêt, de la lande, de la chasse ou de la pêche. S'ils le faisaient, le concessionnaire retrouvait l'intégralité de son fonds, les servitudes étant *ipso facto* éteintes ; il n'encaissait plus aucune redevance, les ayants droit perdant la jouissance du bien. *A contrario*, la liberté de monnayer une ressource, gibier compris, signifiait qu'une collectivité était, selon la formule convenue, « vraie propriétaire ». C'était l'objectif des usagers : transformer leur usufruit en possession qu'ils géreraient désormais en « bons pères de famille », autre formule convenue : loin de voler le gibier, ils paieraient un garde. De fait, l'autonomie municipale annonçait la chasse communale, évolution qu'engagea plus d'une communauté, dans le Roussillon notamment[40].

Ces demandes à l'échelle d'une province, on les retrouvait ici et là, dispersées mais tenaces : toutes visaient à faire du seigneur un propriétaire comme les autres, égalité qui n'était évidemment pas de son goût ! En 1778, les habitants de Fayolle (Dordogne) franchirent ce cap[41]. Le prétexte fut apporté par l'absence d'entretien et de protection du puits communal, soin qui lui incombait. A quoi bon alors lui verser chaque année le montant des banalités ? Excédés par son inertie, ils décidèrent de financer l'opération en commercialisant les fagots, soit 20 charretées, que produirait l'élagage de « leurs » ormes, ceux qui ombrageaient la place du marché. Sitôt dit, sitôt fait ! Indigné, le seigneur protesta car, « la moitié en fonds des terres » étant de son ressort, place incluse, l'initiative était illégale. L'incident dévoilait les positions : pour le seigneur, les paysans devaient le respecter comme les sujets respectent le roi ; pour les paysans, le seigneur devait les écouter en leur accordant, par exemple, la chasse aux nuisibles. L'alternative était simple : ou le seigneur administrait la « copropriété* » en vue de l'intérêt collectif ; ou la communauté la gérerait dans cette optique. Y renoncer serait pâtir du gibier, trop nombreux dans un cas et trop rare dans l'autre : entre nuisance à combattre et richesse à exploiter, le chemin semblait étroit[42].

Les cahiers de doléances reprirent l'image d'une nature féconde, qui comblerait les vides créés par la chasse, licite ou non. Aussi, loin de craindre pour sa ressource, la trouvaient-ils pléthorique : les rongeurs dévoraient les grains et les fauves dévoraient les gens... La prolifération des indésirables renvoyait à l'insuffisance des prélèvements : réguler les uns obligeait à accroître les autres. Il suffirait pour y parvenir que tous les propriétaires puissent chasser et, même, que d'autres en fassent autant, ce qui éteindrait délinquance et braconnage[43]. La perception des amendes coûtant plus qu'elle ne rapportait, la fermeture des tribunaux chargés de les prononcer économiserait l'argent de l'Etat et des justiciers. Pourtant, en étudiant quatre bailliages différents géographiquement et socialement (Tableau 5), le renforcement ou la généralisation de la chasse paraissaient secondaires, en supposant, bien sûr, que les cahiers de doléances eussent reflété l'avis des habitants : ce thème fut mentionné une fois sur quatre. Quant aux conséquences du braconnage, elles n'intéressaient pas : le thème fut abordé à trois reprises, et toujours à propos de faits divers, une amende abusive suscitant une vengeance épouvantable. Seul le cahier de Villeneuve-la-Dondagre (Yonne) déclara le contrôle des poudres utile : elles ne seraient « délivrée(s) aux particuliers que sur certificats du curé et du syndic[44] ». Car la vente restait libre. Très souvent, les armes étaient prises sur le terrain et les munitions, faites à la maison, d'où les mises à feu ratées et les explosions de fusil.

Comme dans ces régions bocagères et sylvicoles[45], la végétation dissimulait délits et auteurs, personne ne percevait les infractions comme telles. Aucun cahier ne proposait une

---

* Le terme « copropriété » fut employé par les juristes du XIVe siècle pour désigner une propriété grevée de droits d'usage.

réforme de la chasse, au contraire de l'administration et des contributions : ils déploraient surtout la pauvreté des terres et l'emploi des communaux, les usurpations seigneuriales et les confiscations particulières. Ce fut le cas en Autunois, bailliage morvandiau. Le cahier de Rigny-sur-Arroux (Saône-et-Loire) signalait néanmoins les incursions de loups et de sangliers qui tenaient à l'avancée des lisières : les possédants reboisaient leurs domaines pour répondre à la demande parisienne en bois de feu, si bien que les battues devenaient « d'une absolue nécessité[46] ». Le bailliage de Troyes connaissait la même situation, les fauves migrant des plateaux de l'Est vers les massifs d'Orient et d'Othe[47]. Le cahier de L'Isle-sous-Serein* (Seine-et-Marne) demandait que « les seigneurs (les) fissent chasser dans leurs bois et forêts une fois par mois ». Comme le Morvan criblé de landes et de mares, la Champagne calcaire changeait d'aspect : le pin sylvestre colonisait les savarts. Le cahier de Saint-Benoît-sur-Vanne (Yonne) réclamait aux états généraux d'enrayer ce mouvement car les résineux « empêchent le pâturage des bestiaux ». Comme les autres, il acceptait le privilège de chasse, mais critiquait son application : quand la noblesse ne chassait pas assez, le gibier menaçait les paysans, et quand elle chassait trop, ses meutes et ses chevaux ruinaient les cultures.

Le droit d'acheter

En général, les rédacteurs, notaires ou avocats, associaient les modèles en circulation dans la province ou dans le bailliage aux plaintes transmises par les syndics d'assemblée. La synthèse n'assurait aucunement que toutes les doléances fussent reprises et, pour celles qui l'étaient, qu'elles ne fussent pas rectifiées ou complétées. En tout cas, à lire les cahiers, le privilège de chasse serait admis s'il permettait de diminuer les effectifs nuisibles. Comme il n'était plus justifié

---

* Aujourd'hui, Montereau.

par l'entraînement ou le divertissement de quelques-uns, le roi, la Cour ou l'aristocratie[48], ce devoir serait confié à d'autres s'il n'était pas rempli. Oui, mais à qui ?

C'est au nom de l'ordre public que les seigneurs devaient clôturer les parcs et les garennes, et enfermer les pigeons pendant les semailles et les récoltes. A cette condition ils garderaient réserves et colombiers. Le cahier d'Evry (Essonne) spécifiait même que, « sous l'exception de celui à qui en appartient le droit », aucune réserve ni aucun colombier ne resteraient conservés. Le cahier de Villeblevin (Yonne) exposait les termes du nouveau contrat : « Si on continue aux seigneurs le droit exclusif de la chasse, qu'on les enjoigne *au moins* de détruire l'immense quantité de leurs pigeons et de leurs gibiers[49]. » Il suggérait donc « que, sur-le-champ, ils détruisent les remises fréquentes qu'ils ont établies à ce sujet » : la reproduction des espèces ne saurait légitimer l'existence de ces enclaves. La demande de leur démantèlement caractérisait les cahiers du Bassin parisien. Apparemment, sa population confondait réserves et capitaineries, c'est-à-dire espaces et gestionnaires, bien que ceux-ci eussent en charge les seules chasses royales. Elle figurait jusque dans les cahiers du Sénonais. Celui de Vallery (Yonne) esquissait le laboureur « désolé de voir les bêtes nourries dans le terrain des hommes, et les hommes, chassés et maltraités dans le terrain des bêtes[50] ». Cependant, ce programme extrême, supprimer les réserves et araser les colombiers, n'était guère répandu car la plupart des cahiers estimaient suffisant de fossoyer les unes et d'obturer les autres.

C'est en fonction des cultures que les seigneurs devaient arrêter les chasses. Le cahier de Saint-Denis-sur-Ouanne (Yonne) souhaitait les exclure pendant que les blés « seront en herbe ou bons à ramasser, vu que les chiens qui chassent, en passant dans ces grains, les ruinent ». C'est en fonction de l'élevage que les seigneurs devaient accorder aux bergers l'aide des mâtins sans exiger qu'ils eussent « un billot au col, attendu que cela les empêche de défendre les bestiaux ». Comme celui de Champlost (Yonne), certains cahiers réclamaient la présence de fusils « dans les maisons par rapport aux mauvaises bêtes », ce qui n'était pas sans arrière-pensée car, l'entraînement au tir étant nécessaire, les gens pourraient « tirer les moineaux » ! A cet égard, le consensus fut étonnant. Comme dans celui de Lailly (Yonne), la plupart des cahiers négligeaient la chasse, mais dénonçaient le gibier et sa « voracité » car « ces animaux destructeurs (sont) réservés aux plaisirs exclusifs d'un très petit nombre de personnes » ; ils proposaient donc que les effectifs fussent plafonnés. Cela obligeait le seigneur à chasser davantage. Mais beaucoup ne chassaient pas ou chassaient ailleurs. C'était le cas des gens de mainmorte : les réguliers s'occupant dans les maisons monastiques et les séculiers dans l'administration épiscopale, les desservants paroissiaux étaient les seuls à chasser. C'était le cas des nobles aussi : en poste à Versailles, aux armées ou dans les cours souveraines, ils chassaient plus ou moins loin. C'était le cas des financiers et des négociants enfin : ceux-là chassaient dans la seigneurie qui abritait leur résidence de campagne.

Lorsque le maître était très âgé ou trop absent, deux solutions demeuraient possibles. Ordonner à son intendant d'organiser la régulation : certains cahiers évoquaient la possibilité d'une battue mensuelle et d'autres, d'une battue trimestrielle. Ou la déléguer à l'assemblée du village : moyennant un ou deux jours de chasse, les propriétaires supprimeraient le gibier « excédentaire » avec les moyens dont ils disposaient. Quels critères utiliser pour le considérer ainsi ? En fonction de l'espèce ? Gare aux prolifiques ! En fonction de ses dommages ? Gare aux carnivores ! Mais, en réservant la conduite des opérations à la noblesse, les cahiers la contraignaient à réussir, qu'elle détruisît les nuisibles ou qu'elle compensât leurs dommages. Ayant mission de protéger ses vassaux, son échec remettrait en cause son statut et, avec lui, les fondements de la société. Depuis peu, l'indemnisation était obligatoire. Mais le cahier de Thorigny-sur-Oreuse (Yonne) remarquait que cet arrêt du 21 juillet 1776 restait lettre morte. Et, pourtant, le parlement de Paris imposait « trois visites en différents temps et saisons pour constater les dégâts ». Il est vrai que les particuliers devaient avancer les frais de l'expertise : affolés par « cette dépense extraordinaire », ils « rest(ai)ent dans l'inertie ». Il est vrai aussi qu'ils redoutaient d'irriter le seigneur ou ses agents, lesquels les menaçaient de « mille vexations ». La réécriture du texte pourrait rendre la procédure rapide et gratuite.

C'est qu'il était plus facile d'injurier les gardes que leur patron ! Avec une confondante unanimité, les cahiers épinglaient leurs excès, propos insolents et procès infondés, sans jamais rapprocher les termes « répression » et « dissuasion ». Certes, quelques-uns évoquaient l'audace des braconniers, mais la toléraient mieux que celle des gardes. Ils l'imputaient au fait que ces individus étaient assermentés[51], comme les hommes de loi, et armés, au contraire de ceux-là. Comme ces mêmes rédigeaient les cahiers en entier ou pour partie, leurs textes répétaient à l'envi qu'avec leurs armes les gardes effrayaient des innocents, percevaient des pots-de-vin et déclenchaient des vengeances, et qu'en outre ils chassaient pour leur compte toute la sainte journée. Aussi certains voulaient-ils remplacer le pistolet par une hallebarde ! Le cahier de Beaumont-les-Autels (Eure-et-Loir) terminait par cette diatribe : « que de procès souvent injustes et ruineux ne causent pas les gardes par leurs rapports ! Devraient-ils être crus sur parole » ? C'était une question de susceptibilités froissées et d'arbitraire policier. Ainsi, en cinquante ans, l'opinion publique avait bien évolué. Maintenant, la requête du commandant de la garnison du Lichtenberg (Bas-Rhin) aurait fait scandale. Car chasser dans la forêt communale d'Offwiller pour « un peu plus d'exercice et de récréation » et « point en vue du gibier[52] » signifiait du plaisir pour l'officier et des dégâts pour l'habitant.

Philippe Salvadori a dessiné la carte des revendications égalitaires[53] : elle les montre puissantes en zone de chasses royales et princières, et discrètes en région de chasses populaires. Cette répartition corrobore l'analyse de Jehan de Malafosse : 532 sur 533 des cahiers de la petite couronne dénoncèrent la chasse sur les seuls critères du chasseur privilégié et du gibier dévastateur[54] ! En reprenant les événements qui agitèrent cette proche banlieue, l'historiographie révolutionnaire, relancée par les commémorations de 1989, généralisa au royaume ce qui caractérisait ces environs. Diverses études la nuancèrent cependant. Dans le département du Cantal*, 14 cahiers sur 36, moins de la moitié donc, discutèrent de la chasse seigneuriale sans réclamer l'abolition du privilège. Jean-Pierre Bechter constate la même prudence dans celui de la Corrèze, Annie Breton-Ruget dans ceux de la Bresse[55] et Gilbert Garrier dans ceux du Velay et du Beaujolais[56]. Quant au Béarn, si 56 % des cahiers récusaient les privilèges de chasse, y compris ceux de sa population, 15 % seulement étendaient le débat à ceux du seigneur[57]. Les résultats étaient tout aussi surprenants dans le Lauragais, où le problème ne fut posé que dans 5 cahiers sur 211, et dans le Roussillon voisin[58], où les rédacteurs le réduisaient à une querelle de clocher.

Au fond, la loi du 4 août 1789, en abrogeant les privilèges attachés à la personne, c'est-à-dire à la naissance, et son décret du 11 août, en annexant le droit de chasse au droit de propriété, concédaient davantage que ce qui était espéré ! L'article 2 obligeait à enfermer les pigeons dans les périodes cruciales et tolérait leur tir quand ils envahissaient les terres d'autrui. Traités comme tout gibier, ils perdaient la protection du droit ancien. L'article 9 supprimait les réserves et les garennes, ainsi que les capitaineries. Egaux devant la loi, les possédants recevaient des droits nouveaux, à commencer par celui de chasser. La Constituante préférait donc défendre les productions agricoles que les ressources cynégétiques. Elle entérinait ainsi l'évolution des mentalités : la chasse n'était plus le moyen de conserver la forme physique, mais de contrôler la faune sauvage. Il aurait été d'ailleurs impensable de légiférer différemment car les populations franciliennes attendaient ces mesures avec impatience : elles

---

* Bien que les cahiers aient été rédigés dans le cadre des bailliages, la plupart des études ont adopté celui des départements, créés par la Constituante et base des classements de la série L, archives des administrations révolutionnaires, les séries suivantes commençant avec le Consulat.

jugeaient le gibier trop nombreux, qui bientôt devint trop rare, thème récurrent au siècle suivant...

La chasse pour tous ?

Ce résultat occulte le flottement des députés entre la proposition du texte et le déroulement du vote, la promulgation de la loi et la découverte des décrets. En fait, rien n'était acquis que les paysans croyaient la partie gagnée...

L'été 1789 les vit converger vers les réserves et les garennes, armés de bâtons, de filets et de fusils. Ce fut la Saint-Barthélemy des lapins ! En septembre, l'inspecteur du domaine de Versailles déplora sobrement la « mauvaise interprétation des décrets ». Au même moment, les députés qui revenaient de leur province prévinrent la Commission des lois que l'extinction des servitudes personnelles était confondue avec celle des servitudes effectives : celles-là demeuraient, mais les cultivateurs ne réalisaient pas que, de ce fait, les banalités continueraient, contrepartie des investissements effectués dans leur paroisse, sinon par le maître du lieu, du moins par les familles qui détiendraient la seigneurie. Parallèlement, l'abrogation des privilèges nobiliaires eut un effet rétroactif car il sembla juste de sortir de prison ceux qui les avaient bafoués. En novembre, sur requête du président de l'Assemblée, le roi élargit les condamnés, rappela les interdits de séjour, amnistia les amendes et suspendit les procès engagés : le système évoluant, les institutions suivraient, ce qui obligeait à attendre le redécoupage judiciaire et la simplification procédurale. Ce fut la revanche des braconniers ! Ces libérations renforcèrent l'idée que la chasse était ouverte à tous, en tout temps et en tout lieu. L'érection des « arbres de la liberté », « arbres de la justice », « arbres de l'égalité » ou, plus rare, des « arbres de force » et des « arbres de joie » annonçait une déception immense, une fois le mirage dissipé. Pour l'heure, les plantations affectaient les villages aquitains, mais le mouvement gagnerait sûrement les provinces voisines.

Les débordements relatifs à la chasse touchèrent tout le Bassin parisien : les cerfs et les daims disparurent des bois de Meudon (Hauts-de-Seine) et de Verrières (Essonne) ; les lapins et les lièvres succombèrent dans ceux de Saint-Cloud (Hauts-de-Seine) et de Vincennes (Val-de-Marne). Les réserves de Conflans (Yvelines) et de Cergy, L'Isle-Adam et Pontoise (Val-d'Oise) connurent des carnages semblables. Quant au domaine de Chantilly (Oise), propriété des Condé[59], aucun animal n'y survécut : les oiseaux de la volerie furent tirés à vue, les oiseaux de la volière, rôtis comme de vulgaires volailles, et les chiens des trois meutes, proprement étranglés[60]. Dans les campagnes, les paysans organisèrent de « mémorables parties de chasse », selon l'heureuse expression de Pierre Goubert : elles témoignaient de l'étendue des frustrations. En octobre, le maire de Montargis (Loiret) signala qu'autour de sa ville, siège d'une ancienne capitainerie royale[61], les parcelles étaient « désolées et dévastées par le nombre prodigieux de chasseurs et de chiens qui (y) produisent les plus grands dommages[62] ». En novembre, les vignerons de Saint-Rémy-la-Vanne (Seine-et-Marne) portèrent plainte contre les habitants qui, dès avant les vendanges, chassaient dans les vignes : leur colère grandissait car, en septembre, le procureur de Coulommiers avait refusé toute information sur les délits commis.

Il faut dire qu'à présent les infractions cynégétiques constatées dans le ressort des capitaineries relevaient des juridictions ordinaires : les magistrats demeuraient inactifs, ce qu'ils justifiaient par l'incertitude juridique. Mais certains maires, comme celui de Maroilles (Nord), entendaient clarifier la situation : leurs arrêtés visèrent toutes les violations de propriété, y compris quand ces domaines abritaient des ravageurs. Ils accusaient les roturiers qui profitaient enfin du droit de chasse et des gens sans aveu qui s'en étaient toujours passés. Tous ces gens, naguère, auraient été condamnés comme coupables mais, maintenant, la loi les couvrait. La rumeur prétendait qu'ils incendiaient les récoltes des laboureurs hostiles à leur intrusion. Malgré le succès des moissons, cette grande peur régressa lentement : après avoir craint pour les blés, les coqs de village avaient peur pour leurs biens. A l'automne, l'Assemblée commença à recevoir les doléances : les édiles souhaitaient qu'elle contraigne les laboureurs à fournir les marchés au lieu de chasser avec leurs valets. Ainsi, ces paysans agissaient comme les seigneurs qui abusaient, eux aussi, du plaisir de la chasse. Une fois la farine ensachée, donner libre cours à cette passion tenait davantage de l'exutoire populaire que de la démonstration politique. Mais, le moindre incident aggravant la tension ambiante, le calme ne reviendrait pas sans clarifier la pratique de la chasse et encadrer l'exercice du tir.

Au reste, il le fallait bien car tous les ténors politiques n'avaient pas la même vision du sujet. Ainsi, le journaliste Marat et le député Robespierre appliquaient des critères différents aux ayants droit. Dans *L'Ami du peuple*, Marat affirmait préférer nourrir le peuple que lui plaire, d'où sa critique des incidents, encore qu'elle fût modérée : « Nous ne dirons rien ici du moment qu'on a pris pour abolir le privilège de la chasse, ni des dégâts affreux qu'une foule de chasseurs a faits aux moissons dans toute l'étendue des capitaineries[63]. » S'il n'avait pas emménagé dans la capitale, il aurait constaté que le problème devenait général. Dans *Le Moniteur universel* du 22 avril 1790, soit neuf mois plus tard, Robespierre invitait ses collègues à rendre les textes plus égalitaires : « Je m'élève contre le principe qui restreint le droit de chasse aux propriétaires seulement… Aussitôt après la dépouille de la terre, la chasse doit être libre à tout citoyen indistinctement. » Cette divergence renvoyait à l'opposition entre droit sociétal – protéger les possessions – et droit naturel – déclarer le gibier *res nullius*. Les quinze articles du décret du 28 avril 1790 tentèrent de la dépasser : ils interdirent de chasser chez les autres sans permission écrite et de chasser entre la mi-avril et la mi-septembre. Cette seconde mesure concernait tout le monde, y compris les possédants, mais ne les empêchait pas de chasser sur leurs terres, leurs mares et leurs étangs, à condition que ces espaces fussent clôturés.

Ce décret eut deux effets majeurs. Premièrement, les gros propriétaires choisirent une étendue pour l'entourer de murs, de fossés ou de barrières : c'était appliquer le système nobiliaire aux possessions roturières, ce qui annonçait les « chasses gardées » du XIXe siècle*. Deuxièmement, les petits cultivateurs conclurent des ententes pour circuler dans l'ensemble du finage : c'était compenser les inconvénients du morcellement, ce qui préparait les « syndicats de chasse » du XIXe siècle aussi**. Le texte du 28 avril 1790 restreignit néanmoins l'usage des armes : le propriétaire ne tirerait que les carnivores menaçant sa vie et son bien. Cela englobait l'ours, le loup, le sanglier, le renard, le chat sauvage et, par extension, tous les animaux qui dépeuplaient les étangs et les cours d'eau. La démocratie réclamée par Robespierre demeura inachevée, le droit de vote allant aux censitaires et le droit de chasse aux propriétaires. Mais ce système évita la diffusion des armes, qui aurait troublé l'ordre public, et les dégâts aux cultures, qui auraient gêné l'approvisionnement. Le gouvernement révolutionnaire reprenait le raisonnement monarchique : les prolétaires avaient mieux à faire que chasser et, s'ils ne le comprenaient pas, la répression les convaincrait, les peines encourues occupant onze articles sur quinze !

*

Toutes les communes durent nommer un ou plusieurs gardes champêtres pour contrôler la chasse et traquer les délinquants. Naguère, il existait les gardes-chasses du roi et des seigneurs. Maintenant, les gardes champêtres tenaient le même rôle pour les chasses que les gardes communaux pour les forêts. La similarité des professions explique la ressemblance des problèmes : verbaliser les délinquants, confisquer les armes ou les transports, et percevoir les amendes. Ce fut particulièrement sensible dans la période révolutionnaire, où l'acheminement des vivres était compliqué et leurs prix prohibitifs, ainsi que dans la période impériale, où l'effort porta

---

* Les chasses gardées concernèrent surtout les régions à vocation cynégétique comme la Bresse et la Sologne, les reboisements allant de pair avec le rétablissement des étangs.

** Les syndicats de chasse furent une conséquence de la loi sur les associations votée sous le Second Empire.

sur la conduite des guerres et la fourniture des armées. Ce contexte encourageait le braconnage[64]. L'individu était-il un agitateur dangereux ou un pourvoyeur nécessaire ? En tout cas, il ne chassait pas les « féroces », c'est-à-dire les loups et les ours. Leur effectif augmenta (Texte 10), en raison du désordre des campagnes et de l'abandon de la vénerie. Du coup, les villageois allèrent aux sièges des districts demander la grâce du duc d'Hallay (Seine-Maritime) et du baron de Draëk (Pas-de-Calais), emprisonnés sur ordre du Comité de salut public : résignés à être jugés et exécutés, ils furent libérés pour diriger une battue aux loups[65]. Dire que, sous l'Ancien Régime, ces battues semblaient inefficaces ! Le 19 pluviôse an V, le Directoire décida qu'elles incombaient aux pouvoirs publics. Encore fallait-il améliorer la méthode... Les roturiers retinrent de tout cela que la législation limitait leurs chasses pour encadrer le port d'armes, et non pour défendre les espèces. Confiants dans le droit nouveau, ils continuèrent le massacre amorcé à l'été 1789. Après des siècles où le prélèvement nobiliaire n'empêchait pas les nuisibles de proliférer, le prélèvement populaire les décima, au risque d'enlever aux prédateurs leur nourriture favorite.

DEUXIÈME PARTIE

CONDAMNATIONS
XVIIIe-XIXe siècle

« Oh ! Ce premier coup de feu en forêt, ce coup de feu qui trouait les feuilles comme une grêle d'avril et marquait les écorces, jamais je ne l'oublierai. Un lapin détala au travers du chemin en arrachant les touffes d'herbe avec ses griffes tendues. Un écureuil dégringola d'un châtaignier en faisant tomber des châtaignes encore vertes. (...) Et les chasseurs étaient là, penchés sur cette tuerie, comptant et tirant vers leurs carniers les pattes sanglantes, les ailes déchirées, sans respect pour toutes ces blessures fraîches ».

Alphonse Daudet, « Les Emotions d'un perdreau rouge », in *Contes du lundi.*

5

Une menace constante

Aujourd'hui, l'adjectif « féroce » qualifie le prédateur qui cherche ses proies et répand leur sang, tête broyée ou corps éventré. Rien ne justifie pareille barbarie si ce n'est la force maléfique qui inspira la bête du Gévaudan[1] ou le massacreur de Hambourg... Sitôt rassasié, le carnassier laisse sa carcasse, mais, prévoyant, il l'enfouit ou la juche sur une branche : il reviendra la nettoyer. Ces agissements, préparation de l'attaque et brutalité de la conduite, mépris de la souffrance et absence de crainte, révèlent sa dangerosité. Elle concerne pourtant moins l'animal libre que l'animal captif : les affiches de cirque mettent en scène des fauves menaçants, lions, tigres, panthères ou léopards, comme s'ils allaient mordre un passant. Les numéros de domptage montrent leur soumission et leur colère – la *furia*. Les applaudissements saluent la performance. Ces représentations poussent à confondre « grand fauve » et « grand félin »[*] : ils sont féroces.

---

[*] Actuellement, la nécessité de préserver toutes les espèces, féroces et nuisibles incluses, incite à préférer les expressions objectives aux expressions subjectives : les « grands fauves » regroupent les tigres et les pumas, les « grands herbivores », les éléphants et les girafes, et les « grands cervidés »,

Autrefois, ces expressions étaient distinctes, les « fauves » regroupant des omnivores comme les ursidés (ours) et les suidés (sanglier), et des carnivores comme les canidés (renard) et les félins (lynx). Autre nuance, « féroce » s'employait moins en adjectif qu'en substantif. C'était le synonyme de « fauve » : le taureau de combat en faisait partie... Toutes ces espèces offraient un point commun : elles tuaient pour vivre. Certes, elles ne gênaient personne en prélevant des rongeurs et des oiseaux, en milieu naturel qui plus est. Mais elles dérangeaient beaucoup en consommant, outre des cerfs et des chevreuils, des bestiaux et des ovins dans les pâtures, des poulets et des lapins dans les basses-cours, des poissons et de la laitance dans les étangs. Ennemis des veneurs, des paysans, des pasteurs et des pêcheurs, ces animaux étaient à supprimer[2] : les hommes rêvaient d'un monde où le sauvage serait uniquement herbivore, frugivore ou insectivore !

La haine que suscitait toute autre espèce incluait les charognards comme le vautour et le corbeau, et les puants comme le blaireau et le putois : nuisibles par leur chasse, ils répugnaient à cause de leur penchant ou de leur odeur. Cette réaction, normale envers le renard, ravageur de basse-cour, ou la loutre, fléau de pêcherie, l'était moins à l'égard du sanglier, omnivore, et non carnivore comme Aristote le prétendait : les naturalistes reprirent ses allégations : « Il se nourrit volontiers de chair ; il fouille avec son boutoir les terriers de lapins qui ne sont pas à une grande profondeur ; il détruit les rabouillères, dévore les lapereaux et les levreaux, surtout lorsqu'ils sont encore petits ; il évente les nids de perdrix, mange les œufs et, souvent, réussit à surprendre la couveuse. » La méthode en condamna d'autres, la société ignorant leur rôle

les cerfs et les antilopes. Le tout constitue la « grande faune ». Le « gros gibier », plus nombreux et plus divers en Afrique qu'en Europe, attira les chasseurs occidentaux. Il fut aussi victime des chasseurs indigènes chargés de défendre paysans et troupeaux. Cette grande faune fut massacrée jusqu'à ce que soit constatée la prolifération de certaines espèces. Cela tenait à l'extermination des « grands prédateurs » qui les régulaient. La protection de la nature, nationale et internationale, est plus ou moins respectée selon les mentalités et les économies régionales.

dans le maintien des milieux, des couverts et de la faune en dévorant les bêtes affaiblies, infirmes ou malades.

La peur universelle

Cependant, au-delà de ce dénigrement, les malfaisances semblaient inégales : certains auteurs cynégétiques ou romanesques omettaient les méfaits de la belette et de l'hermine, du chat sauvage et du loup-cervier, du blaireau et du renard, mais détaillaient les crimes du loup. La Bête terrorisait les campagnards, quittant ses forêts pour rôder autour des fermes : sans pitié, elle égorgeait les faibles, les lacérait, les mutilait et souvent les abandonnait. Exécrée[3], elle l'était bien avant le XIXe siècle et la nouvelle d'Alphonse Daudet, *La Chèvre de Monsieur Seguin* : la Blanchette fut vaillante, mais succomba au lever du soleil. La Bête épouvantait tout autant les citadins : l'intrusion dévoilait l'impuissance des autorités. Ainsi, les uns et les autres la regardaient comme un assassin en liberté.

L'audace contribuait à sa légende. Dans l'Antiquité, Orose racontait qu'en 269 avant J.-C. trois loups traînèrent un cadavre à demi dévoré jusqu'à la demeure de sa famille ; Appien indiquait qu'en 38 avant J.-C. un loup pénétra dans le quartier général de Brindes, massacra le garde du triumvir Marc Antoine et disparut en laissant la tête de sa victime derrière lui. Ainsi, ni les flammes ni les hommes ne l'arrêtaient. En comparant Jésus à l'agneau et au Jour, et ses ennemis aux fauves et à la Nuit, saint Augustin conforta l'impression : *qui est lupus, nisi diabolus*[4]. Désormais, l'espèce appartint au Malin : le loup y perdit la royauté des animaux[5]. Les chrétiens conférèrent sa couronne au cerf herbivore, et les autres croyants, au lion, au tigre ou au jaguar carnivores.

Ysengrin le Loup

La peur du Grand Méchant Loup retarda l'examen de l'espèce : son étude est récente – un demi-siècle, guère plus.

Pourtant, son histoire est associée à celle des hommes, de l'agriculture et de l'élevage, de leurs mentalités et de leurs représentations aussi. Ce que la communauté villageoise lui reprochait, c'était de retourner contre elle l'habileté et l'agressivité utilisées envers ses proies. Les auteurs anciens vantaient ses vertus guerrières au travers des récits héroïques. Les Romains affirmaient qu'une louve allaita les jumeaux Remus et Romulus, fondateurs de la Ville éternelle et de la première dynastie royale. Les Hirsins expliquaient qu'un loup les conduisit en Italie centrale, mais qu'en échange il leur demanda d'adopter son nom[*]. Ainsi, cet animal redouté était admiré[6], souvenir d'une époque où l'homme et la bête agissaient de même : nomades, ils fuyaient au moindre bruit et mangeaient quand la chasse était bonne. Leur structure sociale, solide et complexe, améliorait son efficacité. Au sein du clan, chacun remplissait un rôle et occupait une place, son rang exprimant sa force et sa ruse. Le chef était le plus puissant et le plus futé de ses membres, à charge pour lui de maintenir l'ordre et de lancer l'attaque. S'il échouait, il perdait son pouvoir, un rival imposant une autre stratégie.

Au Moyen Age, la hiérarchie des espèces inspira l'héraldique[7], la science des blasons : ils identifiaient chaque famille, aristocratique ou roturière, et chaque communauté, seigneuriale ou indépendante. Par la suite, ces armoiries furent contrôlées par le cabinet des Titres, organe souverain[8]. Le loup indiquait la noblesse à 63 %, usage renvoyant à l'appréciation militaire, et le lynx, la martre, l'hermine et la belette, la roture à 100 %, le renard à 91 %. Le contraste loup-renard comportait différents éléments. Le loup était associé à la « forêt profonde », et le renard, à la « lisière » ou à l'« entre-deux-bois », expressions convenues[9]. Le loup était « passant », c'est-à-dire courant après une brebis, et le renard, « grimpant au tronc d'un arbre », ce qui était bien moins glorieux. Le loup l'emportait dans les généralités de Toulouse, Bordeaux, Rennes, Orléans et Aix, et le renard, dans celles de Lyon, de Soissons et de Besançon ; ils cohabitaient dans celle de Paris, le premier en

---

[*] En osque, la langue de ce peuple samnite, « loup » se dit *hirpus*.

périphérie, et le second *intra muros*. Animaux féroces et courageux, ils étaient sous le « chêne[10] » à 100 % pour le lynx, à 81 % pour le renard et à 63 % pour le loup.

Ce contraste loup-renard fut repris dans le *Roman de Renart*[11], ensemble héroïco-comique rédigé entre le milieu du XIIe siècle et la fin du XIIIe siècle. Au contraire des *Fables* et de leur caractère intemporel, cette société des animaux renvoyait à la société de l'époque. Renart le Goupil en dévoilait les difficultés et les revendications. Pour cela, il ne ménageait ni Grimbert le Blaireau, fidèle du souverain, ni Ysengrin le Loup, son connétable, et pas davantage Hersent la Louve, épouse volage, ou Tibert le Chat, chevalier sans maître. Ce roman puisait largement dans *Ysengrimus*[12], un poème de 1152, comportant 6 000 vers latins regroupés en sept livres. L'auteur, le clerc flamand Nivard, l'avait intitulé *Reinardus Vulpus*.

L'ouvrage commençait par la rencontre d'Ysengrimus et de Reinardus. L'étymologie germanique est intéressante : Ysengrimus combine le métal (*isan*) et le casque (*grim*), et Renardus, le conseiller (*ragin*) et la dureté (*hart*). Dans ce prélude, les complices dérobaient un jambonneau. Le Loup l'engloutit si vite que le Goupil n'en vit que la ficelle ! Jouant la ruse contre la force, il médita sa vengeance. Première séquence, il invita son compère à pêcher avec la queue, mais, l'étang gelant, la glace le retint. Faux ami, il appela au secours, sachant que le prêtre et ses ouailles recherchaient celui qui dévora le coq de leur girouette après les volailles de leur basse-cour. Les voyant arriver, il lui sectionna la queue sous prétexte de le délivrer ! Deuxième séquence, le Goupil plaisanta le malheureux qui regrettait son ornement sans concevoir le traquenard : le coup de hache visait pourtant à le mutiler. Troisième séquence, le Goupil suggéra au monarque alité, Rufanus le Lion, que la peau d'Ysengrimus le guérirait, perfidie qui le ferait écorcher. Avant-dernière scène, l'ayant appâté avec la cuisine du couvent, il lui suggéra de revêtir la robe de bure. Crédule, son compagnon l'écouta, mais, tonsuré, loin de fréquenter l'office, il fut affecté à la garde des brebis : elles couraient grand péril ! Renardus profita de cette retraite pour visiter la tanière, menacer les louveteaux et cocufier le géniteur. Ysengrimus découvrit l'outrage mais, avant qu'il ait occis le violeur, Salaura la Truie le tua et le mangea – déshonneur suprême ! Apparemment, elle ne lui pardonnait pas non plus l'affaire du jambonneau : il était fait du cuissot de son mari...

Le *Roman* remplaça ce duo de moines défroqués[*] par celui de chevaliers rivaux. Dans les deux cas, Renart pleurait sincèrement Ysengrin, son souffre-douleur et son faire-valoir. Les deux épopées, celles du Loup et du Goupil, connurent un vif succès, d'où une multitude de contes et de romans[**]. Décidément, même antipathique, ce couple passionnait le public[13]. Le Loup symbolisait la puissance de la noblesse, sa naïveté aussi, mise en scène dans les *Fables* de La Fontaine[14] et dans les *Contes* de Charles Perrault. Le Renard symbolisait la malice des roturiers, leur cruauté aussi : insinuant et avisé, il ridiculisait ceux qui lui étaient supérieurs par la naissance ou par la fortune[15]. Héros populaire, contemporain de Robin des Bois, la méchanceté et l'hypocrisie en plus, son prénom désigna l'espèce, le « t » donnant un « d ». Différents par la taille, la couleur, la réaction, ces animaux cousinaient avec la hyène et le chacal – sauvages, eux aussi. La domestication aurait pu exploiter leur esprit de meute, mais ils évitaient les hommes, préféraient les sorties nocturnes et leur venaison n'était pas appréciée. Pour le travail, la chasse ou la viande, le chien convenait parfaitement. En Occident, le loup et le renard constituèrent son antithèse : lui avait su approcher les groupements primitifs et séduire les sociétés évoluées. Cependant, sa nature demeurait discutée[16]. Au XVIIIᵉ siècle, Carl von Linné en faisait une espèce, la seule dont la queue fût recourbée[17]. Au même moment, John Hunter déclarait que le chien, le loup et le chacal relevaient de la même espèce car, à la différence du renard et de la hyène, ils étaient interféconds et leur descendance,

---

[*] Dans la *Disciplina clericalis* (1178), toutes les scènes ont lieu en marge du monastère, chacun faisant assaut de paillardise et de superstition, Ysengrin se singularisant par sa crédulité et sa gloutonnerie.

[**] Citons *Renart le Goupil*, de l'écrivain allemand Johann Wolfgang von Goethe (1749-1832). Publié en 1793, dans le contexte révolutionnaire, il montre son détachement aristocratique pour les soubresauts politiques.

fertile[18]. Au XIXe siècle, Charles Darwin postula que le trio avait un ancêtre commun, mais obscur[19]. En 1975, Konrad Lorenz répéta que certaines races descendaient du chacal, et d'autres, du loup[20]. En fait, la difficulté tenait à la domestication : l'image du loup dangereux et du chien docile perdure encore...

L'animal rebelle

Grâce aux strates sédimentaires, au rayonnement bêta, au spectrophotomètre de masse et à l'ADN mitochondrial, les archéozoologues déterminent l'apparition du chien : exhumés dans les couches de 40 000 à 10 000 BP, les ossements les plus anciens seraient eurasiatiques. Mais combien de générations furent nécessaires pour transformer ce proto-chien « apprivoisé » en chien « domestiqué »[*] ? En effet, l'ancêtre ressemblait beaucoup au loup et au chacal actuels. La séparation interviendrait à l'époque de l'*Homo sapiens sapiens*. Mais les restes sont rares. Y en aurait-il davantage qu'ils ne seraient guère probants car, pour ces datations lointaines, il n'est pas évident de distinguer l'espèce « gibier consommé » et l'espèce « aide apprécié », d'autant qu'elles finissaient mangées ! Cette confusion était aggravée par les hybridations : elles persistèrent jusqu'à ce que l'élevage oblige à les interdire, activité pastorale et population lupine devenant inconciliables. Le flou régna donc jusqu'au néolithique[**] : la domestication d'une espèce modifie sensiblement la forme du crâne et le poids du squelette, mais, visible

---

* Apprivoisé, le spécimen accepte le contact humain sans aller au-delà d'une gratification alimentaire. Domestiquée, l'espèce est nourrie et soignée en échange de son travail. Ne chassant plus pour son compte, la morphologie et la psychologie évoluent, ce qui renforce sa dépendance.

** Au Proche-Orient, le passage de l'état de prédateur à celui de producteur s'opéra au IXe millénaire ; et le long du Danube et de la Méditerranée, au VIIIe millénaire. Les surplus de récolte, mis en réserve, assuraient la sécurité alimentaire et permirent la domestication animale. Désormais, les espèces élevées vivent dans les villages et autour de leurs enceintes, d'où leurs restes dans les fosses à déchets.

chez le chien, ce changement n'apparaît pas chez le loup et
le renard, le chacal et le fennec. Ces quatre-là seraient appri-
voisables, mais non domesticables.

Au paléolithique moyen[21], les canidés, loups ou chiens,
étaient traités comme tout gibier, lequel ne manquait pas :
des groupes d'hommes suivaient des hordes de bêtes. Dans
ces toundras et ces steppes, milieux ouverts, les Néandertha-
liens avançaient au contact de la harde afin que leurs armes,
lances ou sagaies, puissent cribler le renne ou le cheval choisis. Cette méthode condamnait la présence d'un canidé : au
lieu de rabattre la proie vers eux, il aurait couru vers elle,
faute de sélection et de dressage pour inhiber ce réflexe. Au
paléolithique supérieur[*], la glaciation du Würm[**] étant la
dernière du quaternaire, il en alla différemment : les végétaux conquérant les espaces dénudés, le protochien aida à
débusquer le chevreuil, forestier, et le chamois, montagnard.

Les périodes postglaciaires virent l'entente renforcée par
l'invention de l'arc : propulsée, la flèche perforait l'animal
éloigné[22]. Le chien le pistait s'il était parti ou le trouvait s'il
était blessé. Le loup, lui, ne servait à rien. Certes, des louveteaux furent transportés aux campements : ils distrayaient
les familles durant les chasses ; ils réchauffaient les malades
durant les grands froids. Mais, très vite, ils grognaient et
mordaient l'hôte qui voulait les déplacer ou les caresser ;
ils ne le supportaient qu'à condition de l'avoir toujours vu :
ils le croyaient des leurs. Aveugles, il était possible d'obtenir
cela jusqu'au 10e jour. L'échec était certain au-delà du
20e jour, les tactiques d'« évitement » propres aux adultes
refoulant les comportements d'« approche » propres aux très
petits : ils leur permettent d'être léchés, nourris, acceptés et
éduqués.

---

* En Europe, le paléolithique supérieur va de 40 000 à 10 000 BP. Au
cours de cette période apparaissent les ancêtres directs de l'homme,
Homo sapiens sapiens, et du chien moderne.
** En Europe, le würm dura jusqu'en 10 000 BP. Cette période ache-
vée, le réchauffement postglaciaire autorisa une reconquête forestière à
partir des boisements reliques qui subsistaient au nord de la Méditerranée et de la mer Noire.

La fenêtre d'imprégnation n'excédait pas deux à trois semaines, sa fermeture étant étonnamment rapide, comparée à d'autres (Tableau 6). Elle recouvrait la phase d'allaitement : les louveteaux ingèrent du lait jusqu'au 21e jour, du lait et des protéines solides, mais régurgitées* jusqu'au 45e jour. Comment reproduire cette nourriture ? Les femmes n'avaient déjà pas assez de lait pour leurs enfants, gardés à la mamelle malgré la percée dentaire : la société ignorait l'élevage, donc la traite, en supposant que les louveteaux eussent toléré ces laits. De plus, la manipulation** devait être journalière et permanente pendant quatre à cinq mois. Comment imaginer la fragilité de cet acquis ? Un mouvement effrayant suffisait à l'anéantir. L'instinct prenait le dessus : l'animal détalait ou ripostait. Lorsque l'imprégnation parvenait à son terme, cas exceptionnel, le résultat décevait : l'adulte admettait seulement l'odeur et le toucher de l'autre. C'était la docilité d'un individu, et pas de sa descendance. L'étape suivante, par exemple rapporter le gibier et attendre sa part, était très lointaine. L'étape finale restait utopique : la domestication qui assure la transmission héréditaire des apprentissages. Sans elle, il n'est aucun partenariat. Or, pour produire une population d'individus différente de la population souche, il faudrait soustraire à son milieu, génération après génération, quantité de louveteaux. Comme l'allaitement et la manipulation s'y opposaient, l'expérience était inutile. Le chien, compagnon de l'homme, lutta contre son ennemi : le loup. Il le soutint aussi contre l'ours et le lynx.

Evidemment, séduire un animal sauvage réclame patience et conviction. C'est le cas dans le film *Danse avec les loups*, nom indien du héros expédié dans un poste déserté : Chaussette blanche est un loup tout aussi atypique que ce soldat. Tenté par l'appât, il avance, mais reste craintif jusqu'au jour où la confiance éteindra ses préventions. Maintes fois racontés et

---

* Cette alimentation régurgitée apporte à l'organisme juvénile les enzymes du système parental : le jeune n'en fabrique pas assez pour digérer ces protéines nouvelles que sont la viande, le poisson et les œufs.

** La manipulation implique des rapports constants, dans l'intimité familiale, et non des relations limitées aux soins ou aux repas.

magnifiés, ces rapports n'autorisent ni l'élevage (reproduction sélectionnée) ni l'éducation (orientation spécialisée). C'était plus facile avec le chien : il assista les chasseurs de l'épipaléolithique et les pasteurs du néolithique, bien que leurs campements aient recelé des bovins et des ovins, des chevaux aussi. Et pourtant, semi-nomade comme eux, le loup repartait vers sa tanière, les naissances arrivant au printemps, et vers ses cachettes, les louveteaux attendant leurs géniteurs : ils en sortiraient à l'automne, assez forts pour suivre la chasse des parents. Ainsi, la famille fréquentait les mêmes lieux, et cela des années durant. Bredouille, le couple fouillait les cendres des foyers en quête de déchets carnés. Circonspect, il opérait de nuit et sans bruit. A la longue, son manège attirait l'attention : en relevant ses empreintes, les villageois découvraient le gîte et les petits ; ils les enlevaient parfois, geste sans intérêt matériel ou affectif. Cette gratuité disparut avec la création des ménageries (Antiquité) et, bien plus tard, des parcs zoologiques (XIXᵉ siècle) : commandées aux chasseurs de loup, leurs « cueillettes » rapportaient un complément de revenu.

Aujourd'hui, le loup né en captivité reste aussi sauvage que son congénère né en liberté ; il en va de même chez le renard et chez le chacal ; c'est moins marqué chez le fennec, génétiquement assez proche du chien. Ainsi, le « dialogue » avec l'espèce humaine n'existait qu'avec Jack London (1876-1916) et son *Appel de la forêt*, ou qu'avec Saint-Exupéry (1900-1944) et son *Petit Prince*. Ces rêves inspirèrent sans doute les éthologues qui entreprirent d'analyser la résistance aux sollicitations. Dimitri K. Beylaev travailla sur une population de renards argentés : il les sélectionna sur leur passivité (agressivité faible) et leur docilité (évitement rare)[23]. Les prémices de la domestication apparaissent à la 18ᵉ génération : queue enroulée, mue décalée, museau raccourci, robe tachetée, oreilles pendantes, caresses recherchées, langage enrichi (gémissements) et chaleurs semestrielles. Mais ces modifications supposent un préalable : accroître la fenêtre d'imprégnation. En effet, chez les renards libres, elle demeure ouverte du 20ᵉ jour au 40ᵉ jour ; chez les renards choisis, elle l'est encore au 60ᵉ jour. Par contre, chez les loups sauvages, elle s'ouvre plus tôt, au 10e jour, mais se ferme plus tôt, au 20e jour, alors que chez les chiens sauvages elle demeure ouverte jusqu'au 90e jour ! Cela justifie l'image du loup, rebelle à l'enseignement – il incarne la liberté –, et celle du chien, facile à domestiquer – il exprime la soumission. Les plus endurants portèrent des charges, les plus combatifs gardèrent les troupeaux et les plus féroces traquèrent les fauves. Les populations sédentaires oublièrent l'origine de l'expression « entre chien et loup »[24]. Elle ne renvoyait plus à un hybride, mais à une étape, celle où le soleil n'éclaire plus, et la lune pas encore. C'est le moment dangereux où les hommes confondent leur défenseur et leur ennemi...

L'animal enragé

Autrefois, le loup effrayait grandement. Ses adultes en menaçaient les garçonnets qui, malgré l'heure, voulaient jouer dehors. Ils redoutaient aussi d'en rencontrer, leurs propres parents ayant usé de ce stratagème pour les retenir au logis. Quant aux colporteurs, ils racontaient le moindre incident et l'amplifiaient en raison des ouï-dire. Cependant, avec deux décès par an, le canidé tuait moins que les vipéridés, *a fortiori* que les hyménoptères. Prudente, l'espèce apprécie un cadavre ou une charogne, ce qui n'empêche pas de lui en imputer la mort. Discrète, elle attaque tard dans la soirée ou tôt le matin, instants sans témoin. L'imagination remplaçait l'information, au risque pour les paysans qui criaient trop souvent au loup de ne plus trouver de secours. Ces récits montraient que la Bête avait le goût du sang. Leurs descriptifs convergeaient : un animal énorme, hirsute et tout noir, aux dents blanches et aux yeux rouges. C'était parfois un mâtin en rupture de chaîne. Les paysans l'évitaient aussi. N'était-il pas enragé ? Malgré l'isolation du virus en 1885 et, trois ans plus tard, la vaccination thérapeutique, l'angoisse perdura : un loup ou un renard mordaient un chien errant qui, à son tour, mordait les bêtes de la ferme, lesquelles mordaient ceux qui les approchaient[25]. Le cycle semblait sans fin (Texte 11).

Cette focalisation sur le loup était culturelle. En effet, les mustélidés (blaireau) et les viverridés (belette) causaient autant de malheurs, puisqu'ils figuraient au menu des canidés, en nombre moindre, pourtant, que les petits rongeurs. Par contre, bien que poursuivis, les félidés (chat sauvage, chat haret) n'y étaient pas inscrits : grimper à un arbre suffisait à les sauver. Restait le chat domestique : gardé pour la chasse aux souris, il ne musait guère, si bien que rares furent les matous infectés. Toute victime de morsure se voyait enragée. Vite consulté, le praticien la saignait et jugeait de la couleur du flux. Arrivé trop tard, le correspondant basque de la Société royale de médecine « vit sortir de la bouche (de la morte) une quantité de sang fluide, noir, dissous[26] ». Ces remarques jalonnent les comptes-rendus de dissection collectés par un chirurgien, Michel Andry[27]. Comme ses confrères, il ignorait l'existence du virus et du vecteur, la salive ; il accusait donc le sang de « corruption ». Tout au long de l'Ancien Régime, les traités cynégétiques recommandèrent aux chasseurs et aux clients de refuser les venaisons douteuses et de ne pas les faisander. La précaution englobait la chèvre ou la brebis *mordues* par un chien ou *touchées* par un loup, nuance qui correspondait au degré de malfaisance. Cette relation entre canidé et maladie renvoyait à la course de Sirius, l'étoile du Chien[28]. Inscrite entre le lever et le coucher de l'astre, la période était critique : les hommes succombaient à la rage, et les moissons à la chaleur[29]. Les fidèles espéraient conjurer la colère céleste en assistant aux processions conduites tout autour du village[30] : la « canicule » obligeait à les multiplier entre la Saint-Christophe (25 juillet) et la Saint-Bernard-de-Clairvaux (20 août) : le premier était l'« Homme à la tête de chien » dans l'hagiographie populaire, et le second, le « chien de Dieu » selon Jacques de Voragine, puisqu'il veillait sur la foi. En fait, tous les saints aux chiens étaient invoqués, comme saint Guinefort, saint Roch ou saint Dominique.

Ce qui épouvantait, c'était la métamorphose physique et morale : calme et raisonnable, l'enragé devenait furieux et sanguinaire. Les spectateurs découvraient la bête qui gisait en lui, comme ce pèlerin allemand amenant son compagnon à la chapelle Saint-Hubert (Ardennes), un saint guérisseur[31] : soudain, son visage « parut prendre la forme d'un chien[32] ». En 1779, le médecin berrichon consulté pour une bergère sévèrement mordue écrivit : « J'entrai seul et la trouvai seule (la famille a disparu). Je fus témoin d'une scène affreuse. Elle roulait sans discontinuer la tête sur le coussin. Je dirais, sans vouloir grossir les objets, qu'elle poussait des cris ou sons inimitables, à demi étouffés comme ceux d'un animal en furie et approchant de ceux d'un loup ou d'un chien pris au piège par le cou et faisant tous leurs efforts pour sortir[33]. » Michel Andry, qui reçut cette missive, déclara que la mutation constituait le principal symptôme de la rage[34]. En 1802, le professeur Cabanis l'approuva dans son *Rapport du physique et du moral chez l'homme*, présenté à l'Académie des sciences : le malade régressait brusquement, circulant à quatre pattes, aboyant et dormant sous un banc, ce qu'expliquaient l'« instinct » et les « inclinations » du fauve[35]. Les spécialistes lui prêtaient l'envie de saigner quelqu'un, et le peuple, de le manger tout cru. Cette pulsion balayait les acquis de la civilisation car l'idée que le cru et le cuit distinguaient les Civilisés des Primitifs était très répandue : elle faisait écho aux livres publiés à la suite des expéditions maritimes et des découvertes préhistoriques. L'enragé retrouvait la férocité ancestrale[36] : ce « nouveau cannibale » inspirait feuilletonistes et illustrateurs, d'où les images de femmes et d'enfants dévorés*.

La lyssophobie fut exacerbée par cette presse à sensation : aucune fièvre, symptôme recherché à l'époque**, mais un visage rouge, une soif inextinguible, des yeux étincelants, des

---

* Ce fantasme gagna la peinture, comme en témoignent les artistes du XIXe siècle qui montrèrent des mères dévorant leurs enfants, à l'instar du Belge Antoine Wiertz (1806-1866). Voir ses œuvres à Bruxelles, musée Wiertz.

** Jusqu'au XIXe siècle, les épidémies furent désignées par ce critère : fièvre jaune (typhus), fièvre pourpre (scarlatine), fièvre quinte (tuberculose) ; le terme correspondait également à tous les types de peste, dont la peste noire (XIVe siècle) et la peste bubonique (XVIIe siècle).

suées abondantes, des spasmes impressionnants, une salive
« filante et visqueuse » et, enfin, une force prodigieuse. Elle
rendait le malade difficile à maîtriser : les volontaires étaient
rares pour oser l'attacher et l'asperger d'eau froide, afin
d'« éteindre un feu dévorant[37] ». Les médecins signalaient
l'érection persistante et l'éjaculation continue ; ils les attribuaient à la nécessité d'éliminer le sperme brûlant. Les spectateurs les rapprochaient de la métamorphose enregistrée : le
malade devenait le loup qui l'avait mordu. Bertrand Hell cite
les paroles d'un enragé qui, un instant, retrouva la conscience : « Il nous avertissait (le médecin et la famille) de nous
tenir sur nos gardes pour n'être pas mordus par lui, ce qu'il
eût été désolé de faire, mais ce dont il n'était pas sûr de pouvoir s'empêcher au moment des accès[38]. » Cette lucidité, trop
belle pour être vraie, légitimait l'attitude des autorités :
enchaîner le malade dans un cachot[39] en attendant le praticien, lequel proposait quelquefois de l'y maintenir ! C'était
plutôt mieux que d'autres. Les confrères conseillaient de lui
ouvrir les veines, les édiles de le faire abattre et les familles de
lui donner un poison rapide[40]. Ces proc dés étaient habituels :
le doyen de la Faculté de Paris suggérait même de « les étouf-
fer dans leur lit à force de couvertures, ou bien de leur faire
avaler une pilule de six grains d'opium tout pur ». Et pourtant,
pareilles méthodes entraînaient une agonie sans absoute[41] :
elles auraient dû choquer une société chrétienne où mourir
dans le péché fermait l'accès au paradis. Ainsi la peur du loup
enragé accentuait celle du loup dévoreur[42].

Les conflits localisés

Au-delà de l'image chrétienne[43] – le pasteur menant ses
ouailles comme un berger son troupeau –, les saints au chien
répondaient à un besoin : sauver le bétail[44]. La vente des toisons et des viandes, des cuirs et du lait constituait l'unique
ressource des paysans sans terre. Certains avaient la possession du troupeau et d'autres, la jouissance. Celui-ci perdu, la
famille était ruinée[45], déchue parfois : le propriétaire devenait

salarié, comme l'Oak de *Loin de la foule déchaînée*, le roman de Thomas Hardy[*], et le métayer, manouvrier dans une ferme ou gagne-denier à la ville. Dans ces conditions, comment ne pas détester les carnassiers ?

En la matière, la loutre n'était pas mieux traitée que le renard ou le sanglier car, les jours maigres, le poisson frais coûtant cher, le peuple le mangeait fumé ou salé. Comme les seigneuries comportaient des étangs et des biefs, le maître concédait leur usage, moyennant redevance, quand il ne préférait pas les donner à bail. Le montant de la taxe ou du loyer était d'autant plus élevé que la pêche semblait bonne. C'est dire qu'il n'aimait pas les carnivores aquatiques qui mangeaient tout leur content. Ces puants n'étaient donc pas moins chassés que les fauves en raison de leur régime alimentaire et de leurs dommages agricoles.

Dans les montagnes : l'ours

Au XVIIIe siècle, la loutre avait quasiment disparu des rivières du Bassin parisien[46], l'ours, des forêts au nord de la Loire, et le lynx, de l'ensemble des provinces. L'article « Chasse » de l'*Encyclopédie* constatait : « Nous ne chassons plus guère que des animaux innocents, si l'on excepte l'ours, le sanglier et le loup[47]. » C'étaient des espèces nomades. L'ours survivait, comme le lynx et le chat sauvage, dans les espaces refuges[48], contrées montagnardes et forestières. Bien souvent, c'étaient des zones frontières comme le Dauphiné et la Franche-Comté, ou des régions promises à l'annexion comme la Lorraine et la Savoie. Les habitants complétaient les ressources vivrières par l'élevage et l'émigration : ils dressaient des marmottes et des ours, vendaient des plantes médicinales ou se faisaient colporteurs ou bricoliers. Ces « remues d'hommes », pour reprendre l'expression d'Abel Poitrineau, caractérisaient les contrées pauvres. Les

---

[*] Le roman de Thomas Hardy *Far from the Madding Crowd* inspira le scénario du film tourné en 1967 par John Schlesinger, avec Alan Bates dans le rôle d'Oak le Berger.

gens les quittaient seuls ou peu nombreux, ce qui les exposait aux mauvaises rencontres. Ceux qui gardaient les troupeaux connaissaient la même angoisse, surtout quand ils montaient à l'estive pour effectuer la traite et fabriquer les tommes. Cette production autoconsommée ou commercialisée constituait la pierre angulaire de leur économie : elle procurait une réserve alimentaire et financière, d'où la nécessité de préserver le troupeau et de supprimer ses prédateurs. La faiblesse des densités explique la formule d'un prédicateur, citée par Keith Thomas : « les bêtes sauvages ont été envoyées dans les déserts où elles peuvent faire moins de mal[49]. » En cas de malheur, ce déterminisme représentait une consolation. « C'était écrit », soupiraient les familles des victimes puisque l'Eternel, dans son infinie sagesse, avait permis ce drame.

Au XIVe siècle, Gaston Phébus déclarait que la nature des ours « est de demeurer dans les montagnes » ; il partageait donc cette opinion. Cela suggère qu'ailleurs l'espèce était éteinte et que l'extinction était ancienne. Il conviendrait peut-être d'inverser la thèse. En ce cas, l'ours aurait gagné les espaces où il vivrait tranquille : la nourriture était variée et la concurrence, faible. Les montagnes lui donnaient tout ce qui lui serait disputé en plaine : des céréales cultivées, des forêts silencieuses et des pâquis communautaires. Les champs portaient des blés de printemps. Les massifs avaient des fruitiers et des essaims. Enfin, les troupeaux offraient de juin à octobre des milliers de têtes. Au XVIIe siècle, Louis de Froidour, commissaire du roi chargé d'aménager les forêts pyrénéennes, remarquait ainsi qu'en Bigorre « les montagnes sont pleines de loups et d'ours qui y sont attirés par la nature du pays et par la grande quantité de bétail qu'il y a[50] ». Trois siècles avaient suffi pour que la notation passe du caractère de l'animal au caractère de la province. En 1667, Froidour raconta qu'un villageois de Seix (Ariège), découvrant « un ours qui mangeait son millet, prit le bâton dont il se servait pour conduire les bœufs, fut droit sur l'ours en faisant grand bruit : l'ours grimpa dans l'arbre puis fut tué à l'aide de fusils[51] ». Cent dix ans plus tard, en 1778, le subdélégué de Limoux (Aude) avertit l'intendant de Montpellier que les ours causaient « la perte de menus grains comme l'orge, la pau-melle ou avoine, le millorque ou blé noir* ». Or, leur récolte était vitale pour les paysans autour du Clat (Aude). A la fin du siècle, en 1796, le procureur syndic du district de Taras-con (Ariège) rappela au représentant du peuple, établi à Pézenas** (Hérault), qu'en « vendémiaire, lorsque nos trou-peaux descendent dans les villages, l'ours s'attaque alors à nos blés sarrasins, et il lui suffit d'une nuit pour détruire une récolte d'une très vaste étendue ».

Au XIXᵉ siècle, le vicomte de Dax décrivit comment l'ours prenait ses aises. Le maïs, richesse du Sud-Ouest, avait ses faveurs, « surtout quand le grain, déjà bien formé, est ce que l'on appelle en lait, (…) aussi le cueille-t-il avec un soin parti-culier. Assis devant chaque pied, il saisit délicatement et du bout des dents la cime de la fusée ; il sépare l'une après l'autre les feuilles fines qui l'enveloppent et, lorsque les grains sont à découvert, il les mange sur la plante ». L'avoine n'était pas moins appréciée : « Il s'assied bien tranquillement, ouvre les bras et prend, en les refermant, une gerbe d'épis contre sa poi-trine qu'il presse contre sa poitrine ; il n'a plus alors qu'à bais-ser le nez pour croquer les grains tout à son aise. » Ce procédé évitait tout effort : « Quand il ne reste plus que la paille, il lâche les tiges qui reprennent leur p sition première ; il fait un quart de conversion sur son derrière, recommence la même manœuvre et continue ainsi. » Au bout du compte, de loin, la parcelle paraissait intacte mais, de près, des places étaient vides. Non content de détruire les moissons, le vandale saccageait les vignes et les vergers. Le vicomte de Dax releva qu'« à l'époque des vendanges on allume des feux autour des vignes qui sont les plus exposées. Cela suffit pour les garantir, mais, si on néglige cette précaution, ce qui reste de raisins

---

* Le terme « blé » est le générique de « céréale ». En l'occurrence, il s'agit du seigle.
** Jusqu'en 1790, le Haut-Languedoc, donc la région du Clat (Aude), dépendait de l'intendant de Montpellier, très proche de Pézenas, qui fut le siège du Parlement. Dans la période révolutionnaire, le procureur syn-dic eut le rôle du subdélégué d'autrefois, et le représentant en mission, de l'intendant, l'ancêtre du préfet impérial.

après sa visite coûte peu de peine à cueillir ». Quant au prunier, s'il est « gros et fort, il y grimpe, se pose carrément sur les maîtresses branches et les secoue avec énergie » et, s'il est souple et petit, « il se dresse sur ses pieds et, par deux ou trois secousses, ne laisse que les feuilles après les branches ». L'arboriculteur n'agissait pas différemment. L'ours volait aussi les pommes du Grésivaudan (Isère), du Valgaudemar (Hautes-Alpes) et des vallées de l'Ubaye (Alpes-de-Haute-Provence) et de l'Estéron (Alpes-Maritimes). Les habitants dénonçaient le glouton descendu des Etats de Piémont-Sardaigne pour y revenir rassasié.

Le « pillage » des grains et des fruits cessa quand les densités rurales fléchirent, ce qui permit le reboisement des terrains de montagne. Par contre, les dommages pastoraux duraient : l'élevage devenant l'activité principale, leur importance préoccupait davantage. Comme les dégâts n'étaient pas indemnisés, l'ours migrant continûment[*], les responsables ne les enregistraient pas, bien qu'ils fussent assez nombreux pour justifier l'interdiction d'écouler ou de consommer « aucun animal mort dans son sang ou endommagé par une bête féroce (…) sans qu'au préalable vérification en ait été faite par les soins des consuls ». Cette mesure fut décidée pour retirer du marché les viandes souillées, qu'elles le fussent par la rage ou par tout autre fléau, par exemple le « noir » (maladie du charbon) ou quelque « peste ovine » (autres épizooties). En conséquence, les pertes furent décrites et non décomptées. En 1664, à Lourdes (Hautes-Pyrénées), les ours firent « des dégâts aux pourceaux envoyés au glandage ». En 1690, à Baïgory (Pyrénées-Atlantiques), ils « firent au bétail, aux Aldudes, un dégât et dommage considérable ». Le document ne les précisait que s'ils menaçaient le paiement de l'impôt. Ce fut le cas en 1778 : le subdélégué exposa à l'intendant de Montpellier l'« affliction » des taillables car, le mois précédent, au Clat (Aude), une vingtaine

_____

[*] En effet, si les propriétaires des réserves cynégétiques devaient indemniser les dégâts de leur gibier, l'ours ne rentrait pas dans ce cas : il était *res nullius*, comme tous les migrateurs, mammifères (loup) ou volatiles (palombe).

d'ours avaient emporté « sept bœufs et environ soixante bêtes à laine ». Six ans plus tard, il l'informa que les bergers communaux, écœurés par les « ravages affreux opérés par les ours », renonçaient aux estives et installaient le troupeau aux alentours du village. Faute de pâtures, c'était l'impasse. Au dire des syndics, « on ne peut jouir des pacages (d'altitude) si nécessaires » pour nourrir les bêtes. C'est pourquoi « on a failli perdre les bestiaux faute de fourrages et de paille ». Toutes les hautes vallées connaissaient le problème. Un habitant du val d'Ossau (Pyrénées-Atlantiques) décrivit l'été 1801, où la fréquence des attaques contraignit les « pâtres et bergers à descendre à regret de ces lieux funestes avant le temps ordinaire », « les montagnes escarpées qui couronnent l'étroite enceinte de Gabas (étant) le repère le plus habituel de l'ours ».

Il en fut ainsi jusqu'au XIXᵉ siècle. Dans la vallée de Laruns (Pyrénées-Atlantiques), les éleveurs déploraient la perte d'une bête « chaque nuit » : ainsi, dans les « seuls mois de septembre et octobre 1820, (l'ours) tua et mangea sept vaches du village de Béost et en blessa cinq autres[52] ». Dans la vallée d'Aure (Hautes-Pyrénées), huit ans plus tard, il dévora trois brebis, « les plus belles et les plus grasses » selon les gens de Guchan. Dans la vallée d'Aspe (Pyrénées-Atlantiques), les dommages évalués par Jam, le spécialiste de l'ours pyrénéen[53], se seraient montés à 3 000 francs par an : en 1850, une ourse et ses oursons volèrent des dizaines de brebis ; en 1880, dans cette vallée, même chanson : de passage à Borce, Jean Labourdègue aperçut 27 carcasses de vaches ramenées depuis la montagne d'Escaut. Comme la contrée comportait des surplombs, l'intrusion du fauve provoquait la panique du troupeau : les bêtes couraient et tombaient. Dans la vallée d'Ossau, à l'automne 1897, « poussées par l'ours » et trompées par le brouillard, 60 brebis d'Iseye-en-Ossau chutèrent de la muraille de Riautort, en contrebas du plateau de Besse. Dans la vallée d'Aston (Ariège), à l'automne 1910, Paul Rouby, un berger, découvrit 250 brebis mortes sur le coup, « poussées par l'ours[54] » : le dixième du troupeau collectif. Salarié de la commune, sa responsabilité était engagée, d'où l'enregistrement de sa déclaration. Ainsi, il n'était aucun mois sans victime. On n'en était plus à l'époque de Gaston Phébus qui limitait les attaques aux circonstances exceptionnelles : « quand tout leur manque, par grand hiver ou par grande famine, (les ours) ose-ront bien prendre et tuer une vache, une brebis ou une chèvre ». Maintenant, les dommages étaient quotidiens. Selon le *Mémorial des Pyrénées*, « les aïeux des pasteurs de la vallée d'Aspe n'ont jamais connu de dîme féodale*... Il serait piquant que leurs descendants eussent à payer à Maître Martin la dîme de leur bétail[55] ».

Dans les finages, le sanglier

Comme l'ours et le loup[56], le sanglier était « bête noire ». L'expression renvoyait à ses poils, viande, fèces et urines, cou-leur foncée tenant à son régime alimentaire** et à ses résidus ammoniacaux. C'étaient gibiers de nobles. Les « bêtes rous-ses » l'étaient aussi. L'expression désignait les brouteurs de la forêt et des hauteurs, cerf et chevreuil, chamois et isard, ani-maux appréciés pour leur venaison et leur allure. Redoutées, les bêtes noires étaient honorées en raison d'une intelligence, d'une combativité et d'une organisation dignes des conqué-rants ou des chevaliers : le blason de certains portait un ours, un loup, un sanglier, ou les attributs qui les évoquaient, gueule ou griffe, mâchoire ou patte, hure ou défense. Sym-bole des forêts sauvages et profondes, celles des Ardennes notamment***, le sanglier était à part. Dans les *Chasses de*

---

* Rappelons que la dîme consistait pour les paroissiens à verser le dixième de leurs productions, en argent ou en nature, au curé ou au fer-mier du seigneur lorsqu'elle était affermée : il ne s'agit donc pas d'un pré-lèvement « féodal » au sens strict, en rapport autrement dit avec les servitudes personnelles, éteintes par la déclaration du 4 août 1789.

** Rappelons qu'à l'époque le sanglier n'était pas considéré comme végétarien.

*** En fait, la forêt ardennaise était claire et trouée d'essarts. Elle res-sembla aux descriptifs de sa légende grâce aux plantations d'épicéa (XIXᵉ siècle), qui remplirent les vides d'autrefois...

Maximilien, douze tentures pour douze mois de chasse, le cycle ouvrait sur mars et concluait sur février, ce qui respectait le calendrier médiéval[57]. Décembre le présentait en héros assailli de tout côté et janvier, en vaincu humilié : il rôtissait dans la clairière. Ces thèmes précédaient celui de Modus et Ratio, les fondateurs de l'art cynégétique. Cet hommage rappelait Henri de Ferrières et ses *Livres* dictés dans les années 1354-1376[58]. L'auteur des cartons, Bernard van Orley (1488-1541), confia aux spécialistes du genre les figures animales et végétales[59] : ce partage des tâches était alors fréquent. Ses dessins furent gravés et repris jusqu'au XVIIIe siècle. Les artistes espagnols et autrichiens, français et anglais les copièrent volontiers. Mais, à la différence des *Chasses de Maximilien*[60], leurs tapisseries inclurent le loup et l'ours, la loutre et le renard. Cependant, le cerf et le sanglier continuaient à l'emporter, position que justifiait leur bravoure.

Le sanglier dévastait les parcelles et ravageait les céréales. Les auteurs cynégétiques attribuaient ses destructions à sa haine de l'agriculture et des cultivateurs, voire de l'humanité entière. Dans son *Livre de la chasse*, Gaston Phébus en évoquait un qui tua homme et cheval d'un coup de boutoir « comme on ferait d'un coutel », preuve que ses défenses tranchaient. Dans *La Vénerie de l'adolescence*, Jacques du Fouilloux en évoquait un autre qui éventra quarante des cinquante chiens d'une meute[61]. Ces souvenirs faisaient écho aux travaux d'Héraclès et aux chasses de Siegfried, confrontés à un sanglier monstrueux. Dans les narrations, le duel entre le chevalier guidé par le Saint-Esprit et un animal poussé par une force supérieure était décisif. En effet, privé de ses armes de tir, lance égarée ou fusil enrayé, l'homme avait une arme de poing, épée ou couteau : ne pouvant fuir, puisqu'il serait chargé avec une violence et une vitesse inouïes, il attendait l'épreuve de vérité, ce corps-à-corps fatal à l'un d'eux. Le sanglier lui ressemblait. C'était un solitaire en quête, non de défis à relever, mais de vivres à engloutir ! Pour cela, il errait sans cesse, alors que « les cerfs, les daims, les chevreuils (sont les) habitants presque sédentaires des pays où ils sont nés ». L'article « Sanglier » de l'*Encyclopédie* constatait que « ces émigrations se font ordinairement en automne, lorsque le gland ou la châtaigne commencent à tomber, et on cherche alors avec raison à se défaire de ces nouveaux hôtes ». Ce nuisible « est fort à redouter pour les récoltes » et « (sa) chair en est bonne à manger », surtout lorsqu'il est jeune.

Les grands mâles quittaient leur solitude au moment du rut comme la plupart des prédateurs, ainsi l'ours et le lynx, le chat sauvage et la loutre. Dans cette période, ils reviennent en compagnie et repartent ensuite. Privées des mâles, les laies « vivent toujours en société ; elles s'attroupent plusieurs ensemble avec leurs marcassins et les jeunes mâles dont les défenses ne sont pas encore au point de leur rendre l'association inutile ». En remarquant cela, le rédacteur signalait que le nombre remplaçait la force. Les membres du groupe agissaient de concert : ils avaient « l'esprit de la défense commune (car) non seulement les laies chargent avec fureur les hommes et les chiens qui attaquent leurs marcassins, mais encore les jeunes mâles s'animent au combat ; la troupe se range en cercle et présente partout un front hérissé de boutoirs ». La tactique était celle d'un maître de guerre en pareille situation.

La malfaisance du sanglier obsédait moins les auteurs cynégétiques que la société rurale : comme l'animal était présent dans tout le royaume, ses dommages étaient plus souvent dénoncés que ceux d'autres espèces. Aussi les contes populaires mettaient-ils en scène une bête immense et farouche qui garderait l'entrée d'un défilé ou la cachette d'un trésor ; le descriptif insistait sur la hure et ses dents meurtrières. Bertrand Hell signale que, dans le département des Ardennes, les habitants appelaient *huries* les orages de grêle, et qu'en Alsace ils prévoyaient le pire quand une compagnie de sangliers traversait la brume de l'aube. Leur perception associait les migrations de l'animal à l'arrivée des régiments, ces provinces ayant gravement souffert de la guerre de Trente Ans. Leurs habitants espéraient la paix de l'annexion française. Il n'en fut rien, la politique révolutionnaire et impériale n'étant pas moins agressive que celle de Louis XIV : les superstitions demeurèrent. En fait, elles remontaient à la civilisation celto-germanique : la prévision météorologique reposait sur l'interprétation céleste. Une accumulation de nuages annonçait donc une catastrophe, calamité agricole ou mercenaires impitoyables. C'était la grêle s'ils étaient noirs et hauts, et la guerre s'ils dégageaient des flammes et des lueurs. D'où l'angoisse devant l'arrivée rapide de sangliers entourés de fulgurances[62].

L'interprétation analogique renforçait cette lecture des présages : elle associait le beau et le clair, le laid et le noir, le doux et le bon, le rugueux et l'obtus. Elle remontait à l'Antiquité gréco-romaine : ses partisans soutenaient que le physique d'une personne ou d'un animal dévoilait sa condition sociale ou sa nature intime. Cela imprégna les mentalités. Le *Livre du roy Modus* en porta la marque, empreinte transmise par les ouvrages postérieurs : le sanglier fut dépeint comme « noir et hérichié (hérissé). Ainsi les gens qui, par leurs péchés, perdent la lumière spirituelle (...) sont noirs, hérichiés et ténèbres ». Bref, le Diable était en lui, la noirceur du poil venant de la chaleur du rut. En effet, chez cette espèce, la saison des amours se confond avec l'hiver et ses frimas, ce qui étonnait vivement[*]. C'est l'époque des combats, les grands mâles protégeant leur compagnie : vainqueurs, les rivaux prendraient les femelles et tueraient les marcassins. C'est également l'époque des charges : installés dans le sous-bois, les bûcherons et les charbonniers empiétaient sur leur espace. Cette « chaleur interne » atteindrait même les défenses meurtrières. Là aussi, l'idée est ancienne. Xénophon décrivait ces canines comme « brûlantes » : elles noircissaient les poils de la tête (VIe s. av. J.-C.). Ovide reprenait l'image en les déclarant porteuses de la foudre (Ier s. ap. J.-C.). Au XVIe siècle, le naturaliste Heber y voyait « des fers incandescents » quand le sanglier ouvrait les ventres. Bertrand Hell explique que ces défenses (*die Hauer*) dérivent du verbe « battre » (*hauen*), sa racine indo-germanique *kau* signifiant « frapper » et « forger ». C'est pourquoi l'enseigne des forge-

---

[*] En général, le rut caractérise la fin de l'été, cas du cerf et de l'ours, la durée de la gestation permettant des naissances automnales ou printanières.

rons comportait souvent un sanglier rouge : l'animal inquiétait tout autant que ces artisans capables de maîtriser le feu
et de transformer le métal. Les gens leur prêtaient une puissance magique, si bien qu'envoûteurs, ils effrayaient* et gué-
risseurs, ils imposaient le respect.

Le sanglier hantait la forêt, mais à chaque sortie il labourait des prairies ou des moissons : l'espèce n'était pas discrète... Certains fauves savaient l'être. C'était le cas du chat
sauvage et du chat haret : destructeurs d'oiseaux (perdrix,
faisan) et de petit gibier (levraut, lapereau), ils ravageaient
élevages et réserves de chasse. C'était le cas du lynx aussi,
nommé selon les régions « chat-cervier », loup-cervier »,
« chat-loup » ou « gatloup »[63], expressions qui le rapprochaient du loup, le plus haï d'entre tous. Le rencontrer
n'était pas facile : rare et furtif, le félin vivait dans le Jura, les
Vosges, les Ardennes, les Alpes peut-être, les Pyrénées sûrement. Son extrême dispersion compliquait l'accouplement,
la reproduction par conséquent, problème aggravé par des
chaleurs annuelles, des portées limitées et des jeunes fragiles. Maints auteurs croyaient l'espèce éteinte[64]. En 1776,
M. de Laurières en cherchait un pour la ménagerie de Versailles ; il l'obtint par le biais d'une capture à Luz-Saint-
Sauveur (Hautes-Pyrénées) ; il pensa l'animal « étranger à
notre climat ». Sans doute venait-il « d'Espagne ou de pays
lointain ». Dix ans après, Picquet disait l'espèce africaine,
thèse qui revint en 1830 : un lynx abattu à Juzet aurait fui
« une ménagerie car il n'a pas traversé la Méditerranée à la
nage » ! Ainsi, l'espèce n'était plus repérée, comme l'indique
Magne de Marolles à propos de la Comminges : « il ne fut
point connu d'abord ; cependant de vieux chasseurs le
reconnurent[65] ». En fait, il subsistait, réfugié dans les montagnes désertes de l'Hospitalet (Ariège), dans le Vignemale, la
Coume de Pommère et la forêt d'Astos, à l'ouest de la chaîne,

---

* Bien que les femmes seules, filles ou veuves, aient constitué les principales victimes des affaires de sorcellerie, des forgerons figuraient parmi
les accusés : ils étaient à peine moins nombreux que les bergers et les
charbonniers, mais moins souvent condamnés, en raison de leur rôle
dans la communauté.

et dans les forêts de Formiguère et de Salvanière à l'est de celle-ci. Ses traces se concentraient dans la principauté d'Andorre et la haute vallée d'Aspe, quoique ce fût relatif.

Les Vosges enregistrèrent la même évolution : signalée en Vasgovie au xve siècle et décimée au suivant, l'espèce aurait disparu. C'est pourquoi Jean-Daniel Schoepflin soutint que le spécimen retrouvé en 1751 sortait d'une ménagerie princière, de l'autre côté de la frontière[66]. Encore un évadé ! Le félin n'avait plus été observé depuis 1638, à l'occasion d'une chasse sur le versant alsacien[67]. Un forestier le découvrit en train de manger. L'animal déguerpit, mais fut rattrapé, abattu et rapporté avec son chevreuil. Le personnel les offrit au comte de Hanau, venu passer Noël au château du Lichtenberg. L'idée venait du chasseur. Cependant, l'officier qui rédigea la lettre transportée avec le cadeau doutait qu'il « soit consommable par (Son) Excellence ». Effectivement, les dépouilles l'attendaient depuis quatre semaines ! L'anecdote est néanmoins intéressante car elle indique que la vente de sa fourrure n'était pas la seule raison de le tirer ou de le piéger[68]. Ainsi, au xviiie siècle, dans l'est de la France, l'espèce n'existait plus qu'en captivité. Reliques d'époques révolues, les toponymes correspondent à l'aire qu'elle occupa : Luchsfelsen à Sturzelbronn, Luchsenberg à Volksberg ou Luchsenkopf à Climbach. Comme partout ailleurs, ses attaques la firent condamner. Cependant, le descriptif des dommages et du coupable restait si vague qu'un loup aurait pu les causer. Les reproches étaient semblables, comme à Orlu (Ariège) : les loups-cerviers seraient « les animaux sauvages les plus redoutables pour les bêtes à laine ; leur instinct ne les portait qu'à étrangler, avec une telle promptitude qu'un seul pouvait tuer tout un troupeau en quelques minutes ». La performance était quelque peu exagérée...

Dans les pêcheries, la loutre

Il était possible de dresser l'ours et la loutre, l'un pour le public, l'autre pour la pêche[69]. Tous deux pêchaient fort bien, le premier au-dessus de l'eau et la seconde en immersion. Ils procuraient également une fourrure et une graisse de qualité. Mais leur régime les distinguait : l'ursidé était omnivore et le mustélidé, carnassier. La loutre ne gênait personne quand elle œuvrait dans les torrents et les lacs d'altitude ; il en allait autrement dans les biefs de rivière et les lacs de retenue, onéreux à construire et à exploiter et dont l'investisseur voulait rentabiliser l'aménagement. A entendre propriétaires et locataires, la loutre avait mangé leurs bénéfices, 50 à 90 % de ses proies étant aquatiques. En réalité, le régime de l'animal dépend du milieu et de la saison. La question n'a pas été traitée avant les années 1980, ce qui montre que la cause semblait tranchée : les professionnels la déclaraient ennemie publique n° 1 ! Ce retard tient aussi à la discrétion caractéristique de tous les mustélidés[70] (Tableau 7). Mis à part le blaireau, assez proche de l'ourson[71], ces espèces présentent une forme allongée, des pattes courtes, une allure ondulante. A terre, la loutre paraît gauche mais, en plongée, elle nage vite et longtemps : son profil est parfait, museau pointu, tête plate, queue effilée, épaules puissantes et cou insignifiant[*]. En surface, elle avance sur quatre pattes palmées, mais dans l'univers liquide, mer ou rivière, elle leur impulse un mouvement vertical. L'environnement trouble ou vaseux ne la gêne pas : oreilles et narines closes, la distorsion de ses cristallins assure une excellente vision et l'épaisseur de sa fourrure la préserve du froid, avec la « bourre » courte et dense, et les « jarres » longues et fournies. Elle les entretient avec soin, afin de maintenir cette imperméabilité.

Ces traits en faisaient un prédateur redouté : ses dégâts étaient sans rapport avec sa taille, la femelle mesurant un mètre pour sept kilogrammes, et le mâle, un mètre vingt pour neuf kilos. Bien que diurne, les gens de l'eau la repéraient beaucoup moins que les gens des champs, le loup et l'ours,

---

[*] Merci à M. Christian Bouchardy, ancien vice-président de la Société française d'étude et de protection des mammifères (SFEPM), sans lequel je ne saurais rien d'une espèce dont j'apprécie l'intelligence et la vivacité.

le renard, que trahissaient ses forfaits et sa couleur, ou le sanglier, qu'annonçaient sa masse et son fracas. Réputée gloutonne, la loutre absorbe journellement 10 à 15 % de son poids, hiver compris, proportion qui serait plus élevée avec un ours, un sanglier ou un blaireau, tous omnivores. Figurent à son menu toutes les composantes aquatiques, végétaux, insectes et poissons, trop de poissons ! En fait, cette opportuniste déteste les complications et prélève ce qu'elle juge abondant et facile. Elle adore l'anguille dans les marais du Poitou, des Dombes et de la Brenne, l'épinoche et la truite également ; à défaut, elle prélève carpes, gardons, goujons, perches, tanches et écrevisses. La gamme est donc large. Le printemps l'enrichit des batraciens qui affluent dans les étangs pour s'y reproduire. La loutre avale les grenouilles en entier, alors qu'elle écorche et démembre les crapauds pour n'en savourer que le ventre et les cuisses. Elle ne dédaigne pas non plus la faune terrestre : 20 % de son régime repose sur les rongeurs, campagnols, lapereaux et rats musqués (espèce importée d'Amérique du Nord) et sur les oiseaux, canards et poules d'eau, surtout leurs couvées et leurs petits. La gourmande aime tout mais, rassasiée, cesse de manger ou de chasser.

Chaque plongée dure environ cinquante secondes. Quand le tirant d'eau est faible, elle accule les poissons dans un creux ou sous une dalle. Sinon, elle les attaque par dessous, leur angle de vision ne couvrant que 150°. Lorsque la visibilité est excellente, elle les repère aisément. Sinon, elle dispose de ses vibrisses, longues de 20 centimètres, pour détecter les ondes que provoque leur déplacement. Sa catiche débouche sur la rivière, ce qui facilite la chasse ou la fuite ; elle accueille deux à trois loutrons qui dépendent longtemps de la mère, comportement commun à tous les petits des fauves*. Son cycle de reproduction est donc plus lent que celui de ses proies : la maturité sexuelle intervient vers deux ou trois ans, mais les copulations ne sont pas saisonnières : les

---

* Sous l'Ancien Régime, la loutre était assez haïe pour rentrer dans cette catégorie.

naissances jalonnent toute l'année. Le géniteur quitte alors
la femelle. Elle profite des trois mois de gestation pour choisir un emplacement et l'aménager. Elle élève seule les jeunes : nés aveugles et sans dents, ils tètent quatre à cinq fois
par jour. Cachée pendant deux mois, leur présence limite
les expéditions maternelles : la loutre vit sur sa graisse
jusqu'à ce qu'ils puissent manger. Un mois plus tard, ils
abordent l'élément liquide avec précaution, malgré les grenouilles estourbies qui leur sont proposées, plaisirs faciles
et chasses futures. Au quatrième mois, le sevrage commence
et, avec lui, l'exploration du territoire. Adultes, ils lui restent
attachés. Au treizième mois, leur mère les expulse, l'heure
étant venue d'accepter les avances d'un nouveau mâle ;
pourtant, ils continuent à fréquenter les parages jusqu'à la
maturité sexuelle.

La femelle en chaleur dégage des phéromones qui attirent
les mâles du secteur. Les combats se font plus fréquents. La
femelle se montre agressive : elle mord le partenaire qui
l'approche, « se roule frénétiquement dans les herbes et se
lèche abondamment[72] ». Le couple se sépare après l'étreinte.
Le divorce des individus n'aidait pas la réputation de
l'espèce car, en général, l'homme aime les bêtes qui, à son
image, semblent unies pour la vie ; il étend même son affection aux carnivores et aux herbivores qui, à l'instar du lion et
du cerf, règnent sur un harem. Les populations considéraient que l'avoir conquis et gardé prouvait le courage de ces
animaux puisque, chaque année, ils remettaient leur couronne en jeu[73]. Le cliché était celui de la famille seigneuriale
ou roturière, cellule de base des sociétés rurales. Il était mis
à mal par la conduite furtive et la vie solitaire des bêtes
« puantes ». L'adjectif renvoyait aux marquages visuels et
olfactifs qui signalent leur présence : les congénères sont
avertis des sexe, état, âge et sortie. Une limite spatiale est
ainsi constituée, frontière invisible qu'ils doivent franchir pour
s'affronter ou s'accoupler. Ces marquages évitent des luttes
inutiles pour des enjeux territoriaux. Ils comprennent les
épreintes, fèces et crottes chez d'autres espèces, l'urine qui
recèle les hormones informant les candidats de la situation

sexuelle et la gelée déposée par les glandes anales. Aussi, ayant mis bas, les femelles cessent-elle tout marquage près du logis ; elles le reprendront en redevenant disponibles.

Pour l'essentiel, le chasseur cherchait les résidus digestifs de ces animaux, ces indices étant les plus abondants. En dépit de l'adjectif, tous ne « puent » pas. Ainsi, l'épreinte fraîche, qui consiste en une masse copieuse et humide, verdâtre ou noirâtre, et comportant des fragments d'arêtes. Au bout de deux jours, l'aspect gluant et foncé disparaît, ce qui indique la date du dernier passage. L'odeur reste forte, mais pas désagréable, fade et douce comme un mélange de poisson et d'huile. Ce n'est pas le cas pour d'autres mustélidés, blaireau excepté, leurs déjections étant minuscules et régulières, torsadées ou fuselées (Tableau 7). Ces espèces associent consommation carnée et digestion sommaire, d'où la noirceur des viandes. Elles répugnaient aux habitants, convaincus que leur régime mêlait le sang des proies et la chair des corps. En cédant à cet instinct nécrophage, les puants ingéraient une viande immonde, perception héritée du précepte biblique : « toute personne qui aura mangé d'une bête morte ou d'une bête lacérée (...) sera impure jusqu'au soir »*. Outre la sélection des aliments, les gens pensaient leurs boyaux trop courts pour les transformer correctement. Rappelons avec Bertrand Hell que les gibiers autorisés étaient herbivores : caractérisés par la longueur des intestins et la taille des estomacs, ils procuraient une viande rouge foncé, inférieure en cela à celles du bœuf, rouge clair, de l'agneau et du veau de lait, plus pâles, donc plus pures. Au fond, la venaison de chevreuil ou de cerf n'était admise qu'en raison de sa cuisson, bien qu'elle ne fît qu'atténuer le « ferment d'ensauvagement[74] ». Même cuite et recuite, la chair des puants restait impure, condamnation religieuse et symbolique : aucun mode culinaire ne pourrait changer leur nature, révélée par leur odeur « putride ».

*

_____

* Lévitique.

Ce jugement lapidaire incluait le renard, bien qu'il vécût en famille : selon les critères de l'époque[75], la pureté de la viande l'emportait sur la structure du groupe. Ce sauvage connaissait une situation ambiguë : sa fourrure séduisait les femmes, mais sa conduite rappelait les hommes, menteurs et cruels, tricheurs et méchants. Singulier en tout, il oscillait entre le pôle masculin par sa brutalité et le pôle féminin par son hypocrisie ; il circulait entre bois et champs, entre gîte en forêt et enclos de ferme ; et il rapportait aux siens produits de maraude et morceaux de charogne. N'appréciait-il pas les boyaux rejetés après éviscération du gibier au point de les déterrer quand le chasseur les enfouissait ? L'animal les dégustait sans vergogne. Pire, il corrompait les gens qui le consommaient. La rumeur courait que les hommes des bois, charbonniers et braconniers, enfreignaient ce tabou. Ils puaient, croyait-on, autant que cette viande : leur toucher suffisait à laisser une odeur tenace. Au reste, les villageois percevaient de loin le « fumet » de leurs corps et de leurs loges*. Aux yeux des gamins qui approchaient ces baraquements, et de leurs parents vraisemblablement, c'était des « hommes noirs », des Puants, individus tout aussi indésirables que l'ensemble des carnassiers. La suppression de ces derniers était souhaitée[76], avec des arguments démontrés dans le cadre des sociétés savantes du XVIIIe siècle et complétés au siècle suivant par les disciples de Charles Fourier (1772-1837), le théoricien de l'harmonie sociale.

Ce fut le cas d'Alphonse Toussenel (1803-1885), installé dans la capitale pour répandre l'œuvre du maître : rédacteur en chef du journal *La Paix* et fondateur, après 1848, du journal *Le Travail affranchi*, il aida à créer *La Démocratie pacifique*, organe des communautés phalanstériennes. Mais il demeura dans les mémoires pour *L'Esprit des bêtes*, publié en 1847 et réédité jusqu'en 1859[77]. Pour lui comme pour ses lecteurs, les bêtes « inutiles » constituaient des « animaux

---

* La « loge » désigne une cahute en matériaux végétaux établie sur les chantiers forestiers. Il fallut la fin du XIXe siècle pour les voir dotées d'un toit en tôle ondulée.

nuisibles » car elles ne contribuaient pas à la société et menaçaient ses intérêts. La liste incluait, parmi les rongeurs, le hamster, le loir, le rat ; parmi les insectivores, le hérisson, la musaraigne, la taupe ; et, parmi les carnivores, le blaireau, le chat sauvage, la fouine, le lynx, le renard et l'ours. Leur existence était contraire aux exigences de santé, de propreté et de morale. Certaines espèces, tel le renard, incarnaient les vices de l'homme et d'autres, tel le loup, la présence du Mal. L'auteur faisait le procès de chacune[78], démarche abstraite qui reprenait une tradition ancienne, avec la mise en accusation des animaux responsables d'accidents. Cette filiation cachait un changement : désormais, le réquisitoire visait seulement les espèces sauvages. Accusées de tous les maux, ces coupables seraient détruites. Jusque-là les techniques, piéger ou tirer, étaient limitées. La chimie industrielle apporta les poisons qui, introduits dans les campagnes, éteindraient les races maudites. Cette guerre semblant juste, l'homme la gagna aisément, pour découvrir ensuite le goût amer de la victoire.

6

L'organisation de la lutte

En période de croissance démographique, les surfaces agricoles progressaient aux dépens des landes et des forêts, les cultures gagnant jusqu'aux pentes façonnées en gradins. C'est ainsi que la conquête du saltus diminue l'aire des féroces, mordants ou puants, et celle des rapaces, diurnes ou nocturnes. Par ailleurs, les chasses, nobiliaires ou roturières, divertissantes ou alimentaires, baissèrent l'effectif des sauvages. Comme elles délaissaient ceux qui offraient un trophée ou une viande médiocres, les pouvoirs publics cherchèrent à réguler ces populations. Ce furent des primes pour rétribuer les tueurs et des battues pour effrayer les fauves. Ces mesures furent différemment appréciées : la première fut applaudie parce qu'elle procurait de l'argent, et la seconde, critiquée parce qu'elle n'en rapportait pas... Comme la participation était obligatoire, les administrés crurent à une corvée de plus, les autres ayant pour objet de construire les routes, assainir les marais ou convoyer les grumes. Au XIX\ :sup:`e` siècle, la défense de la propriété justifia le droit de chasse, et la nature des procédés en décupla l'impact : la loutre et l'aigle pâtirent tout autant de l'usage des fusils que des poisons. Faute d'avocats pour les défendre et d'intérêts pour les élever, certaines espèces furent éteintes. Les premières à régresser souffrirent de ces moyens, de la dispersion des géniteurs et de la dépendance des petits. Bien plus que le lynx et l'ours, le sanglier et le renard[1], le loup inquiétait. Les habitants dénonçaient son caractère charognard, sa conduite anthropophage et, surtout, son rôle dans la rage. Dans ces conditions, arrêter la maladie, c'était le massacrer[2], et, avec lui, tous les petits carnassiers qui constituaient ses proies.

Engager la bataille

Le quart nord-est de la France concentrait une forte densité lupine en raison des vagues migratoires venues de l'Allemagne centrale et rhénane[3]. L'animal était attiré par ses forêts domaniales, ses enclos cynégétiques et ses troupeaux destinés aux marchés parisien, rouennais et lillois[4]. Mais, résultat de la lutte ou effet de sa prudence, il n'y restait pas. D'après les états conservés aux Archives nationales, réponses à l'enquête de l'an VIII (1800), il aurait disparu du département de la Seine et presque disparu de ceux de la Seine-Maritime, de la Somme, du Pas-de-Calais et du Nord, situation qu'on retrouve dans les départements situés outre-Quiévrain. Par contre, l'espèce subsistait dans les départements riverains de la Manche, de l'Atlantique et de la Méditerranée, et infestait ceux de l'intérieur : Moselle, Vosges, Saône-et-Loire, Haute-Saône, Nièvre et Puy-de-Dôme[5]. Sept ans plus tard, une nouvelle enquête dévoila des zones oubliées, leurs responsables ayant ignoré le premier questionnaire ou le ministère ayant égaré ou non comptabilisé les bordereaux[6]. Le fauve continuait ses ravages et les paysans souhaitaient sa destruction[7]. La louveterie, institution vénérable, en fut chargée.

La dîme du loup

Plusieurs facteurs influençaient les incursions : la couverture forestière et l'organisation villageoise, la densité des maisons et la quantité des ovins. Très observateur, le loup profitait du chevauchement des Etats, des bailliages, des intendances et enfin des préfectures. En cela, il agissait comme les contrebandiers, les faux-sauniers, les braconniers et les séditieux. Aussi l'instauration de la louveterie visait-elle à unifier les forces et à fixer une stratégie.

Ses fondements remontaient à l'Empire carolingien ; elle fonctionna longtemps sur ces règles de 813 : affecter un secteur à un officier (*luparii*), contrôler celui-ci en exigeant les dépouilles et le stimuler par le traitement octroyé. Ces *luparii* ne servaient pas aux armées et rentraient dans leurs frais de bouche, de gîte, de monte et de meute : calculées au nombre de loups tués, leurs dépenses étaient remboursées sur les recettes de la manse impériale et des taxes collectives, les communautés payant chaque intervention. En 1395, lassé des plaintes liées aux abus, Charles VI abolit la louveterie et décida, un an plus tard, que les nobles détruiraient le loup. Ecartant les paysans du combat, il le déléguait à leur seigneur, ce qui les fit dépendre de sa complaisance ou de sa pugnacité. Mais, dans la force de l'âge, le maître guerroyait et, vieillissant, demeurait chez lui. Au bout du compte, les effectifs des nuisibles, loups compris, augmentaient nettement. Le système antérieur fut rétabli et les indemnités, actualisées : « deux deniers parisis par loup, quatre deniers parisis par louve et ce, sur chaque feu de toutes les paroisses dans un rayon de deux lieues de l'endroit où la bête a été prise ». Ainsi, la « dîme du loup » reposait sur les communes et condamnait les femelles[*], méthode contraire au code de l'honneur. De fait, le loup faisait exception en tout, jusque dans la stratégie proposée pour le combattre.

Au début du xve siècle, la reprise des incursions obligea le parlement parisien à enregistrer l'ordonnance « cabo-chienne » (1413) : elle étendit les primes à « toute personne

---

[*] Cette attitude devint générale alors qu'au xive siècle, en Bourgogne par exemple, la plupart des loups abattus étaient des adultes (1350-1400, 33 de louveteaux), et des adultes mâles (1350-1400, 1 274 mâles contre 885 femelles), sex ratio qui changea à partir de 1410. Voir l'enquête de Corinne Beck, extraite de sa thèse, in « Les communautés paysannes et le loup en Bourgogne aux derniers siècles du Moyen Age... », *Le Loup en Europe du Moyen Age à nos jours*, Presses universitaires de Valenciennes, Valenciennes, 2009.

de quelque état qu'elle soit », primes versées sur preuve, peau de loup ou de loutre. Pour la première fois, le loup n'était plus seul en cause. Pour la première fois aussi, il y avait concurrence entre les louvetiers et les habitants. Comme l'émulation améliore les performances[8], l'objectif était louable, mais les clivages restèrent. Les privilégiés obtinrent que les garennes fussent respectées et que les procédés « ignobles », fosses, pièges, bâtons, fussent réservés aux roturiers. Ils chasseraient donc le loup à courre avec meutes et chevaux, et le serviraient à l'épée et au couteau. Ce scénario, trois acteurs entrant successivement en scène, officiers, noblesse et roture, revint dans la première moitié du XVIe siècle, la seconde moitié du suivant et la fin du dernier... A chaque invasion, réelle ou supposée, le monarque rappelait que la bataille n'était pas limitée aux espaces domaniaux. Néanmoins, très vite, il reconnaissait la difficulté d'y intégrer les terres collectives et particulières, son personnel n'ayant ni la capacité ni la compétence requises[*]. L'assistance des autochtones était nécessaire, sa concrétisation exonérant de la dîme du loup.

Louis XI afficha sa priorité en créant le Grand Louvetier de France, office équivalant en prestige et traitement à celui de Grand Veneur de France, rattaché, lui aussi, à la personne royale. François Ier confirma ce point en 1520 : l'ordonnance réconciliait louveterie et aristocratie puisque, désormais, les dirigeants de la première sortiraient de ses rangs, comme c'était le cas pour les officiers supérieurs. Au-delà du primat d'une caste, la bataille contre le loup devenait une guerre contre un ennemi. Las ! Les excès furent légion ; les régiments en faisaient autant, l'absence de caserne les obligeant à vivre chez l'habitant, pire, à vivre *sur* l'habitant. Sans réviser cela, la louveterie ne pouvait qu'exaspérer, d'où

---

* Les querelles entre officiers de louveterie et officiers des Eaux et Forêts furent amplifiées par le fait que les premiers devaient présenter leurs lettres de créance, prouvant l'achat de l'office, par-devant les Tables de Marbre. Dans chaque province, elles constituaient la cour d'appel pour les affaires forestières, ce qui les rendait indépendantes des parlementaires qui, eux, jugeaient la noblesse en première instance et les roturiers en appel.

l'envie des Bourbons d'en confier la mission au personnel forestier : il venait d'être réformé, mais l'aménagement des forêts domaniales lui suffisait. En 1600, Henri IV ordonna donc aux seigneurs d'« organiser des battues tous les trois mois avec chiens, arquebuses et autres armes[9] » et d'en déposer le compte rendu aux greffes des maîtrises des Eaux et Forêts. Comme les poursuites ne dépassaient pas les bornes de chaque seigneurie, le résultat fut consternant ! Deux ans plus tard, une nouvelle injonction fut adressée, aux sergents de louveterie cette fois, car, à la différence de leurs responsables, c'étaient des hommes de terrain : placés sous les ordres des officiers des maîtrises, ils poseraient des pièges à loups et à renards – autres nuisibles – dans toutes les terres – autre nouveauté – et fourniraient un compte rendu tous les quinze jours. En cas de négligence, les officiers leur infligeraient une amende et, s'ils récidivaient, leur confisqueraient offices et vacations.

Ce mécanisme où les exécutants étaient définis, vérifiés et sanctionnés aurait été admirable s'il n'y avait eu le contentieux généré : entre administrations, louveterie contre Eaux et Forêts, entre intéressés aussi, public contre privé. Les forestiers hésitaient à recruter des aides, des traqueurs et des tireurs, les louvetiers commandant les « huées » (battues) et assurant le suivi. Les laboureurs refusaient d'y envoyer un ou deux valets, les moissons ou les labours les angoissant davantage que le fauve. La noblesse rechignait à leur prêter renforts, meutes et chevaux, soupçonnant de prétendus louvetiers d'employer ce titre ronflant pour compléter leur écurie et ponctionner les habitants sous des prétextes divers. Cet abus dura jusqu'en 1674. Louis XIV interdit d'organiser une chasse au loup sans consulter deux gentilshommes du département, « lesquels auront soin de voir si les habitants des lieux (...) pourront y assister sans quitter leur labeur[10] » : la traque passerait après le travail. Comme la fin du XVIIe siècle subit une nouvelle migration lupine, cette ordonnance fut incriminée alors que le fléau tenait à la politique monarchique[11], les efforts portant contre la Hollande, l'Autriche, l'Espagne ou l'Angleterre : le loup sortait des bois, les cadavres et les charognes ne manquant pas.

Pourtant, les atermoiements continuèrent jusqu'en 1773. Enfin, le souverain libéra les louvetiers des forestiers : les uns poursuivraient le féroce et les autres veilleraient au domaine, les premiers quittant le giron des maîtrises particulières pour celui des intendances générales[12]. Douze ans plus tard, la décentralisation des services fut réaffirmée[13] ; dans cette même année 1786, les louvetiers confortèrent leur monopole sur l'ensemble des espaces, au grand dam des forestiers, qui n'avaient jamais pu gérer les bois du clergé et du privé*. Malgré tout, les seigneurs hauts justiciers furent invités à chasser le fauve sur leur territoire pour alléger la charge des spécialistes. Mais ce dispositif n'eut pas le temps d'être rodé : victime de son recrutement et de son fonctionnement, la louveterie disparut (9 août 1787) ; victime de leurs privilèges, les hautes justices disparurent aussi (4 août 1789). Le décret du 28 avril 1790 autorisa tout propriétaire à « détruire ou faire détruire, sur ses possessions, toute espèce de gibier » : il entraîna la destruction des sédentaires sans affecter le loup. Ce voyageur perpétuel tira parti de la déliquescence administrative et, bientôt, de la décomposition politique : la noblesse fuyait le royaume ou ne chassait plus depuis la mort de ses chiens. La Convention aggrava le problème[14] en empêchant les riverains de chasser dans les propriétés placées sous séquestre avant leur mise aux enchères : les bois du clergé, des suspects et des émigrés devinrent le refuge des nuisibles, du loup notamment[15]. Embarrassée, la Convention thermidorienne organisa en 1797 une louveterie départementale[16]. C'était restaurer la professionnalisation cynégétique amorcée en 1786 !

Soucieux d'apaiser les nostalgiques sans froisser les républicains, Napoléon reconstitua la louveterie en 1804. Cette fois, il n'y eut plus de Grand Louvetier, mais un Grand Veneur, les directions fusionnant. L'Empereur nomma un homme à lui, le maréchal Berthier, ce qui conserva à la

---

* Les Eaux et Forêts y vérifiaient seulement le respect des normes de balivage et d'exploitation. En fait, l'administration limitait ses contrôles aux arbres préemptés par la marine.

fonction ses aspects honorifique et militaire[17]. Très vite, le second trait régressa au profit du premier, le titulaire signant uniquement les commissions des lieutenants : reconduits chaque année, ils dépendaient des préfets comme, hier, ils dépendaient des intendants. Cette structure fut maintenue tout au long du XIXe siècle en raison d'une recrudescence de la rage après la débâcle de 1870[18]. Avec la « révolution des maires[19] », liée au suffrage universel, à leurs pouvoirs accrus en matière de police, les édiles purent requérir les louvetiers en s'adressant aux services préfectoraux. Certains de cet appui technique, ils consultaient les chasseurs du pays et choisissaient la date des battues : le loup filait où la brebis serait aussi bonne. Ce système demeura jusqu'en 1971 : désormais, le loup peuplait les contes et les rêves. L'espèce éteinte, le dispositif fut réorienté : les lieutenants échappèrent au ministère de l'Intérieur et régulèrent les « proliférants ». Neutre, ce terme remplaça les termes « mordant », « puant », « féroce » et « nuisible »[20] qui traduisaient haine ou mépris.

Les battues de l'Etat

Paradoxalement, la noblesse terrienne assurait la protection rurale, mais dédaignait la chasse au loup. L'abolition des privilèges lui retira ces contraintes sans modifier le problème. En effet, les propriétaires étaient rares qui usaient de leur droit contre le féroce. Cela supposait des chiens aussi endurants, rapides et féroces que lui, des « chiens de force », « mâtins », « mestifs », « dogues » et « alans » aux têtes carrées et aux mâchoires puissantes. D'après Emile de la Besge, le loup « a la voie très légère, puis des poumons de fer et des jarrets d'acier ; il est doué d'une force et d'un fond presque inépuisables. Toutes ses ruses consistent à fuir devant lui, à mettre le plus de distance possible entre les chiens et lui, et à les dérouter en suivant les chemins battus et les terrains à découvert. Il dédaigne, comme les petits animaux tels que lièvres ou chevreuils, de sauter à droite ou à gauche ». Les châtiments qui frappaient les chiens de garde pris à errer ou à chasser expliquent l'attitude des maîtres : ils refusaient de les exposer, craignant de les perdre en raison d'une fuite, d'un garde ou d'un fauve. Leur utilité n'était d'ailleurs pas évidente. Le Verrier de la Conterie remarquait : « On voit beaucoup de chiens vouloir du sanglier et ne pas vouloir du loup[21]. » Il estimait que « forcer un vieux loup n'est pas chose impossible, mais très difficile. Quiconque est assez riche et assez fou en même temps pour entreprendre de le faire avec les chiens courants seuls doit commencer par former un équipage de cent chiens de bonne taille et de race à chasser le loup. Il (doit) ensuite gager au double deux excellents piqueux, deux bons valets de limier, quatre valets à cheval, et garnir son écurie de vingt-cinq ou trente bons coureurs ». Voilà qui légitimait la Grande Louveterie ! En fait, elle associait le courre[22] et le tir, arbalète, arquebuse ou fusil[23], à condition de réussir l'approche.

Les Bourbons montrèrent l'exemple en pratiquant cette vénerie. Ses fondations furent posées par M. d'Andresy, l'un des premiers à élever dans ce but des chiens courants et des lévriers d'attache. Henri IV les racheta, mais lui confia le service. Louis XIII l'y maintint. D'après Robert de Salnove, le roi « excellait à bien choisir l'accoure et y placer les lévriers pour prendre le loup[24] », bien que son goût le portât à la chasse aux panneaux et aux toiles, l'animal capturé étant relâché dans le couloir de la « chambre ». Le Grand Dauphin, son petit-fils, détestait cela[25] : il aimait courir le loup, d'où l'entretien de 20 chevaux et de 100 chiens*. Sa passion était telle qu'il utilisait également l'équipage de son père et de ses demi-frères, le duc de Vendôme et le comte de Toulouse. En 1686, année où la livrée de son équipage fut fixée : vert galonné d'or, il n'effectua pas moins de 96 sorties au loup** ! Ces couleurs distinguaient son personnel des lieutenants, piqueurs et valets royaux, « habit bleu, droit, à la

---

* Leur nombre est exceptionnel. A titre d'exemple, la meute royale au loup comprenait 44 chiens contre 70 pour la meute royale au cerf !

** Ce chiffre égale celui des sorties, un siècle plus tard, de la Grande Louveterie dans toute la France (Tableau 9).

française, avec collets et parements de velours bleu, galonnés devant et au collet » selon le vœu de Louis XIII[*]. Mais les veneurs le mettaient rarement car suivre les chiens dans les halliers l'abîmait beaucoup.

Louis XV (1710-1774) imita les deux premiers Bourbons : la louveterie fut épargnée par les économies budgétaires, reportées sur les autres véneries[26]. Pour la Manufacture de Beauvais, Jean-Baptiste Oudry (1686-1755) composa *Les Chasses nouvelles*, six grands cartons, dont *La Chasse au loup*. Cet ouvrage reprenait la peinture décorant la salle à manger du château de La Muette[27]. Louis XVI (1754-1793) aurait pu rompre cette tradition car, en matière de chasse, il ressemblait moins à son père qu'au Roi-Soleil, son bisaïeul : il n'aimait pas chasser le loup mais, conscient que les ruraux le craignaient beaucoup, il garda sa vénerie[28]. Restait à l'entraîner et à l'employer. L'absence du souverain et du Grand Louvetier, l'un goûtant d'autres chasses et l'autre ayant d'autres missions, bénéficia au lieutenant de louveterie. Pour sauver le service, il en avait changé l'assise : affecté aux capitaineries et aux réserves cynégétiques, le personnel intervint dans tout le royaume, agissant sur requête des intendants de police et de finances. Encore fallait-il qu'elle fût acceptée et que le déplacement fût raisonnable. Ce sont les lignes de ce schéma, ébauchées en 1773 et clarifiées en 1786, que nous avons vues recopiées en 1804 et perpétuées, moyennant retouches mineures, jusqu'à l'inflexion majeure de 1971.

L'Isle de Moncel, convaincu que la chasse au loup serait la dernière croisade, persuada le souverain de l'intérêt des « grandes battues »[29]. Ces opérations, conçues à l'échelle d'une généralité, même vaste, devaient recevoir l'aval du Conseil des finances, ce qui exigeait quelques appuis. Ce lieutenant des maréchaux les avait[30]. Louvetier du frère et du cousin du roi, il cumulait les deux offices avec la lieutenance

---

* La couleur bleue pour remercier la Vierge d'avoir un héritier, Louis XIV. Il y en aurait bientôt un deuxième, M. d'Orléans. L'adopter pour l'équipage du loup, c'était placer celui-ci sous la protection mariale.

de louveterie. Maître du terrain, il conduisait la manœuvre, c'est tout. L'intendant de police et de finances recrutait les assistants[31] et imprimait les affiches ; les syndics en placardaient sur les portes des églises et les arbres des villages (Texte 12). Les Etats de la Louveterie du Roi, série O1 des Archives nationales, recensent les animaux abattus : le greffier notait « neufs loups » pour une louve pleine de huit petits, ce qui faussait les données (Tableau 8). Cette louveterie « nationale » voulait exterminer la bête : l'objectif jusifiait un contrôle *a posteriori* des dépenses et des procédés. L'Isle de Moncel préférait l'occire alourdie par un carnage ou affaiblie par une blessure[32]. Car un « grand loup » lutte longtemps ; un « grand vieux loup », plus âgé et plus rusé, sait repousser les chiens. L'Isle de Moncel, pour épargner la meute, imposa le tir au débucher. Si l'animal « faisait sang », c'est-à-dire s'il était atteint, le second tir le clouerait au sol. Tout était donc fait pour empêcher sa fuite et sa perte. C'était fréquent, même avec un louvart de dix mois : facile à pister, il menait le train durant huit heures et 50 kilomètres ! Après quoi, épuisé, l'équipage prenait ses quartiers dans les parages ; peut-être que, le lendemain, il le retrouverait.

Dans ces Etats, louves et louveteaux dominent largement, nouvelle entorse à la vénerie classique[33]. Malgré tout, les échecs étaient nombreux. En témoignent les déboires de mai 1779[34]. Le 12, après trois heures de course, l'animal disparut entre la forêt de Rosny (Seine-Saint-Denis) et les bois de Passy (16e arr.). La journée du 13 ne donna rien et celle du 14, pas davantage. « Laissé courre par Desforges le même loup dans la forêt de Sivri (*sic*), qui s'est fait chasser pendant quatre heures. Il a été tiré d'un coup de fusil par un valet de limier de l'équipage et blessé au sang. Il a pris le parti de débucher du côté de Dreux (Eure-et-Loir). Il est entré dans les blés. Obligé de l'abandonner. Il a été trouvé mort huit jours plus tard. » Gravement atteint, il avait pu filer jusquelà : des paysans montrèrent le corps aux aides restés sur place. Ici comme ailleurs, l'équipage était handicapé par le contournement des parcelles emblavées et des domaines seigneuriaux. Le loup, lui, coupait au plus court et creusait l'écart. Le combler aurait exigé que les veneurs eussent disposé de relais où attendraient monte et meute fraîches, comme pour la vénerie au cerf ou au sanglier. Mais, dans la vénerie au loup, ces relais seraient vains, la course étant imprévisible. Compte tenu de l'appareil déployé, les résultats déçurent : les veneurs sortaient 95 fois l'an et tuaient moins d'un loup par expédition (0,46 bête !). Certes, les chiffres 1783-1786 furent meilleurs (Tableau 8), mais les critiques fusaient de partout, la mission n'étant pas remplie.

Outre ses performances médiocres et ses factures considérables, surtout quand la traque durait plusieurs jours, le système présentait un défaut rédhibitoire, celui des origines. Instauré pour les domaines de la Couronne concentrés au nord de la Loire, l'équipage parcourait rarement les provinces périphériques, bien qu'en pays conquis les forêts fussent propriété royale. Autrement dit, à moins de situations extrêmes comme la panique suscitée par la bête du Gévaudan (1764-1767), la Grande Louveterie ignorait les contrées méridionales, les hauteurs frontalières notamment. Animal steppique adapté aux couverts boisés, le loup traversait les espaces buissonnants, landes et pâquis : leur paysage demeura immuable jusqu'aux reboisements du XIXe siècle. Ainsi, les habitants restaient seuls face au loup. Eux aussi effectuaient des battues, avançant en ligne et secouant les fourrés.

Dans les Pyrénées, ce vacarme évoquait un gigantesque charivari[35]. Le vicomte de Dax décrivit l'un d'eux : « Les rabatteurs prennent la forêt par le bas et, faisant autant de bruit que possible, remontent lentement vers les tireurs postés ; (...) ils doivent être nombreux, marcher à vingt-cinq ou trente pas les uns des autres en formant un arc de cercle. Celui-ci porte un tambour, un chaudron, une poêle et celui-là, une crécelle, une vieille trompette, voire même un violon ou un flageolet. A ceux qui sont armés de pistolets ou de vieux fusils, on distribue poudre et pierres à feu, mais tous doivent contribuer au tapage en s'y employant avec la plus grande énergie[36]. » En Dauphiné comme dans la Confédération suisse, ils installaient de grands filets « dans des passages étroits, des goulets vers lesquels étaient rabattus les loups effrayés, entre autres, par des roulements de tambour[37] ». Tout le monde aidait[38]. La veille, les guetteurs repéraient les traces. Le lendemain, les consuls payaient les porteurs de filets sur le produit des octrois.

Ainsi, la défense locale n'attendait pas les battues étatiques comme celle de 1754[*]. L'animal débuché, les habitants l'acculaient vers une combe ou vers une fosse. En cas d'échec, la menace diminuait puisqu'il quittait le pays, mais beaucoup croyaient qu'il reviendrait les tourmenter. La méthode remontait au paléolithique : la chute des chevaux ou des cerfs, des sangliers ou des loups atténuait le risque de l'approche avec des armes de jet ou de poing. Les Temps modernes n'en étaient plus là, mais la crainte du loup *vivant* persistait car, enragé, ses morsures transmettaient la maladie[39]. Ce danger cessait avec les combes mises à feu ; avec les fosses hérissées de pieux pour transpercer la bête ou assez profondes pour rompre l'échine ; avec les pièges enfin, leurs mâchoires dentées broyant le crâne ou cassant la patte. Tous les fauves ne la sectionnaient pas, mais ceux qui le faisaient, infirmes, étaient vite rejoints. Tous les aides ne détenaient pas un fusil, encore que cela eût évolué, mais celui qui en avait un tirait à bout portant. Sinon les coups de bâton, l'arme des bergers[40], suffisaient amplement. La suite relevait du défoulement hystérique : le loup gisait dans son trou, mais les gens le criblaient de branchages enflammés. Créature du Diable, il retrouvait les fournaises de l'Enfer. Le Dauphiné conserve la mémoire des « Brûleurs de loups » (Texte 13). L'expression renvoyait tout autant à ces bûchers improvisés qu'aux brasiers entretenus, les nuits de grand froid, pour écarter les fauves et indiquer le chemin[41].

---

[*] Cette battue fut organisée suite aux attaques de loups anthropophages à Chaleyssin, Chaponay, Jilins, Lusinay, Saint-Pierre-de-Chandieu et leurs environs (Isère). Elle n'en supprima qu'un, mais rassura les habitants qui voyaient dans les victimes à demi dévorées la marque du loup-garou. Elle avait mobilisé 2 000 personnes dans le secteur de Vienne (Isère), les louvetiers ayant mis le Bas-Dauphiné en état de guerre. Ces bandes armées battaient la campagne et, la nuit, allumaient de grands feux de bivouac, d'où leur appellation : les Brûleurs de loups.

Tenaillés d'angoisse, les voyageurs pressaient le pas en songeant à ces légendes[42], à ces histoires où une torche effrayait un monstre, où une lanterne oubliée causait un drame familial. Le Malin n'était-il pas derrière la bise qui soufflait fort et la pluie qui tombait dru ?

Les chasseurs de primes

Vu la baisse des effectifs, très marquée dans les plaines et les plateaux septentrionaux, moins nette dans les massifs méridionaux, et la critique des battues, officielles ou communales, qui déplaçaient le problème sans l'éteindre, le changement devenait possible. Après le volontarisme royal[43], la terreur jacobine et l'ordre napoléonien, le balancier repartit en sens inverse. Avec le libéralisme, tout semblait simple, rapide, économique et efficace... à condition d'intéresser les particuliers à l'extermination ! La perspective d'une récompense les stimulerait. A dire vrai, son principe remontait à l'époque où seule la pose d'un piège permettait à un paysan de supprimer l'ennemi[44]. Dans leurs bulletins trimestriels, les sociétés d'agriculture en détaillaient les modèles[45], dont certains illustrés. Beaucoup semblaient anciens, comme ceux que présenta la Société du Loir-et-Cher. Les riverains de la forêt d'Orléans les réclamaient[46], bien que sa réformation eût diminué les attaques[47] : longtemps, ce massif fut infesté de loups, ses triages comportant davantage de landes que de bosquets[48]. En fait, ces pièges variaient davantage par le fonctionnement et le mécanisme que par leur installation. Car « le loup, quoique pressé par la faim, tournera cent fois et plusieurs jours de suite le buisson ou l'enceinte qu'il soupçonne receler un piège avant de toucher à l'appât qui lui est présenté ». Il « est doué d'un odorat tel qu'il évente le fer, la poudre à canon, les traces de l'homme qui a tendu le piège, enfin, tout ce que cet homme a touché, même plusieurs jours après[49] ». La préparation dissimulait l'empreinte humaine (Texte 14) au moyen des excréments de brebis ou d'une charogne de renard[50]. Toute la difficulté était d'éloigner les animaux domestiques : les boulettes les auraient empoisonnés et la chute dans un précipice ou la fermeture d'une pince les auraient gravement mutilés.

Ne pouvant compter sur la venue et l'effet des équipages*, les autorités régionales acceptèrent des armes quand les hommes voyageaient, et des primes quand les fauves périssaient. Encore fallait-il que les Finances le permettent. Ainsi, en août 1712, l'intendant d'Orléans approuva la « maison de ville » et son offre de 30 livres par louve et du tiers par loup[51]. La somme attira les chasseurs de primes[52] assez riches pour posséder un fusil, mais pas assez pour gaspiller une balle. De même, elle attira les tricheurs : ils maquillaient le cadavre d'un chien ou d'un renard, la putréfaction achevant la métamorphose...

L'étude des archives révèle quantité de quittances jusqu'au règne de François Ier, les primes restant stables entre 1382 et 1537 : 10 sols par louve et la moitié par loup. Ainsi, la conjoncture historique n'affectait pas leur montant, mais leur nombre : il progressa pendant la guerre de Cent Ans, la présence lupine obsédant population et administration ; il profita davantage aux tueurs de femelles que de mâles. En cela, le souverain adoptait une politique différente des ducs de Bourgogne et de Lorraine, puisque la somme variait avec le sexe. Par la suite, la Grande Louveterie absorba les ressources disponibles[53]. D'ailleurs, il aurait été malséant de maintenir les primes destinées aux roturiers et de restreindre, voire d'éteindre leurs droits de chasse. Mais deux facteurs changèrent la donne : 1790 et le droit d'autodéfense réservé aux propriétaires, 1844 et le permis de chasse renou-

---

* Leurs délais étaient toujours trop longs. Ainsi, l'intendant Jubert de Bouville requit un équipage en mars 1698, qui arriva quatorze mois plus tard (C. de Beaucorps, *L'Administration des intendants d'Orléans de 1686 à 1713*, Orléans, Marcel Marron, 1911, p. 301). Leur efficacité était discutable. Ainsi, en 1692, l'équipage du Dauphin, soit 100 chiens et 40 chevaux, prit trois loups en deux mois. Les veneurs dirent « que la forêt est trop étendue, que les loups ne la quittent point pour prendre la campagne et que c'est la cause qu'ils en prirent si peu » (Arch. dép. Loiret, 1 MI EC 284 R 2, témoignage de Pasquier, curé de Saint-Jean-de-Braye, 26 septembre 1692).

velable chaque année. Les primes rétablies par la Constituante[54] – trois fois plus élevées pour une louve et deux fois plus élevées pour un loup que pour un louveteau – perdirent les quatre cinquièmes de leur valeur en moins de dix ans. C'était la conséquence de l'inflation, mais aussi d'une inflexion : ces primes allèrent aux tueurs de loups *enragés*, à condition, bien sûr, qu'ils en eussent la preuve[55]. Mais combien de loups l'étaient vraiment ? Beaucoup moins sans doute qu'il n'était dit. De toute façon, la somme – 150 livres par tête – ne coûta rien, tant la crainte était vive de transporter dépouille et maladie.

Le pire, c'est qu'en voulant améliorer le système des récompenses, l'autorité ne cessa de l'embrouiller. Au XVe siècle, l'analphabétisme était si répandu que le moindre écrit provoquait inquiétude et interrogations : l'écrivain public renseignait sur sa teneur et répondait à son auteur. Vu le contexte, les tueurs de loups apportaient les « pieds d'iceux devers justice[56] », c'est-à-dire au juge royal ou seigneurial, qui leur versait la prime. Le circuit était rudimentaire et efficace. Mais l'ordonnance de 1439 confia les fonds au fisc : il leur délivrait les sommes après avoir examiné le certificat du syndic et la dépouille du féroce, et leur remettait quittance du règlement. Certes, la procédure fut lentement appliquée, mais elle indiquait la tendance : l'administration découvrait la paperasserie. Comme prévu, certains chasseurs se déplaçaient au siège, croyant qu'ils seraient payés, mais beaucoup se résignaient : ils chassèrent le chamois ou l'isard, dont les trophées se vendaient bien. Influencé par les théories hygiénistes, l'air transmettant le mal, le Directoire interdit d'écorcher l'animal malade et de transporter sa peau, ce qui empêchait de recevoir la somme due. Comment établir le certificat sans toucher la dépouille ? Comment acquitter la prime sans manipuler les restes ? Ces difficultés semblaient insurmontables. Les maires, comprenant qu'ils ne trouveraient plus de tueurs de loups, suggérèrent au conseil de fixer la somme et de la verser. Comme les fonds étaient chez le trésorier payeur général, ils la prenaient sur les recettes locales, initiative que les services préfectoraux condamnaient.

La Restauration encouragea la traque sans actualiser les montants[57]. Leur stagnation était déplorée. Ainsi, Pierre Salabarry et son fils Jean, laboureurs et maires d'Ibarolle (Pyrénées-Atlantiques), tentèrent d'y remédier. Pierre contacta le préfet en 1819 et le ministre en 1834. Il souhaitait tripler la somme, 60 francs au lieu de 20, en taxant les têtes de bétail, 5 centimes par brebis et 25 centimes par cheval. Mais son dispositif évoquait l'auto-imposition, première étape vers l'autonomie basque. Echec ! Jean recommença en 1842, dans l'espoir que les conseillers généraux se montreraient plus ouverts. « Notre législation (...) se réduit à une prime de quinze à vingt francs accordée au chef-lieu de la sous-préfecture, au moyen d'un procès-verbal en double minute, dont un sur timbre et enregistré, etc. C'est une dérision ! Et pour les chasseurs éloignés, il n'y a que de la dépense. » Nouvel échec ! La loi de 1844 ne modifia pas la situation. Et la Deuxième République puis le Second Empire la laissèrent en l'état[58]. Obstiné, Salaberry continuait à dénoncer la louve-terie, « institution surannée et paralysante ». Mieux vau-draient quatre ou cinq chasseurs avertis : en leur offrant permis et primes, ils prendraient la tâche à cœur. En 1882, le ministre de l'Agriculture admit qu'elles n'étaient plus « en rapport avec les dangers que représentent les poursuites du loup » et que celles-ci devenaient « une sorte de privilège au profit de riches propriétaires disposant d'équipages de chasse ». Républicain bon teint, il entreprit de les relever : 100 francs par loup et par louve « vide », 150 francs par louve pleine et 40 francs par jeune. Un revenu d'appoint dans les campagnes en crise ?

L'envie d'une rentrée rapide poussait à la traque, mais le pointillisme de la procédure avait l'effet contraire ; il tom-bait souvent dans le ridicule. A l'instar de ses collègues, le préfet d'Orléans le frôla plus d'une fois. Ainsi, il invalida les dossiers transmis par le sous-préfet de Gien : 1° parce que le procès-verbal qui les accompagnait ne précisait pas si les maires « avaient fait couper les oreilles (des loups, alors que) cette formalité est de rigueur[59] »; 2° parce que les édiles employaient des formats trop petits pour avoir la « place d'arrêter la dépense[60] ». Conclusion : le sous-préfet devait leur demander de recopier leurs certificats sur papier *ad hoc* ! Heureusement que, pour raccourcir les démarches, le ministre de l'Intérieur avait dispensé les préfets de « soumettre à son approbation l'état des sommes à payer pour destruction des loups » ! En effet, la circulaire n° 43 du 9 décembre 1815 autorisait son transfert direct aux trésoriers payeurs généraux, « sauf à soumettre un courrier (...) au département à chaque session[61] ». Ce fut en vain car, en même temps, pour fluidifier les paiements, il les avait invités à avancer l'argent donné « pour la destruction des loups, savoir 18 F pour une louve pleine, 12 F pour un loup et 9 F pour un louveteau ». Les trésoriers-payeurs généraux les rembourseraient. Mais aucun service n'effectua la démarche, qu'ils aient douté du remboursement ou, par expérience, qu'ils aient prévu sa complication. Par contre, ils veillèrent à ce que l'argent aille aux tueurs de loups, les fraudeurs ne manquant pas, d'où les recommandations du préfet aux sous-préfets de son département :

> (...) je vous invite à fixer votre attention sur la ressemblance entre les renardeaux et les louveteaux. Plusieurs maires ne savent pas la différence qui est très peu sensible dans leur parage (...). Veuillez (...) leur faire connaître que plusieurs des porteurs (des dépouilles) arrachent les poils ou les noircissent pour ôter les moyens de reconnaître l'animal, vu que la prime de 3 francs est accordée. Il est essentiel que l'animal vous soit présenté tout entier, et que vous l'examiniez scrupuleusement. J'ai l'expérience que plusieurs personnes ont cherché à surprendre ou la vigilance ou la bonne foi des autorités chargées de délivrer leur certificat constatant la destruction des animaux nuisibles pour lesquels la prime d'encouragement est accordée.
>
> Arch. dép. Loiret, cote 79933,
> copie d'après l'original, 12 mai 1817.

Concernant les loups enragés, les édiles firent brûler la tête et enfouir la dépouille, déterrée par des charognards qui transmettraient le mal en la dévorant. Concernant les loups valides, ils firent couper les oreilles : certains les plongèrent dans la saumure, afin de les dessécher avant de les emballer. Le 4 frimaire an XII (1804), l'un d'eux confessa son embarras. Trois fauves étaient occis, mais « l'une (des six oreilles) s'est égarée dans mes bureaux : je joins donc les cinq autres sous ce pli ». Ce maire pria le service de n'effectuer aucune déduction, le chasseur méritant toute sa prime[62]. Le système accentua les destructions, mouvement amorcé au XVIe siècle mais relancé dans la seconde moitié du XVIIIe siècle et la première du suivant (Tableau 8) ; il déclina ensuite, malgré la reprise des années 1880. La recension des décès reflète l'effectif des vivants : un loup supprimé pour quatre loups existants[*]. Mais les documents sont incomplets, registres détruits et quittances perdues, sans parler des cas où personne n'entama la démarche : le chasseur ignorait la procédure, reculait devant ses difficultés ou, tout simplement, répugnait à dépiauter une bête en mauvais état. Et si la rage en était cause ? Pour la période 1600 à 1890, année où l'espèce semble éteinte en vallée d'Ossau, Jean-Claude Bouchet décompte 900 décès pour 2 700 à 3 600 bêtes. Elles furent particulièrement visées, puisque les traqueurs tuèrent deux fois moins d'ursidés. Comme les louveteaux constituaient les trois quarts des loups enregistrés[63], la destruction prit du temps. En effet, les femelles élevaient une famille nombreuse, « louvetarde » ou « lobatarde », alors que les ourses avaient deux petits, rarement plus. Abattre ces mères, c'était condamner les jeunes[64], l'espèce par conséquent.

Conforter la victoire

Les populations percevaient la victoire de la civilisation dans l'extermination du sauvage. Elles achetaient les images

---

* Les démographes utilisent le même principe à propos des populations de l'Ancien Régime : connaissant la mortalité périnatale et infantile, ils évaluent le nombre des habitants à partir du nombre des foyers fiscaux. Etudiant la province du Beauvaisis, Pierre Goubert retenait 4,2 comme coefficient multiplicateur.

qui la célébraient. Les villes possédant des usines de tissu, de papier et de cartes les produisaient, leur matériau – la fibre textile – étant le même. Jusqu'à la Révolution, les cités d'Epinal, de Rouen et de Nancy jouirent du privilège qui les autorisait à créer et à vendre les jeux, les papiers peints et les images de toute nature. Au temps du Directoire, la fabrique Jean-Charles Pellerin fut spécialisée dans la propagande religieuse et politique. Le Premier Empire proclamé, son directeur évoqua la défense du Concordat et la légende de Napoléon. Quand ces thèmes finirent avec son épopée, il découvrit un autre créneau : l'éducation enfantine. Utilisant les contes populaires dans un but pédagogique, il illustra le combat des rois, des héros et des chasseurs contre les féroces – pas tous : ceux qui dévoraient les innocents, nourrissons et agnelets.

Le bestiaire était limité : le loup et l'ours. Le succès des romans étrangers y ajouta l'aigle et le puma. L'imagerie en demeura là. Les chocolatiers allèrent plus loin : les vignettes insérées dans leurs tablettes figuraient différents animaux. L'habitat restait forestier[65] : ici, le pasteur assommait un loup criminel, là, le trappeur foudroyait un méchant grizzli*. La première scène se situait dans un massif touffu, et la seconde sous des sapins vosgiens ! Et pourtant, il n'y avait plus ni ours ni lynx dans les Vosges et les Ardennes, les Alpes et les Pyrénées. L'un retrouvait vie chez les fabricants de jouets, et l'autre chez les taxidermistes. La posture les distinguait : l'ourson semblait doux, et le lynx, agressif. Comme la France avait des élevages pour la chasse et non pour les fourrures, celles-ci étaient importées d'Allemagne, de Pologne ou de Russie. Ces puissances développaient parallèlement le tourisme cynégétique puisque leur territoire abritait des féroces disparus de l'Europe occidentale.

---

* Les chasses de Theodore Roosevelt (1858-1919) furent abondamment médiatisées, si bien que tous les tueurs de fauves furent montrés vêtus comme ce président américain !

La mort de l'ours

Comme l'élevage pour la viande fournissait l'essentiel de la ration carnée, les animaux sauvages tenaient peu de place dans les fosses à déchets. C'était particulièrement vrai des carnassiers. Abattus pour leur fourrure, les restes se limitaient aux griffes ou aux pattes, aux mâchoires ou aux crânes, parties attachées au pelage destiné au tannage, certaines étant là pour avoir servi de trophée. C'était le cas du loup, espèce jamais consommée. Le trophée indiquait le courage de son détenteur, qualité requise pour conduire la guerre ou imposer l'ordre. La Fontaine, dont les *Fables* inspirèrent des générations d'imagiers, le rappelait dans « Le Loup, la Mère et l'Enfant » : le seigneur cloua sur sa porte le pied droit et la tête du fauve que ses manants avaient traqué[66]. Cruel, mais vaillant, il donnait son nom à des sites déserts, toponymes qui perdurèrent (Tableau 10).

Malgré leur réputation de sauvagerie, le sanglier, le lynx et l'ours marquaient moins les esprits et les territoires, bien que le plantigrade identifiât des nations comme la Russie ou des cités comme Berne. Redouté, c'était un féroce à supprimer, d'où la distribution de primes et l'organisation de battues[*]. A partir du XVIIIe siècle, comme la noblesse venait « prendre les eaux » dans la chaîne pyrénéenne et goûter aux émotions de la montagne, panoramas sublimes et avalanches subites, elle découvrit des espèces ignorées de la France des plaines et des plateaux ; elle embaucha des professionnels expérimentés qui l'aideraient à débusquer des sauvages terrifiants et à rapporter des trophées impressionnants. Le monde des chasseurs se partagea : un groupe s'occupa du loup, et un autre de l'ours. Le même phénomène s'observa dans les Vosges et les Ardennes, destinations moins exotiques que les Hautes-Alpes ou les Hautes-Pyrénées.

---

[*] Arch. dép. Gers, B n° 489, délibérations municipales à propos des battues à l'ours, XVIIIe siècle. Très souvent, les primes induisent une chasse individuelle, qui tendra à se professionnaliser, au contraire des battues qui supposent une chasse collective, dirigée par le seigneur ou par l'homme du roi.

Dans cette perspective, les amateurs choisirent l'ours plutôt que le loup, obsession du pouvoir central et objectif de la grande louveterie.

Les habitants détestaient ces espèces. Ainsi, dans la vallée d'Aspe[67], chaque village prélevait de quoi financer les primes, ce qui obligeait les destructeurs à revenir encaisser la fraction prévue : certains syndics la versaient et d'autres la gardaient, d'où querelles de clocher et conflits de personnes. En 1718, ces démarches rebutant plus d'un tueur, il fut décidé qu'« à l'avenir la communauté dans le territoire de laquelle les loups ou les ours se prendront soit tenue et obligée de payer par entier le don du chasseur » : l'entente collective remplaçait l'union géographique, les propriétaires réglant la somme pour tous. Dans les autres vallées, elle resta payée sur le mode ancien, la contribution paroissiale dépendant du poids démographique et non, comme certains l'auraient voulu, des effectifs pastoraux. En effet, le nombre de foyers variait peu, au contraire du nombre d'ovins : la plupart des communautés d'altitude passaient contrat avec celles du plat pays pour recevoir les troupeaux pendant les mois d'estive. Souvent, la valeur de leurs parts, divisible et négociable, servait à couvrir les impôts, les taxes, les dettes ou les achats, celui du sel notamment : transformées en mandats-billets, elles complétaient la monnaie métallique, toujours rare, chacun réglant le fisc, le seigneur, le prêteur ou le marchand avec son « droit de x ours » ou son « droit de x loups », somme payée pour x ours ou x loups tués. Outre ces primes générales, qui récompensaient le tueur de l'une ou l'autre espèce, une prime particulière récompensait le berger ou le paysan qui renseignaient les syndics sur la tanière de l'ours et le lieu des dommages : cela réduisait l'aire des battues.

Les chasseurs travaillaient une semaine pour des étrangers et plusieurs semaines pour des villageois. Bien que la majorité fût du pays, certains venaient de loin. Ainsi, deux individus originaires d'Oloron-Sainte-Marie (Pyrénées-Atlantiques) œuvrèrent dans la « vallée (d'Aure, Hautes-Pyrénées) pendant dix-huit jours », moyennant la « peau pour faire la quête », « trois livres par jour (et) la moitié de la prime, soit quinze livres, par bête tuée » : sinon le tarif serait de 30 livres par fauve occis. En 1791, la Législative le nationalisa et l'uniformisa en le faisant régler sur preuve par l'administration centrale car « la prime pour les loups (était) applicable à l'ours » : désormais leurs chasseurs toucheraient 12 francs seulement. Les exécutifs locaux déclarèrent les députés ignorants des réalités régionales et, surtout, des pertes en hommes et en cheptel. En 1795, le procureur-syndic de Tarascon (Ariège) avertit le représentant en mission qu'« il est souverainement important d'encourager la destruction des ours dans un département qui (…) se trouve rejeté dans le cœur des Pyrénées » ; il répéta ce message trois ans plus tard, mais le ministre répondit que « la dépouille suffisait à indemniser le chasseur » ! Cette situation persista jusqu'à l'Empire. Enfin, ses préfets doublèrent la prime[68] et reprirent pour l'ours la hiérarchie établie pour le loup : 30 francs pour une femelle, 36 francs pour une femelle pleine et six francs pour un ourson. La Restauration, faute de « loi qui accorde pour cet objet de prime d'encouragement », prorogea le système. La monarchie de Juillet en fit autant, mais accepta les initiatives préfectorales. Aussi, dans le département du Doubs, la ligne budgétaire « Dépenses imprévues » finança-t-elle le supplément : le préfet argua que, « furieux ou affamé, l'ours occasionne plus de malheurs et surtout inspire plus de frayeur que le loup[*] ». Dans l'affaire, l'opinion publique balayait la logique comptable.

En 1850, la prime communautaire disparut, mais la prime départementale demeura[69] : les conseillers généraux des Pyrénées-Atlantiques et de l'Ariège la votèrent jusqu'aux années 1900, période où les ursidés n'inquiétaient plus. Acquitté avec oublis et retards, son montant n'était pas toujours réclamé, négligence qui empêche d'évaluer l'efficacité du système. Il variait fortement selon les régions. Comparée à la valeur d'un ovin notée dans les comptes locaux, la somme correspondait au

---

* L'adjectif « furieux » est récurrent dans ce type de document. Voir Arch. nat. F 10 n° 483 et n° 434, Doubs, commune de Beure, enquête, témoignages et procès-verbal d'autopsie sur un loup « furieux », vendémiaire an VII.

xviie siècle à deux bêtes et demie dans la vallée d'Ossau[70] (Pyrénées-Atlantiques) et à une demi-bête, cinq fois moins donc, dans celles d'Ax et de Seix[71] (Ariège) ; au xviiie siècle, le tarif de la vallée d'Aspe rejoignit celui de la vallée d'Ossau, alors qu'en Ariège et en Andorre ce rattrapage s'opéra au siècle suivant. Ces disparités reflétaient l'enclavement des vallées, la hausse des prix frumentaires entraînant celle des récompenses ; elles reflétaient aussi l'abondance des chasseurs, le progrès de leur nombre provoquant la baisse de leur prime. Comme l'argent était rare, tous les moyens d'en gagner étaient bons. En 1722, Jean de Tresboules présenta la peau de deux oursons aux jurats de la vallée d'Aspe, réunis à Accous (Pyrénées-Atlantiques), et leur proposa un pot-de-vin « aux fins de nous faire passer les deux ours petits pour grands », ce qui augmenterait sa récompense. Autre méthode, une poignée d'individus achevaient la bête poursuivie par des villageois victimes de ses méfaits et réclamaient leur prime. En 1781, semblable conduite indigna les gens d'Arette, « les paysans d'une paroisse voisine, poussés par une avarice sordide et mal entendue, (ayant) eu la cruauté de s'emparer de l'ours ». Dernière fraude enfin, certains demandaient la prime pour un ours qu'ils avaient volé, comme ces charbonniers descendus à Laruns (Pyrénées-Atlantiques) en exhibant la dépouille de deux ours. Les frères Saint-Martin les avaient abattus en juillet 1888, trois semaines plus tôt donc, mais sans retrouver les carcasses. Ils arguèrent devant témoins que « les charbonniers ne sont point chasseurs et, contre les habitudes (coutumes) en pareil cas, ils se sont empressés de dépouiller l'animal », au lieu de le signaler au syndic.

L'ours tué, les chasseurs exploitaient la liesse de chacun, heureux que la vallée comptât un nuisible de moins. Le périple allait d'un village à l'autre et durait plusieurs jours, ce qui procurait davantage de vivres que d'argent. Au dire du vicomte de Dax, ces paiements en nature étaient fort appréciés : « Chaque ménage donne aux leveurs* soit des

---

* Le « leveur » est, selon le vicomte de Dax, celui qui pratique la « levée », c'est-à-dire le dépiautage, ce qui rend l'énorme cadavre moins encombrant pour la quête de village en village jusqu'au chef-lieu de canton, voire jusqu'à la sous-préfecture.

œufs, du jambon, du lard ; soit du vin, de la farine, du blé ou du maïs ; soit des noix, des fromages de chèvre, des poulets. Et ces provisions servent à un grand repas auquel assistent, de droit, tous ceux qui ont pris part à la chasse, tireurs ou rabatteurs[72]. » C'était l'occasion d'une visite au cabaret, où les élus offraient « collations », la plus importante étant celle de la communauté qui les avait vus naître. Jean-Claude Bouchet cite les habitants d'Arette qui, en 1725, réglèrent 25 livres à deux cabaretiers, presque le double de la prime, « pour la dépense fournie aux particuliers qui prirent un ours et une ourse ». Célébrés pour leur bravoure, les chasseurs méritaient cet hommage, bien qu'il différât selon le rang social. La levée précédait la quête, c'est-à-dire l'exhibition de la peau. Lorsque « l'ours est dépouillé, la peau encore fraîche est suspendue au sommet d'une perche et promenée (...) à six ou sept lieues à la ronde ».

Très souvent, la dépouille était descendue jusqu'au chef-lieu de canton, voire jusqu'à la sous-préfecture, où les spectateurs seraient plus nombreux et plus riches. Jam décrivit plusieurs variantes du triomphe[73]. En 1848, un certain Lousteau lui conféra une coloration politique en attachant le cadavre « debout dans un tombereau : (il) lui mit un tricorne sur la tête, un sac de soldat sur le dos et le conduisit ainsi à Pau pour toucher la prime ». Trois ans plus tard, son succès fut aussi vif en l'installant dans « une charrette, debout, les pattes en croix et promené, avec fiches et tambours, aux Eaux-Chaudes, Laruns, Bielle, Louvie-Juzon ». C'était utiliser le rituel carnavalesque à une fin commerciale[74] : la vente des peaux au meilleur prix. Les jours de foire attiraient une assistance considérable. Pour la séduire, les chasseurs multipliaient les tours. En 1916, le sieur Jacques Denjean, caché sous une peau, conta ses exploits sur le marché d'Auzat. Les vendeurs « se demand(aient) qui leur parl(ait) ainsi : Vous n'avez rien à lui donner ? » et glissaient en riant quelques piécettes à l'« ours ». C'était le moment pour les chasseurs de trouver le touriste fortuné qu'ils conduiraient en montagne. Cette activité lucrative, mais saisonnière, constituait parfois le principal revenu des professionnels. Elle complétait la revente de la graisse et des oursons.

L'ours à la fête

De part et d'autre de la frontière, les Catalans gardèrent la fête de l'Ours[75]. Fixée au 2 février, période de carnaval, elle unissait les montagnards autour d'un animal symbole de renouveau : bientôt, il émergerait du sommeil hivernal, et toute la nature, animale ou végétale, l'imiterait. Les paysans respectaient ce rite avec l'espoir que, malgré la pénibilité du travail et l'exiguïté des terres, les semailles seraient faciles et les moissons abondantes : les blés pousseraient dru comme poil d'ours. Pour cela, le « tailleur » découpait les peaux de mouton destinées à vêtir et à coiffer les trois « ours ». Au fur et à mesure qu'il les habillait, ces hommes ressemblaient davantage au plantigrade : comme lui, ils grognaient, tanguaient et faisaient des simulacres de corps-à-corps. Venait alors le moment du « mâchurage » : visages, bâtons et paumes étaient enduits d'huile et de suie. Le « barbier » portait un pot du mélange afin qu'à son tour le trio puisse mâchurer les filles. Les six « chasseurs » de leur classe d'âge essayaient de les protéger contre ces mâles en rut. Capturés et enchaînés dans l'après-midi, promenés par les ruelles du village jusqu'à la grande place, les « ours » étaient assis et rasés : le « barbier » faisait semblant de les savonner en trempant un boudin dans du vin : le sang de l'ours. La foule ne manquait pas cette scène. En fin de soirée, le « branle » commençait, danses bruyantes qui réveillaient les terres et les graines.

Ces fêtes, où l'on retrouvait des éléments de la levée, de la quête et des emplois de l'ours, renvoyaient à son pouvoir guérisseur, pouvoir lié à sa graisse. L'*Histoire naturelle* de Pline l'Ancien en proposait plusieurs usages : ainsi, contre la calvitie « les boules de rouvre (glands de chêne) avec la graisse d'ours restauraient les cheveux » ; ou contre la goutte : « la graisse d'ours et le suif de taureau avec un poids égal de cire » apaisaient les douleurs déclenchées par une montée d'urée, conséquence d'une nourriture trop lipidique*. En 1783, Buc'hoz conseillait la graisse « pour faire croître et épaissir les cheveux des enfants et des convalescents qui les ont perdus[76] ». A la suite de l'Exposition universelle, sa valeur monta, ce qui la fit qualifier de « Panacée universelle » ! En 1855, Toussenel épingla les pharmaciens qui en tiraient le « baume du Lion** » ! Cet onguent soulageait les céphalées, « mal de crâne » ou « mal aux cheveux »[77] inclus, résultat d'un dîner trop arrosé. La graisse « appartient à celui qui a tué l'ours, *dixit* le vicomte de Dax, et ce n'est pas le plus mince de ses bénéfices ». La « récolte » était variable : l'ours, qui offrait 100 kilos de graisse à l'automne, en livrait 15 ou 20 au printemps : au sortir de l'hibernation, il n'était donc plus chassé. Au XIXᵉ siècle, la graisse – 160 francs au kilo – se vendait plus cher que la viande. Transformée en jambons, boudins, terrines et saucisses, celle-ci était consommée en hiver, les communications devenant impossibles. Faute de débouchés extérieurs, ces charcuteries restèrent bon marché.

A la fonte des neiges, les montreurs prenaient la route : dans chaque bourgade, les habitants contemplaient l'animal enchaîné qui dansait, jonglait, tirait les cartes et saluait le public. A l'issue de la quête, les montreurs profitaient de sa réclame pour vanter leurs produits, leurs pots de graisse notamment. Un jour venait l'heure où l'ours, âgé et hargneux, effrayait les gens et rapportait moins : son maître le sacrifiait et débitait viande et graisse. Comme elle valait cher, certains y ajoutaient du saindoux*** ! Ainsi, vif ou mort,

---

* C'est d'ailleurs moins la quantité de lipides qui importe que leur nature et la capacité de les dégrader.

** Au Second Empire, le sirop et le baume des jésuites restaient à la mode, le quinquina étant considéré comme une panacée, mais on découvrait le « baume du Tigre », réputé oriental, qui associait la graisse de baleine au camphre et au menthol pour combattre les migraines. Les fabricants qui créèrent le « baume du Lion » surfaient donc sur une vague porteuse...

*** Cette graisse de porc, qui sent très fort, servait à fabriquer les chandelles : allumées, celles-ci dégageaient une odeur nauséabonde, au contraire des bougies faites avec de la cire. Seule cette cire pouvait entrer dans la confection du baume du Lion.

l'ours constituait une richesse, d'autant que, souvent, il était loué le temps d'une saison : à l'instar des baux de métayage, le revenu était partagé entre propriétaire et locataire. Mais le dressage d'un adulte était dangereux et compliqué. Comme les coups n'y suffisaient pas, les spécialistes le réalisaient avec un jeune ; ils ignoraient l'expression « imprégnation parentale », mais la pratiquaient volontiers, l'ourson se montrant docile et réceptif avec eux. Cela supposait que le chasseur l'eût enlevé sitôt la mère abattue. Le dressage en vue d'un spectacle entrait parfois en concurrence avec la commande d'un directeur de ménagerie ou de parc zoologique : dans un cas, le chasseur encaissait un revenu, et dans l'autre un capital qu'il placerait à sa guise. De toute façon, la capture des petits, dont la plupart restaient à sevrer, en condamnait beaucoup. Cette mortalité juvénile caractérisait aussi les marmottes et les rapaces sans parents. A terme, la collecte menaçait ces espèces en réduisant les effectifs des géniteurs présents et futurs ; elle paraissait aussi banale, cependant, qu'une récolte de fruits ou de grains, autres productions de la nature, personne n'objectant que la cueillette des juvéniles concernait des êtres vivants. Cette ressource-là n'était pas renouvelable, compte tenu de sa vulnérabilité intrinsèque.

Parfois, les oursons étaient « cueillis » en vue d'un gavage, ce qui justifiait leur entretien en l'absence de dressage ou de commande. Ce fut le triste destin, en 1844, d'un jeune de sept mois, trouvé dans le val d'Aran (Catalogne) : nourri avec des pommes de terre, il fut « égorgé comme une bête à lard pour sa graisse ». Autre emploi : les vendre aux étrangers qui aimaient les peluches. Qu'advenait-il d'eux, devenus grands et forts ? La seule issue était de les mettre dans un zoo car, n'ayant pas été éduqués, ils ne convenaient pas aux cirques. Jean-Claude Bouchet cite quelques-uns de ces périples. En 1884, dans la vallée d'Ossau, deux bûcherons d'Izeste cédèrent deux petits à un couple britannique en villégiature à Oloron-Sainte-Marie (Pyrénées-Atlantiques) : les pauvres cherchaient après leur mère. En 1906, les frères Denjean eurent la « bonne fortune de s'emparer (...) de deux oursons de deux mois » et annoncèrent qu'ils les tenaient « à la disposition des amateurs de cette sorte de quadrupède ». En 1914, dans la vallée d'Aspe, un chasseur de Gey remit celui qu'il venait d'assommer à un employé des chemins de fer, pour le remonter à Paris et en obtenir un bon prix. Pour les chasseurs, ce trafic était un à-côté et pour les bergers, une aubaine. En général, ils dérobaient la progéniture dans la tanière avant de révéler son emplacement : l'autorité contactait un professionnel pour en finir avec la mère. Des centres recevaient les oursons en pension : tirés du Couserans et de l'Arize, ils feraient le beau dans les villes de l'Aude et de la Haute-Garonne ; venus de l'Embrunais et du Briançonnais, ils seraient applaudis dans celles de l'Isère et de la Drôme. L'économie de l'ours allait donc au-delà de la chasse et de ses produits.

Les touristes découvraient le remède miracle chez le barbier-coiffeur ou dans les boutiques des stations thermales ; ils achetaient « des peaux d'ours, des cornes d'isards et autres à l'adresse des chasseurs[78] ». Pour les étrangers, les fourrures valaient un trophée : elles rappelaient le séjour, à défaut de la chasse. Pour les habitants, ces fourrures étaient un gain en plus. Ce commerce remontait au Moyen Age, la Comminges fournissant l'Europe occidentale et méditerranéenne. Au XVIIIe siècle, malgré les importations scandinaves, il demeurait prospère. D'après le *Dictionnaire de Trévoux*, la peau des ours servait « à faire des housses et des couvertures de chevaux, des sacs pour tenir les pieds au chaud (et) celle des jeunes oursons à faire des manchons » et des coiffes appelées « oursons ». D'après l'*Encyclopédie*, « la peau de l'ours (serait) de toutes les fourrures grossières celle qui a le plus de prix ». Pesante, mais robuste, elle convenait aux soldats et aux ouvriers et, de manière générale, au prolétariat des *Mystères de Paris* (1843). Eugène Sue (1804-1857) affubla l'affreux Maître d'école, l'âme damnée de la Chouette, d'un bonnet et de guêtres en ours. Les chasseurs préparaient les peaux pour leurs clients, mais beaucoup préféraient les déposer dans les magasins de souvenirs : c'était triple profit, course, prime et vente ! Outre les pelleteries, ces boutiques exposaient des animaux empaillés et des sculptures en bois de toutes dimensions. A l'instar du sanglier dans les Ardennes ou de la marmotte en Savoie*, l'ours des Pyrénées devint un emblème régional. Comment le ménager, alors que les éleveurs déclaraient qu'il en allait de lui comme des Indiens d'Amérique** : ils l'aimaient mieux mort que vif...

La traque de la loutre

Compte tenu des primes allouées, la courbe des prises fléchit plus vite à l'est et à l'ouest qu'au centre de la chaîne. Mais ce changement ne signifie pas que l'espèce y ait régressé. En effet, quand la pression cynégétique devenait trop forte, l'animal fréquentait une autre contrée ou un autre versant ; la migration était d'autant plus facile qu'il était omnivore et opportuniste. Ainsi, les effectifs demeurèrent importants en Ariège et dans les Hautes-Pyrénées des années 1870 ; ils baissèrent ensuite jusqu'à l'étiage des années 1890 avant de remonter, ces départements connaissant un fort exode rural. Dans la décennie 1893-1904, les prises étaient de deux par an, les années 1898 et 1899 ayant vu cinq et quatre fauves tués. Le retour de l'ours fut sans doute favorisé par les reboisements d'altitude dont la surveillance nécessita l'établissement des maisons forestières : les gardes y vivaient « comme des ours » et veillaient sur les « sapins de l'administration », régulièrement vandalisés. En marge de son calepin de balivage, l'un d'eux nota que « ces quadrupèdes se

---

* Contrairement à l'idée reçue, les Savoyards qui ramonaient les cheminées de la capitale finançaient le trajet en exhibant une marmotte. En effet, ce travail demandait des adolescents ou des enfants. Or, leur taille les empêchait de maîtriser un ours, à moins qu'un adulte ne les ait accompagnés.

** Au XIXᵉ siècle, les récits des guerres indiennes aidant, plusieurs chasseurs quêtèrent déguisés en Peaux-Rouges, manière de rappeler le départ de certains, des Béarnais notamment, vers les Etats-Unis. Vu de l'Ancien Monde, c'était le paradis des grandes chasses et des vastes plaines.

sont prodigieusement multipliés ces dernières années ; d'après les empreintes, on estime à sept ou huit ceux qui vivent dans la forêt de Borce ». La haute vallée d'Aspe servirait ainsi de zone refuge jusqu'en 1940. Cependant, voilà longtemps que l'extinction de l'espèce était annoncée. C'est pendant le Second Empire, alors que les députés discutaient de la Restauration des terrains de montagne (RTM), que Toussenel proclama la « fin de l'ours des Pyrénées pour le siècle où nous sommes car cela est écrit. Et nous aurions tout à fait mauvaise grâce à protester contre l'arrêt de la fatalité[79] ». C'était exact, à cinquante ans près (Tableau 11).

Connaître ses effectifs était pourtant plus facile qu'avec une espèce comme la loutre, discrète et légère, aux épreintes et aux empreintes confuses. Elle fréquentait les littoraux et les rivières, son alimentation étant aquatique[80]. Bien que sa densité n'augmentât jamais au point d'épuiser la ressource, cela n'empêchait pas de la juger « dangereux forban » et « féroce carnassier ». Aux yeux du directeur du *Bulletin de pisciculture pratique*, c'était même « le plus funeste des écumeurs ». Alphonse d'Audeville sous-titra d'ailleurs un numéro de 1890 « Notre ennemie la Loutre[81] ». Depuis une dizaine d'années, le piégeage s'intensifiait, en raison des récompenses offertes par les conseils généraux et les associations piscicoles. La Grande Dépression ébranlant la société paysanne, ces primes étaient bienvenues[82] : il en allait de même, nous l'avons dit, à propos du loup, de l'ours et de tout autre nuisible. La Grande Crise provoqua une situation semblable. Cette fois, le chômage des salariés incita le ministère de l'Agriculture à distribuer des pièges pour renforcer l'effet des primes. Joseph Levître fut à l'origine de l'initiative : il demandait à tous ceux qui déploraient les ravages de l'espèce de rejoindre la « croisade que nous prêchons contre elle ». Parmi eux, figurait le préfacier de son livre *Loutre : chasse et piégeage*, publié en 1929. Cet ancien poilu admirait « l'homme qui, depuis tant d'années, répète sans se lasser, en parlant des loutres : On les aura ! », à l'instar des officiers « qui croyaient au succès final » ! Mais tous n'avaient pas cette âme de croisé, de soldat ou de chasseur de primes : ce qu'ils voulaient, c'était vendre la fourrure de loutre, très en vogue.

Pendant la guerre de 1939-1945, une belle peau atteignait aisément les 5 000 F, à comparer avec le salaire moyen d'un ouvrier qualifié : 3 500 F ! Entre 1880 et 1929, 3 000 à 4 000 loutres furent tuées, soit 60 à 80 bêtes par an ; entre 1930 et 1950, 2 000 loutres, soit 100 bêtes par an ! Dans les Côtes-du-Nord, un chasseur en massacra plus de 1 000 en quarante ans... Les foires à la sauvagine où les fourrures étaient décomptées* confirment la tendance : 3 500 peaux en 1925, 200 en 1970, la part des renard, furet, martre et belette restant stable[83]. Contrairement au tir, le piégeage, avec étranglement ou assommage, garantissait une fourrure impeccable[84] : la régression de l'espèce résultait des pièges à ciseau ou des traques au bâton, bien que la pollution des rivières y contribuât. Mais celle-ci intervint assez tard et pas partout. Ainsi, dans le Puy-de-Dôme, département peu industrialisé, les effectifs baissèrent quand le conseil général institua les primes. Les premières années, 1903-1906, virent croître le nombre des prises jusqu'à 78 en 1905, mais cela ne dura pas. L'année suivante, 16 loutres furent tuées. Les piégeurs, trop nombreux et plus rusés, étendirent alors la traque vers la haute Dordogne et les monts du Sancy. Les bordereaux complétés pour recevoir l'argent indiquent que la « guerre » embrassait 44 communes, contre 37 précédemment. A ces destructions s'ajoutaient les accidents, la loutre traversant la route et les noyades dans les filets de pêche, les casiers à poisson et les nasses à anguilles, la loutre demeurant coincée. En admettant qu'en 1914 30 000 spécimens

---

* Les transactions sont soumises à une taxe dont le montant est fixé par la municipalité organisatrice. Outre les « pelletiers », fournisseurs et acheteurs, ces foires reçoivent les éleveurs de poulets et de lapins, les fabricants de fromages et de charcuteries et les producteurs de balais et de vanneries. Parmi eux, beaucoup de gens du voyage. Pour conclure des affaires indépendamment du marché ordinaire, des personnes arrivaient, qui pratiquaient le petit élevage ou l'artisanat rural : elles acquittaient un droit pour leur emplacement, renouvelé chaque année.

eussent survécu à tout cela, il n'en subsistait pas 5 % deux générations plus tard.

Malgré cette lutte, la plupart des gens expliquaient la diminution des effectifs par la « disparition presque totale du poisson et des écrevisses dans tous les ruisseaux à la suite des années de sécheresse » qui marquèrent le début du XXᵉ siècle, puis les années 1950 et 1980. Par sa longue expérience, Hervé Guyot de Preuilly constituait un bon observateur. Maître d'équipage, il chassait le chevreuil à courre et à cheval autour de Vernou-en-Sologne (Cher). Au lendemain du premier conflit mondial, écurie et chenil étant vides, il retrouva le courre à pied découvert dans sa jeunesse et le pratiqua jusqu'en 1939[*] avec la loutre pour cible[85]. Il remarqua justement que les catiches étaient établies en fonction des ressources vivrières, d'où leur densité en Sologne et dans la Brenne. Terres de landes et de marais, ces provinces avaient été assainies en drainant les sols et en les boisant. Enrichie par ses placements, la bourgeoisie industrielle imitait la noblesse régionale jusque dans ses loisirs et ses chasses : elle achetait du foncier dans les stations littorales et les communes solognotes, son choix tenant aux liaisons ferroviaires. Ses membres riches ou conformistes entretenaient un équipage à grands frais ; l'aristocratie était de la partie et rendait l'invitation. Ses membres moins cossus ou plus originaux se passaient de meutes et de chevaux et couraient à pied, petite vénerie qui réclamait du muscle et du souffle. Depuis longtemps, outre-Manche, la *gentry* chassait ainsi la loutre et le renard : ces nouveaux veneurs partirent y acheter des chiens adaptés, les *otterhounds* (chiens à loutres).

---

[*] Dans les années 1890-1900, Hervé Guyot chassait avec son frère chez M. de Chambon, dans les ruisseaux des départements de l'Allier et de la Saône-et-Loire. Pour monter sa première meute à loutres, il acheta un chien *otterhound* au comte de Tinguy, suite à l'annonce du journal *L'Acclimatation*. Tous deux voulaient chasser dans les ruisseaux du sud de l'Indre et du Cher, mais ce chien ne valait rien. Ils tirèrent parti de la leçon que M. de Tinguy leur donna à Belâbre, dans la Brenne, et des trois autres chiens qu'il leur céda. L'initiation ne fut pas perdue.

Ce qui les passionnait, c'était la subtilité de la poursuite : la loutre dérangée nageait sans prendre terre, donc sans laisser de traces qui mettraient les chiens sur sa voie. Tout l'intérêt du courre résidant dans la conduite de la meute, la loutre lui donnait fort à faire, elle qui parcourait un dédale de ruisselets. Au petit matin, les valets de limier essayaient de repérer ses connaissances encore fraîches, sa direction montante ou descendante et ses passages de pont en pont jusqu'à ce qu'il n'y eût plus d'épreintes. Les veneurs partaient du point de ralliement, à mi-parcours, là où le maître valet disait son rapport. Parfois, la loutre cherchait refuge dans une cavité. La déloger obligeait à patienter. Hervé Guyot raconta qu'aux environs de Bressuire (Deux-Sèvres), l'une d'elles n'en sortant pas, le meunier voulut « démolir le plancher de sa chambre » située juste au-dessus ! Comme c'était beaucoup, les veneurs promirent de revenir le lendemain, quand elle aurait repris l'eau. Notre meunier protesta : « J'aimerais beaucoup mieux que vous la preniez aujourd'hui car elle mange tous mes canards... » Pour l'empêcher de fuir vers l'aval, un filet fut tendu sous le pont. Mais la loutre, voyant les lanternes des tendeurs, remonta vers l'étang. Prévenus par l'homme, furieux qu'elle les ait joués, les veneurs partirent vers l'amont et firent le tour de cette pièce d'eau : enfin, une voie sortante suivait un ruisselet. Les voilà devant le château de Blanche-Coudre. Après une pause, le temps de déjeuner et de rassembler les égarés, ils coururent de plus belle et la prirent 18 kilomètres plus loin : la dépouille profita à son ennemi, le meunier...

Le déclin des rapaces

Avec le courre il était surtout question d'exercice, de sociabilité et de divertissement : il ne menaçait ni cerf, ni lièvre, ni sanglier, et pas davantage loutre, blaireau, renard. Mais chasser ces espèces montrait leur caractère indésirable. En fait, tous les carnivores l'étaient, ce qui explique la volonté de les détruire, au contraire des canards, des faisans ou des

chevreuils élevés en captivité et relâchés pour le repeuplement. Lorsque le vent tourna, reconstituer les populations
obligea à les protéger : la mesure suffisait pour les espèces
prolifiques comme le loup[86], mais pour les autres, les réintroduire fut nécessaire, comme pour l'ours et le lynx, les
rapaces aussi. Cette politique butait sur la réputation des
rapaces nocturnes, oiseaux de mauvais augure, et l'ignorance des rapaces montagnards, juchés sur des parois abrup-
tes. Les préjugés venaient de loin et expliquent la
représentation de ces volatiles. Longtemps quasi inexistante,
elle accompagna la conquête de la montagne. A l'aube du
XIXᵉ siècle, les ascensions constituaient une expérience personnelle – se mesurer avec des paysages grandioses – et des
expériences scientifiques – mesurer la pression atmosphérique et la respiration humaine en altitude. Aussi la peinture
de montagne, genre nouveau, associa-t-elle la majesté des
cimes à la petitesse de l'homme : maîtres du ciel, les rapaces
planaient au-dessus de l'audacieux qui affrontait le vertige,
la fatigue, le froid et le vent.

Le titre des œuvres étant générique, les oiseaux n'étaient
pas mieux identifiés que les sites. Ainsi, Carl Gustav Carus
(1789-1869) appela *Aigles dans un paysage alpin*[87] deux vautours fauves qui, avant l'envol, déploient leurs ailes au soleil.
De même, Johannes Taventaat (1809-1881) qualifia de *Paysage tyrolien avec chamois*[88] une vue avec deux chèvres sur
un promontoire : pour traduire l'immensité du panorama,
deux touristes auraient fait l'affaire, l'essentiel étant la proportion du vivant. Apparemment, rien n'avait changé depuis
le « voyage en Italie », initiation qui parachevait l'apprentissage depuis le Quattrocento. Les artistes du nord et du centre de l'Europe empruntaient les passes alpines et
découvraient leurs forêts et leur faune. Pourtant, très peu de
carnets renfermaient le dessin d'un féroce, loup, ours, lynx,
alors que les caprinés étaient fréquents, rappel de la chèvre
Almathée, nourrice de Zeus sur le mont Ida. C'est pourquoi
Jacobus Sibrandi Mancardan (1602-1680) baptisa *Paysans et
chèvres dans un paysage escarpé*[89] une peinture où deux
chasseurs observent... des mouflons ! L'exactitude était

secondaire, puisque sa clientèle ne connaissait aucune espèce montagnarde. Deux siècles plus tard, l'attitude fut inverse : les noms étaient connus, quoique la plupart des gens fussent incapables d'identifier une silhouette ou un comportement. Comme la mode était à l'exotisme, tout rapace fut appelé « aigle », et tout capriné « chamois » dans les Alpes et « isard » dans les Pyrénées. En quelque sorte, le titre conférait un parfum d'authenticité au paysage représenté. Comme les dessins circulaient davantage que les tableaux, que ces œuvres étaient gravées, une documentation apparaissait, qui éclairait les collègues d'atelier et les élèves des écoles. Les espèces non figurées ne furent pas étudiées avant l'émergence de la photographie animalière, destinée aux magazines et aux reportages du XXe siècle.

Malgré la difficulté de l'escalade, certains touristes voulaient capturer ou abattre des rapaces, pour les revendre ou les conserver empaillés. La bonne conscience était de leur côté, puisqu'ils étaient classés nuisibles. Le gypaète saisirait les agneaux[*] et le vautour, les isards[90]. Quant à l'aigle, « royal » en haute montagne et « botté » dans le piémont, il tuerait les volailles et le petit gibier, ce qui condamnait aussi le grand duc, massacreur de lièvres et de garennes, de cailles et de perdrix. Doués d'un regard perçant, ces oiseaux foncent sur leur proie. Beaucoup sont charognards ; ils achèvent de nettoyer les carcasses qui, déjà, ont attiré milans et corbeaux. Comme l'envol dépend de la charge, et la montée des flux ascendants, ils peuvent être incapables de décoller ou d'évoluer : ils jeûnent alors jusqu'à quinze jours ; sinon, ils mangent

---

[*] En réalité, le gypaète a besoin de l'aide des autres charognards, fauves, percnoptères, milans et grands corbeaux, pour nettoyer les carcasses de leur peau et de leur chair, ce qui limite sa présence aux régions à forte densité ovine, source de charognes laissées dans la nature. Il détache un morceau de membre, le ronge longtemps, raclant jusqu'à la dernière parcelle de chair, puis s'envole avec un os dans le bec. L'éducation parentale lui a appris à estimer la hauteur optimale, compte tenu du poids de l'os : trop léger, la vitesse de chute n'augmente plus avec la hauteur en raison du frottement du l'air et, trop lourd, elle augmente excessivement, le choc le brisant en morceaux inutilisables.

jusqu'à régurgiter, procédé qu'ils emploient pour nourrir leurs petits. C'est dans ces moments, le repas à terre et la becquée aux jeunes, qu'ils étaient piégés ou tirés car leur évolution était à trop haute altitude pour les fusils d'autrefois. Cette trajectoire est fonction des courants aériens, des courants thermiques aussi, le soleil réchauffant l'air par réflexion sur l'adret*. Ces ascendances s'installent vers midi et s'effacent à la nuit. A une vitesse de trois à cinq mètres par seconde, les rapaces s'élèvent au centre du flux porteur et, parvenus à son terme, le quittent d'un battement d'ailes pour glisser vers le suivant. La dépense énergétique est minimale : conditionnée par les vents, les brises et les températures, elle limite le temps consacré à la recherche de nourriture.

En tout état de cause, l'approche d'un couple supposait d'en repérer l'aire et les sorties, d'où l'embauche d'un guide. Homme de terrain, il chassait déjà. Les primes favorisaient le métier : entre 1759 et 1788, une vingtaine d'aigles royaux furent tués dans les hautes vallées pyrénéennes. Le montant de la prime variait avec la contrée : 1,10 livre à Luz, 2 livres à Vicdessos (Ariège), 2,5 livres à Barèges, soit la valeur d'un demi-mouton. C'était le quart, le tiers, la moitié des sommes données pour le loup, mais sa chair était boudée. Celle des rapaces ne l'était pas, bien que cette viande fût déclarée immonde : les peuples déshérités enfreignaient le tabou alimentaire. Au XIXe siècle, l'ornithologue Philippe nota que « nos montagnards qui utilisent toute chose prétendent que la chair du vautour Arrion est excellente convenablement préparée à la sauce au vin » et que le vautour Fulvus se « mange à l'étouffé après (l')avoir fait mariner cinq à six jours pour lui faire perdre son odeur musquée[91]. » Cependant, cette cuisine régressait, les chasseurs préférant vendre l'oiseau aux collectionneurs, aux naturalistes et aux institutions. Vers 1856, en vallée d'Aure, Bernard Ribaut de Camous alignait un tableau de chasse tellement important – 66 aigles, gypaètes et vautours, 19 éperviers, 17 faucons et cinq milans – qu'il jugea bon de le

---

* L'adret désigne la paroi orientée au sud, par opposition à l'ubac, exposé au nord, à l'ombre et plus boisé.

faire connaître : il offrit deux vautours vivants au sous-préfet de Bagnères. Destinés au Muséum national d'histoire naturelle, le couple vécut au Jardin des Plantes. Vers 1890, en vallée d'Aspe, Bernard d'Apiou de Borce captura 15 aigles royaux, dont huit de plus de deux mètres d'envergure !

Dans les années 1900, Henri Miègemarque décrivit les pièges utilisés[92]. Apiou de Borce « en amorce un, soit avec une poule ou un lapin morts ou un morceau de viande quelconque. Tout autour de celui-là, il en dispose trois ou quatre non amorcés, les trous légèrement recouverts de mousses, d'herbes ou d'une très mince couche de terre. Le rapace (…) se prend à l'un des traquenards et, en se débattant, dans plusieurs ». Autre méthode, l'enlèvement des juvéniles que l'apprentissage rend vulnérables. En effet, ils battent des ailes au bord du nid et décollent par hasard. Non content de blesser, l'atterrissage les paralyse car, n'ayant aucun surplomb, ils ne peuvent plonger dans le vide et les parents ne peuvent les aider du ciel. Terrorisés dans cette vaine attente, les oisillons meurent de faim : ils finissent dévorés ou enlevés. Les ayant trouvés, le chasseur cherchait l'à-pic d'où ils étaient tombés. A la ponte suivante, il grimpait jusqu'à l'aire et volait les œufs. En l'absence des géniteurs, le risque était mineur : la femelle n'était pas une ourse… Présentés dans les magasins de souvenirs, ces œufs étaient payés de 4 (vautour) à 35 francs (gypaète), c'est-à-dire autant que la prime versée pour un ours ou un loup. Cela explique les fréquentes tricheries. Selon Jam, « les bergers colorent l'œuf de vautour avec de la terre et vous vendent trente-cinq francs ce qui n'en vaut que quatre ». La flambée des cotes tenait à l'existence d'un marché international dominé par les collectionneurs occidentaux. Aucun d'eux n'imaginait tarir la ressource. C'était pourtant le cas car les rapaces ont un régime strictement carné, donc pauvre en calcium : leurs œufs sont fragiles et peu nombreux ; leurs poussins croissent lentement. Ainsi, chez le vautour fauve, le plumage adulte avec sa collerette blanche n'apparaît qu'à l'âge de quatre ans. Dans ces conditions, la collecte des pontes et des jeunes menaçait l'espèce autant que le massacre des géniteurs.

Aujourd'hui, il est commode de dénoncer ces tueries au nom de nos valeurs. Mais jadis, comment protéger paysans et cheptels ? Ces régions étaient pauvres et la prime motivait les hommes : certains vivaient de la capture et de la destruction des nuisibles. Cette chasse « utilitaire » perdura jusqu'à ce qu'il y ait moins d'habitants et moins de transhumants. La chasse « distrayante » résista beaucoup mieux : associée au tourisme montagnard, elle signifiait des emplois, de l'argent, celui que drainaient les guides, les marchands, les aubergistes ou les taxidermistes. Ses pratiquants recherchaient des émotions nouvelles : habitués au gibier de plaine, ils affrontaient d'autres carnassiers, d'autres rapaces, d'autres contraintes surtout. En fait, tout animal « exotique » leur convenait. C'était le cas du chamois des hautes vallées du Doubs et du Journans : l'été, il les défiait du haut d'un éboulis et l'hiver, descendu dans les pessières*, il grattait la neige en quête de lichens.

Fin de siècle, certains chasseurs virent ses trophées devenir moins beaux et ses effectifs moins nombreux. Dans combien de temps le chamois serait-il éteint ? Ce problème était général. Même les oiseaux en souffraient : leurs plumes paraient les femmes de la Belle Epoque. Le grand-père de Miègemarque faisait partie des chasseurs nécessaires aux modistes et aux amateurs. Naturaliste à ses heures, il constatait que la demande excédait la ressource, mais participait à ce déséquilibre. Ainsi, ayant reçu commande de tichodromes[93], il en trouva cinq au lac d'Anglas et c'est à son retour qu'il aperçut des lagopèdes et des pinsons des neiges : il « fusilla » les parents « par envie pour (leur) dépouille » et emporta les petits. Bien plus tard, il rappelait son « extase devant (leur) élégance et (leur) distinction ». Ce comportement était celui de ses contemporains : admirer, mais exploiter. Agir différemment était inconcevable : la faune sauvage avait une valeur, oui, mais monétaire...

---

* La pessière désigne une forêt d'épicéas. Aujourd'hui, ce terme qualifie leur plantation.

7

Une passion dévorante

Longtemps, les artistes accordèrent peu d'importance à la représentation des espèces vivantes : les animaux « innocents », oiseaux, rongeurs et brouteurs, gisaient à terre ou pendaient à un crochet ; les animaux « féroces », meurtris et sanglants, avaient livré leur dernier combat. Dans les deux cas, l'état les montrait retour de chasse. Prisonniers de leur volière, les volatiles exotiques étaient les seuls qui ne connussent point cette mise en scène macabre ! Il fallut les années 1860 et les voyages en Orient pour dessiner une bête en action, poursuivant ou poursuivie, dévorant ou dévorée. Il fallut les années 1930 et l'Art déco pour l'immerger dans son milieu, par exemple un guépard dans une étendue herbeuse ou un léopard dans un espace forestier. Largement postérieure au portrait de l'auxiliaire de chasse, lévrier ou faucon, et de l'auxiliaire de travail, bovin ou cheval, la représentation des espèces sauvages occupait une place modeste dans la production animalière. Il est vrai qu'elles n'augmentaient pas la valeur d'une toile comme l'aurait fait un troupeau de moutons : indicateur de la présence humaine, lui « animait » le paysage.

De fait, les *Deux chiens se reposant près d'un tronc d'arbre*, de Jacopo da Ponte, dit Jacopo Bassano, remontaient au

XVIe siècle, et le *Taureau* de Paulus Potter, au siècle suivant. Les espèces montagnardes parurent bien après, et toujours sous un éclairage dramatique : l'ours menaçait les gens qui violent son territoire, le rapace survolait leurs difficultés, les « chèvres », isards, chamois ou bouquetins les ignoraient tout autant : esquissée, leur silhouette précisait l'identité régionale. Inséparables de l'essor touristique, ces images innovaient moins par la forme que le sujet : la structure reprenait celle des figures anciennes, espèces furieuses que l'on exhibe ou espèces aimables que l'on rencontre. Rentraient dans cette catégorie les *Deux lièvres dans un champ de blé*, une œuvre de Xavier de Poret (1894-1975), ou les bois gravés de Georges Lucien Guyot (1885-1942) qui ornaient le texte de Louis Pergaud *De Goupil à Margot* et celui d'André Demaison *Le Livre des bêtes qu'on appelle sauvages*. Au contraire, les espèces montagnardes révélaient une nature sinon hostile, du moins indifférente : l'homme n'y régnait pas encore.

Les tendances nouvelles

Bien que la peinture cynégétique eût conservé sa séduction, ses amateurs donc, la mise en scène d'une espèce vivante et d'un espace naturel satisfaisait d'autres critères et d'autres acheteurs. Pour ceux-là, les artistes cessèrent de justifier l'image d'une bête par la violence de son trépas : l'œuvre vantait la Création au travers des primitifs et des sauvages, hommes ou bêtes accordant la même attention aux tout-petits. Cette production faisait écho à ce constat : certains chasseurs tuaient tout ce qui bougeait par pur plaisir, et non pour supprimer des nuisibles exécrés, haïs, comme l'ours ou le sanglier, ou puants, comme la loutre et le renard. Leurs excès ruinaient la ressource. Ce comportement scandalisait car il tenait moins à la performance des armes qu'à la possibilité d'en user en tout temps et en tout lieu sans respecter le cycle de la vie.

Ces chasseurs étaient jugés plus méchants que les bêtes : abattues, elles devenaient leurs victimes. L'*Encyclopédie*

reflétait cette évolution. L'article « Cruauté » signalait que
« la fureur de Charles IX pour la chasse et l'habitude qu'il
avait contractée de tremper sa main dans le sang des bêtes
le nourrirent de sentiments féroces et le portèrent insensiblement à la cruauté[1] ». Alexandre Dumas reprit l'idée
dans *La Reine Margot* : le blâme visait tous les Nemrod de
France[2]... Celui qui écrivit l'article relevait qu'à présent
« nous ne chassons plus guère que des animaux innocents
si l'on en excepte l'ours, le sanglier et le loup », alors qu'on
« chassait autrefois le lion, le tigre et la panthère (et que)
cet exercice ne pouvait être que très dangereux ». Pour lui,
la chasse n'était plus un entraînement physique, mais une
activité ludique, acceptable si l'on épargnait les espèces
paisibles.

A la conquête des sommets

Le débat sur la légitimité du droit de chasse entrait dans
une nouvelle phase, celle de la légitimité des chasses, problème que les gouvernements révolutionnaires avaient éva-
cué : les paysans, leurs soutiens, ne l'auraient pas compris,
eux que réjouissait la perspective d'atténuer la pression du
gibier ; ils réglèrent donc leur compte à toutes les espèces,
chevreuils, rongeurs et pigeons, qui dévastaient leurs parcelles. Mais la question n'en demeurait pas moins. En fait, elle
montrait l'émergence, depuis une ou deux générations[3], de la
chasse intensive dans les espaces montagnards ou humides[4].
A priori, les autorités ne songeaient guère à défendre ces
milieux et leur faune : les hautes terres, sous-administrées,
les indifféraient ; quant aux terres mouillées, elles seraient
assainies afin d'être boisées ou semées. Par ailleurs, les progrès de l'armement augmentaient l'efficacité des chasseurs :
son prix ayant baissé, ils étaient plus nombreux et mieux
pourvus. Désormais, les classes moyennes accédaient aux
derniers perfectionnements.

Les fusils à vent étaient anciens. En témoigne l'électeur de
Saxe, qui les employait pour achever ses ours et ses loups :

le XVIe siècle finissait*... Dans ces fusils, l'air amassé dans la chambre à compression – logée dans la crosse ou formée par elle – propulsait la balle quand la détente le libérait. Au XVIIIe siècle, le système à répétition leur fut ajouté : cette version équipa l'infanterie autrichienne en 1779. Au début du suivant, les fusils à répétition servirent pour le tir à balles comme pour le tir à plombs, ce qui en élargissait l'utilisation cynégétique[5]. Très bon marché, l'usage des carabines à air comprimé incita les jeunes gens à « canarder » les chats et les chiens, leurs cadets assommant les oiseaux et les rongeurs grâce à leur fronde : ceux-là attendraient la foire et ses stands de tir. Tous viseraient des pipes ou des lapins en terre, cibles fixes ou défilant lentement. Prévisible, leur trajectoire différait du déplacement aléatoire caractéristique du « tir aux pigeons » : la cible, un disque en plâtre, faisait office de gibier à plume, un individu ou un mécanisme l'envoyant au loin, vite et fort, très haut ou très bas. Cet exercice améliorait le tir à vue : en aiguisant ses réflexes, le chasseur réduisait son temps de réaction devant un fauve ou un envol. En dépendaient dans un cas sa survie, et dans l'autre son succès.

Les années 1820 virent la platine à percussion évincer la platine à silex. Avec ce système, l'amorce résultait de l'explosion du fulminate de mercure contenu dans une capsule, cylindre de cuivre inséré contre le piston. A l'instant du tir, le chien en forme de marteau, situé à l'extérieur de l'arme, heurtait la capsule et enflammait le produit : le jet de feu était dirigé vers le cylindre par la cheminée du piston, le pivot et la culasse ; la charge détonnait alors. Charger le fusil par la gueule supposait d'avoir deux poires à poudre, une grande pour celle en gros grains, et une petite pour celle en grains fins : cette dernière constituait l'amorce destinée à la mise à feu à l'intérieur du bassinet de la platine. Mais ces poires encombraient le chasseur, et la poudre le salissait

---

* A l'époque, l'arme n'est pas portée par le chasseur : elle lui est présentée lorsqu'il sert l'animal, le tir reléguant l'épée (Empire) ou le couteau (France). Le prince marque ainsi son envie de sécurité, mais aussi son désir de modernité, puisqu'il rompt avec la tradition du service à l'arme blanche.

beaucoup. C'était aux aides, les chargeurs, de les porter et les manier : dans les chasses où les participants tiraient continûment ou presque, ils assistaient les invités. Malgré tout, pour éviter la moindre pause, ces hôtes venaient avec une, voire plusieurs paires de fusils. Evidemment, la chasse à l'approche, en montagne surtout, requérait un équipement plus léger, un chargement plus rapide. Par conséquent, les recherches portèrent sur la quantité de poudre utile selon le type de munition, lequel varie selon la distance à franchir et l'impact à produire*.

La question de l'équipement fut aisément résolue : le chasseur qui partait avec ses sachets de munitions attachés à la taille ou sur le thorax préféra les cartouchières de ceinture ou de bandoulière. Commercialisées dans la seconde moitié du XIXᵉ siècle, elles facilitèrent la chasse sportive. Les cartouches étaient isolées dans un étui graissé, qui les gardait au sec.

La question du chargement fut plus délicate. Repousser la charge au fond du canon prenait du temps : le chasseur opérait debout, arme au pied, ou assis, arme penchée, si bien que le maladroit risquait sa tête ou blessait son voisin. La fabriquer prenait aussi du temps : le chasseur moulait ses balles ; il versait la poudre dans un cylindre en carton** qui assemblait amorce et balle ; ce cylindre accueillait amorce et plombs si l'homme tirait le petit gibier. Ce travail meublait ses soirées... Les munitions étaient conservées dans une boîte en métal : la production industrielle banalisait ce réci-

---

* Le gros gibier doit être tué avant qu'il ne charge, d'où l'emploi du gros calibre. Ces mêmes munitions pulvériseraient le gibier à plume, d'où l'emploi du petit plomb. Celui-ci ayant un fort pouvoir de dispersion, le chasseur accroît ses chances de toucher un oiseau à l'envol d'une compagnie. L'étape suivante combina l'effet perforant à l'effet déchirant (balle « dum-dum ») ou dispersant (balle explosive). L'usage de ces munitions de guerre, aujourd'hui prohibé, est interdit à la chasse. En principe ! Car des braconniers les utilisent contre l'éléphant ou le rhinocéros, abattus pour leurs défenses ou leurs cornes, la carcasse étant abandonnée.

** Au XIXᵉ siècle, le cylindre en métal (douille) était réservé à la guerre : trop lourd, trop cher, il ne convenait pas à la chasse. Son emploi fut lié au développement des chasses africaine (éléphant, rhinocéros) et américaine (bison, grizzli), menées avec des armes de gros calibre.

pient, incassable à la différence des pots en terre. Ces problèmes, charger le fusil avec précaution et avoir assez de cartouches, empêchaient d'accélérer la cadence de tir. Tout particulièrement en terrain accidenté ! La solution fut apportée avec l'armement sur le côté ou sur le dessus des canons et la standardisation des calibres. Aussi les années 1850 virent-elles paraître un nombre sans précédent d'ouvrages relatifs au fonctionnement des fusils de chasse et aux avantages de leurs munitions[6]. Au même moment, les manufactures d'armes éditèrent leurs catalogues. Cette diffusion convenait aux ruraux, qui hésitaient à consulter l'armurier, notable citadin[7]. Dès lors, l'emploi du fusil remplaça celui des pièges, ce qui modifia la définition des chasses traditionnelles, fondées jusque-là sur le piégeage : les coutumes le toléraient quand ces chasses étaient nourricières.

Ces nouveautés expliquent que les espèces montagnardes aient vite régressé. Ce fut le cas du bouquetin : quasiment disparu, il n'en avait que plus de prix, la chasse sportive visant l'obtention d'un trophée. En 1843, un des trois mâles tués à la brèche de Roland (Pyrénées-Atlantiques) fut offert au duc de Montpensier : lui « garda la tête, en mangea une partie et, comme c'est très bon, fit mariner le reste pour l'envoyer au roi (Louis-Philippe) ». En 1872, deux des cinq spécimens abattus dans le massif de la Maladetta (Espagne), en vallée de Malibierne et dans le val de Gregonio le furent par le comte Potocki. Le journal local annonça l'exploit en précisant « qu'on n'en avait pas vu depuis dix-sept ans à Luchon et que la race est presque entièrement détruite ». C'est pourquoi, quatre ans plus tard, des chasseurs de Vénasque (Pyrénées-Atlantiques) demandèrent 1 000 francs à Guillaume de Nassau, souverain hollandais, pour la dépouille d'un animal victime d'une avalanche ! La prospection concerna alors l'autre espace refuge, les canyons d'Arrazas, au sud de Gavarnie (Hautes-Pyrénées). Vers 1887, quelques hardes y subsistaient. Mais les évaluations variaient énormément. En 1901, René Maussier, qui détestait la « perfide Albion » depuis l'affaire de Fachoda, croyait

« les derniers représentants de la race (...) tombés sous les balles anglaises : il n'y a plus de bouquetins dans les Pyrénées ». Mais, six ans plus tard, Henri Passet jugea que « la vallée d'Arrazas possède encore pas mal de bouquetins (car) on en tue tous les ans un ou deux ».

Cela dit, les effectifs diminuaient[8]. Aussi le baron Dunoyer de Noirmont voulut-il les protéger en profitant de l'annexion de la Savoie[9] : il serait « digne de la Société zoologique d'acclimatation de faire quelques démarches pour que la loi piémontaise (votée en 1821) soit étendue chez nous, et de sauver ainsi d'une entière destruction une espèce superbe, parfaitement inoffensive ». Napoléon III ne réagissant pas à l'invite, le massacre continua. L'Empire balayé, les républicains laissèrent dormir le dossier. Il fut entrouvert à la Belle Epoque quand René Maussier, soutenu par la Société des peintres de montagne, très active en milieu alpin, eut déclaré qu'« un alpiniste sincère ou logique n'est pas ou ne peut pas être un chasseur », mieux, qu'il convenait d'engager « une besogne de persuasion auprès des habitants ou des passants, et de protection contre eux au besoin ». C'était admettre que le bouquetin faisait partie du paysage, élément à préserver sous peine d'abîmer l'ensemble. Mais ce principe n'empêcha pas le Club alpin d'inaugurer le refuge du Tuquerouye (Hautes-Pyrénées) en proposant aux convives du bouquetin d'Arrazas ! Etait-ce étourderie ou indécence ? En tout cas, la contradiction était manifeste... Fin de siècle, les commentateurs attribuaient la raréfaction de l'espèce à l'enthousiasme des étrangers, autrement dit à leurs campagnes de tir. Mais il n'en était rien : sa chasse était plus subtile que celle de l'isard, et son déclin, plus précoce que celui du loup, de l'ours ou du lynx. Le phénomène n'était donc pas récent, imputable sans doute à quelque cause biologique.

La recension 1790-1910 – 58 bêtes tuées – révèle une modification dans l'origine géographique des chasseurs. Jusqu'au Second Empire, les tireurs étaient des enfants du pays, venus de Luchon et surtout de Barèges, quoique la noblesse abonnée à cette station thermale eût déjà parcouru la vallée d'Arrazas. Ainsi, le marquis de Turenne d'Aynac traquait les « boucs » (isard et bouquetin) sous le règne des Orléans : il « y campa, y vécut (et) la connut de fond en comble » ; il y retourna après le coup d'Etat de 1852, qui anéantissait ses espérances politiques. Après la défaite de Sedan, les chasseurs furent belges, russes ou anglais. Ceux-là avaient assez d'argent, de passion ou de folie pour rétribuer les autorités espagnoles, financer une expédition logistique et affronter une escalade aussi épuisante que dangereuse. Sir John Brooke, héritier du domaine de Colebrooke en Irlande, présentait ces qualités. Officier au service de la reine, il la servit aux Indes, profitant de chaque permission pour compléter sa collection. Exhibée dans les galeries de sa demeure, elle comprenait déjà des tigres, des panthères, des éléphants et des antilopes. Apprenant que le bouquetin avait quasiment disparu, il jugea urgent de conquérir ce trophée : il avait trente-cinq ans et dépensait sa fortune sans avoir à en rendre compte. Après quelques essais, il acheta la concession de la vallée de Torla pour trois années, 1881-1883, et la fréquenta jusqu'à son accident de cheval, en 1887.

Brooke monta deux expéditions saisonnières, en hiver et au printemps, avec invités et serviteurs, deux à trois guides, une dizaine de porteurs, une meute et des valets – parfaitement inutiles au demeurant, puisqu'ils restaient au camp de base. En dépit de ses *Mémoires*, ouvrage posthume, ses « soi-disant hécatombes » seraient exagérées. Dans une lettre, lord Russell, relation mondaine, insinuait : « Je serais bien étonné si le total des victimes de Brooke atteignait la douzaine. » C'était pourtant beaucoup et cela faisait jaser bien que, dans la région, les salaires versés à ses guides et à ses porteurs fussent bienvenus. Le bail de Torla revint ensuite à lord Buxton, son ami. Conclu pour 1883-1887, il affichait une décote sérieuse : le loyer passa de 350 à 300 francs, la faune faisant défaut : en cinq ans, Buxton tua trois « boucs » ; quant à son frère, il tira un petit ours, ce « dont les bergers furent plus réjouis que pour la mort de douze bouquetins ». Les étrangers percevaient autrement la situation... La plupart possédaient « un carnet de chasses et prescriv(aient) à leurs traqueurs de laisser sur place les bêtes abattues », conduite qui indignait les habitants, la viande étant perdue. René Maussier déplorait ce procédé qui évitait de perdre du temps en dépiautant l'animal et en débitant la carcasse : « On tue pour tuer. C'est un massacre méthodique et inutile. D'ailleurs, si les montagnards ont pour eux l'excuse de la nécessité, s'ils chassent pour vivre, les amateurs ne l'ont point et jouissent du carnage pur. » Ces paroles distinguaient l'exploit, la chasse distrayante, et le besoin, la chasse culinaire, et annonçaient l'interprétation idéologique opposant les riches, gens d'ailleurs, et les pauvres, gens d'ici.

A la conquête des marais

Le bouquetin, emblème montagnard, ne résista pas à la passion des sportifs, compte tenu de sa population et de sa régénération. Cette légende vivante, peu de monde l'avait aperçue, mais les touristes rapportaient de Haute-Savoie et des Hautes-Pyrénées des babioles, gravures, sculptures, bijoux de fantaisie, qui évoquaient l'animal mythique. A dire vrai, si l'espèce retenait l'attention des amateurs, elle n'intéressait guère les autochtones, malgré la virulence des propos à l'encontre des étrangers qui pillaient « leur » faune. Chez certains, la critique n'était pas exempte de mauvaise foi car, chasseurs locaux, ils redoutaient la concurrence tout en profitant d'elle comme traqueurs ou tireurs. Ce double discours caractérisa également les gens des zones humides. Habitués à exploiter leurs ressources, dont la pêche et la chasse, ils refusaient les projets d'assèchement qui accompagnèrent le XVIIIe siècle et le suivant : réalisés, ils bouleverseraient les équilibres traditionnels. Mais leur concrétisation paraissait lointaine, au contraire des ingénieurs et des techniciens présents sur le terrain. Ce personnel relevait les données nécessaires aux arpentages et occupait ses loisirs en tirant à tout va. Pire, les financiers chargés de réunir les capitaux en faisaient autant et, de propre en proche, les élites les imitaient. Le contexte était propice : l'influence des Physiocrates imprégnait la société des intellectuels, plusieurs d'entre eux étant liés à Mme de Pompadour. En raison de ce pouvoir, accroître les surfaces agricoles aux dépens des terres marécageuses devenait une priorité nationale[10], d'où pléthore de livres et de concours lancés sur ce thème par les académies provinciales : elles réunissaient des nobles et des bourgeois qui aimaient les beaux-arts, les lettres, les sciences. Et la chasse !

Le tir remplaça la chasse au vol sans changer le travail des chiens : provoquer l'envol – un homme d'honneur ne tire jamais une bête au repos – et rapporter l'oiseau. Il leur fallait de la voix, du flair et le goût de l'eau[11]. Détail frappant : les panneaux des salles à manger et les tableaux des salons les ouvraient sur la nature. Bien que les vues de jardins fussent dominantes, celles de forêts et d'étangs progressaient, avec un cerf en majesté, un héron avalant un poisson ou un cygne défendant un nid. Dans le dernier tiers de son œuvre, Jean-Baptiste Oudry (1686-1755) exploita cette veine avec ses *Chien barbet saisissant un canard au vol*[12] et *Chien barbet attaquant un cygne dans son nid*[13]. Ces oiseaux décoraient aussi les pièces sous forme de trophées. Certains semblaient vivants : les taxidermistes reproduisaient une position « naturelle », mais stéréotypée, pour mettre en valeur une caractéristique remarquable, comme l'étendue ou le coloris des ailes. D'autres semblaient mourants : les artistes agençaient leurs modèles, des volatiles taxidermisés parfois, de manière « naturelle » comme si le chasseur les avait laissés avant de s'endormir ou de s'en retourner. Edouard Pils (1823-1850) s'en fit une spécialité avec sa *Nature morte au héron*[14] : sur un fond paysagé, un faisan mâle, un héron cendré, un fusil à silex et un carnier gisent près d'un chardon. Ce thème permit aux impressionnistes de montrer leur virtuosité en combinant clair-obscur et unité tonale. Frédéric Bazille (1841-1870) peignit *Le Héron*[15] : devant un meuble et un fusil à silex, l'oiseau déploie ses ailes sur un fond blanc. Son ami Alfred Sisley (1839-1899) reprit le motif[16].

Le plus étonnant, peut-être, c'est la représentation tardive de ces migrateurs qui, chaque année, passaient pourtant au-dessus de l'espace national[17]. Les habitants célébraient l'arrivée des oies, des canards, des foulques, des sarcelles et des cigognes. L'hiver, des espèces comme l'oie cendrée et le canard siffleur occupaient les marécages littoraux[18]. Au printemps, période d'accouplement et de nidification, d'autres espèces colonisaient les prairies inondées. En 1834, le tome IV de *La Maison rustique* décrivit les chasseurs, couchés sur le fond plat des bateaux, qui guettaient le vol du matin et tuaient des centaines d'oiseaux. Moins de dix ans plus tard, le rapporteur de la loi du 17 avril 1843 exposa à la Chambre : « Quelques-uns de nos départements sont favorisés à certaines époques de l'année d'un passage considérable d'oiseaux étrangers au pays. Ces oiseaux ne traversent nos contrées que pendant un mois ou quelques semaines[19]. » Comment résister ? Deux raisons poussaient à tirer : le passage saisonnier, moment fugace et passionnant, et la conviction qu'une fois envolés, les rescapés subiraient ailleurs un feu non moins nourri. Une autre raison jouait : l'expression d'une liberté. En effet, ces terres humides voire inondées relevaient pour certaines d'un particulier, et pour d'autres des communautés. Il était donc vain d'invoquer, pour chasser, la défense des propriétés accordée par la Constituante : sous l'Ancien Régime, leurs populations ignoraient ou contestaient déjà les ordonnances sur le sujet ! Aussi, comme le pouvoir tolère toujours ce qu'il ne saurait empêcher, la monarchie laissait faire : les gens s'arrangeaient avec le seigneur ou s'arrogeaient ses prérogatives. Ce fut le cas à Bellegarde (Ain), où les syndics de 1740 arguèrent que « la chasse des marais a été permise de tout temps et n'est jamais affermée[20] ».

En fait, le droit de chasse était âprement défendu, surtout quand les cantonnements semblaient contestables*. Au milieu du XVIIIe siècle, dans le Marais tourangeau, le corps de ville de Chinon et les délégués des paroisses voisines refusèrent le projet de dessèchement porté par le consortium Toutaint des Guiberts (Indre-et-Loire) ; dans le Marais poitevin, les habitants rejetèrent celui de Jacques Hardouin-

---

* Le cantonnement désigne la procédure contradictoire qui homologue la propriété d'une partie du fonds, au lieu de son usage sur la totalité de celui-ci. La plupart étaient fondés sur les enquêtes préalables, où les deux parties étaient entendues.

Mansart (Deux-Sèvres) ; dans les élections de Bayeux, Caen, Carentan, Coutances, Saint-Lô et Valognes, ils repoussèrent celui de Boulomorange (Calvados). Au début du XIXe siècle, les tensions restaient vives par crainte que la Restauration ne révisât les sentences récentes, qui avantageaient les communautés : dans le marais de Donges, la compagnie de Bray découvrit l'étendue des violences (Loire-Atlantique). Informées, les autorités politiques les condamnèrent. La fin du siècle enregistra les mêmes réactions : les habitants surprenaient les élites en préférant garder leurs usages qu'accéder au progrès. L'étonnement des intellectuels gagna Henri Baudrillart : dans ses *Populations agricoles de la France*, le huttier poitevin devint un « survivant des âges préhistoriques, dont la seule concession à l'époque contemporaine réside dans l'acquisition d'un fusil[21] » ! La réprobation était générale, mais les autochtones continuaient à ignorer les limites de propriété. Comme ils refusaient la modernité, les éditeurs d'images, illustrations et cartes postales les trouvèrent pittoresques : ils montrèrent leur pêche, ses méthodes anciennes et ses résultats prodigieux. C'était plus difficile avec la chasse de nuit et sans bruit. Heureusement, les romanciers en dirent davantage. Ce fut le cas d'Ernest Pérochon avec *Les Gardiennes* :

> Le marais nous protégeait. Il nous a nourris aussi. Je haïssais pourtant la musette gonflée que mon frère jetait au sol de retour de la chasse. Il en sortait, brandis à bout de bras, des judelles, des poules d'eau foncées, des canards aux duvets moelleux sur le ventre, tête molle. La carabine était toujours appuyée dans l'angle de la cheminée, canon dressé. Il disparaissait des nuits entières avec le chien, dans les marais froids sous la lune blanche.

A la conquête des landes

En général, les habitants des espaces montagnards et des étendues humides déploraient moins l'extinction des espèces que le changement des paysages : ils négligeaient les objectifs de ces programmes, protection civile et amélioration sanitaire ; pire, ils n'en espéraient aucun avantage, mais redoutaient leurs inconvénients ! Les pouvoirs publics multipliaient vainement expertises scientifiques, consultations juridiques et concertations cantonales : l'auditoire demeurait persuadé pour la majorité des participants que l'évolution serait irréversible et destructrice, ce qui transformait le conflit local en lutte pour un mode de vie. Renoncer à combattre reviendrait à accepter que les périmètres de reboisement et la progression du tourisme modifient le territoire, et que les municipalités financent son réaménagement en cédant tout ou partie des communaux. A ce moment-là, certains n'auraient plus qu'à quitter le pays car les usages, outre la chasse et la pêche, permettaient d'élever quelques moutons, voire de labourer quelques lopins, pour la durée d'un bail. La besogne était ingrate, mais ne rebutait pas. Effectivement, avant de diviser les lots pour le tirage au sort ou la mise aux enchères, l'écobuage était indispensable, opération harassante et collective, avec entassement des mottes herbeuses et feu couvert : cela supprimait les broussailles et amendait les parcelles. Mais cette organisation disparaîtrait si les usages étaient adjugés : les acheteurs les acquerraient pour enrésiner.

Avec ces domaines forestiers[22], la spécialisation effacerait la pluriactivité. Outre leurs repères, arbres ou bosquets que cerneraient les plantations, les habitants oublieraient leurs traditions : les arrêtés préfectoraux interdiraient l'incendie volontaire, même à feu couvert[23]. Ce changement en induirait d'autres, dont la clôture des propriétés et la nature des boisements. La métamorphose, engagée dans le canton voisin, stupéfiait les autochtones : jusque-là, la contrée était giboyeuse et les forêts « nourricières ». Cet adjectif signifiait qu'elles étaient feuillues et libres d'accès, ce qui procurait provendes et litières. Envenimé par la question des chasses et des pêches, mais la dépassant largement, l'antagonisme opposait les hommes du cru aux gens d'ailleurs. Au début, la coalition contre ces « spéculateurs » transcendait la disparité des fortunes et la divergence des intérêts sans éteindre, toutefois, les reproches des manouvriers : les notables ruineraient les communaux en envoyant trop d'animaux. Très

vite, l'entente de façade vola en éclats, d'autant que les
« spéculateurs » ne recouvraient plus un groupe précis.
Naguère, le terme visait les affameurs du peuple*. Au
XIXe siècle, il visa toute personne qui profitait de la montée
des cours, terres ou actions, et pas seulement de la flambée
des grains. En effet, comme les forges fonctionnaient encore
au bois de chauffage et que les villes consommaient beaucoup plus de bois de construction et d'industrie, les notables
achetaient les parcelles pour les reboiser. Certains conseils
municipaux en faisaient autant : planter le fonds pour vendre les arbres et payer les travaux.

Ce calcul tenait à deux constats. L'écobuage diminuait
l'épaisseur arable. L'élevage rapportait moins qu'autrefois :
l'effondrement des cours renvoyait à l'ouverture des marchés. Or les prévisions demeuraient mauvaises, l'année 1860
marquant le renforcement du libre-échange. Aussi la conversion des pâtures devint-elle une solution de rechange pour
les uns, une opportunité à saisir pour les autres. Peu à peu,
la privatisation des « landes » – espaces collectifs – gagna du
terrain, même quand elles comportaient déjà des éléments
arborés. Etablies d'après les relevés des conservateurs, les
statistiques des Eaux et Forêts indiquent qu'en 1803 le patrimoine sylvicole particulier représentait 48 % (3,06 M ha) de
la superficie forestière nationale ; elles lui en donnèrent
51 % en 1827 (3,48 M ha), 54 % en 1834 (3,68 M ha) et 65 %
en 1865 (6,2 M ha). Bien que grossis, le cadastre étant
incertain[24], ces chiffres montrent l'ampleur des transferts.
Entre 1803 et 1852, les reboisements concernèrent 420 000 hectares, moins que les défrichements donc (650 000 ha), mais

---

* A l'origine, le terme visait les responsables de la hausse ou de la
baisse des valeurs fiduciaires ; il engloba bientôt ceux qui en faisaient
autant avec les denrées alimentaires ou le bois de feu car créer la pénurie
leur permettait de revendre plus cher les produits stockés. Dans la
période révolutionnaire, il concerna les capitalistes qui achetaient les
biens du clergé et des suspects : ils transformaient les bois en charbon,
mais attendaient, pour morceler et revendre les fonds, que la conjoncture
devînt meilleure. C'est en ce sens que certains conseillers municipaux
dénoncèrent au XIXe siècle les ventes des communaux.

cette proportion s'inversa dans la seconde moitié du siècle : les enrésinements modifièrent les landes de Gascogne (600 000 ha), la Champagne pouilleuse (plus de 80 000 ha) et la Sologne (moins de 80 000 ha). Et pourtant, cette région attira davantage les regards que d'autres[25]. C'était l'effet de la ligne Paris-Orléans, ouverte sous Louis-Philippe, et du canal de la Sauldre, dont la construction commença avec la création des Ateliers nationaux. Un autre fait intervint qui, au final, compta davantage : la plupart des domaines furent clôturés, moins pour la forêt que pour le gibier. Désormais, les propriétaires étaient les seuls à en bénéficier[26].

En 1852, le président Louis Napoléon Bonaparte effectua un voyage en Sologne pour examiner les travaux interrompus. Il engagea leur relance : le canal fut ouvert en 1869, mais le chantier dura jusqu'en 1885[27]. C'est dans ce contexte que le député-maire de Brinon (Cher) installa le Comité central de Sologne à Lamotte-Beuvron (Loir-et-Cher). Outre l'organisation des comices agricoles, il contribua à l'assèchement des étangs* et à l'amélioration des voiries, sans parler du lobbying en faveur des dessertes ferroviaires. Héritiers du dernier seigneur ou d'un ancien marchand ou affichant sans complexe leur réussite, ces possédants géraient leurs domaines comme leurs affaires : régénérer la Sologne, c'était la rendre productive et lucrative, bien loin des clichés ordinaires[28]. Ainsi, le pin fut préféré au chêne, sa croissance étant plus rapide. Exemple : M. de Laage de Meux. Il descendait des seigneurs de Lamotte-Vouzon et détenait des biens à Pierrefitte et à Brinon-sur-Sauldre (Loir-et-Cher) ; il acheta un domaine à Ardon, près d'Orléans, 1 300 hectares, pour le planter en pin. Cette essence était rentable jusque dans les produits de dépressage, opération par laquelle on éclaircit

---

* Pour combattre la malaria, le décret du 4 décembre 1793 ordonnait de combler les étangs, mesure abrogée le 13 juillet 1795, faute d'application ; en fait, c'était le non-entretien du système hydraulique qui favorisait l'anophèle, comme le montrèrent les mémoires des sieurs d'Autroche et Huet de Froberville. Au demeurant, ce problème ne concernait que les terres situées au nord de la Sauldre, à dominante argileuse. Leur nombre baissa après 1860.

les très jeunes peuplements : outre ce charbonnage des tiges et des branches, utilisation encore envisageable, elle donnait des fagots pour les fours à chaux et les briqueteries, des cotrets pour les boulangeries orléanaises et parisiennes, et des rondins écorcés pour brûler dans les cheminées d'intérieur. Las ! Les grands froids du 26 janvier et du 20 novembre 1879 tuèrent le pin maritime, les hivers de 1889 et de 1893 achevant sa déroute. Les propriétaires délaissèrent le modèle landais : ils adoptèrent le pin sylvestre avant d'expérimenter l'épicéa puis le douglas. Le paysage d'autrefois ne résista pas à cette invasion, d'autant que les essences d'ombre étaient densément plantées*.

Parallèlement, la forêt privée passa en d'autres mains. Sous la Révolution, les industriels achetaient les bois du clergé et des suspects pour obtenir ou agrandir une propriété qui, en produisant des bûches et du charbon, les protégeait contre la pénurie de combustibles et l'augmentation de leur tarif. Une fois les émigrés revenus, la noblesse profita du retour des Bourbons pour retrouver ou augmenter ses domaines. Enfin, sous la monarchie de Juillet et le Second Empire, les magistrats, les avocats et les médecins accrurent leur assise foncière en achetant des forêts ou des terres à boiser : ils diversifiaient leurs placements et consolidaient leurs relations[29]. Ainsi, la possession des espaces forestiers évolua davantage que leur structure : les surfaces étendues continuaient à dominer**. Apanage des grands propriétaires, elles constituaient un élément essentiel dans l'économie

---

* A partir du Second Empire surtout, la conversion des étangs, des landes surtout, les transforma en terres labourées et surfaces boisées : ces dernières augmentèrent de 79 % entre 1839 et 1888 et de 100 % entre 1889 et 1908 ! A l'instar des landes de Gascogne et des champarts de Champagne, les premiers essais en Sologne des semis de pin dataient des années 1760-1770.

** Certaines propriétés couvraient 2 000 à 3 000 hectares sur une ou plusieurs communes, comme les Loyne d'Autroche à Saint-Viâtre (1 700 ha) ou les Laage de Meux à Pierrefitte-sur-Sauldre et à Nouan-le-Fuzelier (2 400 hectares). Quand, en 1822, le prince Masséna, fils du maréchal, acheta le domaine de La Ferté-Saint-Aubin, celui-ci comprenait 4 900 hectares répartis sur La Ferté, Ménesteau, Marcilly et Ardon.

capitaliste et la considération sociale[30]. Entre la fin du
XIXᵉ siècle et le début du suivant, des résidences d'agrément
furent édifiées, et des bâtiments agricoles rebâtis en briques.
Dans ces contrées, les classes aisées connaissaient la vie de
château, existence inséparable des plaisirs de la chasse, si
bien que le revenu des locations l'emporta sur celui des fermages*. La chasse, qui engendrait des activités, de l'animation et des emplois, enrichissait les hôteliers et les
commerçants, mais gênait les cultivateurs : la faiblesse des
investissements agricoles les obligeait à végéter et l'intérêt
des acquisitions cynégétiques les empêchait d'acheter, la terre
coûtant trop cher**. Certains en vinrent à regretter le passé,
dont ils gommaient misère et malaria[31].

L'exploitation politique

Liées aux liquidations successorales, aux incertitudes économiques aussi, les mutations étaient rapides, comme le montrent les ventes du château de Brinon. Le petit-fils de Dupré
de Saint-Maur le céda aux Didier : ils y reçurent le prince-
président en 1852, mais quittèrent la bourgade sept ans plus
tard. Les Tattet y vécurent ensuite jusqu'en 1874, année où
le comte de Comminges acheta le domaine. Cet ancien officier des guides de la Garde impériale ne l'occupa que trois
ans car la marquise de Nicolay lui en proposa un très bon
prix... En Sologne, les placements parisiens l'emportaient ;
l'évolution fut similaire dans la Champagne et dans le
Bordelais, l'investissement foncier recyclant les bénéfices
que dégageaient la viniculture, les assurances et l'immobilier. Les changements les plus notables touchèrent la mise
en valeur des sols. A partir des années 1880, la Grande

---

* En 1850, les fermages solognots rapportaient 3 à 5 francs l'hectare ;
en 1900, 15 francs, mais à cette époque une chasse avec habitation était
louée 15 à 20 francs l'hectare, le maximum étant de 26 francs.

** En 1870, une propriété non bâtie et non boisée coûtait 300 francs
l'hectare ; en 1900, 500 francs, mais 800 francs si elle était bâtie et plus de
1 000 francs si le gibier était abondant.

Dépression plombant l'agriculture, les propriétaires développèrent la sylviculture : les boisements constituaient un capital sur pied qui, avec le temps, prendrait de la valeur.

La bourgeoisie d'affaires recherchait les domaines les mieux situés*. L'essor économique, lancé par le Second Empire, suscita une première vague de châteaux et de relais, mouvement qui continua sous la Troisième République pour culminer dans les années 1900. La population remarquait ces propriétés de chasse, mais constatait que leurs détenteurs ne les conservaient pas longtemps. Autrefois, les seigneurs résidaient sur place, à l'année ou presque ; ils connaissaient les métayers, fréquentaient l'église et finançaient les œuvres charitables. Ce paternalisme exemplaire disparut avec les rapports noués au cours des générations entre maître et paysans. A présent, l'acquisition devenait spéculative, investissement dont les propriétaires faisaient profiter parents et amis. La population observait ce petit monde sans bienveillance, choquée par son train de vie, son confort, ses autos, ses équipages et ses festivités. Pourquoi pourchasser autant de gibier ? Pourquoi y consacrer autant d'argent ? Assurément, la chasse sportive était mal vue...

Les riverains détestaient la clôture. Les possédants en débattaient, le gibier à plume s'envolant et le gibier à poil se faisant tuer : rien n'arrêtait les braconniers... C'était une muraille, une barrière, un grillage haut de 2,50 à 3 mètres. Délimité par un quadrilatère routier, le parc comportait un bois : concentré de nature « sauvage », il alliait le « charme » de la promenade à la « commodité » de la chasse, dissociées jusque-là. Pour varier les perspectives et voir le bâtiment *ou* la campagne, la trame des allées reprenait le modèle conçu par Henri Duhamel du Monceau pour son domaine de Denainvillers, à Dadonville (Loiret)[32]. Les pattes-d'oie conver-

---

* De 1861 à 1874, l'Etat construisit 600 kilomètres de routes qu'il entretint gratuitement pendant cinq ans. La Troisième République continua ce programme, le réseau vicinal passant en trente ans (1869-1898) de 470 à 1 100 kilomètres et les chemins ordinaires de 770 à 1 300 kilomètres, sans parler de la prolongation du canal de la Sauldre et de l'établissement des lignes ferroviaires d'intérêt local.

geaient vers une façade, une fabrique ou une resserre. Les croisées étaient formées par quatre routes qui rayonnaient à partir d'un rond-point et recoupaient des croix de Saint-André, dissymétriques. Au XIXe siècle, centrée sur le château, la figure de l'étoile envahit l'ensemble, des allées circulaires s'enroulant autour de ses branches. Cette voirie souvent serrée, l'enceinte enfermant 30 à 100 hectares, se prolongeait au-delà de la clôture qu'interrompaient des *haha*[*] doublés de sauts-de-loup et de grilles en fonte. C'est par ces ouvertures que les habitants observaient les invités. A la fin du siècle, le maillage idéal fut de 100 mètres carrés avec des allées larges de 4 à 6 mètres. Certaines furent ombragées d'une autre essence que le peuplement principal. Le pépiniériste Adolphe Cannon conseillait « le sapin, l'épicéa ordinaire, celui de douglas, les laricio de Corse et de Calabre et surtout, dans les terrains propices, le mélèze au port élancé, au feuillage tranchant sur celui de tout autre arbre, se marieraient admirablement aux tons d'un massif de feuillus[33] ». Tout semblait nouveau, les essences plantées et l'effet recherché.

Développé avec l'extension des boisements, ce quadrillage facilitait l'organisation des battues, les tireurs étant postés sur le bord d'une voie. Nécessaire à l'exploitation des coupes, il était complété par les allées tracées en fonction de la chasse à courre[34]. Dans les années 1840-1850, le comte de Chambord, ultime prétendant légitimiste, la remit à l'honneur dans l'ancien parcours royal, de la forêt de Russy au bois de Cléry en passant par le parc de son château et la forêt de Boulogne (Loir-et-Cher) : le système en étoile ne manquait pas d'avantages, puisque ses percées offraient des points de vue et aidaient les ralliements[35]. En 1877, Louis de Lavergné associa la restauration des châteaux avec ce renouveau de la vénerie, tout en exprimant des réserves[36] : « On relève peu à peu les manoirs ruinés pour y mener la vie rurale. Au milieu des steppes incultes, à cinq ou six heures

---

[*] Le *haha* désigne un fossé invisible du côté du bâtiment principal : il ceinture la propriété tout en créant l'illusion d'une étendue plus vaste que ce qui est (XVIIIe siècle).

de Paris, on se croirait en plein Moyen Age : le cerf et les autres grands animaux sauvages qui disparaissent partout ailleurs s'y conservent et se multiplient. On y entend le bruit des cors et le fracas des chasses à courre comme au temps de François Ier. Cette tendance n'a rien que d'heureux, pourvu qu'elle se maintienne dans de justes bornes. » Ce n'était pas toujours le cas : certains y perdirent leur fortune car ce divertissement, aristocratique par excellence, exigeait que l'amateur disposât d'un capital et d'un revenu suffisants pour réunir un domaine avec bois, champs et étangs, édifier écuries et chenils, et rétribuer les salariés engagés pour leur entretien. Les dépenses de réceptions venaient grossir la note, la fréquentation des propriétaires limitrophes permettant d'étendre les parcours[37].

En fait, depuis la Restauration légitimiste, l'élite sociale rêvait d'une certaine monarchie, de sa vénerie et de ses spectacles[38], à ceci près qu'elle généralisa ce qui caractérisait le second ordre du royaume*. Paradoxe supplémentaire, elle glorifia la mémoire du marquis Théodore de Foudras, référence incontournable[39], dont le lignage remontait aux Croisades. Mais l'année 1851 le vit « liquider les chasses de Rallye Bourgogne et son château de Dermigny » (Haute-Saône). Né avec le siècle, il rédigea une centaine de volumes, dont *Les Veneurs d'autrefois* et *La Vénerie contemporaine*, la bible des chasseurs du Second Empire. Les deux volumes parus deux ans plus tôt, *Les Gentilshommes chasseurs*, célébraient les prouesses de son père qui courut le sanglier le jour de ses noces, et décrivaient les réjouissances de la Saint-Hubert. Chaque année il accueillait, la veille de la fête, la noblesse de Bourgogne et de Bresse : « à neuf heures précises, les portes du salon (s'ouvraient) à deux battants, et un maître d'hôtel, l'épée au côté, (annonçait) que le souper était servi ». A la fin du repas, (feu) le marquis invitait les hommes à discuter des préparatifs de la chasse en compagnie

---

* Rappelons que la société d'Ancien Régime comportait trois ordres, le premier étant celui du clergé qui, voué à Dieu, ne chassait pas, du moins en théorie.

« du chef d'équipage et de quatre piqueurs (...) tous cinq en costumes de veneurs et le chapeau à la main[40] ». Le matin, ils avaient reconnu des cerfs, des brocards, des sangliers et des louveteaux. « Choisissez, Messieurs, di(sai)t le marquis. – Ce serait une haute inconvenance, ce me semble, di(sait) le comte de Fussey, que de ne pas commencer par un cerf. Tout le monde acquies(çait) car M. de Fussey pass(ait) pour oracle en la matière. » Ce rôle fut repris par Théodore de Foudras : en la matière, l'hérédité n'était rien sans l'aval des pairs.

Comme le bal et le château, la chasse participait de l'imaginaire et des manifestations aristocratiques. Même si les grandes chasses caractérisaient la grande propriété, Ile-de-France, Val-de-Loire, Bourgogne ou Bresse, le modèle circulait dans les régions où le patrimoine sylvicole ne convenait guère aux parcours. Peu importait l'absence du cerf, des meutes, des chevaux et des piqueurs en livrée : un lièvre suffisait au rite[41]. Après tout, l'essentiel tenait à la qualité de l'hôte, au plaisir des invités, à la drôlerie des discours et à la valeur de la cuisine. Ce fut le cas pour la Saint-Hubert fêtée au château de Moncley, dans la vallée de l'Ognon (Haute-Saône). Courlet de Boulot fixa le rendez-vous à 9 heures du matin :

> Mais, suivant l'usage, ces dames ne furent prêtes qu'à dix. Les chiens étaient déjà découplés (...). Déjà, Boulot, sur son grand cheval, la trompe en l'air, faisait retentir la forêt de tons faux. Les chiens ne furent pas longtemps avant de lancer un lièvre. Il se fit chasser pendant deux heures, presque toujours à notre vue. Enfin, cette malheureuse bête vint se faire tuer (...). Tous les chasseurs vinrent dîner à Moncley, et on se donna rendez-vous pour le lendemain au château de Boulot, pour manger la chasse.
>
> Cité par C.-I. Brelot, *La Noblesse réinventée :
> nobles de Franche-Comté, 1814-1870*,
> Université de Franche-Comté thèse d'Etat, 1990.

Car, au château, les visites étaient impatiemment attendues. Installés sur leurs terres, les possédants retrouvaient les déjeuners et les excursions champêtres, les fêtes et les chasses automnales[42]. Mais, nous l'avons dit, réceptions signifiaient dépenses. Ce train-là, bien des familles ne le tenaient pas longtemps : l'héritage durait une ou deux générations, pas davantage. Ce fut le cas chez le baron Masson d'Eclans. Son beau-frère constata : « Il ne restait pas deux louis dans la maison ; on buvait du vin aigre à la table des maîtres et les domestiques buvaient de l'eau, mais, en revanche, on nourrissait douze à quinze chiens courants pour forcer quelques pauvres lièvres et courir à cheval ». Masson avait perdu 25 000 livres de rente, des « établissements charmants à la ville et à la campagne, (en voulant) faire le grand seigneur, avoir chiens, chevaux, grand train (et) nombreux domestiques[43] ». Dilapidé, le legs de 1816 qui, un temps, avait calmé les créanciers ! Mais ce revers ne l'empêcha pas de participer aux chasses des années 1860. Louis-Anne de Vaulchier et Henri de Lénoncourt, qui avaient l'âge d'être ses petits-fils, l'y convièrent avec tout le gotha franc-comtois. Monde fermé, la noblesse, la noblesse d'épée surtout, préservait la vénerie. Au reste, le président, les trois vice-présidents et quatre des cinq commissaires de la Société de vénerie, créée en 1894, relevaient de ce milieu. En 1904, année où les statuts furent revus, ses 445 membres comptaient 61 % de nobles. Tous entendaient codifier le cérémonial de politesse, facilité par la sélection des invités, et définir l'activité du maître d'équipage : « diriger, dresser, perfectionner sa meute, prévoir les épisodes variés qui se produisent au cours de la journée... (et) faire acte d'autorité au moment opportun[44] ». Selon le comte d'Haussonville, ce don « est dans le sang, comme disent les gens du peuple[45] ».

Le scandale des tirés

Ainsi, la noblesse du XIXe siècle restaura la chasse à courre sans répudier la société défunte[46]. Certes, ses amis bourgeois l'imitaient volontiers mais ne l'égalaient pas encore... Pour elle, l'exercice ne visait pas l'efficacité qu'on mesure : il cherchait la satisfaction esthétique qu'on éprouve. C'était génétique, privilège de « race » qui valait pour les hommes comme pour les chiens ou les chevaux. La duchesse d'Uzès, maître d'équipage et petite-fille de la veuve Clicquot, féministe mais conformiste, était convaincue de cette vérité première : les enfants de sa caste naissaient avec le goût de l'exploit, de la vénerie et de l'équitation. Ce n'est donc pas « un manuel de vénerie qui apprendra au néophyte à bien chasser à courre, pas plus qu'il ne deviendra homme de cheval grâce à un manuel d'équitation[47] ». Le baron de Vaux[48], figure respectée, expliquait ses semblables par ce même atavisme : comme « bon sang ne saurait mentir », Léon de Dordolot ne pouvait être que « le plus intrépide veneur du monde » et Charles de Lautrec-Toulouse ne pouvait avoir qu'« une audace sans limite ». Quant au comte de Lafont, son sang-froid était « à toute épreuve », ayant « appri(s) la chasse en apprenant à parler » ! Ces hommes aimaient l'automobile et l'aéroplane, engins nouveaux, les étendues désertiques et les montagnes inaccessibles, mondes perdus. Ils n'étaient pas seuls dans ce cas, mais la presse parlait de leurs défis, de leurs succès, d'un accident terrible parfois. Ces casse-cou donnèrent l'image d'une chasse sportive, assez risquée pour plaire aux gens portés sur l'aventure. Quand elle disparut de France et d'Europe, ils traversèrent les continents : le gros gibier les consola de celui qui n'était plus.

Le tiré n'offrait aucun de ces aspects. Les invités, nobles ou bourgeois, le pratiquaient pour nouer des contacts, bien sûr, pour montrer la beauté des armes et la justesse du tir, aussi : leur tableau de chasse en était la preuve. Il arrivait cependant qu'un garde dût tirer en même temps qu'un malchanceux, le maître de maison lui épargnant l'humiliation de rater trop souvent. Par bonheur, à force, l'exercice corrigeait sa maladresse ! Le tiré se distinguait du courre par l'absence d'initiative, le déplacement à pied, l'effet de l'entraînement, l'efficacité de la chasse surtout. La vénerie, elle, se signalait par son spectacle, les meutes, les tenues, les fanfares, son suspense et sa conclusion : une tragédie. Le public admirait le courage de l'animal et l'audace des veneurs, les accidents étant fréquents. Alexandre de Lénoncourt, qui ne quittait jamais son « album de chasse* », mourut ainsi d'un coup de boutoir en 1875. Rien de tel avec le tiré : s'il y avait mort d'homme, c'était à cause d'une imprudence, que ce fût dans l'intervalle du tir ou le positionnement du fusil. L'identification s'effectuait avec l'arme et non avec la bête : un chasseur réputé était « un fusil », et un animal tué, « un coup ». Indice de la demande : des éditeurs cynégétiques diffusèrent une revue et un manuel[49] consacrés aux armes**. Mieux, des écrivains incontournables en vénerie rédigèrent un livre sur le perfectionnement au tir[50] ! Visiblement, la science du tiré n'était pas innée : elle était enseignée et apprise. L'amélioration des performances était bien la quintessence de cette société créée par les révolutions technologique, industrielle et énergétique[51].

C'est dans ce contexte que le tiré, avec ses tableaux de chasse, devint… la cible d'une poignée d'intellectuels et de politiques : ils haïssaient la modernité, ses symboles et ses composants. Et les armes – de guerre et de chasse – en faisaient partie. Pour l'heure, ils admettaient le courre – cela ne dura pas –, mais récusaient le tiré, où l'animal était condamné d'avance : l'espace des chasseurs évoquait un champ de bataille, où les soldats sont foudroyés en ligne. Leur discours oubliait deux points. Un, le tiré n'était pas la seule chasse avec tir : certains veneurs l'employaient pour achever l'animal. Deux, il datait du XVIIe siècle, et non de leur temps. Ce qui est vrai, c'est qu'au XIXe siècle le terme « tiré » supposait une organisation méticuleuse : cette efficacité troublait beaucoup. Ainsi, au château de Fauvernay (Haute-Saône), au soir du 19 septembre 1820, Charles de Ponctes et Busson

---

* Alexandre de Lénoncourt appelait ainsi le calepin où il consignait ses résultats.

** Avec ces parutions mensuelles ou trimestrielles, certaines fonctionnant par abonnement, des revues comme *La Chasse illustrée* firent paraître en inséré des réclames sur les fabricants d'armes, sur les armes mêmes ainsi que sur les armuriers, preuve que le marché était porteur. On retrouve ce schéma au XXe siècle avec la parution de revues régionales, très soignées, comme le *Journal de la Sologne*.

de Champdivers tuèrent, à eux deux, plus de 130 cailles[52]. Impressionnée, la marquise de Fauvernay décréta qu'elle ne chasserait plus autrement et bornerait ses achats de viande « au bœuf, à la boucherie » ! Cinquante ans plus tard, la gazette aurait complété l'article par un dessin, une lithogravure ou une photographie. Cela fit connaître *L'Illustration*, mélange de reportages et de mondanités. Sa réussite fut contagieuse : l'image envahit quotidiens et mensuels[*]. Avec elle, le lecteur voyait ce qui était sinon caché, du moins discret : les récits restaient, eux, dans un cercle étroit dont certains des membres, férus de progrès, photographiaient leur tableau, aligné dans la cour ou arrangé comme un Trophée.

Dans l'affaire, le massacre irritait moins que la méthode. L'artifice était double : agencer une dizaine de kilomètres, ce qui assurait trois à quatre heures de chasse, et réunir diverses espèces, ce qui renforçait l'intérêt du parcours. La semaine d'avant, les gardes furetaient les gîtes du tiré pour déloger les garennes[53], et rebouchaient ces terriers pour les empêcher d'y revenir ; ils multipliaient les battues hors tiré pour débusquer le « poil », et clôturaient ce terrain pour l'empêcher d'en ressortir. Comme la « plume » franchirait les toiles, ils la retenaient en agrainant son étendue, et installaient les filets dans ses layons (tirés) pour la contraindre à voler au lieu de piéter.

Malgré ces aménagements, la ressource ne suffisait pas à la journée entière : ils la complétaient avec des animaux, lapins et oiseaux, enfermés dans des cagettes. Réparties dans les allées, elles étaient commandées à distance : le moment venu, la corde ouvrait leur porte. Le signal des lâchés était donné selon la progression des chasseurs et l'intensité des tirs. Cet ensemble de trucages transformait le terrain de parcours en plateau de scène… Avant le lever de rideau, les gardes revêtaient leur tenue et distribuaient les instructions aux batteurs qui, munis de bâtons, frapperaient les buissons tout au long du tiré. Pendant ce temps, le traiteur disposait

---

[*] A cet égard, *L'Illustration* ne fut pas moins avare de réceptions de chasse que de réceptions mondaines et d'enterrements prestigieux.

ustensiles, services et collations ; les aides transportaient
armes et boîtes de cartouches ; enfin, les chargeurs préparaient les fusils à présenter aux invités. L'hôte prévoyait un
layon et un homme par invité afin qu'il tirât continûment.
Comment nier la composante militaire de l'organisation ?
Tous respectaient sa discipline. Car, parvenu en bout de
piste, chacun attendait ses compagnons pour pivoter en sens
inverse : personne ne prendrait le risque d'être en ligne de
feu. Paul Domet décrivit admirablement ce système[*] :

> L'emplacement une fois choisi, on trace de petits layons paral-
> lèles, suivant une direction arrêtée d'avance (...). Sur la bande,
> de cent trente mètres environ, comprise entre les deux routins
> extrêmes, on ne permet à aucun arbre, arbuste, arbrisseau de
> s'élever à plus de ceinture d'homme, afin que rien ne puisse
> gêner la vue. Dans cet espace, on met le plus de gibier possible.
> Puis, le jour de la chasse est arrivé, les tireurs se placent de front,
> chacun dans son sentier. Une ligne ininterrompue de batteurs les
> unit aux uns et aux autres, et tous s'avancent lentement, en conser-
> vant jusqu'au bout le même ordre. Des routes transversales sont
> établies de manière à couper les layons, et servent à placer des
> filets et des toiles destinés à arrêter le gibier et à l'empêcher de
> piéter indéfiniment devant la ligne de feu qui le poursuit.
>
> P. Domet, *Histoire de la forêt de Fontainebleau*,
> Paris, Hachette, 1873.

Après le déjeuner, la chasse reprenait de plus belle : les
détonations assourdissaient. Comme dans un feu d'artifice,
le « bouquet » marquait le terme de cette journée, les tireurs
approchant la partie où le gibier affluait. Postés à
300 mètres de là, les chargeurs à leur côté, ils atteignaient
les feuillages laissés à dessein, tandis que les rabatteurs se
partageaient en deux groupes et se dirigeaient vers cet
endroit : disposé en arc de cercle, ce filet humain repoussait
les bêtes vers la ligne de feu. Affolés, lapins et oiseaux sautaient ou volaient de partout. Les chasseurs les allumaient

---

[*] Contrairement à l'étroitesse du sujet d'après le titre, cette très vaste
synthèse embrasse les chasses de l'époque impériale.

aisément : le tir était si intense et la confusion si grande que les marqueurs – un par invité – peinaient à noter les scores. La chasse finie, les ramasseurs emportaient les dépouilles. Triées par espèces, elles seraient exhibées au début de la réception. Les convives assistaient à l'appel des chasseurs associé au tableau de chasse. Le chef marqueur lisait l'identité du tireur et l'ampleur de sa réussite, inscrite sur le carton correspondant : le nombre de ses victimes donnait la mesure de ses exploits. En écoutant cet appel, certains constataient qu'ils « cartonnaient » plus que d'autres, terme qui passa dans le langage courant avec l'expression « faire un carton ». Les joueurs concluaient de même un trictrac ou un bridge : le vainqueur affichait le plus de points. A la différence des chasses à courre, l'organisation des tirés mobilisait une main-d'œuvre abondante – jusqu'à 200 hommes pour neuf tireurs ! – pour un spectacle confidentiel, s'il n'y avait eu la presse locale ou, plus rarement, les quotidiens nationaux : l'information concernait uniquement les visites officielles ; elle était fournie avec la composition du banquet.

Les tirés impliquaient des dépenses inouïes, celles que supportait le Trésor public, l'organisation trouvant place dans le protocole[54], et celles que supportait la fortune des magnats de la finance et de l'industrie. La réciprocité allait de soi : les Rothschild ou les Wendel recevaient les chefs d'Etat et les politiques, et assistaient aux tirés officiels de Chambord, de Compiègne, de Rambouillet ou de Fontainebleau[55]. Dans les articles consacrés au sujet, les images révélaient au public les plaisirs des puissants. Ces mondanités facilitaient cependant les négociations à venir, quand elles n'en créaient pas le prétexte, certains participants quittant l'assistance pour œuvrer loin des regards[56]. Ignorant ces dessous diplomatiques et économiques, les lecteurs indulgents pensaient que les riches prenaient du bon temps, et les lecteurs critiques, que le goût de la chasse cachait celui de l'argent. Cela ôtait toute importance à la nature des espèces et à l'usage des munitions, de quoi choquer les ruraux que réjouissaient tout autant l'excellence d'un coup que le remplissage d'un carnier. Eux, ils épargnaient les munitions !

Par contre, ils ne ménageaient guère les espèces. A chaque
génération, les effectifs se feraient plus rares et les trophées
moins conséquents. A force de prononcer ces paroles, qui les
croyait fondées ? Aussi les mesures conservatoires étaient-
elles imputées aux puissants qui, pour continuer le massacre,
protégeaient la ressource. Ces « sportifs » tiraient à tout-va[57],
même les espèces récemment introduites (Texte 17).

Insensiblement, les commémorations de 1789 aidant, les
doléances révolutionnaires refirent surface, à ceci près que
la paysannerie ne demandait plus que la chasse des privilégiés devînt celle des propriétaires : c'était fait. La discussion
concernait les réserves, leur tracé menaçant la chasse des
villageois et le maintien des usages : la clôture des parcs à
gibier passait très mal. Pourtant, en le retenant, elle supprimait le problème des indemnisations : le montant semblait
gigantesque à qui les versait et dérisoire à qui les touchait.
En fait, les riverains ne comprenaient pas l'élevage des animaux pour les décimer ; ils ne comprenaient pas davantage
l'importation des espèces pour les acclimater et pour les
« naturaliser ». (Ce verbe signifiait alors leur reproduction
en milieu naturel.) Aux yeux des habitants, ces espèces ne
méritaient pas cette dépense : de toute façon, elles seraient
dévorées par les espèces territoriales ou capturées pour être
revendues et consommées. Maintenant, les réserves ne
concernaient pas les bêtes courues, cerf, daim, chevreuil,
sanglier, lièvre[58], dont le prélèvement était insignifiant : les
veneurs en couraient une à la fois, selon des règles strictes.
En revanche, elles concernaient les bêtes tirées, du menu
gibier pour l'essentiel : sans apport extérieur, la chasse serait
vite tarie, d'autant que les couvées souffraient du mauvais
temps, froidures d'hiver et orages d'été, des prédateurs aussi,
surtout quand les chaumes ou les herbes les abritaient. Les
paysans, qui travaillaient dans leurs terres ou qui y collec-
taient les œufs, ajoutaient leurs dégâts aux méfaits des mustélidés et des corvidés.

La nouveauté des gibiers

Malgré les processus naturels* qui atténuent les pertes, 30 à 70 % des éclosions n'arrivent pas au terme, 30 à 40 % des juvéniles ne parviennent pas à l'envol et 20 % des adultes ne résistent pas à l'hiver. En raison des tirés, ces vides devaient être comblés : la ressource suffisait d'autant moins qu'elle ne convenait pas toujours. Dès lors, il sembla judicieux d'élever le gibier à plume comme la volaille, mais en conservant sa spécificité cynégétique. Car le tirer « branché » – cas des faisans – ou « piétant » – cas des perdrix – choquait beaucoup : le tir devait tuer en vol. Héritée des chasses anciennes, cette conception visait non la possibilité d'une échappée, mais l'intérêt de l'exercice : l'oiseau devait « lever », d'où l'importance des aboiements. Encore fallait-il qu'ils n'éclatent pas trop tôt : sinon, l'oiseau partirait avant le fusil ! Il en allait de même avec le gibier à poil : le lapin plongerait dans son terrier et le lièvre couperait à travers champs. Par croisements, les éleveurs créèrent des races adaptées : dans la période 1820-1849, elles firent l'objet des premiers manuels[59] et, dans la période 1850-1869, des premiers Salons. Le public les visita en marge des Expositions universelles de Londres et de Paris[60]. Le jury de chaque race primait géniteurs et producteurs sur le modèle des comices agricoles. Les sociétés d'éleveurs aidèrent à définir les critères des races, chiens courants puis chiens couchants[61].

Après les auxiliaires cynégétiques, chiens et chevaux, la sélection concerna les espèces cynégétiques, la « plume » pour l'essentiel, d'où les *Arts du faisandier* et les faisanderies. Ces élevages de volatiles renvoyaient au rôle des parquets, terrains agrainés pour attirer les oiseaux, le faisan notamment. Car, ayant « trouvé dans un endroit une nourriture

---

* Quand la destruction intervient avant couvaison, la femelle poursuit la ponte, mais dans un nid bâti à la hâte. Sinon, la couvaison étant engagée, elle effectue une ponte de « coquetage » pour compléter l'effectif. Mais, nés après les autres, ces oisillons ont une survie plus faible, leurs aînés les poussant pour prendre davantage de becquées.

délicate et abondante, il y retourne tous les jours et bientôt
même y arrive suivi de plusieurs autres[62] ». Comme les tirés
étaient tracés dessus, le tableau de chasse était garanti !
Mais il diminuait vite, l'espèce étant fragile et ses effectifs,
limités. Au XVIIIe siècle et au XIXe siècle plus encore, les faisanderies furent construites sur ces enclos désaffectés.
Cependant, chacun pouvant bâtir à sa guise, certains le
firent à l'extérieur du territoire cynégétique. Ils furent nombreux dans ce cas, la généralisation de la chasse poussant à
l'achat des sédentaires : l'investissement paraissait rentable.
Les auteurs étaient formels : prélever sans ménager la ressource était possible à condition de la compléter ou de lui
substituer du gibier d'élevage[63]. Dans les faisanderies « libres »,
trois ou quatre hectares clôturés, les géniteurs circulaient
librement, moyennant « éjointage[*] » : les faisanes couvaient
leurs œufs et nourrissaient leurs petits. Dans les faisanderies
« domestiques », volières contenant les géniteurs, les faisanes étaient privées de leurs œufs et de leurs petits, couvés et
nourris par des poules, ce qui permettait un nouveau cycle
de reproduction. Les faisandeaux âgés de deux mois étaient
retirés aux mères – biologiques ou adoptives – et envoyés à
l'air libre.

Ainsi, certaines espèces résultaient des productions
humaines : elles satisfaisaient le chasseur et enrichissaient
l'éleveur. Fin de siècle, l'agriculture connaissant des difficultés, ce revenu d'appoint retenait l'attention des céréaliers : ils avaient de quoi entretenir les granivores qui
repeupleraient les grandes chasses, surtout quand les tirés
étaient mensuels, et cela pendant toute la saison. Par contre,
ces espèces méritaient-elles l'adjectif « sauvage » ? Le dossier, ouvert avec le cas du faisan, fut promptement fermé[**].
Les deux méthodes, faisanderies libres et faisanderies domestiques, avaient des défenseurs, chacun plaidant sa cause. Mais
tous déclaraient que les adultes élevés réagissaient comme

---

* L'opération consiste à sectionner les plumes nécessaires à l'envol.

** Toutes proportions gardées, on assista au même phénomène, au
lendemain du second conflit mondial, avec les « sapins de Noël » – des
épicéas cultivés pour répondre à cette nouvelle demande.

les autres, les lâchers intervenant deux à trois mois avant l'ouverture. L'élevage n'aurait ainsi que des avantages – qu'*un* avantage serait plus exact : protéger les couvaisons et les oisillons pour accroître la ressource. La thèse n'était pas fausse... en théorie car, dans les faits, les lâchers anticipaient la chasse de peu. Bien évidemment, l'innocuité des faisanderies trouvait un écho favorable chez les éleveurs. La plupart chassaient, mais pas cette espèce :

> Combien rencontre-t-on de propriétaires et de petits rentiers vivant à la campagne qui témoignent le désir de se livrer à l'éducation des faisans, les uns pour alimenter leurs chasses, les autres comme objet de spéculation et de commerce, et qui n'en ont été empêchés jusqu'ici que par l'absence d'un ouvrage spécial, d'un traité *ex professo* qui les guidât dans un art généralement peu connu en France...
>
> Quingery, *Des faisanderies particulières,*
> *ou Nouvelles instructions pratiques*
> *sur l'art d'élever des faisans.*

Ces faisanderies produisaient du faisan européen, du faisan de Chine aussi, lequel déçut beaucoup : cela le réserva aux parcs animaliers. Les variétés argentées étaient compliquées à élever : relâchées, elles cantonnaient rarement, ce qui empêchait de les retenir sur le territoire cynégétique, et s'envolaient pesamment, ce qui retirait tout intérêt à leur chasse. Les variétés dorées présentaient d'autres défauts : elles piétaient longuement avant de s'envoler et, stressées, préféraient courir que voler ! Comme la beauté du plumage, des joues et de la queue surtout ne justifiait pas leur production, sinon pour les sacrifier à l'occasion d'un tiré mémorable, les éleveurs firent d'autres essais. Fin de siècle, le faisan vénéré aurait séduit la clientèle s'il n'avait pas coûté trop cher pour être tué en nombre ; le faisan versicolore convint enfin aux éleveurs et à leur clientèle car facile à éduquer et intéressant à chasser. Les spécimens qui survivaient au tir se reproduisaient si bien que le faisan actuel est issu de ces croisements naturels. Outre le faisan, les essais visèrent le colin huppé et la perdrix de Californie qui, relâchés, furent tués par l'hiver 1879 ; ils portèrent ensuite sur la perdrix de Chine et la perruche d'Australie, enfin sur la pintade du Japon et la perdrix Gambra* : la pintade pondait beaucoup mais, chassée, ne valait rien ; la perdrix pondait très peu, mais elle savait partir ! Comme l'une était sans intérêt et l'autre trop coûteuse, elles restèrent parquées. Cependant, jusque-là, l'élevage cynégétique était limité aux gallinacés, espèces considérées comme inférieures. Avait-on le droit d'en faire autant avec les mammifères ? Car eux étaient situés en haut de l'échelle, au-dessous de l'homme.

Au début du XIXᵉ siècle, après les massacres révolutionnaires qui avaient décimé les effectifs des cervidés, dans les massifs comme dans les parcs et dans les réserves, cette reconstitution était nécessaire : personne ne protesta. Le débat prit une nouvelle tournure après la défaite de 1870. Comment tolérer l'arrivée du cerf allemand ? C'était inconcevable, l'animal symbolisant la civilisation celtique et l'histoire nationale. Ce Teuton fit l'unanimité contre lui, les motifs cynégétiques renforçant à point nommé les raisons idéologiques : différent du cerf français par sa couronne et son gabarit, il serait dangereux, sentiment qui renvoyait aux accidents de chasse. Le ministère de l'Agriculture, très puissant au temps de la Troisième République, décida d'arrêter l'importation et de compléter la population en déplaçant les cerfs trop nombreux dans certains massifs vers d'autres qui n'en avaient pas assez : les prises suivies de lâchers devinrent courantes. Derrière cette méthode, il y avait la crainte qu'inspirait l'introduction des espèces ou des essences exotiques. A l'époque, les spécialistes redoutaient qu'elles apportent des maladies ou des insectes qu'ils ne sauraient pas éliminer ; aucun ne pensait encore qu'elles pouvaient proliférer et éliminer la faune ou la flore indigènes. Aussi, quand les responsables introduisaient des espèces ou des essences nouvelles, c'était pour résoudre un problème particulier, comme l'embrous-

---

* La gambra étant originaire du Maghreb, l'importer était facile, d'où les espoirs mis en elle.

saillement des terrains ou la combustibilité des forêts. Malheureusement, introduits dans les massifs varois, le chameau, le lama et la chèvre de l'Himalaya ne rendirent pas les services escomptés : les habitants ne leur en laissèrent pas le temps ! Assurément, il était plus simple de diversifier le patrimoine sylvicole que le patrimoine cynégétique, même quand un arrêté ministériel protégeait l'espèce belle et rare...

Dans le contexte de la Grande Dépression, les démocraties connurent une montée des gauches : les journalistes de cette mouvance usèrent de la chasse des nantis pour illustrer le mépris du peuple. Le cas des Habsbourg, des Romanov et des Hohenzollern inspira quelques articles sur l'arasement de villages pour implanter des réserves, et sur l'invitation de financiers pour réunir des capitaux. Ces accusations auraient été inimaginables dans un régime constitutionnel. Cependant, des histoires coururent sur le gouvernement britannique qui aurait agi de même en Ecosse et en Irlande ; elles tournèrent court car les prétendues réserves correspondaient à des pineraies établies pour les minières galloises. Ce genre de rumeurs gagna l'Outre-Quiévrain, où leur succès intéressa le voisin français : les Saxe-Cobourg régnaient grâce à Louis-Philippe, et les communications entre les deux pays étaient fréquentes et rapides. Enfin, la chute du Second Empire autorisait le retour des exilés français, tandis que les artistes belges venaient chercher à Paris la gloire que refusait Bruxelles. Ajoutons que des plumitifs français dirigeaient des quotidiens liégeois et que des journaux parisiens reprenaient des articles wallons. Ces relations remontaient à la Révolution – elle annexa les Pays-Bas autrichiens – et au Premier Empire – il fit de l'espace ardennais le département des Forêts.

Léopold II (1835-1909) aimait tirer le petit tétras, dit tétras-lyre, spectaculaire à voir, difficile à chasser et impossible à élever. En fait, tout le gotha européen traquait la *black grouse*, un volatile qui appartient à l'ordre des galliformes et à la famille des tétraonidés. Ses réactions ressemblent à celles du grand tétras ou du lagopède alpin : il passe la journée à grainer, sa graisse conditionnant sa survie*, mais, inquiet, piète à toute vitesse et file sans être vu** ; il monte les pentes à pied et les descend en vol, plongeant le long du versant ou planant jusqu'à une autre vallée. Comme, de tous les tétraonidés, son vol porté est le plus ample, la chasse procurait maintes émotions ! Son biotope est très varié : pelouse herbacée pour abriter ses poussins, peuplement éclairci pour percher aisément et lisières ensoleillées pour manger leurs baies. Tout cela excluait l'essartage, pratique ancienne, et l'enrésinement, méthode nouvelle. Aussi l'arrêté du 29 mars 1873 stupéfia-t-il les usagers du massif d'Hertogenwald (Ardennes) : l'ensemble des chasses étaient concédées au frère du roi, ce qui supprimait l'allotissement. Certes, il n'y avait pas matière à article, le problème demeurant régional et la tolérance, prévisible. Tout changea avec la circulaire du 20 août 1892 relative à l'expérimentation des essences exotiques, programme engagé au niveau européen. Du coup, les gardes domaniaux perdirent leurs droits d'usage au même titre que les petites gens : l'information fut utilisée par *Le Parti ouvrier*, organe mensuel de la fédération socialiste de l'arrondissement de Verviers, bon nombre de paysans travaillant dans le secteur textile.

Ces articles servirent la campagne de presse conduite par *Le Peuple*, quotidien national né en 1885, au début de la crise. C'était le journal du Parti ouvrier belge (POB). Certes, les revendications ardennaises différaient des préoccupations bruxelloises, mais des intellectuels progressistes participaient aux associations militantes de la défense de la

---

* Ses narines sont couvertes de plumes pour réchauffer l'air qu'elle inspire. Sa couverture thermique est remarquable, avec un duvet à la base des plumes et des plumes sur les pattes pendant l'hiver, période où le corps est capitonné de graisse, surcroît de poids que compensent la solidité de l'ossature robuste et la puissance de la musculature : le mâle pèse 1,1 à 1,4 kilogramme et la femelle, 0,8 à 0,9 kilogramme.

** Les mâles paradent dans un lieu dégagé et dominant, regroupement qui les aide à repérer tout intrus. Les femelles sont confondues avec la litière, étant couleur de feuille morte. Cette défense passive suppose un habitat stable, incluant des espaces dégagés, des enherbés et des forestiers, ce qu'excluent tout autant l'essartage et l'enrésinement.

« nature ». Ce terme désignait une forêt ouverte aux passants : la chasse les gênait, surtout le courre et les tirés. Comme il était délicat de critiquer le monarque, symbole de l'unité nationale, l'attaque visa son frère, Philippe de Flandres, l'oncle du futur roi*. L'opinion publique découvrit que sa liste civile ne lui suffisait pas : il touchait le produit des chasses louées et vendait le gibier des chasses gardées. C'était bafouer l'intérêt collectif et la pratique sportive. Bref, « la famille et ses plaisirs coût(ai)ent cher » ! L'argument frappa d'autant plus que les gens des classes moyennes, lectorat du quotidien, avaient pris le train – le voyage de leur vie – pour découvrir les paysages ardennais, leurs massifs et leurs rochers. Le comité de rédaction comportait des plumes de renom. Concernées par la condition sociale, elles montrèrent les loisirs des riches : ils annexaient les chasses grâce au système des concessions. Ce thème rapprochait les libéraux sensibles à l'environnement et les socialistes sensibles à la prolétarisation. Pour rompre l'union, les autorités ripostèrent : non, la région ne souffrirait pas de la protection du gibier ; non, les habitants ne pâtiraient pas de la perte des usages.

*

Ainsi, gouvernement et opposition donnaient l'impression que les humbles ne chassaient jamais, sinon comme rabatteurs. La gauche déplorait l'usage que les élites faisaient de la nature. Hertogenwald annonçait les clivages de la seconde moitié du XXᵉ siècle entre les chasseurs, qui prélèvent la faune et structurent les massifs à cette fin, et les tenants d'une « forêt pacifiée », selon l'expression de Bernard Kalaora. Le petit tétras régressant, élevage et réintroduction furent tentés. En vain. Beaucoup d'espèces connurent le même échec. Cette forêt reçut des tétraonidés asiatiques et européens, dont le lagopède alpin (perdrix des neiges) : il dispa-

---

* Comme ses parents et ses amis, Philippe de Flandres ne chassa pas la grouse à Hertogenwald, massif qu'il fréquenta peu ; il tira donc le grand tétras dans les Beskides orientales et le lagopède des saules dans les landes de Pologne et d'Ecosse.

rut aussi vite qu'en forêt de Compiègne. Elle reçut également des tétraonidés américains : le cupidon des prairies et le tétras des armoises, venus de la Grande Prairie, la gélinotte huppée et le tétras sombre, venus des forêts de l'Ouest. Comme les habitants acceptaient l'importation zoologique mais récusaient l'importation cynégétique, personne ne réfléchit aux conditions que devait réunir le milieu d'accueil. Quelques spécialistes suggérèrent pourtant de classer des « sites qui n'ont rien de particulièrement esthétique, mais qui ont une valeur inestimable par leur flore, par leur faune, par la conservation géologique, par les peuplements forestiers ». Soustraire le territoire de la grouse à l'exploitation des hommes aurait aidé sa survie. Mais il n'était pas question de freiner l'enrésinement pour sauvegarder un biotope : éteindre les usages étant l'objectif, la grouse en constitua le prétexte.

8

La communauté des chasseurs

L'essor des villes, consécutif à la révolution des énergies, des techniques et des industries, attira les ruraux en quête de situations meilleures ou de salaires supérieurs. Tout au long du XIXe siècle, des écrivains décrièrent ces agglomérations, « tentaculaires » selon Emile Verhaeren. Cet adjectif renvoyait à la pollution et à la débauche, à la laideur et au crime qui y régnaient. La Nature était leur contraire, à condition que l'homme sache garder cette source de pureté et d'harmonie, de beauté et de bonté. Ce retour au rousseauisme caractérisait les élites libérales et intellectuelles. Car les immigrants demeuraient fidèles aux traditions paysannes : ils écrivaient peu, mais revenaient au pays à l'occasion des réjouissances familiales. Enfin, ils retrouvaient amis et fusils. Les enfants découvraient que l'oncle ou le père, gâchettes réputées, connaissaient les bons coins. Que les effectifs de certaines espèces fussent en régression ne les tourmentait pas outre mesure : l'indifférence tenait davantage à l'ignorance du phénomène qu'à la certitude que la nature comblerait les vides dus à des prélèvements exagérés.

A l'instar des villageois, les arrivants estimaient utile d'exterminer les carnassiers et convivial de participer aux chasses, que le gibier fût de poil ou de plume[1]. Après tout, ce droit, maintenu par la Constituante ou lié à l'abolition des privilèges, supposait de l'appliquer... Mais seuls les possédants en profitaient, puisque l'usage des armes était associé à la défense des terres. Cette restriction contrariait les locataires, qui voulaient chasser aussi, et les propriétaires, qui voulaient chasser ailleurs, leur domaine n'y suffisant pas. La première demande était compliquée à accepter : il faudrait libérer le port des armes, ce qui referait de la chasse un divertissement, sauf qu'il ne serait plus l'apanage de certains. La seconde demande était facile à satisfaire : il fallait transformer un accord particulier entre voisins, en union villageoise entre chasseurs. Ses membres jouiraient des communaux, mais aussi des terres privées, leurs propriétaires intégrant l'association. Restait la question du local et de l'argent. Les municipalités trouvèrent un lieu de permanence et votèrent des subventions.

L'égalité en question...

La bienveillance des municipalités complétait celle des conseils généraux. Comme la population rurale restait majoritaire, ils comportaient un grand nombre de propriétaires habitués à chasser. Quand ce n'était pas le cas, ils savaient que refuser cet appui pouvait faire perdre les élections. Les sociétés de chasse remontaient au Second Empire, qui instaura le suffrage universel et la liberté associative[*]. Elles poussèrent plus dru qu'ailleurs dans les régions de chasses populaires, bien qu'en théorie celles-ci fussent limitées aux pièges et aux filets[2]. Sous la Révolution, fiers de l'autonomie communautaire, leurs habitants témoignaient d'une sensibi-

---

* Grâce à cette loi, les chasseurs formèrent un lobby qui finança plusieurs revues comme le *Journal des chasseurs, revue littéraire*, Paris, paru de 1836 à 1870 ; *La Vie à la campagne : chasse, pêche... acclimatation, amélioration des races...*, Paris, parue de 1861 à 1870 et *Le Chasseur, revue des bois, des champs et des eaux...*, parue de 1866 à 1867. La plupart changèrent de nom ou cessèrent de paraître après le Second Empire, ce qui suggère qu'elles participaient à la propagande impériale.

lité fédéraliste bien éloignée des principes jacobins. Cela ne les avait pas empêchés d'applaudir à la proposition robespierriste : « Je soutiens que la chasse n'est pas une faculté qui dérive de la propriété. Aussitôt la dépouille de la superficie de la terre, la chasse doit être libre à tout citoyen indistinctement. Dans tous les cas, ces bêtes fauves (cervidés) appartiennent au premier occupant. Je réclame donc la liberté illimitée de la chasse[3]. » La Constituante n'avait pas suivi cette voie qui aurait classé le gibier *res nullius*[4]. La paysannerie l'avait adoptée d'elle-même, régulant la pression cynégétique en tuant à tout va. Arthur Young y voyait l'effet d'une loi qui obligeait le propriétaire à indemniser les dégâts de son gibier sans préciser le délai et les moyens. Le calme revint sans effacer le clivage entre possédants et manouvriers. En réservant la chasse aux possédants inscrits sur le bordereau fiscal et versant une taxe spéciale, le permis de chasse, le texte de 1844 rajouta à ce clivage : le conflit des « Avec permis » et des « Sans permis » ce qui amplifia la querelle entre propriétaires et locataires. Pourtant, tous faisaient front commun contre le notable citadin qui chassait, soit qu'il possédât une résidence secondaire soit qu'il bénéficiât d'une invitation personnelle. Quant aux migrants restés en ville, ils n'oubliaient pas les chasses de leur jeunesse, mais sentaient que leurs enfants n'en connaîtraient pas autant.

Beaucoup d'ambitions

Dans la majorité des départements, les chasses villageoises l'emportaient sur les chasses privatives. Cependant, en fonction des structures foncières, leur proportion variait beaucoup. Trois ensembles fonctionnaient. Dans les pays méridionaux, les chasses banales furent maintenues. Dans les zones de grande propriété[*], les chasses louées furent clôturées : les

---

[*] En 1908, date des premières statistiques forestières de Lucien Daubrée, la grande propriété (plus de 100 hectares) caractérisait 11 départements – dont les Landes et les Bouches-du-Rhône –, celle-ci représentant 50 à 75 % des surfaces appropriées.

gardes expulsaient les intrus[5]. Dans les zones de petite propriété*, les chasses furent dessinées pour effacer cet inconvénient : en Bourgogne[6] comme en Franche-Comté[7], 70 % des domaines n'atteignaient pas trois hectares ! Dans l'une, les superficies communales suffisaient à compenser la faiblesse et la dispersion des parcelles : ainsi, dans le Doubs, les communaux (102 000 ha) occupaient 77 % de l'espace forestier, ce qui rendait la chasse aussi collective que l'affouage. Dans l'autre, ces superficies permettaient de répondre à la demande en piquets et en perches à vigne sans fournir mieux que des fagots. Avec le rétablissement de l'administration forestière, l'activité cynégétique supporta de nouvelles contraintes : accordant la priorité à la récolte ligneuse, les officiers soumirent les communaux au régime forestier. Ils élevèrent l'âge d'exploitation, afin que les peuplements produisent davantage de bois de feu ; ils densifièrent le nombre de baliveaux et apposèrent une partie du fonds en quart de futaie, afin que ces réserves produisent davantage de bois d'œuvre.

En appliquant les dispositions de 1669 au territoire national**, le code de 1827 mit en défens toute surface exploitée ou recépée. Cela gelait pendant dix ans le bûcheronnage et le pâturage. Et la chasse. Or, c'est le recrû qui attire le gibier. Confrontées aux trois interdits, des municipalités refusèrent la soumission et d'autres minorèrent les surfaces, méthodes remontant à l'Ancien Régime ! Cette orientation économique réduisait les possibilités cynégétiques, surtout pour les paysans sans terre ou presque. Leur situation fut aggravée par les mesures concernant la détention des armes : elles visaient plutôt à préserver l'ordre que le gibier... En 1810, Napoléon Ier, inquiet devant la perspective de troubles publics dans un Etat en guerre[8], ordonna que chaque fusil

---

* En 1908, la petite propriété (moins de 25 hectares) caractérisait 33 départements, tous dans la moitié méridionale, mis à part le Finistère et le Doubs.

** Rappelons que, faute de moyens, le code de 1669 n'avait concerné que la France septentrionale. Au sud de la Loire, son application fut limitée, en fait, aux provinces qui fournissaient du bois de marine, cas de la Franche-Comté.

fût enregistré. Moyennant déclaration en préfecture, le particulier pourrait chasser avec[9] : le service lui délivrait un permis annuel. Mais chaque renouvellement lui coûterait 30 francs, ce qui n'était pas rien. Ce fut une bonne raison pour ne pas effectuer la démarche, certains croyant passer au travers des sanctions. En 1816, Louis XVIII revint au pouvoir après l'épisode des Cent-Jours. Apparemment, sa fuite précipitée lui avait appris la nécessité d'être populaire : il diminua la taxe de moitié ! Résultat : « le nombre de chasseurs en règle est aussitôt multiplié par quatre[10] ». Tout le dilemme était là : alléger la taxe, c'était davantage de gens en règle, donc davantage d'armes connues, mais l'alléger trop, c'était davantage de chasseurs, donc davantage de risques. Entre ces deux maux, il fallait trancher.

Les ministres de Charles IX et de Louis-Philippe voulurent limiter les armes et la chasse aux citoyens qui paieraient le « cens » – l'impôt foncier. L'objectif transparaît dans l'Exposé des motifs sur la Police des chasses : le garde des Sceaux rappelait qu'aucun autre n'y aurait droit car le gouvernement entendait retirer « à une classe nombreuse de la société des habitudes d'oisiveté et de désordre, qui conduisent à des délits de tout genre et même à des crimes[11] ». La monarchie de Juillet accentua cette tendance, d'où la loi de 1844 (Texte 19) : comme leur régression, voire leur extinction, était programmée, le permis coûta quinze jours du salaire d'un manouvrier. Résultat : entre 1845 et 1850, le nombre des permis tomba de 100 000 à 76 000 par an, le nombre des délits montant selon le principe des vases communicants. Désormais, le verbe « braconner » ne désignait plus seulement le fait de chasser sur le bien d'autrui : les gardes interpellaient les « sans-papiers », réaction d'autant plus fâcheuse que les ruraux craignaient l'écrit, affiches publiques ou documents notariés. Leur méfiance englobait les actes rédigés après opération forestière, structurer les ventes* ou planter les communaux, bien qu'ils y eussent assisté ! Cette répugnance leur fit ignorer

---

* Une « vente », dite encore « coupon », ou « triage », est la parcelle qui, exploitée, procure le chauffage annuel.

les procédures qui menaçaient tout chasseur sans permis.
Dans *L'Etat forestier*[12], Gérard Buttoud étudia la progression
des infractions : la période 1830-1850 concentra les effets du
code de 1827 et du texte de 1844, si bien que les sentences
passèrent de 130 000 à 150 000 par an, les prévenus non défé-
rés ou non sanctionnés n'étant pas comptabilisés.

La délinquance marquait profondément les espaces montagnards car les arbres et les gibiers y étaient *res nullius*. Jules
Clavé déclara que, les forêts étant « propriétés communes »,
chacun coupait à sa guise, au point que « des gens, trop scru-
puleux pour prendre un épi dans un champ cultivé, n'hésitent
pas à abattre et à s'approprier les plus beaux arbres de la forêt
voisine[13] ». Cette période connut de véritables « batailles ran-
gées entre les communautés soulevées contre les gardes et les
gendarmes envoyés au secours de ces derniers[14] ». Comme le
remarque Jean-Luc Mayaud[15], les procureurs généraux rapportaient constamment des incidents, des dérapages accompagnant tout fléchissement politique[16]. Ce fut le cas dans le
ressort d'Agen (Lot-et-Garonne) : chaque année, 4 000 fidèles
fréquentaient la fête du saint patron d'Aujan. Les réjouissances
de 1850 dégénèrent, blessant des gendarmes et provoquant des
dégâts. Le magistrat les expliqua par le « ressentiment populaire dû à l'augmentation sur les permis de chasse[17] ». Un an
plus tard, à Aix-en-Provence (Bouches-du-Rhône), la même
raison jouant, des gendarmes furent maltraités. Le procureur
général conseilla au préfet : « Mettez-la à dix francs et ils
paieront[18] ! » Ces violences révélaient le malaise ambiant : les
Méridionaux criaient à l'injustice : ils perdaient un droit de
chasse que la Révolution avait garanti ou accordé ; pire, ils le
perdaient au profit des notables qui résidaient en ville. Cette
vision était fondée : les Etats mensuels des Permis de chasse,
recensions destinées au ministre de l'Intérieur, montrent qu'en
1854 la préfecture du Doubs[19] délivra le quart d'entre eux, 28 %
exactement, à des « personnes domiciliées à Besançon ». Ce
pourcentage sous-estime la réalité en éliminant les citadins qui
ne résidaient pas dans le département mais y possédaient
quelque bien. Les petits paysans détestaient ces « étrangers »[20]
capables d'acquérir ce sésame qui leur paraissait inaccessible.

Avec le Second Empire, le calme revint, mais toutes les attentes ne furent pas comblées. Il est vrai qu'elles étaient immenses ! Le référendum qui ratifia le coup d'Etat du 2 décembre 1851 serait incompréhensible sans la question des chasses : certains ruraux votèrent pour le nouveau Napoléon, persuadés qu'il rendrait le droit de chasse en supprimant le permis. Comme l'ensemble des citoyens, ils avaient oublié que l'oncle en avait été l'auteur... Les notables répétaient que la conservation des bois dépendait de la punition des délits, axiome qui inspirait déjà le décret du 15 août 1792 : seules l'abolition des droits collectifs et la privatisation des bois communaux sauveraient les ressources forestières et cynégétiques. Du fait de cette conception, les infractions collectives conduisaient à des amendes personnelles, les condamnés l'étant séparément. La peine était fixée indépendamment des circonstances, par exemple le besoin ou le nombre des participants, indépendamment aussi de leur solvabilité, d'où les poursuites engagées, souvent aussi coûteuses que superflues. La justice imputait la nature des délits « au vice des délinquants » et, pour montrer que le crime ne payait pas, refusait de moduler les amendes. Consciente du problème, la Deuxième République n'avait pas eu le temps de les adapter à la situation de chacun, voire de leur substituer des journées de travail. Huit ans plus tard, l'Empire exhuma ce projet, malgré l'avis contraire des Eaux et Forêts.

Napoléon III fit accepter cette mesure en promettant aux propriétaires que le ministère public poursuivrait tout autant les délits commis sur leurs terres que sur les biens domaniaux ou communaux. Mais cela exigeait que leurs gardes fussent assermentés, formalité qu'ils remplirent volontiers. Le texte de 1859 fut d'une grande portée dans les chasses de plaine. On n'en dirait pas autant des chasses de montagne : il n'y eut aucun déclin avant les années 1880, la délinquance tenant à la crise de l'élevage et à la sévérité des gardes, encore que le contrôle concernât surtout les périmètres de reboisement. Ainsi, en Lozère, où ce service apparut tardivement, le nombre des procès-verbaux passa de 147 par an entre 1840 et 1849 à 351 entre 1880 et 1889 ! Cela masquait le mouvement général :

les tribunaux correctionnels examinaient 70 000 affaires par an, moyenne constante entre 1840 et 1879, si l'on excepte la poussée de 1870-1871 liée au conflit franco-allemand et à la chute du régime ; ils en traitèrent 10 000 en 1880, 5 000 en 1895, la plupart d'entre elles aboutissant à un non-lieu. Aux yeux des responsables, la montagne constituait une zone de dissidence. La Corse, terre de montagne, de forêts et de maquis, en faisait partie, ses habitants tirant sur une bête comme sur un homme. Ce serait une erreur de voir le *Mateo Falcone* de Prosper Mérimée (1803-1870) en tragédie romantique[21] : sa nouvelle entretenait la confusion entre la chasse, forcément sanglante, et le chasseur, jugé sanguinaire. N'échappaient à l'opprobre que la chasse épisodique et le chasseur occasionnel. Pour le moment !

La démocratisation était manifeste : en soixante ans, le nombre des permis fut multiplié par huit : 50 000 par an en 1850, 400 000 en 1909[22]. Ce changement correspondait à l'amélioration des revenus, ce qui facilitait le paiement, ainsi qu'au développement des sociétés, ce qui collectivisait la chasse. La pratique communautaire s'affirmait, alors que s'étiolait l'assemblée villageoise : la fragilisaient le progrès des communications, la désertification des hameaux, le recours au machinisme et l'installation en ville. Cette pratique profitait aux sociétés de chasse. Les « étrangers » contribuaient à leurs recettes car, fin de siècle, personne ne contestait plus les exceptions concédées, même quand leurs bénéficiaires étaient sans demeure ni propriété dans la commune : ils les sollicitaient pour tirer les « oiseaux de proie au fusil et à l'aide de la hutte au grand duc* ». Parmi eux figuraient des nobles, des maires, des magistrats, des médecins, des officiers et des industriels, catégories que la rente définissait. Il y aurait quelque naïveté à expliquer ces autorisations par le justificatif allégué : exterminer les espèces indésirables. Inversement, ces requérants espéraient qu'à force de chasser dans la commune, ils noueraient des

---

* La couverture végétale – la « hutte » – cachait un faux duc empaillé, voire un chasseur imitant son cri pour attirer ce prédateur qu'est le rapace.

contacts utiles qui, à terme, leur ouvriraient la société locale : enfin, la chasse villageoise intégrait les notabilités ! Ce facteur incitait à préserver les possibilités cynégétiques. Dans un premier temps, les adhérents songèrent à renforcer les effectifs de certaines espèces et, dans un second temps, à introduire ou à réintroduire des espèces nouvelles ou décimées.

Beaucoup de critiques

Malgré cette démocratisation, les revendications perdurèrent, les unes portées par l'ensemble des citoyens, les autres par ceux de quelques régions[23]. Comme la chasse avait été libre de 1789 à 1810, voire de 1789 à 1844, la nostalgie d'un âge d'or persistait : le gibier aurait été abondant et les journées, glorieuses. Cette vision était assez fondée car, si le texte du 11 juillet 1810 créait le port d'armes, il ne prévoyait aucune amende en cas d'emploi et, si celui du 4 mai 1812 comblait ce vide, il ne punissait pas celui des pièges ou des filets : la chasse semblait libre, à condition de viser le menu gibier. Les opposants au régime, dont l'audience augmentait avec l'approche de sa défaite, critiquaient cet « impôt » – le montant du permis. A les entendre, l'Empire recréait les privilèges d'antan, port d'arme et tir au gros. L'année 1815 arriva, qui rassura les légitimistes et effraya les républicains. Au bout du compte, tous furent déçus : la Charte de 1816 prolongea les lois conservées durant les Cent-Jours. C'était le cas de celle-là, si bien qu'un propriétaire sans permis commettrait un délit en chassant sur ses terres ! L'idée choquait. Au titre de l'égalité d'abord : les citoyens devaient payer les mêmes impôts, mais certains auraient la taxe en plus. Au titre de la fraternité ensuite : tous devaient avoir les mêmes devoirs et droits, mais certains auraient la chasse en plus. Au titre de la démocratie enfin : tous devaient savoir que la Constitution, celle de 1790, qui entérina l'abolition des privilèges, l'emportait sur tout décret de l'exécutif ou sur toute loi parlementaire, d'autant que la Chambre introuvable serait issue des 160 000 électeurs désignés par 10 millions de censitaires. Le texte de 1844 apparut doublement illégal : il retirait à certains un acquis essentiel ; il infligeait à d'autres une taxe inique. Ses détracteurs prétendaient que son montant dépassait celui des contributions, ce qui était faux même pour un censitaire faiblement imposé...

Les Méridionaux approuvèrent cette analyse, eux dont l'autonomie de naguère tenait à l'éloignement du gouvernement et des administrations centrales. Cette situation évolua quand l'Etat renforça ses interventions et la France, ses communications : du nord au sud, il devint impossible de chasser sans permis, sans permission d'autrui et sans respecter les saisons ou les moyens. Il était temps d'en finir avec le non-droit des eldorados cynégétiques ; il était même grand temps : les magistrats de Dax (Landes) osèrent expédier au procureur général de Pau un registre consignant 595 actes de police correctionnelle et de simple police[24] avec 2 % de délits de chasse ! Comme chacun tirait à tout va, les pouvoirs publics finirent par concevoir le projet de 1843, appelé à devenir la fameuse loi du 3 mai 1844 : elle imprègne encore la législation contemporaine. Contrairement aux décrets de 1810 et de 1812, les arguments avancés dans cette première mouture ne relevaient pas de la conservation de l'ordre, mais de *la préservation du gibier*. Cela ressort de la commission d'enquête instaurée à la Chambre des pairs, où la désignation des sénateurs minorait la représentation méridionale :

> Les abus de la chasse excitent depuis longtemps de vives et nombreuses réclamations. Ces abus ont été signalés dans les pétitions adressées aux Chambres et renvoyées par elles au gouvernement. Les conseils généraux, en les déplorant chaque année, les attribuent à l'insuffisance de nos lois et demandent qu'une législation plus forte et plus efficace vienne enfin y mettre un terme. Il est impossible de méconnaître ce qu'il y a de juste dans ces réclamations. Nos anciennes lois sur la chasse étaient trop sévères. Celles qui nous régissent ne le sont pas assez... La loi nouvelle est inefficace. Le braconnage est devenu une industrie.
>
> *Moniteur universel*, n° 111, 21 avril 1843, p. 842.

Les conclusions furent acceptées par cette Chambre, mais récusées par les députés : la sécurité l'emporta sur la conservation. Les amendements abondèrent, excepté sur deux points : la spécificité des engins (article 1) et la détermination des dates, le calendrier des chasses traditionnelles différant de celui des chasses au tir (article 3). Les préfets feraient publier les arrêtés fixant l'ouverture et la fermeture, et cela, dix jours avant la saison. Ainsi, les dates dépendaient de l'entrée ou du départ d'un migrateur dans le département, l'ouverture n'anticipant jamais sur l'enlèvement des récoltes principales. Echelonner les ouvertures engendrait la confusion, les chasseurs adoptant la plus précoce, et multipliait les infractions, les chasseurs tiraillant au premier vol. Les deux défauts n'étaient pas minces ! La circulaire du 14 juillet 1863 résolut le premier problème en proposant la même date pour le même gibier dans les départements de mêmes conditions climatiques et culturales[25]. C'était louable, mais exigeait une concertation préfectorale. Quant au second problème, la solution fut ajournée : tout ne pouvait être réglé en une seule fois.

En revanche, les députés pesèrent chaque terme du braconnage (article 4) : l'éradiquer protégerait le gibier sédentaire, le seul qui comptât[26]. Fallait-il admettre son transport ou sa vente ? Finalement, faute de les prohiber, les députés voulurent préciser les lieux, auberges et magasins, afin de contrôler ce commerce. Fallait-il délivrer le permis en fonction du seul paiement ? Le débat tourna à l'aigre quant à la possibilité, pour les préfets, de le refuser ou de le confisquer. L'article initial le retirait à l'assassin condamné comme au braconnier présumé, sans parler des opposants politiques et des contestataires patentés. C'était le retour à l'arbitraire ! La rédaction finale en priva les mineurs bien sûr, mais aussi les responsables de violences à agent, ce qui protégeait les gendarmes, les adhérents des associations illicites, ce qui empêchait les inscriptions, et les condamnés pour vagabondage, mendicité ou escroquerie, ce qui rassurait l'opinion. Mais tous ces gens pourraient retrouver leur permis cinq ans après avoir terminé leur peine. C'est dire s'il était précieux puisque, pour le récupérer, criminels et délinquants deviendraient vertueux ! Au total, les préfets virent leurs pouvoirs accrus : les régions habituées à l'autonomie les jugèrent scandaleux. Pourtant, ils ne désignaient aucune espèce nuisible. A quoi bon, en effet, puisqu'un député expliqua : « Nous savons tous quelles sont les espèces d'animaux qu'on comprend sous cette dénomination. » Le consensus était tacite. Pour la même raison, ils ne désignaient aucune espèce chassable, oiseaux de passage et gibier d'eau[27]. Bien plus tard, les associations ornithologiques exploitèrent cette lacune, le gouvernement gardant la possibilité d'interdire la chasse (article 9). Mais c'était dans le cas de sécheresses exceptionnelles ou des insectivores nécessaires à l'agriculture...

Curieusement un oiseau fut traité à part : la caille, qui arrivait du continent africain à la fin mars pour repartir à la fin septembre. Un député, Delespaul, rappela que, trop chassée, elle avait disparu du Midi et devenait rare dans le centre et le nord de la France. En 1863, chacun approuva le changement de statut : elle échappait au sort des autres migrateurs. Les querelles surgirent quand certains voulurent la préserver en prohibant sa chasse. Hostile à ce principe, la réponse de Pascalis mérite d'être citée[28] : « Dans le Midi, la chasse aux filets à cette époque (de l'année) est une habitude, un plaisir auquel se livrent toutes les personnes qui aiment la chasse*. L'interdire d'une manière absolue, ce serait faire violence à des habitudes que vous voulez respecter (...). » Surian, méridional également, appuya cette remarque : « Dans le Midi, nous n'avons pour ainsi dire que la chasse aux cailles... Si vous voulez entraver cette chasse par des mesures rigoureuses, je dis que ce ne serait pas juste. Vous devez accorder quelque tolérance pour cette chasse dans le Midi (...). » Boulay observa qu'à présent la caille nichait en Allemagne et en Scandinavie (ce qui paraît douteux) et qu'en tuer quelques centaines au sud de la Loire ne lui nuirait pas.

---

* *La Chasse illustrée, journal des plaisirs de la ferme et du château*, Paris, Firmin-Didot, parue de 1867 à 1899 et de 1900 à 1914, fut créée en raison de ce constat.

Tous demandaient qu'on admette la chasse aux filets en laissant aux préfets le soin d'en régler les détails. Le refus passa de quelques voix, Morny (1811-1865) ayant refusé la sienne aux députés provençaux*. Ex-ministre de l'Intérieur, le demi-frère de Napoléon ne voulait pas de préfets soumis à la pression des conseils généraux : dans ces départements, elle serait inévitable. Ce cas en préfigurerait d'autres : certains réclameraient la suspension d'une chasse au nom de la protection d'un oiseau – le tour d'autres espèces vint plus tard –, quand d'autres souhaiteraient la maintenir au nom de la coutume quitte à inventer d'autres arguments quand elle ne suffirait plus...

Beaucoup de nostalgies

Fin de siècle, la loi de 1844 régnait toujours. Ce destin est commun à tous les textes annoncés avec fracas : le contenu laisse sceptique, le résultat paraît affligeant, mais les articles perdurent... Elle fut donc attaquée, comme l'avait été celle de 1790 et comme le serait celle de 1924[29].

Ses pourfendeurs lui reprochaient son insuffisance, malgré la baisse des délits, ce que contestaient les propriétaires de grande chasse** ; plus encore, ils lui reprochaient son mécanisme : exiger un permis pour un droit acquis. Afin de calmer les esprits et prévenir les contentieux, les cours de cassation confirmant les relaxes, le montant de la taxe fut ajusté, nous l'avons vu, et le statut des chasses banales clarifié. Les spécialistes les disaient « coutumières » dans le Midi et « populaires » dans le Nord et l'Est. Ces adjectifs renvoyaient à des civilisations régionales fondées sur le « pas de seigneur sans titre », à la différence de celles qui reposaient

---

* Au moment de ce vote, le duc Charles de Morny était président du Corps législatif, poste qu'il occupa de 1854 à sa mort, en 1865.

** Dans le Velay par exemple, d'après les registres de la correctionnelle, les délits commis sur la propriété d'autrui ne représentaient pas 2 % de l'ensemble. Mais il est probable que beaucoup de cas n'en arrivaient pas là, réglés à l'amiable ou par arbitrage.

sur le « pas de terre sans seigneur ». Avec l'uniformisation territoriale, politique absolutiste, républicaine et bonapartiste, les survivances cynégétiques auraient dû disparaître. Il n'en fut rien, comme en témoigne la jurisprudence. La nécessité d'en tenir compte obligea à réviser certains alinéas. A partir de 1868, c'est sur proposition des conseils généraux, investis de la défense rurale, que les préfets rendirent non chassables les espèces utiles à l'agriculture. Mais l'hécatombe continua, comportement collectif ou réflexe individuel... A partir de 1924, les amendes furent alourdies, le retour de la paix mettant fin au laxisme des années de guerre (Texte 20) qu'expliquaient les difficultés de ravitaillement. Mais cette mesure ne dissuada aucunement ceux qui braconnaient une espèce interdite[30].

Désormais, ces chasses supposaient de renoncer au fusil, sauf pour le lapin et le furet[31] (article 9), et de déployer la matole pour l'ortolan, le filet à grosses mailles pour la palombe[32], le filet à mailles larges pour l'alouette et le piégeage pour les rapaces : leur régime alimentaire, granivore ou carnivore, légitimait le massacre. La législation énumérait chaque engin, puisqu'il convenait à une espèce, l'objectif étant d'exclure ceux qui tueraient les insectivores. Sinon, comment supprimer le doryphore, un scarabée, ou le phylloxéra, un puceron ? Le premier ravagea la pomme de terre continentale à partir de 1860[*] et le deuxième, la viticulture de coteau trente ans plus tard. Dans ce dernier tiers du XIXe siècle, les produits organiques versés sur la plante ne parvenaient pas à détruire les parasites et à contenir leur propagation ; quant aux bouillies minérales, elles étaient en cours d'expérimentation. En fait, confronté à la « vermine », terme qui englobait dévoreurs et champignons, le paysan avait les mêmes alliés que son aïeul : les flammes et les oiseaux. Mais, face aux cryptogames, comme dans le cas du

---

[*] Dans les îles Britanniques, à commencer par l'Irlande, la décennie 1830 vit l'insecte signalé. Les famines qu'il entraîna poussèrent les Anglo-Saxons, les Scandinaves et les Germaniques à s'expatrier, ce féculent fournissant l'essentiel des calories. Les pays plus au sud, céréaliers, souffrirent beaucoup moins.

mildiou, les volatiles comptaient peu, la contamination étant racinaire. Longtemps, ce mode d'action fut néanmoins ignoré*, ce qui aida la cause des insectivores. Cependant, il était admis d'en prendre quelques-uns avec « filets, lacets, collets ou autres objets du même genre », car les tirer en aurait trop tué. Un arrêté de 1845 notait déjà que, « dans l'acception usuelle du mot "engin" (...), on ne peut entendre que les instruments qui, matériellement et directement, saisissent ou tuent le gibier (et) qui sont des moyens *uniques* ou *principaux*[33] ».

Le législateur, qui les tolérait pour tuer – ils strangulaient –, ne disait rien du fusil associé aux miroir, gluau, lanterne**, chouette ou épervier empaillé, engins qui attiraient sans occire. Cette imprécision fragilisait le dispositif : les avocats plaidèrent le bon droit des clients. A les entendre, ces accessoires étaient des auxiliaires comme « le chien qui recherche et fait lever le gibier » devant le fusil du maître[34]. En vertu de l'axiome « qui ne dit mot consent », le législateur admettait assurément le tir associé à ces méthodes. Sinon, il l'aurait récusé comme il l'avait fait du tir associé à des appeaux et, de manière globale, des tirs associés aux procédés qui, de nuit ou de jour, perturbent le « poil » et la « plume ». La nuit, le gibier confond l'éclat de la lumière et la venue de l'aurore. Le jour, l'oiseau confond la réflexion du miroir ou le mouvement de l'appât et le signal de détresse : il atterrit promptement, ce qui le transforme en cible fixe. Sa méprise incite ses semblables à l'imiter, l'instinct grégaire jouant : le chasseur réalise un carton ! Effectué dans ces conditions, le tir était interdit. Pourtant, certains engins posaient problème.

---

* Dans l'un et l'autre cas, il fallait agir directement sur la reproduction, afin d'empêcher l'éclosion des œufs, la formation des larves et la dispersion des géniteurs à la faveur des courants éoliens. Cela exigeait une intervention racinaire par temps sec, afin d'éviter le lessivage du produit d'épandage.

** La lanterne est une boîte en bois contenant une bougie, que l'on porte au cou, afin que le gibier converge vers le chasseur. La chasse qui l'employait était prohibée, non à cause de cet engin, mais parce qu'elle était nocturne. Or, bon nombre de propriétaires entendaient l'utiliser sur leur domaine en arguant du droit de la propriété supérieur à celui de la chasse.

C'était le cas de la lanterne. Procédé nocturne, elle était illégale. Cela n'empêchait pas les détenteurs de domaines clôturés de la pratiquer. Fallait-il les sanctionner? La cour d'Orléans les condamna, jugement qui subordonnait le droit de propriété au principe de chasse : ces gens trichaient en ôtant au gibier « ses moyens naturels de protection[35] » puisqu'il était comme « fasciné ». C'était rappeler le fondement des chasses au vol et à courre. D'autres cours donnèrent le primat au droit de propriété plutôt qu'au principe de chasse. Bref, l'embarras était général.

Devant la crispation des positions, le nombre d'engins croissant, les préfets réagirent : préciser leur densité et leur période sauverait la ressource. En 1898, après consultation des sociétés départementales, le préfet des Landes restreignit le droit du propriétaire à 5 000 lacets par hectare, mesure qu'il justifia par la protection du linot, du bec-figue et de l'alouette lulu[36]. Mais les passionnés choisirent de l'ignorer, bien qu'elle résultât d'un consensus âprement négocié. Trois ans plus tard, le tribunal de police de Saint-Sever (Landes) approuva l'un d'eux, qui concentrait cette quantité sur un rectangle modeste, généreusement agrainé, alors que sa propriété comprenait deux hectares. Le non-lieu fut obtenu car les dates de la saison (1er septembre-1er décembre) avaient été respectées. Le procureur fit appel et, cette fois, obtint gain de cause. Les attendus du tribunal de Pau (Pyrénées-Atlantiques) retinrent l'attention des autres préfets : il était fondé d'établir « une proportion moyenne entre le nombre des engins de chasse et la superficie des terrains sur lesquels le chasseur peut les placer ». Toute « autre interprétation conduirait à des résultats que le bon sens se refuse à admettre, notamment dans une propriété forestière de grande étendue qui ne renfermerait que quelques hectares de terre labourable[37] ». Ce texte de 1902 fut appliqué aux communes comme aux propriétés. L'acquis créait un précédent : les associations ornithologiques portèrent leurs efforts vers les chasses avec appeaux, appelants et chanterelles, chasses traditionnelles car sans fusil, un point que la cour de cassation de Bordeaux avait confirmé dix-sept ans plus tôt (1885).

Est-ce à dire qu'aucune espèce n'était épargnée ? Non, mais élargir la panoplie des engins en écartant ceux qui piégeaient les insectivores (hirondelles) revenait à admettre le tir des granivores (palombes). Le contester mettrait le feu aux poudres car beaucoup y voyaient une conquête paysanne, mieux, une coutume majeure[38] : supprimer les nuisibles. D'ailleurs, les chasseurs croyaient le prélèvement trop faible pour affecter l'effectif, *a fortiori* pour menacer l'espèce, et trop ancré pour ne pas ébranler, s'il était interdit, la convivialité communale et l'identité provinciale. Sa défense mobilisait les sociétés locales, nombreuses et puissantes : davantage d'adhérents procurant davantage de subventions, le ministère de l'Agriculture et les conseils généraux avaient intérêt à les ménager. Leur activisme est perceptible dans la courbe des permis, bien qu'il n'en fût pas le seul motif. Ce phénomène caractérisa l'Aquitaine comme toutes les régions où la chasse des migrateurs tenait une grande place, qu'il s'agisse des littoraux, des marais de l'intérieur, du couloir du Rhône ou des vallées de la Seine et de la Loire. Ainsi, dans le Velay de 1870, la préfecture délivra 4 500 permis[39] : l'arrondissement du Puy (Haute-Loire) comptant 140 000 habitants, cela signifiait qu'un adulte (21-60 ans) sur dix en possédait un, contre un adulte sur quinze, vingt ans plus tôt ! Evidemment, un plus grand nombre de chasseurs impliquait un moins grand nombre de gibier pour chacun... Ajoutons que, dans ces sociétés, les encartés accueillaient des parents, des amis qui, eux, ne détenaient pas toujours le fameux permis* : la moitié des infractions (54 %) venaient de là, proportion à comparer au non-respect des périodes (20 %) ou des techniques (4 %)**. Pour résorber ces infractions, il convenait de soutenir les sociétés en espérant qu'elles veilleraient aux règles de chasse.

---

* Le permis étant annuel, ils ne le prenaient pas pour chasser de temps à autre, grâce à cet accueil familial ou amical.

** A l'époque, il n'existe aucun procès-verbal relatif à une espèce protégée, bien que les insectivores le soient, en théorie du moins.

La convivialité en cause

En 1872, dans ses *Eléments de statistique générale*, Hippolyte Malègue remarquait que « ceux qui paient n'ont rien à tuer (et) ceux qui tuent n'ont rien à payer », allusion au manque de gibier : les hommes prenaient leur permis moins pour chasser des « sauvages » que pour retrouver des amis car les sociétés de chasse comportaient très peu de femmes[*]. Les commentateurs ne repéraient pas le reflux de la délinquance, mais constataient la hausse de la récidive, qu'ils attribuaient à la professionnalisation des braconniers et à l'obstination des passionnés. Dans quelle mesure, ils l'ignoraient, mais ils estimaient la justice trop laxiste, puisque ces vauriens persistaient à enfreindre les interdits, qu'il s'agisse de saison ou d'engin. Pourtant, l'accusation n'était guère fondée : depuis le 3 mai 1844, les condamnés payaient l'amende – 16 à 100 francs – et perdaient armes et engins, ou leur équivalent monétaire quand le garde n'avait pu saisir l'instrument de l'infraction. Or, sur trente ans, aucun magistrat ne prononça l'amende plancher : 16 francs !

Le décret du 13 septembre 1870 fixa le plafond à 150 francs : les tribunaux en usèrent si souvent que la moyenne des amendes atteignit 100 francs, soit le maximum antérieur... Cette pédagogie pécuniaire porta ses fruits : les chasseurs furent plus nombreux à prendre leur permis ; les délits furent moins nombreux quant à l'anticipation des ouvertures. Mais cette tendance ne concerna pas les infractions liées aux dates de fermeture et aux interdictions d'engin[40]. La crise phylloxérique provoqua même leur recrudescence en régions viticoles. Ce fut le cas dans le Massif central : ravagés dès l'année 1881, ses vignobles furent rarement replantés. Ainsi, pour certains, la chasse représentait davantage qu'un loisir ou qu'une passion : c'était un dérivatif, le seul qu'ils eussent encore. Certes, les difficultés rendaient la chasse plus excitante, mais les

---

[*] Il fallut le second conflit mondial pour changer cela, mais ces sociétés constituent encore un univers masculin, un peu moins cependant.

prouesses comptaient moins que leur récit et le repas qui l'accompagnait : ces réjouissances nourrirent les témoignages et les illustrations de la fin du siècle comme du suivant.

La chasse de tous

Un fossé commençait à séparer les non-chasseurs – plutôt citadins – et les chasseurs – plutôt campagnards. Dans *La Chasse à tir mise à la portée de tous*, Louis Boussenard ironisait sur ses confrères, journalistes « très ferrés sur la politique intérieure et internationale (et) connaissant à fond l'économie sociale et bien d'autres choses encore, (qui) ignoraient à peu près complètement la campagne et surtout les paysans[41] ». Car « nul parmi eux n'était chasseur et tous étaient incapables de distinguer une bécasse d'un pivert, un geai d'une bartavelle, un basset à jambes torses d'un pointer, un fusil Hammerless d'une arquebuse de pompier[42] ». Ce chasseur émérite détestait les « bracos » professionnels car ils volaient le gibier des autres. Lesquels, chaque année, prenaient leur permis au Trésor, leur adhésion à la société locale. Sa position était donc claire : « La chasse étant un *plaisir** qui coûte cher, excessivement cher, que les chasseurs payent largement pour goûter ce plaisir (et) que les particuliers et l'Etat bénéficient pour une part considérable des sommes dépensées, il est naturel que l'Etat protège cette catégorie de contribuables volontaires. » Il pensait surtout aux propriétaires qui entretenaient leurs chasses. Ce gibier d'élevage ne saurait être *res nullius* : « Qu'on me vole un faisan dans ma carnassière, dans mon bois ou dans mon garde-manger, c'est tout un : c'est un délit que la loi punit... ou devrait punir[43]. »

Boussenard étendait ce raisonnement aux chasses banales, dont les collectivités étaient gestionnaires : il leur appartenait de protéger et d'accroître la ressource. Car, dans une commune où la propriété est morcelée, la société locale « afferme pour un prix parfaitement rémunérateur le terroir tout entier,

---

* En 1884, elle était de 28 francs.

tout en laissant le droit de chasser aux habitants ». Certes, trop de gibier pouvait gêner les paysans, mais « le prix de ces locations compense et largement les dégâts quels qu'ils soient ». Boussenard ne regrettait pas l'époque où Jacques Bonhomme, l'archétype du tiers état, subissait les nuisibles, carnivores ou granivores. Mais il rappelait qu'à présent la chasse constituait un plaisir : le « privilège de citoyenneté » remplaçait les privilèges de l'aristocratie. Ce droit était inaliénable, quoique son exercice fût soumis à autorisation, d'où la délivrance des permis, et à vérification, d'où leur renouvellement à l'année. Les chasseurs n'avaient donc pas à justifier leur passion. Boussenard soulignait le changement de pratique : destinée à préserver les récoltes, impératif agricole, elle dérivait vers une réunion de villageois ou d'invités, satisfaction collective. Certains poussaient jusqu'au bout ce droit au plaisir. Pourquoi imposer la détention d'un permis ? A cause de lui, tous ceux qui voulaient chasser ne le pouvaient pas. Pourquoi ne pas leur accorder de le faire sans cela, par exemple un ou deux dimanches par mois ? La mesure existait dans les cantons helvétiques[*] et les régions autrichiennes. En France, elle n'enthousiasmait guère. Un journaliste, hostile à la chasse, à la chasse « gratuite » notamment, s'indigna :

> L'un des rêves de notre démocratie, c'est la chasse gratuite, la chasse à la portée des fusils qui ne demandent qu'à partir. Comme ce droit au massacre (...) paraît tout de même un peu radical, on commence à demander le droit de chasse moyennant cinquante centimes. Il est évident qu'en peu d'années les rares gibiers qui consentent encore à se reproduire, pour l'esbattement (divertissement) de quelques chasseurs et la gourmandise de nos Vitellius, (...) il est évident que ces gibiers renonceraient à perpétuer leur précieuse espèce.
>
> On ne tarderait pas à faire au lièvre, à la perdrix et à la bécassine une place d'honneur dans nos muséums d'histoire naturelle, section des espèces disparues... et, pendant les vacances ou les

---

[*] Aujourd'hui, certains cantons comme celui de Genève, densément peuplé, ont interdit la chasse, la régulation du gibier étant confiée à des professionnels. On voit le retournement des mentalités !

après-midi du dimanche ou du jeudi, on montrerait aux caravanes scolaires ces vestiges des antiques gibiers. Sauf peut-être le
lapin, dont on connaît la vertu prolifique. (Lui) continuerait à
défier la fureur des Nemrod avec sa superbe devise : « Quand
même ! »

Anonyme, Le Républicain orléanais, 7 août 1894.

Cet égalitarisme caractérisait les régions de chasses traditionnelles : les chasses louées faisaient défaut ou presque
dans le Centre et le Midi, le Sud-Ouest, l'Ariège, la Haute-
Garonne, les Hautes-Pyrénées, le Gers et les Pyrénées-
Atlantiques, et dans le Sud-Est, des Pyrénées-Orientales au
Gard et du Var à la Côte-d'Or : « démocratie de viticulteurs »,
la Bourgogne contrastait en tout point avec le Bordelais, où
les vignerons dépendaient des maisons de négoce. Enfreindre le principe de banalité, c'était offenser la totalité des
habitants[44]. Ainsi, à Pompone (Lot-et-Garonne), la tragédie
de 1902 – un sinistre brûla une maison et ses occupants –
dérivait d'un conflit de chasse : les enquêteurs butèrent sur
l'omerta. Le registre des délibérations municipales mentionnait déjà, en 1858, que les incendies punissaient les transgres-
sions ! L'exemple n'était pas isolé. Un magistrat observait que,
« dans la contrée, le faible opprimé a toujours exercé sa vengeance par le feu et l'incendie de forêt ». Le journal La Petite
Gironde, daté du 30 août 1905, signala d'ailleurs qu'une
« palombière appartenant à M. de Ravaussau, installée dans
le bois de Rabot, commune de Pellegrue, a été détruite pendant la nuit de mercredi à jeudi par un incendie allumé par
un inconnu ». Ses ennuis venaient de ce qu'il voulait louer
hors du village. Chacun tenait à sa place[45], même si le drainage des zones humides et la plantation des terres communes modifiaient le paysage : les générations s'y succédaient
pour l'entretenir et l'aménager.

C'était le cas avec les palombières : leurs deux « pièces »,
salle à manger et poste de guet, perpétuaient la présence
humaine dans les espaces désertés. La première « salle » comportait le foyer, âtre central ou fourneau simple, et le mobi-
lier, chaises, table, « cave » pour les bouteilles et garde-manger
pour les provisions. Construites sur un sol de planches ou de

ciment, elles exigeaient des dizaines de mètres de couloirs avec, pour les dessiner, quantité de piquets d'acacia et, pour les équiper de filets, bon nombre de hautes perches. L'ensemble associait des arbres et des matériaux abattus ou trouvés dans les parages et recouverts de fougères et de bruyères : végétaux annuels et plantes pérennes rattachaient la bâtisse à la nature. Chaque « maison » accueillait deux ou trois amis qui devisaient en attendant les palombes : souvent, l'abri était vide quand elles passaient enfin... Les palombières représentaient un monde fermé, cerné par la forêt mais ouvert sur le ciel, nouvelle version des cabanes de l'enfance : la chasse à la palombe ressemblait à un jeu pour adultes. En effet, quand elles approchaient, il fallait capter leur attention et les pousser à atterrir. C'était le rôle des appeaux, oiseaux infirmes élevés et engraissés en cage : posés, ils titubaient en écartant les ailes ; juchés, ils tentaient de garder l'équilibre que venaient rompre les secousses de la ficelle.

Une fois le vol à terre, il convenait de l'y retenir. Le moindre bruit ruinait tous les espoirs. Aussi la personne qui rejoignait les piégeurs ne devait-elle pas parler, mais siffler. Un sifflement lui répondait ? Elle cessait d'avancer. Une invite lui parvenait ? Elle continuait à marcher. Tous les chasseurs ne « chantaient » pas, faute de savoir moduler le roucoulement qui dévierait le passage vers la palombière et calmerait les premiers oiseaux posés. Comme une fausse note les faisait fuir, le talent des « chanteurs » était apprécié à son juste prix, ce qui les dispensait des tâches réservées aux « muets ». En 1905, Georges Caude, né au Vieux-Boucau (Landes), prétendait que « tout chasseur songe aux deux mois pendant lesquels il pourra se livrer à son sport favori[*]. S'il est adroit, il en tirera bénéfice et considération car les bons chasseurs sont estimés au village : on les cite, on les propose en exemple à l'égard des gens vertueux. Tout enfant espère les égaler un jour. Aussi les entend-on dès leur jeune

---

[*] Cette notion de « sport » compte alors autant que celle de plaisir, d'où l'orientation donnée à la *Gazette des chasseurs, revue bimensuelle du sport*, Paris, Goin et Bruxelles, Tanera, parue de 1861 à 1862.

âge s'exercer à l'imitation des oiseaux qu'ils chasseront plus tard, quand ils connaîtront les autres finesses de la chasse ». Deux ans plus tard, Théodore Audebert affirmait que « la vraie chasse, la chasse vraiment artistique, est la chasse aux filets ». Car cette pratique supposait emprise territoriale et transmission familiale, richesses que les intéressés entendaient défendre[46]. En Navarre, ils invoquaient la confirmation des droits après l'assassinat d'Henri IV : « que ceux qui auront des palomiers ès dites vallées et montagnes en jouiront comme ils avaient accoutumé, et ne pourra personne couper arbres au préjudice desdits palomiers ». En Aquitaine, ils rappelaient les privilèges accordés par le duc d'Epernon, et en Provence, ceux qui remontaient au bon roi René. Tous étaient antérieurs au XVIIᵉ siècle, les descriptions attendant le suivant, avec l'abbé Rozier en 1782. Cela lia les chasses populaires aux acquis révolutionnaires[47], dimension historique et idéologique qui bloquait toute initiative extérieure sans exclure quelques retouches mineures, pourvu qu'elles émanent des pratiquants.

La chasse aux voix

Exercée dans tous les départements, surtout ceux de l'Est et du Sud-Est, la tenderie aux grives suscitait le même engouement que la capture des bisets : elle demandait aussi de connaître l'espèce, ses habitudes, son territoire, mais réclamait moins d'entretien et de présence. La technologie, rudimentaire, prouvait son ancienneté. Vue ainsi, c'était une survivance que condamnerait la modernité : les amateurs vieilliraient, quitteraient la commune ou choisiraient d'autres plaisirs. Vu du pays, c'était un privilège que préserverait sa paysannerie juridiquement et politiquement. Les grivières symbolisaient l'identité villageoise, au même titre que les palombières landaises ou les « châteaux » méridionaux. Par leur ancrage, ces traditions étonnaient l'étranger. Comme il en faisait un élément du folklore régional, les habitants lui cachaient les gestes nécessaires et les endroits favorables : pour eux, ce n'était pas un spectacle, mais un mode de vie, légué par les parents et les grands-parents. Le texte de 1844 l'admettait : il conserva la tenderie, mais l'empêcha d'évoluer en prohibant l'usage des filets et le changement des lacets, piquets et perchoirs, le fil de fer remplaçant les crins, et le métal, le bois. Paradoxe : le législateur maintenait la pratique, mais contraignait les pratiquants à solliciter, outre le permis de chasse, l'autorisation d'installer des grivières. Du coup, leur situation paraissait, sinon menacée, du moins précaire : mieux valait en profiter pendant qu'il était temps.

Ce système fonctionna jusqu'à la Convention internationale pour la protection des oiseaux : adoptée en 1902, le Parlement la ratifia le 30 juin 1903. A la différence des palombes inscrites nuisibles – elles pillaient les épis –, la grive fut classée utile, ce qui la soustrayait aux convoitises culinaires. Une fois la loi votée, les pouvoirs publics ne pouvaient plus accepter les requêtes annuelles, sauf exceptions limitées dans le temps et le lieu : l'extinction était bel et bien programmée. Mais, devant l'hostilité générale, les responsables reculèrent. C'est ainsi qu'en... 1971, le ministre chargé de la Protection de la nature et de l'environnement décida une exception en faveur des Ardennes[48]. La mesure fut entourée de précautions multiples : la bonne conscience s'en serait arrangée si elles avaient été nouvelles. Ce n'était pas le cas[49] car, depuis la loi de 1844, la chasse « aux grives et aux merles » était ouverte du 12 septembre au 31 octobre, « à la branche et à terre, avec deux brins de cheval seulement (et) n'ayant pas plus de trente centimètres de longueur ». En outre, pour « éviter la capture des faisans, bécasses, gélinottes, etc. », les tenderies devaient être installées à plus de 100 mètres des forêts (plus de 20 ha)* et à plus de 10 mètres des petits massifs (moins de 20 ha) et des jeunes taillis (moins de six ans). Par cette décision tardive, le ministre

---

* Cette étendue plancher renvoyait à la surface retenue pour imposer un Plan simple de gestion forestière (PSGF), ce qui sous-entendait qu'un massif moindre ne justifiait pas d'être aménagé en coupes annuelles.

liquidait une affaire engagée en 1935, à l'initiative des sociétés locales.

Dans cette vallée de la Meuse, ces sociétés remontaient aux années 1900. Elles exprimaient les craintes devant le texte de 1903. Qui sait si, après les griviers, ce ne serait pas le tour des bécassiers ? C'est pourquoi surgirent, à côté des associations généralistes, des associations spécialisées qui défendaient la chasse de tel ou tel oiseau en face des associations ornithologiques qui militaient en faveur de sa protection. Elles traduisaient aussi les tensions au sein de la communauté cynégétique : certains adhérents soupçonnaient les tendeurs de prendre moins de grives et de merles que de faisans, bécasses et gélinottes, espèces appréciées des amateurs[50]. Selon le président de l'une d'elles : « Il faut que les tendeurs comprennent que le gibier appartient aux chasseurs, et non aux tendeurs.* » C'était leur dénier le statut de chasseurs, alors qu'ils avaient leur permis pour l'année en cours. Localement, le Front populaire les soutint, la coalition des gauches cherchant à rallier le vote paysan : il préserva les tenderies, mais interdit d'exporter les grives, ce qui les réserva aux conserveries régionales. Le proverbe : « Faute de grives, eh bien ! on mangera des merles » visait les citadins, incapables d'identifier des bestioles déplumées et bardées, ou transformées en pâtés. Contrairement aux gens du cru, ces naïfs étaient des « merles blancs », autre version des « dindons de la farce ». C'était également le cas de tous ceux qui aimaient le pâté d'alouette : ils ne savaient pas que la viande de cheval entrait dans sa recette et que les fraudeurs en faisaient l'essentiel ! Un sénateur poète, furieux du vote de 1903 obtenu sur intervention de l'Agriculture, exploita ces expressions imagées. A l'en croire, le ministre aurait abdiqué devant la « coalition internationale » au point de ne rien négocier, même pas une période de transition :

---

* C'est également de cette période que datent les sociétés de bécassiers, premières associations spécialisées, au contraire des sociétés de chasse, et sans doute parce qu'elles estimaient ne pas être assez défendues contre les partisans des tenderies. Voir G. Benoist, *Bécasses et bécassiers*, Marseille, Laffitte, 1984.

Tu veux nous supprimer la tenderie aux grives !
Ton idée, ô Ministre, est loin d'être une perle
Car, si de nos oiseaux préférés tu nous prives
C'est pour te consoler de n'être, hélas, qu'un merle*.

Conservateur, notre homme détestait Emile Combes depuis
que ses pairs l'avaient élu vice-président du Sénat (1884-
1885) ; il le détesta plus encore quand les élections portèrent
une majorité radicale à la Chambre des députés et son adversaire politique à la présidence du Conseil (1902-1905). Les
droites pourfendaient les décisions anticléricales et les mesures agricoles que leurs électeurs critiquaient : les croyants y
voyaient le triomphe de l'athéisme et les propriétaires, celui
du dirigisme. Cette tactique fut reprise par les gauches quand,
la guerre de 1914-1918 finie, les élections donnèrent la Chambre « bleu horizon », maints députés ayant servi comme officiers : l'opposition devait gagner un à un les votes paysans, la
population active demeurant majoritairement agricole. Ainsi,
dans cette Troisième République marquée par l'instabilité
gouvernementale, les politiques de tout bord appuyaient les
fédérations et les sociétés de chasse. La taxe sur les jeux, qui
les moralisait en alimentant un fonds spécial, finançait les
subventions distribuées avec générosité. Bien que d'autres
projets fussent aidés, comme la défense contre l'incendie, la
plantation des parcelles détruites ou le boisement des étendues dunaires, les associations cynégétiques bénéficièrent de
sommes considérables (Tableau 12).

Les avis écrits en marge des dossiers éclairaient les préfets.
Ainsi, l'Amicale des chasseurs d'Arès (Gironde) souhaitait des
subsides « pour le repeuplement du gibier et la répression du
braconnage[51] ». Le conseiller d'arrondissement appuya sa
demande : « Cette société n'est point la propriété de quelques
privilégiés, mais est ouverte à tous, même aux étrangers. » Il
arrivait parfois qu'un conseiller, qu'un député ou qu'un séna-

* Merci à M. le ministre Michel Cointat, ancien ministre de l'Agriculture qui, voilà longtemps, m'offrit plusieurs chansons relatives à ses prédécesseurs, dont certaines bien connues des promotions de l'Institut
national d'agronomie et de l'Ecole nationale des Eaux et Forêts.

teur agisse trop tôt, la demande n'étant pas arrivée, d'où l'embarras du décideur. Ce fut le cas pour Le Fusil testerein, la société de La Teste (Gironde)[52]. La réponse fut pleine de tact : « Vous pouvez être assuré néanmoins qu'elle (la demande) sera examinée (…) avec le désir de vous donner satisfaction[53]… » Ces subventions augmentèrent jusqu'à ce que la Grande Crise bouleverse les priorités : les décideurs choisirent les programmes qui réduiraient le chômage en installant des coupe-feux, en débroussaillant les forêts, en assainissant les terrains, voire en contribuant à l'empierrage des routes et au boisement des montagnes. Compte tenu de cette approche, les sociétés locales rappelaient qu'elles surveillaient les espaces forestiers et informaient les habitants du moindre feu. Ce n'était pas faux, sauf que l'été, la bourre des munitions pouvait enflammer les sous-bois. Et leurs adhérents ne respectaient pas toujours l'arrêté qui suspendait les tirs, en dépit de l'accord entre préfet et présidents. Evidemment, après incendie, le canton brûlé devait être replanté et repeuplé. Cela supposait, soit l'autorégulation de la chasse jusqu'à ce que les vides fussent comblés, soit l'introduction de gibier d'élevage, soit la combinaison des deux[54]. Mais les dossiers montés à cette fin ne disaient rien du dosage technique et des espèces choisies.

La chasse en guerre

Certaines questions remontaient au premier conflit mondial (3 août 1914), comme l'ouverture de la saison ou la conservation des chasses. L'ennemi avançant vers la capitale, l'ouverture fut différée[*]. Le danger passé, ces questions

---

[*] Arch. dép. Gers, 4 M n° 24, dossier Chasse, 1912-1917, circulaire du ministre de l'Intérieur, 6 août 1914. En la matière, ce ministre peut formuler un avis différent de son collègue de l'Agriculture, mais ce dernier l'emporte, compte tenu des relations entre préservation des récoltes et autorisation de chasse. Les préfets relaient la totalité du gouvernement dans leurs départements, bien qu'ils soient nommés par le président du Conseil sur proposition de l'Intérieur. C'est la seule différence avec les intendants, représentants directs du pouvoir royal.

revinrent. Fallait-il autoriser l'ouverture, puisque les permis étaient délivrés ? Fallait-il autoriser toutes les chasses, puisque le ravitaillement serait difficile ?

En novembre 1914, le ministre de l'Agriculture accepta la requête des « laboureurs », terme vague, qui déploraient la destruction des semailles : les palombes sembleraient « plus nombreuses que jamais » dans les Pyrénées-Atlantiques. Un an plus tard, ils firent la même démarche et le ministre donna la même réponse, si bien que le préfet republia l'arrêté précédent[55]. Les paysans du Gers requirent le même traitement[56] et le ministre l'accorda dans le même mouvement. Cette égalité devait-elle aller au-delà de ces départements ? En attendant, les arrêtés précisaient que les « destructeurs » seraient capturés à l'aide de « filets à mailles de 0,06 mètre de nœud en nœud » et envoyés aux hôpitaux de campagne[57]. Cela moralisa l'activité car sinon les palombiers auraient vendu leur surplus : l'opinion n'aurait pas compris que, dans cette période, certains fassent de l'argent grâce à la chasse. Dans cette conjoncture, les chasses nourricières étaient admissibles, pas les chasses « distrayantes », loisir de nantis : la mobilisation était générale, les jeunes rejoignant leur caserne, et les autres la réserve. Dans les chasses louées, les parties étaient rares, fréquentées par des gens âgés qui, eux, avaient connu la guerre de 1870.

A l'été suivant, le débat reprit car chacun, politiques ou populations, prédisait encore une victoire rapide. Fixer la date de l'ouverture montrerait que le pouvoir maîtrisait la situation et pousserait les chasseurs à prendre leur permis. Localement, les intéressés y étaient favorables. Mais dans les conseils régionaux, à la Chambre et au Sénat, certains étaient contre : cela empêcherait le repeuplement. Pour eux, les combattants méritaient ce gibier plus que d'autres : ils le trouveraient à leur retour. Comme l'arrière-plan était l'espoir d'une percée imminente, les quotidiens nationaux publièrent des brèves sur ce thème. C'était exceptionnel car, d'ordinaire, les sujets cynégétiques relevaient de la presse régionale (Texte 22). Cette thèse – « du gibier pour nos poilus » – triompha jusqu'à l'automne 1917 : les initiatives diplomatiques ranimant l'espérance pacifique, le ministre accepta derechef la capture des migrateurs, tourterelles, palombes, bisets, mesure prorogée pour six mois, ce qui reportait les discussions au printemps 1918. Sur le front de l'Est, l'embellie était patente. Foch commandait les forces alliées : ayant repoussé les offensives allemandes en Picardie, sur la Marne et en Champagne, il attaquait en Champagne (juillet) et en Picardie (août). A ce moment, le ministre rétablit l'usage du fusil : comme avant guerre, présenter son permis de chasse suffisait à acquérir les boîtes de cartouches dans les débits de tabac et les commerces d'armes.

La fin des hostilités (novembre) eut un effet inattendu : les sociétés fleurirent là où leur maillage était faible, voire manquant (Texte 23). Car, dans les tranchées, les recrues – des paysans pour la plupart – rêvaient de chasse. Symbole de liberté, elle évoquait la nature, l'air pur, le calme, la marche à son rythme, et surtout l'absence de hiérarchie et de contrainte. Ces sociétés comportaient d'ailleurs des éléments qui aidèrent les hommes dans l'enfer de la guerre : l'entente et la mixité. Les adhérents retrouvaient l'univers masculin des quatre années de conflit : les épouses fréquentaient les réunions consacrées à l'animation religieuse, l'assistance familiale ou le fleurissement villageois, à commencer par celui des cimetières, beaucoup de femmes portant le deuil. Déchristianisés, les hommes fuyaient la messe pour la chasse : ils renouaient ainsi avec la mort, celle de l'animal. Naguère, ils tuaient rarement du gros gibier ; ils n'étaient pas nombreux, ceux que les notables invitaient, à moins que ce ne fût comme « traqueurs » (pisteurs). A Minot (Côte-d'Or), l'un d'eux sentait « où était le gibier : au vent, il savait ; il reconnaissait toutes les remises de gibier, toutes, parce que le gibier, c'est le vent qui le mène[58] ». Dans les années 1900, « ils n'étaient pas beaucoup de chasseurs au pays : ils devaient être trois ; ils faisaient le pas ». Mais, de ceux-là, combien avaient survécu ?

La nouvelle chasse adopta une autre logique, inspirée des commémorations de l'armistice. Le 11 novembre, proche de la Saint-Hubert (3 novembre), les hommes entrèrent dans l'église « en corps constitué » : « on mettait des chaises pour le conseil, les anciens combattants venaient avec le drapeau, les pompiers étaient en uniforme ». Tous suivirent l'office devant une tombe de sable avec une croix et un képi dessus, avant d'assister à l'appel des tués et au discours du maire tenu devant le monument aux morts. Le banquet les attendait : organisé à l'hôtel de ville, il durait jusqu'au soir, ni la boisson ni les viandes n'étant épargnées. Comme dans les menus festifs d'autrefois, le gibier du pays était associé aux morceaux de boucherie.

Ce furent souvent des maires récemment élus, officiers de réserve ou pères de conscrits, qui créèrent les « sociétés à parts » : à la différence de l'amodiation, emportée par un seul ou par un petit nombre[59], elles étaient accessibles aux métayers et à leurs salariés, aux bûcherons et aux bricoliers aussi. Dans ces « sociétés d'égaux[60] », tout était fait en commun : repérer le terrain, distribuer les postes et répartir le produit. En fait, elles reprenaient l'affouage communautaire, qui fournissait à chacun sa provision en bois, moyennant paiement d'une taxe[61]. Leurs membres auraient pu chasser le cerf ou le chevreuil, mais la plupart choisirent – comme avant guerre – la « plume » ou le « poil », en plus du sanglier qui labourait les parcelles et détruisait les récoltes... Une fois posté, le chasseur devait « avertir » les amis à la corne s'il voyait « un gibier, qu'on ait le droit de tuer ou pas », système qui rappelait la situation en première ligne où l'inconnu, ami ou ennemi, était annoncé de proche en proche. Le sanglier était tiré à balle mais, s'il faisait face, il était « saigné » au couteau. Ce rôle incombait au pisteur : « il va faire tuer aux autres, mais lui, s'il tue, c'est au corps-à-corps[62] ». L'animal abattu, il enlevait la part des chiens en le castrant : sinon « la viande sentira la pisse : ça fait comme une crise d'urémie ; ça passe dans le sang et les muscles, (et) la viande est immangeable ». Le geste de castrer montrait le refus des odeurs ou des saveurs fortes, toujours trop fortes : rien n'avait changé, les recettes au sang dosant vins et épices afin d'atténuer la composante « sauvage ». Le geste montrait aussi la victoire des hommes sur

Gaston Phébus (1331-1391), comte de Foix et vicomte de Béarn, Nemrod réputé dans toute l'Europe. Il célébra son art avec le *Livre de la chasse*. Dicté à partir du 1er mai 1387, ce manuel pratique et théorique détaillait les chasses de l'époque, ici la chasse à l'ours. Le cavalier, magnifiquement vêtu, porte le bâton de commandement car il dirige la battue. Y participent une foule de paysans armés de divers engins.

Enluminure extraite du *Grand Livre de la chasse* de Gaston Phébus, 1407, ms français, 616, fol. 93 r. Bibliothèque nationale, Paris. © AKG-Images

La Vierge-août ou *Chasse au cerf-les limiers.* Maximilien d'Autriche reçut peut-être cette tapisserie du prince-évêque de Liège, vers 1531, ou bien est-ce un cadeau de Charles Quint, fils de Maximilien, à François Ier. On voit ici une chasse au cerf, deux gentilshommes courant après lui, avec deux chiens au bout de longues laisses : ils ne sont donc pas encore découplés, la poursuite commençant à peine.

Tapisserie de la série *Les Chasses de Maximilien* d'Orley van Barend, 1530. © BIS/Ph. Hubert Josse/Archives Larbor

A la veille de la Révolution, le droit de chasse que réclamaient les roturiers appartenait dans toute l'Europe à la noblesse. Ici, le départ de la chasse à courre s'effectue devant l'entrée du château, un serviteur noir sonnant le rappel des retardataires. Les personnages ne portent pas la tenue de veneur, adoptée dans les cours royales sur le modèle des Bourbons.

Départ pour la chasse, tableau de Gerrit Malleyn, 1785, Sotheby's, Londres.
© Sotheby's/AKG-Images

Tout jeune roi, Louis XIV est représenté sur un petit cheval richement harnaché. L'enfant, habillé comme un adulte, tient un faucon sur son poing gauche, le chaperon n'étant pas moins somptueux que le harnais. La chasse au vol était la première qu'on enseignait aux jeunes gens de l'aristocratie.

Portrait équestre du jeune Louis XIV partant pour la chasse, tableau de Jean de Saint-Igny, XVIIe siècle.
© BIS/Ph. Hubert Josse/Archives Bordas

Les scènes de chasse violentes étaient la spécialité du peintre Alexandre François Desportes (1661-1743). Elles séduisaient le spectateur par leur dynamisme et leur dramaturgie. Ici, l'animal aux abois, rattrapé par la meute, se cabre et s'immobilise, un chien lui mordant la patte arrière. La fin est proche…

Le Débuche du cerf, 1718, musée des Beaux-Arts de Rouen.
© Photo 12

Ancien ministre des Finances du Front populaire et premier président de la Quatrième République, Vincent Auriol lors d'une chasse officielle à Rambouillet. Les chasses officielles permettaient aux diplomates et aux entrepreneurs de rencontrer en toute discrétion les personnalités européennes.
© Roger-Viollet

Lorsque le cerf n'arrive pas à égarer la meute, il tente le « bat l'eau » : excellent nageur, il remonte le courant dans l'espoir que les limiers perdront sa trace. Parfois, sa ruse réussit mais souvent, l'issue fatale n'est que partie remise car, l'espèce étant territoriale, le spécimen finira par être repéré de nouveau.
© Adoc-photos

Les jeux sont faits : le cerf vient de recevoir coup de grâce. Parmi le public, certains ont sui de loin, à bicyclette, étonnant mélange c nouveauté et d'archaïsme avec les chevaux, le carrioles, les gardes en tenue et les spectateu respectueux. Cette photo témoigne de l'embell que connut la chasse à courre avant sa quas interruption durant la Grande Guerr
© Adoc-phot

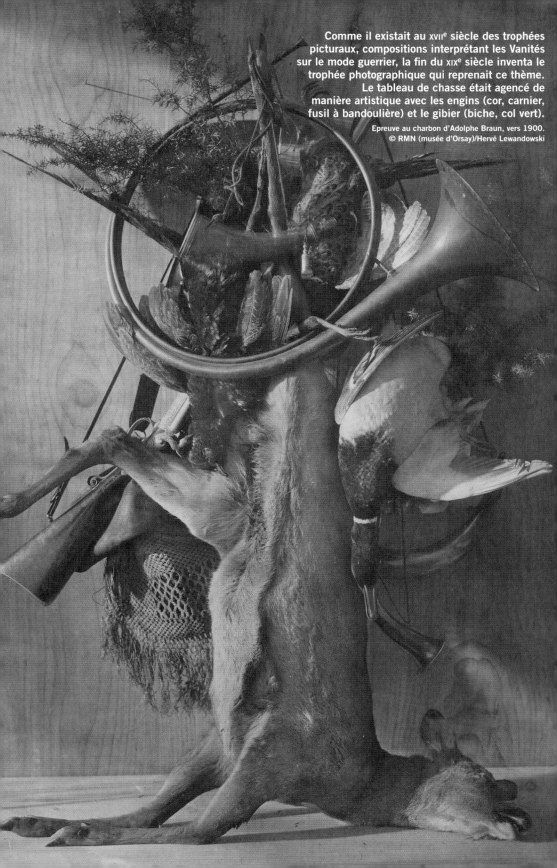

Comme il existait au XVIIᵉ siècle des trophées
picturaux, compositions interprétant les Vanités
sur le mode guerrier, la fin du XIXᵉ siècle inventa le
trophée photographique qui reprenait ce thème.
Le tableau de chasse était agencé de
manière artistique avec les engins (cor, carnier,
fusil à bandoulière) et le gibier (biche, col vert).

Epreuve au charbon d'Adolphe Braun, vers 1900.
© RMN (musée d'Orsay)/Hervé Lewandowski

Une bécassine des marais et un vanneau huppé accrochés à une corde, une perdrix grise posée sur le rebord. A gauche, l'orange encore verte montre la vie fauchée avant l'heure.

Musée de la Chartreuse, Douai.
© AKG-Images/Erich Lessing

Ecrivain prolifique d'un appétit gargantuesque,
Alexandre Dumas (1802-1870) avait la passion
de la table et du bon vin. Il publia avec succès
un *Dictionnaire de la Cuisine* qui tenait autant
à la sophistication des plats qu'à ces illustrations
amusantes. Ces saynètes dessinaient une ronde
infernale autour des deux mangeurs. Le couple
observait un rituel changeant la table en autel,
preuve d'un nouveau culte : le « bien manger ».

La Chasse et la Pêche, illustration de Bertall.
© Bibliothèque des Arts décoratifs, Paris

Peintre de mœurs, caricaturiste impitoyable,
Henri Daumier (1808-1879) montre deux
chasseurs en panne de gibier. Daumier rappelle ici
la raréfaction des lièvres et des lapins, mais aussi
la loi Grammont de 1850 qui interdit de maltraiter
les animaux familiers, *a fortiori* de les abattre !

Caricature extraite du journal *Le Charivari* daté du 28 septembre 1865,
musée des Beaux-Arts de Marseille. © Jean Bernard/Leemage

Mme Martinet, Paris   Ith Destouches, Paris

– Monsieur, vu l'absence complète de gibier je vous prie de vouloir bien m'accorder la
permission de tirer sur votre chien.
– Monsieur, j'allais vous faire la même proposition !...

Le mouflon avait quasiment disparu de Corse quand sa chasse fut interdite et sa réintroduction faite dans le massif du Caroux-Espinouse, (Hérault). La croissance de ses effectifs autorisa son inscription sur le plan de chasse du parc naturel du Haut-Languedoc. La vente des bracelets coûtant fort cher, l'animal attira des chasseurs sportifs prêts à payer pour un beau trophée. © Age Fotostock

Appelé également loup-cervier, le lynx est capable de repérer un lapin blanc dans la neige et d'effectuer des bonds prodigieux. Ce félidé déjà rare au XVIe siècle rentre en France à partir de la Suisse qui développait un programme d'élevage en vue de sa réintroduction. Il circule dans les Vosges et le Jura, mais demeure victime du braconnage. © Andia

Le faucon. Ses aptitudes conviennent à tous les types de chasse au vol. Il fut assez vite importé, les espèces françaises ayant été décimées par la capture des jeunes et la collecte des œufs depuis le Moyen Age. © Age Fotostock

Le loup. Certes, il n'est plus décrit comme l'égorgeur des enfants et des brebis, le vecteur de la rage et de la folie, ou l'incarnation du Diable et de l'enfer. Mais sa présence pose problème dans les régions de pastoralisme extensif, menaçant les agneaux « coureurs » dans les transhumances saisonnières. © Gabriel Jecan/Age Fotostock la bête : humiliée, elle était ramenée au village et découpée dans une arrière-cour.

Le chasseur était mal vu qui confiait ses morceaux au saloir : ce n'était pas ceux du cochon engraissé et égorgé pour nourrir la famille pendant l'année*. Malgré son caractère égalitaire, le partage comprenait des parts d'honneur : celle du tueur qui recevait le « trophée », la tête et les pieds, ainsi que le cuissot droit, et celles des traqueurs qui obtenaient la « part des chiens », cœur, foie et poumons. Au demeurant, même s'ils la cuisinaient – la coutume obligeait à la proposer aux compagnons –, ils la méritaient à cause de leurs chiens : « le gars qui les fait naître, il les fait à sa façon ; ils s'habituent à lui et les chiens s'apprennent à chasser avec la mère ». En fait, ce qui leur revenait, c'étaient les abats : les intestins, « curée » donnée aux chiens de meute, et les organes, « gruotte » donnée aux gardes dans la chasse à courre. Les sociétaires n'aimaient pas ce type de chasse même si, parfois, ils la voyaient passer ou aidaient aux battues. Ils lui reprochaient de poursuivre le sanglier au débucher sans lui permettre d'uriner, ce qui « gâtait » la viande ; ils lui reprochaient aussi de gaspiller : les veneurs « ne le mangent pas... ils enlèvent les cuissots, c'est tout ». Dans l'entre-deux-guerres, la « gruotte », le foie du chevreuil selon le *Larousse du XIXe siècle*, définition aristocratique, la « gruotte », donc, désignait le repas du groupe. Réunie chez l'un ou chez l'autre, voire dans un restaurant dont l'enseigne, *Le Relais des Chasseurs*, *L'Auberge du Sanglier* ou *Le Faisan d'Or*, exprimait la vocation, la société savourait le meilleur de la journée : les viscères. Ce plat était servi avec une sauce au sang ou en omelette, le sang ou l'œuf liant les composants. Trois facteurs conditionnaient la durée du groupe : l'abondance du gibier, la préservation du parcours et l'assiduité des membres, les plus avertis veillant à ce que chacun suive les règles de la chasse. Tout cela excluait le lotissement des

---

* En Corse, les charcutailles de sanglier, qui correspondaient à une autre tradition, étonnaient vivement les gens du continent : liée à l'essor du tourisme, l'exportation ne commença qu'après le second conflit mondial et demeura limitée.

communaux[63] pour construire des logements ou des usines. Encore fallait-il que les rentrées budgétaires couvrent les besoins municipaux ! En fait, le système cynégétique était à la merci d'un changement électoral ou d'une nécessité imprévue.

*

Le premier conflit mondial montrait combien il était délicat d'empêcher la chasse, les chasses traditionnelles surtout, même quand le bon sens obligeait à supprimer les tirs. Le second conflit mondial (3 septembre 1939) montra l'effet de cette leçon. Comme l'ouverture était fixée au 27 août, le ministre de l'Intérieur conseilla de l'ajourner, tout en estimant que la décision relevait de l'Agriculture. Consulté sur le sentiment régional, l'inspecteur adjoint des Eaux et Forêts indiqua qu'à Pau (Pyrénées-Atlantiques) les non-mobilisables étaient seuls à l'envisager. La plupart des sociétaires reconnaissaient que les hommes et les soldats ayant « permission agricole » – les moissons pressaient – seraient plus utiles aux champs qu'à « passer des journées entières dans une cabane de chasse à guetter le passage plus ou moins problématique des palombes[64] ». Informé, le ministre interdit les carabines à répétition, à moins que ce mécanisme fût rendu inutilisable. Mais, faute de contrôle, l'objectif n'était pas tenable. Un mois plus tard, il l'appliqua à toutes les armes à feu[65]. Les critiques fusèrent : prohiber les fusils pour admettre les filets était aussi absurde qu'interdire la pêche à la ligne pour encourager la pêche au filet ! L'argument était pertinent. En effet, dans l'entre-deux-guerres, un certain nombre de sociétés s'étaient nommées « de chasse et de pêche », afin d'élargir leur assise et justifier leur subvention.

Le premier accroc fut de tolérer les tirs quand les nuisibles dévastaient les récoltes et le deuxième, de l'accepter sans dégâts prouvés[66]. Tout redevint comme avant. En 1941, le conseil municipal d'Etchebar (Pyrénées-Atlantiques) mit les palombières en adjudication. Le président de la Fédération demanda que les captures devancent la date d'ouverture car la palombe et le biset « sont oiseaux de passage, et leur migration qui s'étend du 1ᵉʳ octobre au 15 novembre ne s'effectue pas à jours fixes » ! Le Conseil de la Défense nationale resta sur cette ligne : détruire les nuisibles. Comment chasser la grive classée utile ? Elle ne ruinait pas les moissons, certes, mais le raisin. Or, la vendange serait médiocre, les vignerons manquant de produits anticryptogamiques[*]. Tout au long de l'été 1940, malgré l'exode des habitants, la campagne de France et la signature de l'armistice, les viticulteurs militèrent pour cette ouverture : les pétitions du Vaucluse, des Bouches-du-Rhône et du Var ressemblaient aux doléances des Pyrénées-Atlantiques, de la Gironde et des Landes. Le ministre assouplit sa position : il accorda la chasse avec cédades, filets de 50 centimètres tendus de septembre à novembre ; il décida aussi que cette chasse, liée à la protection des vendanges, n'exigerait aucun permis. En échange, il renforça les interdits sur la détention et l'usage des armes. Ainsi, les viticulteurs purent chasser la grive jusqu'en 1945.

L'oiseau améliorait l'ordinaire, rationné depuis le 1ᵉʳ avril 1941. Le président de la Fédération le décrivait comme « un appoint important pour les Français car sa viande ne se consomme pas seulement à l'état frais, mais encore sous forme de confits et de conserves[67] ». Il fut pris au mot : en octobre, les chasseurs furent invités à remettre les prises à la Croix-Rouge pour qu'elles soient vendues au profit des prisonniers de guerre[68]. Le bilan fut maigre, mais l'année suivante le ministre leur promit un supplément de cartouches. C'étaient les Journées nationales de la chasse, organisées par les fédérations départementales, afin de montrer les chasseurs solidaires des autres citoyens. Trois mois plus tard, l'occupant allemand réservait la chasse à son armée. Selon le mot de Paul Colin, le gibier devenait allemand mais ses dégâts restaient français[69] ! C'était étendre au territoire national les dispositions instaurées pour la zone nord et le littoral jusqu'à la frontière espagnole. Désormais, « toute capture par les moyens ci-dessus nommés (filets, lacets) reste

---

[*] Le sulfate de cuivre était réservé aux industries d'armement.

formellement interdite. Ceci concerne (…) le département
des Ardennes où les tenderies de grives sont très pratiquées[70] ». La contrainte réduisait à néant le compromis
antérieur[71]. Ce qui est sûr, c'est que cette fermeture reconstitua la ressource : les sociétés demandèrent en vain l'ouverture. Ce qui est sûr aussi, c'est que la Libération signifiera la
liberté de chasser le gibier : la protection des espèces en sera
compliquée.

TROISIÈME PARTIE

CONTESTATIONS
XIXe-XXIe siècle

« Nous tuons tous. Même les végétariens les plus stricts doivent labourer des champs. Vous ne pensez pas qu'en labourant on tue des tas de petits animaux et d'insectes ? (...) La chasse est juste plus directe, plus honnête. Quand vous vous asseyez devant votre assiette, vous ne songez pas au processus. Vous laissez quelqu'un d'autre tuer pour vous. »

Harlan Coben, *Mauvaise base*.

9

Espèces en danger

Au XIXe comme au XXe siècle, les chasseurs étaient suffisamment influents pour maintenir l'activité cynégétique
durant les conflits. Elle diminuait cependant avec l'encadrement, voire l'interdiction des tirs : les cartouches manquaient, l'ennemi était craint et les hommes absents, qu'ils
fussent combattants ou prisonniers, résistants ou déportés,
astreints au Service du travail obligatoire (STO) ou le
fuyant. Le répit profitait au gibier mais, la guerre finie,
l'ampleur des dégâts justifiait le retour des fusils. Néanmoins, quelque chose changeait : le lien était fait entre
l'interruption de la chasse et la préservation de la faune.
Pour autant, toutes les espèces n'étaient pas rétablies : cela
dépendait des effectifs antérieurs et des apports réalisés.
Mais cet élevage concernait les sédentaires, le gibier à plume
surtout, dont la production empruntait les méthodes
employées pour les volailles. Ainsi, aucune progression ne
fut signalée chez les migrateurs, *a fortiori* chez les nuisibles[1].
Ces indésirables n'offraient aucun attrait et causaient beaucoup d'ennuis : pigeons et grives réduisaient les récoltes, crapauds et serpents effrayaient les habitants, sangliers et
rongeurs ravageaient les parcelles, loups et ours harcelaient
les troupeaux.

Prolifiques, ils résistaient si les juvéniles survivaient, ce qui excluait collecte et cueillette. Sinon, avec une progéniture vulnérable et dépendante, la disparition était prévisible, les amateurs de trophées accélérant le processus. Fin de siècle, ses proportions devinrent visibles : les naturalistes regardaient les espèces nationales et les journalistes, les animaux exotiques... Les reportages consacrés aux expéditions mémorables relevaient des publications cynégétiques ; ils transformaient les chasseurs en sportifs, les guides en héros et célébraient safaris et massacres. Les amis des bêtes condamnèrent ces reportages, dont raffolaient les aventuriers en chambre et les tartarins du dimanche. Tous rêvaient de mondes lointains : leurs paradis étaient polonais[2], africains[3] et américains. Les revues spécialisées omettaient la Sibérie et l'Australie, synonymes de bagnes : leurs forêts ou leurs déserts constituaient un enfer d'où personne ne revenait. De même, elles négligeaient la Chine et l'Inde, si ce n'est pour leurs tigres : très peuplées, très cultivées et sous contrôle européen, les étendues asiatiques ne correspondaient pas au postulat littéraire qui associait chasses libres et terres vierges.

Rétablir les prédateurs

Les espèces indignes d'être chassées, mais tuées sur l'apparence, l'inutilité, la réputation ou le comportement – baver, cracher, piquer, griffer –, l'étaient de manière atroce. Les enfants faisaient payer cher le malheur de les croiser : ils tourmentaient couleuvres et lézards, chouettes et moineaux, papillons et mouches, souffre-douleur qui n'avaient pu déguerpir ou riposter. Ils chassaient aussi : leurs armes, arc, fronde ou carabine à air comprimé, permettaient d'atteindre les oiseaux, les chats, les chiens ou les écureuils. La séance finissait par lasser : la dépouille était laissée, à moins qu'elle fût grillée pour en découvrir la saveur ou noyée quand la bête appartenait à un voisin. Lorsqu'elle portait malheur, à l'instar des rapaces nocturnes, elle était clouée aux portes des granges, ailes déployées, pour écarter les congénères. Comme les lionceaux ou les chatons observent les chasses de leur mère, les gamins regardaient leur père, mais agissaient en barbares ; les félins n'en faisaient pas autant, eux qui chassaient pour manger. La cruauté était tolérée : la protection des bêtes de somme débutait à peine, comme en témoignent *Les Mémoires d'un âne*, le Cadichon des petits-enfants de Mme de Ségur (1799-1874). Sauvages, les victimes étaient trop modestes pour mériter études sérieuses et ouvrages illustrés : les éditeurs réservaient les images aux espèces jusque-là inconnues. Exceptions qui confirmaient la règle, la fourmi et l'abeille fascinaient les idéologues par l'organisation de leurs sociétés. Hormis celles-ci, les espèces dignes d'être chassées retenaient l'attention moins parce qu'on déplorait leur régression que parce qu'on regrettait leur qualité : les prises se faisaient moins belles et plus rares. Ce sentiment reposait sur l'expérience vécue ou sur les témoignages anciens.

Le retour du loup ?

Voilà longtemps que l'Angleterre (1500), l'Ecosse (1740) et l'Irlande (1770) n'avaient plus aucun loup : cette chronologie reflétait l'abandon des cultures vivrières pour multiplier les ovins, transformer les laines et exporter les tissus. L'Europe continentale ayant effectué d'autres choix, l'espèce demeura commune jusqu'au XIXᵉ siècle : là aussi, l'extermination était liée à l'élevage. Evaluer les prédations qui la justifiaient n'est pas facile, surtout rapportées au nombre d'ovins et au nombre de fauves : les premiers ne restaient pas à l'estive et les seconds passaient les frontières. François de Beaufort entreprit de calculer ce niveau[4] : dans la décennie 1800, la ponction annuelle aurait été de 5 %, à raison de 300 ovins par loup. Ce résultat semble exagéré car, si le fauve est glouton, il ne l'est pas assez pour dévorer un mouton par jour ! Or, rien ne prouve qu'il tuerait par pur plaisir. D'ailleurs, avec pareil niveau, les bergers auraient quitté le métier ! Philippe Orsini reprit le dossier à partir des archives varoises[5] : en 1846, la ponction annuelle aurait été de 0,9 % à raison de 36 ovins par loup. Ce résultat rappelle davantage la situation actuelle.

Pourtant, souvent, les habitants déclarent la ponction plus forte. Mais, dans les Alpes françaises, elle est de 20 à 40 ovins par loup, 36 ovins dans le Mercantour de 1996, ce qui correspond à la moyenne européenne – 20 ovins par loup en Norvège et en Italie – bien qu'elle fût plus élevée en Bulgarie et plus fluctuante en Espagne : quatre à 33 ovins par loup selon les régions ou, plus exactement, selon les types d'élevage.

Car les économies pastorales souffrent plus ou moins des incursions lupines. Cela dépend de la durée d'exposition, c'est-à-dire de la station sur pâturage, du milieu brouté, les broussailles facilitant les attaques, et, enfin, de la densité des abreuvoirs, naturels ou non, leur dispersion allongeant le trajet, ce qui aggrave le risque. Aujourd'hui, les estives paraissent désertées, mais ces conditions demeurent valables. Autrefois, le regroupement nocturne dans les « bergeries », enclos en pierres sèches, visait moins à protéger les ovins qu'à récolter le *migoun* : cet engrais – les fèces – était la propriété des communes qui recevaient les transhumants. Les troupeaux importants montaient des plaines provençales et languedociennes : menés par les *pastres* (bergers) que dirigeait le *bayle* (maître berger), ils étaient tondus pour les marchands lainiers, qui aidèrent à l'adoption des mérinos. Les troupeaux familiaux, réunis en troupeaux collectifs, montaient des vallées proches qui fonctionnaient en quasi-autarcie : les paysans étaient si nombreux et si pauvres qu'ils n'auraient pu cultiver sans le précieux *migoun*. Chacun d'eux possédait une trentaine de moutons qu'il conduisait le soir à la bergerie, ramassant les excréments sur les voies d'accès. Au matin, il les ramenait à l'estive et recueillait la litière de buis et de genévrier qui avait servi au couchage. Dans les pâturages d'altitude, la garde des animaux était assurée par une équipe de bergers, main-d'œuvre abondante et peu exigeante : quatre ou cinq hommes par troupeau. En Ubaye, secondés par le mâtin des Alpes, ils dormaient autour de lui, sous des caisses en bois ou dans une houppelande. Leur rôle était de traire les brebis et de lutter contre le fauve.

Fin de siècle, amplifié par la mévente lainière, l'exode des ruraux libéra les parcelles des hauteurs. Irriguées, elles furent converties en prairies. Cette production de fourrage modifia les données de l'élevage : dans les exploitations spécialisées, le commerce des agneaux remplaça celui des toisons. A la belle saison, mères et petits rejoignaient l'alpage. Comme les besoins d'une brebis allaitante diffèrent de la nourriture d'un mouton ou d'un bélier, les communaux furent enrichis : les subventions des conseils généraux couvrirent la dépense. Le troupeau comportait très peu de chèvres, excepté sur les Plans de Provence, où la fin de l'été desséchait les garrigues. Cette orientation vers la viande de boucherie, agneaux de lait et agneaux broutards, obligea à raccourcir les trajets pour ménager les mères et à alléger la charge pour restaurer les terrains. Comme les troupeaux ne rentraient plus le soir à la bergerie, les quantités de *migoun* baissèrent, d'où l'abandon des terres les plus ingrates : la friche les envahit ; les animaux couchèrent sur place, dispersés sur le versant abrité. Dans ces années 1900, c'est bien la disparition lupine qui autorisait ces pratiques. Dès lors, le labri, chien de conduite qui regroupait le troupeau, fut préféré aux mâtins, chiens de défense. L'heure était venue du berger solitaire vivant avec son compagnon et ses brebis. Le cliché inspira les peintres du réalisme social comme Jules Bastien-Lepage (1848-1884) ou Maurice Hagemans (1852-1917)[6]. Ainsi, aucun éleveur ne pleura « La mort du loup » dans laquelle Alfred de Vigny (1797-1863) voyait la fin de ses rêves et d'une époque[7]...

Cette révolution pastorale était plébiscitée. Les forestiers l'approuvaient car, en libérant les pâtures excentrées, elle facilitait les reboisements, obligatoires depuis 1861 et 1864, et le gazonnement, favorisé en 1882 et en 1903. Les montagnards l'appréciaient car, en réduisant les mouvements, elle épargnait le charroi du *migoun* et la traite des bêtes. Décimé là où la vente des agneaux primait, le fauve survécut dans les régions où la production du lait comptait, cas des Abruzzes et du Basilicate dans l'Italie du Centre et du Sud : en 1970, une centaine de loups les sillonnaient encore ; le fauve survécut aussi dans celles où la production était bovine plutôt qu'ovine, cas de la Galice, des Asturies et de la Cantabrique, au nord-ouest et au nord de l'Espagne : en 1970, 200 loups y subsistaient, guère plus. Les prédateurs avaient fui vers les espaces giboyeux de l'Europe continentale[8] : 800 loups en Bulgarie, 1 500 dans l'ex-Yougoslavie, 2 000 en Roumanie, plus de 40 000 en Russie. C'est à partir de ces refuges qu'il revint en Europe occidentale. Certes, l'espèce n'existe plus en Grande-Bretagne, Belgique et Pays-Bas, où l'élevage utilise la stabulation. Mais elle est présente en France[9], Suisse et Allemagne comme en Suède, Finlande et Norvège. Ainsi, elle retrouve son domaine en avançant du sud vers le nord et de l'est vers l'ouest : les routes du repli et du retour sont les mêmes. Le carnassier emprunte trois axes : de l'Espagne vers les Pyrénées françaises, de l'Italie vers les Alpes helvétiques et françaises, et de la Russie vers la Pologne, l'Allemagne et la Scandinavie. Le loup n'est donc pas réintroduit : il revient tout seul.

Les éleveurs s'inquiètent de cette arrivée. Ils se rappellent la situation ancienne, menace terrible et fantasmes multiples ; ils déplorent aussi, et c'est normal, la prédation actuelle. En 2005, les effectifs ovins pâturant dans l'aire concernée furent évalués à 550 000 têtes, estimation généreuse, puisqu'elle postulait la présence constante des mères, des agneaux et des broutards : la ponction annuelle serait de 0,65 %[10], contre 0,82 % trois ans plus tôt[11]. Ce calcul n'intégra pas les animaux disparus à l'occasion d'une attaque, panique qui explique le tiers des pertes selon diverses études : l'agriculture les indemnise sur la base forfaitaire de 15 % des sommes versées pour les animaux égorgés ou mutilés[12]. Au total, la ponction annuelle serait *grosso modo* de 1 % des effectifs. Mais elle variait selon les massifs – de 0,1 % à 3 % – et fléchissait après les premières intrusions : les éleveurs réagissaient... Au-delà du traumatisme enregistré – le paiement des carcasses n'efface jamais le souvenir du carnage –, les agressions les forcèrent à corriger leurs pratiques : ils comprirent que la prédation augmentait avec des troupeaux plus petits et des buissons plus nombreux. Car la densité du loup ne reflète pas celle des proies, mais leur répartition sur le terrain et les composantes de celui-ci[13]. La défense est donc moins complexe et moins coûteuse quand les troupeaux sont nombreux et compacts, et l'espace dénudé et clôturé.

De ce point de vue, la vulnérabilité montagnarde et méridionale diffère profondément. Dans les Hautes-Alpes, les bêtes demeurent à l'étable pendant les longs mois d'hiver, ce qui limite l'estivage à sept ou huit mois. Dans les Alpes-Maritimes, elles restent dehors toute l'année ou presque. Néanmoins, dans ces départements, les transhumants séjournent sur pelouses pendant trois à quatre mois Comme le nombre des ovins ne modifie pas les frais de protection, les salaires constituant l'essentiel, surveiller des effectifs conséquents représente une économie substantielle. C'est pourquoi lorsqu'ils sont en transhumance, les éleveurs rassemblent des entités de 1 000 à 2 500 têtes contrôlées par un seul berger alors que, sur les exploitations, ils fractionnent leur troupeau, conduisant chaque groupe aux pâtures de printemps et d'automne, où les bêtes sont laissées à elles-mêmes. Le dilemme est là : renforcer la défense majore le prix de revient, donc le prix de la viande, ce que la clientèle accepte rarement, mais refuser cette dépense aggrave l'aléa et affaiblit le troupeau. Or, l'enjeu n'est pas mince : l'arc alpin réunit 700 000 brebis mères, exploitations montagnardes et transhumances provençales confondues. Depuis quinze ans, cette donnée est stable, au contraire de ce qui s'observe dans les Abruzzes, où l'économie touristique a relayé l'économie pastorale*. Bien que fragile, le système pastoral de ces départements résiste grâce au dynamisme de la filière, à la politique des labels et à la commercialisation des agneaux : la demande locale est double de la moyenne française ! On conçoit la peur du loup...

Sisteron est au centre du bassin pastoral formé par les Alpes-de-Haute-Provence, les Hautes-Alpes et la Drôme. Les éleveurs produisent de l'agneau de bergerie grâce aux stocks de fourrage qui nourrissent les mères durant l'automne et l'hiver, mais délaissent l'agneau de printemps (« tardon ») à

---

* L'économie touristique des Abruzzes a été stimulée par l'installation du Parc national, voilà une trentaine d'années : il embauchait prioritairement les jeunes de la région, dont beaucoup vivaient avec leur famille de l'activité pastorale. Là aussi, cependant, l'interdiction de toute chasse fut mal perçue.

cause, justement, de la menace des prédations. Leur risque pèse sur les Alpes-Maritimes[14] où domine l'agneau de printemps en raison du manque de prairies. Nourris sur parcours puis sur alpage, ces « coureurs » ont besoin de calme pour brouter et pour croître, calme troublé par la pression des chiens et le stress des mères. Le bilan de 2006 indique les réponses apportées à ces problèmes : 640 contrats de protection, 1 000 chiens de défense, 1 000 mois d'aides-bergers financés par l'Etat, sans parler des éleveurs qui assument seuls ces vacations. Tous réinventent les méthodes anciennes. Ils en redécouvrent aussi les inconvénients. Quatre sont sérieux. L'impossibilité du couchage spontané et la nécessité des mouvements journaliers freinent la prise de poids. L'érosion des sols est accentuée par les va-et-vient entre prés et parcs. L'entassement des déjections nocturnes crée des infections et pollue les rivières. Enfin, la concentration sur les secteurs sécurisés et le délaissement des secteurs périphériques entraînent le surpâturage des uns et l'embroussaillement des autres, leurs végétaux alimentent les incendies. Comme le loup est préservé et les communaux dangereux, les éleveurs pourraient en retirer béliers, mères et agneaux. Ce serait dissocier élevage et environnement au moment où l'Union européenne subventionne le pastoralisme pour maintenir les exploitations montagnardes. Sans elles, les hautes terres seraient vides et le fauve y régnerait en maître : il redeviendrait ce que les contes de fées imaginaient...

Le lâcher de l'ours

Le loup reste haï : certes, depuis quelques années, le nombre de ses victimes plafonne – 2 500 à 3 500 têtes par an, y compris celles qui dérochent par sa faute –, mais toutes ou presque (95 %) sont des ovins : la proportion des caprins et des bovins est minime : une ou deux dizaines par an. Les éleveurs revivent le cauchemar de leurs ancêtres et regrettent de ne pouvoir, eux, ni tirer ni piéger. Les premières études remontent aux années 1950. Dans *The Wolves of Mount MacKinley* paru en 1944, l'Américain Adolph Murie rapporta leurs mœurs plutôt que leurs légendes ou leurs images. Ces études nourrirent les procès en réhabilitation[15] qui accompagnèrent sa réapparition : en 1992, le loup fut repéré dans les Alpes italiennes. C'était l'effet de la Convention de Berne. Signée en 1979, elle le classa Espèce protégée, mesure complétée par les directives européennes Faune Flore Habitat de 1992 et de 1997. Après des siècles d'extermination[16], les scientifiques l'érigèrent en bio-indicateur, rôle qu'ils donnaient aussi à l'ours pyrénéen. Aujourd'hui, les montagnes françaises recèlent une cinquantaine de loups[17], population dix fois plus importante que celle des ours. Eux furent importés, ce qui choque doublement : les habitants estiment la cohabitation imposée sans consultation ni régulation... C'est donc peu de dire qu'ils n'aiment pas ce glouton qui mange avec la même allégresse moutons, maïs et fruits ; autre source de détestation, sa présence concrétise les prérogatives internationales et nationales dans une région éprise d'autonomie. Là aussi, le discours changea : après avoir encouragé l'éradication (Texte 26), les autorités sacralisèrent l'omnivore. Entre-temps, il était devenu sympathique à ceux qui vivaient ailleurs.

Dans la seconde moitié du XIXe siècle, les connaisseurs annonçaient son extinction. En 1863, Adolphe Toussenel l'acceptait volontiers : « cela est écrit et nous aurions tout à fait mauvaise grâce à protester contre l'arrêt de la fatalité[18] ». Vingt ans plus tard, Philippe de Pontacq intitulait son article « L'ours s'en va » et ne le regrettait pas davantage. « A quoi servent les ours dans l'ordre universel ? Sinon à dévorer les moutons et les veaux, et quelquefois même les hommes. Que les amateurs d'exercice cynégétique se hâtent donc ! Bientôt, il ne sera plus temps : la race est condamnée. » Ces réactions reflétaient le contexte culturel : les préhistoriens confirmaient l'évolution de l'humanité, des rameaux continuant quand d'autres avortaient ; les archéologues exhumaient les civilisations qui brillèrent de mille feux avant de sombrer dans l'oubli ; les scientifiques enfin contestaient la vision fixiste des écrits bibliques pour soutenir Charles Darwin[19]. Comme rien ne durait, il n'y avait aucun motif de pleurer les espèces disparues[20]. Selon le mot de Diguet, l'ours était « un vaincu qui a déserté à jamais nos forêts pour se réfugier dans des endroits inaccessibles ». Il ne concevait donc pas qu'on pût l'importer et le relâcher dans ces mêmes forêts : l'idée l'aurait fait rire ! Quant aux gardes domaniaux, s'ils prohibaient les battues à l'ours, ce n'était pas pour lui, mais pour les pâtures reboisées que les bergers incendiaient : les buissons étaient supprimés, l'herbe stimulée et la bête débusquée. Ce fut le cas en 1883, dans la forêt du val Bacave : l'interdiction de la battue avait irrité les autochtones qui passèrent outre. Il en fut de même dans celles des vallées d'Aure (Hautes-Pyrénées) et d'Aspe (Pyrénées-Atlantiques). Comme les gardes et les fauves étaient tout autant détestés, les paysans disaient que les premiers veillaient sur les seconds « qui sont un peu de la même famille », allusion aux maisons forestières installées au cœur des bois...

Par contre, les guides de chasse pressentaient la ruine de leur métier dans l'extinction de l'espèce. Aussi reprochaient-ils aux braconniers d'en hâter l'issue. En 1898, le doyen des guides des Eaux-Bonnes (Pyrénées-Atlantiques) déclara que ses effectifs seraient plus nombreux « s'ils ne tiraient quantité de futures mères ou ne prenaient les jeunes dès leur naissance » et réclama une régulation des prélèvements (pas des populations !). Ainsi, les gardes et les chasseurs dénonçaient la mise à l'encan des richesses forestières et cynégétiques. A la Belle Epoque, ils reçurent le renfort des alpinistes vantant ce carnivore qui rendait la région « pittoresque ». C'est pourquoi René Maussier invita le Club alpin à le rejoindre pour conserver la faune et la flore : « les malheureux ours sont timides, craintifs (et), quoi qu'on suppose, habituellement frugivores », propos qui tranchait singulièrement avec leur réputation ! Jean-Claude Bouchet attribue l'ébauche des « réserves de chasse et de pêche sur de vastes territoires repeuplés (en gibier) et efficacement gardés » à l'intervention du prince de Monaco, naturaliste, voyageur et chasseur, qui séjourna en Ariège de 1915 à 1916. Ces enclaves permet-

traient de sauvegarder le milieu, tandis qu'à l'extérieur la
nature serait offerte aux amateurs de gibier et de poissons.
Mais la proposition était inopportune dans ces années de
guerre. Dix ans plus tard, Paul Salvat l'exhuma car, « en
dépit de leurs méfaits », l'ours et le lynx « ne sont pas uniquement nuisibles ». En 1925, l'affirmation semblait icono-
claste car l'agronome pensait moins à la commercialisation
des fourrures qu'à l'importance des prédations[21]. Il démontra
au Congrès international sur la protection de la nature que
leurs ponctions « protége(aient) les essences précieuses
contre le pacage du mouton » et que « les dégâts commis se
compens(aient) par la sélection qu'ils exer(çaient)... sur le
gibier, favorable à sa robustesse[22] ». Enfin, les prédateurs
intégraient la hiérarchie des vivants, première étape vers
leur retour en grâce...

Une motion fut votée, qui appelait à concevoir des réserves pour abriter des nuisibles. L'intention était louable, mais
définir ces espaces butait sur la présence ovine. Les tergiver-
sations durèrent jusqu'en 1937, avec la création de la réserve
du mont Vallier (Ariège). Mais elle était destinée à l'isard et
à deux oiseaux, le coq de bruyère et le lagopède ! Cette
année-là et les suivantes, les battues à l'ours furent continues, ce qui l'obligea à déguerpir. Les forestiers ne savaient
quoi dire, coincés entre les militants favorables au reboisement et les éleveurs qui n'en voulaient pas, puisqu'il diminuait les surfaces pâturées. En témoigne l'embarras de
l'inspecteur de Saint-Girons : « Il serait sans doute intéressant de protéger aussi l'ours, dont les spécimens que compte
encore la faune pyrénéenne sont très rares. Mais il faut prendre en considération les plaintes de la population pastorale,
dont l'élevage constitue le meilleur des ressources ». Il mesurait les limites d'une protection : l'animal serait exécré aussi
longtemps qu'il y aurait des éleveurs. C'étaient les élites
scientifiques ou professionnelles, membres actifs des sociétés de protection, qui désiraient le préserver. Leur programme chemina lentement entre les années 1900 et 1970.
Entre-temps, l'espèce s'éteignit. Dans les Alpes, aucune bête
n'était vue depuis 1937, et aucune trace depuis 1940. Dans

les Pyrénées, la faiblesse des effectifs empêchait la reproduction naturelle. Car si la mort d'un ours est insignifiante sur une population d'une centaine d'individus, elle est dramatique quand elle n'en comporte plus qu'une dizaine. Aujourd'hui, le fauve n'oppose plus les avocats de l'ours *des* Pyrénées à ceux de l'ours importé, mais les partisans de l'ours *dans* les Pyrénées à ceux qui refusent l'introduction d'une sous-espèce slovène. Le débat reste ouvert…

Le sol du vautour

Si les habitants des Pyrénées refusent l'ours avec autant de violence, encore que l'attitude ne soit pas unanime, les habitants des Alpes ne repoussent pas la perspective d'une réintroduction dans le Vercors et dans le Haut-Diois, massifs qu'il hanta voilà longtemps, suffisamment longtemps pour en effacer son souvenir. Il retrouverait ainsi la hêtraie sapinière, sa terre d'élection, à condition de ne pas perturber les activités pastorales et de contribuer au tourisme écologique, capable de revivifier des villages moribonds. En théorie, le projet séduit : il existe un précédent en Finlande, où le gouvernement dégagea les moyens budgétaires, législatifs et économiques nécessaires, après une phase de concertation réunissant les chasseurs et les élus avec les représentants des associations et de l'Environnement. Mais l'arrière-plan culturel était différent, les autorités scandinaves préférant bâtir un consensus qu'imposer un diktat, ce qu'on observe quand les positions sont arrêtées. En admettant l'éventualité d'un accord, le problème du nourrissage resterait. Car, les oursons étant liés à leurs mères, les portées sont trop rares pour assurer le renouvellement de la population. La solution impose d'introduire davantage de femelles, ce qui effraie : les autochtones redoutent une rencontre fatale, alors qu'en général, l'animal déguerpit au premier bruit. A cet égard, comparer la situation des ours à celle des lynx et des vautours ne manque pas d'intérêt, les uns arrivant spontanément de la Suisse toute proche et les autres étant élevés, éduqués et relâchés dans l'espoir qu'ils sauront chasser[23], l'autosuffisance alimentaire marquant la réussite de l'adaptation à la nature sauvage. Ces deux espèces présentaient deux points communs : l'indifférence des zoologistes et des éthologistes, et la convoitise des collectionneurs, deux données qui compliquaient la protection.

Ainsi, le lynx, catalogué asocial, vagabond, sanguinaire et imprévisible[24], mangerait une infime partie de ses proies et laisserait le reste : sorti des cauchemars médiévaux[25], il égorgerait quantité de chevreuils pour laper une gorgée de sang ! En fait, c'est un animal territorial : installé sur quelque 10 000 hectares, il ne les quitte plus et n'y admet aucun congénère, hormis sa compagne. Couple moderne, ils demeurent à distance, mais leurs domaines coïncident. Quant au gaspillage de nourriture, rien n'est plus faux car, au besoin, le lynx retourne à la proie cinq nuits de suite pour achever viande et abats, ce qui l'expose aux chasseurs postés. Tueur de chevreuils et, dans une moindre mesure, de chamois et de garennes, il les gère de manière durable : à raison d'une prise substantielle par semaine, il prélève le cinquième, voire le dixième de ses ressources. Ce prédateur repère un lièvre à 300 mètres, glisse entre les herbes et les mottes, lui saute dessus quand il est à portée de griffe – le bond atteint cinq mètres ! – et le rabat de ses deux pattes avant.

Réintroduit dans la Confédération helvétique en 1971, le lynx ignora la frontière si bien que, trois ans plus tard, l'un d'eux fut tué à Thoiry, au pied du Crêt des Neiges, tandis que les Suisses continuaient les lâchers dans la réserve du Creux du Van. La colonisation du Jura résulte de leurs efforts : dans les années 1980, l'espèce occupait 500 000 hectares d'un massif qui en couvre 600 000. Comme sa dîme inclut le mouton, les tirs officiels éliminèrent une dizaine de lynx, proportion insignifiante comparée aux tirs illégaux : le braconnage explique la diminution observée dans l'Ain et le Jura. Dans ces départements, les empreintes, les reliefs de repas et les traces de fèces ont disparu, sauf à proximité de la frontière, dans les triages difficiles d'accès : des individus existeraient encore dans ces futaies du Risoux, du Massacre, des Hauts-Crêts et de Champfromier. Mais cette réduction des effectifs serait compensée par leur progression dans le Doubs. Car le loup-cervier ignore les trajectoires régulières.

Si le lynx fut victime des collectionneurs de trophées et des négociants en fourrures[26], les rapaces le furent de la chasse au vol, payant un lourd tribut à la capture et au dressage. Leur rôle était fonction de l'espèce : le faucon ou l'épervier, rapaces diurnes, servaient d'auxiliaires et le grand duc ou la chouette, rapace nocturne, d'escap. Certaines n'en reçurent aucun. L'aigle a besoin d'un surplomb pour prendre son envol[27]. Planeur remarquable en raison de son envergure, il était inapte au vol, technique qui exige grande vitesse et plongée rapide. Le vautour, lui, est un charognard[28] : il était tout aussi inapte, puisqu'il cherchait le mort et non le vif. En toute logique, ces deux-là auraient vécu heureux sans les rumeurs courant sur leur compte : ils auraient enlevé des nourrissons et aveuglé des montagnards. Aussi furent-ils impitoyablement tirés : empaillés, les adultes valaient cher, tout comme leurs couvées ou leurs couvaisons. En 1854, Henri Nicolle, un officier qui escortait des touristes, relata l'excursion dans la gorge du Balour (val d'Ossau)[29]. Ses compagnons n'étaient pas avides de curiosités naturelles, mais de volatiles exceptionnels. Le guide essaya de leur faire tirer un vautour : il l'attira avec les entrailles d'un mouton fraîchement éventré, afin que l'odeur ne rebute pas « les dames, majoritaires dans les nombreuses caravanes (de touristes) ». Nicolle décrivit l'ardeur du groupe : « Ce n'est pas précisément au milieu de la plaine Saint-Denis qu'on tire ce gibier-là : pour des Parisiens, cela devait être d'un certain attrait et vous jugez si nous étions désireux d'assister à ce spectacle ! » En l'occurrence, ils ratèrent ce rapace, mais le séjour leur permit d'en voir un « de deux mètres, porté sur un âne et promené dans la ville »...

Souvent, l'indignation d'un seul facilitait la protestation de tous. Ce fut le cas pour le vautour, un médecin informant le ministre du massacre. Car il aperçut « à maintes reprises revenir le soir, à Saint-Jean-de-Luz (Pyrénées-Atlantiques) », « des autos enguirlandées de trente à quarante cadavres de vautours pendus[30] ». Au reste, dans les boutiques de souvenirs, les cartes postales confirmaient ses dires : les vautours étaient alignés sur une perche comme de vulgaires volailles ; armés de leur fusil, deux bourgeois encadraient le trophée chèrement payé. La légende inscrite par notre médecin était parlante : « Que vont-ils faire de leurs vautours ? Les manger ? Pouah ! En orner les chapeaux de leurs dames ? Un peu lourds ! Les soumettre à de savantes dissections ? Invraisemblable ! En somme, ils ont tué pour rien, pour le plaisir. » Le préfet fut chargé de l'enquête. Questionnés, les maires affichèrent trois comportements : nier le phénomène, plaider l'impuissance ou trouver que cela attirait le tourisme. D'ailleurs, le maire d'Urrugne minora le massacre car « les quelques sujets tirés au fusil sont très loin de porter atteinte au développement des races ». Constatant l'hécatombe, les protecteurs de la nature fourbirent leur argumentaire. Dans un bulletin de la Fédération des ligues pour la protection des oiseaux, le docteur Rocher-Duvigneaud rappela qu'aux Etats-Unis la faune d'une région « n'appartient pas à ses habitants (parce qu') elle constitue un dépôt, dont la génération actuelle est responsable envers les suivantes. On y estime que l'extinction d'une espèce est un appauvrissement pour la communauté ». Dans une lettre, le directeur de la Station des Vertébrés demanda au préfet de « préserver les vautours comme *monuments naturels*, une rareté ornithologique française qu'on doit épargner pour conserver à la région une de ses caractéristiques[31] ».

Comme des mesures semblables existaient outre-Atlantique et paraissaient adoptées ou sur le point de l'être, en Scandinavie pour le faucon, en Suisse et en Italie pour l'aigle et l'autour[32], le préfet des Pyrénées-Atlantiques interdit l'extermination et le colportage de l'oiseau. C'était en 1928. Six ans plus tard, la *Gazette d'Ossau* révéla à ses lecteurs que l'arrêté était ignoré ou contourné. L'intitulé : « Chasseurs, ne tuez pas les vautours ! » était explicite… Le problème était général : en 1940, dans les Grands Causses, les gorges de la Jonte, de la Dourbie et de la Vis n'abritaient plus que des nids vides. Trente ans plus tard, les quatre premiers poussins furent importés d'Espagne et élevés en volière, bientôt rejoints par les congénères récupérés dans les cirques, les zoos et les parcs. Des couples se constituèrent, s'accouplèrent et se reproduisirent. En 1971, les membres du Fonds d'intervention pour les rapaces (FIR) et les gardes du Parc national des Cévennes (PNC) voulurent en relâcher. Stupeur ! Libérés des cages construites sur la falaise du Truel, les adultes ne savaient pas voler. Constant Bagnoli, membre du FIR, raconte : « Certains donnaient l'impression d'avoir le vertige – comme une vague inquiétude devant le vide ! Ils chutaient, ils se retrouvaient dans l'herbe (...) ; ils escaladaient les gorges en marchant[33] ! » Dix années passèrent avant les premiers vols. Comme le vautour chauve était lié au pastoralisme – il dévore les carcasses – et que ce système régressait, la direction du Parc les fit acheter aux abattoirs et chez les éleveurs, et transporter jusqu'à son entrepôt. Au début, la présence de l'oiseau et des charniers contrariait les habitants : ils « disaient que ça allait attirer les mouches. Maintenant, ils sont pour : ça attire les touristes », note un garde, désabusé mais réaliste. La morale de l'histoire, c'est la primauté du contexte pour évincer ou pour défendre des espèces. Emblématique d'une politique européenne, le retour des indésirables prouve l'efficacité d'un discours, celui des « protecteurs de la nature »[34].

Protéger les animaux

Appliquée aux carnassiers et aux charognards, l'idée de les maintenir ou de les importer pour les relâcher remonte à une trentaine d'années[35], guère plus, car cela bousculait les données pastorales, les tabous culinaires et les craintes ancestrales. Mais la répulsion perdura. Il suffit, pour s'en convaincre, d'aller au zoo écouter des parents. Le loup aurait « l'œil mauvais », alors qu'il évite de croiser les regards : c'est une règle chez les fauves. L'ours serait un « gros balourd », parce qu'il dédaigne les cacahuètes qui pleuvent sur lui : ce n'est pas un singe. Les oiseaux de proie « dégoûtent » (les vautours) ou « font pitié » (les aigles) et tous sont « affreux »,

« sales » et « méchants ». Quant aux reptiles et aux batraciens, ils intéressent lorsque leur gueule s'entrouvre et que leur langue se profile : sur la vitre, le triangle rouge « Danger ! » donne le frisson... Cela traduit lâcheté – on accable le prisonnier qui terrorisa les populations – et méfiance – on néglige le comportement des bêtes, à l'instar de la physiologie des arbres. Mais comment en irait-il autrement ? En la matière, l'Éducation nationale et les associations scientifiques ne transmirent pas les connaissances accumulées. Et pourtant, leur progression fut continue du XIXe au XXe siècle, mais elle demeura confinée dans un cercle étroit.

Des sociétés naturalistes

En ignorant le visiteur, les « féroces » et les « immondes » paraissaient hautains et passifs, eux que les contes montraient humbles et actifs. En réagissant à sa présence, certains « puants » séduisaient. Le public assistait à leur repas et admirait performance, élégance et progéniture : la sollicitude parentale semblait « humaine » car le spectateur projette sur le couple ses émotions en pareil cas. Dans la nature, il les jugerait « malfaisant » ou « nuisible ». Aussi les mustélidés furent-ils défendus aussi tard et aussi mal que les fauves et les rapaces. De fait, les premières mesures visèrent les volatiles esthétiques, les insectivores ensuite et les granivores pour finir. Mais ces règlements furent souvent piétinés, des chasseurs allant jusqu'à récuser leur principe. Au fond, les associations cynégétiques n'imaginaient pas leur concrétisation. C'était mésestimer les sociétés qui protégeaient les paysages, les monuments et les sites – par exemple, les avocats des « féroces » et des « immondes » usèrent des termes « patrimoine » et « patrimonialisation »[36]. C'était mésestimer aussi les sociétés qui soutenaient les sciences naturelles*, les inventaires faunistiques et les musées d'histoire naturelle[37].

---

* A l'époque, l'expression englobait les sciences de la Terre comme la géologie et les sciences de la vie comme la zoologie.

Pendant longtemps, sociétés de chasse et sociétés de protection vécurent côte à côte, sans échanger leurs arguments. Mais cette coexistence pacifique disparut quand elles accrurent effectifs et audience. Au nom de la nature, la période 1918-1970 vit les chasseurs invoquer les traditions rurales et les protecteurs, les nouveaux modes de vie. Les premiers parlaient de chasse « utile » ou « sportive » et les seconds, de tuerie « barbare ». Ce conflit idéologique alimenta le combat politique entre les Chasseurs et les Verts, partis qui émergèrent dans la décennie suivante[38].

Leur sociologie correspondait à celle des associations. Cliché social, la noblesse vivrait de ses domaines, aurait peu d'instruction et beaucoup de loisirs. La passion du courre lui ferait bouder les académies provinciales, les sociétés savantes et les clubs de lecture. Il n'en était rien. Mais au XVIIIe comme au XIXe siècle, les sociétés archéologiques et historiques eurent sa préférence, malgré ses legs aux sociétés des arts et des lettres. En fait, dans les années 1800-1860, son choix opérait par défaut, les sciences, les sciences naturelles surtout[39], comptant très peu dans l'Education nationale. En 1860, quand le ministre de l'Instruction publique souhaita connaître le monde des savants[40], il confia la tâche à une commission d'académiciens, qui enquêta sur quatre domaines : géologie, thermalisme, climat et météorologie, botanique enfin. Cela lui fit oublier une bonne partie des sciences de la vie[41] ! Avec l'avènement de la Troisième République, la noblesse s'éloigna du pouvoir central et s'engagea davantage dans ces bastions légitimistes et ultramontains qu'étaient les sociétés archéologiques et historiques. Elle y côtoyait la bourgeoisie fortunée qui adoptait ses codes et ses plaisirs, chasse comprise. Ces sociétés dominaient le paysage culturel. Selon Henri Delaunay[42], qui collecta les fiches remplies pour l'Exposition universelle de 1900, il y aurait eu 28 sociétés de sciences naturelles, contre 32 académies provinciales et 69 sociétés archéologiques et historiques, outre 17 d'agriculture et 17 de géographie, surgies après 1870. Que sa recension fût partielle[43] ne change rien au fait que les valeurs patriotiques renvoyaient à la transmission du passé, à la défense de la terre et à la description du relief, alors que la flore et la faune n'avaient aucune signification patrimoniale.

Nouvelles venues, les sociétés de sciences naturelles recrutaient chez les enseignants et chez les normaliens[*] : base électorale des partis républicains, ils applaudirent Jules Ferry et ses lois scolaires[44]. Ces sociétés leur convenaient car la cotisation, modeste en soi, réduite pour eux, donnait accès à des exposés originaux : certes, on y traitait moins des bêtes que des plantes, mais toujours pour dénoncer les chasses. Comment pouvait-on les justifier par le fait de se distraire, de s'entraîner ou de transmettre la tradition familiale ou régionale ? Cependant, deux facteurs freinaient leur essor. D'abord, le caractère subalterne de l'enseignement scientifique[45] : il fallut le décret de 1868 pour créer les laboratoires universitaires et le drame de 1870 pour mettre les sciences de la nature au programme du baccalauréat ! Egalement, le caractère disparate des associations scientifiques[46] : certaines insistaient sur l'histoire naturelle (formation de la Terre et évolution des êtres), et d'autres sur les sciences naturelles, approche plus fonctionnelle et dynamique que descriptive et structurelle. Outre ces deux types, un troisième existait : les sociétés de naturalistes, hommes de terrain et collectionneurs. C'était avant l'apparition du biologiste, spécialiste de la « biologie ». Employé depuis 1802 par le Français Lamarck et l'Allemand Treviranus, ce terme désignait l'examen des animaux et des végétaux anciens et actuels sans recourir aux sciences physiques ; il fut repris par la Société de biologie, fondée à Paris en 1848, trois ans après la Société protectrice des animaux (SPA). Elles précédaient les sociétés des Amis des arbres (1892), des Peintres de montagne (1898), pour la Protection des paysages (1901) ou pour l'Aménagement des montagnes (1904), filiales européennes des modèles américains. Fédérées, elles œuvrèrent pour obtenir des législations similaires.

---

* C'était lié à l'obligation pour les Ecoles normales d'organiser des conférences sur le reboisement et pour les instituteurs ruraux d'installer une pépinière scolaire et d'animer les classes « vertes ».

Dans cet ensemble, les sociétés de « sciences naturelles » furent plus précoces et plus fréquentes (60 % des intitulés) que les sociétés « de naturalistes », intitulé obsolète aux yeux des scientifiques travaillant dans un laboratoire. Au nombre de quatre, ces dernières naquirent entre 1888 et 1914, afin de réunir des prélèvements, établir des inventaires, rédiger des catalogues et exposer des échantillons. Ces activités semblaient bien éloignées de l'expérimentation et de l'analyse, mais leur rôle n'en fut pas moins considérable. Au sein des associations scientifiques, certaines choisirent une spécialité dont elles firent leur titre et leur moteur : les Sociétés de botanique et d'horticulture furent suivies dans les années 1850 par les Sociétés d'acclimatation pour les essences et les espèces exotiques, et dans les années 1900 par les Sociétés de zoologie (1880), d'océanographie (1897) et d'ornithologie (1909). Les sociétés naturalistes, à contre-courant de ce qui paraissait le progrès, complétèrent ce panorama.

Fin de siècle, les adhérents de la première heure furent rejoints par des intellectuels, des membres de professions libérales, des journalistes républicains et des éditeurs scientifiques. Ces personnalités diffusèrent l'idée de sauvegarder les êtres vivants. Ce fut le cas d'Emile Deyrolle qui publiait livres, revues et catalogues. Ces ouvrages présentaient des végétaux et des animaux inconnus. Mais, dans sa boutique, le client trouvait aussi des plantes séchées et des bêtes taxidermisées[47]. A la différence de Paul Klincksieck qui recevait la fine fleur de l'Académie des sciences, Deyrolle occupait plusieurs créneaux, tout comme Dupont, Lechevalier ou Doin, mais avec une différence essentielle : la revue *Le Naturaliste,* avec ses réclames vantant matériel d'excursion, outils de collecte, produits de conservation et boîtes de présentation. Cela facilitait l'étude : les plantes, insectes et papillons étaient desséchés et étalés ; les poissons, serpents et batraciens étaient conservés dans l'alcool ou le formol. *Quid* des mammifères et des ovipares ? Les garder en bon état supposait l'intervention d'un professionnel, ce qui ralentit leur étude. A la veille du premier conflit mondial, aucune recension des espèces à plume et à poil n'égalait encore la *Flore de France* (1848-1856)[48].

La mode étant plutôt à la botanique qu'à la zoologie, les sociétés linnéennes chérirent la mémoire de Carl von Linné (1707-1778), naturaliste qui généralisa la « nomenclature binaire »[*] : leurs adhérents ne séparaient plus espèces, essences et environnement. Ce système d'identification annonçait celui de la répartition, « écosystème » où chaque élément dépendait d'un ensemble et réagissait sur lui et sur les autres. Ainsi, supprimer un maillon du tout, un prédateur par exemple, provoquait le pullulement des proies dont *il* se nourrissait et la dégradation des végétaux ou des insectes dont *elles* se nourrissaient. Bien que Linné reflétât son époque, avec l'idée que certains animaux avaient été « créés (par Dieu) pour massacrer horriblement les autres », il innovait en soutenant que les prédateurs « contribuent (...) à conserver une juste proportion entre toutes les espèces »[49].

Dans le premier tiers du XIXe siècle, cette conception incita les géographes zoologues « à énumérer et décrire les animaux qui peuplent nos bois, nos champs, nos eaux, nos prés, notre atmosphère, (et à) apprendre l'influence du pays qu'ils habitent sur leurs organismes et leurs mœurs[50] ». C'était ouvrir la voie aux inventaires faunistiques et aux études comportementales[51]. Dans le dernier tiers du XIXe siècle, elle leur fit classifier les oiseaux en fonction du milieu, son changement expliquant leurs migrations. Ce changement résultait des saisons, des transformations anthropiques aussi : « les hôtes ailés des forêts plantées de conifères n'appartiennent pas aux mêmes espèces que celles qui habitent les grands massifs de chênes et de châtaigniers[52] ». Ces milieux attirèrent le regard des géographes zoologues, puis des « zoogéographes », enfin des « biogéographes » lorsque la zoologie devint autonome.

---

[*] Ces sociétés en firent tant qu'elles le créditèrent de cette invention. Pourtant, d'autres avant lui avaient identifié les végétaux en hiérarchisant les caractères sexuels prépondérants et secondaires. Sur cette découverte et l'héritage que reprirent les zoologues, voir A. Corvol, *L'Arbre en Occident, op. cit.*

Des mesures impopulaires

De ces travaux, les protecteurs de la nature retinrent que la préserver, c'était encadrer les chasses et conserver les milieux. Comme le premier objectif semblait plus facile que le second, qui réduirait le droit de propriété, c'est-à-dire la liberté d'en user, la protection des espèces menacées débuta au XIXe siècle et celle des habitats sensibles, dans les années 1990. Sur ces deux sujets, toute législation serait impopulaire. Car les naturalistes et les biogéographes excluaient l'homme de la nature sans tenir compte des évolutions, des habitudes et des aménagements. Elle resterait immuable comme le Sauvage de Jean-Jacques Rousseau et les Primitifs des explorateurs – ou finirait saccagée en raison d'une exploitation intensive. Bref, les spécialistes décrivaient des paradis inaccessibles, mais promettaient des lendemains épouvantables !

Les adhérents des sociétés de protection oscillaient d'un extrême à l'autre. Ils reprenaient à leur compte la morale qui inspira les rapporteurs de la loi Grammont. Votée en 1850, elle sanctionnait les individus maltraitant un animal domestique. Forte de ce premier succès, la SPA – 3 500 membres à la veille de 1914 – souhaita l'étendre aux autres espèces[*]. Aussi essaima-t-elle à Lyon (1853), Pau (1858), Cannes et Nîmes (1877), Le Havre (1880), Dunkerque et Menton (1882), Rouen et Biarritz (1890)[53]. En punissant la violence contre les bêtes, elle pensait l'atténuer chez les humains[54]. Les adhérents approuvèrent aussi les décisions ponctuelles répondant à des problèmes économiques. C'était le cas avec la défense des oiseaux, des reptiles ou des hérissons, insectivores indispensables à l'agriculture car « inoffensifs », ils méritaient d'« être classés au premier rang parmi les animaux utiles »[55]. Ainsi, ces sociétés de protection qui ne connaissaient pas le naturaliste Carl Vogt (1817-1892) aidèrent à diffuser son ouvrage

---

[*] La loi de 1850, portée par le général Jacques Delmas de Grammont (1796-1862), fut abrogée au profit de mesures plus larges et plus dures en… 1959 !

Leçons sur les animaux utiles et nuisibles, publié en 1882.
C'était un choix courageux, l'auteur étant allemand et le souvenir de la défaite, brûlant*.

Comme ces tensions venaient des rivalités coloniales en
Afrique du Centre et du Nord-Ouest, leur critique concerna
l'« homme civilisé[56] » qui asservissait les indigènes et développait ses cultures d'exportation aux dépens de la faune et
de la flore locales. Outre les oiseaux et les singes décimés
pour leur plumage et leur fourrure, le chasseur blanc abattait rhinocéros, crocodiles, éléphants, girafes, léopards et
guépards. En métropole, le tableau n'était pas meilleur pour
le tétras-lyre et le lagopède des neiges, le mouflon corse et
l'isard pyrénéen. La société du Tarn en appela aux autres par
l'intermédiaire du naturaliste Daniel Monclar : elle demandait l'organisation d'un congrès international qui définirait
les priorités et les politiques à engager. Après tout, certains
Etats montraient l'exemple, comme la Norvège pour le castor ou la Suisse pour le chamois[57]. Monclar misait sur
l'orgueil national, afin que le pays rattrapât son retard et
dirigeât cette nouvelle croisade. Pacifiste, puisqu'il s'agissait
de la sauvegarde des espèces, elle serait bien vue à l'heure des
conférences coloniales. Mais l'initiative ne fut pas française,
l'Allemagne et l'Angleterre intervenant sur ce dossier comme
sur les autres : après discussion, les congressistes acceptèrent
la convention internationale du 19 mars 1902. Limitée aux
oiseaux utiles, elle marquait le début d'un processus. Mais en
France, elle passa fort mal. Les associations qui avaient œuvré
pour ce congrès jugèrent le résultat décevant : toute espèce
menacée devrait être préservée. Les fédérations qui avaient
tablé sur son fiasco le jugèrent scandaleux : toutes les chasses
traditionnelles disparaîtraient.

Il restait à transcrire le texte dans le droit français, chaque
partie intervenant auprès des députés et des sénateurs. Installées solidement dans le paysage politique, les fédérations

---

* Dans les bibliothèques publiques, les commandes des revues et des
ouvrages allemands chutèrent de 1870 à 1914, même dans celles des
grandes écoles comme l'Ecole des Eaux et Forêts à Nancy.

gagnèrent cette première bataille : le législateur infléchit le texte d'une manière qui leur était favorable, ce qui permit le vote du 30 juin 1903. Bien que la manœuvre fût habile, les dirigeants ne reçurent pas l'aval de la base, des sociétés leur reprochant d'avoir trop lâché : la représentation nationale aurait sacrifié les traditions régionales « sur l'autel de l'internationalisme ». Cela aurait été exact si la convention avait été appliquée, mais cette rigueur heurtait des tolérances et des interprétations. C'est à croire qu'aux yeux des habitants les usages cynégétiques – sans origine juridique – comptaient davantage que les usages agricoles et sylvicoles, car ceux-là étaient irrecevables ou rachetables. Au demeurant, les chasses traditionnelles supposant apprentissage ou imitation, toute rupture de transmission équivaudrait à un arrêt de mort[58]. Mais pour en arriver là, les interdits devraient durer plusieurs générations. Ce ne fut pas le cas. Aussi, quand certaines sombrèrent, ce fut rarement à cause des textes. Ainsi, la chasse aux oiselets à l'aide de lacets souffrit d'un changement dans les goûts culinaires et dans la morale usuelle : elle devint condamnable ; la chasse aux bécasses à l'aide de pantières souffrit de l'emploi des chiens d'arrêt et des carabines : elle devint obsolète. En revanche, les pratiques qui avaient peu ou n'avaient pas évolué restèrent vivaces, comme la capture des palombes avec de grands filets verticaux[59], celle des alouettes avec des filets simples et celle des ortolans avec des matoles.

Evidemment, les préfets supprimèrent toutes les tolérances existantes... pour les rétablir trois ans après ce vote, à la faveur d'un renversement ministériel. *La Petite Gironde* cria victoire, d'où le titre : « Une bonne nouvelle pour les chasseurs ! ». En effet, l'année 1907 vit confirmer la prise de l'alouette aux lacets, aux filets et à la matole, la prise aussi de l'ortolan, du linot et du verdier aux filets, à la pantière et à la matole. Impuissantes, les associations protectrices voyaient le texte partir en lambeaux : il n'en restait que l'impossibilité de chasser après la fermeture officielle. Cependant, même là-dessus, les portes n'étaient pas fermées à quelques dérogations. Les associations reprirent le combat, mais, une fois n'étant pas coutume, les fédérations les soutinrent. Les motifs étaient distincts, les premières cherchant à préserver les volatiles et les secondes, à limiter le braconnage. Il faut reconnaître qu'en général, les associations œuvraient souvent en solitaires ; elles en étaient même assez fières, si l'on en juge par leurs éditoriaux. Car les préfets ordonnaient ou conseillaient aux gendarmes d'ignorer les délits liés au non-respect des tolérances, ce qui revenait à accepter toutes leurs interprétations (Texte 24). Ils n'avaient pas besoin de les forcer, certains aimant ces chasses pardessus tout. L'un d'eux n'assurait-il pas au préfet des Landes que c'était « sans le moindre esprit d'indiscipline civique ni d'opposition aux règlements » qu'il désirait chasser la palombe « au moyen de filets sur sol avec appeaux et affût, l'ayant pratiqué de tout temps et bénéficié de cette tolérance même pendant la guerre de 1914-1918 »[60] ?

Ces passionnés inscrivaient leur pratique, gibier particulier ou technique ancienne, dans les traditions locales. Elles supposaient une histoire, des gestes, des rites auxquels ils étaient très attachés. Cela montrait l'aménagement du site et la durée de l'occupation[61], le refus du fusil aussi, identifié à la modernité. Logiquement, ces trois critères caractérisaient les « chasses traditionnelles ». Mais l'expression ne fut clarifiée qu'au début des années 1980. En juillet 1981, il parut « urgent de (les) définir avec exactitude (…), puis d'autoriser celles qui auront été retenues comme telles, tout en s'assurant que les prélèvements qui sont les leurs ne mettent pas en danger les effectifs de la faune migratrice[62] ». Quelques mois plus tard, cette précision fut apportée : « il s'agit de certains procédés de capture rattachés à des traditions locales (les grivières ardennaises et cévénoles) ou régionales (les pantières gasconnes), à caractère spécifique (et) fondés sur le simple droit coutumier et qui sont entrés dans les mœurs depuis longtemps déjà[63] ». Ainsi, les composants essentiels étaient l'ancienneté du geste et la stabilité du procédé. Le législateur espérait que ces éclaircissements feraient taire l'opposition européenne car, si le traité de Rome gardait les chasses en l'état, la percée des Verts, en Allemagne notamment, changeait la donne. La commission de Bruxelles décida de réviser ces chasses : les gouvernants n'en étaient pas fâchés, mais savaient que tout acte « bureaucratique » irriterait les chasseurs locaux. L'adjectif suggérait déjà l'incurie des fonctionnaires, la connaissance étant du côté des gens de terroir*...

Les directives européennes

Le branle-bas régional témoignait des « contraintes nouvelles issues du droit international » : le législateur redécouvrait des « pratiques cynégétiques jusque-là mal définies : les chasses dites traditionnelles »[64] et des pratiques scandaleuses partout ailleurs comme le tir à l'ours, au loup, aux rapaces ou à la sauvagine, loutre incluse. Le feu aux poudres partit d'un projet de directive, Conservation des oiseaux à l'échelle européenne, daté du 20 décembre 1976. La Fédération du Sud-Ouest lui opposa les spécificités nationales et régionales, argument employé en d'autres occasions. En France, la chasse serait une affaire sérieuse, « réservée à ceux qui l'aiment et qui la pratiquent passionnément », ce qui évacuait la discussion quant aux effectifs des espèces trop appréciées, pourrait-on dire. Rien n'y fit. La directive entra en vigueur le 2 avril 1981.

Désormais, les Etats membres devaient maintenir les biotopes[65] en déterminant les zones consacrées à la reproduction, à l'hivernage et aux haltes migratoires, et protéger les espèces en verbalisant toute perturbation intentionnelle dans ces périodes critiques, tout prélèvement des œufs et des nids, toute destruction et tout commerce. L'annexe II indiquait les espèces chassables, liste variant selon les Etats. Cela aurait comblé les associations... en 1902 ! Et poussa donc les fédérations à plaider leur cause devant la Cour de Justice de Luxem-

---

* Cela explique d'ailleurs les titres triomphants des articles quand l'« incurie » était vaincue par la « sagesse ». Voir dans cette optique J. Guilbaud, « Une victoire pour les chasseurs de gibier d'eau », *Le Chasseur français*, n° 810, 1964.

bourg et les tribunaux correctionnels. Car M. d'Ornano, gaulliste historique et ministre de l'Environnement et du Cadre de vie, avait voulu calmer les chasseurs en rappelant que les pratiques prohibées par l'article 8 relevaient de Paris, ce qui autorisait des dérogations en vertu de l'article 9 : l'Etat informait Bruxelles uniquement lorsqu'elles étaient permanentes.

De ce discours, les fédérations retinrent que leur interlocuteur restait le préfet, sous contrôle de sa hiérarchie, et que certaines chasses seraient éteintes. Cette crainte était fondée car le Rassemblement des opposants à la chasse (ROC) exploitait la conjoncture électorale pour demander aux candidats socialistes et écologistes d'appliquer la directive européenne et de restreindre les chasses traditionnelles d'abord, *toutes* les chasses ensuite, ce qui était nouveau. Effectivement, à Paris, le 5 janvier 1988, sa conférence de presse fut l'occasion de rappeler que les possibilités dérogatoires ne concernaient que les captures « en petites quantités » au moyen des techniques anciennes. Or, ce qui choquait le ROC, c'était l'ampleur des prélèvements dans le Sud-Ouest[66], où l'ouverture de la saison commençait par l'affrontement entre Verts et chasseurs en présence des journalistes et de la gendarmerie. Celle-ci refrénait les violences tout en affichant sa neutralité. Ces critiques n'étaient pas nouvelles car, dans l'entre-deux guerres, alors que les partis écologistes n'étaient pas nés, le nombre des prises stupéfiait même les propriétaires chasseurs. L'un d'eux avertit le ministre de l'Agriculture du commerce des oiselets : au marché de Morcenx, « il s'en est vendu plus de trois cents douzaines et, la veille, au marché de Tartas, c'est par milliers de douzaines qu'il en a été porté au marché. Le centre de la destruction est Tartas, mais à Morcenx, même les chasses aux lacets (et) aux filets (...) se font ouvertement[67] ». Le risque était que tous les chasseurs fussent accusés de ces abus. Comment distinguer ceux qui fournissaient les détaillants et ceux qui appréciaient les plaisirs de la chasse et de la table ? Les autorités parisiennes préférèrent que la réprobation générale y mette un terme (Texte 25).

Cette question des chasses traditionnelles amena la Commission à déposer plainte contre la France. Le verdict de la

Cour de Luxembourg était impatiemment attendu par le
Premier ministre Jacques Chirac et par l'Union nationale des
fédérations de chasse, où le Sud-Ouest pesait très lourd. Il
tomba le 27 avril 1988 : la France avait failli à cinq de ses
engagements, mais pas au sixième, bien que la Commission
eût jugé contraires à la convention les arrêtés préfectoraux
autorisant l'emploi des gluaux pour la grive et celui des pan-
tes et des matoles pour l'alouette. La Cour arguait du fait
que la Commission n'avait pas démontré que « la réglementation française permet(tait) des captures incompatibles
avec une exploitation judicieuse de certains oiseaux en petite
quantité[68] ». Pour autant, cette sentence qui confortait les
pratiques n'avait rien de définitif : l'affaire reprendrait si les
associations prouvaient que les prélèvements étaient considérables. En ce cas, le gouvernement serait obligé de revenir
sur les tolérances accordées ; il le ferait d'autant plus aisément que l'article n° 373 du Code rural ne connaissait que
trois chasses : à tir, au vol et à courre, et que l'article 376
punissait les utilisateurs de filets, d'appeaux et d'appelants.
Les associations s'engouffrèrent dans cette brèche : elles portèrent le dossier jusqu'au Conseil d'Etat, en espérant que
cette institution déclarerait les tolérances régionales contraires à la législation nationale. Elles échouèrent, parce que
l'article n° 373 fut réécrit en décembre 1988 ! Elles eurent
davantage de réussites avec les directives européennes.

Ce fut le cas en 1999 où, malgré l'intervention des parlementaires et des conseillers généraux landais auprès du Premier ministre Lionel Jospin, le bruant ortolan fut classé sur
la liste des passereaux protégés, entre le bruant zizi et le
bruant des roseaux[69]. Même si le département avait une
dérogation, elle serait provisoire : leur chasse disparaîtrait,
comme en 1935 celles de la grive aux cédades et de la
bécasse et de la palombe au printemps*. En effet, encadrer
ou prohiber le commerce d'une espèce dissuadait les chas-

---

* Ces chasses, dites « chasses de retour » ou « chasses de printemps »,
furent jugées immorales car elles interviennent quand les migrateurs, qui
hivernent dans les pays chauds, retournent vers les pays froids afin de se
reproduire dans la période du printemps.

seurs, diminuait les prises et, parfois, éteignait la chasse. Aussi, les fédérations cantonnaient-elles leur défense aux chasses désintéressées, au nom du maintien des savoir-faire individuels et communautaires. Leurs présidents répétaient qu'ils ne voulaient plus des chasses professionnelles où, « dans un but de lucre, des dizaines de milliers de palombes sont détruites annuellement au profit de quelques-uns et au préjudice d'une collectivité de chasseurs[70] ». Ainsi, les interdictions générales n'étaient pas mieux comprises autrefois qu'aujourd'hui, où les pratiquants estiment être dans leur droit[71]. En fait, c'est le droit du chasseur contre celui des oiseaux : ces migrateurs n'étaient-ils pas à tout le monde, nul n'en étant propriétaire ? Cette conviction, tout passionné la possédait et la possède encore. « Sachez seulement, dira l'un d'eux, que le père a fait cela déjà, qui l'avait appris de son père, et ainsi de suite, depuis les grands aïeux dont le nom est oublié. Si cela nous plaît de planter des bouts de houx à l'automne, dans un coin de nos champs ? (…). D'ailleurs, ça ne les dérange pas ces bestioles, puisqu'elles reviennent dans le pays depuis toujours[72] ! » Il n'avait pas mauvaise conscience, discours qui ne serait plus reçu dans un XXIe siècle où la population est majoritairement citadine, surtout tertiaire et plutôt nomade.

*

Les années 1970 marquèrent un tournant dans la protection des espèces sauvages. Trop longtemps limitée aux oiseaux, elle intégrait désormais les nuisibles, les « féroces », les « immondes » et les « puants » d'autrefois. Cependant, elle demeurait plus facile pour les volatiles que pour ces mal-aimés : ils n'étaient plus un danger, mais continuaient à effrayer, ce qui compliquait leur réintroduction. Certains y voyaient la volonté de réparer les erreurs au lieu d'en prendre acte car personne ne saurait corriger l'histoire des hommes ou des bêtes. Ils pensaient que soumettre la politique à la conservation de la nature était tout aussi utopique que son contraire, à savoir soumettre la politique à la domination de l'homme. Les discussions sur le sujet expliquent

l'édition d'ouvrages sur les excès de la chasse[73] ou, au
contraire, sur le plaisir de chasser[74]. Le débat restait donc
vif. Comme ces années virent la télévision dans tous les
foyers français, il fut souvent posé au travers des manifestations de chasseurs, qui revendiquaient leur activité, et des
plaintes d'écologistes, tout aussi furieux de son existence :
cela leur semblait moralement répréhensible et matériellement préjudiciable. Leurs associations entendaient préserver
les espèces sauvages, toutes les espèces, bien que la gent
ailée fût la première défendue. Car il était plus facile de rallier l'opinion publique à sa cause qu'à celle des « fauves ».
D'où l'étude et la recension tardives des carnassiers. La loutre fit partie de ces méconnus jusqu'en 1981 et la création du
groupe Loutre au sein de la Société française d'étude et de
protection des mammifères.

Sur les résultats collectés par une centaine d'amateurs[75],
le secrétariat Faune et Flore finança une enquête reprise
dans les Comptes du patrimoine naturel : 500 individus
subsistaient encore[76], cent fois moins qu'au début du siècle,
la valeur des peaux ayant accru la chasse. Par conséquent,
pourquoi ne pas relâcher des spécimens élevés en captivité ? Comme la pisciculture d'eau douce déclinait, la plupart des gens préférant le poisson de mer, les riverains n'y
trouveraient rien à redire : cette présence montrerait la qualité des eaux et contraindrait à la maintenir. A l'instar d'autres
espèces sauvages, la loutre servirait de bio-indicateur. Mais
si l'idée fut acceptée, c'est parce que les dommages de
l'espèce étaient faibles ; c'est aussi parce que ses jeux dans
les parcs et les zoos l'avaient rendue sympathique. Il en
allait autrement pour les espèces discrètes ou mordantes.
Et si le sort des bébés phoques, des dauphins ou des balei-
nes émouvait les spectateurs, c'est parce que ceux-ci habi-
taient un pays où ces mammifères marins n'avaient aucun
intérêt économique. Ce fut le cas de toutes les espèces déclarées « innocentes ». Les avocats des animaux employaient
volontiers cet adjectif, pour condamner les chasses que ne
légitimait pas l'autodéfense. Paradoxalement, la disparition
des « féroces » permettait de les défendre, les non-chasseurs

dénonçant un fait intervenu avant leur naissance, quand les conditions de vie étaient différentes. Entre chasseurs et non-chasseurs, le fossé grandit. Ce qui était en jeu, c'était le fait de donner la mort : le vivant devint sacré quand les dogmes le furent moins.

10

Célébrer la vie

Certains blâment l'univers carcéral des animaux de boucherie. Cette démarche exprime moins la pitié que la crainte des substances distribuées pour accroître la prise de poids et empêcher les épizooties. C'est donc leur vie et non leur mort qui gêne, la banalité de la viande entraînant celle de l'abattage. Mais si les urbains acceptent l'exécution des bestiaux, ils contestent l'exercice de la chasse, puisqu'elle ne conditionne pas leur alimentation. Habitués au contact des bêtes, les ruraux raisonnent autrement : les animaux engraissés connaîtront le feu des enchères et les espèces sauvages, la dent des prédateurs, l'homme faisant partie de ceux-là. En ville, personne ne travaille dans le secteur agro-alimentaire ou dans les industries du bois, ce qui modifie la relation au vivant : on est choqué par la mort d'un animal, par la coupe d'un arbre aussi. Il est pourtant des citadins qui aiment la chasse[*], mais beaucoup la borneraient volontiers au plaisir de battre les fourrés, guetter les oiseaux ou observer les chiens. C'est la finalité de ces gestes qui scandalise. Dans un monde parfait, le chasseur

---

[*] L'ouvrage de J. Nard les concerne expressément, d'où ce titre qui semble provoquer les défenseurs des espèces sauvages : *La Chasse pratique, ou le Bréviaire du Nemrod*, Paris, Crépin-Leblond, 1947.

reviendrait avec une image, celle d'une bête en vie ! Effectivement, si la compagnie d'un animal familier corrige le jugement
sur les animaux, l'image d'une espèce sauvage profite à ses
semblables. En les individualisant[1], en les sacralisant même,
elle place les chasseurs en difficulté car, lorsqu'ils les
préservent[2], c'est pour continuer la chasse... Indissociable de
l'urbanisation et de la tertiarisation, le discours actuel transforme les chasseurs en « assassins » et le gibier en « victime ».
La magistrature ne renierait pas cette terminologie, l'emprunt
datant de la seconde moitié du XIXe siècle.

Bambi et compagnie...

Longtemps, l'animal sauvage, poursuivi ou abattu, constitua un sujet de statues, de cartons, de tableaux ou de motifs
ornant meubles et objets. Le trophée de chasse, matériel ou
pictural, mettait en scène sa dépouille. Le surtout de chasse,
commande spéciale, trônait au milieu de la salle à manger.
C'est le cas dans *Son Excellence Eugène Rougon* (1876),
Napoléon III recevant ses convives au château de Compiègne
(Oise). Zola évoque leur entrée « en grande pompe. Cinq lustres flambaient au-dessus de la longue table, allumant les
pièces d'argenterie du surtout, des scènes de chasse avec le
Cerf au départ, les cors sonnant *l'Hallali*, les chiens arrivant à
la *Curée*[3] ». Ce soir-là, « M. La Rouquette causait cuisine,
discutant le degré de cuisson d'un quartier de chevreuil à la
broche ». Ce rôti précédait « un potage à la Crécy, un sau-
mon au bleu, un filet de bœuf sauce échalote, des poulardes
à la financière », service que terminait un autre gibier, « des
perdrix aux choux montées ». Héritées de la statuaire animalière propre aux demeures aristocratiques, cette orfèvrerie
embellissait les espaces de réception.
  Plus ordinaires, les bronzes animaliers furent banalisés
par les techniques de réduction[*] et le système des édi-

---

[*] Une même œuvre existait en plusieurs formats, puisque ses dimensions pouvaient être mécaniquement agrandies ou diminuées. Appliquant

tions*. Certains fondeurs employaient des alliages d'imitation** : les prix baissant, les produits industriels envahirent les intérieurs bourgeois***. Au même moment, des peintres et des sculpteurs laissèrent les thèmes cynégétiques et montrèrent l'animal en mouvement. Séduits par son élégance, ses performances, son caractère et son intimité, ils le voulaient « naturel », bien que leur modèle fût un spécimen de musée ou de zoo. Cela explique qu'ils aient représenté tant d'espèces exotiques, des félins surtout : ils traitèrent rarement des espèces autochtones et toujours de manière convenue. Mais la posture comptait moins que les petits, leur présence « humanisant » les parents. Tous semblaient vivants, sentiment qui progressa avec les images successives puis défilantes : les premières furent à l'origine des dessins animés et les secondes, des documentaires. Ainsi, le spectateur observait et admirait les sauvages en *liberté*, réservant ses faveurs aux espèces *aimables*. La protection débuta par elles.

à l'espace le principe du pantographe, ces instruments industrialisèrent la reproduction. L'appareil mis au point en 1836 par Achille Collas, l'associé de Barbedienne (voir *infra*), demeura célèbre.

* Pendant plus d'un siècle, 1830-1940, les bronzes animaliers furent produits sans limite de tirage, l'éditeur achetant au sculpteur un certain nombre de modèles avec le droit de les reproduire. Cette tâche revenait au fondeur de son choix. Mais, la demande augmentant, des fondeurs devinrent éditeurs, tels Ferdinand Barbedienne ou Victor Susse, et passèrent contrat avec l'artiste.

** Le bronze contient 90 % de cuivre, outre l'étain, le zinc et le plomb, chaque fondeur gardant le secret sur son alliage. Le « régule », dit « métal blanc », coûte moins cher, la dose de zinc étant accrue. La loi du 10 mars 1935 interdit la vente comme « bronzes » ou comme « bronzes d'art » de ces « bronzes d'imitation » dont l'alliage renfermait moins de 65 % de cuivre.

*** Le goût du public différait des critiques qui, jusqu'à la fin du siècle ou presque, traitèrent ces statuettes de « presse-papiers ». Le terme « animalier » resta péjoratif : le corps humain méritait seul d'être « taillé dans le marbre ». Ainsi, le genre animalier souffrit du motif, l'animal, du matériau, le bronze, et des reproductions par surmoulage, d'où une qualité médiocre.

Le sauvage visité

Liés à la notion de patrimoine, les musées d'histoire naturelle exposaient et conservaient les richesses nationales ou départementales, leurs bâtiments recueillant les collections obtenues par saisies, achats et legs. Destinés au grand public, ils avaient mission de les inventorier et de les cataloguer, d'organiser les visites et de programmer les conférences afin de répandre les connaissances disponibles. Ces tâches coûtant très cher, les directeurs encourageaient le bénévolat, des enseignants surtout et des érudits souvent. Ces institutions restaient vulnérables : les ayant demandées, les notables contribuaient à leur fonctionnement, à leur enrichissement aussi. Mais ces soutiens ne duraient pas ou ne couvraient pas tout. Bientôt, faute de place ou de crédits, les collections attendaient la construction d'un bâtiment dans une salle de l'hôtel de ville, de la Préfecture, du palais de justice ou des Archives départementales : elles s'abîmaient, des spécimens s'égaraient et des échantillons se corrompaient. Par exemple, à Moulins, l'humidité du grenier pourrit les animaux et, à Nantes, la moisissure de la cave gâta les plumages. Les sociétés savantes consignaient apports et pertes dans leurs bulletins, déçues des suites données au décret du 14 fructidor an IX (31 août 1801) qui autorisait quinze métropoles à imiter le Muséum national chargé du Jardin des Plantes et de sa Ménagerie[4].

Issu du Cabinet d'histoire naturelle, ce musée remontait à 1793 et regroupait les collections des Bourbons et des Condé, nationalisées avec beaucoup d'autres. Dans toutes ou presque, les échantillons de minéralogie, de paléontologie et de botanique étaient plus nombreux que les spécimens de zoologie[5]. Par la suite, l'essor de cette discipline lui valut une galerie (1844), puis une Grande Galerie (1877-1889). Le jour de l'inauguration, le ministre de l'Instruction publique et des Beaux-Arts Armand Fallières annonça la « présentation exhaustive de toutes les collections ». C'était l'objectif à atteindre pour tous les autres musées. Très souvent, les collections d'histoire naturelle y côtoyaient les collections artistiques, historiques, militaires et scientifiques*. Le budget n'était pas toujours en cause. En effet, cette structure rappelait les cabinets de curiosités et possédait ses partisans. Selon eux, l'unité de la Création obligeait à rapprocher œuvres naturelles et productions humaines. Celles-ci comprenaient l'Art, avec la peinture et la sculpture, la Nation, avec les *militaria*, son Histoire, avec l'archéologie et les « antiquités » médiévales, ses Sciences et ses Techniques avec les instruments de mesure, les appareils de recherche et les machines de l'industrie. Aussi la distinction fut-elle tardive : le bâtiment initial fut partagé, salles ou ailes, entre Histoire naturelle et Sciences et Techniques**, à moins que des subventions permettent de l'affecter entièrement aux sciences naturelles, avec quatre sections : Minéralogie, Géologie, Conchyliologie et Ornithologie. Cela signifiait l'omission de la zoologie car, en général, les musées locaux détenaient uniquement des séries d'oiseaux[6], les sociétés d'ornithologie ayant été pionnières en matière de recension et de protection[7].

Les familles admiraient les spécimens exotiques, joyaux des collections. Les artistes en mal d'inspiration la puisaient dans ces musées pluridisciplinaires, surtout quand ils réunissaient beaux-arts et histoire naturelle. Mais leurs études concernaient des animaux inertes, alignés dans des postures

---

* Ce fut le cas à Rouen en 1828 quand le Cabinet d'histoire naturelle de la ville fut transformé en muséum. F.-A. Fouchet, professeur à l'Université chargé du cours de botanique et de zoologie, le dirigea. La Société des amis des sciences naturelles et du Muséum ne déposa ses statuts qu'en 1865, les fonds du musée étant constitués par les collections, les bibliothèques et les catalogues des naturalistes amateurs qui en étaient membres, avec deux points forts : entomologie et ornithologie. Voir, à l'occasion du centenaire de la Société, *Sciences*, n° 12, 1966, p. 5-16.

** En général, le musée des Beaux-Arts obtenait un bâtiment moderne, prestigieux et fonctionnel, les collections d'archéologie occupant le rez-de-chaussée, tandis que le reste des collections était envoyé dans un bâtiment restauré, appelé musée de la ville, véritable fourre-tout. Cette organisation tripartite mettait fin à l'unité de la création, chère aux philosophes du XVIIIe siècle, la hiérarchie instaurée profitant surtout aux beaux-arts.

convenues, ce que refusaient les Réalistes : ils les voulaient vivants, mieux, actifs. Cela supposait des enclos au lieu des cages. C'était déjà le cas à la Ménagerie, ouverte en 1794 pour rassembler les animaux du Jardin du Roi : elle augmenta leurs effectifs en recevant des spécimens confisqués sur les foires, proposés par les cirques ou expédiés par les administrateurs coloniaux et les gouvernements étrangers. Ce modèle inspira les ménageries de Lyon et de Marseille : elles dédaignèrent les espèces indigènes, mais exhibèrent les espèces exotiques, ce qui révélait l'adaptation aux climats locaux. Le constat aiderait, croyait-on, à sélectionner les espèces utiles à l'agrément, plaisir des yeux ou objet de chasse, et peut-être, un jour, à les naturaliser* en vue de la domestication et de l'élevage. Ce programme fut à l'origine du Jardin zoologique d'acclimatation en 1860. Repris par la Ville dans les années 1870, il devint un parc d'attractions, son billet d'entrée donnant accès à leur totalité. Dès lors, les habitants, les visiteurs et les artistes n'eurent plus le choix : la Ménagerie resta le seul parc animalier jusqu'en 1925 et la signature d'une nouvelle convention entre la Ville et la Société du Jardin zoologique d'acclimatation.

Complétant l'*Histoire naturelle* de Buffon par celles des *Quadrupèdes ovipares* et des *Serpents*, continuant l'entreprise avec l'*Histoire naturelle des Poissons* (1798-1803) et celle *des Cétacés* (1804), le naturaliste Etienne de La Ville, comte de Lacepède (1756-1825), aurait voulu que les animaux n'y fussent pas avilis, persuadé que la foule viendrait le dimanche et les jours fériés – c'était gratuit – mais fuirait « les images de la contrainte ou les apparences de l'esclavage[8] ». L'intention était louable : puisqu'il n'y aurait ni grilles ni barreaux, le regard plongerait au fond de la fosse où l'animal dormirait ou bougerait, libre de toute chaîne, les cages étant utilisées pour des circonstances exceptionnelles ou pour des espèces susceptibles d'être enlevées et revendues. Ce système garan-

---

* A l'époque, ce verbe recouvrait à la fois le fait que des espèces exotiques puissent se reproduire en milieu libre et celui de les taxidermiser, c'est-à-dire de leur conserver l'apparence qu'elles avaient de leur vivant.

tissait la sécurité diurne et nocturne : les actes de vandalisme furent rares, tout comme les accidents, les suicides et les paris imbéciles. Mais si tout était bien pour le visiteur, rien n'allait mieux pour les animaux : la mortalité demeura effroyable. C'est pourquoi les spécialistes demandèrent la création d'une chaire de physiologie comparée : le titulaire saurait trouver une solution. L'Assemblée des professeurs crut l'obtenir en 1837, avec la nomination du frère de Georges Cuvier, garde de la Ménagerie depuis 1804, mais il mourut six mois plus tard et personne ne lui succéda[*]. L'Assemblée discuta aussi beaucoup de la fréquentation de l'établissement et du financement des investissements, mais très peu des changements structurels qui permettraient d'accroître la longévité des espèces, des primates notamment. Les travaux sur le sujet vinrent de scientifiques extérieurs.

Au début du XXe siècle, le zoologiste allemand Carl Hagenbeck (1844-1913) démontra que les animaux résistaient moins longtemps dans une salle sombre et confinée, l'éclairage et l'ensoleillement étant nécessaires[9]. Il confirmait ainsi ce que les médecins conseillaient aux anémiés et aux phtisiques. Il mettait en rapport « espace vital » et espace laissé : les dimensions convenaient à l'espèce quand elles répondaient à sa nature, sa puissance, sa vitesse et sa détente. Il appartenait aux architectes de concilier cette exigence avec la sécurité : aucune évasion, aucune attaque. Ces théories furent testées dans son parc de Stellingen, au sud de Hambourg. Comme Hagenbeck dirigeait une firme qui capturait et fournissait des animaux africains, son implantation asiatique et américaine étant secondaire, ses clients venaient de toute l'Europe. C'étaient des responsables de parcs et de zoos, des propriétaires de ménageries et des scientifiques collaborant avec ces institutions. En prenant la direction du Muséum (1926), Edouard Bourdelle rêva

---

[*] La charge administrative revint à deux professeurs de zoologie. La chaire de physiologie fut ensuite confiée à Pierre Flourens puis à Claude Bernard, mais tous deux se consacrèrent aux sciences de laboratoire.

d'appliquer les principes d'Hagenbeck : au lieu des fosses et des grilles, il y aurait des fossés infranchissables, les animaux évoluant sur le même plan que les visiteurs. L'idée était de camoufler les éléments carcéraux. En innovant, le Jardin des Plantes pourrait rivaliser avec le Jardin d'acclimatation en cours de réorganisation. Mais cette métamorphose supposait le reversement des crédits alloués sur les réparations allemandes. Comme la République de Weimar interrompit ses annuités, le projet sombra. L'échec intervint au pire moment, celui où émergea un concurrent imprévu : le zoo du maréchal Lyautey[10]. Commissaire général de l'Exposition coloniale depuis 1927, il respecta le calendrier établi : quatorze mois pour le construire et six mois pour l'exploiter[11].

Dès le départ, l'assemblée des Professeurs et le commissariat de l'Exposition nouèrent des relations complexes : la première refusait une installation permanente et sinon, entendait la contrôler[*] ; le second refusait toute ingérence dans l'organisation, mais ne voulait pas non plus du site du Jardin. L'institution muséale vota sa non-participation, mais laissa ses membres agir à leur guise. Lyautey confia le comité de direction à Henri Thétard qui avait servi sous ses ordres au Maroc. Ecrivain animalier[12], celui-ci demanda au peintre animalier Gustave Soury de le seconder. En mars 1930, une convention fut signée avec Hagenbeck quant à l'aménagement des deux hectares et la fourniture des animaux, avec droit de capture dans les colonies françaises. Un mois plus tard, désireux d'apaiser les tensions, le gouverneur Olivier affirma qu'à la fin de l'Exposition le zoo de la Coloniale serait démonté : la Ménagerie recevrait les animaux survivants et les collections muséales, les dépouilles des autres. Les 400 spécimens, tous africains, sauf les éléphants qui aidèrent à décharger les caisses, furent répartis dans six

---

* Le MNHN redoutait qu'un parc permanent affectât les rentrées financières de la Ménagerie, alors qu'il prévoyait des travaux différés depuis 1890. A Vincennes même, il possédait huit hectares que la loi du 24 juillet 1860 lui permettrait d'exploiter s'il délocalisait une partie de ses installations.

enclos autour d'une pièce d'eau ceinturant l'île aux Oiseaux. La faune évoluait dans la nature, une nature de théâtre bien sûr : des arbres plantés pour une durée de six mois et des rochers en ciment projeté sur des réseaux de fil de fer soutenus par une structure en bois. Les bâtiments de service et des animaux, les coulisses du zoo, étaient cachés par les dénivelés et la végétation. Célébré par la presse, il attira cinq millions de visiteurs : six millions de recettes pour trois millions de dépenses ! L'affaire paraissant rentable, les partenaires voulurent la pérenniser[13].

Deux projets furent débattus. Henri Thétard dévoila le sien en octobre 1931, Lyautey retardant le démontage du zoo provisoire. Le mois suivant, Thétard créa la Société du Parc zoologique parisien, qui l'aurait repris ; il reçut l'appui du constructeur Lajoinie et du fournisseur Hagenbeck. L'idée était d'agrandir la zone Afrique et de lui ajouter les zones Asie, Europe et Amérique. Non grillagées, elles montreraient les milieux naturels de chaque espèce. La première année verrait fonctionner un centre de pédagogie, une école de dressage, un amphithéâtre pour les conférences et un cinéma pour les documentaires ; les deux années suivantes, une prairie nord-américaine, une pampa sud-américaine et deux panoramas, arctique et antarctique ; et la dernière année, 1934, une palmeraie et une forêt tropicale. Lieu de culture, l'accès serait gratuit pour les artistes, les enseignants et leurs élèves. Dans cette conception, la distribution géographique des peuplements remplaçait la distribution taxinomique de la Ménagerie. Pourtant, c'est le contre-projet du Muséum qui triompha. Dans son mémoire à la troisième commission du conseil municipal, le préfet Renard inclinait déjà pour l'institution publique, d'autant qu'elle possédait huit hectares dans le bois de Vincennes. En février 1932, la Ville céda le bail du zoo de la Coloniale à la Société des amis du Muséum et deux mois plus tard, signa une convention avec le Muséum : elle toucherait la moitié des recettes – contre le tiers dans le projet Thétard – et offrirait six hectares au nord du lac Daumesnil, le zoo provisoire restant ouvert jusqu'à l'ouverture du nouveau.

La beauté animale

Les deux projets se ressemblaient par la répartition géographique des espèces[14], mais celui du Muséum se distinguait par la minéralité de ses espaces, les pseudo-rochers servant de décor à toutes les faunes, par le financement aussi de sa chaire de physiologie comparée, liée à la gestion du parc. Responsable du centre de recherche et d'éducation populaire, son titulaire lancerait de nouvelles recherches. Achille Urbain[*] souhaitait étudier le comportement et la psychologie des animaux sauvages, leurs maladies et leurs réactions aux transformations environnementales. Mais comme lui et son successeur Jacques Nouvel étaient médecins vétérinaires, les recherches furent cantonnées à ce domaine. En fait, le Muséum privilégiait les travaux hors Paris, conduits dans la réserve naturelle de Madagascar, le Laboratoire d'écologie et de protection de la nature (Essonne), la réserve de la Haute-Touche (Indre) et le Parc ornithologique de Clères (Seine-Maritime), fondations de la période 1930-1960. Ainsi, la ménagerie du Jardin et le zoo de Vincennes montrèrent seulement des spécimens *importés*. Leurs efforts visèrent les spectateurs et les artistes.

Comme la Marine, ces institutions recrutèrent des dessinateurs et des photographes. Il en allait de même à Lyon, Lille, Bordeaux et Marseille, où l'ouverture d'un zoo complétait une exposition internationale, avec réfection du musée des Beaux-Arts et du Parc botanique. Les éditeurs acquittaient des droits à l'image. Les visiteurs achetaient des cartes postales. Les familles acquéraient le cliché des enfants devant un enclos. Ce public payait pour voir des espèces sauvages dans une nature *factice*. Plus tard, ce fut dans une nature *intacte* – les réserves africaines – ou dans une nature *façonnée* – les propriétés nobiliaires. Les La Panouse répon-

---

[*] L'ouvrage d'Achille Urbain, *Psychologie des animaux sauvages*, Paris, Flammarion, 1940, ne correspond pas à ses recherches, mais résume ce qui existait, des travaux allemands notamment. En fait, l'éthologie est la fille de Konrad Lorenz, scientifique déjà célèbre sous le Troisième Reich. Voir *Essais sur le comportement animal*, rééd. Paris, Le Seuil, 1970.

dirent à cette demande en aménageant le parc de Thoiry (Yvelines). La clientèle des safaris photographiques et des excursions touristiques dénonçait les safaris et les captures. Et les zoos orientaient leur activité vers la reproduction...

Ce contexte favorisa et diversifia la représentation animalière, dominée jusque-là par la production de chiens, de chevaux et de rapaces, une spécialité des manufactures danoises (Royal Copenhague) et bavaroises (Rosenthal). Il est vrai que, souvent, les artistes connaissaient assez mal les sauvages : ils les avaient entrevus dans une ménagerie ou sur un carnet de croquis. Deux faits changèrent cela. En 1822, le Muséum créa la charge de maître de dessin en zoologie : ouverts à tous, ses cours étaient payants. En 1877, la Petite Ecole (par opposition à l'Ecole des beaux-arts) devint l'Ecole des arts décoratifs : loin de glorifier la beauté au travers du nu, de l'antique et des compositions mythologiques ou historiques, elle apprenait le métier aux futurs dessinateurs, ornemanistes et décorateurs. Désirant innover, Pierre-Louis Rouillard (1820-1881) incita à dessiner d'après nature. Comme ses collègues du Muséum, Barye puis Frémiet faisant oublier l'obscur Chazal (1831-1854), Rouillard enrichit l'approche des promotions. Par ailleurs, la gratuité des espaces encourageait l'entrée des enthousiastes : trois jours par semaine, chacun venait au Jardin des Plantes et à l'Ecole des arts, dans la galerie surplombant l'atelier. Le jeune Barye passa des heures à la Ménagerie, pour le compte de l'orfèvre Fauconnier. Avant lui, personne ne la fréquentait avec pour seule envie de dessiner un animal[15]. Souhaitant approfondir son savoir, il s'inscrivit aux conférences d'histoire naturelle et s'occupa des bêtes vives ou mortes avec la complicité d'un gardien : son regard fut celui d'un anatomiste parlant fauves avec Delacroix et chevaux avec Géricault.

Mais les choix esthétiques différaient du choix naturaliste : lui était fonction des découvertes[16] – pas des commodités. Les artistes préféraient les « féroces » à cause de leur installation : le « palais des féroces » fut logé dans la rotonde construite de 1804 à 1812, et la nouvelle fauverie dans les galeries édifiées de 1818 à 1821. Ils les préféraient aussi pour leur diversité : la conquête de l'Algérie entraîna l'augmentation des prélèvements, donc des importations. Or, libres, les félins dorment toujours beaucoup et oisifs, plus encore. Voilà d'excellents modèles ! Les difficultés de la restitution commençaient avec la nécessité d'une dynamique, que la lutte opposât un lion et un homme, un ours et un taureau[17], un loup et un cerf[18]. Ces combats inégaux étaient très prisés. Le faible finissant par succomber, ne convenait-il pas de le protéger en supprimant son vainqueur ? Dans *L'Esprit des bêtes*, Alphonse Toussenel maintenait encore cette position. Pourtant, la pénétration en France des thèses darwiniennes aidait à comprendre que les carnassiers n'attaquaient pas pour tuer, mais pour manger. Cela autorisait les représentations pacifiques. *L'Expression des émotions chez l'homme et chez les animaux* (1873) reçut le meilleur accueil[19]. Charles Darwin attribuait au sens du beau les crinières et les aigrettes, les pelages et les plumages des mâles. Jean-Charles Lévêque (1826-1900), professeur au Collège de France, approuvait l'évolution des espèces, mais contestait l'intelligence de l'animal. Dans *Le Sens du beau chez les bêtes*, ces parures étaient associées à la conquête des femelles pour avoir une descendance. L'instinct sexuel, cette « loi de la nature », guidait le comportement individuel. Les conclusions de Lévêque n'obtinrent pas l'audience qu'elles méritaient, l'ordre moral corsetant journalistes et scientifiques : toute extrapolation aurait fait crier à la pornographie. En conséquence, les artistes montrèrent des animaux « parfaitement bonhomme(s), donc parfaitement beau(x)[20] » : la « bestialité » de l'accouplement était exclue.

A la suite d'Antoine Louis Barye (1795-1875), aimé du public mais boudé au Salon – il proposait des animaux en bronze et de petit format* quand le jury exigeait des nus en marbre et de grand format –, Pierre Jules Mené (1810-1879) puis Emmanuel

---

* Ecarté des Salons de 1830 à 1835, Barye n'y fut reçu qu'en 1850 : il triomphait enfin ! Ce succès, il le devait autant à une œuvre de compromis, un *Lapithe combattant un Centaure* (collection Michel frères) qu'aux évolutions politiques et esthétiques : sur les quinze dernières années, la défense de l'animal avait progressé et, un an plus tôt, la Seconde République avait aboli le jury d'admission et constitué un nouveau comité dont il fit partie, ce qui montrait la réhabilitation du genre animalier.

Frémiet (1824-1910) représentaient le monde des bêtes mais ne renoncèrent pas aux compositions cynégétiques[21], toujours avec chiens ou chevaux, parfois avec chasseurs. Mais si les amateurs appréciaient l'image d'un guépard ou d'un tigre, d'une girafe ou d'un éléphant, espèces exotiques, ils rejetaient celle d'une espèce indigène, nuisible de surcroît, ce qui limita la production aux oiseaux et aux cervidés. Rosa Bonheur (1822-1899) séjournait à Thomery (Seine-et-Marne) pour travailler « sur le motif » bellifontain : ses voyages la fatiguant, elle acheta un cerf et une biche, modèles à demeure. Leur vue n'empêchant pas le tir, cela lui permit de tuer net Jacques le Cerf, le rut l'ayant rendu fou. Douée pour les affaires, elle grava ou fit graver ses peintures, ce qui popularisa le genre animalier.

Pourtant, le genre animalier lui devait moins qu'aux sculpteurs de la première génération car, à l'instar de Charles Jacque (1813-1894), autre Bison, Rosa Bonheur montra surtout des bêtes domestiques : celles-ci intéressaient davantage que les bêtes forestières, le goût commençant à changer dans les années 1890. Au lieu d'un animal statique, ces sculpteurs en associaient plusieurs, d'où l'illusion du mouvement[22]. Antoine Louis Barye inventa le procédé avec le *Cerf qui écoute* (1838), le *Cerf antérieur gauche levé* (1838) et le *Cerf qui marche* (1845)[23], tandis que la *Biche couchée, oreilles dressées* (1840) semblait guetter un bruit[24]. L'ambition des artistes, fixer une expression, une posture, un mouvement, bénéficia de la banalisation de la photographie : non contents d'aider leur travail[25] ces appareils servirent à tous les créateurs que la vitesse fascinait. Les onze volumes de l'*Animal Locomotion* (1887) d'Edgard Muybrige (1830-1904) comprenaient 700 planches montrant une biche, par exemple, tout au long de la distance parcourue. Pour cela, il installait des appareils en batterie déclenchés par son passage. Financées par le propriétaire d'une écurie de course, ses recherches retinrent l'attention. Il devenait possible de conserver le souvenir d'une rencontre[26]. Les concours de photographies animalières visaient à faire partager cette émotion, la meilleure paraissant dans le quotidien qui les patronnait[27].

Ayant perdu le monopole des représentations[28], les artistes puisèrent dans la stylisation et la symbolique que dévoilaient les collections asiatiques et les magasins spécialisés comme celui de Siegfried Bingg (1838-1905). C'était le contrecoup des concessions arrachées à la Chine après les guerres de l'Opium et le traité de Nankin (1842), agrandies après l'échec des Taiping et le pillage du Palais d'été (1864). C'était le résultat de l'ouverture économique du Japon (1868) et de sa victoire contre la Russie (1906). Ces événements accrurent l'importation occidentale d'artefacts orientaux. Toutes les espèces sauvages n'y figuraient pas[29] : les suidés et les cervidés restaient rares, au contraire des poissons, des oiseaux et des félins, signes de l'eau, de l'air et du pouvoir. Les bronzes représentaient des espèces que l'Occident estimaient nuisibles, cas de la chouette et de la couleuvre, ou immondes, cas du mulot et du corbeau. Les saynètes en ivoire, des *netsukes** notamment, les représentaient en train d'agir. L'Ecole normale de dessin, dite Ecole Guérin du nom de son fondateur, l'architecte Alphonse Théodore Guérin, exploitait ces modèles : créée en 1881, elle apprenait le dessin d'art industriel et la décoration des façades et des intérieurs, art global qu'on nomma l'Art nouveau. Merson enseignait la peinture, Allouard la sculpture et Grasset la nature et sa « traduction » en motif ou en objet. Eugène Grasset (1845-1917) affectionnait les silhouettes japonisantes : le paon, la grue, le héron désertaient les tables, mais recouvraient les couverts ! Ce professeur fut comparé à un dresseur : « maître de la faune et de la flore, (...) loin d'obéir à la nature, il la dompte pour en tirer des motifs de décoration ». A l'opposé du réalisme, cet univers excluait toute bête vieille ou laide, infirme ou mourante, ce qui annonçait une iconographie animalière destinée à séduire le grand public.

---

* Le *netsuke*, souvent en ivoire, bloque les cordons de ceinture, les civilisations asiatiques employant des lacets et des rubans, des épingles et des fibules pour retenir ou ajuster les vêtements. Dans l'entre-deux-guerres, ces *netsukes* animaliers furent reproduits en bakélite, contrefaçons occidentales.

Voir l'homme dans la bête

Coïncidence, le succès des contes populaires accompagna la fin du XIXᵉ siècle comme des précédents. Leur structure ne variait pas : victimes de méchantes fées et d'affreux sorciers, les princes devenaient oursons ou crapauds, et les princesses biches ou cygnes. Ces métamorphoses, laides ou jolies, mais toujours imposées, restaient heureusement temporaires ! Par contre, leur morale changea : les récits d'antan rappelaient aux adultes qu'après trépas, les misérables seraient récompensés pour les souffrances endurées ; les récits du XIXᵉ siècle apprirent à la jeunesse que, vivantes, les créatures méritaient son respect et son amour. Le salut n'était plus au Ciel, mais sur terre, et concernait hommes et bêtes. L'individu qui enfreignait cette morale était châtié comme il avait péché : c'était la nouvelle version du « œil pour œil, dent pour dent ». Ainsi, dans « Les trois petits hommes de la forêt[30] », la fille de la marâtre fut punie pour les insultes proférées : désormais, sa bouche cracha batraciens et vipères. Au contraire, le Petit Henri fut payé pour avoir servi le Loup : « Voici, Monseigneur, tout le gibier de vos forêts. Je l'ai cuit comme vous me l'avez commandé. » Le fauve le jucha sur son dos et bondit au-dessus du gouffre qui séparait la sauvagerie de la civilisation[31]. Comme les frères Jacob (1785-1863) et Wilhelm Grimm (1786-1859), Sophie de Ségur (1789-1874) appartenait à cette génération qui adapta les contes anciens. La plupart de ses livres furent distribués comme prix scolaires. Ce fut le cas de l'*Histoire de Blondine*[32], un remake féminin des Aventures étranges et surprenantes de Robinson Crusoé.

Bonne-Biche l'éleva avec son fils. Dans sa bibliothèque – évidemment magnifique –, la princesse consulta cet ouvrage[33], d'autres aussi, guidée par son frère adoptif. Caractère tolérant sous une apparence affreuse, il savait qu'un herbivore pouvait allaiter un carnivore : n'en administrait-il pas la preuve ? Mais, quand Blondine eut l'âge de raison, Bonne-Biche dut la prier de troquer son charmant minois contre la gueule du monstre. Reconnaissante envers cette famille qui l'avait recueillie, elle accepta l'échange[34] : la malédiction disparut. Ourson redevint un beau prince et Bonne-Biche, une belle reine et demain, une belle-mère. Les héros retrouvaient leur place dans la société du royaume. Depuis le début, ils espéraient quitter les bois et leur peau, ce qui supposait le sacrifice d'un ou d'une innocente. En cela, la comtesse de Ségur suivait la trame de Mme d'Aulnoy et de Charles Perrault[35], eux-mêmes repris par Helder et par Musaeus. Sinon, l'heure de la délivrance aurait sonné au douzième coup de minuit. C'était la règle au *Pays des merveilles* (1865), le cauchemar inventé par Lewis Carroll (1832-1898) pour sa chère Alice[*] : les animaux y raisonnaient et se comportaient de manière bizarre. En fait, l'éducation du jeune et le déroulement du récit étaient régis par le facteur temps[36]. Dans cette parenthèse interminable, le héros rencontrait des bêtes qui parlaient sa langue. Leur dialogue inspira des gravures sur bois ou sur cuivre jusqu'aux années 1890, où ces procédés en noir et blanc furent remplacés par la lithographie en couleurs. Ces livres offerts et précieusement gardés témoignaient des nouvelles relations parentales, les mères allaitant leurs enfants, et d'une nouvelle édition enfantine, écrivains consacrés et auteurs spécialisés travaillant pour ce marché[37].

Le goût du merveilleux accompagna également un XXe siècle tout aussi technicien et arrogant que le XIXe. De nos jours, *Alice au pays des merveilles* et *La Chasse au snark* (1875) ont détrôné le roman *Sylvie et Bruno* (1889) et sa suite de 1893[38]. Et pourtant la grande sœur y installait son frère sur une souris ; devenue lion volant, cette dernière les transportait au royaume souterrain du père, enterré depuis des lustres. L'idée que les animaux constituaient une société secrète avec ses codes, ses plaisirs et ses devoirs, baignait aussi l'œuvre de Kenneth Grahame (1859-1932). Cette personnalité émi-

---

[*] En 1871, Lewis Carroll compléta *Alice*, avec *A travers le miroir*. Mais John Tenniel, son illustrateur, refusa de travailler au chapitre « *The Wasp in a Wig* » qu'il jugeait déroutant, voire subversif : les animaux paraissaient méchants et cruels, à l'opposé de l'imagerie ordinaire.

nemment respectable* regrettait la modernité et la distance qui augmentait entre le monde des hommes et celui des esprits. Ce contact, les bêtes l'avaient gardé, y compris les mal-aimées comme Toad le Crapaud. Ces « animaux parlants » caractérisèrent une Angleterre et une Allemagne où l'industrie dépeuplait les campagnes et noircissait les paysages. Si l'iconographie donnait accès au livre[39], la bande dessinée le facilitait plus encore, la part du visuel minorant celle du texte. Ainsi, la première séquence de *Little Nemo in Slumberland*** le voyait traverser le ciel comme Nemo, *Vingt mille lieues sous les mers* (1870), sauf que la comète l'enlevait avec ses jouets, un lapin sur un cochon, un singe sur un kangourou et une grenouille sur un lion. Les animaux de La Fontaine, familiers ou sauvages, restaient sur terre et montraient les défauts et les ennuis de ses contemporains. A présent, ils seraient sans défaut et leurs ennuis ne viendraient que de l'humanité.

Walt Disney appliqua la recette aux contes et aux légendes d'autrefois[40]. Selon leur année de naissance, les gens sont de la génération *Bambi*, des *101 Dalmatiens* ou du *Roi Lion* : ils évoquent volontiers la projection de « leur » film, d'autant que sa reprise et la diffusion des suivants ravivent l'émotion première. Installé à Hollywood, Walt Disney débuta avec des courts-métrages mettant en scène l'*Alice* de Lewis Carroll. La consécration lui fut donnée par la souris Mortimer, rebaptisée Mickey, et du canard Donald Duck : squattant une maison ou un terrain, ils n'avaient rien de sauvage ! Le chasseur tirait à tout-va sans atteindre les petits malins. Les enfants, stupides et entêtés, lui ressemblaient, les mères et les grands-mères étant les seules à détester le fusil et à confisquer les frondes. L'univers forestier apparut enfin avec *Blanche-Neige et les sept nains* (1937), mais il ne recelait que des oiseaux charmeurs et des écureuils astucieux : balayer, c'était cacher les miettes ! Les autres bêtes jouaient les

---

* Grahame, auteur de nombreux contes animaliers, était secrétaire général de la Banque d'Angleterre !

** Cette bande dessinée de Windsor McCay (1867-1934) débuta dans le *New York Herald* le 15 octobre 1905.

chœurs antiques : elles « commentaient » la séquence par leurs mimiques. La réhabilitation de l'animal sauvage était donc loin d'être complète. Ce ne fut plus le cas avec *Bambi* (1942). Il n'y avait aucune trace de l'homme, le spectateur constatant seulement les méfaits de la chasse : les détonations épouvantaient les hôtes des bois et le cerf tombait, foudroyé.

Comme Ourson, l'orphelin fut élevé par Bonne-Biche. Comme tous les enfants, Bambi aimait jouer avec ses copains, Pan-Pan, garenne farceur, et La Fleur, putois timide. Ensemble, ils exploraient l'école de la vie et les émois de l'amour. Comment abattre un cervidé héritier du maître de la Forêt ? Le *Roi Lion* reprit ce schéma, le lionceau connaissant mêmes douleurs et mêmes espoirs. Il indiquait toutefois un glissement[41] : les inquiétudes quant à la faune occidentale s'étendaient à la faune africaine, la décolonisation étant achevée et la déforestation, amplifiée. Apparues avec la Belle Epoque, les scènes de jungle présentaient une constante : les héros ne pouvaient plus ou ne voulaient pas quitter cette végétation luxuriante. Au contraire des personnages de contes de fées, ils n'étaient pas transformés en bêtes, mais résidaient dans leur royaume et devenaient comme elles. Ce fut le cas du Mowgli conçu par un Anglais, sir Rudyard Kipling (1865-1936)[42], ou du Tarzan créé par un Américain, Edgar Rice Burroughs (1875-1950). Arrachés à la civilisation, ils épaulaient les animaux dans la bataille engagée contre les braconniers et contre les féroces, le tigre dévoreur, le serpent perfide et le saurien cruel : les préjugés du XIXᵉ siècle imprégnaient jusqu'aux œuvres de fiction ! Le ralliement s'expliquait par leur enfance. Dans *Le Livre de la jungle* et *Le Deuxième Livre de la jungle* (1894-1895), Mowgli devait la vie à une louve comme les jumeaux de Rome. Dans *Tarzan, l'homme singe* (1912), il la dut à un primate, ce qui était moins historique, mais plus exotique. La guenon Chita séduisit lecteurs et auteurs. Walt Disney opéra la synthèse : un couple improbable, Baloo l'ours et Bagheera la panthère, succéda à ces mères adoptives. L'enfant blanc était élevé par deux carnivores, l'un indigène et l'autre, exogène.

Leurs biographies divergèrent : Mowgli ne grandit jamais. Mais Tarzan, oui, son intelligence lui faisant gravir tous les degrés de la pyramide animale. La réussite fut identique : ils inspirèrent des bandes dessinées et des dessins animés et même, pour le second, des films muets, avec *Tarzan chez les singes* de Scott Sidney, une peau de lion revêtant l'acteur Elmo Lincoln, épisode suivi de *L'Amour de Tarzan* et des *Aventures de Tarzan*. Fidèles à l'œuvre d'Edgar Rice Burroughs, les créateurs exploitaient le mythe d'Hercule, mais si le demi-dieu n'eut jamais à défendre son statut, Mowgli et Tarzan devaient conquérir le leur. Ils y parvenaient grâce aux familles d'adoption. Ils le conservaient en repoussant des primates chapardeurs – des atèles voulurent enlever Mowgli à ses parents – ou des primates agressifs – des gorilles attaquèrent Tarzan et ses chimpanzés. C'étaient des singes qui, dans la vraie vie, étaient capturés pour les zoos ou massacrés pour leur fourrure ou leurs trophées. La sonorisation relégua tout cela au rayon des antiquités, mais comme la demande continuait, les compagnies tournèrent les scénarios en version sonore, une quinzaine au total, série qui débuta en 1932 – *Tarzan l'homme singe* de Van Dyke – et s'acheva en 1948 – *Tarzan et les Sirènes* de Florey. L'athlétique Johnny Weissmuller (1904-1984) suscita l'admiration des spectatrices. Héroïcisé à son tour, il fut engagé pour une autre série, *Lord Jim*, qui employa les mêmes ingrédients, de 1949 – *Jungle Jim et le Trésor de la forêt vierge* de Berke – à 1956 – *La Déesse de la Jungle maudite* de Gould. Le principe demeurait immuable : nourri au lait de bête, le petit d'homme était meilleur que les siens, mais n'en parlait plus le langage.

Au reste, lorsque lord Clayton retrouva sa famille dans *Greystoke ou la Légende de Tarzan, seigneur des singes* de Hugh Hudson (1984), le Muséum d'histoire naturelle fut décrit comme un cimetière : les salles alignaient les squelettes des espèces disparues et les laboratoires abritaient des sadiques (les scientifiques) et des victimes (les animaux) promises à la vivisection. Certes, l'œuvre traduisait les indignations contemporaines[43], mais elle renvoyait aussi aux mouvements anti-scientistes du XIXe siècle. Leurs partisans estimaient que l'alliance entre la bête et l'homme transfusait leurs qualités : le premier ressentait la puissance des mots et le second comprenait celle des sens. Dans l'immédiat, le héros démontrait sa valeur à son clan. Dans l'avenir, les bêtes défendraient leur cause face aux chasseurs. Ce langage unique permettait l'entente cordiale et sauverait les espèces sauvages. C'était laïciser le message d'Hildegarde de Bingen (1098-1179)...

Cette conception menaçait directement la chasse et, de manière globale, les spectacles dont l'animal ne réchappait pas : son destin était scellé, c'était le cas de la curée (Texte 27) ou cela le serait bientôt, celui des combats de chiens, de coqs et de taureaux. Comme la quête du plaisir et de l'argent ne saurait légitimer une mise à mort, certains voulaient l'interdiction de ces divertissements « dénaturés », « sanguinaires », « sauvages » ou « barbares ». Ces adjectifs accablaient les hommes qui s'y adonnaient, les bêtes échappant désormais au blâme moral. Au XIXᵉ siècle, ces voix étaient rares. Leur nombre progressa avec l'image nouvelle de l'univers animal : les « féroces » délaissaient la viande, protégeaient les faibles et éduquaient les autres. Dans ce monde virtuel, les « nuisibles » étaient des profiteurs tout au plus. Quelle famille ne comporte pas un sans-gêne dans sa parenté ? Mais cette sympathie n'était pas de mise dans le monde réel : les chasseurs tiraient sur les indésirables, mais pas uniquement, ce que l'opinion publique admettait de moins en moins[*].

Vantards ou viandards ?

Réaction à la gloire du chasseur et à la tuerie de gibier, la scène de genre animalière plaisait beaucoup : des acteurs se déguisaient en bêtes qui se comportaient en humains. Les saynètes étaient titrées : *Fierté maternelle*, *Amis d'enfance*, *Présentation*, *Fiançailles*. Elles illustraient la vie d'un animal et de sa famille jusqu'à la perte d'un être cher avec *Trop tôt disparu* et *Regrets éternels*. Mais les comparses étaient moins souvent des

---

[*] Exemple : la suppression des corridas. La loi que viennent de voter les députés catalans prendra effet au 1ᵉʳ janvier 2012. En France, deux députées proposent d'ouvrir le débat.

« sauvages » que des « familiers » : exploités (chiens, chevaux), pourchassés (chats, rongeurs) ou consommés (porcs, bovins), ils incarnaient tolérance et abnégation. Leur beauté était tout aussi morale que dans les contes populaires, les bandes dessinées ou les dessins animés. A l'instar de vases communicants, la réhabilitation animalière entraîna la dépréciation cynégétique. Ce mouvement remontait aux discussions autour de la loi Grammont, bien qu'elle concernât les espèces domestiques. Les caricaturistes obtinrent un effet comique en inversant les rôles : les maîtres furent attelés ou encagés, tandis que les bêtes fouettaient ou regardaient. Ils usèrent également des maladresses du chasseur. S'il avait pris un mouton ou une poule pour un chevreuil ou un faisan, il confondrait espèces chassables et espèces protégées. Une image se dessina, qui oscillait entre mythomane ridicule et sanguinaire méprisable. Les défenseurs de la nature menèrent campagne là-dessus, avec l'intention que la chasse fût restreinte, voire prohibée[*].

Tartarin le Magnifique

D'après Buffon, « le goût de la chasse comme celui de la pêche (serait) un goût naturel à tous les hommes ». Cette formule fut reprise par les caricaturistes, persuadés que le sujet intéresserait le public. Pour les uns, le comportement cynégétique révélait le caractère individuel : ils souhaitaient le dépeindre. En 1841, la *Physiologie du chasseur* notait déjà : « C'est au milieu des champs et des prairies qu'on peut observer les hommes, parce que le grand air emporte le fard dont ils se couvrent le visage dans les villes[**]. » Débarrassé

---

[*] Dans le canton de Genève, la chasse est interdite. Mais ces mesures sont plus faciles à décider dans l'enceinte d'un parlement régional que dans un Etat centralisé comme la France.

[**] Coll., *Les Physiologies*, 1841. Voir « Physiologie du chasseur » par Deyeux, mais aussi « Physiologie du Parisien en province » par Marchal et « Physiologie du bourgeois », car le monde médical étudiait alors les effets des conditions géographiques, professionnelles ou sociétales sur le physique, voire sur la morale des hommes et des groupes.

des convenances, l'instinct – les « bas instincts » – triomphait alors, d'où l'envie de voler, de tuer ou de mordre, déviances qui renvoyaient aux braconniers, aux criminels et aux « féroces ». Le chasseur portait en lui ces penchants, et, s'il ne les refoulait pas, les débordements étaient inévitables : propriétés dégradées, espèces décimées, accidents multiples. Pour les autres, le comportement cynégétique reflétait l'organisation sociétale : ils entendaient la dénoncer. Mais la censure les retenait : l'amende écrasait un journal et une cellule attendait l'auteur. Henri Daumier (1808-1879) passa six mois en prison pour son Louis Philippe, *Gargantua avalant de gros budgets* (1832). Trois ans plus tard, ces mesures furent aggravées. Prudemment, les attaques politiques furent transférées dans le domaine cynégétique, aidées en cela par quelques expressions courantes : « tomber dans le panneau », « marcher sur les brisées », « donner de la voix », « tenir en laisse », « savoir voler » ou « rendre gorge ». Le vantard inventait ses prouesses : l'auditoire l'applaudissait, comme les électeurs les promesses d'un candidat. Le viandard, lui, ne les inventait pas : l'entourage le stigmatisait comme les ministres la corruption d'un collègue. Et pourtant ils continuaient à le fréquenter. Serait-ce qu'ils en faisaient autant ?

Cette production comporta davantage de vantards que de viandards car il est plus aisé de caser un personnage sympathique que son contraire. Le lecteur s'amusait de l'attitude d'un parent ou d'un ami, ou se réjouissait d'une perception conforme à la sienne. En grossissant le trait, elle fonctionnait comme une loupe ; permettant de mieux voir, elle incitait à réfléchir aussi : les articles n'étaient qu'effleurés souvent, mais les images toujours détaillées, ce qui éclairait le texte. Les créateurs maltraitaient le régime en place : ils soutinrent l'opposition républicaine sous la Monarchie et sous l'Empire, et l'opposition socialiste sous la République. Certains travaillaient pourtant dans la presse gouvernementale, mais y décrivaient la psychologie du chasseur plutôt que l'actualité de la chasse. Ils n'en touchaient pas moins une corde sensible dans un Etat où le droit de chasse semblait un acquis révolutionnaire, ce que le Centenaire de 1789 rappela fort à propos. En effet, les partis de gauche accusaient les droites de nostalgies anciennes : par le biais de la chasse, l'opinion découvrait leurs autres projets. Quant aux citadins prisonniers de leur quartier, ils détestaient ceux qui s'en échappaient : en les voyant équipés de pied en cap, ils soupçonnaient une propriété ou des relations à la campagne. L'activité cynégétique engendrait ainsi un clivage politique et géographique[44]. Elle irritait tout particulièrement les ouvriers : sans attache paysanne ni épargne possible, ils haïssaient le rentier, ce « jouisseur » dont l'argent ne venait pas du labeur. Oisif, lui pouvait chasser, ce qui en fit la cible favorite des caricaturistes. Le bourgeois fut habillé en stratège qui combattrait un ennemi désarmé, petit oiseau ou lapin rieur. Et s'il terrassait un « féroce », ours ou lion, c'était sur le mode burlesque : l'animal le pistait ou le mimait ! Rentré au logis, l'homme prétendrait son carnier rempli ou son fauve enfui ! Cela porta ses fruits, puisque les héros des bandes dessinées et des dessins animés furent des canaris et des garennes, des ours et des lions…

Dans l'ouvrage consacré à Henri Daumier (1888), Arsène Alexandre décelait « une méchanceté impitoyable » dans sa représentation des « innombrables mésaventures (du petit-bourgeois) ». Ce serait vrai à l'égard des théâtreux, des médecins, des magistrats, des fonctionnaires et des politiciens, manies et vices, fatuités et veuleries provoquant ses sarcasmes. Mais l'artiste respectait le maladroit qui apprenait le maniement d'un fusil à l'occasion d'une « battue d'affaires » : l'invité candide ne percevait pas l'ironie ambiante. La scène prêtait plus au sourire qu'à la moquerie, et, s'il en restait des traces, c'était contre les snobs qui l'avaient convié pour en rire. Daumier chassait-il ? C'est peu probable, aucune gravure n'attribuant le moindre agrément, le moindre intérêt à ce loisir : il devenait source d'ennuis, pire, un summum d'ennui, car tuer pour rien ne servait qu'à tuer le temps. Ses confrères partageaient cette impression, eux qui résidaient en ville, n'avaient aucune terre et venaient de familles modestes. Plus ou moins grinçantes, leurs images puisaient dans les sujets, dictons et plaisanteries ordinaires[45]. Les appartements du XIXᵉ siècle regorgèrent de ces estampes décoratives ou documentaires, par exemple des gravures sur les habits et les armes de chasse. Les salles d'attente et les chambres à coucher alignaient des *Souvenirs de chasse* avec le tireur qui tua son chien ou des *Retours de chasse* avec celui qui oublia son plomb, des lithographies de la *Chasse à courre* de Carle Vernet ou de la *Chasse au marais* d'Horace Vernet, et des gravures de Martinet ou de Grenier déclinées en assiettes d'ornement et services de table.

Beaumont, Bertall et Cham les employèrent abondamment, surtout dans le *Journal pour rire* (1852) et les *Plaisirs et désagréments de la chasse* (1859). Mais, s'ils trouvaient hilarants les déboires du chasseur, ses actions tournant au fiasco, certains Nemrod les jugeaient moins drôles. Dans *La Chasse et les Chasseurs*, un livre de 1862, Léon Bertrand* voulut réhabiliter le « véritable chasseur si souvent, si injustement calomnié par la plume ou le crayon ». Commentant le Salon, il constata que la chasse était à l'honneur, les peintres plagiant les tableaux anglais, mais que « ces gens-là (n'avaient) jamais chassé ». Comme sa lettre à un ami, M. Gustave F., témoignait d'un sentiment général, le *Journal des Chasseurs* la publia : ses abonnés étaient excédés de la manière dont la presse traitait la chasse. Les caricatures accompagnaient l'ouverture de la saison et disparaissaient avec elle. Dans le vocabulaire des journalistes, c'était un « marronnier » ! Daumier accrut leur importance en rompant avec la saisonnalité : il effectua des tirages séparés ou les inséra dans les séries sociales comme *Les Bons Bourgeois*, *Cours d'Histoire naturelle* et *Quand on a du guignon*. Il poussa plus loin en consacrant des séries entières au thème avec *La Chasse*[46], *Chasse et Pêche*, *Les Plaisirs de la chasse* et *Croquis*. Des séries reçurent le même titre. Ce fut le cas pour *Emotions de chasse* : 15 planches en 1854 et 22 en

---

* Grand chasseur comme Joseph La Vallée, c'est avec lui que Léon Bertrand créa le *Journal des chasseurs*, véritable encyclopédie en la matière. Il compta parmi ses rédacteurs le marquis de Foudras, le comte d'Houdetot, Léonce de Curel, Louis Viardot, Alphonse Toussenel et Elzéar Blaze.

1856, et pour les *Croquis de chasse* : 21 planches en 1853, sept en 1857, sept en 1859 et six en 1864. Les images produites, par lui et par les autres, esquissaient statut et terrain, attirail et vêtement, gibier et armes, rarement les paysages et les règlements. Cela n'aurait pas ému les chasseurs s'il y avait eu une information sur les réalités de la chasse. Bref, ils se crurent mal aimés avant de l'être vraiment…

Car, à y regarder de près, les dessinateurs ne raillaient pas cette communauté, mais les individus qui enfreignaient le code des vrais chasseurs. La sécurité de tous est menacée par un fusil fermé durant une battue ou par un canon qui balaie la ligne de tir : un coup de feu part vite ! La faute est flagrante aussi quand la bête n'est pas foudroyée, mais souffre longtemps dans un buisson ou dans un fossé avant de mourir. L'erreur est certaine enfin quand elle est abattue au repos, c'est-à-dire qu'elle « ne se défend pas ». Ainsi, Daumier ne rata pas ces députés qui n'avaient jamais tenu un fusil ou visé un faisan avant cette chasse présidentielle. L'un d'eux, le voyant piéter en direction de la ligne, déclara à l'autre : « Mais tire-le donc[47] ! » Et ce dernier de répondre : « Non… J'attends qu'il s'arrête ! » Ces législateurs ne pensaient pas que leur action était criminelle. A moins que, pour eux, le meurtre eût défini la chasse ? Le public riait ferme devant des confusions grotesques, par exemple un moineau et un perdreau, un coq de ferme et un coq de bruyère, un chien et un loup, pire : le chien voisin avec le faisan visé ! La conclusion s'imposait : ces deux-là n'auraient pas dû avoir une arme. Daumier dessina leurs semblables s'achetant des perdrix chez un marchand de volailles. Et celui-ci de proposer, goguenard, « un beau homard en plus » ! Tartarin évitait, lui, ce genre d'affront : petit-bourgeois ventripotent, il adorait chasser, mais préférait en parler : il croyait à ses exploits et les autres le croyaient, ce qui est très fort. Voilà un mythomane remarquable !

Les *Aventures prodigieuses de Tartarin de Tarascon* (1872) racontaient ce que le crayon traduisait déjà : les faux-semblants des faux chasseurs. Comme le héros d'Alphonse Daudet (1840-1897), ils allaient à la chasse pour rencontrer les amis, festoyer avec eux et parader ensuite. C'était la distraction locale, le Vaucluse n'abritant plus qu'un lièvre, Le Rapide, que personne n'avait pu atteindre. A cinq lieues à la ronde, « les terriers (étaient) vides, les nids abandonnés. Pas un merle, pas une caille, pas le moindre lapereau, pas le plus petit cul-blanc[48] ». Pourtant, « tous les dimanches matin, Tarascon pren(ait) les armes et sort(ait) de ses murs, le sac au dos, le fusil sur l'épaule, avec un tremblement de chiens, de furets, de trompes, de cors de chasse ». Comme le rite comptait plus que tout, le repas suivait le départ. A quoi bon patienter jusqu'au retour, puisque le gibier ratait le rendez-vous ? A peine sortis de la ville, les hommes « s'allong(eaient) tranquillement à l'ombre d'un puits, d'un vieux mur, d'un olivier, tir(aient) de leurs carniers un bon morceau de bœuf en daube, des oignons crus, un *saucissot*, quelques anchois, et commen(çaient) un déjeuner interminable ». Bien lestés, ils songeaient enfin à « chasser » : l'un après l'autre, ils prenaient leur casquette, la jettaient en l'air et la tiraient au vol « avec du 5, du 6 ou du 2 selon les conventions. Celui qui met(ait) le plus souvent dans sa casquette (était) proclamé roi de la chasse et rentr(ait) le soir en triomphateur ». C'était une variante du tir aux pigeons. A ce jeu, Tartarin était champion. Admiré de tous, il arbitrait les affaires de chasse, puisqu'il « savait à fond le code du chasseur, qu'il avait lu tous les traités, tous les manuels de toutes les chasses possibles, depuis la chasse à la casquette jusqu'à la chasse au tigre birman ».

Le chasseur antipathique

Collectionneur boulimique, Tartarin rassembla tous les trophées et toutes les armes imaginables, armes dont il détaillait l'emploi comme s'il les maniait depuis toujours (Texte 28). Rançon de l'adulation générale, sa folie douce lui faisait confondre le rêve et le réel, comme à d'autres un loup et un chien... L'Hercule de la « galéjade » fut confronté à de nouveaux défis : exterminer la faune africaine et montagnarde. L'homme s'affirmait chasseur : il s'habilla en chasseur, du moins de son point de vue. Ainsi, allant au Maghreb, il revêtit le costume algérien et effraya les femmes à bord. Car il gravit la passerelle avec « deux lourds fusils, un sur chaque épaule, un grand couteau de chasse à la ceinture, sur le ventre une cartouchière, sur la hanche un revolver se balançant dans sa poche de cuir[49] », le buste drapé dans un ruban de trois pieds de large et la tête couverte d'une chéchia rouge avec un long flot bleu ! Son costume fut tout aussi étrange quand il alla vaincre les sommets européens. Ce faisant, il montrait une témérité inouïe pour un homme écartelé entre Don Quichotte qui ose tout, mais ne voit rien et Sancho Pança qui voit juste, mais n'ose rien. D'ailleurs, si l'entretien de sa légende n'avait pas imposé ce voyage, il serait resté à Tarascon. Treize années séparent le premier *Tartarin* de *Tartarin sur les Alpes*, treize années où d'autres modes avaient surgi. Il y a des traces, dans ce roman, du *Voyage de M. Perrichon*[*], autre bourgeois replet, poltron et vantard. Mais entre eux, il est une différence : notre héros « chasse » toujours, sacerdoce qui lui procure la présidence du Club des alpilles. C'était la parodie du Club alpin, avec le même fossé entre idées et actions. Comme les adhérents de cette société, Tartarin dupait son monde, le mythe tenant seulement aux dimensions du mensonge. Tartarin était un vrai vantard et un faux viandard.

L'engouement pour ces récits de chasse, toujours énormes, explique l'édition des conseils de chasse, toujours farfelus. Par exemple, un chaudron en cuivre, rempli de suif, reflétait la lumière grâce aux mèches d'amadou qui y étaient allumées. La nuit, les chasseurs le transportaient à l'étang et l'orientaient vers l'eau. « Les canards qui voient cette grande lumière s'avancent près des bords et s'imaginent que c'est le blond Phébus qui reparaît sur l'horizon. » Le sel du conte résidait dans sa chute : « les hommes qui ont le tonnerre en main leur lancent la foudre qui les fait culbuter les uns sur les autres[50] ». Pour obtenir cela, mieux vaudrait une mitraillette qu'un fusil à deux coups ! Le « canardage » était

---

* Cette comédie d'Eugène Labiche (1815-1888), écrite avec Edmond Marin, fut le succès de 1860. Elle reprenait la trame et des scènes du *Bourgeois gentilhomme*.

exagéré, mais correspondait à une technique interdite : la chasse à la lanterne. Autre exemple, un gland, « le plus gros et le plus long qu'on puisse trouver », était bouilli dans une décoction de séné et de jalap, remède qui nettoyait les intestins, et collé à une ficelle comme une mouche piquée à l'hameçon. Le premier canard qui l'aperçoit « l'avale avec beaucoup de voracité. Comme ce gland est très purgatif, le canard est obligé de le rendre dans l'instant ». Arrivent ensuite un deuxième palmipède, un troisième, un quatrième, etc. « On tire la ficelle, le gland s'arrête à l'anus du dernier qui se trouve enfilé avec tous ceux qui précèdent. » Là aussi, la conclusion méritait une image avec ce pauvre huissier qui laissa « plus de vingt canards s'enfiler. Ils prirent le vol et l'enlevèrent de terre[51] » ! Cette galéjade orléanaise correspondait au tempérament du volatile qui fonce sur tout ce qui tombe dans son milieu.

Dans les *Contes de la Bécasse* (1883), Guy de Maupassant (1850-1893) employa un procédé semblable : des récits en fin de dîner. L'hôte était le baron des Ravots, cloué sur son fauteuil, les deux jambes inertes. Après quarante ans de règne sur les Nemrod de la contrée, il lui restait le plaisir de « tirer des pigeons de la fenêtre de son salon et du haut de son balcon[52] ». « Un domestique, derrière son dos, tenait les fusils, les chargeait et les passait à son maître. Un autre valet, caché dans un massif, lâchait un pigeon de temps en temps, à des intervalles irréguliers pour que le baron ne fût pas prévenu et demeurât en réveil. Et du matin au soir, il tirait les oiseaux rapides, se désolant quand il s'était laissé surprendre et riant aux larmes quand la bête tombait d'aplomb ou faisait une culbute inattendue et drôle[53]. » Ses serviteurs respectaient les principes du tiré jusqu'au compliment de rigueur. « – Y est-il, celui-là, Joseph ! As-tu vu comme il est descendu ? Et Joseph répondait forcément : – Oh ! Monsieur le baron ne les manque pas. » Assurément, le baron n'était pas un tendre et plus jeune, avait été un viandard : il gardait l'obsession des armes et de l'exploit. Aussi l'automne aurait-il été un calvaire sans le banquet des chasseurs, organisé chez lui comme autrefois. Mais à présent, il guettait les détonations, « heureux quand elles se précipitaient. Et le soir, il exigeait de chacun le récit *fidèle* de sa journée », ce qui les retenait trois heures à table. L'adjectif posait problème car aucun ne disait vrai ! « C'était d'étranges et invraisemblables aventures où se complaisait (leur) humeur hâbleuse. » Ces gens-là éclipsaient Tartarin, car lui émerveillait l'auditoire quand eux s'émerveillaient les uns les autres ! La surenchère caractérisait les comportements pendant la chasse, où les cartons étaient comptés, et après la chasse, dans les récits qui étaient contés.

Tous « étonnés, mais réciproquement crédules, s'extasiaient » devant une anecdote mille fois répétée comme ce lapin que le vicomte de Bourril rata dans un couloir ou ces deux tirs sur une compagnie de perdreaux qui en firent « tomber une pluie, une vraie pluie : il y en avait sept ! ». Le titre, les *Contes de la Bécasse*, renvoyait à la bécasse, la « reine des gibiers », car notre baron « adorait l'incomparable oiseau (si bien qu') on en mangeait tous les soirs ». Il tenait aussi à la coutume, la règle étant que chacun déposât « sa » tête dans le plat commun. Le repas fini, M. des Ravots, « officiant comme un évêque », mettait un peu de graisse sur une assiette » et les « oign(ait) avec soin (...) en les tenant par le bout de la mince aiguille qui leur sert de bec. Une chandelle allumée était posée près de lui et tout le monde se taisait[54] ». La cérémonie impressionnait le non-initié et, pour mériter cet honneur, mieux valait être gourmet que viandard. En effet, un crâne, trophée dérisoire, était percé d'une épingle enfoncée dans un bouchon, le tout maintenu « en équilibre au moyen de petits bâtons croisés comme des balanciers » et installé « sur un goulot de bouteille en manière de tourniquet. Tous les convives comptaient ensemble, d'une voix forte : – Une, – Deux, – Trois. Et le baron, d'un coup de doigt, faisait vivement pivoter ce joujou. Celui des invités que désignait, en s'arrêtant, le long bec pointu devenait maître de toutes les têtes, régal exquis qui faisait loucher ses voisins. Le hasard sélectionnant le vainqueur, il n'y avait pas de jaloux, mais des envieux : il les prenait une à une et les faisait griller sur la chandelle. La graisse crépitait, la peau rissolée fumait ; il croquait le crâne suiffé en le tenant par le nez et en poussant des exclamations de plaisir[55] ». Comme le récit de chasse, le dîner de chasse impliquait égalité et réciprocité : le gagnant s'étant délecté, ses compagnons se délectaient : il leur devait un récit mêlant chasse et amour, adultère et cocufiage, drame et passion.

... et voir la bête dans l'homme

Dans cette France rurale qui perdura jusqu'au premier conflit mondial, les distractions n'étaient pas nombreuses. A lire *Une vie* (1883), un des plus beaux romans de Maupassant, l'ennui suintait dans les demeures de son enfance[56] et gagnait l'ensemble des environs, l'hiver surtout, quand l'état des chemins bloquait les femmes au logis à moins que, cavalières émérites, elles puissent chasser et peut-être aimer. A l'époque romantique, leur chasseur était bandit d'honneur, à l'époque matérialiste, amant de salon et à l'époque symboliste, bête de sexe. Les amours littéraires bousculaient les conventions sociales : une femme bien née ne jetait pas son dévolu sur un braconnier ou sur un garde-chasse ; elle ne lui parlait même pas directement et sans témoin... Ainsi, comme le mariage, la relation unissait des personnes de condition semblable ; elle aurait pu s'assouvir dans un autre cadre que le sous-bois si les amants n'avaient pas craint l'intrusion d'un parent, d'un invité ou d'un serviteur. Mais la prudence ne suffisait pas toujours, surtout qu'à l'approche des beaux jours, les sorties reprenaient vite. C'est au cours de l'une d'elles que l'héroïne démasqua l'époux et l'amie : depuis deux ou trois mois, la roulotte d'un charbonnier abritait les rencontres des tourtereaux. Le ciel s'étant dégagé, Jeanne voulut marcher et pousser jusqu'à la lisière : « un gant de femme et les deux cravaches gisaient sur le gazon foulé. Donc ils s'étaient assis là puis, éloignés, laissant leurs chevaux[57] ». Comme ce bosquet constituait un poste de tir, elle ne comprit pas tout de suite la scène sinon que Julien était dans les parages ; elle réagit en voyant deux oiseaux se becqueter et s'accoupler. Elle s'enfuit et choisit de se taire, ce qui n'empêcha pas le drame, le curé, scandalisé, avertissant le cocu.

Jeanne de Lamarre, héritière du château des Peuples, était la fille de M. Le Perthuis des Vauds : homme du XVIIIe siècle, féru de libéralisme et d'agronomie, émigré revenu avec la monarchie, le baron espérait restaurer sa fortune, mais l'écorna davantage encore par ses expériences utopistes. Jeanne devint la mère de Paul, dit Poulet, surnom ridicule pour un enfant idolâtré. Adulte, ce joueur frénétique rendit nécessaire la vente des Peuples, ce qui la ruina et la tua : le coup était joli ! Au total, l'époux et le fils n'étaient pas moins cruels. Le père libérait ses instincts en traquant femmes et gibier, les deux ne faisant qu'un : après Rosalie, la sœur de lait de Jeanne, ce fut le tour de Gilberte, l'épouse de M. de Fourville, un familier pourtant. Le fils les refoula en quittant la campagne normande pour un collège rouennais ; il y prit l'habitude du jeu, la capitale parachevant son éducation.

Maupassant reprenait le thème du Vice inné qui conduit l'homme à sa perte. Ces gens-là sèment le malheur. Naïve, la jeune fille le récolta en agréant le vicomte de Lamarre. Il est vrai qu'avant les noces, il dissimulait son caractère : il l'attira par sa prestance comme Tartarin par ses histoires. « Le charme langoureux de cet œil faisait croire à la profondeur de la pensée et donnait de l'importance aux moindres paroles[58]. » Au reste, il présentait « cette éloquence passionnée qui trouble dans les salons la belle dame hautaine et fait se retourner la fille en bonnet ». Mais le vrai Julien était un obsédé de la gâchette qui, « chaussé de hautes bottes, l'air hirsute, passait son temps au fond du bosquet, embusqué derrière le fossé donnant sur la lande, à guetter les oiseaux émigrants. De temps en temps, un coup de fusil crevait le silence gelé des champs[59] ». La chasse meublait ses journées et ne coûtait pas cher.

Chez lui, une avarice quotidienne autorisait une apparence aristocratique : l'homme tenait son rang, malgré les dilapidations antérieures, craignant les rumeurs qui circulaient aisément dans une société réduite à trois ou quatre familles : aucune d'elles ne recevait les « parvenus qui frayaient entre eux (et) avaient acheté des domaines par-ci par-là ». Dans cette société, l'estime était fonction de la chasse et du titre. Julien fréquenta donc les Fourville « rencontrés par hasard chez les Briseville ». Son jugement reflétait ces critères : « le mari semble un peu rude. C'est un chasseur enragé, mais un vrai noble, celui-là ![60] ». Quant à sa femme, d'une grande beauté, elle paraissait fort libre, les voisins voyant très peu le comte, « croquemitaine (…) qui vivait en chasseur dans son château de la Vrillette bâti sur un étang[61] ». Jeanne remise de ses couches, ils allèrent les visiter, mais lui connaissait la propriété : il lui en détailla le site comme un noble ou un chasseur le ferait d'un champ de bataille ou d'un parcours de tir. « Là-bas à droite, là où tu vois le rideau de peupliers, (…) c'est là que commence la rivière qui va jusqu'à Fécamp. C'est plein de sauvagine, ce pays ! Le comte adore chasser là-dedans. Voilà une vraie résidence seigneuriale. » D'ailleurs, il tirait des sarcelles quand ils descendaient de voiture ; il les rejoignit « énorme et botté, suivi de deux chiens trempés, rougeâtres comme lui et qui se couchèrent sur le tapis devant la porte[62] » : ces compagnons ne le quittèrent pas de la journée, plus fidèles en cela que la belle Gilberte. En fait, cet homme ressemblait à un cerf : inquiet, il donnait le change, sa rudesse camouflant son angoisse, revers d'une passion démesurée pour une femme méprisante : il occit « la chienne » avec le traître et se tua ensuite. Jeanne reste seule avec son Poulet.

Assurément, les écrivains, parisiens ou provinciaux installés dans la capitale, rejetaient la chasse et les chasseurs[63] : la tragédie, vengeance ou trahison, attendait maîtresses ou compagnes. Vivant au contact de la nature, ces Nemrod en possédaient la puissance, d'où leur virilité, et la violence, d'où leur comportement. Le vocabulaire qui les singularisait était choisi avec soin car, si « Poulet » indiquait un gamin émasculé par une mère abusive, les hommes agissaient en fauves. Aux épithètes traduisant l'animalité – « inhumain », « vorace », « féroce », « affamé » – s'ajoutaient les expressions qui évoquaient l'invasion – « horde de sauvages »,

« troupeau de Peaux-Rouges » – et la barbarie – « armée de Germains », « régiment de Vandales ». C'était le produit de la guerre de 1870 : les termes valaient pour le Chasseur forcené comme pour le Prussien victorieux. D'après le bibliothécaire Borel d'Hauterive, la France était occupée par une soldatesque « puante » et, selon l'abbé Cochard, par des individus « féroces ». L'archiviste de la Seine-et-Oise* Gustave Desjardins dénonçait ces « tigres » aux « instincts violents », tandis que son collègue de la Creuse Louis Duval en déplorait la « froide cruauté » et la « voracité ». Quant à Ernest Lavisse, le futur auteur d'une *Histoire de France* bible des générations suivantes, il jugea la troupe « proche de l'animalité » et les officiers « d'une grossièreté native ». En identifiant l'Autre à l'Animal, les chasseurs pour les protecteurs des bêtes et les Prussiens pour les défenseurs de la patrie, ces images les ramenaient au stade d'avant la civilisation[64] ; ces images en faisaient autant des adversaires politiques car les caricaturistes les affublaient d'un profil déplaisant, insidieux comme le serpent, agressif comme le loup ou maladroit comme l'ours. La Chambre des députés n'était pas seulement ce lieu où s'échangeaient « des noms d'oiseaux », expression convenue en cas d'injures sérieuses !

Fin du siècle, les écrivains complétèrent le tableau en utilisant deux personnages antagonistes, le braconnier et le garde-chasse[65]. Autrefois, le premier débauchait la femme du second, ce qui montrait l'attrait du voleur et l'erreur du garde : chercher aux bois celui qui couchait ailleurs. Les dessinateurs exploitaient volontiers ce filon, ou plutôt ce dicton : « Qui va à la chasse perd sa place. » Maintenant, ces deux personnages luttaient à armes égales auprès de la gent féminine : ils procuraient la jouissance aux paysannes et aux mondaines quand leur mari n'avait pas ou n'avait plus la capacité de les satisfaire. Chef de file du réalisme belge, Camille Lemonnier (1844-1913) provoqua avec son *Mâle* (1881) un scandale semblable au *Nana* d'Emile Zola et au *Carmen* de Georges Bizet. Au-delà de la femme « folle de son

---

* Cela correspond à l'ancien découpage administratif.

corps », le roman surprit en décrivant l'univers forestier comme impitoyable[66], alors que le public l'imaginait paradisiaque, mieux : exemplaire, végétaux et animaux vivant en harmonie*. Herbert Hornu, dit Cachaprès, était le mâle qui séduisit Germaine, la belle-fille du fermier Hulotte, un coq de village : il la traîna dans les bois jusqu'à ce que la belle, effrayée par la violence du milieu et de la « bête », lui préfère un paysan du village calme et sournois. Dénoncé, le braconnier devint un gibier et, traqué, tua un gendarme. Blessé, il s'échappa dans la forêt, réflexe de l'animal qui s'y réfugie pour arrêter la poursuite.

L'Amant de lady Chatterley (1928) constitua l'ultime étape, celle d'un après-guerre où la société contestait la bienséance. L'histoire de cette « tendresse phallique » créa des ennuis à l'auteur, David Herbert Lawrence (1885-1930) : la censure critiqua la célébration d'une vie instinctive et l'incartade d'une femme mariée à un invalide de guerre, courtois et brillant. Et chacun de gloser sur cette volonté de divorcer pour un garde-chasse qui l'engrossa : Olivier Mellors, dont personne ne savait rien, sinon qu'il exerçait cette fonction obscure. Mais il révéla la femelle en Constance et elle découvrit la sensualité du mâle. Contrairement aux dires de la presse, Lawrence ménageait les convenances car le garde-chasse, incarnation des forces primitives, avait étudié et voyagé avant de renoncer à tout, ce qui supposait une classe voisine de celle de son amante. Cet intellectuel dissimulé réservait ses sentiments à cette femme perdue et aux bêtes traquées. Irrité du scandale qui fit son succès, Lawrence essaya de dissiper le quiproquo dans *Pornographie et obscénité* en 1929 et *Défense de lady Chatterley* en 1930. Il devint l'avocat d'une philosophie naturaliste. C'est dans cette période que Maurice Genevoix (1844-1913), « ayant sur le nez le binocle et le calepin du romancier naturaliste[67] », accoucha de Pierre Foulques, surnommé Raboliot, « nid de garennes » en langage

---

* L'idée que les bêtes sont bonnes, puisqu'elles ne tuent qu'en fonction du besoin, imprègne encore l'ouvrage de E. Baillon Rolland, *Faune populaire de France*, Paris, 1877, rééd. 1968, qui voulait faire connaître à ses lecteurs les merveilles de la nature française.

solognot. Son *Raboliot* (1925) racontait la partie qu'il engagea contre le garde Bourrel qui lui fit connaître la « vie intolérable des bêtes poursuivies[68] ». A leur image, le braconnier commit l'erreur de revenir sur ses pas avant de quitter la contrée (Texte 29). Mais pouvait-il vivre ailleurs[69] ? Cette affection pour l'animal en liberté incita Maurice Genevoix à rédiger *Tendre bestiaire* (1969) et *Bestiaire sans oubli* (1971), mais la tendance était déjà acquise : les chasseurs devaient plaider leur cause, sous peine de perdre le procès.

*

A cet égard, « les émotions d'un perdreau rouge » marquèrent un tournant, le narrateur tenant le rôle du rescapé[70] : ce perdreau de l'année n'avait jamais connu l'épreuve du feu, mais cela le changea pour toujours. Alphonse Daudet écrivit cette nouvelle après la défaite de Sedan, la Commune de Paris et sa répression par les Versaillais : il comparait le gibier aux soldats, tous également massacrés. Quand les canons cessèrent de tonner, le champ de bataille était couvert de cadavres. Quand les fusils cessèrent de tirer, « au rebord d'un fossé, les lièvres au poil roux, les petits lapins à queue blanche gisaient à côté les uns des autres. C'étaient des petites pattes jointes par la mort, qui avaient l'air de demander grâce, des yeux voilés qui semblaient pleurer, puis des perdrix rouges, des perdreaux gris (...) et des jeunes de cette année qui avaient encore comme moi du duvet sous leurs plumes ». Les dommages collatéraux étaient importants : sur « notre route, nous rencontrions de malheureuses petites bêtes abattues par un plomb de hasard et restant là, abandonnées aux fourmis, des mulots le museau plein de poussière, des pies, des hirondelles foudroyées dans leur vol, couchées sur le dos... Mais le plus navrant de tout, c'était d'entendre à la lisière du bois, au bord du pré et là-bas dans l'oseraie de la rivière, des appels anxieux, tristes, disséminés, auxquels rien ne répondait ». Rapprochant géniteurs et parents, orphelins et enfants, les protecteurs de la nature ne blâmaient pas les hommes qui mangent du gibier[71], mais les femmes parées de plumages et de pelisses. Dans les années

1920, les cloches de feutrine avec ruban ou bijou démodèrent les chapeaux avec oiseaux reconstitués[72]. Dans les années 1970, les textiles polaires évincèrent les fourrures sauvages, chez certaines du moins. C'était la condamnation du piégeage, et si la pelleterie résista, c'est grâce à l'élevage de la sauvagine, cette mort-là indignant moins que d'autres. La célébration de la vie avait gagné, moyennant quelques accommodements. Avec quelles conséquences pour la chasse et les chasseurs ?

11

Drôles de bêtes

Préserver les êtres vivants, tous les êtres vivants, constituait un objectif ambitieux : formulé au XIXe siècle, il fut pris en charge par les sociétés de protection de la nature. Leur recrutement était élitiste : biologistes, écrivains, artistes, enseignants, dont certains en sciences naturelles. Pendant longtemps, leur politique privilégia les bêtes domestiques et, pour les animaux sauvages, les bêtes pacifiques. Ces résultats demeuraient fragiles comme le montrent les réactions en périodes de troubles ou de guerre. Une fois la paix conclue, ces sociétés restauraient leur image en adaptant leur message, mais la ligne ne variait pas : la cause était juste.

L'opinion publique bascula en leur faveur au cours de la seconde moitié du XXe siècle, soutien actuellement indéfectible, ce qui n'est pas sans répercussions cynégétiques.

C'est l'effet de la mise en scène animalière. Elle renvoyait aux productions destinées aux enfants, aux photographies des magazines et aux documentaires des télévisions. Toutes ces œuvres soulignaient l'affection des petits et le dévouement des mères : elles allaitaient jusqu'à ce qu'ils manifestent les réflexes d'évitement ou d'agressivité. Les jeunes apprenaient alors à se nourrir, se cacher, s'esquiver ou se défendre. Mais les géniteurs paraissaient échapper à la déchéance et à l'agonie : face au drame, l'homme aurait vu son destin... Ce refus du réel poussa les administrateurs de zoos à satisfaire la clientèle en affichant que « leurs » carnassiers recevaient des bestioles tuées, mieux, des bestioles mort-nées. Pourtant, la mort fait partie de la vie et, dans la nature, un carnassier qui ne chasse plus est dévoré[*].

C'est l'effet aussi d'une mutation sociétale. Elle renvoyait à la rupture des attaches rurales, les familles habitant et travaillant en ville. Certes, il en était qui la quittaient pour la campagne, mais elles y transportaient références et habitudes citadines. La critique de la chasse et des chasseurs n'était donc pas exempte d'angélisme. L'ignorance reste évidente chez les Parisiens de moins de 25 ans qui, interviewés, déclarent souhaiter l'introduction des « (cervidés) qu'on a déjà tant de mal à voir comme les cerfs[1] ». Pourtant, loin d'être menacée, l'espèce abonde, d'où l'ampleur des dégâts. S'ils comprenaient ces nuisances[2], accepteraient-ils davantage la chasse ? Et, si la réponse était positive, confieraient-ils la régulation à des particuliers ou à des professionnels ?

Le grand festin de la nature

Autrefois, les paysans réclamaient le droit de chasse pour supprimer les espèces qui menaçaient leur vie et leurs biens, la destruction étant toujours justifiée par la défense agricole et, parfois, par la légitime défense. Le terme « nuisible » désignait ces indésirables. Mais l'éradication des carnivores et la diminution des granivores devinrent excessives[3] : la reconstitution sembla nécessaire. Précédant la conscience écologique, la réflexion philosophique déclara utiles tous les êtres vivants, du plus grand au plus petit, du plus doux au plus hargneux et du plus beau au plus vilain : chacun d'eux contribuait au maintien de l'ensemble car, s'il prélevait des

---

[*] Par exemple, dans les années 1990, le zoo de Bâle remplaça les truites lâchées dans le torrent des loutres par du maquereau congelé, économie budgétaire qui participait à la réhabilitation naturaliste.

espèces, il en nourrissait d'autres. C'était le grand festin de la nature. En fonction de l'appartenance idéologique ou religieuse, ses défenseurs évoquaient la « fraternité » ou la « solidarité » des créatures : aucune n'était « nuisible ».

Aujourd'hui, le terme équivaut à un chiffon rouge agité devant un taureau ! Mais comme des espèces étaient éteintes, qui régulaient les populations subordonnées, certaines proliférèrent : bien qu'innocentes, les voilà insupportables. Des spécialistes reconnaissaient la nécessité d'une régulation. L'ennui, c'est que les chasseurs n'avaient pas forcément envie de l'effectuer. Car ils disposaient de gibiers plus intéressants en matière de trophée, de viande ou de comportement. Ceux-là étaient « protégés », mais pour la chasse : si la reproduction ne suffit plus au renouvellement, l'élevage complétait les effectifs jusqu'à ce que le tir redevînt admissible. Ainsi, la « protection » recouvrait deux assertions[4] : la première, liée au monde *cynégétique*, ménageait le gibier et la seconde, liée au monde *écologiste*, concernait les espèces non chassables. La différence de finalité fut grosse de difficultés[5]...

Les voix de la défense

Historiquement, la Société nationale de protection de la nature (SNPN) est l'héritière de la Société zoologique d'acclimatation (SZA) qui contribua à enrichir le patrimoine cynégétique en expérimentant des espèces inconnues, en réintroduisant aussi des espèces disparues. La SZA alterna succès et échecs : des espèces destinées à la chasse, comme la pintade du Japon et la perdrix Gambra, réagirent en volailles de basse-cour ou disparurent promptement, victimes des prédateurs ou des intempéries. Déclarée d'utilité publique en 1855, la SZA fêta sa première année avec son 1 200ᵉ adhérent, mais sa progression plafonna vite : dans les trente ans qui suivirent, elle ne reçut que 900 entrants. Isidore Geoffroy-Saint-Hilaire, son président, fut élu président de l'Académie des sciences en 1858 et du conseil d'administration du Jardin d'acclimatation deux ans plus tard, institution qu'il sollicitait depuis dix ans[6]... Dans cette seconde moitié du XIXe siècle, sciences naturelles et protection naturelle restèrent imbriquées, quoique la préservation l'emportât sur l'acclimatation, l'objectif initial. C'est ainsi qu'en 1884 la SZA étudia le braconnage et les excès de la chasse, problèmes qui inquiétaient ses dirigeants. Au début du XXe siècle, la section des ornithologues, dominante au sein de l'association, choisit l'indépendance et forma la Ligue pour la protection des oiseaux (LPO), ce qui affaiblit la SZA financièrement et numériquement. Affiliée à la confédération internationale, la LPO surveillait la réserve des Sept-Iles (Côtes-du-Nord) : depuis 1913, ce havre de paix accueillait les migrateurs soumis aux tirs côtiers. Aussi, dans le cadre du Premier Congrès international pour la Protection de la nature (1923), organisé en partenariat avec la SZA et la Société nationale pour la protection des paysages (SNPP), la LPO interpella-t-elle les fédérations de chasse. La couverture médiatique de l'évènement facilita le vote, un an plus tard, d'une loi encadrant les tirs.

Mais le consensus politique du 1er mai 1924 vola en éclats dans les territoires littoraux : l'affrontement était d'ailleurs prévisible. Car le conflit mondial avait changé l'état d'esprit de certains : pour eux, les hommes devaient vivre en paix et l'offrir aux bêtes. Or, maintenant, une tribune permettait à des orateurs de proclamer leur respect de la Vie, celle d'un ennemi ou celle d'un animal. De leurs discours, l'auditoire retint le rapport entre mouvements pacifistes et critiques cynégétiques : le chasseur était un pousse-au-crime, un va-t-en-guerre... Portée par cet élan, la SZA constitua la réserve de Camargue en 1927 et édita la revue *Terre et vie* : la réserve exaspéra les chasseurs et le mensuel sensibilisa les lecteurs. Mais son influence butait sur celle des chasseurs : présents dans les conseils municipaux et généraux, ils pesaient lourd dans la composition sénatoriale. Comme la conjoncture délicate de l'entre-deux-guerres excluait la formulation d'une politique générale, la SZA entreprit de faire prohiber la chasse dans les espaces protégés ou sinon, de faire sanctionner plus durement les attentats qui y seraient perpétrés[*]. Après la Camargue en 1927 et les réserves de Néouvielle et du Laurazier en 1935 et 1936, elle amorça le vaste chantier des parcs nationaux mais, suite à la loi Sérot[**], son projet arrivait bien tard, trop tard même, le réarmement occultant toute autre question. Comme elle gérait surtout des conflits ponctuels, leur solution passant par des achats fonciers, elle manquait de visibilité nationale et souffrait d'un recrutement élitiste. La comparaison avec la Ligue suisse pour la protection de la nature est édifiante : née en 1909, elle attira 30 000 personnes dans les trente ans qui suivirent. Cette dynamique caractérisait également les consœurs flamande, néerlandaise, anglo-saxonne et allemande.

La fondation de la SNPN résulta du mouvement naturaliste à l'origine de la protection des sites, la loi du 2 mai 1930 concernant les environs des monuments : cette orientation esthétique perdura jusqu'à la loi du 1er juillet 1957 concernant, elle, la faune et les espaces naturels. Dans l'intervalle, la loi de finance du 28 février 1934 consacra un crédit spécial aux réserves de chasse ; les subventions étaient délivrées aux communes, aux sociétés et aux fédérations moyennant engagement de trois ans renouvelable. Ces enclaves seraient contrôlées par les gardes-chasses fédéraux. Le Conseil supérieur de la chasse (CSC), établissement public créé en 1941, supervisa le dispositif. Mais ces réserves de chasse ne virent le jour qu'après guerre, avec le Mercantour en 1947 (Alpes-Maritimes) et les Bauges en 1950 (Savoie, Haute-Savoie). Le statut fut retouché en 1951, distinguant les réserves banales, sur arrêté préfectoral,

---

* En effet, pendant longtemps, la notion de protection fut attachée à quelques espèces et non à un espace, ce qui permettait de chasser toutes les autres.

** Forestier de l'Ecole de Nancy, député de la Moselle et sous-secrétaire d'Etat à l'Agriculture, Robert Sérot donna son nom à cet amendement à la loi de finance du 16 avril 1930. Il instituait une fiscalité particulière sur la forêt privée. L'autorité tenait enfin compte d'une production caractérisée par le long terme, le rendement financier étant bas, voire nul, en l'absence de récolte. C'était le cas dans les réserves de chasse. L'amendement fut complété par le décret du 20 juillet 1934 sur l'exonération trentenaire.

et les réserves « approuvées », sur arrêté ministériel, ce qui sous-entendait l'existence d'une faune et d'une flore remarquables. Les années 1954 virent l'Agriculture accentuer la répression des délits qui y seraient commis et 1956 relancer les réserves de chasse communales. Les années 1964 virent la mise en réserve de 10 % du territoire cynégétique des associations communales, système reprenant la mise en réserve de 25 % des bois communaux (quart de futaie), et 1968 la promulgation du statut des réserves nationales de chasse (Tableau 13), dont la gestion fut confiée au CSC puis à l'Office de la Chasse (ONC), sur le principe des réserves domaniales de chasse dans les massifs gérés par l'administration forestière[*].

Cependant, malgré les efforts de la SZA puis de la SNPN, la nature protégée demeurait moins faunistique ou paysagère qu'agricole, le législateur privilégiant les espèces « utiles[7] » : les circulaires préfectorales, déclinaisons ministérielles[8], interdisaient la destruction et le commerce des insectivores. En période de guerre, ces mesures étaient redoublées, « afin d'enrayer les dégâts causés aux récoltes par les insectes, qui se chiffrent chaque année par des sommes considérables[9] ». Cela incitait à désigner aux enfants ces « espèces bienfaisantes » car, ignorant leur intérêt, ils en tuaient souvent. Avec l'appui de l'inspection académique, l'instituteur du Pont-de-Montvert (Lozère) proposa à ses élèves de constituer une Société protectrice des oiseaux – ceux qui mangeraient les insectes[10]. Dans l'entre-deux-guerres, les écoles rurales reprirent la méthode[11]. Là aussi, les défenseurs de la faune empruntaient l'idée aux défenseurs de la forêt, l'époque connaissant une floraison de pépinières scolaires : le reboisement et la préservation des espèces étaient liés. Définies par le législateur, les espèces « nuisibles » étaient aussi diverses (Tableau 14) que les actions destructrices, en toute région et en toute saison. Certes, les battues cessaient quand la chasse était fermée. Mais, en cas de dommages avérés, les chasseurs étaient réquisitionnés pour les battues qu'autorisaient les préfets sur

---

[*] Les réserves domaniales dataient de 1954, l'Office national des forêts n'existant pas encore.

requête des maires. Ils y côtoyaient les propriétaires et leurs locataires qui, pour cette tâche, n'avaient nul besoin de permis ; ils devaient laisser leur fusil, les chasseurs étant seuls habilités au tir. Evidemment, lorsque ces battues devenaient fréquentes, elles justifiaient la chasse hors saison...

La fin des « malfaisants »

A la fin des années 1970, les discussions autour de la loi du 10 juillet 1976 (n° 57-740) et du décret du 25 novembre 1977 (n° 77-1298)* aidèrent les défenseurs des « nuisibles ». Leur campagne fut glorieuse : l'arrêté du 12 juin 1979 désigna les 12 mammifères et les six oiseaux soumis à « régulation des populations ». L'expression « destruction des nuisibles » avait disparu (article 2)[12] ! Cela signifiait qu'ils n'étaient plus nuisibles en eux-mêmes, mais par les problèmes engendrés. Ce tour de passe-passe ne fut pas vain, puisque le décret du 30 septembre 1979 (n° 88-940) prit acte du changement. Désormais, la bienséance recommandait « proliférant » plutôt que « nuisible », « population » plutôt qu'« espèce » et « régulation » plutôt que « destruction »[13]. Le choix du vocabulaire révélait le malaise européen devant les clichés de la déportation : « destruction » renvoyait à « extermination » – de groupes humains. Ce langage reflétait aussi les impératifs économiques car, selon la formule de Marcel Henriot, directeur de l'Ecole des gardes fédéraux : « n'importe quelle espèce animale, classée Gibier ou non, peut devenir nuisible (...) lorsque sa population prolifère de façon excessive[14] ». D'où l'intitulé alambiqué de la liste : « Espèces d'animaux susceptibles d'être classées nuisibles ». Le ministre de l'Agriculture la publiait après avis de la Confédération nationale de la chasse et de la faune sauvage (CFCFS). Le préfet l'adaptait à son département : l'inscription d'une espèce était motivée par les dégâts causés « aux activités humaines et aux équilibres biologiques », ce qui supposait un décompte de

---

* Elles accompagnèrent le débat suscité par la directive Conservation des oiseaux à l'échelle européenne (20 décembre 1976).

l'effectif[15], de sa densité et de sa progression, ainsi qu'un examen de son régime alimentaire au travers des analyses coprologiques (défections) et stomacales (contenus). Encore fallait-il des volontaires pour épauler les scientifiques : ces bénévoles furent recrutés parmi les adhérents des sociétés et, plus étonnant, dans le cercle des piégeurs.

En proliférant, l'espèce compromettait les équilibres, constat qui faisait écho aux acquis de la démographie historique et tropicale : quand les effectifs augmentent plus vite que la ressource, elle est surexploitée, les rendements fléchissent et les habitants déboisent, ce qui décale seulement le problème. Ainsi, l'animal incriminé fut réhabilité dans la mesure où il restait à sa place : il ne devait pas envahir le territoire des hommes et endommager leurs productions, ni affecter la flore et la faune existantes. Ce fixisme était à l'opposé de l'évolution des espèces : la victoire des unes n'impliquait-elle pas la submersion des autres ? C'est ce que rappelaient certains écologues : l'homme ne saurait arbitrer entre elles. Evidemment, cette position déplaisait aux écologistes qui revendiquaient une politique organisant la régulation, mais interdisant le terme « nuisible ». Ils protestèrent donc dans une circulaire du préfet du Rhône où figurait le terme tabou : la pétition émanait de « nombreux scientifiques, naturalistes ou simples amis de la nature[16] ». La même année, Henriot précisa dans *Le Chasseur français* qu'il « (était) bien admis qu'il n'exist(ait) pas véritablement d'animaux nuisibles », mais que l'« appellation (était) encore en usage pour la commodité du classement »[17]. En 1981, un directeur de l'INRA confirma la nuance, tout en regrettant une expression qui traînerait jusqu'à ce qu'elle fût « banni(e) des conversations et des écrits ». Toutes les forces convergeaient donc. Au reste, cela avait poussé le professeur Chaigneau de l'Ecole des gardes fédéraux à écrire *Les Animaux dits nuisibles à la chasse*, en espérant « peut-être (ouvrir) les yeux à bon nombre de chasseurs et d'agriculteurs trop portés à juger rapidement un animal comme nuisible, indifférent ou utile[18] ».

Les agriculteurs n'avaient que faire du biologiquement correct : ils considéraient les nuisibles comme leurs adversaires et beaucoup consacraient la morte-saison à les traquer[19]. De ce fait, la réhabilitation des espèces nuisibles fut parallèle à la régression du nombre des exploitations. En face, les défenseurs des nuisibles rejetaient une conception où la chasse serait légitime, que l'homme fût un prédateur comme d'autres ou qu'il fût un égoïste, dont les intérêts primaient toujours. L'alliance des défenseurs comportait néanmoins une fêlure : certains voulaient qu'il agisse en protecteur et d'autres, en spectateur. Cependant, tous claironnaient que si les équilibres étaient rompus, c'était par sa faute, celle des chasseurs notamment : la sagesse conseillait de suspendre le processus et, si possible, de l'inverser en réparant les erreurs passées. Cette idée provoquait de nouvelles fissures. Fallait-il sacraliser les espèces menacées, parce que les prélèvements avaient été exagérés ? Mais ce qui était bon pour certaines, raréfiées ou chétives, l'était moins pour d'autres. Comment évaluer leurs populations ? Au contraire, fallait-il encourager les chasseurs parce qu'ils ramèneraient des densités convenables ? Et pour cela, prévoir un encadrement, un financement ? Car sinon, ils maintiendraient la tradition dans le choix de leur gibier. En outre, si la préservation des activités et des écosystèmes était essentielle, l'ordre des priorités variait selon les militants, clivage sensible dans les années 1990.

Le mouvement recouvrait donc deux tendances : le terme « espèce » impliquait des recherches naturalistes, phylogénétiques et évolutionnistes, et le terme « population », des recherches écologiques sur le rapport du vivant au milieu. L'ensemble de ces études obligea cependant à corriger la classification de 1979[20], d'où l'arrêté du 26 juin 1987 relatif aux espèces Gibier : il n'y eut plus deux groupes, celui des Mammifères et celui des Oiseaux, mais trois catégories, Gibier sédentaire, Gibier d'eau et Oiseaux de passage, la gestion des populations dépendant des caractères du milieu. Cette classification privilégiait les relations entre espèce et espace, quitte à ce que les écologistes les plus intransigeants dénoncent la présence humaine comme perturbation territoriale. Ce discours choquait les chasseurs car, s'ils ne vivaient pas en bonne intelligence avec toutes les espèces, ils aidaient à la préservation de certaines en achetant du gibier d'élevage et en installant des réserves de chasse. Les accusations les scandalisaient d'autant plus que la plupart d'entre eux, encadrés par leurs sociétés, observaient la législation française et la prudence élémentaire, quand d'autres écrasaient les couvées, massacraient les petits, disséminaient les pièges, asphyxiaient les familles et empoisonnaient les appâts sans les déclarer en mairie (Texte 30). Ils déploraient ainsi que l'animal fût mal aimé, quelle que fût la manière de le qualifier.

Les textes de 1979 et de 1987 marquaient un tournant, certes, mais les esprits suivaient avec lenteur. Comment en aurait-il été différemment alors que, voilà peu, des naturalistes manifestaient les mêmes refus ? Ainsi, un A. Hugues réclamait la suppression des tenderies de grives[21], mais cautionnait la destruction des rapaces ! Régulièrement, les ruraux demandaient à leurs élus d'intervenir auprès du préfet pour qu'ils fussent inscrits sur la liste des ostracisés ! Rien ne semblait changer, ou plutôt tout changeait imperceptiblement. Aussi, lorsqu'un membre parisien de la Ligue de protection des oiseaux désira essaimer en Lozère, le directeur des services agricoles l'avertit que cette société serait mal accueillie, les exploitants comprenant la « protection » comme celle des basses-cours et des troupeaux ! Il lui laissa penser que la protection des rapaces nocturnes, buses et busards, serait admise – il était optimiste ! –, mais que celle des faucons, des éperviers et des aigles ne le serait jamais, les deux premiers parce qu'ils « attaquaient les volailles » et le troisième, parce que sa réputation était exécrable. Au total, « même si les agneaux étaient atteints de gale, les éleveurs préféreraient utiliser les bains parasiticides à base de H.C.H. plutôt que d'avoir recours aux aigles pour l'épuration des animaux malades de leurs troupeaux[22] » ! Apparemment, le message sur les oiseaux destructeurs d'insectes ou dévoreurs de serpents et de rongeurs avait convaincu. En revanche, l'image du rapace enleveur de nourrissons et d'agnelets perdurait : la haine qu'il inspirait était aussi vive qu'envers les pies, les geais, les corbeaux et les corneilles. Dans les communes d'Ispagnac, Quézac, Montbrun et Prades (Lozère), ces vandales saccageaient les récoltes, si bien que les arboriculteurs souhaitaient « continuer la lutte en utilisant le fusil de chasse[23] » ! En pareil cas, la marge était mince entre destruction de nuisibles et prolongation de chasses. Car certains gibiers ne quittaient pas la liste départementale, tels le lapin, le sanglier et l'écureuil : leur viande était bonne et ils aimaient les choux, les glands et les noix !

La chasse, protectrice ?

Le maintien des équilibres biologiques, objectif principal des années 1990, intégrait pourtant qu'un pan entier de la chasse fût géré dans ce sens[24]. L'action comprenait deux volets : *contrôler* les effectifs et *repeupler* les réserves.

Certaines espèces gênaient depuis peu, une ou deux générations, guère plus, leur reproduction et leur adaptation accroissant les populations jusqu'à perturber activités et écosystèmes. La régulation était indispensable ; à force, structures et techniques de chasse évoluaient. C'est ce qui arriva dans le Massif central, notamment dans la zone des châtaigneraies et des hêtraies d'altitude. Au XIXᵉ siècle, la morte-saison venue, le chasseur sortait avec son chien en quête de lièvres et de perdrix ; il piégeait autant qu'il tirait car les cartouches coûtaient cher. A la fin du siècle, l'extension des boisements due à la restauration des terrains de montagne transforma les paysages. Les deux premiers sangliers furent abattus en 1910 et 1911. Sur les pentes reverdies du mont Aigoual (Gard, Lozère)[25], ils dévoraient les châtaignes à terre et remontaient ensuite vers le mélézin, son épaisse litière offrant le gîte idéal*. Comme la guerre

---

* Les boisements du mont Aigoual ne comprennent pas seulement des résineux, épicéas et mélèzes surtout. Cependant, au début, les conditions techniques firent échouer les semis feuillus : les sangliers descendaient donc de la forêt domaniale vers la châtaigneraie, tout aussi artificielle, sauf qu'elle était ancienne, certaines plantations atteintes de l'encre étant abandonnées. Rappelons que le mélèze est une essence caduque, d'où l'épaisseur de sa litière.

mobilisait les hommes et interrompait la chasse, leur migration continua vers ces étendues où les aliments étaient abondants, et le refuge assuré[26]. Après guerre, la crise de l'élevage, la mévente des vers à soie et les maladies du châtaignier* minèrent l'économie régionale : des pâquis, des vergers furent abandonnés. Comme souvent, la déprise humaine favorisa l'expansion d'un animal associant fécondité élevée et juvénile résistant.

Invasive, la bête causait des difficultés aux exploitants du Centre ; elle n'était pas moins dommageable dans le nord-est et le midi de la France[27]. Les battues administratives furent jugées nécessaires de 1918 à 1954. Elles ne cessèrent jamais, en dépit des années noires et de la ligne de démarcation tracée sur le Cher. Le sanglier l'ignorait, dévastant les terres autour des massifs berrichons (Indre, Cher, Loir-et-Cher) et orléanais (Loiret). Dans les districts touchés, les battues dépendaient de l'occupant. En toute logique, les titulaires du permis de chasse allemand auraient dû suffire – ils étaient les seuls à pouvoir tirer –, mais c'était un cas de force majeure : « l'augmentation du nombre de sangliers consécutive aux circonstances de guerre exige(ait) des dispositions spéciales, eu égard à l'économie du ravitaillement et à l'opinion publique[28] ». Aussi le soin des battues fut-il confié « à l'officier ou au fonctionnaire ayant rang d'officier, qui en (était) chargé par le Feldkommandant (officier de chasse) ou par le Kreiskommandant délégué ». Le préfet consultait son collègue des Eaux et Forêts pour contacter les individus à mobiliser : ceux-là connaissaient bien l'espèce, son comportement et son territoire. Les carcasses étaient partagées entre soldats et civils, la commune finançant la dépense. L'ordre spécifiait qu'« aucun autre gibier que le sanglier (ne devait) en principe être tiré. Le tir aux plombs de chasse et aux plombs hachés, même comme tir de capture, rest(ait) interdit. Seul le tir à balle (balle de chasse ou balle de fusil) (était) autorisé ». Il

---

* En France, la maladie de l'encre apparut vers 1850. Mais l'Ardèche et la Corrèze ne bénéficièrent pas des programmes de replantation des années 1930. Car, dans cette période, une nouvelle maladie, le chancre, acheva de ruiner les producteurs de ces départements.

excluait donc la chasse personnelle. La pause semblait avoir marqué les esprits car la chasse collective progressa après 1945 : il est vrai que la raréfaction de la sauvagine en obligeait plus d'un à chasser le sanglier.

Le « fauve » était ressenti et reconnu comme fléau public. Les mairies versaient cinq francs par tête, à condition que l'animal pesât cinq kilogrammes et plus, de quoi consterner un habitant de Valleraugue (Gard) : le marcassin qui s'étrangla à un collet faisait 4, 5 kilogrammes ! Il lui enfila une livre de plombs, encaissa la prime et récupéra son lest dans les boyaux, puisque la carcasse lui revenait[29]... Les chasseurs, des ruraux toujours et des paysans souvent, savaient la récompense fondée par la pénibilité et la dangerosité de la traque. La poursuite était déclenchée le jour où « l'un d'entre nous, dira Henri Cabrillac, voit quelques traces fraîches ou des feuilles soulevées dans la montagne ». Ce n'était donc pas la distraction du dimanche au même titre que d'autres gibiers. A l'aube, un ou deux rabatteurs montaient de la vallée en tirant des coups à blanc de façon à lever les sangliers et à les pousser vers les couloirs prévus[*] : les chasseurs qui guettaient la harde devaient l'intercepter avant qu'elle gagnât la forêt et ses fourrés. La prime était bonne à prendre, mais elle comptait moins que le fait de tirer hors saison, de janvier à mars, l'automne étant dévolu à la bécasse et à la perdrix, au lièvre et au garenne. Cela occupait les rares loisirs des exploitants. Par contre, libérés des tâches de la ferme, les retraités chassaient tous les jours de l'année ou presque. Tous regardaient comme une extension du droit de chasse l'exception légale qu'était la destruction d'un nuisible ou la régulation d'un proliférant : le sanglier était « bête rousse » ou « bête noire », selon l'âge, mais toujours source de revenu et de prestige.

L'animal méritait d'être dépiauté et dépecé comme un cervidé ou un carnassier[30]. Ce fut le cas jusqu'à ce que le

---

[*] Souvent, ces couloirs correspondaient à des ravines (« serres »), les chasseurs se postant sur leurs bords, ce qui reprenait le principe de la chasse aux toiles.

nombre des prises incitât à remplacer le dépiautage par l'ébouillantage, plus commode et plus rapide. Désormais, son propriétaire le débitait comme un cochon. Il raclait le crin, gardait la couenne et cédait la plus grande partie des morceaux : les gigots pour du jambon, la tête pour du cervelas et les abats pour du pâté et du saucisson. Le charcutier rétribuait son fournisseur en salaisons. Ce traitement dévoilait le statut de la bête, de son aire aussi. Car, avec la désertification, les châtaigneraies abandonnées étaient envahies dans leurs portions hautes par les buissons épineux et les essences pionnières et dans leurs portions basses, par les mélèzes et les épicéas. Le continuum ne permettait plus de les distinguer des pâtures excentrées : les moutons ne venaient plus les tondre car, désormais, l'heure était à l'élevage bovin, troupeau mis à paître sur les prairies clôturées aux alentours du village. Les « brousses », dites « saucières » quand les eaux creusaient les pentes en forme de « serres », les brousses donc constituaient des réserves à gibier. Leur richesse attirait les citadins : nobles et bourgeois emportaient les enchères, l'administration forestière adjugeant ces lots pour trois ans de bail. Comme l'animal apportait un revenu direct ou indirect, par l'intermédiaire des associations communales, les prélèvements augmentèrent d'autant plus que, dans le Gard et l'Ardèche, le Var et la Drôme, certains pensaient développer la charcuterie industrielle ; ils espéraient qu'elle aurait le succès des charcuteries du Var et de la Corse dont les maquis étaient un paradis pour sangliers.

Comme les dégâts agricoles légitimaient des battues, mais pas au point d'organiser des battues administratives, le sanglier passa en 1954 de la catégorie Nuisible à la catégorie Gibier, ce qui le soustrayait aux tirs pendant un trimestre. Cette « mesure de protection », expression convenue[31], fut mal reçue. Un fossé séparait les orientations du ministère et de l'encadrement et les revendications des pratiquants, unis face au suidé[32] : les chasseurs refusaient de chômer pendant les trois premiers mois de l'année et les agriculteurs alléguaient « les déprédations aux récoltes et la crainte qu'il caus(ait) aux enfants envoyés à la garde des bestiaux[33] ». Les délégués exposaient leurs doléances aux élus, lesquels avertissaient les préfets du mécontentement des anti-sangliers. Mais la démarche était vaine, puisque ces fonctionnaires appliquaient les consignes ministérielles... La coexistence des chasseurs urbains et des chasseurs ruraux eut au moins l'avantage d'atténuer le caractère impitoyable de l'activité cynégétique. Les revues spécialisées ne manquaient pas d'en rappeler la déontologie : respecter l'animal, l'abattre sans torture ni souffrance* et ne pas disputer la dépouille aux compagnons. A présent, certaines méthodes paraissaient indignes, les uns et les autres les imputant au camp adverse ! Les paysans n'avaient pas toujours tort quand ils vilipendaient les viandards d'en face car les chasses traditionnelles, moins efficaces que celles à la carabine, tuaient moins de gibier[34]. Mais, au contraire du XIXe siècle, les critiques visaient moins le procédé que la conduite de l'individu (Texte 31). En tout cas, cette moralisation n'affectait aucunement le rôle protecteur envers les *cultures*.

Les chasseurs sur la défensive...

On le voit, le discours protecteur envers les *animaux* resta d'une portée restreinte jusqu'au lendemain du second conflit mondial, surtout dans les départements ruraux. Aussi les circulaires ministérielles ressemblaient-elles aux préambules des sociétés de chasse, qui légitimaient leurs statuts par la conservation du *gibier* et, donc, par la lutte contre le braconnage ! Ce discours profita d'abord à la faune insectivore, puis granivore et frugivore. C'était le cas dans les métropoles et les villes moyennes car, dans les bourgades[35], les hommes étaient nombreux à chasser : ils partaient à pied, pas trop loin, à moins qu'un ami eût une voiture qui en

---

* Ces tortures, fréquentes à l'égard du loup, concernent encore le puma et le jaguar, espèces pourtant protégées. Quant à l'absence de souffrance, elle oblige le chasseur à tuer net, ce qui suppose qu'il sache viser, ce qui n'est plus le cas, faute de service militaire et de pratique régulière.

chargeât plusieurs. Mais les automobiles restaient rares dans les campagnes de l'immédiat après-guerre. Les femmes semblaient plus réceptives. C'était peut-être tendresse maternelle envers les faibles ou réaction esthétique devant les petits et les mignons. C'était aussi et surtout le résultat de l'éducation : chez les boutiquiers, les artisans et les employés, l'élément féminin ne chassait pas avec frères ou maris*. Elles contactaient donc la présidente de la SPA au sujet des tenderies notamment, « moyen barbare de destruction des grives[36] ». Elles lui écrivaient comme elles l'auraient fait pour des chats ou des chiens martyrisés.

A l'aube des années 1950, le directeur des services agricoles informa le préfet qu'il était « difficile de dresser la liste des animaux utiles ou nuisibles à l'agriculture » et que ce « serait une utopie de penser qu'un équilibre pourrait se réaliser entre les êtres utiles et nuisibles. L'agriculture aura toujours besoin d'armes et de munitions pour aider la nature à réaliser cet équilibre ». Certes, certes... Mais cette position fut ébranlée par la modernisation de l'agriculture, de l'élevage en particulier, et l'atténuation consécutive de leurs dégâts[37] ; elle devint intenable quand les néo-ruraux récusèrent l'argumentation des agriculteurs[38]. Ainsi, la protection de la faune éclipsa la protection de la chasse, malgré l'importance des réserves de chasse. Le repeuplement eut alors deux composantes : *conserver* la ressource cynégétique – mais, celle-ci continuant à croître, cet effort devint caduc – et *restaurer* l'équilibre naturel, dans l'espoir que les prédateurs introduits feraient ce que l'homme répugnait à faire : tuer[39]. L'idée semblait bonne. Mais elle achoppait sur deux obstacles : obtenir des géniteurs qui transmettent à leur descendance des réactions « sauvages » et obtenir des habitants qu'ils acceptent cette présence que leurs ancêtres avaient combattue.

---

* C'est le cas dans les chasses à courre et dans les chasses d'affaires, encore que beaucoup de femmes se contentent d'y assister, qu'elles soient mauvaises écuyères ou qu'elles soient ennemies de la marche et du bruit des détonations.

Le repeuplement des chasses

Aujourd'hui, nous avons quelque peu oublié que la démocratisation de la chasse au XIXe siècle avait singulièrement appauvri les populations de gibiers, bien que le niveau du potentiel remontât en période de conflit. Reprenant les techniques de lâchage pratiquées dans les réserves royales et princières, les propriétaires des grandes chasses enrichissaient aussi leur territoire. Dans l'entre-deux-guerres, ces modèles furent adoptés par les sociétés de chasse, grâce aux subventions qui transitaient de l'Agriculture vers les fédérations départementales. A partir de 1948, la méthode devint courante : les lâchers de gibier furent l'objet d'encouragements officiels sous la conduite du Conseil supérieur de la chasse (CSC) : installé depuis peu, il contribuait aux « dépenses de repeuplement ». Son premier *Bulletin* n'indiquait-il pas que les populations dépendaient de l'élevage, puisque la reproduction ne contrebalançait pas les prélèvements ? Autrefois, on n'hésitait pas à libérer des casoars, des lamas, des alpagas, des vigognes, des kangourous et même des yacks. Désormais, on préférait relâcher des espèces sinon indigènes, du moins européennes, l'expérience ayant prouvé que les exotiques ne subsistaient pas longtemps et que les rescapées finissaient dans un zoo ou dans un parc : l'élevage aida à la reconstitution, oui, mais pour un nombre restreint d'espèces répondant aux deux critères des chasseurs : action intéressante et viande délicieuse, la beauté du plumage et de la fourrure comptant à présent beaucoup moins.

Les lâchers annuels portaient sur le petit gibier[40] : faisans, lièvres, perdrix, canards aussi, quoique plus rarement, ainsi que sur le gros gibier : cerfs, chevreuils, sangliers. Ces opérations anticipaient sur la saison bien que, parfois, il fût indispensable de les effectuer avant terme. Il n'était donc pas envisagé de pérenniser ces populations, les lâchers intervenant en fonction des besoins. Le développement de l'élevage constituait un revenu d'appoint pour l'éleveur et une source de déception pour l'acheteur car, sitôt libre, ce gibier pouvait filer du domaine, à moins que cet espace fût entouré de murs. Et là, il était impossible de réclamer une indemnité à celui qui le tuerait, puisque ce gibier n'appartenait à personne. Comme il était *res nullius*, la législation cynégétique le concernait. Les espèces protégées, déclarées non chassables, étaient dans le même cas sauf que, victimes d'un chasseur ou d'un automobiliste qui les écraserait et emporterait la dépouille, elles exposaient les fautifs à une amende. Tous les lâchers ne suscitaient pas le même intérêt. Les spécialistes se préoccupaient des opérations visant à réintroduire des espèces disparues ou menacées, afin qu'elles fassent souche, mais s'interrogeaient sur les autres, mettant en cause l'objectif cynégétique et la sélection biologique. Plus d'un scientifique annonçait que cela nuirait à la faune et à la flore du milieu d'accueil. Leur prévision fut souvent confirmée. Quant aux chasseurs, aucun ne voulait du loup[*], du lynx, du renard ou de la loutre, espèces qui n'étaient pas ou plus consommées, mais tous désiraient de la caille, du faisan[41], du perdreau et de la perdrix[42]. Et du sanglier !

Paul Mégnin fut un des premiers à réagir sur ce thème. Dans le Courrier cynégétique du *Monde*, son article, « Protéger et élever : oui. Repeupler par importation : non », rappelait que l'Europe centrale, dont l'Allemagne, regorgeait de gibier car le port d'armes était interdit et le braconnage, proscrit. Il rapportait les statistiques indiquées par l'état-major allié – la zone était encore occupée. Par exemple, dans le Wurtemberg, les densités étaient telles que 20 000 chevreuils, 1 500 sangliers, 20 000 renards et 120 000 lièvres devaient être supprimés pour « arriver à proportions normales[43] ». Pour lui, interrompre les prélèvements ayant permis l'abondance, la France pouvait faire l'économie des repeuplements artificiels. La Suisse y avait renoncé. Mieux, constatant que, « par suite d'une importation clandestine de lièvres d'Allemagne dans le département du Doubs par des camions militaires, la turalémie sévi(ssait) de façon effroyable dans plusieurs

---

[*] C'est pourquoi l'ouvrage de F. Mowat, *Mes amis les loup*s (Paris, Arthaud, 1963), avec des images somptueuses, reçut ce titre provocateur...

départements de l'Est : Doubs, Haute-Saône, Jura », Berne fermait ses frontières aux importations cynégétiques (20 février 1947). Car cette maladie passait du lièvre au sanglier et à l'homme : un marcassin infecta un garde-chasse en le mordant, alors qu'il le dégageait d'un collet. L'alerte était sérieuse. A l'Agriculture, le Conseil supérieur des épizooties recommanda le moratoire des importations.

Les arguments de Paul Mégnin étaient clairs : « du lièvre, il y en a eu ; il en reste assez et 2 000 lièvres ont été repris en Alsace et cédés à des sociétés départementales où il y avait pénurie ». Quant au gibier à plume, il avait lancé depuis deux ans une campagne « pour le ramassage des œufs de perdrix et de cailles mis à découvert par les faucheuses mécaniques » ; il suggérait que, dans « chaque ferme, chaque gamin qui apport(e) au centre d'élevage de la commune un œuf de perdrix re(çoive) 50 francs par œuf de perdreau et 30 francs par œuf de caille et, lorsque cailles ou perdreaux ser(aient) éclos, une nouvelle prime ». Cela inversait le système des récompenses accordées jusque-là par nuisible abattu.

Adaptée à une population française fortement agricole, cette proposition n'était pas ridicule, mais l'argent manquait pour créer les centres d'élevage, la Reconstruction étant prioritaire. Par contre, sa proposition était prématurée : pendant la guerre, l'encadrement des tirs avait posé trop de difficultés aux paysans pour rendre acceptable, la paix venue, l'interruption de la chasse. Le repeuplement artificiel continua donc. Souvent, les lâchers « rechargeaient » une propriété qui, sinon, ne recevrait plus de « clientèle ». En effet, comme son étendue était affermée, chaque membre de la compagnie détenait une action dont il jouissait, à moins qu'il décidât de la vendre ou de la louer, en totalité ou en sous-parts. Comme ces sociétés recevaient leurs finances *via* les fédérations, organismes dotés de nouveaux statuts, et que ces subventions transitaient par le Trésor public, on aurait pu croire que le moratoire sur les importations serait observé, d'autant qu'il fut reconduit d'année en année pour favoriser l'élevage local. Pas du tout ! Ainsi, dans le Rhône, la fédération acheta des lièvres tchèques de 1947 à 1976 et reçut une subvention à ce titre jusqu'en 1984[44].

Cependant, importer demeurait onéreux et compliqué en raison des vérifications sanitaires, assez théoriques d'ailleurs. Aussi les gestionnaires des chasses communales élevaient-ils eux-mêmes « leur » gibier, quand ils ne l'acquéraient pas auprès d'un fournisseur. Cela dit, la croissance des effectifs ne devait causer aucun dégât, un lâcher malheureux pouvant anéantir une belle récolte. Dans ces années 1950, l'opinion inclinait vers la protection des espèces, mais comprenait leurs dommages. Ainsi, le roman *Jody et le faon*, succès de librairie, émut les familles : on approuvait le père qui tuait le jeune cerf car les siens n'auraient plus mangé de maïs, mais on sanglotait avec le fils devant l'enclos désert. Actuellement, cette histoire ferait réfléchir sur l'adoption d'un spécimen sauvage, situation fréquente avec le guépard ou le fennec. A l'époque, ce fut plutôt sur la manière de concilier la préservation des animaux et l'intérêt des individus.

Les gestionnaires virent l'enjeu car, si le repeuplement rétablissait les populations, leurs sociétés en seraient responsables : une fraction de la cotisation versée par les membres alimentait leurs fonds d'indemnisation. Cela légitimait le tir *ciblé*, même en réserves. Au fond, celles-ci représentaient un réservoir de proximité, soustrait à la chasse le temps que les populations colonisent le voisinage. Pour certaines espèces, cette translation naturelle était complétée par la translation volontaire : capturés dans les réservoirs à distance, éloignés et étendus, les animaux étaient transportés dans les réserves installées sur les territoires dont ils avaient disparu, à moins qu'ils n'y fussent plus assez nombreux pour une reproduction génétiquement satisfaisante : les cerfs de Chambord allèrent dans les futaies du Loir-et-Cher et du Loiret, mais aussi de l'Allier, de la Moselle et de la Seine-et-Marne.

Ainsi, la protection du gibier tenait aux restrictions de chasse, dont quatre années de guerre avaient montré l'efficacité. Mais, répétons-le, ces réserves ne ressemblaient pas à des « sanctuaires », la notion d'espèce protégée au sens actuel datant de l'arrêt du 5 avril 1962[45]. Dans cette période où la Reconstruction finissait, le Ministère instaura l'obligation, pour toutes les associations subventionnées, d'établir un Plan de chasse (PC). Décidée en 1963, cette mesure était contemporaine du Plan simple de gestion (PSG) imposé aux propriétaires sylviculteurs possédant 25 hectares boisés et plus[*]. La Cinquième République n'avait pas encore renoncé à la planification économique ou cynégétique. Ratifié par ces sociétés, ce document indiquait le nombre maximum d'animaux à ne pas dépasser afin de protéger la ressource et le nombre minimum à supprimer afin de ménager les activités agricoles, sylvicoles ou piscicoles. De ce fait, la limitation était indirecte – les chasseurs n'utilisaient pas toujours le quota autorisé – et directe, puisque, en cas d'insuffisance les gardes fédéraux les relayaient. Comme le PSG prévoyait le maximum à couper pour ménager le capital forestier et le minimum à couper pour assurer la régénération, le PC fixait un plafond et un plancher à la ponction du gibier : la nature cessait d'être une mine à ciel ouvert exploitable impunément. En soi, c'était une véritable révolution.

Le parc à la française

Mais l'autodiscipline des gestionnaires découvrit ses propres limites dans les premiers parcs nationaux. Le service administratif responsable de la protection de la nature avait été fondé en 1961. Comme la Direction générale des Eaux et

---

* Le PSG était la mesure phare du ministre de l'Agriculture Edgar Pisani. Votée le 6 août 1963, cette loi « pour l'amélioration de la production et de la structure foncière des forêts françaises » limitait pour la première fois les droits du propriétaire par son devoir d'« assurer l'équilibre biologique du pays et la satisfaction des besoins en bois, l'Etat déléguant ses prérogatives aux professionnels sylvicoles » : les Centres régionaux de la propriété forestière (CRPF) étaient et sont des établissements publics à caractère administratif, dirigés par un conseil d'administration constitué de propriétaires élus. Cette autodiscipline marqua aussi le fonctionnement des réserves de chasse et des réserves de faune.

Forêts l'avait proposé, initiative encouragée par l'Agriculture, il appartint au forestier Yves Bétolaud de le diriger.
Et pourtant, le Conseil national de la protection de la nature
(CNPN), créé en 1946, dépendait de l'Education nationale et
c'était lui qui avait suggéré le congrès international de 1948
aboutissant à l'Union internationale pour la protection de la
nature, l'équivalent de l'Union internationale des instituts de
recherche forestière qui existait depuis une soixantaine
d'années et renaissait de ses cendres. A l'issue de la manifes-
tation, les participants quittèrent Fontainebleau pour visiter
la forêt domaniale de l'Aigoual et célébrer cette restauration
exemplaire : autrefois, cette montagne était dénudée. La
Revue forestière française lui consacra un numéro spécial.
La préface du directeur général Merveilleux du Vignaux
esquissait l'avenir : « En France, où les richesses naturelles
sont si nombreuses et variées, la tâche est immense. Mais ce
sera l'honneur des forestiers d'avoir été parmi les pionniers
les plus actifs de la protection de la nature dans notre beau
pays. » Sauf que, chez nos voisins anglais, italien et helvétique, le National Trust, le Grand Paradis et l'Engadine, antérieurs à 1930, n'avaient pas reçu une charte les obligeant à
concilier la préservation de la faune et la continuation de la
chasse. Une gageure !

La loi du 22 juillet 1960 et son décret d'application du
31 octobre 1961 créèrent ainsi le « parc national à la française » car, au contraire des conceptions américaines ou
africaines, il combinait des objectifs opposés : protéger
faune et flore et permettre loisir et repos, d'où le tracé de
deux zones concentriques : le parc proprement dit, où les
activité étaient réglementées, et la zone périphérique où elles
étaient valorisées. Comme le parc de la Vanoise (Savoie),
fixé par le décret du 6 juillet 1963, le parc des Cévennes,
fondé sept ans plus tard, comprenait une zone « naturelle »
de 84 000 ha (Lozère, Gard) et une zone « aménagée » de
228 000 ha (Lozère, Gard, Ardèche). Tous les chasseurs
furent regroupés dans une société, l'Association cynégétique
du Parc national des Cévennes (PNC), auxquels tous les
droits de chasse furent transférés[46]. Cela remettait en cause

la partition entre la Diane pontoise (trois communes du Mont-Lozère) et la Saint-Hubert (neuf communes) qui détenaient 30 000 hectares du domaine chassable. Craignant l'hostilité des autochtones, la définition des ayants droit fut améliorée. L'Association écarta la candidature des chasseurs extérieurs qui ne faisaient pas partie d'une société depuis cinq ans et accepta tous leurs chasseurs et tous les propriétaires détenant 30 hectares contre 100 précédemment. Le territoire cynégétique fut divisé en sept secteurs intercommunaux, chaque chasseur étant rattaché à l'un d'eux. Dans cette même optique – éviter une mauvaise querelle –, ces portions furent soustraites à la loi Verdeille sur les Associations communales de chasse agréées (ACCA)[*].

La désertification facilita l'opération. En 1975, la zone « naturelle » gardait uniquement sept habitants au km², population vieillissante de retraités (28 %), de paysans (35 %) et d'ouvriers (24 %). Certains chassaient toujours. La recension annuelle des permis donnait un chasseur pour trois foyers, 28 % des 16 ans et plus en ayant un (enquête de 1982). La déclaration relative à la chasse, reconnue droit inaliénable des locaux, les rassura un peu car elle évinçait les « étrangers », ce que n'avaient pu réaliser les associations villageoises. Les représentants des chasseurs développèrent une rhétorique justifiant le compromis paraphé : défenseurs de la faune, ils avaient suspendu les tirs à la perdrix plusieurs saisons de suite afin de restaurer ses effectifs ; ils avaient aussi effectué des cultures à gibier et établi un plan de chasse pour les cervidés relâchés dans cet espace. Convaincu, l'ingénieur du parc Pierre Pillet affirmait dans un article : « je crois maintenant, quant à moi, que cette autorisation de la chasse est en définitive une chance et qu'elle va nous permettre de faire la démonstration qu'un accord général est possible sur ce plan[47] ». L'Association fit comme celles qui la précédèrent : elle repeupla le territoire en relâchant des

---

[*] Elles devaient mettre en réserve 10 % de leur territoire, rappelons-le, ce qui était ici superflu, puisque la réserve centrale couvrait plus de 80 000 hectares. Ce texte de 1975 inquiéta pourtant.

sangliers : il n'était plus question de les détruire à la satisfaction des agriculteurs, puisqu'ils étaient classés Gibier, leurs
dégâts relevant du fonds d'indemnisation*. Au reste, dans les
parcs où la chasse était prohibée, cas des Ecrins (Isère, Hautes-
Alpes), « l'émigration du chamois hors des zones surdensi-
taires se fait mal ». Dans ces réserves de chasse, les difficultés tenaient ainsi à la concentration des espèces statiques
comme ce caprin ou à leur prolifération quand elles
migraient comme le suidé.

Hormis dans les régions de cultures céréalières ou de
cultures spécialisées, les agriculteurs ne contrôlaient plus ni
la nature – les friches, les jachères progressaient – ni l'espace
– les communaux, les parcelles, les exploitations devenaient
des zones aménagées, des lotissements, des résidences
secondaires. Cette évolution caractérisa les régions urbani-
sées : Ile-de-France, façade atlantique, côte méditerranéenne
ou sillon rhodanien, également les régions désertées, excentrées et mal desservies : nord-est et centre de la France. Le
recul de l'agriculture en termes spatiaux (alors que la croissance des rendements augmentait les volumes produits sur
une moindre surface) modifia ses rapports avec le monde
cynégétique : les dommages aux cultures ne justifiaient plus
la chasse et les chasseurs ne lui demandaient plus d'élever
du gibier. Les sociétés achetaient ou élevaient en commun,
pour relâcher des espèces chassables, du sanglier notamment : il est prolifique, opportuniste et sans autre prédateur
que l'homme[48].

En raison de cet investissement matériel et affectif, ces
animaux étaient « possessions » de l'équipe. Dans le cadre
des parcs conservant la servitude cynégétique, les élevages
étaient implantés en périphérie ; ils fournissaient aussi des
bêtes aux cuisiniers et aux charcutiers des environs. Un incident survenu dans les années 1970 dévoila le statut hybride
d'un gibier élevé, mais sauvage. Lassés que « leurs » san-

---

* Le système d'indemnisation administrative repose sur le Fonds
d'indemnisation à l'agriculture alimenté par les cotisations des chasseurs.
Créé en 1968, il reprend le modèle du secteur privé où le propriétaire
d'une réserve dédommage les riverains des dommages occasionnés.

gliers fussent tirés dans les communes voisines, des chasseurs volèrent deux géniteurs chez un commerçant : les marcassins qu'il engraissait constituaient la matière première des pâtés et civets. Lâché dans le Gard, le couple paniqua touristes et résidents en s'invitant à leur déjeuner et dans leur domaine. Comme ces bêtes n'étaient plus « nuisibles », il fallut attendre l'ouverture de la saison pour les abattre. Informé, le commerçant les réclama. Procès. Il fut débouté car, sitôt lâchées, elles n'étaient plus *res propra*[*]. Dans l'affaire, nos deux voleurs furent soutenus par la fédération gardoise : la législation valable pour le bétail ne concernait pas le sauvage. L'honneur était sauf ! Mais ces deux sangliers ne réagissaient-ils pas en vaches affolées ? Dès lors, méritaient-ils d'être chassés ?

L'intrusion du « faux sauvage »

Evidemment, ces lâchers n'avaient aucune répercussion médiatique, au contraire de ceux effectués par la direction des parcs nationaux : la presse écrite et télévisée consacra des reportages aux cervidés, castors, tétras-lyres et grands tétras qui célébraient la restauration biologique. Très vite, le vautour dans les Cévennes, le chamois dans la Vanoise et l'aigle dans le Mercantour incarnèrent cette biodiversité reconstruite. Elle cachait un problème essentiel, celui des lâchers : que l'espèce, exterminée en raison du trophée ou des dégâts, fût *réintroduite* ou que, ses effectifs ne suffisant plus à la demande, elle fût *développée*, ce problème était semblable : « imprégné », l'animal recherche, sinon les hommes, du moins leur nourriture. Il peut aller vers les cultures,

---

[*] A. Charlez, « Commentaire sur les attendus du tribunal administratif en 1987 », *Bulletin mensuel de l'Office national de la chasse*, n° 135, mai 1989. A propos d'un accident de la route survenu après un lâcher de cervidés, le magistrat déclara constant qu'« un animal (d'espèce gibier), même élevé en captivité, devienne gibier dès qu'il retrouve son entière liberté et qu'il est (alors) non susceptible d'appropriation sans un fait de chasse ».

ce qui les dégrade, vers les mangeoires, ce qui panique le bétail, ou vers les randonneurs, dont il suscite l'émoi. L'accoutumance qui caractérise les géniteurs et leur descendance persiste aux générations suivantes, mais régresse néanmoins. Ce fut le cas avec le vautour qui attendait sa charogne et refusait de s'envoler (Texte 32) et le tétras quittant le bois pour piéter sur un terrain de foot « comme s'il cherch(ait) de la compagnie ». Ce fut le cas aussi du sanglier venant « manger au seau des chèvres ». La situation étonna car les chasseurs se flattaient de produire « une véritable bête sauvage capable de se défendre », mais se fâchaient de la voir quitter « leur » territoire, l'espèce présentant un tempérament erratique. Rendre crédible le gibier relâché passait par la sélection inspirée de celle des taureaux de combat. Les robes foncées furent préférées. Cela renvoyait à la définition historique et culturelle du « féroce ». Les bêtes obtinrent des enclos plus vastes et furent nourries au sol, ce qui limita l'imprégnation. Surtout, la progéniture fut isolée des reproducteurs domestiqués.

Le sanglier représenta un cas particulier car, à la différence des cervidés et des lièvres *objets* de chasse, ou des rapaces et des caprins *soustraits* à la chasse, il peut féconder une truie comme un porc peut féconder une laie. Ce sont deux variétés d'une même espèce (*Surs scrofa*)[49]. Mais les hybrides sont plus productifs que les sauvages : la croissance est rapide, le volume imposant et les portées nombreuses et rapprochées. Parfois, leur robe est moins unie et plus claire. Les chasseurs tiraient indifféremment « robes noires » et « robes claires » que certains expliquaient par l'hybridation volontaire. Erreur ! Car le manque ou l'excès de mélanine est courant chez maintes espèces, mutation observée pour le jaguar, le tigre, la panthère et le lion. La réaction des chasseurs ranimait un passé lointain où l'animal « blanc », cerf ou sanglier, était perçu comme l'envoyé de l'Eternel qui dirigeait le croyant vers l'orée – l'Eglise – et égarait le mécréant dans la forêt – la Damnation. Ces récits auxquels chacun croyait ne résistèrent pas à la laïcisation, mais l'idée resta qu'une bête claire est docile et gentille*, attitudes peu recommandables chez un gibier cynégétique ! C'était confondre le « sauvage » de l'apparence et le « sauvage » du comportement, même si l'animal obtenu ne ressemblait plus aux « grands vieux sangliers » d'antan, bêtes retorses et puissantes, lâchées dans les toiles pour un combat où l'homme risquait sa vie. Dans le confort de notre époque, la sauvagerie relève de l'imaginaire. Et de la réglementation !

En effet, le législateur clarifia le statut du gibier de « nature », né libre, et du gibier de « production », né captif. Qu'il soit de nature ou de production, ce gibier ne meurt pas comme les bêtes de boucherie : le maquignon les achète sur pied et les transporte à l'abattoir où leur crâne est fracassé, et la carcasse débitée et congelée. Dans le cas du sauvage « naturel » ou « relâché », son décès conclut la chasse[50]. Dans celui des sauvages « non relâchés », comme les amener vivants en ville serait compliqué, le législateur accorda une dérogation : ils « pourront être abattus et saignés sur les lieux mêmes de l'exploitation, dans les mêmes conditions que celles des actions de chasse[51] ». C'est-à-dire au fusil. Ainsi, l'espèce sauvage échappa à l'épreuve de l'ultime voyage.

Par contre, l'étape suivante imposa des traitements séparés à ces deux types de gibier. Le sauvage « naturel » ou « relâché » resta partagé entre les chasseurs. Il est mal vu de vendre sa part, bien qu'il soit admis de la troquer : le charcutier transforme la viande et cède des salaisons. Les sauvages « non relâchés », engraissés et abattus, allèrent, eux, dans le circuit normal : vérification vétérinaire, qui obligeait à apporter leurs carcasses au contrôle, dans l'enceinte de l'abattoir, conditionnement ensuite et commercialisation enfin. Ajoutons qu'une société par actions qui propose à ses membres d'écouler le gibier tué respecte cette procédure : aucun gibier n'est vendu sans certification de provenance,

---

* A titre anecdotique, la SPA peine à faire adopter les chats ou les chiens noirs que les maîtres ont laissés et les publicitaires préfèrent travailler avec des animaux blancs, gris ou roux.

garantie de sécurité sanitaire et méthode efficace contre le braconnage. Toute personne détenant une viande illégale serait accusée de recel.

Vivant dans un enclos, les gibiers d'élevage portent les signes d'identification du bétail domestique : tatouages, bracelets et tampons. Mais s'ils sont relâchés, ils « devront (…), dans un but de repeuplement, être dépouillés de ces marques devenues alors inutilisables ». A quoi bon, de fait, les conserver et pouvoir déterminer leur provenance, puisqu'ils deviennent *res nullius* ? Le démarquage dégage la responsabilité du producteur et de l'acquéreur après chasse d'un chevreuil ou d'un sanglier : leur situation n'est pas celle du propriétaire d'une bête d'embouche ou d'une vache laitière dont la viande se révélerait contaminée, ou qui s'évaderait pour foncer sur une voiture, encorner un passant ou piétiner une vigne. En cela, les gibiers sont « réensauvagés ».

Malgré tout, comme la ressource était passée de la médiocrité à l'abondance, le Ministère et les fédérations cessèrent de subventionner les lâchers cynégétiques. Depuis 1963, les lâchers sont limités pour l'essentiel aux réintroductions expérimentées dans les parcs naturels. C'est pourquoi le sanglier, même élevé dans une vingtaine d'hectares, ce qui le distingue des sangliers « charcutiers », est transporté sous condition. Depuis 1984, cet animal destiné à rejoindre une harde doit avoir à *tous* les stades de son développement « un espace boisé (au moins partiellement) et une surface minimum d'un hectare ». Au total, les effectifs relâchés furent conséquents : de 1955 à 1984, les réservoirs à distance fournirent 6 200 chevreuils, 4 860 cerfs et biches, 2 600 sangliers, 910 chamois et isards et autant de mouflons. Ces données sont connues grâce aux bordereaux de déplacement. Mais elles ne sauraient l'être pour les réservoirs de proximité, puisque les espèces colonisent d'elles-mêmes les territoires adjacents.

Les pouvoirs publics amorcèrent une réflexion de fond quant à l'utilité de ces réservoirs. Ne convenait-il pas de convertir les réserves de chasse en réserves de faune, surtout pour les espèces menacées, et de réguler la grande faune forestière (cerfs, chevreuils, sangliers), maintenant

que sa population atteignait un niveau préoccupant ?
Encore fallait-il que ces orientations fussent approuvées
par les chasseurs, les non-chasseurs, les gestionnaires de
chasse et les défenseurs de la nature. Or, de ces deux
volets, un seul semblait admis : la conversion des réserves
cynégétiques. En revanche, si la réduction des effectifs
répondait aux vœux des agriculteurs et des sylviculteurs,
elle alarmait les associations et l'opinion publique. Comment
oser « assassiner* » le faon de *Jody* et le *Bambi* de Walt
Disney ?

Dans cette même période, l'alliance entre paysans et chasseurs se délita en face d'espèces locales devenues plétho-
riques, qui gênaient les uns, et d'espèces introduites devenues
chassables, qui plaisaient aux autres. Ce fut le cas avec le
chevreuil et le chamois, le sanglier et le mouflon. Contrairement à l'ours, au lynx ou à l'isard, relâchés dans les régions
où ils vécurent, et au loup, franchissant sans l'aide des hommes les frontières franco-espagnole et franco-italienne, le
mouflon conquit une terre vierge : le massif du Caroux-
Espinouse, dans l'arrière-pays de Béziers (Hérault). En 1948,
son arrivée était demandée par le Club alpin de Béziers : ces
« montagnes seraient encore plus belles si quelques mouflons étaient perchés sur leurs sommets[52] », perspective qui
enchanta les associations. Enfin, la science volait au secours
de l'esthétique car les naturalistes, qui admiraient la flore, la
faune, les paysages et la « sauvagerie » corse, déploraient la
perte du mouflon : l'animal paraissait quasiment mythique.

Comme le massif du Caroux-Espinouse offrait des conditions de relief et de climat semblables, des mouflons tchèques furent élevés avant d'y être relâchés et d'y retrouver les
cerfs et les chevreuils déplacés depuis Chambord, autres
espèces inconnues dans cette zone. Ainsi, le programme visa
davantage le façonnement d'une nature idéale – selon les critères de l'époque – que la restauration d'un espace naturel.
Les chasseurs locaux virent tout cela d'un mauvais œil : dans

---

* « Bambi assassiné » fut l'expression-choc employée dans les titres ou
dans le cours des articles consacrés au sujet.

leurs battues au sanglier, les chiens étaient désorientés par l'odeur du mouflon. Ils réagirent en le braconnant* comme hier, et ailleurs, le yack et le lama. Ils défiaient de ce fait les protecteurs à cause de l'animal et les forestiers à cause des boisements, dont l'extension diminuait les pâtures. En 1964, lors du banquet annuel de leur société, le « chevreuil » servi fut un des précieux mouflons[53]. Personne ne l'aurait su s'ils n'en avaient plaisanté... Dix ans plus tard, leur discours changea. Réunis dans un Groupement d'intérêt cynégétique (GIC), ces 500 chasseurs gérèrent avec l'ONF et l'ONC un plan de tir au mouflon sur les 20 000 hectares relevant des neuf communes : l'effectif atteignait 1 500 têtes, d'où la nécessité de réguler cette population.

Les chasseurs locaux ne le braconnaient plus, mais continuaient à le mépriser. A les entendre, ce bovidé était une « chèvre », un « bouc », voire un *fedos* (mouton). L'un d'eux expliqua : « Moi, il me faut un animal agressif. C'est pas assez sauvage. Du point de vue battue, c'est pas intéressant ». Il « est bête, il fixe (regarde sans réagir) », alors que le chevreuil « est plus difficile à tuer : il fait des bonds »**. Autrement dit, les chasseurs voulaient un gibier qui participât au jeu dont il serait victime[54], ce qui reprenait le principe de l'affrontement traditionnel. Tout l'opposait aux sangliers, sangliers sauvages et sangliers relâchés, qui légitimaient 80 % des expéditions. Les mêmes chasseurs qui boudaient le mouflon étaient ravis d'en faire un « gibier de choix pour des touristes de luxe[55] » comme l'ours l'avait été dans l'ensemble pyrénéen. Ces chasseurs extérieurs payaient cher le droit de le tirer. Les sociétés obtenaient

---

* C'est en raison des « décès par coups de feu (qui) ont été constatés » que la population n'était alors que de 100 têtes, au lieu de 300 à 400 têtes, compte tenu du croît naturel nécessaire pour que cette réserve soit « un centre d'essaimage où des animaux pourraient être libérés en divers points du continent, voire de Corse ! ».

** Pour le déprécier, certains prétendaient que sa passivité tenait au croisement des géniteurs avec des brebis retournées à l'état sauvage, d'où sa robe anormalement claire : il n'était sauvage ni par sa génétique ni par son comportement...

100 à 200 bracelets par an qu'elles revendaient, les sommes encaissées couvrant les salaires des gardes, les cultures à gibier, les lâchages de petit gibier, la contribution au budget de la réserve et surtout l'indemnisation des dégâts dus au sanglier. Comme le disait un président : « plus on a de mouflons, moins on fait payer les gens (locaux) pour la carte (du GIC)[56] ». L'espèce impliquant un revenu, ces sociétés veillèrent à la conserver : les bracelets étaient vendus en petit nombre, mais à prix élevé ; elles ne la regardaient donc pas comme les autres gibiers, comme « leur » sanglier par exemple.

Pour les chasseurs locaux, le mouflon était un exotique introduit depuis peu, pas un vrai sauvage, donc. Pour le chasseur sportif, c'était un animal magnifique dans un environnement superbe, celui du Parc naturel régional (PNR) du Haut-Languedoc, géré par les élus locaux à la différence du massif du Caroux, son berceau d'accueil. En s'inscrivant sur la liste d'attente – douze mois n'étaient pas rares –, l'amateur précisait le tarif maximum qu'il souhaitait mettre. Le barème associait un certain nombre de points au sexe, à l'âge et au trophée, d'où la nécessité d'un accompagnateur pour désigner la bête correspondant : en 1990, la dépense moyenne était de 2 500 à 3 000 F TTC. Ce garde du GIC vérifiait la valeur de l'équipement et la compétence du tireur. Tout manquement entraînait une pénalité. Organisée comme un safari africain où celui qui veut tirer ou filmer un animal paie pour la conservation de l'espèce, cette chasse à l'approche séduisait une clientèle « haut de gamme », dont une partie était tombée amoureuse de la contrée au point d'y restaurer une ferme. Parmi ces chasseurs, la moitié venaient de Béziers, Frontignan, Lodève, Montpellier (Hérault), professions libérales, négociants vinicoles ou entrepreneurs de travaux publics (la station touristique de La Grande-Motte est proche), et l'autre moitié mêlaient Russes, Suisses, Allemands, Britanniques et Américains. Cela rappelait le XIXe siècle montagnard avec ses chasses sportives (ours, isard, bouquetin et vautour), sauf que la population était « protégée » et « régulée » : les deux attributs n'étaient plus incompatibles... Comme le trophée était primordial et le transport de la viande interdit sur long trajet, la carcasse revenait à un hospice ou à un hôpital : débitée, elle y était consommée comme « mouton », confirmant de la sorte le jugement des chasseurs locaux quant aux réactions de la bête et à la qualité de sa viande.

*

Dans le cas du mouflon, le contrôle des effectifs était facile : 20 % par les techniciens de l'ONC et 80 % par les chasseurs. Mais ce modèle était inapplicable aux espèces moins prestigieuses, qui n'attirent pas les chasseurs sportifs, et aux espèces aussi passives, qui n'attirent pas les chasseurs locaux. Cela laisse sans réponse les problèmes inhérents à leur régulation, alors que celle-ci est contestée par certains scientifiques et incomprise de l'opinion publique. Constatant la dégradation de l'environnement et magnifiant la situation d'autrefois, elle applaudit à l'arrivée des espèces éteintes et au spectacle d'une nature giboyeuse. Comme cette opinion émane essentiellement des citadins, on peut dire qu'ils ont assimilé le message des protecteurs appelant à défendre les espèces menacées, puis toute espèce, « féroces », « immondes » et « puants » confondus. En témoigne la floraison d'ouvrages sur les animaux en général[57], et sur les mal-aimés en particulier : loup[*], ours, aigle[58], renard[59], sanglier, loutre, etc. En témoigne également la réédition d'ouvrages introuvables sur une nature disparue[60]. Ce contexte explique les attentes en matière de réintroductions-importations. Ainsi, une étudiante avoue : « Moi, je n'aime pas les brebis et je préfère les ours ![61] » En fait, elle transpose sur eux le souvenir d'un exposé... sur les pandas ; elle avait « alors appris qu'ils étaient réintroduits dans des zones délimitées : il fau-

---

   * *L'Appel du loup*, de R. D. Lawrence (Paris, 1972) fut accompagné de magnifiques photographies. L'ouvrage reprenait le fameux roman de Jack London, *L'Appel de la forêt*, qui enchanta l'enfance des grands-parents (Londres, 1903).

drait pouvoir faire la même chose chez nous avec les ours, les lynx, etc. ». Assez représentatif de sa génération, cet angélisme fait bon marché du pastoralisme. Peut-être qu'une éleveuse a tout compris de l'époque actuelle en déclarant qu'une espèce protégée lui procure une clientèle nouvelle, séduite par un environnement préservé. Cela suppose une régulation invisible, ce qui modifie profondément le statut de la chasse et du chasseur.

12

Négocier la paix

Les chasseurs, vivement critiqués par les défenseurs des animaux en raison de la mise à mort, issue de toute chasse ou de toute corrida, et par les autorités ministérielles qui leur reprochent d'ignorer les plans de chasse ou les directives européennes et nationales, les chasseurs, donc, ont perdu le soutien du public et des médias[1]. Ils essayent de corriger cette image en expliquant leur passion et leur rôle[2]. Cette politique de communication leur fit republier des ouvrages fondateurs[3] et financer une chaîne câblée. A l'instar des émissions de voyages, d'histoire ou de cuisine, les documentaires cynégétiques rassemblent des spectateurs avertis, mais ceux-là pratiquent la chasse, quand les autres fantasment sur des terres lointaines, des passés grandioses, des festins prodigieux. Ce que ces amateurs demandent, ce sont des espaces giboyeux et des matériels performants, orientation qui limite l'audience et affaiblit le message des fédérations.

Les détracteurs haïssent toutes les chasses, à courre comme au tir, avec ou sans chien, en France comme ailleurs, toutes les bêtes méritant étude et protection. C'est pourquoi ils acceptent le piégeage par trappe, indolore et efficace. Aujourd'hui, le marquage à l'oreille est complété par la pose d'un collier émetteur, afin de suivre développement et déplacements. Les boîtiers étant visibles à la jumelle, ces spécimens ne sauraient être abattus. Les travaux des chercheurs les « désensauvagent », pourrait-on dire, puisqu'ils les enlèvent de la catégorie Gibier. C'est évidemment curieux dans le cas des gibiers d'élevage « ensauvagés » avant lâchers, espèces endémiques comme le sanglier ou introduites comme le mouflon. Ces travaux dévoilent l'ampleur des migrations, les bêtes allant vers les sources de nourriture, vers les hommes par conséquent, ce qui occasionne des difficultés. La chasse aiderait-elle à les aplanir ? Les chasseurs agiraient-ils dans ce cadre ?

La trêve nécessaire

Historiquement, les protecteurs de la nature réclamaient l'encadrement des chasses que les propriétaires récusaient au nom de la préservation agricole. C'est dire s'ils contestaient le rattachement des institutions cynégétiques au ministère de l'Agriculture ! Pourtant, dans le dernier quart du XIXe siècle, cette mesure constituait une avancée[4] , car lesdites organisations dépendaient auparavant du ministère de l'Intérieur. Ce transfert prouvait que le permis de chasse avait résolu les problèmes inhérents à la détention du fusil... La « protection de la faune sauvage », notion en rapport avec la chasse, demeurait diffuse, bien que cette dernière fût restreinte pour ménager une reproduction minimale du gibier. L'intention réjouissait les sociétés de chasse, mais dérangeait les forestiers publics, personnels relevant de l'Agriculture, et les forestiers privés, même si les uns et les autres chassaient peu ou prou.

Tout bascula dans les années 1970. La chasse intégra la problématique Défense et protection de la nature, chapitre Faune. Détachée de l'Agriculture, elle rejoignit l'Environnement, nouveau ministère dont dépendaient les parcs nationaux et les réserves naturelles. Ces structures, les premières alliant chasse et maintien des productions et les secondes, chasse et maintien des espèces, reflétaient deux conceptions : une nature rentable, que menacerait l'ensauvagement[5], et une nature sauvage, que préserverait la régulation[6]. Signe des temps : en 1972, le Conseil supérieur de la chasse (CSC), organisme consultatif, devint le Conseil National de la chasse et de la *faune sauvage* (CNCFS) ; en 2000, l'Office national de la chasse (ONC), organisme administratif, devint l'Office national de la chasse et de la *faune sauvage* (ONCFS), deux mots qui disaient tout.

Tout pour la faune

Aujourd'hui, la « protection de la nature » ne recouvre plus les domaines d'autrefois. Ainsi, pour l'ornithologie : elle commença avec l'identification et l'observation d'un oiseau empaillé ou encagé, commun ou précieux, sauvage ou élevé, avant d'œuvrer en pleine nature et sans violence. Cela signifie que science et chasse ne furent pas toujours en conflit, ce qui autorisait un spécialiste comme Jouard à tuer une espèce inconnue de chouette pyrénéenne pour l'examiner de plus près : « c'est là que, n'ayant pour arme qu'une petite carabine, je la vis (ai). Mais son agonie à terre (fut) longue ». A présent, cette attitude serait inouïe chez un ornithologue et scandaleuse chez un chasseur. Mais les protecteurs de la nature n'y voyaient aucun mal, abrités derrière leur raisonnement biologique : connaître une espèce isolée – les flamants de Camargue – ou une espèce récente – les fous de Bassan de Sept-Iles –, ou derrière leur raisonnement économique : connaître une espèce utile. Cette approche reposait sur des critères pré-scientifiques : dominant la nature, l'homme conservait ce qui était bon pour lui et rejetait ce qui ne l'était pas, en espérant que ces espèces suffiraient aux chasseurs. Les complications vinrent justement de ce qu'ils ne souhaitaient pas ou ne souhaitaient plus les tirer, d'autres offrant plus d'attraits.

Ainsi, quand la loi du 22 juillet 1960 institua les Parcs naturels nationaux (PNN), il n'existait aucun dispositif juridique sur la conservation de la faune. Rappelons qu'ils comportaient des réserves de chasse, afin de rétablir les

populations cynégétiques et que, ce but atteint, le tir devenait possible en épargnant les espèces protégées. Les associations régionales méfiantes, voire hostiles « au centralisme
et au parisianisme scientifique », conçurent une protection
plus étendue, préservation de la faune et limitation des chasses, dans un territoire administré différemment. Comme
leurs objectifs étaient semblables, 1968 les vit regroupées
dans une fédération française des Sociétés de protection de
la nature (SPN) : elle rassemblait des associations nationales
comme la Société nationale pour la protection de la nature
(SNPN), des associations régionales, départementales ou
cantonales. Après trois ans de combat (1969-1971), sa première victoire concerna le Parc de la Vanoise (Savoie) ;
instauré en 1963, avec la marmotte pour emblème : les boutiques de souvenirs la vendirent sous forme de peluches qui
rappelaient l'animal des ramoneurs savoyards. Les effectifs
de la SNPN passèrent de 2 500 à 7 000 adhérents ; depuis, ils
oscillent entre 8 000 et 10 000 membres en règle. C'était
mieux que la Société zoologique d'acclimatation (SZA), mais
moins que les associations étrangères. En France, les Sociétés de protection de la nature (SPN) connurent des débuts
singuliers, la communauté scientifique restant à l'écart de
l'effervescence des années 1960, hormis quelques brillantes
exceptions.

Les causes en tenaient au fonctionnement des institutions : les recherches étaient compartimentées et les hypothèses, multiples, alors que la protection de la nature
impose des mesures générales et des acquis définitifs, ce
qui incitait les médias à présenter les manifestations « écologistes » plutôt que les politiques « scientifiques », dont les
effets étaient diffus et lointains. Ajoutons la condescen-
dance fréquente chez les spécialistes envers les bénévoles
– des amateurs qui affichent leurs certitudes ou des érudits
qui étalent leurs échantillons –, même si tous aidaient à
repérer l'espace et les effectifs d'une espèce, éléments permettant sa connaissance. Aussi les chasseurs vécurent-ils à
peu près tranquilles jusqu'aux années 1970. Dans cette
décennie, l'expression « protection de la nature », qui signifiait

renouvellement des gibiers *ou* préservation de certaines espèces, incorpora la biodiversité animale pour des raisons scientifiques, culturelles et touristiques. Dans cette même décennie, la Communauté européenne découvrit avec stupeur que la France avait deux millions et demi de chasseurs, situation qui retardait la transcription des directives dans la législation nationale. Celles-ci convenaient davantage aux associations de la nature qu'aux fédérations de chasse. Composés des chasseurs et de tous ceux qui vivaient de la chasse, à commencer par les fabricants d'armes et les fournisseurs de gibier, les lobbys cynégétiques comprirent l'insuffisance des marches traditionnelles et des accords politiques. C'est sur Bruxelles qu'il fallait peser.

La Convention de Ramsar du 2 février 1971 marqua ce tournant en protégeant l'espace naturel *et sa faune* : le texte concernait les zones humides d'importance internationale car stationnements privilégiés de l'avifaune migratrice[7]. Cela n'alla pas de soi : l'homme protégeait les oiseaux, mais pas n'importe lesquels. C'était déjà frappant dans *Blanche-Neige*, *Bambi* ou *Cendrillon*. L'oiseau chéri avait une vie centrée autour de son « nid » et de ses « petits », ce qui renvoyait à la maison et aux enfants. Chéri, il l'était davantage encore en tant que commensal de la famille, d'où la volonté de l'attirer près du logis, voire dans le logis. Dans *Les oiseaux m'ont dit*, livre publié en 1967, une déléguée de la Ligue pour la protection des oiseaux (LPO) écrivait : « Depuis notre installation, mille paires d'yeux suivent nos allées et venues. Tous les hôtes des bois nous observent. Cet examen a été favorable à cent pour cent, puisque l'hiver dernier deux rouges-gorges sont entrés hiverner dans ma chambre. » Tirer ces gentils oiseaux, ce qui signifiait « petits oiseaux », ne viendrait à l'esprit que d'un galopin ou d'un vandale ! Cette protection, ceux qui « font profession de pillage et de rapine » comme les rapaces ne la méritaient pas ; ceux qui vivent dans la nature sans contact avec les hommes la méritèrent progressivement. Les comportements évoluèrent de même : dans les années 1930, la carabine et le piégeage furent délaissés pour les jumelles et, dans les années 1960, les associations conçurent des sorties de terrain pour les adhérents et les scolaires.

La préférence pour l'oiseau gentil explique la défense tardive et ambiguë des rapaces, liée à la restauration de la fauconnerie. Chargée d'histoire, la chasse au vol restait le péché originel qui rendait infréquentable l'Association pour la protection des rapaces (APR). Fondée dans la décennie 1970, elle recruta vraiment dans la suivante : citadine jusquelà, la majorité des adhérents (54 %) résidaient maintenant dans des agglomérations de moins de 5 000 habitants, la moitié (48 %) étant étudiants ou retraités. Cette démarche indiquait une prise de conscience des jeunes et un engagement des seniors : beaucoup avaient été enseignants. Aussi ces catégories socioprofessionnelles, qui appuyaient les non-chasseurs depuis longtemps, pratiquaient-elles un « militantisme pédagogique » à travers expositions, classes vertes, écomusées ou centres d'initiation à l'environnement[8]. L'importance accordée à la découverte de la nature caractérisa tous les représentants de l'écologie scientifique. L'envie de vulgariser leurs compétences n'était pas sans lien avec la place de leur discipline dans la biologie : héritière de l'histoire naturelle et des sciences naturelles, elle était peu reconnue en comparaison, par exemple, de la biologie moléculaire. Cette position rejaillissant sur les perspectives de carrière et les attributions de crédits, les écologistes investirent le monde associatif[9] : ils mobilisaient les ressources sociopolitiques au service des ambitions scientifiques ; certains choisirent même de devenir conseillers en aménagement.

C'est dans ce contexte que fut amendé le statut des espaces naturels, qui remontait aux lois du 2 mai 1930 et du 1er juillet 1957. Avec la loi du 10 juillet 1976 (n° 57-740) et le décret du 25 novembre 1977 (n° 77-1298), le système bascula des considérations esthétiques et naturalistes vers les préoccupations biologiques. Cette innovation était concevable, le gibier ayant retrouvé, et même dépassé, ses effectifs de l'entre-deux-guerres[10]. L'orientation initiale – la politique de reconstitution[11] – était désormais obsolète, au contraire des deux autres : la régulation des populations trop nombreuses[12], afin de réduire les dégâts de gibier, et la conservation des populations très menacées, quoique certaines ne fussent plus chassables. Les premiers parcs incluaient des réserves de chasse, cas des Ecrins avec la réserve du Pelvoux (Isère, Haute-Savoie) et des Pyrénées avec la réserve du val d'Ossau (Pyrénées-Atlantiques). Le Conseil supérieur de la chasse avait même financé la gestion de la réserve de Camargue aux côtés de la Société de protection des animaux (Texte 33). Il suffisait par conséquent d'y prohiber *toutes* les chasses comme on l'avait fait pour sauver le mouflon dans la réserve d'Asco (Haute-Corse). En vertu de ce précédent, le parc du Mercantour (Alpes-Maritimes) fut dessiné en 1979 *sur* la réserve du même nom. Le terme « réserve » prêtait à confusion, puisqu'il valait pour la chasse et pour la faune (Tableau 15). Le clarifier demandait seulement une expression nouvelle pour désigner une enclave obéissant à une autre logique. M. Paul Havet suggérait de conserver « réserve de chasse », expression qui avait une histoire, et d'employer « domaine géré pour la faune », expression qui avait un avenir. Dans les deux cas, la hiérarchie dépendait de la tutelle : l'Etat ou la région. Ainsi, les relations sociales à l'espace naturel demeuraient tiraillées entre deux conceptions appliquées à un environnement artificialisé jusque dans ses composantes faunistiques...

Un monde nouveau

Le public prêta une attention croissante aux réserves de faune, pas aux réserves de chasse. C'était l'effet du texte de 1991 : il élargit la vocation des parcs – préserver les espèces menacées – à l'information des adultes et des scolaires, ainsi qu'à la conservation des habitats du gibier *et* de la faune sauvage. Les associations revendiquaient, elles, qu'aucune espèce n'y fût chassée. Selon les surfaces concernées par ces dispositions conservatoires, il y avait « réserve naturelle » ou

« biotope protégé », l'une après décret en conseil d'Etat et l'autre sur arrêté préfectoral. De toute façon, le système maintenait les réserves de chasse qui relevaient de l'Agriculture, et les réserves de faune qui dépendaient de l'Environnement. Cette dualité embarrassait les gestionnaires, à commencer par les personnels de l'ONFS et de l'ONF : eux désiraient tout autant préserver les réserves qu'assurer les plans de chasse. Institués en 1963 et étendus à l'ensemble des départements en 1979, ces plans empêchaient les chasseurs de prélever trop de cerfs, chevreuils, chamois, isards et mouflons. Mais comme ils ne prélevaient plus assez, les gestionnaires observaient la progression incontrôlée des populations ongulées[13]. Dès lors, il convenait de relever le seuil plancher et d'accepter le tir dans *toutes* les réserves. L'idée fit hurler les plus extrémistes des associations, le « nuisible » devenant le chasseur et non la bête : certains adhérents ne mesuraient pas l'importance des dommages, et d'autres postulaient la solidarité entre espèces.

L'espoir d'un rajustement automatique était fondé, mais avant qu'il survienne, les sinistrés risquaient de trouver le temps long... On le constata au sujet du ragondin, introduit pour sa fourrure : quand celle-ci fut démodée, les spécimens échappés des élevages ne furent plus chassés et proliférèrent aux dépens des berges et de leurs végétaux. En dépit des réticences écologistes, un décret précisa le premier alinéa de l'article n° 393 du Code rural quant à « la destruction des animaux classés nuisibles » (n° 88-940, 30 septembre 1988). Les réactions qui motivaient la chasse perduraient donc. Le rapport Colin notait d'ailleurs au chapitre des Espèces sauvages que si les termes « nuisible » et « malfaisant » avaient vécu, « les agriculteurs et (les) propriétaires forestiers souhait(ai)ent en général qu'ils demeurent »[14]. Cependant, leur position était minoritaire, puisqu'ils représentaient un faible pourcentage de la population active. Ces termes étaient-ils pires que les expressions « animaux à problèmes », « animaux hors contrôle », « animaux localement et momentanément proliférants » ou « populations à limiter » ? Rien n'est moins sûr. Elles témoignaient en tout cas de la volonté de réguler, ce qui montrait bien que l'équilibre ne revenait pas facilement[15] et que l'état actuel mettait en danger activités humaines et espèces animales. Ces « nuisibles » l'étaient à cause de leur fécondité, changement de perception qui autorisait la réintroduction des « nuisibles » disparus[16] à condition d'en contrôler la reproduction – le loup et le sanglier sont prolifiques – et la répartition – l'ours, le loup et le sanglier sont migrants.

La régulation agita le monde des associations et celui des écologues. Chez les herbivores (campagnols, cervidés), l'autorégulation opère par surmortalité, résultat de famine, à moins qu'il n'y ait monopole reproducteur, fonction revenant au couple dominant. Chez les carnivores, l'augmentation n'est jamais catastrophique : ils suivent leurs proies et, celles-ci manquant, les portées se font moins nombreuses, plus espacées et la survie des jeunes, plus aléatoire. Autrefois, les paysans craignaient les fauves pour eux-mêmes et pour leurs élevages, sentiment persistant envers certains (loup, ours). Désormais, les chasseurs craignaient pour « leur » gibier, bien que celui-ci comportât surtout des oiseaux (faisans, perdreaux) et des rongeurs (lièvres, lapins)... Face à leurs contestataires, des spécialistes prônaient la régulation pour accélérer le retour à la « normale » : les populations de goélands argentés justifiaient cette méthode, vu leurs pillages de couvaisons. Mais la normalité restait subjective car, s'il est délicat d'évaluer les populations, il l'est plus encore de définir l'équilibre. En effet, trop de chevreuils pour un forestier ne l'est jamais pour un promeneur[17] ! Aussi, les recours déposés contre l'interprétation départementale des articles 227-5 et 227-6 du Code rural furent-ils légion, réaction déjà constatée en 1844, 1902 et 1924. Outre qu'il ne saurait déclarer « nuisibles » les espèces absentes de son département, le préfet devait motiver sa décision. Par l'intérêt de la santé et de la sécurité publique : vacciné contre la rage, le renard quitta la liste[18]. Ou par la prévention des dommages agricoles, sylvicoles ou piscicoles : le garenne, le ragondin, le rat musqué y restèrent. Ou, enfin, par la protection de la faune et de la flore : le recours venait de ce que le gibier était Faune sauvage pour les uns et Produit élevé pour les autres...

Réhabiliter les ravageurs obligeait à les innocenter. La première étape les fit passer de la classe Nuisible à la classe Chassable et la seconde, à celle de Non-chassable. L'écologie intéressant un nombre accru de citadins, les animaux eurent leurs défenseurs, avec le Fonds d'intervention pour les rapaces (FIR), le World Wild life Fund (WWF) ou les Amis des renards, puants et autres persécutés (ARAP), qui orchestra cette campagne car, « s'il est très facile de persuader un Parisien de l'utilité des renards », il ne l'était pas « de plaider la cause d'une fouine devant un paysan qui vient de se faire égorger dix-huit poules »[19]. Oui, la belette limitait ses ponctions à une ou deux proies. Oui, le renard mangeait surtout des campagnols. Non, le lynx n'enlevait pas de cerfs. Non, le vautour n'emportait pas d'agneau. Mais dissiper les légendes aurait été vain sans resituer ces espèces dans la nature et sans apprendre à les apprécier[20] : les études engagées montrèrent que ces carnassiers ponctionnaient peu de gibier, donc qu'ils ne concurrençaient pas les chasseurs. Les associations modulèrent leur vocabulaire en conséquence : le nuisible devint un « petit prédateur », le puant un « petit mammifère », le fauve un « grand carnivore », le cerf et le sanglier de « gros animaux ». Leur terminologie se fondait sur le régime alimentaire, l'inscription naturelle ou la présentation physique. Cela prépara l'étape suivante : réhabiliter les féroces, partie qui n'est pas gagnée.

Cependant, la majorité des réserves gérées par l'ONCFS (26 sur 36) concernent la faune aviaire – 26 000 hectares sur 59 000 – (Tableau 15) ; trois autres, la faune forestière et dix, la faune montagnarde, leur conservation attirant les touristes « verts » (circuits boisés) et « blancs » (parcours skiables). Ainsi, sur les 374 espèces mentionnées au Livre rouge de la Faune menacée (1994), 88 en bénéficient : 73 volatiles contre 10 mammifères et cinq amphibiens, ce qui reflète le faible intérêt porté à ces derniers. A l'exception de l'étang de Malzoné (Loir-et-Cher), ces refuges jalonnent les routes de migration, de la Manche au sud de l'Atlantique, et de la mer du Nord à la Méditerranée. Trois sont en zone humide d'importance internationale : les bouches du Rhin, de la Meuse et de l'Escaut, les étangs de la Dombes et de la Brenne, et le delta de la Camargue. Six sont en zone de protection spéciale pour la reproduction et le nourrissage des juvéniles. La plupart figurent à l'inventaire des Zones d'intérêt communautaire pour la conservation des oiseaux européens (ZICO), sites ornithologiques majeurs dont la LPO réclama la sacralisation dès sa fondation ! Citons Arjuzanx pour la grue cendrée, Béniguet pour les sternes ou Massereau pour la sarcelle d'hiver. Dans ces territoires, les chasseurs devinrent *persona non grata*, malgré la tradition contraire (Texte 34). Il en fut de même dans les espaces qui accueillaient les oiseaux d'eau en période d'hivernage (Tableau 16). Le réseau comprenait donc des haltes hébergeant les migrateurs et des terres destinées aux sédentaires.

Des campagnes vides

Contrairement à la corrida, autorisée en 1853 et légalisée en 1951, les combats de taureaux constituant un spectacle, la chasse est une pratique ancienne : l'homme prélève les espèces chassables qui partagent son espace. Jusqu'au siècle dernier, cette poursuite d'un animal sauvage associait maîtrise territoriale et jeu cynégétique, même dans les parcs nationaux et régionaux. Les installer dans les zones en voie de désertification[21] facilita la délimitation de leur périmètre. Ces étendues n'étaient plus façonnées par l'agriculture et le pastoralisme, mais dirigées par l'ONF et l'ONC et conquises par les résidences secondaires. Gardiennes des spécificités locales, les sociétés de chasse rappelaient une époque[22] où la défense des cultures et l'adhésion des exploitants permettaient cette pratique. En maintenant la chasse et la cueillette, actions qui, chez nos voisins, font l'objet de permis séparés, ces sociétés conservaient les rapports sociaux[23]. Mais pour combien de temps ? Car, si les hautes terres alimentaient l'exode saisonnier, les hommes retrouvant amis et fusils à l'automne, la déprise agraire[24] effilochait les liens entre habitants et espaces. Certes, la génération des enfants et des petits-enfants rejoignait les vieux parents à l'occasion des vacances, mais une fois les aïeux morts et la maison vendue, tout contact cessait[25]. C'est dire les conséquences de cette désertification : sans elle, les mesures protégeant la faune eussent été discutées et sans ces mesures, l'étendue des chasses et la nature des gibiers n'auraient pas évolué.

En 1955, la France comportait 2,28 millions d'exploitations, contre 540 000 en 2005, dont 36 % non professionnelles. En 1955, sa population agricole atteignait 6,14 millions de personnes (30 % des actifs), contre 1,1 en 2005 (4 %). Tout au long de la seconde moitié du xxe siècle, l'agriculture avait perdu de son importance dans le Produit intérieur brut (PIB) : son pourcentage, – 18 % en 1950 – baissa à 3,8 % en 1990, à 2,4 % en 2000, ce qui signifiait moins de pouvoir pour ses acteurs, alors que la moitié du territoire métropolitain dépendait de leur présence[26]. Mais la surface employée et l'espace délaissé (jachères, friches, landes) régressaient (72 % du territoire en 1955, contre 59 % en 2005). Ce recul profitait aux espaces boisés (20 % en 1955, contre 28 % en 2005) : ils gagnèrent 76 000 hectares par an. Ces pourcentages traduisent la métamorphose agricole, les mutations techniques, sociales, économiques et culturelles qui touchèrent des millions de paysans[27] La chasse perdait son recrutement et avec lui, ses apprentissages, ses légitimations et ses références.

La déprise agraire laissait des friches, qui formaient des landes après quelques années, puis des bois après une ou deux décennies. Comme ces friches couvraient déjà 5,5 millions d'hectares en 1950, le processus remontait au xixe siècle, sauf que ces terres étaient exploitées de manière extensive : la transformation agricole les libéra complètement, surtout en moyenne et haute montagne, où les terrains étaient trop pentus pour intéresser qui que ce soit. En quarante ans, trois millions d'hectares passèrent à l'état boisé, mouvement continu, comme l'indique la contraction des surfaces en friches et en landes : 400 000 hectares en moins de vingt ans (1995 : 2,6 M ha ; 2005 : 2,1 M ha). Ainsi, sous l'effet d'une déprise agraire puissante, le Massif central perdit 2 % de sa Surface agricole utile (SAU) en dix ans, 1993-2002[28]. Très souvent, « déprise agraire » et « exode rural » paraissent

synonymes, mais le second résulte de la première : les ateliers réparant les machines et les usines transformant les
productions fermaient leurs portes et les entreprises de
transport, les commerces et les services de proximité faisaient de même. Or ces artisans, ces employés, ces fonctionnaires chassaient tout autant que les paysans, les familles
ayant des membres dans tous ces métiers. Au recensement
de 1946, les ruraux représentaient 47 % de la population,
contre 25 % en 1995. Certes, des néoruraux les remplaçaient
parfois, mais ils ignoraient la chasse, ses traditions et ses
pratiques : la campagne les attirait par sa nature intacte, ses
espaces immenses et son foncier bon marché.

La carte des densités révèle des zones désertes, ou presque, des Ardennes aux Pyrénées, en passant par le Morvan et
le Massif central. Orientée nord-est-sud-ouest, cette « diago-
nale du vide » est tracée par les contrées ayant moins de
10 habitants au km² : elles séparent les territoires dynamiques
où la densité dépasse 100, voire 300 (Nord, Pas-de-Calais) à
500 habitants au km² (Ile-de-France). Leur bourgeoisie fortunée en quête de chasses investit dans les terrains boisés de
la périphérie parisienne, bordelaise, lilloise ou lyonnaise, la
hausse du foncier résultant de la concurrence immobilière.
Mais en termes de surface, le mouvement demeura margi-
nal, certaines chasses servant plutôt aux rendez-vous d'affaires... L'élément principal resta donc l'extension des friches
et des landes, alors que les hommes manquaient pour leur
rendre une affectation. Créé en 1946, le Fonds forestier
national (FFN) permit à leurs héritiers, installés en ville ou
demeurant aux champs, d'y planter des arbres. Cette proposition fut étonnamment populaire, au contraire de la Restauration des terrains de montagne (RTM) un siècle plus tôt, le
reboisement des sectionnaux[29] déséquilibrant l'organisation
communautaire.

Le FFN offrait des opportunités, mais les citadins et les
exploitants les comprirent différemment. Aux yeux des paysans, la friche était « la transcription sensible de leur mort
sociale »[30] : l'espace qu'ils négligeaient avait été finement
travaillé des siècles durant, il dévoilait une nature « sauvage »

aux antipodes des mentalités ancestrales. Planter, c'était conserver une valeur à la terre, puisque le couvert boisé submergeait le genêt à balais, la ronce, la fougère : rien ne poussant sous les résineux, le sol était « propre »[31]. La régularité des alignements convenait à l'agriculteur car elle lui rappelait celle des sillons. Aux yeux des cousins partis loin du pays, la friche n'était ni un souci ni une honte. Planter, c'était tirer de l'argent d'une parcelle invendable. Et cela, sans effort, puisque le FFN avançait les fonds et fournissait les plants. Aussi, en moins de cinquante ans, de 1945 à 1999, la superficie forestière nationale gagna-t-elle 4,5 millions d'hectares, l'équivalent tous les huit ans d'un département (6 000 km²). Même si la nature effectua l'essentiel, le FFN y contribua largement – 1,2 million[32] à 2 millions d'hectares[33].

Les surfaces forestières du Centre firent plus que doubler dans les départements limousins et dans ceux du Puy-de-Dôme, de l'Ardèche, l'Aveyron et la Lozère. La dynamique fut également impressionnante en Bretagne (100 %), quoique le rôle du FFN y fût secondaire (50 000 hectares et moins dans ses trois départements). Au contraire, il prima dans les landes de Gascogne, suite aux grands incendies de 1941 à 1949, ainsi que dans le quart nord-est de la France. Par contre, il joua peu dans les Alpes du Sud-Est (12 000 hectares et moins dans la Drôme, les Alpes-de-Haute-Provence et les Alpes-Maritimes) et en Corse (6 000 hectares et moins dans ses deux départements). Dans ces espaces, plus de la moitié des boisements étaient spontanés[34] : composés de broussailles, de feuillus et de pins, ils constituaient un territoire cynégétique profondément différent de celui des plantations. En raison de cette dilatation forestière, les lisières se modifiaient : leurs écotones correspondaient à l'invasion des parcelles ou au boisement de celles-ci. Pendant presque quarante ans, les gestionnaires brandirent le « reboisement » comme méthode restaurant les pâtures. Mais dans les vingt dernières années, ils prônèrent le « boisement » pour accroître la récolte en résineux, très déficitaire. La mission du FFN prenait fin : la patrie gauloise était à nouveau « chevelue » ! Celle des réserves de chasse était terminée elle aussi : le pays était à nouveau giboyeux. Ce n'était pas pourtant le retour du passé : les campagnes reverdies étaient vides et les difficultés sylvo-génétiques succédaient aux difficultés agro-cynégétiques. Autre nouveauté : les chasseurs faisaient défaut…

Malgré le sentiment contraire, la forêt française demeura feuillue (64 %), y compris le Massif central et le Morvan, où les taillis de hêtres et de chênes vieillirent sur pied, le bois de feu perdant la valeur qui justifiait sa coupe. Comme le dit joliment Clément Dodane, les « forêts résineuses sont en réalité des forêts dans la forêt[35] ». Bien que le gibier fût inégalement affecté par cette composante, sa pression gênait considérablement. Les forêts feuillues, « naturelles » quand elles se régénèrent sans assistance, la supportaient mieux. Certaines avaient été façonnées pour la chasse : celle-ci déterminait voirie et gestion. C'était le cas dans les massifs de la Couronne, structurés pour la vénerie et sacrifiés au cerf : abondants, ses effectifs étaient retenus par des enclos à biches, des affouragements et des translocations. En cinquante-neuf ans de règne, Louis XV en tua près de 10 000 ! Les forestiers signalaient le dommage apporté aux recrûs. Duhamel du Monceau, grand maître des Eaux et Forêts, fut le premier à comparer les effets de la grande faune sur les essences et sur les peuplements. Les principes dégagés, structure de l'espace et sélection des essences, servirent au XIXe siècle : les propriétaires des grandes chasses privilégiaient l'appétence des végétaux et ceux des boisements productifs, leur résistance. Cette double approche convenait mal aux peuplements résineux : abîmés, ils ne sauraient être recépés, puisqu'ils ne rejettent pas de souche. Or leur croissance s'interrompt quand le bourgeon terminal est sectionné. Aussi les sylviculteurs souhaitaient-ils une régulation des populations – chassables ou protégées –, donc l'intervention des chasseurs ou des gardes de l'ONCFS.

L'entente impossible

La question des dégâts sylvicoles passa longtemps inaperçue, les autorités considérant uniquement les dégâts agricoles : le regard changea avec la priorité accordée à la production

ligneuse. Cette question émergea au cours du XXe siècle, la
conversion des taillis et la progression des « sapins[36] » devenant visibles. Le divorce grandissant entre l'exercice de la
chasse et la sylviculture des ligneux entraîna celui des législations cynégétique et forestière. Les services forestiers entendaient restaurer des peuplements affaiblis par les déboisements
ou par la surexploitation. Ils avaient réussi : jamais les surfaces ne furent aussi étendues. L'assombrissement des forêts
provenait tout autant de la densification que de l'enrésinement, surtout dans les propriétés privées, assombrissement
qui condamnait la flore et la faune exigeantes en lumière.
Rien de comparable, donc, avec l'état ancien, où les forêts
étaient claires, voire très claires, parce qu'elles contenaient
peu de gros bois et étaient pâturées. Les tensions croissantes
entre forestiers et chasseurs exigeaient des solutions nouvelles. Les uns devaient gérer l'accumulation de biomasse,
la croissance des végétaux étant accrue par l'eutrophisation
des sols et le vieillissement des peuplements. Les autres
devaient gérer la prolifération du gibier, des ongulés notamment (cervidés, suidés). Dans les deux cas, la gestion durable
préoccupait. Mais, loin de choisir des modes de gestion
autorisant la cohabitation des objectifs, on opta pour l'aménagement séparé, pire, pour la séparation des pouvoirs. Le
XIXe avait vu dissocier agriculture et sylviculture. Le XXe siècle dissocia cynégétique et sylviculture.

Les dommages forestiers

Cette séparation des pouvoirs convenait aux protecteurs
de la nature, mais contrariait les sylviculteurs. De fait, si le
taux de boisement s'éleva de 20 à 27 % du territoire métropolitain dans la période 1946-1995[37] et si la forêt feuillue
s'installa sur une superficie plus importante que la forêt résineuse, les plantations furent effectuées avec des conifères :
87 % de 1955 à 1979, 75 % de 1980 à 1989 et 64 % de 1990
à 1999. Autrement dit, les friches et les landes, zones de nidification et d'agrainage pour les granivores et zones de

gagnage pour les herbivores, régressaient au profit des peuplements à feuillage pérenne, favorables à certaines espèces : des oiseaux et des rongeurs friands de cônes et des sangliers en quête d'abris. La valeur du milieu dépendait de la présence d'un étage dominé, d'un sous-bois et d'une végétation herbacée. Les deux premiers éléments renvoyaient au traitement, futaie régulière ou futaie jardinée, et le troisième, à l'essence, son tempérament réclamant plus ou moins d'ensoleillement et de luminosité. Ces conditions régissaient la végétation herbacée et arbustive, arbustes et arbrisseaux constituant le sous-bois[38].

Certaines essences vinrent d'elles-mêmes, comme le pin sylvestre sur les friches solognotes ou le pin d'Alep sur les terrasses méridionales. D'après l'Inventaire forestier national (IFN), moins de 10 % des surfaces dominées par le pin sylvestre le devraient à un reboisement ou à un boisement artificiel. Cette essence héliophile n'intercepte pas assez la lumière pour empêcher la croissance des buissons et des herbes qui attirent les cervidés, les caprins et les ovins, donc leurs prédateurs, en admettant que la région en ait gardé ! Toujours d'après l'Inventaire, le pin sylvestre occupe 110 000 hectares dans les Alpes-de-Haute-Provence, contre 360 000 hectares dans les départements du Massif central (40 %), soit 1,1 million d'hectares comme essence principale des futaies et des peuplements mélangés. Comme le pin d'Alep ou le pin maritime, il est très combustible : ses pignes explosent et projettent le feu à des centaines de mètres ; ses racines à fleur de terre, d'une longueur prodigieuse, continuent à brûler alors que l'incendie semble éteint. Ces conditions rendent le tir dangereux lorsque le vent souffle, l'air étant sec et chaud et la végétation basse, déshydratée : une bourre enflammée suffit à embraser l'ensemble des couverts.

Certaines essences furent installées au XIXe siècle dans la perspective de la RTM[39] et de l'assainissement des zones humides et d'autres au XXe siècle, en raison de l'appui et des contrats FFN, sans parler des propriétaires qui convertirent d'eux-mêmes un patrimoine improductif. Ainsi, en Aquitaine, le pin maritime constitue 83 % des futaies dans les départements des Landes et de la Gironde, et 47 % dans celui du Lot-et-Garonne, le massif couvrant plus d'un million d'hectares. Dans les Alpes, au nord du col Bayard, l'épicéa commun et le sapin pectiné constituent plus de la moitié des surfaces, tandis qu'au sud, les pins l'emportent, quoique le mélèze soit important dans les départements des Hautes-Alpes (25 %) et des Alpes-Maritimes (11 %). La partie orientale du Massif central est largement résineuse, avec du sapin pectiné partout, sauf en Lozère, où l'épicéa commun et le pin noir d'Autriche triomphent, l'épicéa demeurant la première essence dans le Puy-de-Dôme et le douglas, dans l'Ardèche, la Loire et le Rhône. Dans les Vosges, le sapin pectiné et l'épicéa commun constituent 43 % des massifs, le taux de boisement approchant les 50 %. Dans le Jura, le sapin pectiné et l'épicéa commun règnent sur 80 000 hectares.

Le gibier dévaste les jeunes peuplements : il piétine le recrû, renverse les tiges, dévore les bourgeons, arrache les feuilles, retire l'écorce et déterre les racines. Le garenne n'est pas en reste. Il était inscrit nuisible dans 76 départements, quand le professeur Armand Delisle introduisit la myxomatose dans sa propriété de Maillebois (Eure-et-Loir) : l'année 1952 le vit inoculer le virus de Saranelli, obtenu d'un confrère suisse, à deux lapins qu'il libéra dans un bois voisin. Le résultat fut foudroyant. Des chasseurs le traînèrent en justice ! Deux ans plus tard, son exposé à l'Académie d'agriculture démontra le problème résolu par la « réponse » apportée. Deux ans de plus, une médaille le récompensa de la performance : il méritait assurément « la reconnaissance de tous les amis et défenseurs de la forêt ». Débarrassée du garenne, elle ne l'était pas du sanglier et des cervidés. Pourtant, maints chasseurs d'espèces protégées, des « petits prédateurs » (sauvagine) surtout, s'étaient rabattus sur le suidé. Ce fut le cas dans le Var, deuxième département forestier par son taux de couverture : il trouvait vignes et céréales à portée de bauge. Au début des années 2000, 18 000 bêtes furent tirées, contre 40 000 qui hantaient ses taillis de chênes verts : sur les anciennes terrasses, ces formations végétales effaçaient le souvenir des champs de lavande et des vergers d'amandiers. Comme les migrations compliquaient les études, le réseau Cervidés-Sanglier évalua les effectifs à partir des spécimens abattus : il exploita les relevés des équipes travaillant avec lui (Texte 35) et les enquêtes conduites auprès des personnes ressources (Texte 36). Pour le suidé, la conclusion fut qu'en vingt ans, le quintuplement des prélèvements n'avait pas réduit ses effectifs ! L'ardeur fut moindre envers les chevreuils[40], envers les cerfs surtout, en dépit de dommages tout aussi importants.

Tous les ongulés recherchent l'abri et l'apport des feuillus, même cet « omnivore opportuniste à tendance frugivore[41] » qu'est le sanglier, dont les auteurs anciens faisaient un carnassier ! Si les plateaux de l'Est constituaient ses bastions – le sanglier demeura associé aux Ardennes –, sa dynamique n'en inquiétait pas moins les agriculteurs – il adore le maïs – et les sylviculteurs – il déchausse les plants. Les plaintes venaient du Sud parisien (Brie, Beauce, Berry) ; de l'arc méditerranéen – dans l'Hérault, le nombre de battues doubla entre 1990-1999 –, du Massif central, colonisé à partir des refuges cévenols et languedociens[42]. Par contre, dans le Grand Ouest, de la Manche aux Pyrénées-Atlantiques, la faiblesse des ponctions reflétait celle des effectifs. L'animal évitait les zones d'agriculture intensive, openfields céréaliers (Beauce, Limagne) ou betteraviers (Flandres, Picardie), et les zones de cultures spécialisées (Val-de-Loire, vallée du Rhône). Ennemi du remembrement, de la mécanisation, de la déforestation et de la monoculture, il fréquentait les contrées d'agriculture extensive (moyenne montagne et massifs méridionaux), riches en châtaignes et en faînes dans les forêts des terrains siliceux (Corse, Meures, Estérel) et en glands dans les forêts des terrains calcaires (Causses, Préalpes). Aussi les départements méditerranéens virent-ils ses effectifs croître de 1,2 % par an : les glands représentaient 47 % de sa ration ! Cependant, comme le sanglier mange ces fruits, mais en enfouit aussi beaucoup, il ne gêne guère les régénérations forestières. Par contre, comme il est « proliférant », il abîme les récoltes, puisque 53 % de son alimentation dépendent de celles-ci. La prolifération allait de pair avec l'abondance de nourriture : les laies étaient fécondes plus jeunes, les menstrues survenaient deux mois plus tôt, les embryons étaient plus nombreux et les mises bas progressaient après chaque bonne glandée. Signalée par Matschke en 1964, cette situation fut confirmée : auparavant une laie avait une portée de trois marcassins par an, désormais trois portées de cinq marcassins[43]. Cela justifiait les campagnes de chasse, l'animal ne figurant pas sur les plans qui limitent les prélèvements, à la différence des cervidés[*].

Des chasseurs sans héritiers...

Dans les années 1990, les critiques dénonçaient toujours le comportement des chasseurs, mais aussi, ce qui était nouveau, la légitimité des chasses. L'opinion publique repoussait les arguments historiques, entraînement tactique et exercice physique : le premier disparut au début du XIXe siècle et le second, au début du suivant. Elle récusait tout autant les arguments sociologiques, fondés sur la tradition rurale et le savoir-faire familial : la civilisation contemporaine était résolument citadine et individualiste... Aussi les défenseurs de la chasse n'avaient-ils plus qu'une carte à jouer : la régulation. Elle leur semblait déterminante, mais ne modifia pas la partie engagée[44] : la majorité des gens ignoraient l'existence des dommages, et la minorité avertie les situait dans le domaine agricole. Cependant, à entendre les présidents des sociétés, voilà plus de vingt ans que la grande faune était « gérée » de manière durable – grâce aux plans de chasse justement (Tableau 17). Deux idées prévalaient : ne pas trop abattre, mais abattre assez, c'est-à-dire maintenir les effectifs des ongulés (des prédateurs par conséquent) sans altérer le milieu d'accueil, vision optimiste, sa capacité demeurant à

---

* En 2010, les effectis des sangliers paraissent stabilisés dans les départements méridionaux, preuve que les chasseurs furent efficaces, mais ailleurs l'expansion continue, d'où l'ouverture d'une nouvelle campagne.

l'étude ! Ce système en inspira un autre, destiné à préserver les richesses halieutiques. Entre les deux, la nuance portait sur les quotas, maximum *et* minimum pour la chasse – Paris redoutait les dégâts de gibier – et maximum pour la pêche – Bruxelles ne craignait pas les dégâts de poisson ! Comme le gouvernement appréhendait les dépassements, il imagina évidemment les planchers atteints. Mais ce scénario n'arriva jamais, sauf pour le chevreuil en 1975 (Tableau 17 bis). Deux erreurs donc, dans le calcul des populations et dans la performance des chasseurs, gênèrent la réalisation des plans.

Les chasseurs manquaient à l'appel, carence due à plusieurs facteurs. Rares étaient ceux qui détenaient le permis tout territoire et tout gibier, indice d'une activité régulière. Beaucoup en achetaient un pour leur département, geste renouvelé par habitude ou par fidélité : la compagnie des sociétaires ou l'ambiance de l'association leur plaisait pour deux ou trois sorties. Comme le gibier comptait moins que les rencontres, les amitiés, le partage des émotions et l'immersion dans la nature, ils délaissaient celui qui figurait sur les plans de chasse : ils auraient dû acquérir les bracelets autorisant son tir. Cette démarche supposait une prévision, celle qu'ils appliquaient au travail et refusaient dans la chasse. Leur réaction, trait de caractère ou de mentalité, les portait vers le sanglier ou le gibier à plume (faisan, canard) et à poil (lapin, lièvre). Dernier groupe enfin, celui des chasseurs qui constataient, année après année, que leur fusil servait de moins en moins : le jour où cette page serait tournée, ils ne prendraient plus le permis. Ayant raccroché pour de bon, ils offriraient ou revendraient leur arme. Cela tenait à un déménagement, une invalidité, mais aussi, et de manière croissante, au changement d'époque. Ils perdaient leurs repères : les champs devenaient des friches, les haies des bosquets, les bois des forêts, à moins qu'un parking remplaçât le marais et que des immeubles fussent bâtis sur des communaux[45]. Ils notaient également que leur activité choquait leur entourage et que les règlements étaient de plus en plus contraignants. Bruxelles et Paris rognaient leur liberté, plus, *l'impression* de liberté qu'ils ressentaient au petit matin à humer l'air de la campagne.

Et pourtant, les épreuves d'obtention du permis de chasse, examen instauré en 1976, demeuraient théoriques, la formation pratique visant uniquement la sécurité d'autrui : le tir hors vue était interdit et l'identification de la cible, obligatoire car les confusions engendraient les accidents. Il aurait d'ailleurs été utile de vérifier la qualité du tir, ce qui éviterait de tuer un ami ou de blesser une bête. De même, serait-il bon de simplifier les plans de chasse car, à multiplier les précautions, la complexité paralysait : les bracelets étaient attribués pour des femelles ou pour des mâles, catégories subdivisées selon l'âge de reproduction et l'importance du trophée, si bien que le chasseur hésitait à tirer ! Comment ne pas trouver que l'« affrontement millénaire », l'« épreuve de vérité » entre l'Homme et la Bête ressemblait à une course d'obstacles, obstacles établis par une législation aussi pléthorique que le gibier ? Les sylviculteurs, excédés par les circulaires en matière de protection des paysages, des biotopes, de la biodiversité ou de la durabilité, avaient le même discours. Il existait cependant une différence. Les propriétaires – trois millions en l'an 2000 – ne choisissaient pas de l'être : les trois quarts avaient reçu ce patrimoine par héritage ou par donation. Les chasseurs, eux, choisissaient de prendre ou non leur permis. Du coup, le nombre des premiers augmenta, certains ignorant jusqu'aux limites et au traitement des parcelles, alors que celui des seconds diminua de 2 à 3 % par an : 1,4 million en 2000, contre 2,3 millions en 1974.

Cette évolution accompagnant le vieillissement, la relève n'opérait plus : les jeunes goûtaient d'autres plaisirs que la chasse et, s'ils acceptaient d'y escorter l'aïeul, la perspective d'abattre ou de dépiauter un animal les horrifiait. Cela traduisait une lame de fond. En trente ans, la superficie forestière rattachée aux exploitations agricoles baissa de 60 % : 40 % du patrimoine sylvicole privé en 1970, contre 12 % en 1999[46], ce qui accentua la coupure entre espace agricole et espace sylvicole[47]. On l'observa jusque dans ce bastion de la forêt paysanne qu'était le Grand Sud-Ouest, région de faire-valoir direct orienté vers la polyculture et l'élevage (Poitou, Charente, Limousin, Auvergne, Aquitaine, Midi-Pyrénées).

Car, à chaque succession, le repreneur de l'exploitation dédommageait ses cohéritiers en leur cédant les terres boisées, que beaucoup mettaient en vente[48]. Les acquéreurs étaient des retraités des environs[49] : en 1999, ils possédaient 54 % de la forêt privée[50], contre 44 % en 1976[51], alors que la classe d'âge des 60 ans et plus n'était que de 21 %. Avec l'âge, ces hommes cessaient de chasser. Décédés ou condamnés à l'être d'ici vingt-cinq ans (2000-2024), ce seront plus de la moitié des forêts privées qui changeront de propriétaires. Il est possible que les nouveaux héritiers ou les nouveaux acheteurs emménagent à la campagne après avoir vécu et œuvré en ville, mais ils associeront possessions paysannes et conceptions urbaines, bien éloignées des ruraux d'autrefois pour qui la chasse était un réflexe naturel.

Cette tendance ne concerne pas tous les chasseurs. Ceux pour qui la chasse est un art espèrent l'enseigner à leurs enfants. Leur attachement porte sur un espace façonné depuis longtemps, chasse aux oiseaux dans le Sud-Ouest[52] et dans le Nord[53] (Texte 34) et chasse à courre dans les futaies du Bassin parisien et du Val de Loire[54]. L'attachement porte aussi sur une méthode, l'arc ou le rapace, que l'absence de pratique ferait tomber dans l'oubli : ils la présentent *hors chasse*, concours de tir ou vol des oiseaux, afin de susciter des vocations. Pour tous, l'efficacité de la chasse reste secondaire ; ils dédaignent chasses faciles et chasses mondaines, parce qu'elles exploitent le gibier d'élevage et négligent le contact avec la nature. Cependant, les résistances sont illusoires. Comme chez les propriétaires sylviculteurs, l'âge moyen est élevé (62 ans) : les deux tiers ont dépassé 50 ans et un cinquième, 70 ans. Ils approchent donc de la retraite ou y sont déjà. Qu'en sera-t-il des générations suivantes ? Ne résidant plus dans le département, elles changeront fréquemment de domicile, d'entreprise, voire de métier. Or, elles ont déjà perdu tout contact rural, alors qu'il permettrait de connaître les subtilités du parcours, les emplacements du gibier et les particularités de chaque espèce. Autrefois, cet apprentissage opérait au sein d'une classe d'âge, un chasseur réputé dévoilant ses secrets et la conduite appropriée aux garçonnets de sa famille ou de son village. Aussi les paroles de M. Philippe Blachère, directeur adjoint de la Direction départementale de l'agriculture (DDA) du Var, relèvent-elles du vœu pieu quand il demande aux chasseurs, « au-delà du loisir », d'intégrer « la logique de limitation des dégâts et les intérêts des agriculteurs : il faut *qu'ils chassent plus* et qu'ils éloignent les animaux des terres cultivées en gérant les battues ». Car s'ils « revendiquent un rôle dans la gestion de la nature et des espèces cynégétiques, il faut l'assumer jusqu'au bout »[55]. Certes, les dirigeants des différentes fédérations sont convaincus du bien-fondé de ces propos, mais, derrière eux, la troupe bat en retraite...

La chasse nécessaire !

La réalisation insuffisante des plans de chasse (Tableau 17 ter) aggrava les relations compliquées, voire ambiguës, entre pratiquants et forestiers, d'autant que la chasse rapportait davantage à certains que les coupes : ceux-là aspiraient plus que quiconque au développement des activités cynégétiques. Un jour, un exploitant solognot qui avait converti ses pâtures me déclara en plaisantant que les chasseurs le payaient trois fois : la première pour tirer, la seconde pour avoir la bête et la troisième pour qu'il leur préparât ! Sans eux, son entreprise serait déficitaire. Comme aurait dit Fernand Raynaud, « ça eut payé, mais ça paie plus ! »[56]. Or, si les promeneurs s'étonnent des vides dus aux sangliers vautrés dans le maïs et les conducteurs, de l'impact dû aux cervidés lancés en pleine vitesse, ils ignorent les dommages forestiers, parce qu'ils n'en sont pas informés[57]. Et s'ils ne le sont pas, c'est parce que ces dommages sont délicats à évaluer : visibles à long terme car abîmant les essences objectif, ils ne relèvent d'aucun fonds d'indemnisation, au contraire des dégâts à l'agriculture, à la charge des fédérations, et des dégâts aux véhicules, à la charge des assurances.

Le premier fonds découle d'une tradition ancienne, renforcée par la loi n° 68-1172 du 27 décembre 1968, et le second, d'un élargissement des assurances aux catastrophes naturelles. La réflexion est plus qu'urgente car les animaux circulent à proximité des habitations et même sur les grandes routes, si bien que le fonds Accidents risque bientôt de ne plus suffire. Ainsi, les sangliers, à l'origine de 20 000 collisions en 1990, en provoquèrent 80 000 en 2009...

Dans ce créneau 1970-1999, les fédérations déboursèrent quelque 25 millions d'euros par an, et cela rien qu'en indemnités agricoles : les sangliers constituaient les fautifs principaux (80 %, contre 20 % pour les cervidés), d'où l'attention apportée aux battues et à l'affût, méthode moins traditionnelle mais plus efficace : l'avance des hommes et des chiens perturbe la faune et suffit à faire détaler la harde vers la commune voisine[58]. Quant aux bénéficiaires, ils encaissèrent par sinistre de 76 euros à des milliers d'euros pour des cultures hautement rentables. C'étaient la viticulture en Alsace, en Bourgogne et dans l'arc méditerranéen, du Languedoc au Var ; l'horticulture, et l'arboriculture également, en Val de Loire, Vallée du Rhône et Alpes-Maritimes. Ces dépenses ne comprenaient pas les 10 à 15 millions d'euros consacrés à la prévention, par exemple des clôtures électriques ou des jachères céréalières pour écarter les ongulés des cultures. L'ensemble était financé par la vente des timbres « grand gibier » départementaux, leur prix variant entre 7,5 et 75 euros pièce, et par la taxe sur les plans de chasse et l'achat des bracelets, ces deux postes rapportant 12,6 millions d'euros. Quelques chasseurs payaient des timbres « grand gibier » nationaux à 40 euros pièce, ce qui procurait 4,4 millions d'euros. Pour l'heure, la diminution du nombre de chasseurs n'affectait pas le financement des indemnités car la hausse de ces produits la compensait largement. Mais ce procédé ne saurait fonctionner trop longtemps car élever le coût de la chasse au gros refroidit les amateurs : ils chassent d'autres gibiers ou ne chassent plus du tout ! Les effectifs des ongulés continuant à progresser, les dégâts s'aggravent, la facture s'emballe et la valeur des timbres s'amplifie, spirale qu'il convient de briser[59], mais comment ?

Le contrôle de la grande faune est impossible dans un espace circonscrit comme une forêt domaniale : faisant fi des limites de propriété, les animaux traversent forêts privées, champs cultivés, pâtures voisines, friches en attente de lotissement et jardins de résidences secondaires. A la différence du XIXᵉ siècle où le cantonnement des usages supprima le problème, le forestier cédant une partie du terrain pour rester maître du surplus, les sylviculteurs du XXIᵉ siècle doivent collaborer avec tous les propriétaires et toutes les associations intéressées, d'autant que leurs domaines sont modestes. Ainsi, dans les landes de Gascogne, où l'économie forestière affiche un dynamisme aussi exceptionnel que remarquable, la surface moyenne atteint 41 hectares, ce qui est peu, comparé aux domaines australiens, brésiliens, canadiens ou étatsuniens, et beaucoup, comparé à la moyenne nationale (7 ha) : 60 % des forestiers possèdent moins de quatre hectares, les deux tiers de la forêt privée englobant des surfaces de moins de 25 hectares composées de parcelles éparses, insérées dans un continuum forestier ou dans une mosaïque plus ou moins cultivée. Dans ces conditions, il est inutile d'envisager des aménagements concernant uniquement les terres boisées, voire impossible car l'âge ôte l'envie d'effectuer et de financer pareilles protections : 60 % ont 50 ans et plus, 28 % ont plus de 80 ans... En outre, l'hectare géré par un Groupement forestier (GF)* rapportant 30 euros par an, d'après le barème retenu dans le secteur bancaire pour consentir un prêt, cela donne idée de l'emprunt qu'ils pourraient souscrire...

En forêt, les ongulés commettent trois types de méfaits : l'abroutissement, qui montre les « brousts » (bourgeons) mangés, l'écorçage, qui marque l'insuffisance du gagnage, et

---

* Le Groupement forestier désigne l'ensemble des colégataires dont les biens sont gérés en indivis ou des individus qui en font la demande, leurs parcelles étant contiguës. Ce dispositif fut instauré pour atténuer les inconvénients du morcellement, le remembrement sylvicole étant plus compliqué que le remembrement agricole.

le frottis qui leur permet de retirer le velours des repousses. Ces actions nuisent aux jeunes tiges, feuillus nobles comme le chêne et le hêtre et feuillus précieux comme l'érable, le merisier ou le frêne, essences particulièrement appétentes[60]. Cependant, les cervidés raffolent aussi des bourgeons de douglas et d'épicéas à l'odeur d'agrume. Ces peuplements sont d'autant plus fragiles qu'ils sont issus de régénérations artificielles*. Comme il convenait de mieux connaître les dommages et leur perception, ne serait-ce que pour créer un fonds d'intervention sylvicole, le CEMAGREF installa un Observatoire des dégradations des cervidés dans cinq départements (Landes, Oise, Sarthe, Tarn, Vosges) et entreprit une enquête approfondie sur les réactions des acteurs confrontés à la gestion des effectifs ongulés et des peuplements forestiers. D'un côté, les détenteurs de peuplements sensibles et ceux de peuplements résistants côtoyaient les personnels de l'ONF. De l'autre, les présidents des sociétés de chasse et les adjudicataires des lots de chasse en forêts domaniales retrouvaient les personnels de l'ONCFS récemment installé. Si les trois quarts (74 %) des sylviculteurs géraient eux-mêmes leurs peuplements, ils n'étaient qu'un quart (29 %) à traiter eux-mêmes « leurs » cervidés. Comme ils ne chassaient pas ou chassaient d'autres gibiers, l'exécution du plan de chasse incombait aux chasseurs de la commune, aux invités de la société et aux adjudicataires des lots domaniaux.

Ces gens-là ne participaient aucunement à la gestion forestière du territoire. Certes, un tiers d'entre eux (35 %) possédaient des bois, mais ailleurs. Les divergences étaient prévisibles : une majorité (68 %) de forestiers privés et publics, soutenus par l'ONCFS, remarquaient les dommages, contre une minorité de chasseurs... En fait, on ne voit pas ce qui ne vous nuit pas. Cette règle opposait autrefois la noblesse à des paysans que ruinaient les granivores. Elle oppose à présent les éleveurs aux écologistes à propos du

---

* La différence avec la régénération naturelle tient surtout à la faiblesse de l'enracinement et au décalage de foliation, mais elle disparaît dès la cinquième année.

loup et de l'ours ; et les sylviculteurs aux chasseurs au sujet du garenne depuis les années 1950 et à propos des cervidés depuis les années 1990. Il était donc normal que les détenteurs de peuplements sensibles, par exemple ceux du nord-ouest du Tarn et ses monts de Lacaune, eussent repéré tout de suite ce genre de dégâts : l'acuité de leur regard était aiguisée par l'expérience ! Au total, la présence des cervidés contrariait davantage les forestiers privés (55 %) que les chasseurs (9 %) et les forestiers publics (6 %). Ce résultat reflète un héritage historique – les Eaux et Forêts géraient les domaines de la Couronne dans une perspective cynégétique –, une évidence biologique – les cervidés sont inféodés aux futaies feuillues – et une réalité sociétale – la propriété boisée devenant un revenu d'appoint, certains définissent le niveau de population animale acceptable en fonction de sa valeur pour l'ensemble de la société. Fort bien… à condition qu'elle dédommage le préjudice du propriétaire. Ce système fonctionne en Autriche et en Finlande. Il existe aussi en France, mais limité aux bêtes tuées par un ours ou par un loup : les blessures des arbres sont plus difficiles à discerner que les cadavres de brebis à décompter !

Ce qui est certain, c'est que si tous les acteurs se disaient prêts à collaborer au suivi des populations (77 % chez les chasseurs et 72 % chez les forestiers)[61], ils jugeaient différemment les plans de tir : approuvés par l'ONCFS (56 %) et par l'ONF (42 %), applaudis par les chasseurs (78 %), leur efficacité ne persuadait pas les forestiers privés (16 %), surtout quand ils ne chassaient pas. Eux les déclaraient inefficaces – il y a toujours plus d'ongulés – et technocratiques, c'est-à-dire illisibles et alambiqués ! Ce scepticisme renvoie à l'évaluation de la capacité alimentaire[62], préalable indispensable pour calculer l'effectif maximal : les excédents sont à évincer grâce aux plans de tir, ce qui suppose sinon des chasseurs, du moins des tireurs ! Dans une première approche, la biomasse disponible était calculée à hauteur de cervidé, surtout en hiver, période où les essences caduques perdent leurs feuilles, où l'herbe devient rare et sèche : les animaux arrachent les mousses, les lichens et les écorces. Dans une seconde approche, la qualité du milieu fut estimée à travers la répartition des essences – une forte proportion d'épicéas (plus de 50 %) procure moins de nourriture qu'une forte proportion de chênes –, le pourcentage de périmètre sylvicole contigu aux cultures par rapport au périmètre territorial (l'idéal étant de 80 %) et le pourcentage de superficie en prairies par rapport à la superficie territoriale. Dans une troisième approche, l'utilisation effective des strates basses est étudiée[63] ainsi que la flore qui lui est associée et les risques de dérangement – l'animal, qui ne craint pas une intrusion, prend le meilleur et le plus tendre. De fait, comme la chasse ne parvient plus à réguler les populations, la capacité du milieu doit être enrichie pour réduire les dommages dus à leur densité. Mais ce travail est trop cher pour le secteur privé : la collectivité nationale peut-elle l'assumer ? Et cette adaptation résisterait-elle à l'augmentation des effectifs quand la nourriture abonde ?

*

Les tempêtes de décembre 1999 ont modifié l'exercice de la chasse et les modalités de sa gestion, en détruisant une partie des massifs : dans la seule région Lorraine, le volume renversé représenta sept années de récoltes ! Les routes, les forêts étaient dangereuses et impraticables : la chasse fut fermée. En raison de la destruction des peuplements, l'arrivée de la lumière stimulait la strate herbacée et buissonnante : les populations augmentèrent. La réalisation des plans de chasse 1999-2000 était impossible[64], situation plus ou moins durable. Il convenait de calculer le déficit des prélèvements pour évaluer les conséquences sur la dynamique démographique[65]. Car les pertes liées aux chutes d'arbres (chablis) étaient négligeables, les animaux ayant fui vers les taillis et les plaines. Avec la subite richesse des biotopes, leur masse corporelle progressa[66] et la puberté des chevrettes et des bichettes fut plus précoce Dans la réserve nationale de Chizé (Deux-Sèvres), le nombre de fœtus par femelle gestante (2-7 ans) fut de 0,95, contre 0,87 précédemment.

C'était le taux le plus élevé depuis 1988, année où le protocole capture-marquage-recapture intégra l'échographie[67]. De ce fait, la régulation imposait d'abattre en premier les femelles et les jeunes, pratique contraire aux traditions cynégétiques. Exceptionnelles, ces catastrophes sont reproductibles, comme le prouvèrent les tempêtes de 2009 qui frappèrent le massif landais sur une superficie encore plus considérable.

En pareil cas, il n'y a plus aucune limitation dans la dynamique[68]. Comment, dès lors, appréhender les densités supportables ? Dans les années 1960, elles étaient de 2 cerfs et de 15 chevreuils pour 100 hectares. Vingt ans plus tard, les spécialistes de l'ONCFS fixaient ce plafond à 4 cerfs et à 20 chevreuils quand les potentialités étaient excellentes. Cette conclusion atterra les forestiers ! Pourtant, l'inventaire mené tous les dix et trente ans montre l'avenir des peuplements respecté[69]. Voilà qui ravit le public ! Comme le chevreuil a davantage de partisans que le chasseur, certains voudraient préserver *tous* les cervidés. La crainte des dégâts contraindrait les propriétaires à améliorer la valeur alimentaire de l'habitat et à développer une sylviculture qui rendrait les essences moins vulnérables[70]. Oui, mais à quel prix ? Le débat engagé sur le gibier cache celui sur la forêt que demandent les citadins[71]. La loi d'orientation du 9 juillet 2001 rappelle d'ailleurs que la gestion durable des massifs et de leurs ressources naturelles implique l'harmonie sylvogénétique[72]. Le législateur se rappelle-t-il que la location du droit de chasse ou l'exploitation directe de la chasse diffère du revenu forestier ? Les écologistes se souviennent-ils que, si les « féroces » et les « puants » effrayaient ou dégoûtaient, le lapin et le lièvre furent détestés au même titre que les cervidés ? A présent, ces derniers séduisent parce que « sauvages », ils ne le paraissent plus tellement. A l'époque actuelle, la chasse est bien « en quête de sens »[73] et les chasseurs, en mal de fonction.

Tombée de rideau

Autrefois, les animaux sauvages élevés et relâchés l'étaient pour la chasse, cette pratique maintenant les ressources cynégétiques d'un territoire où s'exerçaient des activités agricoles, pastorales et sylvicoles. La coexistence était délicate, même si l'indemnisation des récoltes abîmées, ô combien tardive, apaisait quelque peu les propriétaires. Cependant, les espèces introduites ne faisaient pas partie des catégories exécrées : les carnassiers et les charognards. Dans les campagnes, les ruraux étaient heureux de les voir disparaître et les paysans heureux de les exterminer et d'en faire autant de tous les « nuisibles ». Ce terme générique regroupait carnivores et granivores, la méconnaissance générale entraînant la suppression de bon nombre d'insectivores. En associant la chasse à la défense des productions, les politiques démocratisèrent un divertissement que la noblesse paraissait confisquer. Ses chasses gardèrent néanmoins leurs spécificités, fondées sur l'affrontement avec la bête et l'égalité des moyens : la chasse sportive recherchait également les difficultés dues au milieu, en raison des reliefs et des marais, avant d'explorer les terres africaines, asiatiques ou américaines. Malgré tout, comme les chasses privilégiées, les chasses populaires joignaient l'utile – maîtriser l'ennemi, contrôler la nature – à l'agréable – occuper les dimanches, meubler la morte-saison. Dans les deux cas, le chasseur rapportait un gibier qui ne constituait pas l'essentiel du quotidien, mais améliorait les menus, viandes de boucherie et légumes pour les riches, féculents et légumes de jardin pour les pauvres. Le plaisir de la chasse poussant aux abus, le gibier devenait rare. Et le balancier repartit alors dans l'autre sens : le sauvage disparu fut magnifié[1].

Dans les années 1960, il devint grand temps de restaurer les effectifs : la chasse fut interrompue pour certaines espèces et réglementée pour d'autres. Dix ans plus tard, une nouvelle étape arriva avec la réhabilitation des espèces menacées comme le loup et le lynx et l'importation des espèces éteintes comme le vautour et le mouflon. Jusqu'où aller dans cette voie-là ? Car les craintes oubliées remontaient vite à la surface quand les ancêtres avaient été hantés par un prédateur. Confrontés au loup et à l'ours, les chasseurs et les pasteurs redoutaient tout autant pour « leur » gibier que pour leurs moutons. De même, dans les régions où la chasse populaire était solidement ancrée, les mesures destinées à protéger les migrateurs demeuraient contestées. A cette occasion, les chasseurs faisaient face aux écologistes qu'ils considéraient comme les porte-parole de la bienséance moderne[2]. Pourtant, hormis quelques mouvements comme le Rassemblement des opposants à la chasse (ROC), la plupart des gestionnaires étaient sur la même ligne que l'ONF, l'ONCFS et l'Association nationale pour une chasse écologiquement responsable (ANCER) : les chasseurs avaient tout intérêt à participer à la régulation des « proliférants » comme le sanglier et le garenne et à l'exécution des plans de chasse qui stabilisaient les effectifs de la grande faune. Après tout, leur aide n'était que justice : n'avaient-ils pas favorisé des espèces invasives comme le cochonglier et le ragondin ? Tout aurait été pour le mieux dans le meilleur des mondes si les plans de tir avaient été respectés. Mais l'évolution des chasses et la désaffection des chasseurs en décidaient autrement.

Comme des fonds compensaient les dégâts agricoles, automobiles et pastoraux, les difficultés se concentrèrent sur le secteur boisé, au moment où les orientations sylvicoles

étaient révisées. Comment accueillir des visiteurs, des touristes qui espéraient rencontrer davantage de cervidés[3] sans
sacrifier la production ligneuse indispensable à l'économie
nationale ? Bien que la forêt fût cultivée depuis longtemps,
elle paraissait résumer la nature, les animaux sauvages y
vivant en paix. Ainsi, la conception édénique transforma la
faune et la flore en patrimoine de la collectivité, ce qui compliquait singulièrement leur gestion : les responsables découvrirent alors que les arbres destinés à la coupe et les bêtes
promises à la chasse étaient sacralisés. Toute atteinte scandalisait. En fait, le statut de l'animal sauvage changeait avec
la régression de la nature ancienne : l'agriculture s'intensifiait, l'urbanisation s'accélérait, la circulation se complexi-
fiait. Cramponné à un univers idéal, chacun aurait aimé le
figer, ce qui incitait à conserver les milieux et leur faune. Le
plus grand soin était apporté aux végétaux entourant
l'essence objectif, afin d'en écarter rongeurs et brouteurs.
Les parcelles en régénération furent grillagées dans cette
même intention. Les cloisonnements d'exploitation furent
installés le plus tôt possible, ce qui préservait le recrû. Mais
ces éléments qui protégeaient les arbres étaient contrecarrés
par ceux qui attiraient les bêtes : le gestionnaire laissait des
clairières et des vides où l'herbe poussait. A l'occasion des
marquages, il gardait les puits de lumière ouverts par les
chablis. A la place des peuplements anéantis, il créait des
prairies, et des prés-bois au cœur des grandes zones de
reboisement qui, bientôt, souffriraient davantage des ongulés.

Connaître les effectifs de chaque espèce demeura complexe. Connaître leur espace ne l'était pas moins, sachant par
exemple que l'aire du cerf déborde largement du massif principal. Connaître leur déplacement sur un territoire l'était
tout autant, leur circulation étant aléatoire et irrégulière. La
densité moyenne était dépourvue de signification. La donnée
importante resta la densité biologiquement supportable. Certains l'interprétaient en fonction de la capacité d'accueil : le
seuil critique était atteint quand ils constataient un appauvrissement floristique. D'autres l'envisageaient en fonction

des dépenses de protection : le seuil critique était atteint quand ils déploraient une rentabilité insuffisante. Ceux qui exploitaient un territoire pour la chasse définissaient la surpopulation par l'affaiblissement des animaux, ce que traduisaient le poids de venaison et le volume du trophée. Ceux qui l'exploitaient pour les arbres la définissaient par l'accroissement des dégâts pouvant aller jusqu'à l'échec de la régénération. Pour évaluer l'état des bêtes et de la forêt, l'ONF et l'ONCFS établirent des bio-indicateurs[4]. Comme l'abondance de la nourriture régit l'importance des portées et le développement des jeunes, les recherches visèrent le taux de fécondité et le poids des juvéniles. Les sociétés de chasse contribuaient à cette collecte, rôle inimaginable au lendemain du premier conflit mondial. Elles se dotèrent de balances spéciales et d'instruments permettant de mesurer la dimension des pattes et des mâchoires, ainsi que l'usure des dentitions. Leur métamorphose suivait celle des zoos qui étudiaient, préservaient et repeuplaient les milieux naturels, après y avoir capturé de multiples espèces.

L'époque n'est donc plus à classifier les animaux sauvages selon leur réputation, leur comportement et la qualité de leur venaison ou de leur fourrure. Tous méritent considération, à condition de paraître « sauvages ». *Pratique sportive*, la chasse respecte un principe immuable : ils doivent pouvoir se défendre ou s'échapper. C'est la variété des réactions qui génère la surprise, prolonge la poursuite et passionne l'amateur. En commençant la traque, il en ignore l'issue. Sinon, le combat serait sans intérêt et l'histoire sans saveur. Or, raconter les séquences, exposer la tactique, décrire l'animal rassemble la famille ou les compagnons. C'est pourquoi, souvent, les passionnés justifient leur pratique par le partage du *ferum*[5] et de l'exploit. *Pratique vivrière*, la chasse obéit à la nécessité d'approvisionner la table, le gibier devant plaire à ceux qui consomment sa viande, préparent son plumage ou revendent sa fourrure. Naguère, les prélèvements augmentaient quand les autres ressources faisaient défaut. Ce n'est plus le cas aujourd'hui, ce qui limite l'emploi du gibier aux périodes festives, encore que beaucoup répugnent à le cuisiner et plus encore à le déguster. Mais si l'ingestion du sauvage est évitée, la mode du sauvage est revenue après une période où le port de la fourrure fut vivement critiqué : le gibier d'élevage échapperait-il au blâme des bonnes consciences[6] ?

Cela montre le rapport charnel avec l'animal : depuis la préhistoire, l'homme et la femme revêtent les pelages et les plumages de celui dont ils entendent se distinguer en traquant le poil superflu de leur personne ! C'est peut-être parce que l'animal a conservé ce qui manque de plus en plus dans un univers aseptisé et sécurisé : l'instinct. Pourtant, le port de la fourrure obéissait à des codes sociaux qui renvoyait aux trois ordres de l'Ancien Régime : au peuple, le loup et l'ours ; à la bourgeoisie, la loutre et le castor ; et à la noblesse, l'hermine et le vair. Il en resta des traces jusque dans les années 1970 : aux femmes sérieuses le vison brun et aux femmes légères le renard roux. Ce fut le moment où les chasseurs, décrits par la sensualité, la violence, la pulsion[7] furent priés de ne plus « tirer à l'instinct », conduite guerrière face à un adversaire imprévisible. Mais ce retour à l'animalité n'a rien de paradoxal, la biodiversité devenant une valeur sûre. Chacun éprouve le besoin de retrouver la nature, de s'y blottir, alors que les chasseurs débusquent la bête qui s'y croit à l'abri : jugés à l'aune de la modernité[8] pour la cruauté d'autrefois, ils furent toujours accusés, et parfois condamnés. La solution n'est donc pas d'interdire la chasse, mais d'imaginer comment elle peut aider à reconstituer la pyramide du vivant. Sinon, il faudra rétribuer des gardes pour chasser à la place des... chasseurs comme le font déjà les citoyens genevois.

Notes

1. Honorer l'animal

1. D. Buisseret ; B. Barbiche B., éd., *Les Œconomies royales de Sully*, Paris, C. Klincksieck, 1970, 2 vol.

2. G. Tilander, éd., *Gaston Phébus : Le Livre de la chasse d'après le manuscrit 616 de la Bibliothèque nationale*, Karlschamm, Cynegetica, 1971. Son texte commence le 1er mai 1387. Le manuscrit 616 fut établi pour Jean sans Peur, duc de Bourgogne.

3. J.-C. Bouchet, *Histoire de la chasse dans les Pyrénées françaises, XVIe-XXe siècle*, Pau, Marrimpouey, 1990.

4. J. Garrisson, *Henry IV*, Paris, wwww, 1984.

5. Berger de Xivrey, éd., *Correspondance d'Henri IV*, 1997, tome I.

6. J.-C. Cuignet, *L'Itinéraire d'Henri IV : les 20 577 jours de sa vie*, Héraclès, Société Henri-IV, 1997.

7. P. Tucoo-Chala, « Henri IV ou la passion de la chasse », introduction du catalogue *Henri-IV et la chasse*, Paris, Editions de l'Œuvre d'art, 1989.

8. C. Dartigue-Peyrou, *La Vicomté de Béarn sous le règne d'Henri d'Albret*, Paris, Les Belles-Lettres, 1934.

9. H. Schlegel, J.-A. Verster, *La Chasse au vol*, rééd en français, Paris, Hachette, 1978.

10. C. Ménestrier, *Traité des tournois, joutes et carrousels et autres spectacles publics*, Lyon, wwww, 1669.

11. R. de Menou, *La Pratique du cavalier*, Paris, Guillemot et Thiboust, 1612.

12. S. de La Broue, *Le Cavalier français*, Paris, Abel, 1602.

13. J. Robert, « Les Grandes et Petites Ecuries d'Henri III de Navarre », in *Henri de Navarre et le royaume de France, 1572-1589*, Pau, 1989.

14. M. Foisil, éd., *Journal de Jean Héroard, médecin de Louis XIII*, Paris, Fayard, 1989, tome 1.

15. J. du Fouilloux, *La Vénerie*, Paris, Marnez et Douchet, 1re éd. 1561, Rouen, Clément Malassis, 1650, rééd. Paris, Pairault et Cie, 1897.

16. F. de Saint-Aulaire, *La Fauconnerie de François de Saincte Aulaire, sieur de la Renodie (Renaudie) en Périgord, gentilhomme limousin*, Paris, Robert Fouët, 1619.

17. H. Chevreul, éd., *Livre du roy Charles IX : Traité de la chasse au cerf*,

Paris, 1859. C'est la première édition, d'après le manuscrit de l'Institut.

18. Pierre de Bourdeille de Brantôme, *Œuvres complètes*, S.H.F., tome III, *Les Grands Capitaines français*, Paris, 1655.

19. R. de Salnove, *La Vénerie royale*, Paris, Antoine de Somaville, 1655.

20. Gaffet de la Briffardière, *Nouveau traité de vénerie*, Paris, Mesnier, 1742.

21. J. de Sélincourt, *Le Parfait Chasseur*, Paris, Gabriel Quinet, 1683.

22. R. Ambelain, *Symbolisme et rituel de la chasse à courre*, Paris, Robert Laffont, 1981.

23. A. Desgraviers, *Essai de vénerie, ou l'art du valet de limier*, Paris, Prault, 1784.

24. Goury de Champgrand, *Traité de vénerie et de chasse*, Paris, Moutard, 1776, rééd. Roger Dacosta, 1978.

25. A. Corvol, *L'Arbre en Occident*, Paris, Fayard, 2009.

26. P.-M. Duval, « Cernunnos », *Dictionnaire des mythologies*, Paris, Flammarion, 1981, tome 1, p. 150-152.

27. C. d'Anthenaise, L. Saksik, *Le Crime d'Actéon*, Paris, Gallimard, Le Cercle des Lettrés, 2007.

28. Ovide, *Les Métamorphoses*, Livre III, fable III, trad. par P. Du Ryer, Paris, Gallimard, Le Cabinet des Lettrés, 2007.

29. G. Durand, *Les Structures anthropologiques de l'imaginaire*, Paris, Dunod, 1969.

30. P. Ellinger, « Artémis », *Dictionnaire des mythologies*, op. cit., pp. 70-73.

31. N. Renouard, *Les Métamorphoses d'Ovide*, Paris, Vve L'Angelier, 1617.

32. Le duc d'Enghien était le fils du prince Louis de Bourbon, le Grand Condé, cousin de Louis XIV.

33. *Lettres choisies du xviie siècle*, Paris, Larousse, Classiques Larousse, 1995.

34. N. Bonnefons, *Traité de chasse, de la vénerie et de la fauconnerie*, Paris, Charles de Sercy, 1681.

35. M.-J. Colerus, *Oeconomia oder Hausbuch*, Wittenberg, 1598.

36. S. Sidney, *La Chasse à courre en Angleterre*, Paris, Pygmalion, 1985.

37. J. Gervet, P. Livet, A. Tête (sous la direction de), *La Représentation animale*, Nancy, Presses universitaires de Nancy, 1992.

38. M. Bloch, *Les Rois thaumaturges*, Paris, Gallimard, 1924.

39. C. De Rooy, *La Vie de saint Hubert dite d'Hubert le Prévost*, Zwolle, 1958.

40. H. Carton de Wiart, *Saint Hubert*, Paris, Albin Michel, 1942.

41. J. Roberti, *Historia sancti Huberti*, Liège, 1621.

42. F. Hédic, *Saint-Hubert*, Paris, Bonne Presse, 1953.

43. L. Huyghebaert, *Sint-Hubertus, patroon van de Jagers in woord en beeld : historie, legenden, folklore*, Antwerpen, 1949.

44. G. Saunier, *L'Art de la cavalerie ou la Manière de devenir bon écuyer*, Paris, Jombert, 1756.

45. A. de Pluvinel, P. de Charnizay, *L'Art de monter à cheval, ensemble le Manège royal où l'on peut remarquer le défaut et la perfection du cavalier en l'exercice de cet art digne des Princes fait et pratiqué en l'instruction du Roi*, Paris, Cramoisy, 1660.

46. D. Diderot, J. Le Rond d'Alembert, « Vénerie », in *Encyclopédie ou Dictionnaire raisonné des Sciences, des Arts et des Métiers, par une Société de gens de Lettres*, Paris, Pancoucke, 1751-1765.

47. A. Corvol, *L'Arbre en Occident*, Paris, Fayard, 2009. Voir le chapitre X.

48. Article « Sanglier », *Encyclopédie, op. cit.*

49. *Ibid.*

50. F. Vidron, *La Vénerie royale au XVIIIᵉ siècle*, Paris, Crespin-Leblond, 1953.

51. A. d'Yauville, *Traité de vénerie*, Paris, Imprimerie royale, 1788.

52. J.-C. Chenu, *La Fauconnerie ancienne et moderne*, 1ʳᵉ éd. 1862, rééd. Paris, Hermann, 1980.

53. J. Fourgous, G. de Bézin, trad., « Les Fors de Bigorrre », *Bulletin de la Société Ramond*, 1901.

54. B. Prost, *Inventaires mobiliers et extraits des comptes des ducs de Bourgogne de la maison de Valois*, Paris, Editions Leroux, 1902-1913. Voir tomes I et II.

55. L. Constans, éd., *Le Livre de l'Epervier*, Paris, Maisonneuve et Cie, 1882.

56. Arthelouche de Alagona, *La Fauconnerie*, Poitiers, 1567.

57. Arch. dép. Nord, B n° 2186/73.325.

58. Arch. dép. Nord, B n° 2186/73.684.

59. Chantilly, Musée Condé, manuscrit 65/1284, fol° 8 verso. Il s'agit d'une chasse au faucon qui part du château d'Etampes : elle illustre les activités du mois d'août.

60. Arch. dép. Loire, Chambre des comptes de Montbrison, B. 1914 et B. 1928. Voir *Bulletin historique et philologique du Comité des travaux historiques et scientifiques*, n° 4, 1892, p. 433-440.

61. H. Schlegel, A. Verster, H. van Wulverhorst, *Traité de fauconnerie*, Leyde et Düsseldorf, 1844-1853.

62. A. Belvalette, *Traité de fauconnerie et d'autourserie*, Evreux, wwww, 1904.

63. Arch. dép. Pyrénées-Atlantiques, Chambre des comptes de Pau et de Nérac, B. 2375.

64. C. de Capre d'Arcussia, *La Fauconnerie de Charles d'Arcussia…*, Aix-en-Provence, Jean Tholosan, 1598, rééd. *avec La Fauconnerie du roi, discours de chasse et lettres, etc.*, Paris, 1627.

65. Article « Fauconnerie », *Encyclopédie, op. cit.*

66. Le Verrier de la Conterie, *L'Ecole de la chasse aux chiens courants*, Rouen, Laurent Dumesnes, 1778.

67. Brantôme, *Les Dames galantes*, Paris, Folio, 1981, p. 301.

2. Les ayants droit

1. M. Simon, M. Legauld, *Conférence de l'ordonnance de Louis XIV du mois d'août 1669 sur le fait des eaux et forêts*, Paris, Michel Etienne David père, 1752.

2. L. Liger, *La Nouvelle Maison rustique ou Economie générale de tous les biens de la campagne*, 1ᵉ éd. 1700, Paris, Dessaint, 1772. Voir *in* tome II, « Les étangs, la pêche, la chasse et la cuisine », livre II, « La chasse et les autres amusements champêtres ».

3. C. Estienne, J. Liebault, *L'Agriculture et Maison rustique revue et augmentée de diverses curiosités dignes de remarques*, 1ᵉ éd. 1564, Paris, Rigaud, 1618.

4. A. Laisné, *Nouvelle jurisprudence sur le fait des chasses*, Paris, Gabriel Quinet, 1686. Voir tome II.

5. Bocquet de Chanterenne, *Plaisirs, varennes et capitaineries*, Paris, Vve Simon et fils, 1744.

6. Delisle de Sales, *Dictionnaire théorique et pratique de chasse et de pêche*, Paris, 1692, 2 vol.

7. P. Defresnoy, *Histoire du droit de chasse et du droit de pêche dans l'ancien droit français*, Paris, Librairie de droit et de jurisprudence, 1896.

8. S. Crombrugghe de Picquendaele, « La chasse en Belgique, hier et aujourd'hui : quelques rapprochements avec l'Autriche », in *Nature et chasse*,

catalogue de l'exposition, Bruxelles, Banque Lambert, 1987.

9. Coll., *La Chasse au Moyen Age*, actes du colloque, Université de Nice, 1978, Paris, Les Belles-Lettres et Centre d'études médiévales, 1980.

10. Durant, *Edits et ordonnances des eaux et forêts*, Paris, Vve Abel Langelier, 1614.

11. J.-B. Proudhon, *Traité de la propriété ou de la Distinction des biens considérés*, Bruxelles, Méline, Cars et Cie, 1841.

12. Y. Cazanave de la Roche, *La Vénerie royale et le système des capitaineries au XVIIIe siècle*, Université d'Aix-en-Provence, thèse de doctorat ès lettres, Nîmes, s. éd., 1926.

13. P.-M. Leroy, *Mémoire sur les travaux qui ont rapport à l'exploitation de la mâture dans les Pyrénées*, Londres, Paris, Couturier, 1776.

14. J.-C. Abadie, *Les Palombes, pigeons ramiers et colombins et leur chasse*, Paris, Denoël, 1979.

15. J.-C. Marion, *Chasses gasconnes*, Biarritz, J. & D. Editions, 1992.

16. C.-M. Saugrain, *Code des chasses ou Nouveau traité du droit des chasses suivant la jurisprudence de l'ordonnance de Louis XIV du mois d'août 1669 mise en conférence avec les anciennes et nouvelles ordonnances, édits, etc.*, 2e éd. Paris, Saugrain, 1764.

17. M. Gény, *La Chasse aux oiseaux migrateurs dans le Sud-Ouest : le droit face aux traditions*, Université de Toulouse, thèse d'histoire du droit, 1999, 2 vol. dactyl.

18. P. Jehin, *Mutations des paysages forestiers dans les Vosges du Nord de la fin du Moyen Age à la veille de la Révolution*, Université de Strasbourg, thèse d'histoire, 2003, 3 vol. dactyl

19. Comte A. de Mahuet, *La Chasse en Lorraine jusqu'en 1789*, Nancy, Poncelet, 1931.

20. M. Pacaut, « Esquisse de l'évolution du droit de chasse au haut Moyen Age », in Coll. *La Chasse au Moyen Age, op. cit.*, p. 59-68.

21. E. Zadora-Rio, « Parcs à gibier et garennes à lapins : contribution à une étude archéologique des territoires de chasse dans le paysage médiéval », in J.-J. Dubois (sous la direction de), *Du pollen au cadastre...*, actes du colloque, Université de Lille, 1985, Lille, *Hommes et terres du Nord*, n° 2-3, 1986.

22. Birrel-Hilton, « La chasse et la forêt en Angleterre au Moyen Age », in *Le Château, la chasse et la forêt*, actes des 3e Rencontres internationales d'archéologie et d'histoire de Commarque (Dordogne), 1988, Bordeaux, Editions du Sud-Ouest, 1990, pp. 69-80.

23. F. Duceppe-Lamarre, « Une génération de gestion animale au début du XIVe siècle : la comptabilité du territoire d'élevage et de chasse d'Hesdin (Pas-de-Calais) », in *Gestion démographique des animaux à travers le temps*, 6e Congrès international de l'association Homme et animal, Turin, 1998. Merci pour le manuscrit de l'article.

24. T. Beaumont-James, « Les palais anglais : le terme *palatium* et sa signification dans l'Angleterre médiévale (1000-1600) », in A. Renoux (sous la direction de), *Aux marches du palais. Qu'est-ce qu'un palais médiéval ?*, actes du VIIe congrès international d'archéologie médiévale, Université du Maine, 1999, Le Mans, Publications du LHAM, 2001, p. 135-143.

25. C. Beck C., P. Beck, F. Duceppe-Lamarre, « Les parcs et jardins des résidences des ducs de Bourgogne au XIVe siècle : réalités et représentations », in A. Renoux (sous la direction de) *Aux marches du palais : qu'est-ce qu'un palais médiéval ? op. cit.*, p. 97-111.

26. H. Bécourt, *Histoire de la forêt de Mormal*, Lille, L. Daniel, 1887.

27. F. Duceppe-Lamarre, « Eliminer les indésirables à Hesdin (Artois, XIIIe-XIVe siècle), *in* A. Corvol (sous la direc-

tion de), *Forêt et Faune, Cahier d'études Environnement et société, XVIᵉ-XXᵉ siècle*, ONF-CNRS, n° 12, 2002, p. 5-10 et 87-88.

28. C. Beck, « Oiseaux et oiseleurs en Bourgogne aux XIVᵉ et XVᵉ siècles », in *Milieux naturels, espaces sociaux : études offertes à Robert Delort*, Paris, Publications de la Sorbonne, 1997, p. 299-312.

29. L. Brisset, *Les Garennes et les Colombiers*, Université de Paris, thèse de droit, 1902, dactyl.

30. P.-A. Merlin ; P.-J. Guyot, *Traité des droits, fonctions, franchises, exemptions, prérogatives et privilèges annexés en France à chaque dignité, à chaque office et à chaque état, soit civil, soit militaire, soit ecclésiastique*, Paris, Visse, 1786-1788.

31. J.-P. Digard, *L'Homme et les Animaux domestiques : anthropologie d'une passion*, Paris, Fayard, Le Temps des Sciences, 1990.

32. H. de Ferrières, *Traité du roy Modus et de la reyne Ratio*, Paris, Club du Livre, 1989. Son texte remonterait aux années 1360-1370. Le manuscrit 10218-19, reproduit par le Club du Livre, fut établi vers 1450-1460 pour Philippe le Bon, duc de Bourgogne.

33. Bruxelles, musées du Cinquantenaire, département des Arts décoratifs, ancienne collection Arenberg.

34. G. Tilander, éd., *Henri de Ferrières : Livre du roy Modus et de la reyne Ratio*, Paris, Société des anciens textes français, 1932, 2 vol.

35. A.-M. Bocquillon, *Le Roi dans ses forêts de Cuise, Laigue et Retz, XIIIᵉ-XVᵉ siècle*, Université de Paris-I, thèse d'histoire, 2000, 3 vol. dactyl.

36. J. Boissière, « Exploitation forestière et pratiques cynégétiques à Fontainebleau à l'époque moderne », in A. Corvol (sous la direction de), *Forêt et Chasse*, actes du colloque international, Paris, 2003, Paris, L'Harmattan, 2004.

37. P.-E. Wagner, « Les Plaisirs du Roy : à propos d'une carte de réserve de chasse du milieu du XVIIIᵉ siècle », Bibliothèque municipale de Metz.

38. L. Pecquet, *Lois forestières de France. Commentaire raisonné*, Paris, Prault, 1753, 2 vol.

39. M. Harlé d'Ophove, *Une forêt des chasses royales : la forêt de Compiègne, de la réformation de Colbert à la Révolution*, Compiègne, Société historique de Compiègne, 1968.

40. Arch. nat., O1 1034, 71, Edit du roi portant règlement pour l'étendue de la forêt de la capitainerie des chasses de Fontainebleau, donné à Fontainebleau au mois de novembre 1687.

41. A. Huszko A., *Le Terrain de chasse du roi : les capitaineries royales en Ile-de-France*, Paris, Montbel, 2009.

42. Arch. nat. O1 n° 1449, acquisition de 40 remises à gibier (1772-1774).

43. H. Duhamel du Monceau, *De l'exploitation des bois, ou moyen de tirer un parti avantageux des taillis, demi-futaies et hautes futaies*, Paris, Guérin-Delatour, 1764.

44. Y. De Riez, *Le Livre des couteaux*, Paris, Denoël, 1978.

45. D. Venner, *Daguettes et couteaux*, Jacques Grancher, 1983.

46. H. Mangeot, *Traité du fusil de chasse et des armes de précision*, Paris, 1958.

47. R. Petitfrère, *Histoire universelle des armes*, Paris et Gembloux, 1979.

48. F. Vidron, *La Chasse à courre*, Paris, PUF, 1965.

49. M. Pinçon, M. Pinçon-Charlot, *La Chasse à courre, ses rites et ses enjeux*, Paris, Payot, Petite Bibliothèque, 2003.

50. A. Corvol, *L'Arbre en Occident, op. cit.* Voir Partie IV,

3. Consommer l'animal

1. C. Jobey, *La Chasse et la Table. Nouveau traité en vers et en prose donnant la manière de chasser, de tuer et d'apprêter le gibier*, Paris, Firne et Cie, s. d. (fin XIXe s.).

2. P. Meniel, *Chasse et élevage chez les Gaulois*, Paris, Errance, 1987.

3. B. Laurioux, « Le lièvre rubrique et la bête sanglante : réflexions sur quelques interdits alimentaires du Haut Moyen Age », in *L'Animal dans l'alimentation humaine : les critères du choix*, actes du colloque de Liège, 26-29 novembre 1986, *Anthropozoologica*, n° spécial, 1987.

4. E. Baratay, *L'Eglise et l'animal du XVIIe siècle à nos jours*, Université de Lyon-III, thèse d'histoire, 1991, 2 vol. dactyl.

5. Ancien Testament, Lévitique, XVII, 10-16.

6. Nouveau Testament, Actes, XV, 20 et 28-29 ; XXI, 25.

7. Saint Augustin, *Contra Faustum*, XXXII, 13, dans P.L., tome 42, col. 504.

8. P. Migaud, « Premiers résultats concernant l'étude de la cuisson des aliments sur le site d'Andone (Saint-Amant-de-Boixe, Charente), Xe-XIe siècle », *Anthropologica*, n° 14-15, 1991.

9. Arch. dép. Loiret, D 5, Pièces imprimées, annonces, affiches, nouvelles et avis divers de l'Orléanais, manière de conserver le gibier pendant plus de deux mois, XVIIIe siècle.

10. P. Debesse (ou de Besse), *Conceptions théologiques*, Paris, wwww, 1606.

11. C. Méchin, *Bêtes à manger*, Nancy, Presses universitaires de Nancy, 1992.

12. J.-H. Yvinec, « Etude archéozoologique du site de la place des Hallettes à Compiègne (Oise) du haut Moyen Age au XIIe siècle », in *Exploitation des animaux sauvages à travers le temps*, actes du colloque, Juan-les-Pins, 1993, p. 491-504.

13. P. Migaud, « Première approche du profil céphalique des suidés sur le site d'Andone (Saint-Amant-de-Boixe, Charente), 950-1080 », *Anthropologica*, n° 11, 1989.

14. J.-D. Vigne, « Domestication ou appropriation pour la chasse : histoire d'un choix socioculturel. L'exemple des cerfs », *Exploitation des animaux sauvages à travers le temps*, Juan-les-Pins, Editions APCDA-CNRS, 1993, p. 201-220.

15. A. Gautier, « La faune d'un puits de l'abbaye Saint-Avit-Sénieur (Dordogne), Xe-XIIIe siècle », *Archéologie médiévale*, n° 2, 1972, pp. 355-379.

16. M. Rumpolt, *Ein neu Kochbuch*, 1e éd. 1581, Hildesheim, 1980.

17. Hildegarde de Bingen, *Le Livre des subtilités des créatures divines*, trad. P. Monat, Grenoble, Jérôme Millon, 1988-1989, 2 vol.

18. Abbé Guidi, *L'Ame des bêtes*, Paris, 1782.

19. J.-C. Spener, *Historia doctrinae de temperamentis hominum*, Halle, 1704.

20. Abbé Guidi, *op. cit.*

21. J. Schröder, *Pharmacopeia medico-chymica, etc.*, Lyon, 1649.

22. B. Laurioux, *Manger au Moyen Age*, Paris, Hachette, 2002.

23. J. Chapelot, R. Fossier, *Le Village et la maison au Moyen Age*, Paris, 1980.

24. Le Grand d'Aussy, *Histoire de la vie privée des Français*, nouvelle édition, Paris, 1815.

25. A.-M. Gérard, *Dictionnaire de la Bible*, Paris, Robert Laffont, Bouquins, 1989. Voir « Chair des animaux », « Animaux impurs ».

26. F. Audoin-Rouzeau, « L'alimentation carnée dans l'Occident antique,

médiéval et moderne : identités culturelles, sociales et régionales à travers le temps », *in* M. Bruegel et B. Laurioux (sous la direction de), *Histoire et identités alimentaires en Europe*, Paris, Hachette, 2002.

27. J. Arnaboldi, *La Table dans la vie populaire en France du Moyen Age à nos jours*, Paris, 1965.

28. J.-M. Derex, *Les Terres inconstantes : histoire des zones humides françaises, XVIIIe-XIXe siècle*, Université de Paris-IV-Sorbonne, HDR, 19 décembre 2008, 4 vol. dactyl.

29. A. Lebault, *La Table et le repas à travers les siècles*, Paris, 1810.

30. R. Delors, *Le Commerce des fourrures en Occident à la fin du Moyen Age, 1300-1450*, Rome, Ecole française de Rome, 1978, 2 vol.

31. G. et G. Blond, *Histoire pittoresque de notre alimentation*, Paris, Fayard, Les Grandes Etudes historiques, 1960.

32. Frère F. Fortin, *Les Ruses innocentes dans lesquelles se voit comment on prend les oiseaux passagers (et) les non passagers (et) de plusieurs sortes de bêtes à quatre pieds*, Paris, Charles de Sercy, 1688.

33. Olina, *Les Amusements innocents contenant le Traité des oiseaux de volerie, ou le Parfait oiseleur*, Paris, Didot, 1774.

34. D. Halleux, *Le Livre du tendeur : filets, lacets, gluaux, maladies des oiseaux*, Paris, Roret, 1889.

35. L. Liger, *Amusements de la campagne, ou Nouvelles ruses innocentes, qui enseignent la manière de prendre toutes sortes d'oiseaux (et) de bêtes à quatre pieds*, Paris, Saugrain, 1753.

36. Cité par le baron Dunoyer de Noirmont, *Histoire de la chasse en France depuis les temps les plus reculés jusqu'à la Révolution*, Le Lavandon, Editions du Layet, 1982. Voir tome III, « Chasses diverses ».

37. H. Trevor-Hopper, *Princes et artistes : mécénat et idéologie dans qua-tre cours Habsbourg, 1517-1633*, 1e éd. Londres, 1976, Paris, Thames and Hudson, 1991.

38. M. Fumaroli, *L'Ecole du silence : le sentiment des images au XVIIe siècle*, Paris, Flammarion, Idées et recherches, 1994.

39. C. Sterling, *La Nature morte de l'Antiquité à nos jours*, 1e éd. Paris, 1952, 2e éd. remaniée *Life Painting from Antiquity to the Twentieth Century*, New York, 1981.

40. Munich, Alte Pinakoteck, Jacopo de Barbari, *Perdrix en trompe-l'œil*, n° 5066.

41. M. Faré, *Le Grand Siècle de la nature morte en France : le XVIIe siècle*, Fribourg et Paris, 1976.

42. Brunswick, Herzog Anton Ulrich Museum.

43. Paris, musée de la Chasse et de la Nature.

44. Bruxelles, Bibliothèque royale Albert-Ier, manuscrit n° 10218-19, Henri de Ferrières, *Traité du roy Modus et de la reyne Ratio*, 1450-1460.

45. Münster, Kunstmuseum, département d'art ancien.

46. Dresde, Kunstmuseum, département d'art ancien.

47. Gand, musée des Beaux-Arts, département d'art ancien.

48. Venise, Casa del Oro, salles des peintures flamandes et hollandaises.

49. E. Greindl, *Les Peintres flamands de nature morte au XVIIe siècle*, Bruxelles, wwww, 1956, rééd. remaniée 1983.

50. Amsterdam, Rijksmuseum, n° A 3981.

51. Copenhague, Statens Museum for Kunst, n° 1532.

52. Lille, musée des Beaux-Arts, département d'art ancien.

53. S. Segal, *A Prosperous Past : the Somptuous Still Life in the Netherlands, 1600-1700*, catalogue de l'exposition, Stedelijk Museum Delft, La Haye, W. B. jordan, 1988.

54. Rotterdam, musée Boymans-Van Beuningen, département d'art ancien.

55. Bordeaux, musée des Beaux-Arts, département d'art ancien.

56. I. Bergström, *Dutch Still-Life Painting in the Seventeeth Century*, Londres et New York, 1956.

57. Cité par J.-F. Revel, « La notion de révolution agronomique », dans *L'Art gourmand*, Bruxelles, Snoeck-Ducaju et Zoon, 1996, p. 273-298.

58. Baron P.-J. Pichon, éd., *Le Ménagier de Paris, traité de morale et d'économie domestique composé vers 1393 par un bourgeois de Paris*, Paris, 1846 ; G. E. Brereton, J.-M. Ferrier, éd., *Le Ménagier de Paris (1393)*, Oxford, 1981.

59. A. Aebische, éd., « Un manuscrit valaisan du *Viandier* attribué à Taillevent », *Vallesia*, n° 8, 1953, p. 10.

60. Taillevent (Guillaume Tirel), Le *Viandier, ci-après s'ensuit... pour appareiller toutes manières de viandes que Taillevent, (maître) queux du roi, notre sire, fit tant pour habiller et appareiller bouillis, rôtis, poissons de mer et d'eau douce, sauces, épices et autres choses à ce convenables et nécessaires...*, G. Vicaire et J. Pichon, 1892.

61. A. Testard, « De la chasse en France, du sang et de bien d'autres choses encore », *L'Homme*, n° 27, 1987, p. 151-167.

62. M. Jeanneret, *Des mets et des mots : banquets et propos de table à la Renaissance*, Paris, 1927.

63. Anonyme, *Traité où l'on enseigne à faire et à appareiller et assaisonner toutes viandes selon divers usages de divers pays*, s.d.

64. B. Ketcham-Weathon, *L'Office et la Bouche : histoire des mœurs de la table en France (1300-1789)*, Paris, 1985.

65. P.-F. de Varenne, Le *Cuisinier français*, Paris, 1651.

66. P. de Lune, *Le Cuisinier*, Paris, 1656.

67. P. Girard, « Le triomphe de la cuisine bourgeoise : livres culinaires, cuisine et société en France au XVIIᵉ et au XVIIIᵉ siècle », *Revue d'histoire moderne et contemporaine*, n° 24, 1975, p. 497-523.

68. V. La Chapelle, *Le Cuisinier moderne*, 1735.

69. F. Massaliot, *Le Cuisinier royal et bourgeois... ouvrage très utile dans les familles*, Paris, 1691.

70. J. Barrau, *Les Hommes et leurs aliments*, Paris, Messidor et Temps actuels, 1983.

71. M.-A. Carême, *Le Maître d'hôtel français, ou Parallèle de la cuisine ancienne et moderne...*, Paris, 1820.

72. Anonyme, *Dictionnaire portatif de cuisine*, 1ʳᵉ éd. 1767, Paris, Payot, Les Grands Classiques de la gastronomie, 1995.

73. P. Rambourg, *Le Civet de lièvre : un gibier, une histoire, un plat mythique*, Paris, Jean-Paul Rocher, 2000.

74. P. Menon, *La Science du Maître d'Hôtel cuisinier*, 1ʳᵉ éd. 1749, 1779.

75. J. Berchoux, *La Gastronomie ou l'Homme des champs à table*, Paris, 1800.

76. A. Brillat-Savarin, *Physiologie du goût*, Paris, Gabriel de Gonet, 1826.

77. Coll., *Cuisine, manières de table et régimes alimentaires*, actes du colloque international de Nice, 15-17 octobre 1982, Nice, wwww, 1984. Voir tome II.

78. M.-A. Carême, *Le Cuisinier français ou l'art de la cuisine française au XIXᵉ siècle*, Paris, 1833.

79. A. Dumas, *Grand dictionnaire de cuisine*, Paris, 1873.

80. H. Raison, *Code gourmand : manuel complet de gastronomie contenant les lois, règles, applications et exemples de l'art de bien vivre*, Paris, J.-P. Roret, 1829.

4. Les braconniers

1. P. et M. Aucante, *Les Braconniers : mille ans de chasse clandestine*, Paris, Aubier, 1983.

2. F.-G. Magne de Marolles, *La Chasse au fusil*, Paris, Théophile Barrois, 1788.

3. Cité par P. Jehin, *Mutations des paysages forestiers dans les Vosges du Nord de la fin du Moyen Age à la veille de la Révolution*, Université de Strasbourg, thèse d'histoire, 2003, tome II, p. 543.

4. M. Barbier, *La Maîtrise des eaux-et-forêts de la Basse-Alsace et l'introduction de la législation française, XVIIIᵉ-XIXᵉ siècle*, Université de Strasbourg, thèse de droit, 2 vol. dactyl.

5. Arch. dép. Bas-Rhin, E n° 205, mandement du 25 mai 1728.

6. Arch. dép. Gers, C n° 11, correspondance de l'intendant, fol. 85. Cité par M. Geny, *La Chasse aux oiseaux migrateurs dans le Sud-Ouest : le droit face aux traditions*, Université de Toulouse, thèse d'histoire du droit, 1999, 2 vol. dactyl., p. 173.

7. Arch. dép. Haute-Garonne, B n° 1683, arrêt du parlement de Toulouse, 5 septembre 1766.

8. C. Paultrec., *De la répression de la mendicité et du vagabondage en France sous l'Ancien Régime*, Paris, 1906.

9. Arch. dép. Gers, B n° 795, 4 mars 1754. Cité par M. Geny, *op. cit.*, p. 189.

10. Arch. dép. Haute-Garonne, 9 B-9 C n° 34, requête cotée 1726.

11. A. Laisné, *Nouvelle jurisprudence sur le fait des chasses, contenant l'explication de l'Ordonnance de 1669*, Paris, Gabriel Quinet, 1686. Voir tome II.

12. A. Corvol, *L'Homme et l'arbre sous l'Ancien Régime*, Paris, Economica, 1983. Voir la méthodologie et les types de délinquance forestière.

13. F. Rieupeyroux, « La Chasse en France du Moyen Age à la fin de la Révolution », *Information historique*, n° 1, 1984, p. 9-17.

14. F. Cholley, *Les Délits forestiers dans le bailliage de Fougerolles, 1753-1789*, Université de Besançon, mémoire de maîtrise d'histoire, 1996, dactyl.

15. Arch. dép. Haute-Saône, B n° 478, audience du 2 mai 1760. Le délit remonte à six mois, 28 novembre 1759.

16. E. Garnier, *L'Homme et la forêt dans la gruerie de Faucogney au XVIIIᵉ siècle*, Université de Besançon, mémoire de maîtrise, 1989.

17. F. Vion-Delphin, « Le braconnage en Franche-Comté : une pratique populaire au XVIIIᵉ siècle », *in* A. Corvol (sous la direction de), *Forêt et Chasse, Xᵉ-XXᵉ siècle*, actes du colloque international, Ecole normale supérieure, 2002, Paris, L'Harmattan, 2004, p. 205.

18. J. de Laclède, *Recueil d'édits, déclarations du roi, arrêts du Conseil et jugements concernant les eaux et forêts*, 1772. Voir tome I. L'ouvrage est particulièrement intéressant, Laclède étant un veneur fort réputé.

19. V. Marotaux, « La chasse dans la région de Versailles ou la tyrannie d'un loisir de cour », *Revue de l'histoire de Versailles et des Yvelines*, n° 69, 1995, p. 86 et suivantes.

20. J. Dupâquier, « Braconnage et droit de chasse dans le Vexin à la veille de la Révolution », *Mémoires de la Société historique de Pontoise et du Vexin*, n° 68, 1978-1979, p. 85-100.

21. P. Crémieu-Alcan, *Typologie des délits forestiers en Guyenne, 1780-1790*, Université de Bordeaux III, Diplôme d'études approfondies, 1987, dactyl.

22. J. Lerat, *Les Délits forestiers dans le département des Landes, 1750-1770*, Université de Bordeaux-III, Diplôme d'études approfondies, 1981, dactyl.

23. G. Pédemay, *Les Délits forestiers dans le département de la Dordogne dans la seconde moitié du XVIIIe siècle*, Université de Bordeaux, maîtrise d'histoire, 1983, dactyl.

24. G. Pédemay, « La forêt périgourdine au XVIIIe siècle : une forêt menacée ? », *Annales du Midi*, n° 164, 1984, p. 373-389.

25. B. Hell, C. Méchin, *Braconner en Vosges : ethnologie d'une vallée vosgienne*, Raon-L'Etape, Les Cahiers de l'Archipel, 1987.

26. Arch. dép. Haute-Saône, B n° 478, bailliage de Fougerolles, audience du 2 mai 1775.

27. Coll., *Le Château, la chasse et la forêt*, actes des 3e rencontres internationales d'archéologie et d'histoire de Commarque (Dordogne), Bordeaux, 1988, Bordeaux, Editions du Sud-Ouest, 1990.

28. Arch. dép. Gironde, 8 B n° 236, 1782.

29. Arch. dép. Gironde, 8 B n° 220, 1777.

30. Arch. dép. Gironde, 8 B n° 171, 1764.

31. Arch. dép. Gironde, 8 B n° 215, 1776.

32. Arch. dép. Gironde, 8 B n° 66, 1735.

33. Arch. dép. Gironde, 8 B n° 77, 1738.

34. J. Chevalier, A. Gheerbrant, *Dictionnaire des symboles*, Paris, Robert Laffont, Bouquins, 1982, p. 135.

35. M. Roques, éd., *Le Roman de Renart*, version établie et traduite d'après le manuscrit de Cangé, Paris, Honoré Champion, 1958, vv. 4780-4784.

36. *Ibid.*, vv. 15148-15149.

37. *Ibid.*, vv. 9377-9380.

38. Par exemple A. Dumas père, « La Chasse et l'Amour », vaudeville donné à l'Ambigu-Comique, le 22 septembre 1825, in *Théâtre complet*, Paris, Minard, Les Lettres modernes, 1974. Voir tome I.

39. Arch. dép. Haute-Saône, E n° 335, seigneurie d'Héricourt, 20 août 1777.

40. M. Brunet, *Le Roussillon : une société contre l'Etat, 1780-1820*, Université de Toulouse, thèse d'histoire, 1986, dactyl.

41. Arch. dép. Dordogne, 8 B 238, 1778.

42. J. Bart, « La conquête paysanne du droit de chasse sous la Révolution française », in E. Eizner (sous la direction de), *L'Imaginaire de la chasse*, Chalon-sur-Saône, Editions ARC, 1986, p. 66 et suivantes.

43. Arch. dép. Gironde, 7 M, Agriculture, eaux et forêts, n° 647, mise en ferme des droits de chasse dans les landes et les communaux, 1825-1826, braconnage, 1831.

44. C. Demay, *Cahiers des paroisses du bailliage d'Auxerre, textes complets d'après les originaux*, Auxerre, Bulletin de la Société des Sciences historiques et naturelles de l'Yonne, 1883, extr.

45. C. Demay, *Cahiers de doléances des villes de Cosne, Varzy et de la paroisse de Lignorelles*, Auxerre, *Bulletin de la Société des sciences historiques et naturelles de l'Yonn*e (BSSHNY), 1897, extr.

46. P. Montarlot, « Le bailliage d'Autun d'après les cahiers des trois ordres », *Mémoires de la Société éduenne*, 1892.

47. J.-J. Vernier, *Cahiers de doléances du bailliage de Troyes (principal et secondaires), et du bailliage de Bar-sur-Seine, pour les états généraux de 1789*, Troyes, 1909-1911, 3 vol.

48. A. Farouk, « Plaisirs cynégétiques et braconnage dans le bailliage royal de Versailles au XVIIIe siècle », *Revue d'histoire de Versailles et des Yvelines*, n° 68, 1984, p. 41-50.

49. C. Porée, « Cahiers de doléances du bailliage de Sens pour les états généraux de 1789 », *Bulletin de la Société des sciences historiques et natu-*

relles de l'Yonne (BSSHNY), Auxerre, 1908.

50. *Ibid.*

51. P. Massé, *Dictionnaire portatif des eaux-et-forêts*, Paris, Vincent, 1766.

52. Arch. dép. Bas-Rhin, E n° 1979, correspondance entre le régent Bouxwiller et le ministre de la Guerre, 22 mars et 5 avril 1748.

53. P. Salvadori, *La Chasse sous l'Ancien Régime*, Paris, Fayard, 1996.

54. J. de Malafosse, « Nature et liberté : les acquis de la Révolution française », *Revue de droit rural*, n° 178, décembre 1989, p. 486-494.

55. A. Bleton-Ruget, *Les Cahiers de doléances de la Bresse bourguignonne*, Bourg, Pierre-de-Bresse, 1989.

56. G. Garrier, « Les délits de chasse en Velay et en Beaujolais d'après les archives judiciaires », *in* E. Eizner (sous la direction de), *L'Imaginaire de la chasse*, Chalon-sur-Saône, Editions ARC, 1986, p. 95-116.

57. C. Desplats, « La chasse en Béarn à l'époque moderne », *Annales du Midi*, n° 176, octobre-décembre 1986, p. 489 et suivantes.

58. M. Brunet, *Le Roussillon : une société contre l'Etat, 1780-1820, op. cit.*

59. Comte de Nétumières, *Vénerie et tirés du prince de Condé à Chantilly au XVIIIᵉ siècle*, Paris, Hazan, 1956.

60. B. Chabrol, *Histoire de la vénerie*, Paris, 1973, p. 42.

61. Arch. dép. Loiret, AD 45 Eaux, forêts et chasses, réglementation, réformation, administration, répression et contentieux, 2J n° 259, arrêt sur l'étendue de la capitainerie des chasses de Montargis, 8 mai 1702.

62. G. Leloup, « La capitainerie de chasse de Montargis », *Société d'émulation de l'arrondissement de Montargis*, n° 56, 1982, p. 24-34.

63. Cité par J.-P. Hirsch, *La Nuit du 4 août*, Paris, Gallimard et Julliard, 1978, p. 234.

64. L. Labruyerre, *Les Ruses du braconnage*, 1ʳᵉ éd. 1771, rééd. Paris, Emile Nourry, 1926.

65. Arch. nat. F10 n° 463. On constate plusieurs initiatives du même genre.

5. Une menace constante

1. Abbé Fabre, *La Bête du Gévaudan*, Saint-Flour, 1901.

2. Arch. dép. Yonne, 8 M 10, Agriculture, eaux et forêts, n° 2 à n° 4, destruction des loups, an X-1828.

3. J.-M. Moriceau, *Histoire du Méchant loup : 3 000 attaques sur l'homme en France, XVᵉ-XXᵉ siècle*, Paris, Fayard, 2007.

4. *In Evangelium Johannis Tractatus XLI*, 7, *Patrologie latine* 35, col. 1731.

5. A. Couret, A. Daigueperse, *Le Tribunal des Animaux : les animaux et le droit*, Paris, Thissot, 1987.

6. R. Monthois, *La Noble et Furieuse Chasse du loup, composé par R. M. Arthesien en faveur de ceux qui sont portés à ce royal déduit*, Ath, J. Maes, 1642.

7. M. Cazenave (sous la direction de), *Encyclopédie des symboles*, Paris, Le Livre de Poche, 1996.

8. Bibl. nat., cotes microfilms 168-202, C. d'Hozier, Armorial général, dit Armorial d'Hozier, en 69 registres répartis par généralités en 34 volumes de blasons décrits et 35 volumes de blasons peints, 1696-1715. Au XVIIᵉ siècle, afin de combattre les abus fiscaux, le cabinet des Titres vérifie l'appartenance à la noblesse.

9. G. d'Haucourt, G. Durivault, *Le Blason*, Paris, PUF, 6ᵉ éd., 1975.

10. C. de Mérindol, « De l'emblématique et de la symbolique de l'arbre à la

fin du Moyen Age », *L'Arbre. Histoire naturelle et symbolique de l'arbre, du bois et du fruit au Moyen Age, Cahiers du Léopard d'or*, n° 2, 1993, p. 105-125.

11. J. Dufournet, A. Méline, éd., *Le Roman de Renart*, Paris, Garnier-Flammarion, 1985.

12. E. Voigt, éd., *Ysengrimus*, Halle, 1884, trad. par E. Charbonnier, Vienne, Verlag Karl M. Halosar, 1983.

13. J. Flinn, *Le Roman de Renart dans la littérature française et dans les littératures étrangères au Moyen Age*, Université de Paris-Sorbonne, thèse de doctorat ès lettres, Paris, 1958, University of Toronto Press, Romance Series, n° 4, 1963.

14. J. de La Fontaine, *Fables*, éd. Marc Fumaroli, Paris, Le Livre de Poche, Pochothèque, 1985. Quinze fables sont consacrées au loup, contre dix au renard, deux à la belette et deux à l'ours aussi.

15. C. Rivals, « Renard trop humain ? D'après la *Faune populaire* d'Eugène Rolland », in *Des animaux et des hommes*, actes du colloque international, Université de Neuchâtel, p. 153-171.

16. L. Bodson, « Les paradoxes du témoignage d'Isidore de Séville sur les chiens (*Etymologie* XII, 2, 25-28) », in *Milieux naturels, espaces sociaux : études offertes au professeur Robert Delort*, Paris, Presses Universitaires de la Sorbonne, 1997.

17. C. von Linné, *Systema naturae per regna tria naturae, secundum classes, ordines, genera, species, cum caracteribus, differentiis, synonymis, locis*, Holmiae, édition corrigée, 1758.

18. J. Hunter, « Observations tending to show that the wolf, jackal and dogs are all the same species », *Philosophical Transactions of the Royal Society of London*, n° 77, 1787, pp. 264-271.

19. C. R. Darwin, *The Variation of Plants and Animals under Domestication*, London, John Murray, 1868. Voir tome II.

20. K. Lorenz, *In the Wild Canids : their Systematic, Behavioural Ecology and Évolution*, New York, 1975. Il revenait ainsi à son hypothèse de 1950.

21. En Europe, le paléolithique moyen va de 80 000 à 40 000 BP. Cette période est terminée que la glaciation würmienne continue encore.

22. M. Zvelebil, « La chasse et la cueillette à l'époque postglaciaire », *Pour la science*, juillet, 1986, p. 80-87.

23. D. K. Beylaev, « Destabilizing Selection as a Factor in Domestication », *The Journal of Heredity*, n° 70, 1979, p. 301-308.

24. B. Hell, *Entre Chien et Loup : faits et dits de chasse dans la France de l'Est*, Paris, Maison des Sciences de l'Homme, 1985.

25. Arch. nat., F 10 n° 1726, Meuse, commune de Montsec, procès-verbaux constatant les morsures de 19 personnes attaquées par une louve « furieuse », mai 1821.

26. Cité par B. Hell, *Le Sang noir*, Paris, Flammarion, 1994.

27. M. Andry, *Recherches sur la rage*, Paris, Librairie Didot, 1780.

28. Comte des Desgravières (Desgravières), *Essai de vénerie ou l'Art du limier, suivi d'un traité sur les maladies des chiens et leurs remèdes*, 1819.

29. M. Portal, *Observations sur les effets des vapeurs méphitiques...*, 1787, étude éditée sur ordre de la République : *Instructions sur le traitement des asphyxiés par méphitisme* (traite de la rage), Paris, an V.

30. J. Delumeau, *La Peur en Occident*, Paris, Fayard, 1978.

31. B. Hell, *Chasse, rage et possession : étude sur le culte de Saint-Hubert et sur l'imaginaire du Sauvage...*, op. cit., p. 89-237.

32. *Amusements des eaux de Spa*, XVIIIe siècle, cité par Hell, *op. cit.*, p. 152.

33. M. Portal, *Observations sur la nature et le traitement de la rage...*, Yvernon, s. éd., 1779.

34. M. Andry, *op. cit.*

35. J.-J. Virey, *Histoire des mœurs et de l'instinct des animaux*, Paris, 1822.

36. C. Pouteau, *Essai sur la rage... par, M. Pouteau le fils*, Lyon, Regnault, 1763.

37. Arch. nat., F 10 n° 474, Nièvre, enquête sur les personnes enragées, suite aux morsures d'un « loup hydrophobe ».

38. M. Decroix, *Neuf cas de guérison de la rage*, Paris, Asselin, 1882.

39. Arch. nat. F10 n° 469, Var, lettre du préfet au ministre de l'Intérieur sur le placement en séquestre des personnes mordues par un loup, s. d. an XII.

40. L. Marquet, « Rage et euthanasie », *in* Saint-Hubert-d'Ardenne, *Cahiers d'histoire*, 1979, tome III, p. 67-78.

41. F. Lebrun, *Les Hommes et la Mort en Anjou*, Université de Paris-I, thèse de doctorat ès lettres, Paris, Ed. Maloine 1971, p. 290-291.

42. Arch. nat., F 10 n° 474, Gard, enquête sur les loups « mangeurs d'hommes », 1817.

43. *Ibid.*, F 10 n° 476, Gard, mémoire sur les loups d'Arnaud de Bouisson, prêtre de l'Oratoire, an III.

44. H. Gaidoz, *La Rage et saint Hubert*, Paris, Picard, 1887.

45. J. Alleau, *Loups, hommes et bétail, du Léman à la Méditerranée, XVIᵉ-XVIIIᵉ siècle*, Université de Caen, mémoire de master d'histoire moderne, 2006, dactyl.

46. A. Houdetot, *La Petite Vénerie*, 1862. Voir Chapitre XIII, « La Loutre ».

47. Article « Chasse » in *Encyclopédie, op. cit.*

48. M. Pastoureau, *L'Ours, histoire d'un roi déchu*, Paris, 2007.

49. K. Thomas, *Dans le jardin de la nature*, trad. de l'anglais, Paris, Gallimard, Bibliothèque des Histoires, 1985. Voir Partie III, « Hommes et Animaux ».

50. L. de Froidour, *Instruction pour les ventes des bois du roi*, 1ʳᵉ édition, Toulouse, 1678, nouvelle éd. revue et augmentée par Berrier, Paris, Brunet, Barrois et Duchesne, 1759.

51. L. de Froidour, *Correspondance*, 1ᵉʳ septembre 1667.

52. Jam, *L'Ours dans les Basses-Pyrénées*, Pau, Garet, 1882.

53. *Ibid.*

54. Arch. dép. Ariège, 73 E, supplément, commune d'Aston, délibérations municipales, 1808-1847.

55. *Mémorial des Pyrénées*, 30 mars 1883.

56. J. de Clamorgan, *La Chasse du loup*, Paris, Jacques Dupuys, 1566.

57. P. Alfassa, « Les tapisseries des Chasses de Maximilien », *Gazette des Beaux-Arts*, 1920, p. 127-140, 233-256.

58. G. Tilander, éd., *Traité du roy Modus et de la reyne Ratio, op. cit.*

59. J.-D. Farmer, *Bernard van Orley of Brussels*, Princeton University, P. D. Diss, 1981.

60. G. Delmarcel, « Les tapisseries des Chasses de Maximilien : rêve et réalité », *Revue belge d'archéologie et d'histoire de l'art*, n° 53, 1984-1985.

61. J. Du Fouilloux, *La Vénerie*, Poitiers, 1561, 17ᵉ éd. Paris, Claude Cramoisy, 1628.

62. Y. Lequin, *Les Malheurs du temps : histoire des fléaux et calamités en France, XIVᵉ-XVIIᵉ siècle*, Paris, 1987.

63. A. Desgraviers, *Le Parfait Chasseur : traité général de toutes les chasses*, Paris, 1810.

64. L. Campanyo, *Histoire naturelle du département des Pyrénées-Orientales*, Perpignan, Alzine, 1863.

65. G. D. Magne de Marolles, *La Chasse au fusil*, Paris, 1788.

66. J. D. Schoepflin, cité par P. Jehin, *Mutations des paysages forestiers dans les Vosges du Nord, de la fin du Moyen Age à la veille de la Révolution*, Université de Strasbourg, thèse

d'histoire, 2003, 3 vol. dactyl. Voir tome I, p. 57.

67. P. Jehin, « Une chasse au lynx à Lichtenberg en 1638 », *Pays d'Alsace*, n° 200, 2002, pp. 11-12.

68. P. Ménard, « Littérature et iconographie : les pièges dans les traités de chasse d'Henri de Ferrières et de Gaston Phébus », in *La Chasse au Moyen Age*, actes du colloque de Nice, 22-24 juin 1979, Paris, 1980, p. 159-183.

69. Delisle de Sales, *Dictionnaire théorique et pratique de chasse et de pêche*, Paris, J.-B. G. Munier, 1769, 2 vol.

70. R. Thevenin, *Les Petits Carnivores d'Europe*, Paris, Payot, 1952.

71. P. Loevenbruck, *Le Blaireau, ses mœurs et sa chasse*, Paris, Crépin-Leblond, 1955.

72. C. Bouchardy, *La Loutre*, Paris, Le Sang de la Terre, 1986.

73. J. de Selincourt, *La Parfait Chasseur*, Paris, Gabriel Quinet, 1683. Voir Chapitre XVI, « Chasse au loup ».

74. B. Hell, *op. cit.*

75. E. Baratay, *L'Eglise et l'animal en France, XVIIe-XXe siècle*, Paris, wwww, 1996.

76. H. A. Blanchon, *L'Art de détruire les animaux nuisibles*, Paris, wwww, 1899, rééd. 1922.

77. A. Toussenel, *L'Esprit des bêtes*, 1847, rééd. Paris, J. Hetzel, 1859.

78. A. Toussenel, *L'Esprit des bêtes : zoologie passionnelle*, Paris, Editions Denty, 1858.

6. L'organisation de la lutte

1. M. Lenoble-Pinson, *Le Langage de la chasse : gibiers et prédateurs*, Bruxelles, Publications des Facultés universitaires de Saint-Louis (FUSL), 1977.

2. F. Muyard, *Les Loups et la loi du XIVe siècle à nos jours : histoire d'une hantise populaire*, Paris, 1998.

3. A. Molinier, « Environnement et Histoire : les loups et l'homme en France », *Revue d'histoire moderne et contemporaine*, n° 28, 1981, pp. 225-245.

4. Abbé Carlier, *Traité des bêtes à laine ou Méthode d'élever et gouverner les troupeaux aux champs et à la bergerie*, Paris, 1770, 2 vol.

5. Arch. nat. F10, Ministère de l'Intérieur, correspondance entre le bureau de l'Agriculture et la louveterie dépendant des Maisons du roi et de l'empereur, classée dans les séries O1 et O3.

6. *Ibid.*, F10 n° 476, circulaire du Ministère relative à l'enquête concernant les loups, l'administration de certains départements ayant omis d'y

répondre ou d'y répondre complètement : Calvados, Landes, Mont-Terrible, Ourthe, Pyrénées-Orientales, Vienne et Haute-Vienne, pluviôse an VII.

7. J. Richard, « Les Loups et la communauté villageoise », *Annales de Bourgogne*, n° 21, 1949, p. 284-296.

8. X. Halard, « Le loup aux XIVe et XVe siècles en Normandie », *Annales de Normandie*, 1983, p. 189-197.

9. *Code des Chasses ou Nouveau Traité du droit des chasses, suivant la jurisprudence de l'ordonnance de Louis XIV du mois d'août 1669 mise en conférence*, Paris, 1720, tome I, p. 255.

10. *Ibid.*, tome II, p. 490.

11. C. Desplat, *Présence et image du loup en Béarn aux XVIIe et XVIIIe siècles*, Pau, F.I.E.P., 1981.

12. Arch. nat, O1 977, n° 206 à n° 210.

13. Arch. nat, O1 977, n° 245, arrêt du conseil d'Etat du roi portant règlement pour les chasses aux loups.

14. Arch. dép. Hautes-Alpes, L n° 303, an III-an VIII.

15. A. Molinier, « Une cartographie des loups tués en France et dans les territoires sous contrôle français vers 1800 : jalons pour une écologie des loups », *Le Monde alpin et rhodanien*, n° 30, 2002, p. 101-116.

16. Arch. dép. Isère, 109 M n° 1, destruction de loups, louveterie, an V-1824.

17. F. A. Puton, *La Louveterie et la destruction des animaux nuisibles*, Nancy, 1872.

18. Arch. dép. Hautes-Alpes, 4 M n° 51, primes pour destructions de loups, 1811-1888.

19. M. Agulhon, L. Girard, J.-L. Robert, W. Serman, *Les Maires en France du Consulat à nos jours*, Paris, Publications de la Sorbonne, 1986.

20. Arch. dép. Yonne, 8 M 10 n° 14, destruction des animaux nuisibles, 1907-1908, et n° 16, *id*, 1912-1920.

21. Le Verrier de la Conterie, *L'Ecole de la chasse aux chiens courants*, Rouen, 1763, p. 7-8.

22. E. W. L. Davies, *La Chasse à courre aux loups en Basse-Bretagne*, 1re éd. en anglais, 1855, rééd. Morlaix, Editions du Bout du Monde, 1985.

23. G. D. Magne de Marolles, *La Chasse au fusil*, *op. cit.*, chapitre VI, « Du Loup », pp. 257-265.

24. R. de Salnove, *La Vénerie royale*, 2e éd., Paris, Antoine de Sommaville, 1665. Comparé à la vénerie du cerf, la vénerie du loup y tient peu de place.

25. Comte de Nétumières, « Le Grand Dauphin », *Le Saint-Hubert*, mai 1962, p. 174 et suivantes.

26. Comte J. Ligneville de Bey, *Les Meutes et véneries*, Paris, Damascène Morgand, 1892.

27. G. de Lastic, « Desportes et Oudry, peintres des Chasses royales », *Connoisseur*, décembre 1977, p. 294 et suivantes.

28. Arch. nat. O1 977, n° 194 et n° 195, 1780, lettres adressées de Metz et de Verdun au prince de Condé.

29. N. L'Isle de Moncel, *Méthodes et projets pour parvenir à la destruction des loups dans le royaume*, Paris, Imprimerie royale, 1768.

30. C. Kolodziej, « Quelques éléments sur les travaux de Nicolas de L'Isle de Moncel », in *Le Loup en Europe du Moyen Age à nos jours*, Presses universitaires de Valenciennes, 2009, p. 99-108.

31. C. Dugas de la Boissonny, *L'Intendant de Franche-Comté et la destruction des loups de 1775 à 1790*, Université de Besançon, thèse d'histoire du droit, 1980, dactyl.

32. J. Oberthür, *Animaux de vénerie et chasse aux chiens courants*, Paris, C. Tchou, La Bibliothèque des Introuvables, 2002, tome II, p. 155.

33. F. Bourcier, *Vénerie du loup*, Université Paul-Sabatier, thèse de doctorat en médecine vétérinaire, Toulouse, 1990.

34. Arch. nat. O1 n° 985, 14 mai 1779, transcrit avec orthographe modernisée.

35. C. Fruhauf, « La chasse aux loups et aux ours dans les Fenouillères (Pyrénées-orientales), 1785-1786 », actes du colloque international *Les Montagnes de l'Europe et de l'Himalaya occidental*, Pau, 1984, p. 427-436.

36. Vicomte L. de Dax, *op. cit.*

37. Arch. dép., Isère, 42 n° 22, commune de Bourg-d'Oisans.

38. En 1574, Jean de Clamorgan signalait déjà cet usage dans *La Chasse du loup*, Paris, Jacques Dupuys, 1566.

39. Dr Pitton, « La rage en Franche-Comté », *Cahiers de médecine vétérinaire*, Paris, n° 39, 1970, p. 41 et suivantes. Toutes les provinces excentrées, où le fléau était endémique, pratiquaient ces méthodes.

40. C. Daubenton, *Instruction pour les bergers et les propriétaires de troupeaux*, 1782.

41. T. Pfeiffer, *Sur les traces des Brûleurs de loups : l'homme et le loup en Dauphiné*, Paris, L'Harmattan, 2009.

42. G. Villebois, *Les Enfants-Loups et les animaux fantastiques*, Genève-Paris, Droz, 1980.

43. Arch. nat., G 7 n° 418 et n° 419, lettres des intendants de la généralité d'Orléans adressées au contrôleur général des Finances, XVIIIe siècle.

44. Le Verrier de la Conterie, *Résultats d'expériences sur les moyens les plus efficaces et les moins onéreux au peuple de détruire l'espèce des loups*, Paris, Imprimerie royale, 1771.

45. Maillet, *Moyen à employer pour la destruction générale des loups en Europe*, s. l., s. éd. 1810.

46. Jeanson, éd., *Cahiers de doléances…*, Orléans, 1999, 3 tomes.

47. Arch. dép., Loiret, 2 B n° 101, réformation générale des eaux et forêts du duché d'Orléans et de Chartres, comté de Beaugency et seigneurie de Montargis, par Arnoult Marin et Pierre Lallemande de l'Estrée, duché d'Orléans, 15 avril 1671.

48. C. Thion, *La Forêt d'Orléans et les communautés d'habitants, milieu XVIIe siècle-début XIXe siècle*, Université de Paris-IV, thèse d'histoire, 2004, 2 vol. dactyl.

49. Bellenone-Chartier, *Mémoire sur un plan de bascule pour la destruction des loups*, Blois, Jahyer, 1807, 11 p.

50. Marquis de Tanneguy de Courtivron, *Moyen facile de détruire les loups et les renards à l'usage des habitants de la campagne*, Paris, 1809.

51. Arch. dép. Loiret, 1 MI EC n° 284 R 3, 12 août 1713.

52. Arch. dép. Ardennes, C n° 103 à n° 109, primes accordées pour la destruction des loups, 1767-1789.

53. Baron Dunoyer de Noirmont, *Histoire de la chasse en France*, Paris, 1867, rééd. Le Lavandon, Editions du Layet, 1982, tome III, *Louveterie, fauconnerie, chasse à tir, chasses diverses*, in note A : Extraits des Etats de France en 1684, tome I, Extrait des comptes de Louis XVI en 1777, p. 477.

54. Arch. dép. Hautes-Alpes, L 302, primes pour destructions de loups, 1790-an III.

55. Arch. nat. F 10 n° 1726, loi relative aux loups enragés, 10 messidor an V.

56. Cité par E. Picard, « La vénerie des ducs de Bourgogne », *Mémoires de la Société éduenne*, n° 9, Paris, 1881, p. 73.

57. J.-J. Baudrillart ; WW. Quingery, *Traité général des Eaux et Forêts*, Tome III, *Dictionnaire des chasses*, Paris, Arthus Bertrand, 1834.

58. Arch. nat. O5 n° 1432, documents du service des forêts de la Couronne, primes de destruction des animaux nuisibles, 1853-1858 (après cette date, ces dépenses sont portées au service du Grand Veneur).

59. Arch. dép. Loiret, cote 79933, copie d'après l'original, 24 janvier 1818.

60. *Ibid.*

61. Arch. dép. Loiret, cote 79933, copie d'après l'original, 22 avril 1816.

62. Grenoble, Bibliothèque municipale, fonds Chaper, 4 frimaire an XII. Cité par T. Pfeiffer, *op. cit.*

63. Baron J.-E. H. Le Couteulx de Canteleu, *La Chasse du Loup,… avec des planches photographiées d'après nature*, Paris, Vve Bouchard-Huzard, 1861.

64. Soubies, *Chasse à l'ours*, Bagnères, Cazenave, 1867.

65. F. Lormant, « L'arbre et la forêt dans l'imagerie populaire », *Mémoires des Vosges*, Saint-Dié, Société philomatique vosgienne, n° 18, 2009, p. 35 et suivantes.

66. J. de La Fontaine, « Le Loup, la Mère et l'Enfant », *Fables*, Livre IV, n° 16.

67. G. Caussimont, *Etude comparée des communautés des vallées de Hecho, Anso, Roncal, Haut-Ossau, Aspe, Baretous : structures et mentalités*, Université de Pau, thèse de 3e cycle, Pau, 1981, dactyl.

68. Arch. dép. Ariège, J.-M. Boineau, *L'Ours en Ariège : chasses, chasseurs et témoignages depuis 1800*, 1977, 130 p. dactyl.

69. Arch. dép. Isère, 108 M n° 14, destructions de loups, 1852-1863.

70. Arch. dép. Pyrénées-Atlantiques, CC n° 49, comptes de la vallée d'Ossau, primes versées par ours abattu.

71. Arch. dép. Ariège, 136 E, supplément, commune de Seix, délibérations municipales à propos des battues à l'ours.

72. Vicomte L. de Dax, *Souvenirs de mes chasses et pêches dans le midi de la France*, Paris, Castel, 1858.

73. Jam, *L'Ours dans les Basses-Pyrénées, op. cit.*

74. E. Leguiel, « Le Carnaval d'autrefois à Prats-de-Mollo », *Revue catalane*, 1908, p. 262-392.

75. S. Bobbe, « Analyse de la fête de l'Ours contemporaine en Catalogne française », *L'Homme et l'Animal*, actes du colloque international, Presses universitaires de Toulouse, 1989, tome III, p. 401-415.

76. J. Buchoz, *Méthodes vraies et faciles pour détruire les animaux nuisibles, op. cit.*

77. A. Toussenel, *L'Esprit des bêtes : zoologie passionnelles, op.cit.*

78. A. d'Assier, *Souvenir des Pyrénées*, Foix, Vve Pomier, 1884.

79. A. Toussenel, *op. cit.*

80. R. Martin ; R. Rollinat, *Catalogue des mammifères de la Brenne : mammifères du département de l'Indre*, *Mémoires de la Société zoologique de France*, tome II, 1889. Sur la loutre, voir p. 29 et suivantes.

81. A. d'Audeville, « Notre ennemie la Loutre », *Bulletin de pisciculture pratique*, 1890, 42 p.

82. C. Morand-Aurier, *Mes secrets : pourquoi et comment je prends la loutre*, Riom, Imprimerie Pouzol, 1910.

83. J.-F. Nolet, « La foire aux sauvagines, un héritage du passé », *La Vie économique de Saône-et-Loire*, n° 110, 1970, p.1-2.

84. R. Rollinat, « Le commerce des fourrures dans un chef-lieu de canton de la France centrale », *Revue d'histoire naturelle appliquée*, n° 10, 1929.

85. H. Guyot de Preuilly, *La Chasse à la loutre*, 1950.

86. D. Barnard, *L'Homme et le Loup*, Paris, Berger-Levrault, 1981.

87. Maastricht, TEFAF, 2009, galerie Pelham, Londres, Carl Gustav Carus (Leipzig, 1789-Dresde, 1869), *Aigles dans un paysage alpin*, huile sur toile, 0,52 × 0,66 m.

88. *Ibid.*, galerie Schlichtebergen, Amsterdam, Johannes Taventaat (Rotterdam, 1809 – Rotterdam, 1881), *Paysage tyrolien avec chamois*, panneau de bois, 0,09 × 0,14 m.

89. *Id.*, Jacobus Sibrandi Mancardan (Minnertsge, 1602-Tjerkgaat, 1680), *Paysans et Chèvres dans un paysage escarpé*, huile sur toile, 0,39 × 0, 52 m.

90. A. Fouquier, *A propos de chasse à l'isard, à l'ours et au sanglier*, Paris, Morel, 1872.

91. Cité par J.-Cl. Bouchet, *op. cit.* Voir Philippe, *Ornithologie pyrénéenne*, Paris, 1873.

92. H. Miègemarque, *Chasses pyrénéennes*, Gaillac, Dugourc, 1902.

93. H. Miegemarque, *op. cit.*

7. Une passion dévorante

1. Article « Cruauté », in *Encyclopédie, op. cit.*

2. Voir citation ouvrant cette Seconde Partie, « La condamnation, XVIIIe-XIXe siècle ».

3. Dom Franc, « Mémoire sur la chasse des bisets ou pigeons ramiers qui se fait dans la Bigorre », *Mémoire d'agriculture d'économie rurale et domestique*, Société royale d'agriculture de Paris, Vve d'Houry et Debure, 1787.

4. C. Estève, « La chasse dans les zones humides en France au XIXe siècle », in C. Beck et J.-M. Derex, *Les Zones humides européennes : espaces productifs d'hier et d'aujourd'hui*, actes du colloque international du Groupe d'histoire des zones humides (GHZH), Le Blanc, 21-23 octobre 2005, *Aesturia*, Cordemais, 2007, p. 111-128.

5. C. Cancalon, *Les Loisirs d'un disciple de la Saint-Hubert : essai sur les armes à feu se chargeant par la culasse...*, Paris, Dentu, 1864.

6. L. Boussenard, *La Chasse à tir mise à la portée de tous*, Paris, Ernest Kolb (XIXe s.).

7. N. A. O. Paulin-Desormeaux, *Nouveau manuel complet de l'armurier, du fourbisseur et de l'arquebusier*, nouvelle édition, Paris, 1852.

8. C. Estève, « Les tentatives de limitation et de régulation de la chasse dans la première moitié du XIXe siècle », *Revue historique*, n° 601, janvier-mars, 1997, p. 125-164.

9. Baron Dunoyer de Noirmont, *Histoire de la chasse en France, op. cit.*

10. C. Weuleresse, *Le Mouvement physiocratique en France de 1756 à 1770*, Paris, Alcan, 1910, 2 vol.

11. Marquis A. de La Rue, Marquis de Cherville, E. Bellecroix, *Les Chiens d'arrêt français et anglais*, Paris, Firmin-Didot, 1881.

12. Schwerin, Staatliches Museum, dessin, craie et pierre noire sur papier brun, 0,19 × 0,23 m, 1726, qui prépare le tableau, huile sur toile, 0,96 × 1,27 m, vente au palais Galliera, 30 mars 1979.

13. Chicago, The Art Institute of Chicago, collection Helen Regenstein, dessin, lavis sur papier bleu, 0,31 × 0,41 m, 1740, qui prépare le tableau, huile sur toile, 0,73 m × 0,91 m, 1740, dépôt à l'ambassade de Suède à Paris.

14. Bayeux, musée Baron Gérard, huile sur toile, 1,17 × 0,88 m, 1849.

15. Montpellier, musée Fabre, huile sur toile, 1 × 0,79 m, 1867.

16. Montpellier, musée Fabre, huile sur toile, 0, 80 × 1 m, 1867.

17. J.-R. Soubiran, « Prestige du marais dans la peinture de paysage en France au XIXe siècle », *Aux rives de l'incertain : histoire et représentation des marais occidentaux du Moyen Age à nos jours*, actes du colloque de Niort, octobre 2002, Paris, Somogy, 2002, p. 21-30.

18. N. Baron-Yelles, L. Goeldner-Gianella, *Les Marais maritimes d'Europe atlantique*, Paris, PUF, 2001,

19. Cité par M. Geny, *La Chasse aux oiseaux migrateurs : le droit face à la tradition*, Université de Toulouse, thèse d'histoire du droit, 1999, 2 vol. dactyl.

20. Cité par J.-M. Dereix, *Terres inconstantes : histoire des zones humides françaises, XVIIIe-XXIe siècle*, Université de Paris-IV, mémoire d'habilitation, 2008, 3 vol. dactyl., tome I, p. 205.

21. H. Baudrillart, *Les Populations agricoles de la France*, Paris, Guillaumin, 1888, 3 vol., voir tome II, p. 246.

22. H. Duhamel du Monceau, *Des semis et des plantations des arbres et de leur culture*, Paris, Desaint, 1780. Cet ouvrage servit de référence jusqu'au milieu du XIXe siècle.

23. C. Poitou, *Paysans de Sologne dans la France ancienne : la vie des campagnes solognotes*, s. l., Horvath, 1985.

24. G. Buttoud, *Les Propriétaires forestiers privés*, Nancy, Ecole nationale du Génie rural et des Eaux et forêts (ENGREF), 1979.

25. Aux Arch. dép. Loiret, P. Gillardot, *La Grande Sologne*, Université de Paris-I, thèse de doctorat d'Etat en géographie, Paris, 1981, dactyl.

26. H. Denizet, *La Sologne*, Orléans, Herluison, 1900.

27. Aux Arch. dép. Loiret, J. Devailly, *L'Œuvre du Second Empire en Sologne*, Université de la Sorbonne, thèse d'histoire, Paris, 1947, dactyl.

28. A. Dubois, *Documents et souvenirs de la Vieille Sologne*, Orléans, Imprimerie du Bourdon-Blanc, 1947.

29. Comte de Maugny, *Souvenirs du Second Empire : la fin d'une société*, Paris, Ernest Kolb, 1889.

30. J.-L. Mayaud, « Chasse noble, chasse villageoise, chasse de classe au XIX⁰ siècle ? », *in* E. Eizner (sous la direction de), *L'Imaginaire de la chasse*, Chalon-sur-Saône, Editions ARC, 1986, p. 77-93.

31. C. Poitou, « La mortalité en Sologne orléanaise », *Annales de démographie historique*, 1978, p. 235-264.

32. H. Duhamel du Monceau, *Des semis et plantations des arbres et de leur culture*, op.cit, p. 170, planche VIII.

33. D. Cannon, *Le Propriétaire planteur : manuel pratique et économique des reboisements et des plantations d'agrément*, Orléans, Herluison, 1877, p. 16-17.

34. Baron Laage de Chaillou, A. de La Rue, marquis de Cherville, *Nouveau traité des chasses à courre et à tir...*, Paris, Goin, 1864.

35. A. de La Rue, *Les Chasses du Second Empire*, 1852-1870, 1ʳᵉ éd. 1872, Paris, Firmin-Didot, 1882, rééd, Paris, Pygmalion, Les Grands Maîtres de la Chasse et de la Vénerie, 1983.

36. L. de Lavergné, *L'Economie rurale de la France depuis 1789*, op. cit., p. 348.

37. Commandant P. Garnier, *La Vénerie au XIX⁰ siècle : chasse des mammifères en France*, Paris, Jules Martin, 1881.

38. E. Chapus, *Les Chasses princières en France de 1589-1841*, Paris, L. Hachette et Cie, 1853.

39. Marquis T.-L.-A. de Foudras, *La Vénerie contemporaine : histoire anecdotique des veneurs, chasseurs, chevaux et chiens illustres de notre temps*, Paris, E. Dentu, 1861-1866, 3 vol.

40. Marquis T.-L.-A. de Foudras, *Les Gentilshommes Chasseurs*, Paris, 1849.

41. Doneaud du Plan, *Almanach du Chasseur*, 1828, in 18° br.

42. L. de Buzonnière, *Les Solonais : scènes de la vie des champs*, Paris, C. Le Clère, 1840, 2 vol.

43. Cité par C.-I. Brelot, *La Noblesse de Franche-Comté au XIX⁰ siècle*, op. cit., Archives privées, fonds Lénoncourt, lettres manuscrites.

44. Marquis de l'Aigle, *Réflexions d'un vieux veneur sur la chasse au cerf*, Paris, Manzi, Joyant et Cie, 1913, p. 214.

45. Comte d'Haussonville, préface, *ibid.*, p. 1.

46. P. Vaissière, *Gentilshommes campagnards de l'ancienne France : étude sur la condition, l'état social et les mœurs de la noblesse de province du XVI⁰ au XVIII⁰ siècle*, Paris, Perrin, 1903.

47. Duchesse d'Uzès, « La chasse à courre », *Je sais tout*, 2ᵉ semestre, p. 577-591.

48. Baron de Vaux, *Les Hommes de sport*, Paris, C. Marpon et E. Flammarion, s. d. (1883 ou 1886). Voir leurs portraits p. 25, 224 et 309.

49. Voir par exemple A.-F.A. vicomte de Houdetot, *Le Tir au fusil de chasse, à la carabine et au pistolet : petit traité des armes à l'usage des chasseurs*, Paris, Charpentier, 1857.

50. C'est le cas de Jules La Vallée, connu pour *La Chasse à tir en France*, Paris, Hachette, 1854.

51. Citons entre autres H. Mangeot, *Traité du fusil de chasse et des armes de précision*, Paris, 1858, ou Marksman, *Le Tireur Infaillible : Guide du Sportsman en ce qui concerne l'usage du fusil... contenant des leçons approfondies sur la chasse de tous les gibiers...*, Paris, Bruxelles et Leipzig, 1861, qui révèlent cet état d'esprit.

52. C.-I. Brelot, *op. cit.*

53. Bouquet de La Grye, *Guide pratique et raisonné du garde forestier : la surveillance des forêts et de la pêche*, Paris, La Maison rustique, 1859. Dans les forêts d'importance, ils étaient gardes-chasses aussi, mais de toute façon contribuaient volontiers à la suppression de ces lapins, fléau des jeunes feuillus.

54. Pour ces estimations, voir G. Péoc'h, *Les Chasses impériales de Napoléon III*, 1853-1870, Ecole des chartes, thèse, 2002, dactyl.

55. Arch. nat. 400 AP n° 71, documents de la Maison de l'empereur, « Chasses à tir de Sa Majesté l'Empereur », bulletins indiquant les noms des tireurs et le nombre de pièces abattues par tireur à Rambouillet, Fontainebleau et Compiègne, 1860-1866. Le journal *L'Abeille de Fontainebleau* rend compte de ces réceptions.

56. Arch. nat. O 5 n° 671 et n° 672, documents du service du Grand Veneur, séjour de l'empereur de Russie et du roi de Prusse ; du vice-roi d'Egypte, juillet-août 1867.

57. A. Baillie-Grohman, *Sport in the Alps in the Past and Present*, London, 1896.

58. A. de La Rue, *Le Lièvre : chasse à tir et à courre*, Paris, Firmin-Didot, 1876.

59. H.-L.-A. Blanchon, *Manuel pratique de l'éleveur de faisans, contenant les diverses races de faisans, les faisanderies, la nourriture, l'élevage naturel, l'élevage artificiel et le transport*, Paris, 1898.

60. P.-A., Pichot « La première exposition de chiens en France », Paris, Hennuyer, 1863, extr. *Revue britannique*, juin 1863, 19 p.

61. Baron J.-E.V. Le Couteulx de Canteleu, *La Vénerie française... avec les types des races de chiens courants dessinés d'après nature*, Paris, Vve Bouchard-Huzard, 1858.

62. Ch. Bémelans, *Conseils aux chasseurs : manière de repeupler une chasse de menu gibier...*, Paris, chez l'auteur et les armuriers, 1866, p. 24.

63. Jourdain, *Traité général des chasses à courre et à tir, contenant des principes sûrs pour la propagation du gibier et la destruction des animaux nuisibles...*, Paris, Audot, 1822, 2 vol.

8. La communauté des chasseurs

1. G. La Blanchère, *Le Parfait Chasseur de gibier à poil et à plume : guide manuel complet traitant des armes, équipements, hygiène, chiens de chasse...*, Paris, Le Bailly (1820 ?).

2. A. Chaigneau, *Manuel du piégeur*, Paris, Payot, 1976.

3. Cité par P. et M. Aucante, *Les Braconniers : mille ans de chasse clandestine, op. cit.*

4. J.-J. Verzier, *La Chasse, son organisation technique, juridique, économique et sociale : les associations communales de chasse*, Université de Lyon, thèse de droit, Lyon, Bosc et Rioux, 1926.

5. P. Cere, *Code de la propriété : manuel du garde champêtre, forestier et particulier*, Paris, Vialat, 1853.

6. A. Brosselin, *Les Forêts de la Côte-d'Or au XIXe siècle et l'utilisation de leurs*

produits, Université de Dijon, thèse d'histoire, 1973, dactyl.

7. J.-L. Mayaud, *Les Secondes Républiques du Doubs*, Paris, Les Belles Lettres, 1986.

8. F. Chauvaud, *Les Passions villageoises au XIXe siècle : les émotions rurales dans les pays de Beauce, du Hurepoix et du Hantois*, Paris, Publisud, 1995.

9. L. Rondonneau, *Code de la chasse et de la pêche contenant les lois, les arrêtés, les décrets depuis 1789 jusqu'à ce jour*, Paris, Garnery, 1810.

10. P. et M. Aucante, *op. cit.*, p. 109.

11. Cité par R.-F. Blandin, *Des droits et des devoirs du propriétaire foncier relativement à la chasse*, Université de Rennes, thèse de droit, Tours, E. Soudée, 1897, p. 58.

12. G. Buttoud, *L'Etat forestier*, Université de Nancy, thèse de sciences politiques, 1982, 2 vol. dactyl.

13. J. Clavé, *Etudes sur l'économie forestière*, Paris, Guillaumin, 1862, p. 28 et 321.

14. Ph. Vigier, « Les troubles forestiers du premier XIXe siècle », *Revue forestière française (RFF)*, n° spécial, 1980,

15. J.-L. Mayaud, *Les Secondes Républiques du Doubs, op. cit.*

16. A. Soboul, « La question paysanne en 1848 », *La Pensée*, 1948, n° 18.

17. Arch. nat. BB n° 30370, Agen, 1850, cité par E. Weber, *La Fin des terroirs : la modernisation de la France rurale*, 1870-1914, Paris, Fayard, Recherches, 1983, p. 99.

18. Arch. nat. BB n° 30370, Aix, 1851.

19. J.-L. Mayaud, *op. cit.*

20. M. de Joy, *L'Hermite en province, ou Observation sur les mœurs et les usages au commencement du XIXe siècle*, Paris, s. éd., 1818. En fait, la défense des paysans cache celle des notables dont la chasse est l'unique distraction, distraction qu'ils refusent de partager avec les « étrangers ».

21. P. Mérimée, *Mateo Falcone*, 1re éd. 1829, Paris, Gallimard, La Pléiade, 1978.

22. J.-J. Verzier, *op. cit.*

23. L. Moyat, *Etude historique, critique et comparée sur le droit de chasse en général*, Paris, Rousseau, 1900.

24. Arch. dép. Landes, 3 U 2 n° 564, 1817-1823, cité par M. Geny, *La Chasse aux oiseaux migrateurs dans le Sud-Ouest : le droit face aux traditions, op. cit.*, tome I, p. 211.

25. A. Rebattet, *La Chasse du petit gibier migrateur*, Evreux, Ouest-France, 1988.

26. Vicomte C.-F.-A. de Houdetot, *Braconnage et contre-braconnage..., description des pièces et engins : moyens de les combattre et d'assurer la propagation de toute espèce de gibier*, Paris, La Librairie, 1858.

27. P. Bellost, *Le Chasseur normand au gibier d'eau et aux oiseaux de passage dans la Seine-Inférieure*, Rouen, s. éd., 1848.

28. *Moniteur universel*, n° 111, 15 février 1844, n° 46, p. 512.

29. Arch. dép. Isère, 2920 W n° 8 à n° 12, chasse et animaux nuisibles, 1925-1963.

30. A. Chaigneau, *Braconnage et contre-braconnage*, Paris, La Maison rustique, 1976.

31. Capitaine Darwin, *Manuel de la conservation du gibier par l'extirpation du braconnage et de la destruction des animaux nuisibles, suivi d'une instruction sur l'emploi des furets...*, Bruxelles, Parent et Paris, Tanera, 1864.

32. J.-C. Abadie, *Les Palombes : pigeons ramiers et colombins et leur chasse en France*, Paris, Denoël-Marimpouey, 1979.

33. Cour de Grenoble, chambre correctionnelle, 2 janvier 1845, arrêt cité par M. Geny, *op. cit.*, tome I, p. 320.

34. *id*, p. 98.

35. Tribunal d'appel d'Orléans, chambre correctionnelle, 9 mars 1907, arrêt cité par M. Geny, *op. cit.*, p. 322.

36. Arch. dép. Landes, IV M 73, 6 Ms n° 108 et n° 161, versement 81.

37. Tribunal d'appel de Pau, 11 janvier 1902, arrêt cité par M. Geny, *op. cit.*, p. 324.

38. P. Niel, *Les Forêts bazadaises*, Bordeaux, Gounouilhou, 1858.

39. G. Garrier, « Les délits de chasse en Velay et en Beaujolais au XIXᵉ siècle, d'après les archives judiciaires », actes du colloque Imaginaires et réalités de la chasse d'aujourd'hui, Chalon-sur-Saône, 22-24 janvier 1986, N. Eizner (éd.), *L'Imaginaire de la chasse*, Chalon, Atelier CRC France Edition, 1988, p. 95-107.

40. Arch. dép. Yonne, 8 M 10, Agriculture, eaux et forêts, n° 9 à n° 13, police de la chasse, arrêtés d'ouverture et de clôture, 1844-1940.

41. L. Boussenard, *La Chasse à tir mise à la portée de tous*, Paris, Ernest Kolb, 1884, p. 393. L'incident débuta sur la nécessité de réprimer davantage le braconnage.

42. *Ibid.*

43. L. Boussenard, *op. cit.*

44. G. Caude, *La Chasse aux petits oiseaux dans le Sud-Ouest*, Université de Paris, thèse de droit, 1905, dactyl.

45. Savary, *Notice sur les huttiers de la Sèvre*, Niort, 1839. En fait, municipalités et populations firent bloc contre ces aménagements.

46. A. Castaing, « La chasse au filet », *L'Illustration*, 11 septembre 1847, p. 18-20.

47. J. Ginier, « La pression de la chasse en Aquitaine : étude géographique », *Espaces Tourisme, Loisirs, Environnement*, janvier-mars 1971, pp. 19-29.

48. J. Jamin, « Deux saisons en grivière : de la tradition au délit de tradition », *Etudes rurales*, juillet-décembre 1982, p. 41-62 et p. 87-88.

49. J. Jamin, *La Tenderie aux grives chez les Ardennais*, Paris, Institut d'ethnologie, 1979.

50. R. Douière, *La Chasse gourmande*, Jalhay, 1985.

51. Arch. dép. Gironde, 7 M, dossier Subventions, 1922-1939.

52. G. Labat, *Le Vieux La Teste et le château des Captal de Buch*, Bordeaux et Paris, 1900.

53. *Ibid.*, 30 janvier 1924.

54. Arch. dép. Gironde, 7 M, Agriculture, eaux et forêts, n° 644, adjudication du droit de chasse dans les forêts de l'Etat, correspondance, affiches et cahiers des charges, an X-1897.

55. Arch. dép. Gers, 4 M n° 34, dossier Chasse aux palombes et aux ramiers, 1915-1916, lettre du préfet du Gers au ministre de l'Agriculture, Auch, 8 janvier 1916.

56. *Ibid.*, lettre du ministre de l'Intérieur au préfet du Gers, 13 janvier 1916.

57. *Ibid.*, arrêté du préfet du Gers, 20 janvier 1916.

58. T. Jolas, « La part des hommes : une société de chasse au bois », *Etudes rurales*, juillet-décembre 1982, p. 87-88 et 345-356.

59. Arch. dép. Gironde, 7 M, Agriculture, eaux et forêts, n° 647, adjudication du droit de chasse au gibier d'eau, 1924-1939.

60. M. Agulhon, *La République au village*, Paris, Seuil, 1979.

61. A. Corvol, *L'Homme et l'arbre sous l'Ancien Régime, op. cit.*

62. T. Jolas, *op. cit.*

63. Vivier N., *Propriété collective et identité communale : les biens communaux en France, 1756-1914*, Paris, Editions de la Sorbonne, 1998.

64. Arch. dép. Pyrénées-Atlantiques, 4M n° 17, rapport de René Dagan, inspecteur adjoint des Eaux et forêts, 29 septembre 1939.

65. Arch. dép. Hautes-Pyrénées, 4 M n° 10, dossier sur la chasse, 1939-1940,

lettre du ministre de l'Intérieur au préfet, 20 juillet 1939.

66. Arch. dép. Moselle, 307 M, Agriculture, eaux et forêts, n° 50, destruction des animaux nuisibles (campagnols, rongeurs, loutres, oiseaux…), instructions, correspondance, 1920-1940.

67. Arch. dép. Pyrénées-Atlantiques 4 M n° 5, lettre du président de la société au ministre de l'Agriculture, 15 août 1941.

68. *Ibid.*, 4 M n° 15, lettre du préfet au ministre secrétaire d'Etat au Ravitaillement à Vichy, 28 août 1941.

69. P. Colin, « Causerie juridique : la réglementation de la chasse en zone occupée », *Le Chasseur français*, n° 606, 1942, p. 2. Merci à Muriel Geny de me l'avoir indiqué.

70. Arch. dép. Ardennes, lettre du général mayor de la Feldkommandantur de Charleville au préfet des Ardennes à Mézières, 16 octobre 1941.

71. L. Laborde-Ballen, « Heurs et malheurs des chasseurs en Béarn pendant l'Occupation », in *La Chasse en Béarn*, Pau, Imprimerie de Navarre, 1986.

9. Espèces en danger

1. Arch. dép. Isère, 147 M 1, animaux nuisibles, an IX-1849, 1843-1895.

2. G. Oudard, *Chasses féodales d'aujourd'hui : URSS, Pologne, Roumanie*, Paris, Plon, 1934.

3. M. Diki-Kiridi ; J.-P. Schenardi, *Chasse et tourisme en République centrafricaine*, Paris, Editions de La Pommeraie, 1984.

4. F. de Beaufort, *Ecologie historique du loup (Canis lupus L.) en France*, Université de Rennes, thèse d'Etat, Rennes, 1988, 4 vol.

5. P. Orsini, « Quelques éléments sur la disparition du loup *Canis lupus* en Provence au cours du XIXe siècle », in *Faune de Provence*, CEEP, n° 17, 1997, p. 23-32.

6. Il faut noter que ces artistes engagés dans la défense des « humbles » incluaient sous ce vocable les travailleurs pauvres et les bêtes, chiens, ânes et chevaux, qui œuvraient jusqu'à l'épuisement. La réhabilitation des animaux domestiques, antérieure à celle des animaux sauvages, passa par là.

7. S. Coroff-Potigny, *La Chasse aux loups en Marche et au Haut-Limousin, XVIIIe-XIXe siècle*, Université de Clermont-Ferrand, mémoire de maîtrise, 1980, dactyl.

8. R. Hainard, *Mammifères sauvages d'Europe*, Paris, 1989. Voir tome I, p. 150-173.

9. G. Menatori, *La Vie des loups*, Paris, 1993.

10. E. Tchakérian, J.-F. Bataille, M. Dimanche, J.-P. Legeard, « Pastoralisme et élevage ovin en zones de prédation dans le sud-est de la France », in *Loup, Elevage. S'ouvrir à la complexité : coûts et résultats à l'échelle de l'arc alpin*, actes du séminaire des 15-16 juin 2006, Manosque, CERPAM, 2007, p. 14-21.

11. J. Brouty, *Le Retour du loup dans les Alpes françaises, Rapport d'activité intermédiaire pour l'année 2002, Programme LIFE Nature*, Ministère de l'écologie et du développement durable, 2003.

12. S. Sacha, J.-F. Bataille, L. Garde, « Indemnisation des pertes et évaluation des coûts réels », in *Loup, Elevage, op. cit.*, p. 150-161.

13. J. Brouty, *Le Retour du loup dans les Alpes françaises, op. cit.*, 55 p.

14. L. Garde, « Loup et forêt méditerranéenne : quelles questions pour

l'élevage et la gestion de l'espace ? »,
Forêt méditerranéenne, n° 23, 2002, pp.
45-52.

15. M. Louis, *La Bête du Gévaudan :
l'innocence des loups*, Paris, 1992.

16. F. de Beaufort, « Le loup en
France : éléments d'écologie histori-
que », *Encyclopédie des carnivores de
France*, n° 1, Paris, Société pour l'étude
et la protection des mammifères
(SEPM), 1987.

17. J.-E. Benech, *Les Derniers Loups
de France*, Paris, 1954.

18. A. Toussenel, *Tristia, histoire des
misères et des fléaux de la chasse en
France*, Paris, 1863.

19. C. Darwin, *De l'origine des espèces au moyen de la sélection naturelle,
ou la Lutte pour l'existence dans la
nature*, trad. E. Barbier, Paris, Maspero, 1980, 2 vol.

20. R. Thevenin, *La Faune disparue
de France*, Paris, 1943.

21. Arch. dép. Isère, 2920 W 8-12,
chasse et animaux nuisibles, 1925-1963

22. J. de Malafosse, *Droit de chasse
et protection de la nature*, Paris, PUF,
1979.

23. *Retour du vautour fauve*, Fonds
d'intervention pour les rapaces (FIR) et
Parc national des Cévennes, 1986.

24. Grenoble, Bibl. mun., R 7906,
vol. 16, fonds Pilot de Thorey, animaux
féroces, recueil d'articles relatifs aux
loups et aux lynx du Dauphiné, XVIIIᵉ-
XIXᵉ siècle. Merci à M. Thomas Pfeiffer
de me l'avoir signalé.

25. P. Sebillot, *Le Folklore de la
France. La Faune*, réed., Paris, 1984.

26. Hettier de Boislambert, *Les
Grands Trophées d'Europe*, Paris, Gerfaut Club, 1978.

27. C. Dendaletche, *Grands rapaces
et corvidés des montagnes d'Europe*,
Pau, Dendaletche, 1988.

28. G. et D. Lloyd, *Les Rapaces*,
Paris, Larousse, 1970.

29. H. Nicolle, *Courses dans les Pyrénées*, Paris, Giraud, 1854.

30. L'affaire du docteur Coronado,
qui fit scandale, est rapportée par J.-Cl.
Bouchet, *Histoire de la chasse dans les
Pyrénées françaises, XVIᵉ-XXᵉ siècle*, Pau,
Marrimpouey, 1990, ouvrage large-
ment employé.

31. *Id.*

32. P. Géroudet, *Les Rapaces diurnes et nocturnes d'Europe*, Neuchâtel-
Paris, Delachaux et Niestlé, 1979.

33. Interview de Constant Bagnoli,
Terre sauvage, n° 32, septembre 1989,
p. 59 et suivantes.

34. A. Roger ; F. Guéry, *Maîtres et
protecteurs de la nature*, Paris, Champ
Vallon, Milieux, 1991.

35. M. Debusch ; M. Godront ; J.-N.
Lhéritier, « Maintien des populations
de rapaces dans le Parc », *Annales du
Parc national des Cévennes*, n° 1, 1979,
p. 39-58.

36. A. Chastel, « La notion de patrimoine », *in* P. Nora (sous la direction
de), *Les Lieux de mémoire*, Paris, Gallimard, Bibliothèque illustrée des Histoires, 1986. Voir tome II, p. 405-450.

37. E. Pommier, « Naissance des
musées de province », *id., ibid.* p. 451-
495.

38. B. Villalba, « Chasse, pêche et
tradition, ou la ruralité en politique »,
Revue critique d'écologie politique, n° 9,
juin 2002.

39. P. Matagne, *Les Mécanismes de
diffusion de l'écologie en France, de la
Révolution mondiale à la Première
Guerre mondiale*, Université de Paris-
VII, thèse de géographie, 1974, dactyl.

40. J. Rohr, *Victor Duruy, ministre
de Napoléon III : essai sur la politique
de l'Instruction publique du temps de
l'Empire libéral*, Paris, Bibliothèque
constitutionnelle et de sciences politiques, 1967.

41. M. Guyenot, *L'Evolution de la
pensée scientifique. Les Sciences de la
vie au XVIIᵉ et XVIIIᵉ siècle*, Paris,
A. Michel, 1957. Cet ouvrage passionnant va bien au-delà de l'indication de
son titre.

42. H. Delaunay, *Les Sociétés savantes de France*, Paris, Imprimerie générale Lahure, 1902.

43. D. Lejeune, *Les Sociétés de géographie en France dans le mouvement social et intellectuel du XIXᵉ siècle*, Université de Paris X-Nanterre, thèse d'Etat, 1986-1987, 2 vol. dactyl.

44. J.-M. Mayeur, *La Vie politique sous la Troisième République, 1870-1940*, Paris, Le Seuil, Points histoire, 1984.

45. B. Belhoste, « L'enseignement secondaire français et les sciences au début du XIXᵉ siècle, ... », in *L'Enseignement scientifique au tournant des XIXᵉ et XXᵉ siècles*, Revue d'histoire des sciences, n° 43, 1989, pp. 331-399.

46. R. Fox ; G. Weisz, *The Organisation of Science and Technology in France, 1808-1914*, Cambridge University Press et Editions de la Maison des sciences de l'homme, 1980.

47. X. Pelaus, *La Taxidermie*, Paris, Editions de Vecchi, 1983.

48. C. Grenier ; D.-A. Godront, *Flore de France, ou description des plantes qui croissent naturellement en France et en Corse*, Paris, 1848-1856, 3 vol.

49. Cité par P. Matagne, *op. cit.*, Villeneuve d'Ascq, Presses universitaires du Septentrion, 1994, p. 211.

50. *Mémoires de la Société des lettres, sciences et arts de l'Aveyron*, 1837, p. 30.

51. L. Figuier, *La Vie et les mœurs des animaux*, Paris, Hachette, 2ᵉ éd., 1873.

52. Cité par P. Matagne, *op. cit.*, p. 316.

53. P. Matagne, *op. cit.*, p. 331.

54. M. Agulhon, « Le sang des bêtes : le problème de la protection des animaux en France au XIXᵉ siècle », in *Histoire vagabonde*, Paris, Gallimard, Bibliothèque des Histoires, 1988. Voir tome I, *Ethnologie et politique dans la France contemporaine*, p. 243-282.

55. *Bulletin de la Société d'études scientifiques de l'Aude*, 1892, p. 141.

56. D. Monclar, in *Revue scientifique et littéraire du département du Tarn*, 1889-1889, p. 8.

57. R. Pfliege, *Le Chamois, son identification et sa vie*, Paris, Gerfaut Club, 1982.

58. A. Ramaite, « Le maintien des chasses traditionnelles », *Plaisirs de la chasse*, octobre 1979, p. 401-402.

59. C. Rocher, *Palombes et tourterelles*, Bordeaux, Les Editions de l'Orée, 1979.

60. Arch. dép. Pyrénées-Atlantiques, 4 M n° 106, lettre du sieur Pierre Faurens, 25 septembre 1939. Citée par M. Geny, *op. cit.* ; tome II, p. 486.

61. L. Forestie, « Les palombières », *Le Saint-Hubert*, octobre 1979, p. 397-402.

62. Interview de M. Servat, directeur de la Protection de la Nature, *Revue nationale de la chasse*, n° 406, juillet 1981.

63. *Positions, démarches et actions du conseil d'administration de la Fédération départementale des chasseurs des Landes, 1953-1982*, position du président Sallenave en mars 1982, Dax, Guy Barrouillet, 1983.

64. P. Waguet ; A. Charlez-Coursault, *La Chasse en France*, Paris, PUF, Que sais-je ?, 1991, p. 14.

65. J. Swartenbroekx, *Chasse et biotopes*, Bruxelles, Duculot, 1984.

66. J. Ginier, « La pression de la chasse en Aquitaine : étude géographique, *Espaces, Tourisme, Loisirs, Environnement*, janvier-mars 1971, p. 19-29.

67. Arch. dép. Landes, 4 M n° 106, dossier Petits oiseaux, 1919-1939, lettre de M. Kherig, 21 mars 1923.

68. R. Thibault, « Un point à Luxembourg », *Le Chasseur français*, n° 1097, 1988, p. 43.

69. *Journal officiel*, 7 mars 1999, en relation avec la directive européenne 79/409.

70. Arch. dép. Pyrénées-Atlantiques, 4 M n° 26, conclusions du Congrès des

chasseurs du Sud-Ouest organisé à Dax, reproduites dans *La Dépêche*, 1935.

71. N. Noblet, « Chasse au pays landais », *Revue nationale de la Chasse*, octobre 1977.

72. H. Botet de Lacaze, *La Chasse landaise*, Agen, Fédération des sociétés et des syndicats de chasseurs et de pêcheurs à la ligne du Lot-et-Garonne, 1929, p. 22. Cité par M. Geny, *op. cit.*, p. 484.

73. C. Zuber, *Dans le monde des animaux menacés*, Paris, Flammarion, 1974.

74. Les rééditions de mémoires et d'ouvrages incontournables progressent alors fortement. Ce fut le cas pour le livre de Paul Vialar, *La Chasse*, rééd. Paris, 1973, 2 vol.

75. Grâce à leur bénévolat, les études départementales furent nombreuses. Voir par exemple J. Broyer et G. Erome, « Etude de la répartition de la loutre dans le Bassin rhodanien », *Cora*, 1981, extr. 65 p. ; G. Berthollon, « Premières données sur la distribution de la loutre dans le département de l'Isère », *La Niverolle*, n° 6-7, 1983 ; ou encore P. Triplet, « Evolution du statut de la loutre dans la Somme », *Bulletin du groupe loutre*, SFEPM, n° 13, 1982.

76. C. Bouchardy, *Inventaire de la loutre en Auvergne*, rapport au Secrétariat d'Etat à l'Environnement, faune et flore, 1983.

10. Célébrer la vie

1. G. Bonnet ; D. Dupille ; J. Meggs, *Images insolites du cerf*, Imprimerie Miot S.A. (Association des auteurs autoédités), 1980.

2. F. Sommer, *La Chasse et l'Amour de la nature*, Paris, Robert Laffont, 1973.

3. E. Zola, *Son Excellence Eugène Rougon*, in *Les Rougon-Macquart : histoire naturelle et sociale d'une famille sous le Second Empire*, Paris, Robert Laffont, 2002, tome II, p. 425.

4. G. Loisel, *Histoire des ménageries de l'Antiquité à nos jours*, Paris, Doins et Laurens, 1912. Voir tome III, *Epoque contemporaine*, chapitre XVI, « L'architecture des Ménageries et le logement des animaux sauvages », p. 372-382.

5. Y. Laissus ; J.-J. Petter, « Les animaux du Jardin des Plantes, 1793-1934 », in Y. Laissus ; J.-J. Petter (sous la direction de), *Les Animaux du Muséum, 1793-1993*, Paris, Imprimerie nationale, 1993.

6. H. Daudin, *De Linné à Jussieu : méthodes de classification et idée de série en botanique et en zoologie*, Paris, Alcan, 1926, tome I, p. 29.

7. R. Régnier, « Compte rendu de l'excursion annuelle de la Société au marais Vernier (Eure), 16 juin 1932 », *Bulletin de la Société des amis des sciences naturelles de Rouen*, 1932 et 1933.

8. B. G. E. de La Ville, comte de Lacepède, « Lettre relative aux établissements publics destinés à renfermer des animaux vivants », *La Décade philosophique*, 1795, n° 7, p. 449-462.

9. C. Hagenbeck, *Cage sans barreaux*, 1909, rééd. Paris, Nouvelles Editions de Paris, 1951.

10. *Exposition coloniale internationale et des pays d'outre-mer, Paris, 1931, rapport général*, Paris, Ministère des Colonies, Imprimerie nationale, 1934. Voir Livre V.

11. C.-A. Ageron, « L'Exposition coloniale de 1931 : mythe républicain ou mythe impérial », *in* P. Nora (sous la direction de), *Les Lieux de mémoire*, *op. cit.*, tome I.

12. H. Thétard, *Des hommes et des bêtes : le zoo de Lyautey*, Paris, La Table Ronde, 1945.

13. J.-C. Lemoine, « Doit-on conserver le zoo de l'Exposition coloniale ? », *L'Echo de Paris*, 1er décembre 1931. Son démontage était prévu pour l'année suivante.

14. P. Chavot, « Du zoo de la Coloniale au parc zoologique de Vincennes », in *L'Homme et l'Animal*, Actes du 120e congrès des Sociétés historiques et scientifiques, Aix-en-Provence, 1995, p. 71-80. C'est l'architecte pressenti par la Ville qui l'imposa à l'Assemblée des professeurs.

15. Coll. *La Griffe et la Dent : Antoine Louis Barye (1795-1875), sculpteur animalier*, catalogue de l'exposition, Paris, musée du Louvre, octobre 1996-janvier 1997, Paris, Editions de la RMN, 1997.

16. Voir par exemple les trente-huit planches de Maréchal qui illustrèrent *La Ménagerie du Muséum national d'Histoire naturelle, ou Description et histoire des animaux qui y vivent ou qui y ont vécu*, éditée en 1801, alors que la charge de « maître de dessin d'iconographie naturelle » n'est pas encore « appliquée à l'avancement des arts », étape franchie en 1822.

17. A. Barye, *Ours attaquant un taureau*, bronze, 1836, collection Alain Lesieutre.

18. A. Barye, *Loup tenant un cerf à la gorge*, bronze, 1843, vente Million et associés, salle Drouot-Richelieu, 16 juin 2010.

19. C. Darwin, *L'Expression des émotions chez l'homme et chez les animaux*, trad. française, 1873.

20. E. Héran, « La beauté animale de Buffon à Pompon », in *Le Zoo d'Orsay*, catalogue d'exposition, La Piscine, musée d'Art et d'Industrie, Roubaix, 2008, Paris, Gallimard, 2008, p. 39. Au contraire, les documentaires contemporains insistent tellement sur l'accouplement et sur la reproduction qu'ils négligent les autres composantes de la vie animale.

21. Voir par exemple de P.-J. Mené, *Epagneul saisissant un canard*, ou *Ecossais montrant un renard*, deux petits bronzes de 1850, vente Million et associés, salle Drouot-Richelieu, 16 juin 2010.

22. E. H. Gombricht, *Art and Illusion : a Study of the Psychology of Pictural Representation*, 2e éd., Princeton, University Press, trad. française *L'Art et les Illusions...*, Paris, Gallimard, 1971.

23. Tous trois au musée d'Orsay, Antoine-Louis Barye, bronze, legs Alfred Chauchard, 1909.

24. *Id.*

25. E. Mannoni, *Le Bronze et l'Animal*, Paris, Christian Massin, s. d.

26. J.-P. Varin, *La Photographie animalière*, Paul Montel, 1984.

27. B. Newhall, *The History of Photography from 1839 to the Present Day*, 4e éd., New York, The Museum of Modern Art, 1964, p. 12.

28. H. et A. Gernheim, *The History of Photography from the Camera Obscura to the Beginning of the Modern Era*, New York, Mac Graw & Hill, 1969.

29. P. Kjellberg, « Le bronze au XIXe siècle », in *Dictionnaire des sculpteurs*, Paris, Edition de l'Amateur, 1987.

30. J. et W. Grimm, *Contes. Kinder und Hausmärchen*, Paris, Flammarion, Grand Format, 1990. Voir Tome I, « Les trois petits hommes de la forêt ».

31. Comtesse S. Rostopchine de Ségur, *Œuvres*, Paris, Robert Laffont, Bouquins, 1990. Voir tome WW, *Nouveaux Contes de fées*, « Le petit Henri ».

32. *Ibid.*, « Histoire de Blondine ». Ce conte reprend aussi la *Griselidis* de Charles Perrault.

33. Les emprunts au roman de Defoe viennent du *Robinson allemand*, traduction de Campé par C. Wolfers, Paris, A. Delesserts, 1853. La base res-

tait *Le Nouveau Robinson pour servir à l'amusement et à l'instruction des enfans (sic)*, traduit de l'allemand, Londres et Versailles, Poinsot, 1785.

34. M.-L. von Franz, *La Femme dans les contes de fées*, trad. de l'allemand, Paris, La Fontaine de Pierre, 1979. La biche, symbole de l'enfant ou de la vierge, est en général l'objet sacrificiel.

35. C. Perrault, *Contes*, Paris, Garnier-Flammarion, 1967.

36. V. Propp, *Morphologie du conte*, Paris, Seuil, Points, 1970.

37. F. Caradec, *Histoire de la littérature enfantine en France*, Paris, Albin Michel, 1977.

38. J. de Trigon, *Histoire de la littérature enfantine*, Paris, Hachette, 1950.

39. Par ses illustrations, Arthur Rackham (1867-1939) contribua à la redécouverte des Aventures *d'Alice au pays des merveilles* (1907), de *Cendrillon* (1919) et de *La Belle au bois dormant* (1920). Voir J. Hamilton, *Arthur Rackham : a Life with Illustration*, Londres, 1994.

40. J. Canemaker, *Before the Animation Begins : the Art and Lives of Disney Inspirational Sketch Artists*, New York, 1997.

41. J. Canemaker, *Paper Dreams : the Art and Artists of Disney Storyboards*, New York, 1999.

42. R. Kipling, *Le Livre de la jungle*, 1re éd. Londres, 1899.

43. S. Ranulf, *Moral Indignation and Middle-Class Psychology*, Copenhague, Levin et Munksgaard, 1938.

44. Coll., *Les Français peints par eux-mêmes : encyclopédie morale du XIXe siècle*, 1840-1842, 9 vol. Voir « Le chasseur » par Elzéar Blaze et « Le bourgeois campagnard » par Frédéric Soulié. Certains collaboraient déjà au *Journal des chasseurs*, son premier numéro datant de 1836.

45. Anonyme, *Les Inconvénients de la chasse*, image d'Epinal, XIXe siècle. Extr. *Le Livre du braconnier*.

46. H. Daumier, *La Chasse*, Paris, G. P. R., 1980.

47. *Id.*

48. A. Daudet, *Aventures prodigieuses de Tartarin de Tarascon*, in *Œuvres*, Paris, Gallimard, La Pléiade, 1986, tome I, p. 476.

49. *Ibid.*, p. 498.

50. Arch. dép. Loiret, AD n° 45, Pièces imprimées, annonces, affiches, nouvelles et avis divers de l'Orléanais, dossier n° 6, 18 mars 1874.

51. *Ibid.*, dossier n° 5, 19 avril 1871.

52. G. de Maupassant, *Contes de la bécasse*, 1re éd. 1883, Paris, Gallimard, Folio Classique, 1999, p. 24.

53. *Ibid.*, p. 25.

54. *Ibid.*

55. *Ibid.*, p. 26.

56. M. Crubellier, *L'Enfance et la jeunesse dans la société française*, 1800-1900, Armand Colin, Collection U, 1979. Assez curieusement l'enfance des jeunes bien nés, pensionnaires le plus souvent, leur laisse de moins bons souvenirs qu'aux fils de paysans, d'artisans ou d'enseignants.

57. G. de Maupassant, *Une vie*, 1re éd. 1883.

58. *Ibid.*, p. 52-53.

59. *Ibid.*, p. 126.

60. *Ibid.*, p. 152-153.

61. *Ibid.*, p. 54.

62. *Ibid.*, p. 166.

63. M. Pinson, *Le Vocabulaire de la chasse d'après dix-huit romanciers du XXe siècle concernant les animaux*, Université catholique de Louvain, mémoire de licence, Louvain-la-Neuve, 1965, dactyl.

64. C.-O. Carbonell, *Histoire et Historiens : une mutation idéologique des historiens français, 1865-1885*, Université de Toulouse, thèse d'Etat, Toulouse, Privat, 1976, p. 453-494.

65. Anonyme, « Gendarmes et braconniers », in *Le Petit Journal*, 10 mars 1895.

66. C. Lemonnier, *Un mâle*, Bruxelles, 1881.

67. M. Genevoix, « Le Livre du Braconnier », Académie nationale des sciences, belles-lettres et arts de Bordeaux, conférence du 8 juin 1971.

68. M. Genevoix, *Raboliot*, Bernard Grasset, 1925.

69. C'est cette animalisation qui constitue la trame du film de Gilles Cousin, *Rouget le Braconnier*, avec Jean-Michel Noirey dans le rôle-titre, 1ᵉ sortie du film, juillet 1989.

70. A. Daudet, « Les émotions d'un perdreau rouge », *Contes du lundi*, éd. 1873.

71. J.-P. Aron, *Essai sur la sensibilité alimentaire à Paris au XIXᵉ siècle*, Paris, Le Seuil, 1967.

72. Voir chapeau *Faisan recomposé* d'Esther Meyer, 0,06 m × 0, 31 m, 1910, inv. UF 49-13-3 et éventail *Plumes de geai et écaille*, 0, 27 m, 1925, inv. UF 54-37-14.

11. Drôles de bêtes

1. Propos recueillis par R. Lucas, « Voix express : Faut-il continuer à réintroduire des espèces protégées ? », interview de L. F. (21 ans, étudiante), *Le Parisien*, 26 juillet 2010, p. 12.

2. D. Darbon, *La Crise de la chasse en France*, Paris, L'Harmattan, 1997.

3. Voir par exemple Arch. dép. Lozère, M n° 5155, Instructions relatives à la destruction des animaux malfaisants et nuisibles, 1921.

4. J.-L. Fabiani, « L'opposition à la chasse et l'affrontement des représentations de la nature », *Actes de la recherche en sciences sociales*, 1984, n° 54, pp. 81-84.

5. A. Vourc'h ; V. Pelosse, « Chasseurs et protecteurs : les paradoxes d'une protection », in A. Cadoret, sous la direction de, *Protection de la Nature : histoire et idéologie*, Paris, L'Harmattan, 1985, pp. 108-123.

6. C'était le fils d'Etienne Geoffroy-Saint-Hilaire (1722-1844) qui dirigea le Jardin des Plantes. Voir J.-P. Raffin J ; G. Ricou, « Le lien entre les scientifiques et les associations de protection de la nature : approche historique », in A. Cadoret, sous la direction de, *Protection de la Nature : histoire et idéologie*, Paris, L'Harmattan, 1985, pp. 61-74.

7. P. Gramet, « Les animaux utiles ou nuisibles ne devraient plus exister », *Plaisir de la chasse*, n° 344, 1981, pp. 51-54

8. Arch. dép. Lozère, M n° 5156, missives de la Direction des services agricoles au préfet, 1947.

9. Arch. dép. Lozère, M n° 11987, Instruction du préfet aux maires, commandants de gendarmerie et commissaire de police, 12 mars 1923.

10. P.-M. Weyd, *Les Forêts de la Lozère*, Paris et Lille, Taffin-Lefort, 1911.

11. *Ibid*, M n° 10470.

12. *Journal officiel*, 22 août 1979.

13. C'était déjà le cas dans le rapport de François Jubault, « Réintroduction de la loutre en Haute-Savoie », Direction départementale de l'Agriculture, FRAPNA, 1980, multigr.

14. M. Henriot, « Les animaux dits nuisibles », *Le Chasseur français*, mars 1979, p. 55-58.

15. J.-P. Chaussart ; G. Clément ; C. Epain ; J. Hesse ; A. Perthuis, « La faune vertébrée de Sologne », rapport, Service régional de l'Equipement de la région Centre, SEPN du Loir-et-Cher, 1976, multigr.

16. Cette lettre fut publiée in *Rhône-Alpes Nature*, bulletin interne du COSYLO (FRAPNA), n° 3, mars 1979.

17. M. Henriot, « Les animaux dits nuisibles », *Le Chasseur français*, octobre 1979, p. 57.

18. A. Chaigneau, *Les Animaux dits nuisibles à la chasse*, Paris, La Maison rustique, 1967.

19. H. de Curel, *La Chasse, ma grande passion*, Paris, Ivan Levesque, 1979.

20. J. de Malafosse, *Droit de la chasse et protection de la nature*, Paris, PUF, 1979. Voir section II, Les différentes catégories d'animaux sauvages.

21. A. Hugues, « La chasse au pays de la bête du Gévaudan », *Le Chêne*, 1934, p. 38.

22. Arch. dép. Lozère, M n° 5137, lettre du directeur répondant au préfet, 6 septembre 1949.

23. *Ibid*, M n° 5156, lettre du directeur transmise au préfet, 16 avril 1947.

24. Arch. dép. Lozère, M n° 7659, Fédération des chasseurs de la Lozère, résultats annuels des destructions, 1961.

25. C.-H. Pradelles de Latour, « La passion de la chasse dans une commune cévenole », *Etudes rurales*, n° 87-88, juillet-décembre 1982, p. 325-334.

26. D. et J. Hector, *Le Sanglier*, Paris, La Maison rustique, 1973.

27. A. Hugue, « Les invasions de sangliers dans le midi de la France », *Bulletin de la Société nationale d'acclimatation*, n° 10, 1932, p. 1-13

28. Arch. dép. Loiret, 41-9 *bis*, n° J9, ordre du commandant militaire général von Stülpnagel aux capitaines de gendarmerie, 28 juillet 1941.

29. C. Atger, *Valleraugue, petites histoires et anciennes coutumes*, Le Vigan, Imprimerie Clément, 1972.

30. G.-M. Villenave, *La Chasse*, Paris, Larousse, 1954.

31. J. Oberthur, *Du héron aux perdrix, de la grive aux rapaces*, Paris, Plon, 1954

32. K. Snethlage, *Le Sanglier*, trad. par H. Manhès d'Angeny, Paris, La Toison d'Or, 1954.

33. Arch. dép. Lozère, registre du Conseil général de la Lozère, séance du 11 mai 1957.

34. A. Vourc'h, *Un jeu avec l'animal : pratiques et représentations de la chasse en Cévennes lozériennes*, Université de Paris-X-Nanterre, thèse de 3ᵉ cycle, 1984.

35. M. Bozon ; J.-C. Chamboredon, « Eléments d'une sociologie des chasseurs », rapport, Ecole normale supérieure (ENS Ulm), Laboratoire des sciences sociales, 1979, multigr.

36. Arch. dép. Lozère, M n° 11987, lettre de la SPA transmise au directeur général des Eaux et forêts qui la communiqua au préfet de la Lozère, puisque les tenderies étaient de son ressort, 3 juin 1939.

37. M. Bozon ; J.-C. Chamboredon, « L'organisation de la chasse en France et la signification de la pratique », *Ethnologie française*, n° 10, 1980, p. 65-86

38. P. Miriski, *Défendre la chasse*, Paris, Editions de la Pommeraie, 1983

39. M. Brosset, « La prédation », *Bulletin mensuel de l'ONC*, n° 54, 1982, pp. 14-25.

40. J.-C. Chantelat ; A. Rebattet, *Le Petit Gibier*, Paris, Atlas, 1984.

41. A. Lucas, *Le Faisan*, Paris, Crépin-Leblond, 1970.

42. A. Lucas, *La Perdrix*, Paris, Crépin-Leblond, 1969.

43. P. Mégnin, « Protéger et élever : oui. Repeupler par importation : non », *Le Monde*, Courrier cynégétique, 17 mars 1949.

44. A. Vincent, « Les savoirs et les techniques de chasse, de protection de la nature et de la faune transmis par l'Office national de la chasse : leur perception et leur prise en compte par les agricultures. Etudes de quelques sociétés de chasse rhodaniennes », rapport SRETIE, Ministère de l'Environnement, Université de Lyon-II, CEFRA, 1987, multgr.

45. M. Despax, *Droit de l'environnement*, Paris, LITEC, 1980, p. 590.

46. V. Pelosse ; A. Vourc'h, « Chasse au sanglier en Cévennes », *Etudes rura-*

les, n° 87-88, juillet-décembre 1982, p. 295-307.

47. P. Pillet, « Chasser dans un parc national, *Cévennes*, n° 10, p. 26.

48. D. Potel, *Le Sanglier*, Paris, Eco-loisirs, 1979.

49. R. Mauget, « Quelques problèmes de biologie et d'éco-éthologie chez le sanglier », *Bulletin de l'Office national de la chasse* (ONC), n° 22, 1978, p. 14-22.

50. H. Toussaint, *Le Tir à balles du grand gibier*, Paris, Crépin-Leblond, 1971.

51. Arrêté ministériel de l'Agriculture, 28 février 1962.

52. A. Vourc'h ; F. Mary ; S. Bobbé ; V. Pelosse, « Animal sauvage et sociétés locales : la perception du mouflon et son effet sur le devenir des populations introduites », rapport SRETIE, Ministère de l'Environnement, 1990, multigr.

53. C. Rambaud, *Les Images du mouflon : réaction à l'introduction de l'ongulé*, rapport, ONC, 1990-1991.

54. A. Vourc'h ; V. Pelosse, *Chasser en Cévennes : un jeu avec l'animal*, Aix-en-Provence, Edisud et Editions du CNRS, 1988.

55. J.-C. Fabiani, « Quand la chasse populaire devient un sport : la redéfinition sociale d'un loisir traditionnel », *Etudes rurales*, 1982, n° 87-88, p. 309-323.

56. A. Vourc'h ; V Pelosse, « La chasse en Cévennes lozériennes : éléments d'une problématique sociologique », rapport PIREN, Ministère de l'Environnement, Groupe de recherches sociologiques, Université de Paris-X-Nanterre, 1982, multigr.

57. Anonyme, *Les Merveilles du comportement animal*, National Geographic Society, Paris, Flammarion, 1978.

58. C. Castaneda, *Le Don de l'Aigle*, Paris, Témoins, 1981

59. M. Artois ; A. Le Gall, *Le Renard*, Paris, Hatier, Faune sauvage, 1988.

60. E Baillon Rolland, *Faune populaire de France*, Paris, 1877, rééd. 1968.

61. Propos recueillis par R. Lucas, « Voix express : Faut-il continuer à réintroduire des espèces protégées ? », interview de F. C. (20 ans, étudiante), *Le Parisien*, 26 juillet 2010, p. 12.

12. Négocier la paix

1. Office fédéral de l'environnement, des forêts et du paysage (OFEPF), « Les attentes de la société envers la forêt suisse », *Cahiers de l'environnement*, 2000, n° 309, p. 1-131. Tous les récents débats de l'Europe occidentale y sont déjà.

2. R. Ardrey, *Et la chasse créa l'Homme*, Paris, Stock, 1977.

3. P. Vialar, *La Chasse : ce qu'est la chasse*, Paris, Flammarion, 1973, 2 vol.

4. A. Jamault, *De l'exercice du droit de chasse du point de vue économique*, Rennes, Imprimerie Simon, 1909.

5. R. Delort, *Les animaux ont une histoire*, Paris, Seuil, Histoire, 1984, rééd. 1993.

6. A. Micoud, « Production et diffusion des normes de régulation de la faune sauvage en France : le cas du piégeage », rapport PIREN, ministère de l'Environnement, CNRS, juillet 1990.

7. L. Hedin ; G. Ricou ; A. Masclet, « Essai d'aménagement d'une zone humide, le marais Vernier », Actes du colloque international *Le Monde rural gardien de la Nature*, Paris, Cahiers du CENECA, 1970, p. 352-360.

8. E. Durkheim, *L'Evolution pédagogique en France*, Paris, PUF, 1938, rééd. 1969.

9. J. Habermas, *La Technique et la science comme idéologie*, Paris, Gallimard, 1973.

10. A. Chaigneau, *Les Habitudes du gibier*, Paris, Payot, 1968.

11. C. Velin, *La Chasse dans l'Est : misère, restauration, importance économique*, Epinal, Froereisen, 1888.

12. S. Are, « Population regulation in animals », in J.-M. Cherrett (sous la direction de), *Ecological Concepts*, Oxford, Blackwell Scientific Publications, 1989, p. 197-241.

13. F. Roucher, « Gestion intégrée de la forêt et du chevreuil : huit années d'exercice sur 4 500 hectares boisés des Vosges du Nord », *Revue forestière française*, n° 43, 1991, p. 475-487 et n° 44, 1992, p. 141-154.

14. Ministère de l'Environnement, service de documentation, rapport de M. George Colin, député de la Marne, « Modernisation du droit de la chasse et de la faune sauvage », remis à Mme Huguette Bouchardeau, ministre de l'Environnement, 16 septembre 1985, multigr.

15. H. Daburon, « L'équilibre sylvo-cynégétique », *Revue forestière française*, n° 9, 1968, p. 567-570.

16. A. Micoud, « Comment en finir avec les animaux dits nuisibles », *Etudes rurales*, n° 129-130, 1993, p. 83-94.

17. J. Baufle, *Le Chevreuil*, Paris, Crépin-Leblond, 1975.

18. J.-S. Meia, *Le Renard*, Paris, Delachaux et Niestlé, 2003.

19. « Campagne nationale pour la protection des petits carnivores sauvages : dossier Nuisibles », *L'Epine noire des Ardennes*, n° spécial, 1978.

20. M. Genevoix, *Tendre bestiaire*, Paris, 1969.

21. J.-P. Léonard, *Forêt vivante ou désert boisé ? La forêt française à la croisée des chemins*, Paris, L'Harmattan, 2003.

22. E. de La Besge, *Souvenirs et récits de chasse*, Paris, Perrin, 1971.

23. C. Fabre-Vassas, « Le partage du ferum : un rite de chasse au sanglier », *Etudes rurales*, n° 87-88, 1982, p. 377-400.

24. L'expression désigne la diminution de la Surface agricole utile (SAU).

25. P. Merlin, *L'Exode rural*, Paris, Presses universitaires de France (PUF), 1971.

26. R. Brunet, J. Sallois (sous la direction de), *France : les dynamiques du territoire*, Paris, DATAR, 1986.

27. J. Cavailhes ; D. Normandin, « Déprise agricole et boisement : état des lieux, enjeux et perspectives dans le cadre de la PAC », *Revue forestière française*, n° 45, p. 465-482.

28. Cependant, sur ces dix dernières années, plus de la moitié des départements ont conservé la même SAU, dans les espaces périphériques (Lozère) comme dans les espaces agricoles (Eure-et-Loir). Voir base de données d'occupation du sol en France, dite CORINE Land Cover, créée par la Commission européenne et le ministère de l'Environnement en 1989.

29. Les pâquis étant divisés en sections pour répartir les troupeaux villageois, leur reboisement imposa l'expression « forêt sectionnale » et le terme « section » pour chaque partie, la coupe de bois profitant à chaque village.

30. P. Cornu, « Déprise agraire et reboisement : le cas des Cévennes (1860-1970 », *Histoires et sociétés rurales*, n° 20, p. 173-201.

31. C. Dodane, *Les Nouvelles Forêts du Massif central : enjeux sociétaux et territoriaux*, Ecole normale supérieure des Lettres et des Sciences humaines de Lyon, thèse de géographie, 2009, dactyl.

32. B. Cinotti, « Evolution des surfaces boisées en France : proposition de reconstitution depuis le début du XIXᵉ siècle », *Revue forestière française*, n° 67, p. 547-562 –

33. P. Giraut, « Les propriétaires privés », *in Le FFN, Revue forestière française*, n° spécial 24, p. 630 et suivantes.

34. Cette évolution concerne donc les espaces méridionaux, où l'agriculture est extensive (de l'Hérault aux Alpes-de-Haute-Provence), et la vallée du Rhône (des Bouches-du-Rhône à l'Ain), espaces qui connaissent une déprise sans précédent en raison de l'essor urbain et touristique. Voir base de données AGRESTE, indiquant la répartition et la dynamique boisée (bois et forêts, surfaces boisées hors forêt comme garrigue).

35. C. Dodane, *op. cit.*, p. 189.

36. Les résineux étant rares ou absents en plaine, les gens connaissaient mal ces essences, hormis le pin, d'où l'habitude de les englober dans un terme générique qui indiquait que ces arbres-là restaient verts toute l'année.

37. Ministère de l'Agriculture, de la Pêche et de l'Alimentation, Un demi-siècle d'expérience au service de la forêt et du bois : 50ᵉ anniversaire du Fonds forestier national, 1996, 35 p.

38. Certains arbustes préfèrent l'ombre et la lumière, cas du houx. Comme ils ne sont pas appétents, les forêts sombres offrent une qualité nutritionnelle médiocre.

39. M. Hotyat, « Dynamiques internes et externes des forêts de résineux de RTM », *Annales de géographie*, n° 609-610, p. 583-594.

40. R. Prior, *Le Chevreuil*, Paris, Gerfaut Club, 1981.

41. J.-L. Bouldoire ; J. Vassant, *Le Sanglier*, Paris, Hatier, Faune sauvage, 1989.

42. J.-C. Raynal ; P. Marty, « Les prélèvements de cerfs, chevreuils, sangliers en Lozère : remarques sur leur impact économique », *Revue forestière française*, n° 188, 1999, p. 379-396.

43. Aumaitre A. ; Quere J.-P. ; Peiniau J., « Influence du milieu sur la reproduction hivernale et la prolificité de la laie », *in* Spitz F. ; Pépin D., éd., *Symposium international sur le sanglier*, Actes du colloque de l'INRA, 1984, multigr.

44. J.-L. Bouldoire, *Demain la chasse ? Ecologistes et chasseurs : le dialogue*, Paris, Le Sang de la Terre, 1993.

45. Service central des enquêtes et études statistiques (SCEES), « L'utilisation du territoire en 2004 », *Agreste, chiffres et données*, Agriculture, n° 169, 2004.

46. Pour la superficie boisée des exploitations agricoles, voir Agreste, recensement général agricole de 1970 à 2000.

47. B. Cinotti, « Les agriculteurs et leurs forêts », *Revue forestière française*, 1992, n° 44, p. 356-364.

48. D. Normandin, « La forêt paysanne en France : état des lieux et perspectives d'évolution », *in* G. Balent (sous la direction de), *La Forêt paysanne dans l'espace rural : biodiversité, paysages, produits*, Versailles, INRA, Etudes et recherches sur les systèmes agraires et le développement, 1996, p. 195-211.

49. La plupart des retraités (75 %), détenteurs de la majorité (71 %) de ce patrimoine sylvicole, possèdent une résidence dans le département où se trouve leur domaine forestier, pourcentage qui monte à 84 % en y intégrant les résidences secondaires.

50. SCEES, Enquête sur la structure de la forêt privée française en 1999, 2002.

51. SCEES, Enquête sur la structure de la forêt privée française en 1976, 1987.

52. E. Audinet, *La Chasse des canards et des oies*, Bordeaux, Sud-Ouest, 1998.

53. Y. Raison du Cleuziou, « La Nature embrigadée : conflits en baie de Somme », *Ethnologie française*, n° 1, 2007, p. 153-162. Le contraste avec la situation il y a cent cinquante ans est saisissant. Voir E. Prarond, *Les Chasses de la Somme*, Paris, Vve Bouchard-Huzard, 1858.

54. M. Pinçon, M. Pinçon-Charlot, *La Chasse à courre : ses rites et ses enjeux*, Paris, Payot, 1993.

55. M. Albergani, « Dans le Var, le sanglier s'est adapté à merveille au milieu naturel », *Le Monde*, Aujourd'hui Sciences, 13 septembre 2002, p. 24.

56. G. Driant, *De la location du droit de chasse*, Nancy, Imprimerie nancéienne, 1906. Cette location justifiait alors l'achat d'un bien forestier.

57. B. Saillet, « Les dommages de gibier en forêt vus par un praticien, ou Plaidoyer pour la forêt alsacienne », *Revue forestière française*, 1980, n° 32, p. 547-557.

58. G. Capiod, *Gestion et battues*, Paris, Gerfaut Club, 1981.

59. A. Charles-Coursault ; P. Waquet, *La Chasse en France*, Paris, PUF, 1991.

60. P. Ballon ; B. Guibert ; J.-P. Hamard et *alii*, « Sensibilité de quelques essences forestières à l'abroutissement par le chevreuil (Capreolus capreolus) », *Revue forestière française*, 1999, p. 20-34.

61. Les piégeurs participent aux recherches cofinancées ou codirigées par l'ONCFS. Pour ce travail, dit « pression du piégeage », l'autorisation préalable est nécessaire, avec examen puis octroi d'un carnet où les prises seront consignées (Texte n° 31).

62. CEMAGREF, « L'alimentation du cerf : potentialités alimentaires des peuplements forestiers », *Etudes du Cemagref*, n° 492, 1982.

63. B. Guiber, « Une nouvelle approche des populations de chevreuils en forêt : l'Indice de Pression sur la Flore (IPF) », *Bulletin technique de l'Office national de la chasse*, n° 32, 1997, p. 5-12.

64. D. Eymard « Tableaux de chasse : cerf, chevreuil, sanglier, saison 1999-2000 », ONCFS, *Faune sauvage*, n° 252, 4 p.

65. B. Graf, « Forêt et gibier après Lothar : recommandations », Lausanne, Service des forêts, de la faune et de la nature », 2001, reprod. Merci à M. Cornelis Neert, ce travail témoignant des moyens engagés.

66. D. Maillard ; B. Boisaubert ; J.-M. Gaillard, « La masse corporelle : un bio-indicateur possible pour le suivi des populations de chevreuils », *Gibier faune sauvage*, n° 6, 1989, p. 57-68.

67. J.-M. Boutin ; J.-M. Gaillard ; D. Delorme ; G. Van Laere, « Suivi de l'évolution de la fécondité chez le chevreuil (Capreolus capreolus) par l'observation des groupes familiaux », *Gibier Faune sauvage*, n ° 4, 1987, p. 255-265.

68. P. Ballon, « Relations forêt-cervidés : vers une meilleure gestion », *Informations techniques du CEMAGREF*, n° 96, 1994.

69. M. Denis, « Cervidés : à propos des densités supportables », *Forêt entreprise*, n° 106, 1995, p. 18-22.

70. J.-P. Hamard ; P. Ballon et alli, « Application d'une nouvelle méthode d'évaluation des dégâts de cervidés en forêt : vers un diagnostic de leur impact sylvicole », *Ingénieries*, n° 35, 2003, p. 75-89.

71. H. Brédif ; P. Boudinot, *Quelles forêts pour demain ? Eléments de stratégie pour une approche rénovée du développement durable*, Paris, L'Harmattan, 2001.

72. P. Normant, P. Ballon, F. Klein, « A propos de l'équilibre sylvo-cynégétique et des moyens de l'obtenir », *Rendez-vous techniques de l'Office national de la chasse*, 2004, 6 p.

73. P. Havet, *La Chasse en quête de sens. Nature, chasse et société*, Paris, L'Harmattan, Biologie, Ecologie, Astronomie, 2007, tome II.

Tombée de rideau

1. F. Burgat, *L'Animal dans nos sociétés*, Paris, La Documentation française, Problèmes économiques et sociaux, dossier n° 896, 2004.

2. L. Ferry, *Le Nouvel Ordre écologique : l'arbre, l'animal et l'homme*, Paris, Grasset, 1992.

3. F. Virely, « Les grands animaux en forêt de Fontainebleau : richesse et régulation », Association des amis de la forêt de Fontainebleau (AAFF), *La Voix de la forêt*, 2009, pp. 10-15.

4. Groupe Chevreuil, « Les bio-indicateurs : futurs outils de gestion des populations de chevreuil », *Bulletin mensuel de l'Office national de la chasse*, n° 209, 1996.

5. C. Fabre-Vassas, « Le partage du ferum : un rite de chasse au sanglier »,
Etudes rurales, n° 87-88, 1982, p. 377-400.

6. Depuis la convention de Washington de 1973, les pays signataires, dont la France n'importent plus de félins tachetés et 80 % des peaux proviennent de l'élevage.

7. B. de Cessole, « Amour et mort : le paradoxe du chasseur », *in* Actes du colloque international *La Chasse : une exception culturelle dans la vision contemporaine de la mort*, Paris, Editions de la Table Ronde, 2005, p. 85-94.

8. P. H. Hansen-Catta, *Les Chasseurs en défaut face à la modernité*, Actes de la 20ᵉ édition des Journées de Larrazet, Maison de la Culture de Larrazet (Tarn-et-Garonne), photoc.

Sources et bibliographie

Avant-propos

Charles-Coursault A., Waquet P., *La Chasse en France*, Paris, PUF, 1991.

Charlez A., « Commentaire sur les attendus du tribunal administratif en 1987 », *Bulletin mensuel de l'Office national de la chasse*, n° 135, mai 1989. A propos d'un accident de la route survenu après un lâcher de cervidés, le magistrat déclara constant « qu'un animal (d'espèce gibier), même élevé en captivité, devienne gibier dès qu'il retrouve son entière liberté et qu'il est (alors) non susceptible d'appropriation sans un fait de chasse ».

Delort R., *Les animaux ont une histoire*, Paris, Seuil, Histoire, 1984, rééd. 1993.

Micoud A., « Comment en finir avec les animaux dits nuisibles », *Etudes rurales*, n° 129-130, 1993, p. 83-94.

Vourc'h A., Pelosse V., « Chasseurs et protecteurs : les paradoxes d'une protection », in A. Cadoret, sous la direction de, *Protection de la nature : histoire et idéologie*, Paris, L'Harmattan, 1985, p. 108-123.

PREMIÈRE PARTIE
XVIᵉ-XVIIᵉ siècle

1. Honorer l'animal

Sources manuscrites

Arch. dép. Nord, B 2186 n° 73 325 et n° 73 684.

Arch. dép. Loire, B n° 1914 et n° 1928.

Arch. dép. Pyrénées-Atlantiques, B n° 2375.

Chantilly, musée Condé, manuscrit n° 65/1284.

Bibl. nat. Manuscrits français, n° 616, Gaston Phébus, *Le Livre de la chasse*, vers 1387. Ce manuscrit appartint au duc de Bourgogne Jean sans Peur.

Bruxelles, Bibliothèque royale Albert Iᵉʳ, manuscrit n° 10 218-19, Henri de Ferrières, *Traité du Roy Modus et de la Reyne Ratio*, 1450-1460. Ce manuscrit appartint au duc de Bourgogne Philippe le Bon.

Sources imprimées

Arcussia C. de Capre, *La Fauconnerie de Charles d'Arcussia, seigneur d'Esparron, de Pallières et de Courmes, gentilhomme provençal*, Aix-en-Provence, Jean Tholosan, 1598, rééd. *La Fauconnerie du roi, discours de chasse et lettres, etc.*, Paris, 1627.

Arthelouche de Alagona, *La Fauconnerie*, Poitiers, 1567.

Berger de Xivrey, éd, *Correspondance d'Henri IV*, Paris, 1957, tome I.

Bonnefons N., *Traité de chasse, de la vénerie et de la fauconnerie*, Paris, Charles de Sercy, 1681.

Brantôme, *Œuvres complètes*, S.H.F., tome III, *Les Grands Capitaines français*, Paris, wwww, 15WW.

Buisseret D., Barbiche B., éd., *Les Œconomies royales de Sully*, Paris, C. Klink-sieck, 1970, 2 vol.

Chevreul H., éd., *Livre du roy Charles IX : Traité de la Chasse au cerf*, Paris, wwww, 1859.

Colerus M.-J., *Oeconomia oder Hausbuch*, Wittenberg, 1598.

Constans L., éd., *Le Livre de l'Epervier*, Paris, Maisonneuve et Cie, 1882.

Desgraviers A., *Essai de vénerie, ou l'art du valet de limier*, Paris, Prault, 1784.

Diderot D., d'Alembert J., Le Rond d', *Encyclopédie ou Dictionnaire raisonné des Sciences, des Arts et des Métiers, par une Société de gens de Lettres*, Paris, Panckoucke, 1751-1765.

Gaffet de la Briffardière, *Nouveau traité de vénerie*, Paris, Mesnier, 1742.

Goury de Champgrand, *Traité de vénerie et de chasse*, Paris, Moutard, 1776, rééd. Roger Dacosta, 1978.

Foisil M., éd., *Journal de Jean Héroard, médecin de Louis XIII*, Paris, Fayard, 1989, tome I.

Fouilloux J. du, *La Vénerie*, Paris, Marnez et Douchet, 1re éd. 1561, Rouen, Clément Malassis, 1650, rééd. Paris, Pairault et Cie, 1897.

La Broue S. de, *Le Cavalier français*, Paris, Abel, 1602.

Le Verrier de la Conterie, *L'Ecole de la chasse aux chiens courants*, Rouen, Laurent Dumesnes, 1778.

Ménestrier C., *Traité des tournois, joutes et carrousels et autres spectacles publics*, Lyon, 1669.

Menou R. de, *La Pratique du cavalier*, Paris, Guillemot et Thiboust, 1612.

Pluvinel A. de ; Charnizay P. de, *L'Art de monter à cheval, ensemble le Manège royal où l'on peut remarquer le défaut et la perfection du cavalier en l'exercice de cet art digne des princes fait et pratiqué en l'instruction du roi*, Paris, Cramoisy, 1660.

Saint-Aulaire F. de, *La Fauconnerie de François de Saincte Aulaire, sieur de la Renodie (Renaudie) en Périgord, gentilhomme limousin*, Paris, Robert Fouët, 1619.

Salnove R. de, *La Vénerie royale*, 1re éd. 1655, Paris, Antoine de Somaville, 1655.

Saunier G., *L'Art de la cavalerie ou la Manière de devenir bon écuyer*, Paris, Jombert, 1756.

Sélincourt J. de, *Le Parfait Chasseur*, Paris, Gabriel Quinet, 1683.

Roberti J., *Historia sancti Huberti*, Liège, 1621.

Tilander G., éd., *Gaston Phébus : Le Livre de la Chasse d'après le manuscrit 616 de la Bibliothèque nationale*, Karlschamm, Cynegetica, 1971. Son texte commence le 1er mai 1387. Le manuscrit 616 fut établi pour Jean sans Peur, duc de Bourgogne.

Yauville A. de, *Traité de vénerie*, Paris, Imprimerie royale, 1788.

Ouvrages de référence

Ambelain R., *Symbolisme et rituel de la chasse à courre*, Paris, Robert Laffont, 1981.

Anthenaise C. d', Saksik L., *Le Crime d'Actéon*, Paris, Gallimard, Le Cercle des Lettrés, 2007.

Babelon J.-P., *Henri IV*, Paris, Hachette, 1982.

Belvalette A., *Traité de fauconnerie et d'autourserie*, Evreux, 1904.

Bloch M., *Les Rois thaumaturges*, Paris, Gallimard, 1924.

Bouchet J.-C., *Histoire de la chasse dans les Pyrénées françaises, XVIe-XXe siècle*, Pau, Marrimpouey, 1990.

Carton de Wiart H., *Saint-Hubert*, Paris, Albin Michel, 1942.

Chenu J.-C., *La Fauconnerie ancienne et moderne*, 1re éd. 1862, rééd. Paris, Hermann, 1980.

Corvol A., *L'Arbre en Occident*, Paris, Fayard, 2009.

Cuignet J.-C., *L'Itinéraire d'Henri IV : les 20 577 jours de sa vie*, Héraclès, Société Henri-IV, 1997.

De Rooy C., *La Vie de saint Hubert dite d'Hubert le Prévost*, Zwolle, 1958.

Dartigue-Peyrou C., *La Vicomté de Béarn sous le règne d'Henri d'Albret*, Paris, Les Belles Lettres, 1934.

Durand G., *Les Structures anthropologiques de l'imaginaire*, Paris, Dunod, 1969.

Duval P.-M., « Cernunnos », *Dictionnaire des mythologies*, Paris, Flammarion, 1981, tome I, p. 150-152.

Ellinger P., « Artémis », *Dictionnaire des mythologies*, Paris, Flammarion, 1981, tome I, pp. 70-73.

Garrisson J., *Henry IV*, Paris, Fayard, 1984.

Gervet J., Livet P., Tête A. (sous la direction de), *La Représentation animale*, Nancy, Presses universitaires de Nancy, 1992.

Hédic F., *Saint-Hubert*, Paris, Bonne Presse, 1953.

Huyghebaert L., *Sint-Hubertus, patroon van de Jagers in woord en beeld : historie, legenden, folklore*, Antwerpen, 1949.

Fourgous J. ; Bézin G. de, trad., « Les Fors de Bigorre », *Bulletin de la Société Ramond*, 1901.

Prost B., *Inventaires mobiliers et extraits des comptes des ducs de Bourgogne de la maison de Valois*, Paris, Editions Leroux, 1902-1913, tomes I et II.

Robert J., « Les Grandes et Petites Ecuries d'Henri III de Navarre », in *Henri de Navarre et le royaume de France, 1572-1589*, Pau, 1989.

Schlegel H., Verster A., Wulverhorst H. van, *Traité de fauconnerie*, Leyde et Düsseldorf, 1844-1853.

Schlegel H., Verster J.-A., *La Chasse au vol*, rééd. fr., Paris, Hachette, 1978.

Sidney S., *La Chasse à courre en Angleterre*, Paris, Pygmalion, 1985.

Tucoo-Chala P., « Henri IV ou la passion de la chasse », introduction du catalogue *Henri IV et la chasse*, Paris, Editions de l'Œuvre d'art, 1989.

Vidron F., *La Vénerie royale au XVIIIe siècle*, Paris, Crespin-Leblond, 1953.

2. Les ayants droit

Sources manuscrites

Arch. nat. O1 n° 1034 et n° 1449.

Sources imprimées

Bocquet de Chanterenne, *Plaisirs, varennes et capitaineries*, Paris, Vve Simon et fils, 1744.

Delisle de Sales, *Dictionnaire théorique et pratique de chasse et de pêche*, Paris, J.-B. G. Musier fils, 1692, 2 vol.

Duhamel du Monceau H., *De l'Exploitation des bois ou Moyen de tirer un parti avantageux des taillis, demi-futaies et hautes futaies*, Paris, Guérin-Delatour, 1764.

Durant, *Edits et ordonnances des eaux et forêts*, Paris, Vve Abel Langelier, 1614.

Estienne C. ; Liebault J., *L'Agriculture et Maison rustique revue et augmentée de diverses curiosités dignes de remarques*, 1e éd. 1564, Paris, Rigaud, 1618.

Laisné A., *Nouvelle jurisprudence sur le fait des chasses*, Paris, Gabriel Quinet, 1686. Voir tome II.

Leroy P.-M., *Mémoire sur les travaux qui ont rapport à l'exploitation de la mâture dans les Pyrénées*, Londres ; Paris, Couturier, 1776.

Liger L., *La Nouvelle Maison rustique ou Economie générale de tous les biens de la campagne*, 1e éd. 1700, Paris, Dessaint, 1772. Voir *in* tome II, Les Etangs, la pêche, la chasse et la cuisine, livre II, La Chasse et les autres amusements champêtres.

Merlin P.-A. ; Guyot P.-J., *Traité des droits, fonctions, franchises, exemptions, prérogatives et privilèges annexés en France à chaque dignité, à chaque office et à chaque état soit civil, soit militaire, soit ecclésiastique*, Paris, Visse, 1786-1788.

Pecquet L., *Lois forestières de France. Commentaire raisonné*, Paris, Prault, 1753, 2 vol.

Saugrain C.-M., *Code des Chasses ou Nouveau Traité du droit des chasses suivant la jurisprudence de l'ordonnance de Louis XIV du mois d'août 1669 mise en conférence avec les anciennes et nouvelles ordonnances, édits, etc.*, 2e éd. Paris, Saugrain, 1764.

Simon M. ; Legauld M., *Conférence de l'ordonnance de Louis XIV du mois d'août 1669 sur le fait des eaux et forêts*, Paris, Michel Etienne David père, 1752.

Tilander G., éd., *Henri de Ferrières : Traité du roy Modus et de la reyne Ratio*, Paris, Société des anciens textes français, 1932, 2 vol.

Ouvrages de référence

Abadie J.-C., *Les Palombes, pigeons ramiers et colombins et leur chasse*, Paris, Denoël, 1979.

Beaumont-James T., « Les palais anglais : le terme *palatium* et sa signification dans l'Angleterre médiévale (1000-1600) », *in* A. Renoux (sous la direction de), *Aux marches du palais. Qu'est-ce qu'un palais médiéval ?*, actes du 7e congrès international d'archéologie médiévale, Université du Maine, 1999, Le Mans, Publications du LHAM, 2001, p. 135-143.

Beck C., « Oiseaux et oiseleurs en Bourgogne aux xive et xve siècles », in *Milieux naturels, espaces sociaux : études offertes à Robert Delort*, Paris, Publications de la Sorbonne, 1997, p. 299-312.

Beck C. ; Beck P. ; Duceppe-Lamarre F., « Les parcs et jardins des résidences des ducs de Bourgogne au XIVe siècle : réalités et représentations », *in* A. Renoux (sous la direction de), *Aux marches du Palais : qu'est-ce qu'un palais médiéval ?* actes du 7e congrès international d'archéologie médiévale, Université du Maine, 1999, Le Mans, Publications du LHAM, 2001.

Bécourt H., *Histoire de la forêt de Mormal*, Lille, L. Daniel, 1887.

Birrel-Hilton J., « La chasse et la forêt en Angleterre au Moyen Age », in *Le Château, la chasse et la forêt*, actes des 3e rencontres internationales d'archéologie et d'histoire de Commarque (Dordogne), 1988, Bordeaux, Editions du Sud-Ouest, 1990.

Brisset L., *Les Garennes et les Colombiers*, Université de Paris, thèse de droit, 1902, dactyl.

Boissière J., « Exploitation forestière et pratiques cynégétiques à Fontainebleau à l'époque moderne », *in* A. Corvol (sous la direction de), *Forêt et chasse*, Actes du colloque international, Paris, 2003, Paris, L'Harmattan, 2004.

Bocquillon A.-M., *Le Roi dans ses forêts de Cuise, Laigue et Retz, XIIIe-XVe siècle*, Université de Paris I, thèse d'histoire, 2000, 3 vol. dactyl.

Cazanave de la Roche Y., *La Vénerie royale et le système des capitaineries au XVIIIe siècle*, Université d'Aix-en-Provence, thèse de doctorat ès lettres, Nîmes, s. éd., 1926.

Coll., *La Chasse au Moyen Age*, Actes du colloque, Université de Nice, 1978, Paris, Les Belles Lettres et Centre d'études médiévales, 1980.

Corvol A., *L'Homme et l'arbre sous l'Ancien Régime*, Paris, Economica, 1983.

Defresnoy P., *Histoire du droit de chasse et du droit de pêche dans l'ancien droit français*, Paris, Librairie de droit et de jurisprudence, 1896.

De Riez Y., *Le Livre des couteaux*, Paris, Denoël, 1978.

Digard J.-P., *L'Homme et les animaux domestiques : anthropologie d'une passion*, Paris, Fayard, Le Temps des Sciences, 1990.

Duceppe-Lamarre F., « Une génération de gestion animale au début du XIVe siècle : la comptabilité du territoire d'élevage et de chasse d'Hesdin (Pas-de-Calais) », in *Gestion démographique des animaux à travers le temps*, 6e Congrès international de l'association Homme et Animal, Turin, 1998.

Crombrugghe de Picquendaele S., « La chasse en Belgique, hier et aujourd'hui : quelques rapprochements avec l'Autriche », in *Nature et chasse*, catalogue de l'exposition, Bruxelles, Banque Lambert, 1987.

Duceppe-Lamarre F., « Eliminer les indésirables à Hesdin (Artois, XIIIe-XIVe siècle), *in* A. Corvol (sous la direction de), *Forêt et faune, Cahier d'études Environnement et société, XVIe-XXe siècle*, ONF-CNRS, n° 12, 2002.

Gény M., *La Chasse aux oiseaux migrateurs dans le Sud-Ouest : le droit face aux traditions*, Université de Toulouse, thèse d'histoire du droit, 1999, 2 vol. dactyl.

Harlé d'Ophove M., *Une forêt des chasses royales : la forêt de Compiègne, de la réformation de Colbert à la Révolution*, Compiègne, Société historique de Compiègne, 1968.

Hluszko A., *Le Terrain de chasse du roi : les capitaineries royales en Ile-de-France*, Paris, Montbel, 2009.

Jehin P., *Mutations des paysages forestiers dans les Vosges du Nord de la fin du Moyen Age à la veille de la Révolution*, Université de Strasbourg, thèse d'histoire, 2003, 3 vol. dactyl.

Mahuet, A., comte de, *La Chasse en Lorraine jusqu'en 1789*, Nancy, Poncelet, 1931.

Marion J.-C., *Chasses gasconnes*, Biarritz, J. & D. Editions, 1992.

Pacaut M. « Esquisse de l'évolution du droit de chasse au haut Moyen Age », in Coll. *La Chasse au Moyen Age*, actes du colloque de Nice, 22-24 juin 1979, Publications de la faculté des lettres et sciences humaines de Nice, 1980.

Pinçon M. ; Pinçon-Charlot M., *La Chasse à courre, ses rites et ses enjeux*, Paris, Payot, Petite Bibliothèque, 2003.

Petitfrère R., *Histoire universelle des armes*, Paris et Gembloux, 1979.

Proudhon J.-B., *Traité de la propriété ou de la Distinction des biens considérés*, Bruxelles, Méline, Cars et Cie, 1841.

Venner D., *Daguettes et couteaux*, Paris, Jacques Grancher, 1983.

Vidron F., *La Chasse à courre*, Paris, PUF, 1965.

Wagner P.-E., « Les Plaisirs du Roy : à propos d'une carte de réserve de chasse du milieu du XVIIIe siècle », Bibliothèque municipale de Metz.

Zadora-Rio E., « Parcs à gibier et garennes à lapins : contribution à une étude archéologique des territoires de chasse dans le paysage médiéval », in J.-J. Dubois (sous la direction de), *Du pollen au cadastre...*, actes du colloque, Université de Lille, 1985, Lille, *Hommes et terres du Nord*, n° 2-3, 1986.

3. Consommer l'animal

Sources manuscrites

Arch. dép. Loiret, D n° 5.

Sources imprimées

Anonyme, *Dictionnaire portatif de cuisine*, 1re éd. 1767, Paris, Payot, Les Grands Classiques de la gastronomie, 1995.

Berchoux J., *La Gastronomie ou l'Homme des champs à table*, Paris, s. d., 1800.

Brereton G. E. ; Ferrier J.-M., éd., *Le Ménagier de Paris (1393)*, Oxford, 1981.

Debesse P. de (ou de Besse), *Conceptions théologiques*, Paris, 1606.

Fortin F., frère, *Les Ruses innocentes dans lesquelles se voit comment on prend les oiseaux passagers (et) les non passagers (et) de plusieurs sortes de bêtes à quatre pieds*, Paris, Charles de Sercy, 1688.

Guidi, abbé, *L'Ame des bêtes*, Paris, 1782.

La Chapelle V., *Le Cuisinier moderne*, 1735.

La Varenne P.-F. sieur de, Le *Cuisinier français*, Paris, wwww, 1651.

Le Grand d'Aussy, *Histoire de la vie privée des Français*, nouvelle édition, Paris, 1815.

Liger L., *Amusements de la campagne, ou Nouvelles ruses innocentes, qui enseignent la manière de prendre toutes sortes d'oiseaux (et) de bêtes à quatre pieds*, Paris, Saugrain, 1753.

Lune P. de, *Le Cuisinier*, Paris, 1656.

Massaliot F., *Le Cuisinier royal et bourgeois... ouvrage très utile dans les familles*, Paris, wwww, 1691.

Monat P. (trad.), *Hildegarde de Bingen, Le Livre des subtilités des créatures divines*, Grenoble, Jérôme Millon, 1988-1989, 2 vol.

Menon, *La Science du maître d'hôtel cuisinier*, 1re éd. 1749, 1779.

Olina, *Les Amusements innocents contenant le Traité des oiseaux de volerie, ou le Parfait oiseleur*, Paris, Didot, 1774.

Pardies, père P., *De la connaissance des bêtes*, Paris, wwww, 1672.

Pichon J. baron, éd., *Le Ménagier de Paris, traité de morale et d'économie domestique composé vers 1393 par un bourgeois de Paris*, Paris, 1846.

Rumpolt M., *Ein neu Kochbuch*, 1ʳᵉ éd. 1581, Hildesheim, 1980.

Schröder J., *Pharmacopeia medico-chymica*, etc., Lyon, 1649.

Spener J.-C., *Historia doctrinae de temperamentis hominum*, Halle, 1704.

Taillevent (Guillaume Tirel), *Le Viandier, ci-après s'ensuit… pour appareiller toutes manières de viandes que Taillevent, (maître) queux du roi, notre sire, fit tant pour habiller et appareiller bouillis, rôtis, poissons de mer et d'eau douce, sauces, épices et autres choses à ce convenables et nécessaires…*, G. Vicaire et J. Pichon, 1892.

Ouvrages de référence

Aebischer A., éd., « Un manuscrit valaisan du *Viandier* attribué à Taillevent », *Vallesia*, n° 8, 1953, p. 10.

Arnaboldi J., *La Table dans la vie populaire en France du Moyen Age à nos jours*, Paris, 1965.

Audoin-Rouzeau F., « L'alimentation carnée dans l'Occident antique, médiéval et moderne : identités culturelles, sociales et régionales à travers le temps », in M. Bruegel et B. Laurioux, sous la direction de, *Histoire et identités alimentaires en Europe*, Paris, Hachette, 2002.

Baratay E., *L'Eglise et l'animal du XVIIᵉ siècle à nos jours*, Université de Lyon-III, thèse d'histoire, 1991, 2 vol. dactyl.

Barrau J., *Les Hommes et leurs aliments*, Paris, Messidor et Temps actuels, 1983.

Bergström I., *Dutch Still-life Painting in the Seventeeth Century*, Londres et New York, 1956.

Blond G. et G., *Histoire pittoresque de notre alimentation*, Paris, Fayard, Les grandes Etudes historiques, 1960.

Brillat-Savarin A., *La Physiologie du goût*, Paris, Gabriel de Gonet, 1826.

Carême M.-A., *Le Maître d'hôtel français, ou Parallèle de la cuisine ancienne et moderne…*, Paris, 1820.

Carême M.-A., *Le Cuisinier français ou l'Art de la Cuisine française au XIXᵉ siècle*, Paris, 1833.

Chapelot J. ; Fossier R., *Le Village et la maison au Moyen Age*, Paris, 1980.

Coll., *Cuisine, manières de table et régimes alimentaires*, actes du colloque international de Nice, 15-17 octobre 1982, Nice, 1984, tome II.

Corvol A., *L'Arbre en Occident*, Paris, Fayard, 2009.

Derex J.-M., *Les Terres inconstantes : histoire des zones humides françaises, XVIIIᵉ-XIXᵉ siècle*, Université de Paris-IV Sorbonne, HDR en histoire, 2008, 4 vol dactyl.

Dumas A., *Grand Dictionnaire de cuisine*, Paris, 1873.

Faré M., *Le Grand Siècle de la nature morte en France : le XVIIᵉ siècle*, Fribourg et Paris, 1976.

Gautier A., « La faune d'un puits de l'abbaye Saint-Avit-Sénieur (Dordogne), Xᵉ-XIIIᵉ siècle », *Archéologie médiévale*, n° 2, 1972, p. 355-379.

Gérard A.-M., *Dictionnaire de la Bible*, Paris, Robert Laffont, Bouquins, 1989.

Girard P., « Le triomphe de la cuisine bourgeoise : livres culinaires, cuisine et société en France au XVIIᵉ et au XVIIIᵉ siècle », *Revue d'histoire moderne et contemporaine*, n° 24, 1975, p. 497-523.

Greindl E., *Les Peintres flamands de nature morte au XVIIᵉ siècle*, 1ʳᵉ éd. 1956, rééd., Bruxelles, 1983.

Halleux D., *Le Livre du tendeur : filets, lacets, gluaux, maladies des oiseaux*, Paris, Roret, 1889.

Jeanneret M., *Des mets et des mots : banquets et propos de table à la Renaissance*, Paris, 1927.

Jobey C., *La Chasse et la Table, nouveau traité en vers et en prose donnant la manière de chasser, de tuer et d'apprêter le gibier*, Paris, Firne et Cie, s. d. (fin XIXe s.)

Ketcham-Weathon B., *L'Office et la Bouche : histoire des mœurs de la table en France (1300-1789)*, Paris, 1985.

Fumaroli M., *L'Ecole du silence : le sentiment des images au XVIIe siècle*, Paris, Flammarion, Idées et recherches, 1994.

Laurioux B., « Le lièvre lubrique et la bête sanglante : réflexions sur quelques interdits alimentaires du haut Moyen Age », in *L'Animal dans l'alimentation humaine : les critères du choix*, actes du colloque de Liège, 26-29 novembre 1986, *Anthropozoologica*, n° spécial, 1987.

Laurioux B., *Manger au Moyen Age*, Paris, Hachette, 2002.

Lebault A., *La Table et le repas à travers les siècles*, Paris, 1810.

Méchin C., *Bêtes à manger*, Nancy, Presses universitaires de Nancy, 1992.

Meniel P., *Chasse et élevage chez les Gaulois*, Paris, Errance, 1987.

Meniel P., « L'animal dans l'alimentation humaine : les critères de choix », *Anthropozoologica*, n° spécial, Paris, 1988.

Migaud P., « Première approche du profil céphalique des suidés sur le site d'Andone (Saint-Amant-de-Boixe, Charente), 950-1080 », *Anthropologica*, n° 11, 1989.

Migaud P., « Premiers résultats concernant l'étude de la cuisson des aliments sur le site d'Andone (Saint-Amant-de-Boixe, Charente), X^e-XIe siècle », *Anthropologica*, n° 14-15, 1991.

Raison H., *Code gourmand : manuel complet de gastronomie contenant les lois, règles, applications et exemples de l'art de bien vivre*, Paris, J.-P. Roret, 1829.

Rambourg P., *Le Civet de lièvre : un gibier, une histoire, un plat mythique*, Paris, Jean-Paul Rocher, 2000.

Revel J.-F., « La notion de révolution agronomique », in *L'Art gourmand*, Bruxelles, Snoeck-Ducaju et Zoon, 1996, p. 273-298.

Segal S., *A Prosperous Past : the Somptuous Still Life in the Netherlands, 1600-1700*, catalogue de l'exposition, Stedelijk Museum Delft, La Haye, W. B. Jordan, 1988.

Sterling C., *La Nature morte de l'Antiquité à nos jours*, 1re éd. Paris, 1952, 2e éd. remaniée *Life Painting from Antiquity to the Twentieth Century*, New York, 1981.

Testard A., « De la chasse en France, du sang et de bien d'autres choses encore », *L'Homme*, n° 27, 1987.

Trevor-Hopper H., *Princes et artistes : mécénat et idéologie dans quatre cours Habsbourg, 1517-1633*, 1re éd. Londres, 1976, Paris, Thames and Hudson, 1991.

Vigne J.-D., « Domestication ou appropriation pour la chasse : histoire d'un choix socioculturel. L'exemple des cerfs », *Exploitation des animaux sauvages à travers le temps*, Juan-les-Pins, Editions APCDA-CNRS, 1993.

Yvinec J.-H., « Etude archéozoologique du site de la place des Hallettes à Compiègne (Oise) du haut Moyen Age au XIIe siècle », in *Exploitation des animaux sauvages à travers le temps*, actes du colloque, Juan-les-Pins, 1993.

4. Les braconniers

Sources manuscrites

Arch. dép. Gers, C n° 11.

Arch. dép. Gironde, 8B n° 66, n° 77, n° 171, n° 215, n° 220, n° 236.

Ibid., 7 M, n° 647.

Arch. dép. Haute-Garonne, B n° 1683.

Ibid., 9B-9C n° 34.

Arch. dép. Haute-Saône, B n° 478.

Arch. dép. Loiret, AD n° 45 et 2J n° 259,

Sources imprimées

Bleton-Ruget A., *Les Cahiers de doléances de la Bresse bourguignonne*, Bourg, Pierre-de-Bresse, 1989.

Demay C., *Cahiers des paroisses du bailliage d'Auxerre, textes complets d'après les originaux*, Auxerre, Bulletin de la Société des sciences historiques et naturelles de l'Yonne (BSSHNY), 1883, extr.

Demay C., *Cahiers de doléances des villes de Cosne, Varzy et de la paroisse de Lignorelles, Auxerre, Bulletin de la Société des sciences historiques et naturelles de l'Yonne* (BSSHNY), 1897, extr.

Dumas A. père, « La Chasse et l'Amour », vaudeville en un acte, donné à l'Ambigu-Comique, 22 septembre 1825, in *Théâtre complet*, Paris, Minard, Les Lettres modernes, 1974, tome I.

Labruyerre L., *Les Ruses du braconnage*, 1ʳᵉ éd. 1771, rééd. Paris, Emile Nourry, 1926.

Laclède J. de, *Recueil d'édits, déclarations du roi, arrêts du Conseil et jugements concernant les eaux et forêts*, 1772, tome I.

Laisné A., *Nouvelle jurisprudence sur le fait des chasses, contenant l'explication de l'Ordonnance de 1669*, Paris, Gabriel Quinet, 1686, tome II.

Magne de Marolles F.-G., *La Chasse au fusil*, Paris, Théophile Barrois, 1788.

Massé P., *Dictionnaire portatif des eaux-et-forêts*, Paris, Vincent, 1766.

Montarlot P., « Le bailliage d'Autun d'après les cahiers des trois ordres », *Mémoires de la Société éduenne*, 1892.

Porée C., « Cahiers de doléances du bailliage de Sens pour les états généraux de 1789 », *Bulletin de la Société des sciences historiques et naturelles de l'Yonne*, (BSSHNY), Auxerre, 1908.

Roques M., trad., *Le Roman de Renart*, version établie d'après le manuscrit de Cangé, Paris, Honoré Champion, 1958.

Vernier J.-J., *Cahiers de doléances du bailliage de Troyes (principal et secondaires), et du bailliage de Bar-sur-Seine, pour les états généraux de 1789*, Troyes, 1909-1911, 3 vol.

Ouvrages de référence

Aucante P. et M., *Les Braconniers : mille ans de chasse clandestine*, Paris, Aubier, 1983.

Barbier M., *La Maîtrise des eaux-et-forêts de la Basse-Alsace et l'introduction de la législation française, XVIIIᵉ-XIXᵉ siècle*, Université de Strasbourg, thèse de droit, 2 vol. dactyl.

Bart J., « La conquête paysanne du droit de chasse sous la Révolution française », *in* E. Eizner (sous la direction de), *L'Imaginaire de la chasse*, Chalon-sur-Saône, Editions ARC, 1986.

Brunet M., *Le Roussillon : une société contre l'Etat, 1780-1820*, Université de Toulouse, thèse d'histoire, 1986, dactyl.

Chevalier J. ; Gheerbrant A., *Dictionnaire des symboles*, Paris, Robert Laffont, Bouquins, 1982.

Cholley F., *Les Délits forestiers dans le bailliage de Fougerolles, 1753-1789*, Université de Besançon, mémoire de maîtrise d'histoire, 1996, dactyl.

Coll., *Le Château, la chasse et la forêt*, actes des 3ᵉ rencontres internationales d'archéologie et d'histoire de Commarque (Dordogne), Bordeaux, 1988, Bordeaux, Editions du Sud-Ouest, 1990.

Corvol A., *L'Homme et l'arbre sous l'Ancien Régime*, Paris, Economica, 1983.

Crémieu-Alcan P., *Typologie des délits forestiers en Guyenne, 1780-1790*, Université de Bordeaux-III, Diplôme d'études approfondies, 1987, dactyl.

Delors R., *Le Commerce des fourrures en Occident à la fin du Moyen Age, 1300-1450*, Rome, Ecole française de Rome, 1978, 2 vol.

Desplats C., « La chasse en Béarn à l'époque moderne », *Annales du Midi*, n° 176, octobre-décembre 1986.

Dumas A. père, « La Chasse et l'Amour », vaudeville en un acte, donné à l'Ambigu-Comique, 22 septembre 1825, in *Théâtre complet*, Paris, Minard, Les Lettres modernes, 1974. Voir Tome I.

Dupâquier J., « Braconnage et droit de chasse dans le Vexin à la veille de la Révolution », *Mémoires de la Société historique de Pontoise et du Vexin*, n° 68, 1978-1979.

Farouk A., « Plaisirs cynégétiques et braconnage dans le bailliage royal de Versailles au XVIIIᵉ siècle », *Revue d'histoire de Versailles et des Yvelines*, n° 68, 1984.

Garrier G., « Les délits de chasse en Velay et en Beaujolais d'après les archives judiciaires », *in* E. Eizner (sous la direction de), *L'Imaginaire de la chasse*, Chalon-sur-Saône, Editions ARC, 1986.

Garnier E., *L'Homme et la forêt dans la gruerie de Faucogney, 1750-1790*, Université de Besançon, mémoire de maîtrise d'histoire, 1989, dactyl.

Gény M., *La Chasse aux oiseaux migrateurs dans le Sud-Ouest : le droit face aux traditions*, Université de Toulouse, thèse d'histoire du droit, 1999, 2 vol. dactyl.

Hell B. ; Méchin C., *Braconner en Vosges : ethnologie d'une vallée vosgienne*, Raon-l'Etape, Les Cahiers de l'Archipel, 1987.

Jehin P., *Mutations des paysages forestiers dans les Vosges du Nord de la fin du Moyen Age à la veille de la Révolution*, Université de Strasbourg, thèse d'histoire, 2003, 2 vol dactyl.

Lerat J., *Les Délits forestiers dans le département des Landes, 1750-1770*, Université de Bordeaux-III, Diplôme d'études approfondies, 1981, dactyl.

Marotaux V., « La chasse dans la région de Versailles ou la tyrannie d'un loisir de cour », *Revue de l'histoire de Versailles et des Yvelines*, n° 69, 1995.

Malafosse J. de, « Nature et liberté : les acquis de la Révolution française », *Revue de droit rural*, n° 178, décembre 1989, p. 486-494.

Nétumières, comte de, *Vénerie et tirés du prince de Condé à Chantilly au XVIIIᵉ siècle*, Paris, Hazan, 1956.

Paultrec. C., *De la répression de la mendicité et du vagabondage en France sous l'Ancien Régime*, Paris, 1906.

Pédemay G., « La forêt périgourdine au XVIIIe siècle : une forêt menacée ? », *Annales du Midi*, n° 164, 1982, p. 373-389.

Pédemay G., *Les Délits forestiers dans le département de la Dordogne dans la seconde moitié du XVIIIe siècle*, Université de Bordeaux, maîtrise d'histoire, 1983, dactyl.

Rieupeyroux F., « La chasse en France du Moyen Age à la fin de la Révolution », *Information historique*, n° 1, 1984, p. 9-17.

Salvadori P., *La Chasse sous l'Ancien Régime*, Paris, Fayard, 1996.

Verdon J., « Recherches sur la chasse en Occident durant le haut Moyen Age », *Revue belge de philologie et d'histoire*, n° 4, 1978.

Vion-Delphin F., « Le braconnage en Franche-Comté : une pratique populaire au XVIIIe siècle », *in* A. Corvol (sous la direction de), *Forêt et chasse, X^e-XXe siècle*, actes du colloque international, Ecole normale supérieure 2002, Paris, L'Harmattan, 2004.

DEUXIÈME PARTIE
XVIIIe-XIXe siècle

5. Une menace constante

Sources manuscrites

Arch. nat. F10 n° 469, Var, lettre du préfet au ministre de l'Intérieur sur le placement en séquestre des personnes mordues par un loup, s. d. an XII.

Arch. nat. F10 n° 474, Nièvre, enquête sur les personnes enragées, suite aux morsures d'un « loup hydrophobe ».

Ibid., F10 n° 474, Gard, enquête sur les loups « mangeurs d'hommes », 1817.

Ibid., F10 n° 476, Gard, mémoire sur les loups d'Arnaud de Bouisson, prêtre de l'Oratoire, an III.

Ibid., F10 n° 1726, Meuse, commune de Montsec, procès-verbaux constatant les morsures de 19 personnes attaquées par une louve « furieuse », mai 1821.

Arch. dép. Ariège, 73 E, supplément, commune d'Aston, délibérations municipales, 1808-1847.

Arch. dép. Yonne, 8 M10, Agriculture, eaux et forêts, n° 2 à n° 4, destruction des loups, an X-1828.

Sources imprimées

Andry M., *Recherches sur la rage*, Paris, Librairie Didot, 1780.

Blanchon H. A., *L'Art de détruire les animaux nuisibles*, Paris, wwww, 1899, rééd. 1922.

Campanyo WW., *Histoire naturelle du département des Pyrénées-Orientales*, Perpignan, Alzine, 1863.

Clamorgan J. de, *La Chasse du loup*, Paris, Jacques Dupuys, 1566.

Darwin C. R., *The Variation of Plants and Animals under Domestication*, London, John Murray, 1868.

Delisle de Sales, *Dictionnaire théorique et pratique de chasse et de pêche*, Paris, J.-B. G. Munier, 1769, 2 vol.

Desgraviers A., *Le Parfait Chasseur : traité général de toutes les chasses*, Paris, 1810.

Desgravières (comte des Gravières), *Essai de vénerie, ou l'art du limier, suivi du traité sur les maladies des chiens et leurs remèdes*, 1819.

Diderot D. ; d'Alembert J. Le Rond d', *Encyclopédie ou Dictionnaire raisonné des Sciences, des Arts et des Métiers, par une Société de gens de Lettres*, Paris, Panckoucke, 1751-1765.

Dufournet J. ; Méline A., éd., *Le Roman de Renart*, Paris, Garnier-Flammarion, 1985.

Du Fouilloux J., *La Vénerie*, Poitiers, 1561, 17ᵉ éd. Paris, Claude Cramoisy, 1628.

Froidour L. de, *Instruction pour les ventes des bois du roi*, 1ʳᵉ éd. 1678, éd. revue et augmentée par Berrier, Paris, Brunet, 1759.

Houdetot A., *La Petite Vénerie*, 1862.

La Fontaine J. de, *Fables*, éd. Marc Fumaroli, Paris, Le Livre de Poche, Pochothèque, 1985.

Monthois R., *La Noble et Furieuse Chasse du loup, composé par R. M. Arthesien en faveur de ceux qui sont portés à ce royal déduit*, Ath, J. Maes, 1642.

Pouteau C., *Essai sur la rage... par M. Pouteau le fils*, Lyon, Regnault, 1763.

Portal M., *Observations sur la nature et le traitement de la rage...*, Yvernon, s. éd., 1779.

Portal M., *Observations sur les effets des vapeurs méphitiques...*, 1787, étude éditée sur ordre de la République *Instructions sur le traitement des asphyxiés par méphitisme* (qui traite aussi de la rage), Paris, an V.

Saincte-Aulaire de, *La Fauconnerie avec un bref discours sur la louange de la chasse et exhortation aux chasseurs*, Paris, Robert Fouët, 1619, rééd 1814.

Selincourt J. de, *Le Parfait Chasseur*, Paris, Gabriel Quinet, 1683.

Tilander T. éd., *Traité du roy Modus et de la reyne Ratio*, Paris, 1932.

Ouvrages de référence

Alfassa P., « Les tapisseries des Chasses de Maximilien », *Gazette des Beaux-Arts*, 1920.

Alleau J., *Loups, hommes et bétail, du Léman à la Méditerranée, XVIᵉ-XVIIIᵉ siècle*, Université de Caen, mémoire de master d'histoire moderne, 2006, dactyl.

Baratay E., *L'Eglise et l'animal en France, XVIIᵉ-XXᵉ siècle*, Paris, wwww, 1996.

Bodson L., « Les paradoxes du témoignage d'Isidore de Séville sur les chiens (Etymologie XII, 2, 25-28) », in *Milieux naturels, espaces sociaux : études offertes au professeur Robert Delort*, Paris, Presses Universitaires de la Sorbonne, 1997.

Bouchardy C., *La Loutre*, Paris, Le Sang de la Terre, 1986.

Blanchon H. A., *L'Art de détruire les animaux nuisibles*, Paris, 1899, rééd. 1922.

Campanyo WW., *Histoire naturelle du département des Pyrénées-Orientales*, Perpignan, Alzine, 1863.

Cazanave M., éd., *Encyclopédie des symboles*, Paris, Le Livre de Poche, Pochothèque, 1996.

Couret A. ; Daigueperse A., *Le Tribunal des animaux : les animaux et le droit*, Paris, Thissot, 1987.

Darwin C. R., *The Variation of Plants and Animals under Domestication*, London, John Murray, 1868.

Decroix M., *Neuf cas de guérison de la rage*, Paris, Asselin, 1882.

Delumeau J., *La Peur en Occident*, Paris, Fayard, 1978.

Delmarcel G., « Les tapisseries des Chasses de Maximilien : rêve et réalité », *Revue belge d'archéologie et d'histoire de l'art*, n° 53, 1984-1985.

Desgravières (comte des Gravières), *Essai de vénerie ou l'Art du limier, suivi d'un traité sur les maladies des chiens et leurs remèdes*, 1819.

Desgraviers A., *Le Parfait Chasseur : traité général de toutes les chasses*, Paris, 1810.

Farmer J.-D., *Bernard van Orley of Brussels*, Princeton University, p. D. Diss, 1981.

Flinn J., *Le Roman de Renart dans la littérature française et dans les littératures étrangères au Moyen Age*, Université de Paris-Sorbonne, thèse de doctorat ès lettres, Paris, 1958, University of Toronto Press, *Romance Series*, n° 4, 1963.

Gaidoz H., *La Rage et saint Hubert*, Paris, Picard, 1887.

Haucourt G. d' ; Durivault G., *Le Blason*, Paris, PUF, 6ᵉ éd., 1975.

Hell B., *Entre chien et loup : faits et dits de chasse dans la France de l'Est*, Paris, Maison des sciences de l'homme, Ethnologie de la France, 1985.

Hell B., *Chasse, rage et possession : étude sur le culte de Saint-Hubert et sur l'imaginaire du Sauvage*.

Houdetot A.-F.A. vicomte de, *La Petite Vénerie*, 1862.

Fabre, abbé, *La Bête du Gévaudan*, Saint-Flour, 1901.

Jam, *L'Ours dans les Basses-Pyrénées*, Pau, Garet, 1882.

Jehin, P. « Une chasse au lynx à Lichtenberg en 1638 », *Pays d'Alsace*, n° 200, 2002, p. 11-12

Jehin P., *Mutations des paysages forestiers dans les Vosges du Nord, de la fin du Moyen Age à la veille de la Révolution*, Université de Strasbourg, thèse d'histoire, 2003, 3 vol. dactyl.

Lebrun F., *Les Hommes et la mort en Anjou*, Université de Paris-I, thèse de doctorat ès lettres, Paris, Ed. Maloine, 1971. Voir p. 290-291.

Leguiel E., « Le carnaval d'autrefois à Prats-de-Mollo », *Revue Catalane*, 1908, pp. 262-392.

Lequin Y., *Les Malheurs du temps : histoire des fléaux et calamités en France, XIVᵉ-XVIIᵉ siècle*, Paris, 1987.

Ligneville J., comte de Bey, *Les Meutes et véneries*, Paris, Damascène Morgand, 1892.

Loevenbruck P., *Le Blaireau, ses mœurs et sa chasse*, Paris, Crépin-Leblond, 1955.

Magne de Marolles G. D., *La Chasse au fusil*, Paris, 1788.

Marquet L. « Rage et Euthanasie », in Saint-Hubert d'Ardenne, *Cahiers d'histoire*, 1979, tome III, p. 67-78.

Ménard P., « Littérature et iconographie : les pièges dans les traités de chasse d'Henri de Ferrières et de Gaston Phébus », in *La Chasse au Moyen Age*, actes du colloque de Nice, 22-24 juin 1979, Paris, 1980, p. 159-183.

Moriceau J.-M., *Histoire du méchant loup : 3 000 attaques sur l'homme en France, XVᵉ-XXᵉ siècle*, Paris, Fayard, 2007.

Pastoureau M., *L'Ours, histoire d'un roi déchu*, Paris, wwww, 2007.

Rivals C., « Renard trop humain ? d'après la Faune populaire d'Eugène Rolland », in *Des animaux et des hommes*, Actes du colloque international, Université de Neuchâtel, p. 153-171.

Thévenin R., *Les Petits Carnivores d'Europe*, Paris, Payot, 1952.

Thomas K., *Dans le jardin de la nature*, trad. de l'anglais, Paris, Gallimard, Bibliothèque des Histoires, 1985.

Toussenel A., *L'Esprit des bêtes*, 1847, rééd. Paris, J. Hetzel, 1859.

Virey J.-J., *Histoire des mœurs et de l'instinct des animaux*, Paris, 1822.

Voigt E., éd. *Ysengrimus*, Halle, 1884, trad. par E. Charbonnier, Vienne, Verlag Karl M. Halosar, 1983.

Zvelebil M., « La chasse et la cueillette à l'époque postglaciaire », *Pour la science*, juillet, 1986, p. 80-87.

6. L'organisation de la lutte

Sources manuscrites

Arch. nat. F 10 n° 476, Calvados, Landes, Mont-Terrible, Ourthe, Pyrénées-Orientales, Vienne et Haute-Vienne, pluviôse an VII.

Ibid., F 10 n° 483 et n° 434, Doubs.

Ibid., F 10 n° 1726.

Ibid., G 7 n° 418 et n° 419.

Ibid., O 5 n° 1432.

Arch. dép. Ardennes, C n° 103 à n° 109.

Arch. dép. Ariège, Boineau J.-M., *L'Ours en Ariège : chasses, chasseurs et témoignages depuis 1800*, 1977, 130 p. dactyl.

Ibid., 136 E, supplément, commune de Seix.

Arch. dép. Hautes-Alpes, L n° 302 et n° 303.

Ibid., 4 M n° 51.

Arch. dép. Gers, B n° 489.

Ibid., 109 M n° 1.

Ibid., 108 M n° 14.

Arch. dép., Loiret, 2 B n° 101.

Arch. dép. Pyrénées Atlantiques, CC n° 49.

Arch. dép. Yonne, 8 M10 n° 14 et n° 16.

Sources imprimées

Le *Journal général de l'Orléanais* (sondage 1770-1789)

Le *Journal du Loiret* (sondage 1870-1889)

Buchoz J., *Méthodes vraies et faciles pour détruire les animaux nuisibles*, Paris, 1784.

Code des chasses ou Nouveau Traité du droit des chasses, suivant la jurisprudence de l'ordonnance de Louis XIV du mois d'août 1669 mise en conférence, Paris, 1720.

Carlier abbé, *Traité des bêtes à laine ou Méthode d'élever et gouverner les troupeaux aux champs et à la bergerie*, Paris, 1770, 2 vol.

Daubenton C., *Instruction pour les bergers et les propriétaires de troupeaux*, 1782.

Diderot D. ; d'Alembert J., *Encyclopédie ou Dictionnaire raisonné des Sciences, des Arts et des Métiers par une société de gens de lettres*, Paris, 1751-1765,

Jeanson éd., *Cahiers de doléances...*, Orléans, 1999, 3 tomes.

L'Isle de Moncel de, *Mémoire sur l'utilité et la manière de détruire les loups dans le royaume*, Paris, Imprimerie royale, 1765.

L'Isle de Moncel N., *Méthodes et projets pour parvenir à la destruction des loups dans le royaume*, Paris, Imprimerie royale, 1768.

Le Verrier de la Conterie, *L'Ecole de la chasse aux chiens courants*, Rouen, Nicolas et Richard Lallemant, 1763.

—, *Résultats d'expériences sur les moyens les plus efficaces et les moins onéreux au peuple de détruire l'espèce des loups*, Paris, Imprimerie royale, 1771.

Magne de Marolles G. D., *La Chasse au fusil*, Paris, 1788. Voir chapitre VI : Du Loup.

Salnove R. de, *La Vénerie royale*, Paris, Antoine de Sommaville, 1665.

Ouvrages de référence

Assier A. d'., *Souvenir des Pyrénées*, Foix, Vve Pomier, 1884.

Audeville A. d', « Notre ennemie la Loutre », *Bulletin de pisciculture pratique*, 1890, 42 p.

Barnard D., *L'Homme et le Loup*, Paris, Berger-Levrault, 1981.

Baudrillart J.-J. ; Quingery, *Traité général des Eaux et Forêts*, Tome III, *Dictionnaire des chasses*, Paris, Arthus Bertrand, 1834.

Bellenone-Chartier, *Mémoire sur un plan de bascule pour la destruction des loups*, Blois, Jahyer.

Beaucorps C. de, *L'Administration des intendants d'Orléans de 1686 à 1713*, Orléans, Marcel Marron, 1911.

Bobbe S., « Analyse de la fête de l'Ours contemporaine en Catalogne française », in *L'Homme et l'Animal*, actes du colloque international, Presses universitaires de Toulouse, 1989, tome III.

Bourcier F. *Vénerie du Loup*, Université Paul-Sabatier, thèse de doctorat en médecine vétérinaire, Toulouse, 1990.

Caussimont G., *Etude comparée des communautés des vallées de Hecho, Anso, Roncal, Haut-Ossau, Aspe, Baretous : structures et mentalités*, Université de Pau, thèse de 3ᵉ cycle, Pau, 1981, dactyl.

Davies E. W. L., *La Chasse à courre aux loups en Basse-Bretagne*, 1ᵉ éd. en anglais, 1855, rééd. Morlaix, Editions du Bout du Monde, 1985.

Dax, vicomte L. de, *Souvenirs de mes chasses et pêches dans le midi de la France*, Paris, Castel, 1858.

Desplat C., *Présence et image du loup en Béarn aux XVIIᵉ et XVIIIᵉ siècles*, Pau, F.I.E.P., 1981.

Dugas de la Boissonny C., *L'Intendant de Franche-Comté et la destruction des loups de 1775 à 1790*, Université de Besançon, thèse d'histoire du droit, 1980, dactyl.

Dunoyer de Noirmont, baron, *Histoire de la chasse en France*, Paris, 1867, rééd. Le Lavandon, Editions du Layet, 1982. Voir tome III ; tome I.

Fouquier A., *A propos de chasse à l'isard, à l'ours et au sanglier*, Paris, Morel, 1872.

Fruhauf C., « La chasse aux loups et aux ours dans les Fenouillèdes (Pyrénées-Orientales), 1785-1786 », in *Les Montagnes de l'Europe et de l'Himalaya occidental*, actes du colloque international Pau, 1984, p.427-436.

Guyot H. de Preuilly, *La Chasse à la loutre*, 1950.

Houdetot A.-F.-A. vicomte de, *La Petite Vénerie ou la Chasse au chien courant*, Paris, La Librairie, 1855.

Halard X., « Le loup aux XIVᵉ et XVᵉ siècles en Normandie », *Annales de Normandie*, 1983.

Jam, *L'Ours dans les Basses-Pyrénées*, Pau, Garet, 1882.

Kolodziej C., « Quelques éléments sur les travaux de Nicolas de L'Isle de Moncel », in *Le Loup en Europe du Moyen Age à nos jours*, Presses universitaires de Valenciennes, 2009.

Lastic G. de, « Desportes et Oudry, peintres des Chasses royales », *Connoisseur*, décembre 1977, p. 294 et suivantes.

Le Couteulx de Canteleu J.-E. H. baron de, *La Chasse du loup... avec des planches photographiées d'après nature*, Paris, Vve Bouchard-Huzard, 1861.

Lenoble-Pinson M., *Le Langage de la chasse : gibiers et prédateurs*, Bruxelles, Publications des Facultés universitaires de Saint-Louis (FUSL), 1977.

Lormant F., « L'arbre et la forêt dans l'imagerie populaire », *Mémoires des Vosges*, Saint-Dié, Société philomatique vosgienne, n° 18, 2009.

Maillet WW., *Moyen à employer pour la destruction générale des loups en Europe*, s. l., s. éd. 1810.

Martin R. ; Rollinat R., *Catalogue des mammifères de la Brenne : mammifères du département de l'Indre*, Mémoires de la Société zoologique de France, tome II, 1889.

Miegemarque H., *Chasses pyrénéennes*, Gaillac, Dugourc, 1902.

Molinier A., « Environnement et histoire : les loups et l'homme en France », *Revue d'Histoire moderne et contemporaine*, n° 28, 1981, p. 225-245.

Molinier A., « Une cartographie des loups tués en France et dans les territoires sous contrôle français vers 1800 : jalons pour une écologie des loups », *Le Monde alpin et rhodanien*, n° 30, 2002.

Morand-Aurier C., *Mes secrets : pourquoi et comment je prends la Loutre*, Riom, Imprimerie Pouzol, 1910.

Muyard F., *Les Loups et la loi du XIVe siècle à nos jours : histoire d'une hantise populaire*, Paris, 1998.

Nétumières, comte de, « Le Grand Dauphin », *Le Saint-Hubert*, mai 1962.

Nolet J.-F., « La foire aux sauvagines, un héritage du passé », *La Vie économique de Saône-et-Loire*, n° 110, 1970.

Oberthür J., *Animaux de vénerie et chasse aux chiens courants*, Paris, C. Tchou, La Bibliothèque des Introuvables, 2002, tome II.

Pfeiffer T., *Sur les traces des Brûleurs de loups : l'homme et le loup en Dauphiné*, Paris, L'Harmattan, 2009.

Picard E., « La Vénerie des ducs de Bourgogne », *Mémoires de la Société éduenne*, n° 9, Paris, 1881.

Pitton Dr., « La rage en Franche-Comté », *Cahiers de médecine vétérinaire*, Paris, n° 39, 1970.

Puton F. A., *La Louveterie et la destruction des animaux nuisibles*, Nancy, 1872.

Richard J., « Les loups et la communauté villageoise », *Annales de Bourgogne*, n° 21, 1949.

Rollinat R., « Le commerce des fourrures dans un chef-lieu de canton de la France centrale », *Revue d'Histoire naturelle appliquée*, n° 10, 1929.

Soubies, *Chasse à l'ours*, Bagnères, Cazenave, 1867.

Tanneguy de Courtivron, marquis de, *Moyen facile de détruire les loups et les renards à l'usage des habitants de la campagne*, Paris, 1809.

Toussenel A., *L'Esprit des bêtes : zoologie passionnelle*, Paris, Editions Denty, 1858.

Thion C., *La Forêt d'Orléans et les communautés d'habitants, milieu XVIIe siècle-début XIXe siècle*, Université de Paris-IV, thèse d'histoire, 2004, 2 vol. dactyl.

Villebois G., *Les Enfants-loups et les Animaux fantastiques*, Genève-Paris, Droz, 1980.

7. Une passion dévorante

Sources manuscrites

Arch. nat. O5 n° 671 et n° 672, documents du service du Grand Veneur, séjour de l'empereur de Russie et du roi de Prusse ; du vice-roi d'Egypte, juillet-août 1867.

Ibid., 400 AP n° 71, documents de la Maison de l'Empereur, « Chasses à tir de Sa Majesté l'Empereur », bulletins indiquant les noms des tireurs et le nombre de pièces abattues par tireur à Rambouillet, Fontainebleau et Compiègne, 1860-1866.

Arch. dép. Loiret :

Devailly J., *L'Œuvre du Second Empire en Sologne*, Université de la Sorbonne, thèse d'histoire, Paris, 1947, dactyl.

Gillardot P., *La Grande Sologne*, Université de Paris-I, thèse de doctorat d'Etat en géographie, Paris, 1981, dactyl.

Sources imprimées

Abeille de Fontainebleau (L').

Chasse Illustrée (La).

Diderot D. ; d'Alembert J., *Encyclopédie ou Dictionnaire raisonné des Sciences, des Arts et des Métiers par une société de gens de lettres*, Paris, 1751-1765.

Dom Franc, « Mémoire sur la chasse des bisets ou pigeons ramiers qui se fait dans la Bigorre », *Mémoire d'agriculture d'économie rurale et domestique*, Société royale d'agriculture de Paris, Vve d'Houry et Debure, 1787.

Duhamel du Monceau H., *Des semis et des plantations des arbres et de leur culture*, Paris, Desaint, 1780.

Ouvrages de référence

Aigle, marquis de, *Réflexions d'un vieux veneur sur la chasse au cerf*, Paris, Manzi, Joyant et Cie, 1913.

Baillie-Grohman W. A., *Sport in the Alps in the Past and Present*, London, 1896.

Baron-Yelles N. ; Goelder-Gianelle L., *Les Marais maritimes d'Europe atlantique*, Paris, PUF, 2001.

Bémelans Ch, *Conseils aux chasseurs : manière de repeupler une chasse de menu gibier...*, Paris, chez l'auteur et les armuriers, 1866.

Blanchon H.-L.-A., *Manuel pratique de l'éleveur de faisans, contenant les diverses races de faisans, les faisanderies, la nourriture, l'élevage naturel, l'élevage artificiel et le transport*, Paris, 1898.

Bouquet de La Grye, *Guide pratique et raisonné du garde forestier : la surveillance des forêts et de la pêche*, Paris, La Maison rustique, 1859.

Boussenard L., *La Chasse à tir mise à la portée de tous*, Paris, Ernest Kolb, (XIXe s.).

Brelot C.-L., *La Noblesse réinventée : nobles de Franche-Comté, 1814-1870*, Paris, Les Belles Lettres, 1990.

Buzonnière L. de, *Les Solonais : scènes de la vie des champs*, Paris, C. Le Clère, 1840, 2 vol.

Cancalon C., *Les Loisirs d'un disciple de la Saint-Hubert : essai sur les armes à feu se chargeant par la culasse...*, Paris, Dentu, 1864.

Chapus E., *Les Chasses princières en France de 1589 à 1841*, Paris, L. Hachette et Cie, 1853.

Denizet H., *La Sologne*, Orléans, Herluison, 1900.

Domet P., *Histoire de la forêt de Fontainebleau*, Paris, Hachette, 1873.

Doneaud du Plan, *Almanach du Chasseur*, 1828, in 18° br.

Dubois A., *Documents et souvenirs de la Vieille Sologne*, Orléans, Imprimerie du Bourdon-Blanc, 1947.

Dunoyer de Noirmont baron, *Histoire de la chasse en France*, Paris, 1867, rééd. Le Lavandon, Editions du Layet, 1982.

Estève C., « Les tentatives de limitation et de régulation de la chasse dans la première moitié du XIXᵉ siècle », *Revue historique*, n° 601, janvier-mars, 1997, p. 125-164.

Estève C., « La chasse dans les zones humides en France au XIXᵉ siècle », in C. Beck et J.-M. Derex, *Les Zones humides européennes : espaces productifs d'hier et d'aujourd'hui*, actes du colloque international du Groupe d'histoire des zones humides (GHZH), Le Blanc, 21-23 octobre 2005, Aesturia, Cordemais, 2007, p. 111-128.

Foudras T.-L.-A., marquis de, *Les Gentilshommes Chasseurs*, Paris, 1849.

Foudras T.-L.-A., marquis de, *La Vénerie contemporaine : histoire anecdotique des veneurs, chasseurs, chevaux et chiens illustres de notre temps*, Paris, E. Dentu, 1861-1866, 3 vol.

Garnier P., commandant, *La Vénerie au XIXᵉ siècle : chasse des mammifères en France*, Paris, Jules Martin, 1881.

Geny, M., *La Chasse aux oiseaux migrateurs : le droit face à la tradition*, Université de Toulouse, thèse d'histoire du droit, 1999, 2 vol. dactyl.

Houdetot A.-F.A., vicomte de, *Le Tir au fusil de chasse, à la carabine et au pistolet : petit traité des armes à l'usage des chasseurs*, Paris, Charpentier, 1857.

Hutter P. ; Glauser M., *Le Chamois et les Bouquetins*, Lausanne, Payot, Atlas Visuels, 1974.

Jourdain, *Traité général des chasses à courre et à tir, contenant des principes sûrs pour la propagation du gibier et la destruction des animaux nuisibles...*, Paris, Audot, 1822, 2 vol.

La Rue A. de, *Le Lièvre : chasse à tir et à courre*, Paris, Firmin-Didot, 1876.

La Rue A. de ; Cherville marquis de ; Bellecroix E., *Les Chiens d'arrêt français et anglais*, Paris, Firmin-Didot, 1881.

La Rue A. de, *Les chasses du Second Empire*, 1852-1870, 1ʳᵉ éd. 1872, Paris, Firmin-Didot, 1882, rééd, Paris, Pygmalion, Les Grands Maîtres de la Chasse et de la Vénerie, 1983.

La Vallée J., *La Chasse à tir en France*, Paris, Hachette, 1854.

La Vallée J., *La Chasse à courre en France*, Paris, Hachette, 1855.

Lage de Chaillou baron de ; La Rue A. de ; Cherville marquis de, *Nouveau traité des chasses à courre et à tir...*, Paris, Goin, 1864.

Le Couteulx de Canteleu J.-E.V., baron, *La Vénerie française... avec les types des races de chiens courants dessinés d'après nature*, Paris, Vve Bouchard-Huzard, 1858.

Mangeot H., *Traité du fusil de chasse et des armes de précision*, Paris, 1858.

Marksman, *Le Tireur Infaillible : Guide du Sportsman en ce qui concerne l'usage du fusil... contenant des leçons approfondies sur la chasse de tous les gibiers...*, Paris, Bruxelles et Leipzig, 1861.

Maugny, comte de, *Souvenirs du Second Empire : la fin d'une société*, Paris, Ernest Kolb, 1889.

Mayaud J.-L., « Chasse noble, chasse villageoise, chasse de classe au XIXᵉ siècle ? », in E. Eizner (sous la direction de), *L'Imaginaire de la chasse*, Chalon-sur-Saône, Editions ARC, 1986, p. 77-93.

Paulin-Desormeaux N. A. O., *Nouveau manuel complet de l'armurier, du fourbisseur et de l'arquebusier*, nouvelle édition, Paris, 1852.

Péoc'h, G. *Les Chasses impériales de Napoléon III*, 1853-1870, Ecole des chartes, thèse, 2002, dactyl.

Pichot P.-A., « La première exposition de chiens en France », Paris, Hennuyer, 1863, extr. *Revue britannique*, juin 1863, 19 p.

Poitou C., « La mortalité en Sologne orléanaise », *Annales de démographie historique*, 1978, p. 235-264.

Poitou C., *Paysans de Sologne dans la France ancienne : la vie des campagnes solognotes*, s. l, Horvath, 1985.

Soubiran J.-P., « Prestige du marais dans la peinture de paysage en France au XIXe siècle », in *Aux rives de l'incertain : histoire et représentation des marais occidentaux du Moyen Age à nos jours*, actes du colloque de Niort, octobre 2002, Paris, Somogy, 2002, p. 21-30

Vaissière P., *Gentilshommes campagnards de l'ancienne France : étude sur la condition, l'état social et les mœurs de la noblesse de province du XVIe au XVIIIe siècle*, Paris, Perrin, 1903.

Vaux, baron de, *Les Hommes de sport*, Paris, C. Marpon et E. Flammarion, s. d. (1883 ou 1886).

Weuleresse G., *Le Mouvement physiocratique en France de 1756 à 1770*, Paris, Alcan, 1910, 2 vol.

8. La communauté des chasseurs

Sources manuscrites

Arch. dép. Gers, 4 M n° 24 et n° 34.

Arch. dép. Gironde, 4 M n° 319, n° 321, n° 326.

Ibid., 7 M n° 644 et n° 647.

Arch. dép. Isère, 2920 W n° 8 à n° 12.

Arch. dép. Landes, IV M 73, 6 Ms n° 108 et n° 161, versement 81.

Arch. dép. Moselle, 307 M n° 50.

Arch. dép. Pyrénées-Atlantiques, 4 M n° 5, n° 15 et n° 17.

Arch. dép. Hautes-Pyrénées, 4 M n° 10.

Arch. dép. Yonne, 8 M10 n° 9 à n° 13.

Sources imprimées

La Chasse illustrée, journal des plaisirs de la ferme et du château, Paris, Firmin-Didot, parue de 1867 à 1899 et de 1900 à 1914.

Gazette des Chasseurs, revue bimensuelle du sport, Paris, Goin et Bruxelles, Tanera, parue de 1861 à 1862.

La Vie à la campagne : chasse, pêche,... acclimatation, amélioration des races..., Paris, parue de 1861 à 1870.

Journal des Chasseurs, revue littéraire, Paris, parue de 1836 à 1870.

Le Chasseur, revue des bois, des champs et des eaux..., Paris, parue de 1866 à 1867.

La Blanchère G., *Le Parfait Chasseur de gibier à poil et à plume : guide manuel complet traitant des armes, équipements, hygiène, chiens de chasse...*, Paris, Le Bailly (1820 ?)

Ouvrages de référence

Abadie J.-C., *Les Palombes : pigeons ramiers et colombins et leur chasse en France*, Paris, Denoël-Marimpouey, 1979.

Agulhon M., *La République au village*, Paris, Seuil, 1979.

Aucante P. et M., *Les Braconniers : mille ans de chasse clandestine*, Paris, Aubier 2003.

Bellost P., *Le Chasseur normand au gibier d'eau et aux oiseaux de passage dans la Seine-Inférieure*, Rouen, s. éd., 1848.

Benoist G., *Bécasses et bécassiers*, Marseille, Laffitte, 1984.

Blandin R.-F., *Des droits et des devoirs du propriétaire foncier relativement à la chasse*, Université de Rennes, thèse de droit, Tours, E. Soudée, 1897.

Boussenard B., *La Chasse à tir mise à la portée de tous*, Paris, Ernest Kolb, (1884).

Brosselin A., *Les Forêts de la Côte-d'Or au XIXᵉ siècle et l'utilisation de leurs produits*, Université de Dijon, thèse d'histoire, 1973, dactyl.

Buttoud G., *L'Etat forestier*, Université de Nancy, thèse de sciences politiques, 1982, 2 vol. dactyl.

Castaing A., « La chasse au filet », *L'Illustration*, 11 septembre 1847, p. 18-20.

Caude G., *La Chasse aux petits oiseaux dans le Sud-Ouest*, Université de Paris, thèse de droit, 1905, dactyl.

Cere P., *Code de la propriété : manuel du garde champêtre, forestier et particulier*, Paris, Vialat, 1853.

Chaigneau A., *Braconnage et contre-braconnage*, Paris, La Maison rustique, 1976.

Chaigneau A., *Manuel du piégeur*, Paris, Payot, 1976.

Chauvaud F., *Les Passions villageoises au XIXᵉ siècle : les émotions rurales dans les pays de Beauce, du Hurepoix et du Hantois*, Paris, Publisud, 1995.

Castaing A., « La chasse au filet », *L'Illustration*, 11 septembre 1847.

Darwin, capitaine, *Manuel de la conservation du gibier par l'extirpation du braconnage et de la destruction des animaux nuisibles, suivi d'une instruction sur l'emploi des furets...*, Bruxelles, Parent et Paris, Tanera, 1864.

Douière R., *La Chasse gourmande*, Jalhay, 1985.

Garrier G., « Les délits de chasse en Velay et en Beaujolais au XIXᵉ siècle, d'après les archives judiciaires », *in* N. Eizner, éd., *L'Imaginaire de la chasse*, actes du colloque Imaginaires et réalités de la chasse d'aujourd'hui, Chalon-sur-Saône, 22-24 janvier 1986, Chalon, Atelier CRC France Edition, 1988, p. 95-107.

Ginier J., « La pression de la chasse en Aquitaine : étude géographique », *Espaces, Tourisme, Loisirs, Environnement*, janvier-mars 1971, p. 19-29.

Houdetot C.-F.-A. vicomte de, *Braconnage et contre-braconnage..., description des pièces et engins : moyens de les combattre et d'assurer la propagation de toute espèce de gibier*, Paris, La Librairie, 1858.

Jamin J., *La Tenderie aux grives chez les Ardennais*, Paris, Institut d'ethnologie, 1979.

Jamin J., « Deux saisons en grivière : de la tradition au délit de tradition », *Etudes rurales*, juillet-décembre 1982, p. 87-88 et 41-62.

Joy M. de, *L'Hermite en province, ou Observation sur les mœurs et les usages au commencement du XIXᵉ siècle*, Paris, s. éd., 1818.

Labat G., *Le Vieux La Teste et le Château des Captal de Buch*, Bordeaux et Paris, 1900.

La Blanchère G., *Le Parfait Chasseur de gibier à poil et à plume : guide manuel complet traitant des armes, équipements, hygiène, chiens de chasse,...*, Paris, Le Bailly, (1820 ?).

Laborde-Ballen L., « Heurs et malheurs des chasseurs en Béarn pendant l'Occupation », in *La Chasse en Béarn*, Pau, Imprimerie de Navarre, 1986.

Mayaud J.-L. *Les Secondes Républiques du Doubs*, Paris, Les Belles-Lettres, 1986.

Mérimée P., *Mateo Falcone*, 1ʳᵉ éd. 1829, Paris, Gallimard, La Pléiade.

Moyat L., *Etude historique, critique et comparée sur le droit de chasse en général*, Paris, Rousseau, 1900.

Niel P., *Les Forêts bazadaises*, Bordeaux, Gounouilhou, 1858.

Soboul A., « La question paysanne en 1848 », *La Pensée*, 1948, n° 18.

Rebattet A., *La Chasse du petit gibier migrateur*, Evreux, Ouest-France, 1988.

Rondonneau L., *Code de la chasse et de la pêche contenant les lois, les arrêtés, les décrets depuis 1789 jusqu'à ce jour*, Paris, Garnery, 1810.

Savary, *Notice sur les huttiers de la Sèvre*, Niort, 1839.

Verzier J.-J., *La Chasse, son organisation technique, juridique, économique et sociale : les associations communales de chasse*, Université de Lyon, thèse de droit, Lyon, Bosc et Rioux, 1926.

Vigier Ph., « Les troubles forestiers du premier XIXe siècle », *Revue forestière française (RFF)*, n° spécial, 1980,

Vivier N., *Propriété collective et identité communale : les biens communaux en France, 1756-1914*, Paris, Editions de la Sorbonne, 1998.

Weber E., *La Fin des terroirs : la modernisation de la France rurale, 1870-1914*, Paris, Fayard, Recherches, 1983.

TROISIÈME PARTIE

XIXe-XXIe siècle

9. Espèces en danger

Sources manuscrites

Arch. dép. Isère, 147 M n° 1, animaux nuisibles, an IX-1849, 1843-1895.

Ibidem, 2920W 8-12, chasse et animaux nuisibles, 1925-1963.

Arch. dép. Landes, 4 M n° 106, dossier petits oiseaux, 1919-1939.

Arch. dép. Pyrénées-Atlantiques, 4M n° 26, n° 106.

Sources imprimées

Géomagazine, mensuel (sondage 1980-1989).

La République du Centre (sondage 1980-1989).

Le Journal du Loiret (sondage 1980-1989).

Terre Sauvage, un autre regard sur la nature, mensuel (sondage 1980-1989).

Grenoble, Bibl. mun., R 7906, vol. 16, fond Pilot de Thorey, animaux féroces, recueil d'articles relatifs aux loups et aux lynx du Dauphiné, XVIIIe-XIXe siècle. Merci à M. Thomas Pfeiffer de me l'avoir signalé.

Ouvrages de référence

Agulhon M., « Le sang des bêtes : le problème de la protection des animaux en France au XIXe siècle », in *Histoire vagabonde*, Paris, Gallimard, Bibliothèque des Histoires, 1988. Voir tome I, Ethnologie et politique dans la France contemporaine, p. 243-282.

Benech J.-E., *Les Derniers Loups de France*, Paris, 1954.

Beaufort F. de, « Le Loup en France : éléments d'écologie historique », *Encyclopédie des carnivores de France*, n° 1, Paris, Société pour l'étude et la protection des mammifères (SEPM), 1987.

Belhoste B., « L'enseignement secondaire français et les sciences au début du XIXe siècle, ... », in L'Enseignement scientifique au tournant des XIXe et XXe siècles, *Revue d'histoire des sciences*, n° 43, 1989, p. 331-399.

Berthollon G., « Premières données sur la distribution de la Loutre dans le département de l'Isère », *La Niverolle*, n° 6-7, 1983.

Botet de Lacaze H., *La Chasse landaise*, Agen, Fédération des Sociétés et des Syndicats de chasseurs et de pêcheurs à la ligne du Lot-et-Garonne, 1929, p. 22.

Bouchardy C., « Inventaire de la Loutre en Auvergne », rapport secrétariat d'Etat à l'Environnement, Faune et Flore, 1983, multigr.

Bouchet J.-C., *Histoire de la chasse dans les Pyrénées françaises, XVIᵉ-XXᵉ siècle*, Pau, Marrimpouey, 1990.

Brouty J., « Le retour du Loup dans les Alpes françaises », rapport Programme LIFE Nature, ministère de l'Ecologie et du Développement durable, 2003, multigr,

Broyer J. ; Erome G., « Etude de la répartition de la loutre dans le Bassin rhodanien », *Cora*, 1981, extr., 65 p.

Chastel A., « La notion de patrimoine », *in* P. Nora, sous la direction de, *Les Lieux de mémoire*, Paris, Gallimard, Bibliothèque illustrée des Histoires, 1986. Voir tome II, p. 405-450.

Coll., *(Le) Retour du Vautour fauve*, Fonds d'intervention pour les Rapaces (FIR) et Parc national des Cévennes, 1986.

Coroff-Potigny S., *La Chasse aux loups en Marche et au Haut-Limousin, XVIIIᵉ-XIXᵉ siècle*, Université de Clermont-Ferrand, mémoire de maîtrise, 1980, dactyl.

Delaunay D., *Les Sociétés savantes de France*, Paris, Imprimerie générale Lahure, 1902.

Darwin C., *L'Origine des espèces au moyen de la sélection naturelle, ou La lutte pour l'existence dans la nature*, trad. E. Barbier, Paris, Maspero, 1980, 2 vol.

Dendaletche C., *Grands rapaces et corvidés des montagnes d'Europe*, Pau, Dendaletch, 1988.

Debusche M. ; Godront M. ; Lhéritier J.-N., « Maintien des populations de rapaces dans le Parc », *Annales du parc national des Cévennes*, n° 1, 1979, p. 39-58.

Dikikidiri M. ; Schenard J.-P., *Guide-chasse et Tourisme en République centrafricaine*, Paris, Editions de La Pommeraie, 1984.

Figuier L., *La Vie et les mœurs des animaux*, Paris, Hachette, 2ᵉ éd., 1873.

Forestie L., « Les palombières », *Le Saint-Hubert*, octobre 1979, p. 397-402.

Fox R. ; Weisz G., *The Organisation of Science and Technology in France, 1808-1914*, Cambridge University Press et Editions de la Maison des Sciences de l'Homme, 1980.

Garde L., « Loup et forêt méditerranéenne : quelles questions pour l'élevage et la gestion de l'espace », *Forêt méditerranéenne*, n° 23, 2002, 2002, p. 45-52.

Géroudet P., *Les Rapaces diurnes et nocturnes d'Europe*, Neuchâtel-Paris, Delachaux et Niestlé, 1979.

Guilbaud J., « Une victoire pour les chasseurs de gibier d'eau », *Le Chasseur français*, n° 810, 1964.

Guyenot M., *L'Evolution de la pensée scientifique : les Sciences de la vie aux XVIIᵉ et XVIIIᵉ siècles*, Paris, A. Michel, 1957.

Ginier J., « La pression de la chasse en Aquitaine : étude géographique », *Espaces, Tourisme, Loisirs, Environnement*, janvier-mars 1971, p. 19-29.

Hettier de Boislambert, *Les Grands Trophées d'Europe*, Paris, Gerfaut Club, 1978.

Lejeune D., *Les Sociétés de géographie en France dans le mouvement social et intellectuel du XIXᵉ siècle*, Université de Paris X-Nanterre, thèse d'Etat, 1986-1987, 2 vol. dactyl.

Louis M., *La Bête du Gévaudan : l'innocence des loups*, Paris, 1992.

Lloyd G. et D., *Les Rapaces*, Paris, Larousse, 1970.

Malafosse J. de, *Droit de chasse et Protection de la nature*, Paris, PUF, 1979.

Matagne P., *Les Mécanismes de diffusion de l'Ecologie en France, de la Révolution mondiale à la Première Guerre mondiale*, Université de Paris-VII, thèse de géographie, 1974, dactyl.

Mayeur J.-M., *La Vie politique sous la Troisième République, 1870-1940*, Paris, Seuil, Points histoires, 1984.

Noblet N., « Chasse au pays landais », *Revue nationale de la chasse*, octobre 1977.

Oudard G., *Chasses féodales d'aujourd'hui : URSS, Pologne, Roumanie*, Paris, Plon, 1934.

Pelaus X., *La Taxidermie*, Paris, Editions de Vecchi, 1983.

Ramaite A., « Le maintien des chasses traditionnelles », *Plaisirs de la chasse*, octobre 1979, p. 401-402.

Rocher C., *Palombes et Tourterelles*, Bordeaux, Les Editions de l'Orée, 1979.

Rohr J., *Victor Duruy, ministre de Napoléon III : essai sur la politique de l'instruction publique du temps de l'empire libéral*, Paris, Bibliothèque constitutionnelle et de science politique, 1967.

Roger A. ; Guéry F., *Maîtres et Protecteurs de la nature*, Paris, Champ Vallon, Milieux, 1991.

Sebillot P., *Le Folklore de la France. La Faune*, rééd., Paris, 1984.

Swartenbrock J., *Chasses et biotopes*, Bruxelles, Duculot, 1984.

Thevenin R., *La Faune disparue de France*, Paris, 1943.

Toussenel A., *Tristia, histoire des misères et des fléaux de la chasse en France*, Paris, 1863.

Triplet P., « Evolution du statut de la Loutre dans la Somme », *Bulletin du groupe Loutre*, SFEPM, n° 13, 1982.

Vialar P., *La Chasse*, rééd. Paris, 1973, 2 vol.

Villalba B., « Chasse, Pêche et Tradition, ou la ruralité en politique », *Revue critique d'écologie politique*, n° 9, juin 2002.

Vigny A. de, « La mort du Loup » (1843), *Destinées*, Paris, 1864.

Waguet P. ; Charlez-Coursault A., *La Chasse en France*, Paris, PUF, Que sais-je ? 1991, p. 14.

Zuber C., *Dans le monde des animaux menacés*, Paris, Flammarion, 1974.

10. Célébrer la vie

Sources iconographiques

Anonyme, *Les Inconvénients de la chasse*, image d'Epinal, XIXe siècle. Extr. *Le Livre du Braconnier*.

Anonyme, « Gendarmes et Braconniers », in *Le Petit Journal*, 10 mars 1895.

Cousin G., *Rouget le Braconnier*, avec Jean-Michel Noiret dans le rôle-titre, 1re sortie du film, juillet 1989.

Genevoix M., *Raboliot*, Paris, Pierre Fenis, 1928. Voir les bois gravés de Louis Joseph Soulas.

Genevoix M., *Raboliot*, Paris, Editions pittoresques, 1930. Voir les illustrations en couleurs de Joseph Hémard.

Sources imprimées

(La) Chasse illustrée (sondage 1880-1889).

Le Journal des Chasseurs (sondage 1860-1869).

Terre Sauvage, un autre regard sur la nature, mensuel (sondage 1980-1989).

Ouvrages de référence

Ageron C.-J., « L'exposition coloniale de 1931 : mythe républicain ou mythe impérial », in P. Nora, sous la direction de, *Les Lieux de mémoire*, Paris, Gallimard, 1984. Voir tome I.

Aron J.-P., *Essai sur la sensibilité alimentaire à Paris au XIXᵉ siècle*, Paris, Seuil, 1967.

Baillon Rolland E., *Faune populaire de France*, Paris, 1877, rééd. 1968.

Bonnet G. ; Dupille S. ; Meggs J., *Images insolites du Cerf*, Imprimerie Miot, S.A. (Association des auteurs auto-édités), 1980.

Caradec F., *Histoire de la littérature enfantine en France*, Paris, Albin Michel, 1977.

Canemaker J., *Before the animation begins : the art and lives of Disney inspirational sketch artists*, New York, 1997.

Canemaker J., *Paper dreams : the art and artists of Disney storyboards*, New York, 1999.

Chavot P., « Du zoo de la Coloniale au parc zoologique de Vincennes », in *L'Homme et l'Animal*, actes du 120ᵉ Congrès des sociétés historiques et scientifiques, Aix-en-Provence, 1995, p. 71-80.

Coll., Centenaire de la Société des Amis des Sciences naturelles de Rouen, *Sciences*, n° 12, 1966, p. 5-16.

Coll. *La Griffe et la Dent : Antoine Louis Barye (1795-1875), sculpteur animalier*, catalogue de l'exposition, Paris, Musée du Louvre, octobre 1996-janvier 1997, Paris, Editions de la RMN, 1997.

Coll., *Les Physiologies*, 1841. Voir « Physiologie du chasseur » par Deyeux.

Coll., *Les Français peints par eux-mêmes : encyclopédie morale du XIXᵉ siècle*, 1840-1842, 9 vol. Voir « Le Chasseur » par Elzéar Blaze et « Le Bourgeois campagnard « par Frédéric Soulié.

Crubellier M., *L'Enfance et la Jeunesse dans la société française*, 1800-1900, Paris, Armand Colin, Collection U, 1979.

Darwin C., *L'Expression des émotions chez l'homme et chez les animaux*, trad.. française, 1873.

Daudet A., *Aventures prodigieuses de Tartarin de Tarascon*, 1ᵉ éd. 1872, in *Oeuvres*, Paris, Gallimard, La Pléiade, 1986. Voir tome I.

Daudet A., « Les Emotions d'un perdreau rouge », *Contes du Lundi*, 1ᵉʳ partie, Caprices et Souvenirs, 1ʳᵉ éd. 1873, *Œuvres*, Paris, Gallimard, La Pléiade, 1986. Voir tome I.

Daudet A., *Tartarin sur les Alpes*, 1ʳᵉ éd. 1885, in *Œuvres*, Paris, Gallimard, La Pléiade, 1986. Voir tome II.

Daudin H., *De Linné à Jussieu : méthodes de classification et idée de série en Botanique et en Zoologie*, Paris, Alcan, 1926, tome I, p. 29.

Daumier H., *La Chasse*, Paris, GPR, 1980.

Hagenbeck C., *Cage sans barreaux*, 1909, rééd. Paris, Nouvelles Editions de Paris, 1951.

E. Héran, « La beauté animale de Buffon à Pompon », in *Le Zoo d'Orsay*, catalogue d'exposition, La Piscine, musée d'Art et d'Industrie, Roubaix, 2008, Paris, Gallimard, 2008, p. 39.

Franz M.-L. von, *La Femme dans les contes de fées*, trad. de l'allemand, Paris, La Fontaine de Pierre, 1979.

Genevoix M., *Raboliot*, Paris, Bernard Grasset, 1925, rééd. Le Livre de Poche, 1983.

Genevoix M., « Le Livre du Braconnier », Académie nationale des sciences, belles-lettres et arts de Bordeaux, conférence du 8 juin 1971.

Gernheim H. et A., *The History of Photography from the camera obscura to the beginning of the Modern area*, New York, Mac Graw & Hill, 1969.

Grimm J. et W., *Les Contes. Kinder und Hausmarchen*, Paris, Flammarion, Grand Format, 1990. Voir tome I, « Les Trois petits hommes de la forêt ».

Gombricht E. H., *Art and Illusion : a study of the psychology of pictural représentation*, 2ᵉ éd., Princeton, University Press, trad.. française *L'Art et les Illusions...*, Paris, Gallimard, 1971.

Hamilton J., *Arthur Rackham : a life with illustration*, Londres, 1994.

Kiellberg P., « Le Bronze au XIXᵉ siècle », in *Dictionnaire des Sculpteurs*, Paris, Edition de l'Amateur, 1972.

Kipling R., *Le Livre de la Jungle*, 1ʳᵉ éd. Londres, 1899.

Lacepède B. G. E. de La Ville, comte de, « Lettre relative aux établissements publics destinés à renfermer des animaux vivants », *La Décade philosophique*, 1795, n° 7, p. 449-462.

Laissus Y. ; Petter J.-J., « Les animaux du Jardin des Plantes, 1793-1934 », *in* Y. Laissus ; J.-J. Petter, sous la direction de, *Les Animaux du Muséum, 1793-1993*, Paris, Imprimerie nationale, 1993.

Lemonnier C., *Un mâle*, Bruxelles, 1881.

Lemoine J.-C., « Doit-on conserver le zoo de l'Exposition coloniale ? », *L'Echo de Paris*, 1ᵉʳ décembre 1931. Son démontage était prévu pour l'année suivante.

Loisel G., *Histoire des ménageries de l'Antiquité à nos jours*, Paris, Doins et Laurens, 1912. Voir tome III, Epoque contemporaine.

Lorenz K., *Essais sur le comportement animal*, rééd. Paris, Le Seuil, 1970.

Mannoni E., *Le Bronze et l'Animal*, Paris, Christian Massin, s. d.

Maupassant G. de, *Une Vie*, rééd. 1893, Paris, Gallimard Folio Classique, 1999.

Maupassant G. de, *Les Contes de la Bécasse*, 1ʳᵉ éd. 1883, Paris, Gallimard, Folio Classique, 1999.

Newhall B., *The History of Photography from 1839 to the Present Day*, 4ᵉ éd., New Ork, The Museum of Modern Art, 1964.

Nard J., *La Chasse pratique ou le Bréviaire du Nemrod*, Paris, Crépin-Leblond, 1947.

Perrault C., *Contes*, Paris, Garnier-Flammarion, 1967.

Pflieger R., *Le Chamois, son identification et sa vie*, Paris, Gerfaut Club, 1982.

Pinson M., *Le Vocabulaire de la Chasse d'après dix-huit romanciers du XXᵉ siècle concernant les animaux*, Université catholique de Louvain, mémoire de licence, Louvain-la-Neuve, 1965, dactyl.

Propp W., *Morphologie du conte*, Paris, Seuil, Point, 1970.

Ranulf S., *Moral Indignation and Middle-class Psychology*, Copenhague, Levin et Munksgaard, 1938.

Régnier R., Compte rendu de l'excursion annuelle de la Société au Marais Vernier (Eure), 16 juin 1932, *Bulletin de la Société des Amis des sciences naturelles de Rouen*, 1932 et 1933.

Rostopchine S., comtesse de Ségur, « Nouveaux Contes de fées », in *Œuvres*, Paris, Robert Laffont, 19WW. Voir tome WW, « Histoire de Blondine » et « Le Petit Henri ».

Sommer F., *La Chasse et l'amour de la nature*, Paris, Robert Laffont, 1973.

Thétard H., *Des Hommes et des Bêtes : le zoo de Lyautey*, Paris, La Table Ronde, 1945.

Trigon J. de, *Histoire de la littérature enfantine*, Paris, Hachette, 1950.

Urbain, A., *Psychologie des animaux sauvages*, Paris, Flammarion, 1940,

Varin J.-P., *La Photographie animalière*, Paul Montel, 1984.

Zola E., *Son Excellence Eugène Rougon*, in *Les Rougon-Macquart : histoire naturelle et sociale d'une famille sous le Second Empire*, Paris, Robert Laffont, 2002. Voir tome II.

11. Drôles de bêtes

Sources manuscrites

Arch. dép. Lozère, M n° 5155, Instructions relatives à la destruction des animaux malfaisants et nuisibles, 1921.

Arch. dép. Lozère, M n° 5156, missives de la Direction des services agricoles au préfet, 1947.

Arch. dép. Lozère, M n° 7659, Fédération des chasseurs de la Lozère, résultats annuels des destructions, 1961.

Sources imprimées

Bulletin mensuel de l'Office national de la chasse (ONC) (sondage 1975-1979).

(Le) Chasseur français, organe de la Société de Vénerie (sondage 1955-1959).

Le Monde (sondage 1955-1959).

Loire et Terroirs (sondage 1975-1979).

Plaisirs de la Chasse (sondage 1975-1979).

(Le) Saint-Hubert (sondage 1975-1979).

Vénerie (sondage 1975-1979).

(La) Voix de la Forêt, organe de l'Association des Amis de la forêt de Fontainebleau (sondages 1975-1979).

Ouvrages de référence

Anonyme, *Les Merveilles du comportement animal*, National Geographic Society, Paris, Flammarion, 1978.

Artois M. ; Le Gall A., *Le Renard*, Paris, Hatier, Faune Sauvage, 1988.

Atger A., *Valleraugue, petites histoires et anciennes coutumes*, Le Vigan, Imprimerie Clément, 1972.

Baillon Rolland E., *Faune populaire de France*, Paris, 1877, rééd. 1968.

Brosset M., « La prédation », *Bulletin mensuel de l'ONC*, n° 54, 1982, p. 14-25.

Bozon M. ; Chamboredon J.-C., « Eléments d'une sociologie des chasseurs », rapport, Ecole Normale Supérieure (ENS Ulm), Laboratoire des sciences sociales, 1979, multigr.

Bozon M. ; Chamboredon J.-C., « L'organisation de la chasse en France et la signification de la pratique », *Ethnologie française*, n° 10, 1980, p. 65-86.

Castaneda C., *Le Don de l'Aigle*, Paris, Témoins, 1981.

Chaigneau A., *Les Animaux dits nuisibles à la chasse*, Paris, La Maison rustique, 1967.

Chaigneau A., *Les Habitudes du gibier*, Paris, Payot, 1968.

Chantelat J.-Cl. ; Rebattet A., *Le Petit Gibier*, Paris, Atlas, 1984.

Charlez A., « Commentaire sur les attendus du tribunal administratif en 1987 », *Bulletin mensuel de l'Office national de la Chasse*, n° 135, mai 1989.

Chaussart J.-P. ; Clément G. ; Epain C. ; Hesse J. ; Perthuis A., « La Faune verté-brée de Sologne », rapport, service régional de l'Equipement de la région Cen-tre, SEPN du Loir-et-Cher, 1976, multigr.

Cinotti B., « Evolution des surfaces boisées en France : proposition de reconstitu-tion depuis le début du XIXe siècle », *Revue forestière française*, n° 67, p. 547-562.

Coll., « Organisation de la chasse et identité locale », rapport, Institut national agronomique (INA), 22 octobre 1980, multigr.

Coll., *Les Eaux et Forêts du XIIe au XXe siècle*, Paris, Editions du CNRS, Histoire de l'administration française, 1987.

Curel H. de, *La Chasse, ma grande passion*, Paris, Ivan Levesque, 1979.

Darbon D., *La Crise de la chasse en France*, Paris, L'Harmattan, 1997.

Despax M., *Droit de l'environnement*, Paris, LITEC, 1980, p. 590. L'arrêté du 5 avril 1962 introduit la notion d'espèce protégée au sens actuel.

Fabiani J.-L., « Quand la chasse populaire devient un sport : la redéfinition sociale d'un loisir traditionnel », *Etudes rurales*, 1982, n° 87-88, p. 309-323.

Fabiani J.-L., « L'opposition à la chasse et l'affrontement des représentations de la nature », *Actes de la recherche en sciences sociales*, 1984, n° 54, p. 81-84.

Fabre-Vassas C., « Le partage du ferum : un rite de chasse au sanglier », *Etudes rurales*, n° 87-88, 1982, p. 377-400.

Genevoix M., *Tendre bestiaire*, Paris, 1969.

Giraut Ph, « Les propriétaires privés », in Le FFN, *Revue forestière française*, n° spécial 24, p. 630 et suivantes.

Hector D. et J., *Le Sanglier*, Paris, La Maison rustique, 1973.

Hugues A., « La chasse au pays de la bête du Gévaudan », *Le Chêne*, 1934, p. 38 et suivantes.

Henriot M., « Les animaux dits nuisibles », *Le Chasseur français*, mars 1979, p. 55-58.

Hugue A., « Les invasions de sangliers dans le Midi de la France », *Bulletin de la Société nationale d'acclimatation*, n° 10, 1932, p. 1-13.

Gramet P., « Les animaux utiles ou nuisibles ne devraient plus exister », *Plaisir de la chasse*, n° 344, 1981, p. 51-54.

Jubault F., « Réintroduction de la Loutre en Haute-Savoie », rapport Direction départementale de l'Agriculture, FRAPNA, 1980, multigr.

Lawrence R. D., *L'Appel du loup*, Paris, 1972.

London J., *L'Appel de la forêt*, Londres, 1903.

Lucas A., *La Perdrix*, Paris, Crépin-Leblond, 1969.

Lucas A., *Le Faisan*, Paris, Crépin-Leblond, 1970.

Malafosse J. de, *Droit de la chasse et Protection de la nature*, Paris, PUF, 1979.

Mauget R., « Quelques problèmes de biologie et d'éco-éthologie chez le sanglier », *Bulletin de l'Office national de la chasse*, n° 22, 1978, p. 14-22.

Micoud A., « Comment en finir avec les animaux dits nuisibles », *Etudes rurales*, n° 129-130, 1993, p. 83-94.

Mowat F., *Mes amis les loup*, Paris, Arthaud, 1963.

Miriski P., *Défendre la chasse*, Paris, Editions de la Pommeraie, 1983.

Oberthur J., *Du héron aux perdrix, de la grive aux rapaces*, Paris, Plon, 1954.

Pelosse V. ; Vourch' A., « Chasse au sanglier en Cévennes », *Etudes rurales*, n° 87-88, juillet-décembre 1982, p. 295-307.

Pradelles, C.-H ; de Latour, « La passion de la chasse dans une commune céve-nole », *Etudes rurales*, n° 87-88, juillet-décembre 1982, p. 325-334.

Potel D., *Le Sanglier*, Paris, Ecoloisirs, 1979.

Raffin J.-P. ; Ricou G., « Le lien entre les scientifiques et les associations de protection de la nature : approche historique », in A. Cadoret, sous la direction de, *Protection de la Nature : histoire et idéologie*, Paris, L'Harmattan, 1985, p. 61-74.

Rambaud C., « Les images du Mouflon : réaction à l'introduction de l'ongulé », rapport ONC, 1990-1991.

Snethlage K., *Le Sanglier*, trad. par H. Manhès d'Angeny, Paris, La Toison d'Or, 1954.

Toussaint H., *Le Tir à balles du grand gibier*, Paris, Crépin-Leblond, 1971.

Vialar P., *La Chasse : ce qu'est la chasse*, Paris, Flammarion, 1973, 2 vol.

Villenave G.-M., *La Chasse*, Paris, Larousse, 1954.

Vincent A., « Les savoirs et les techniques de chasse, de protection de la nature et de la faune, transmis par l'Office national de la chasse : leur perception et leur prise en compte par les agricultures. Etudes de quelques sociétés de chasse rhodaniennes », rapport SRETIE, ministère de l'Environnement, Université de Lyon II, CEFRA, 1987, multgr.

Vourc'h A. ; Pelosse V., « Chasseurs et protecteurs : les paradoxes d'une protection », in A. Cadoret, sous la direction de, *Protection de la Nature : histoire et idéologie*, Paris, L'Harmattan, 1985, p. 108-123.

Vourc'h, A. ; Pelosse V., « La chasse en Cévennes lozériennes : éléments d'une problématique sociologique », rapport PIREN, ministère de l'Environnement, Groupe de Recherches sociologiques, Université de Paris X Nanterre, 1982, multigr.

Vourc'h, A., *Un jeu avec l'animal : pratiques et représentations de la chasse en Cévennes lozériennes*, Université de Paris X Nanterre, thèse de 3ᵉ cycle, 1984.

Vourc'h A. ; Mary F. ; Bobbé S. ; Pelosse V., « Animal sauvage et sociétés locales : la perception du mouflon et son effet sur le devenir des populations introduites », rapport SRETIE, ministère de l'Environnement, 1990, multigr.

Weyd P.-M., *Les Forêts de la Lozère*, Paris et Lille, Taffin-Lefort, 1911.

12. Négocier la paix

Sources imprimées

Bulletin mensuel de l'Office national de la chasse (sondage 1995-1999).

Le Courrier de l'Environnement, organe du ministère (sondage 1995-1999).

La République du Centre (sondage 1995-1999).

La Revue nationale de la Chasse (sondage 1995-1999).

Le Midi libre (sondage 1995-1999).

Plaisirs de la chasse (sondage 1980-1984).

Revue forestière française (sondage 1980-1984 et 1995-1999).

Sud-Ouest (sondage 1995-1999).

Terre sauvage : un autre regard sur la nature (sondage 1988-1989).

Vénerie (sondage 1980-1984).

La Voix de la forêt, organe de l'Association des amis de la forêt de Fontainebleau (sondages 1980-1984 et 1995-1999).

Ministère de l'Environnement, service de documentation, rapport de M. George Colin, député de la Marne, « Modernisation du droit de la chasse et de la faune sauvage », remis à Mme Huguette Bouchardeau, ministre de l'Environnement, 16 septembre 1985, multigr.

Ouvrages de référence

Ardrey R., *Et la chasse créa l'Homme*, Paris, Stock, 1977.

Spitz F., Pépin D., éd., *Symposium international sur le sanglier*, Actes du colloque de l'INRA, 1984, multigr.

Audinet E., *La Chasse des canards et des oies*, Bordeaux, Sud-Ouest, 1998.

Boisaubert B. ; Maury C., « Résultats de l'enquête nationale sur les populations de cerfs et chevreuils réalisée en 1981 », *Bulletin mensuel de l'Office national de la chasse*, n° 87, p. 21-32.

Ballon P., « Relations forêt-cervidés : vers une meilleure gestion », *Informations techniques du CEMAGREF*, n° 96, 1994.

Ballon P., Guibert B., Hamard J.-P. et *alii*, « Sensibilité de quelques essences forestières à l'abroutissement par le chevreuil (Capreolus capreolus) », *Revue forestière française*, 1999, p. 20-34.

Baufle J., *Le Chevreuil*, Paris, Crépin-Leblond, 1975.

Bouldoire J.-L. ; Vassant J., *Le Sanglier*, Paris, Hatier, Faune sauvage, 1989.

Bouldoire J.-L. *Demain la chasse ? Ecologistes et chasseurs : le dialogue*, Paris, Le Sang de la Terre, 1993.

Boutin J.-M., Gaillard J.-M., Delorme D., Van Laere G., « Suivi de l'évolution de la fécondité chez le chevreuil (Capreolus capreolus) par l'observation des groupes familiaux », *Gibier Faune Sauvage*, n° 4, 1987, p. 255-265.

Brédif H., Boudinot P., *Quelles forêts pour demain ? Eléments de stratégie pour une approche rénovée du développement durable*, Paris, L'Harmattan, 2001.

Brunet R., Sallois J. (sous la direction de), *France : les dynamiques du territoire*, Paris, DATAR, 1986.

Capiod G., *Gestion et battues*, Paris, Gerfaut Club, 1981.

Cavailhes J., Normandin D., « Déprise agricole et boisement : état des lieux, enjeux et perspectives dans le cadre de la PAC », *Revue forestière française*, n° 45, p. 465-482.

CEMAGREF, « L'alimentation du cerf : potentialités alimentaires des peuplements forestiers », *Etudes du CEMAGREF*, n° 492, 1982.

Charles-Coursault A. ; Waquet P., *La Chasse en France*, Paris, PUF, 1991.

Cinotti B., « Les Agriculteurs et leurs forêts », *Revue forestière française*, 1992, n° 44, p. 356-364.

Cornu P., « Déprise agraire et reboisement : le cas des Cévennes (1860-1970 », *Histoire et sociétés rurales*, n° 20, p. 173-201.

Daburon H., « L'équilibre sylvo-cynégétique », *Revue forestière française*, n° 9, 1968, p. 567-570.

Delort R., *Les animaux ont une histoire*, Paris, Seuil, Histoire, 1984, rééd. 1993.

Denis M., « Cervidés : à propos des densités supportables », *Forêt-entreprise*, n° 106, 1995, p. 18-22.

Dodane C., *Les Nouvelles Forêts du Massif central : enjeux sociétaux et territoriaux*, Ecole normale supérieure des Lettres et des Sciences humaines de Lyon, thèse de géographie, 2009, dactyl.

Driant G., *De la location du droit de chasse*, Nancy, Imprimerie nancéienne, 1906.

Durkheim E., *L'Evolution pédagogique en France*, Paris, PUF, 1938, rééd. 1969.

Eymard D., « Tableaux de chasse : cerf, chevreuil, sanglier, saison 1999-2000 », ONCFS, *Faune sauvage*, n° 252, 4 p.

494   HISTOIRE DE LA CHASSE

Graf B., « Forêt et Gibier après Lothar : recommandations », Lausanne, Service des forêts, de la faune et de la nature », 2001, reprod. Merci à M. Cornelis Neert.

Guibert B., « Une nouvelle approche des populations de chevreuils en forêt : l'indice de pression sur la flore (IPF) », *Bulletin technique de l'Office national de la chasse*, n° 32, 1997, p. 5-12.

Groupe Chevreuil, « Les bio-indicateurs : futurs outils de gestion des populations de chevreuils », *Bulletin mensuel de l'Office national de la chasse*, n° 209, 1996.

Habermas J., *La Technique et la science comme « idéologie »*, Paris, Gallimard, 1973.

Hamard J.-P., Ballon P., et *alii*, « Application d'une nouvelle méthode d'évaluation des dégâts de cervidés en forêt : vers un diagnostic de leur impact sylvicole », *Ingénieries*, n° 35, 2003, p. 75-89.

Havet P., *La Chasse en quête de sens : nature, chasse et société*, Paris, L'Harmattan, Biologie, Ecologie, Astronomie, 2007, tome II.

Hedin L. ; Ricou G. ; Masclet A., « Essai d'aménagement d'une zone humide, le marais Vernier », Actes du colloque international *Le Monde rural gardien de la Nature*, Paris, Cahiers du CENECA, 1970, p. 352-360.

Hotyat M., « Dynamiques internes et externes des forêts de résineux de RTM », *Annales de géographie*, n° 609-610, p. 583-594.

Jamault A., *De l'exercice du droit de chasse du point de vue économique*, Rennes, Imprimerie Simon, 1909.

La Besge E. de, *Souvenirs et récits de chasse*, Paris, Perrin, 1971.

Léonard J.-P., *Forêt vivante ou désert boisé ? La forêt française à la croisée des chemins*, Paris, L'Harmattan, 2003.

Maillard D., Boisaubert B., Gaillard J.-M., « La masse corporelle : un bio-indicateur possible pour le suivi des populations de chevreuils », *Gibier Faune Sauvage*, n° 6, 1989, p. 57-68.

Manhès d'Angeny H., *Le Chevreuil : histoire naturelle et chasse*, Paris, Librairie des Champs Elysées, 1959.

Meia J.-S., *Le Renard*, Paris, Delachaux et Niestlé, 2003.

Merlin P., *L'Exode rural*, Paris, Presses universitaires de France (PUF), 1971.

Micoud A., « Production et diffusion des normes de régulation de la faune sauvage en France : le cas du piégeage », rapport PIREN, ministère de l'Environnement, CNRS, juillet 1990.

Normandin D., « La forêt paysanne en France : état des lieux et perspectives d'évolution », *in* G. Balent (sous la direction de), *La Forêt paysanne dans l'espace rural : biodiversité, paysages, produits*, Versailles, INRA, Etudes et recherches sur les systèmes agraires et le développement, 1996, p. 195-211.

Normant P., Ballon P., Klein F., « A propos de l'équilibre sylvo-cynégétique et des moyens de l'obtenir », *Rendez-vous techniques de l'Office national de la chasse*, 2004, 6 p.

Office fédéral de l'environnement des forêts et du paysage (OFEFP), « Les attentes de la société envers la forêt suisse », *Cahier de l'Environnement*, 2000, n° 309, p. 1-131. Tous les récents débats de l'Europe occidentale y sont déjà.

Prarond E., *Les Chasses de la Somme*, Paris, Vve Bouchard-Huzard, 1858.

Prior R., *Le Chevreuil*, Paris, Gerfaut Club, 1981.

Pinçon M., Pinçon-Charlot M., *La Chasse à courre : ses rites et ses enjeux*, Paris, Payot, 1993.

Raison du Cleuziou Y., « La Nature embrigadée : conflits en baie de Somme », *Ethnologie française*, n° 1, 2007, p. 153-162.

Raynal J.-C., Marty P., « Les prélèvements de cerfs, chevreuils, sangliers en Lozère : remarques sur leur impact économique », *Revue forestière française*, n° 188, 1999, p. 379-396.

Roucher F., « Gestion intégrée de la forêt et du chevreuil : huit années d'exercice sur 4 500 hectares boisés des Vosges du Nord », *Revue forestière française*, n° 43, 1991, p. 475-487 et n° 44, 1992, p. 141-154.

Saillet B., « Les dommages de gibier en forêt vus par un praticien, ou Plaidoyer pour la forêt alsacienne », *Revue forestière française*, 1980, n° 32, p. 547-557.

Service central des enquêtes et études statistiques (SCEES), « L'utilisation du territoire en 2004 », *Agreste, Chiffres et Données*, Agriculture, n° 169, 2004.

Are S., « Population regulation in animals », in J.-M. Cherrett (sous la direction de), *Ecological Concepts*, Oxford, Blackwell Scientific Publications, 1989, p. 197-241.

Velin C., *La Chasse dans l'Est : misère, restauration, importance économique*, Epinal, Froereisen, 1888.

ANNEXES

TABLEAUX

Tableau 1
Les relations entre l'homme et l'animal au XIVe siècle

Auxiliaires de chasse	Animaux refusés	Animaux appréciés
Autour	**Indifférence**	**Ménagerie**
Cheval	Blaireau	Buffle
Chien à lapin		Castor
Chien à loup	**Extermination**	Chameau
Chien à loutre	Aigle	Chat sauvage
Chien à perdrix	Balbuzard	Cochonglier
Chien à sanglier	Buse	Loup
Chien à renard	Belette	Oiseau de volière
Chien braque	Chat sauvage	Ours
Chien « de sang »	Fouine	
Chien lévrier	Loup	**Parc à gibier**
Chien mâtin	Loutre	Cerf
Epervier	Renard	Chevreuil
Faucon		Cygne
Furet	**Limitation**	Daim
Gerfaut	Lapin	Héron
	Perdrix	Lapin
		Paon
		Sanglier

D'après F. Duceppe-Lamarre, *op. cit.*, p. 42.

Tableau 2
L'emploi des oiseaux de proie au XVIᵉ siècle

Proie sélectionnée	Rapace employé
Alouette, cochevis	Emerillons en trio
Balle d'eau, balle des champs	Epervier
Butor	Sacret
Busard, Jean-le-Blanc, oiseau de Saint-Martin, chat-huant	Faucon pour corneille
Caille	Emerillon, épervier
Cane pentière, choucas, courlis, épervier, hobereau	Faucon
Canard de rivière	Faucon
Corneille, corbeau	Tiercelet de faucon
Etourneau	Emerillon
Faisan	Autour, épervier, tiercelet de faucon
Geai, martin-pêcheur, mésange, rossignol, pic-vert, pinson, rouge-gorge, verdier	Epervier
Grive	Emerillons en trio
Héron	Faucon, gerfaut, sacre, sacret
Hirondelle, chouette, crécerelle, gabereau, poule d'eau, vanneau	Tiercelet de faucon
Huppe	Emerillons en duo
Merle	Emerillon, épervier
Moineau	Epervier, pie-grièche
Perdrix	Autour, faucon, lanier, sacre, sacret
Pie	Eperviers ou tiercelets de faucon en compagnie
Pie-grièche	Epervier ou émerillons en compagnie
Roitelet	Emerillon, épervier, pie-grièche

Lapin	Autour, mouchet
Lièvre	Autour, gerfaut, faucon, lanier, sacre

D'après Charles d'Arcussia, *La Fauconnerie de Charles d'Arcussia, seigneur d'Esparron, de Pallières et de Courmes, gentilhomme provençal*, Aix-en-Provence, Jean Tholosan, 1598, rééd. *La Fauconnerie du roi, discours de chasse et lettres, etc.*, Paris, 1627.
On notera que la chasse au vol oppose un rapace à des oiseaux de mer, de terre et de rivière, ainsi qu'à des rongeurs, proies qui ne sont pas forcément comestibles. On notera aussi que ces proies comprennent des petits rapaces. C'est le cas quand le faucon attaque l'épervier, l'émerillon ou le hobereau (chasse de haut vol), ce qui ne les empêche pas de jouer les chasseurs dans d'autres vols.

Tableau 3
Les chiens au XVIIe siècle

Type de chien	Qualités du chien	Particularités	Utilisations
Chien courant	Repérer la voie Poursuivre le gibier		Chasse à courre
Bigle	Vitesse Odorat Pugnacité Résistance	Issu du chien anglais, fin XVIIe siècle	Chasse à courre Lièvre Chevreuil
Chien anglais	Vitesse Légèreté Pugnacité Résistance Odorat passable Mais donne peu de la voix	Amélioré pour accroître la sagesse	Chasse à courre Selon la taille Cerf Renard
Chien blanc		Grande taille Haut sur pattes et d'oreilles Croisé avec des chiens gris au XVIe siècle Produit amélioré sous François Ier	Chasse à courre Tout cervidé
Chien blanc de Saint-Hubert	Affaiblit le gros gibier		Chasse à courre et à l'approche Tout cervidé Sanglier
Chien blanc greffier	Vitesse Sagesse Odorat excellent Chasse par tous les temps	Issu du chien blanc de Saint-Hubert et d'un braque d'Italie Première meute sous François Ier	Chasse à courre Tout cervidé
Chien de la Loue	Odorat excellent, d'où son emploi comme limier Sagesse parfaite	Petite taille Bout du nez et du museau fendu Issu de croisements en Berry	Chasse à courre Tout gibier
Chien gris	Vitesse Chasse à l'œil par tous les temps Donne de la voix Mais odorat et sagesse médiocres	Grande taille Haut sur pattes et d'oreilles Poil de lièvre Introduit du Proche-Orient Dernière meute sous Louis XIII	Chasse à courre Tout gibier Cerf surtout

Chien noir de Saint-Hubert	Excellent odorat Mais peu de vitesse Peu de courage Peu de résistance	Grande taille Marques de feu sur les yeux et aux extrémités	Chasse à courre Cerf, surtout quand changes nombreux Mais meilleur à la main
Chien normand	Odorat excellent, d'où son emploi comme limier		Chasse à courre Tout gibier
Lévrier	Chasse à l'œil et à la vitesse Mais odorat médiocre		Chasse à courre Tout cervidé
Limier	N'aboie pas Repère la voie Détourne le gibier		Chasse à courre et à l'approche Cerf
Mâtin	Attaque avec force Affaiblit le gros gibier	Commun, dit « chien de basse-cour »	Chasse à courre et l'approche Cervidé Sanglier Ours
Chien couchant	Odorat excellent Sagesse parfaite		Chasse au vol Chasse à l'affût
Epagneul	Odorat remarquable Sagesse		Chasse à l'arrêt Perdrix Caille Lapin
Levrette	Sagesse parfaite		Chasse au vol Héron Lapin
Turcat ou turquet	Odorat excellent Résistance Chasse par tous les temps Mais peu de sagesse	Poil ras Introduit soi-disant de Turquie	Chasse à l'arrêt Lièvre Tout gibier à poil

D'après Jacques du Fouilloux, *La Vénerie*, 1re éd., Poitiers, 1561, 17e éd., Paris, Claude Cramoisy, 1628 ; Robert de Salnove, La Vénerie royale, 1e éd. 1655, 2e éd., Paris, Antoine de Sommaville, 1665 ; et Jean de Sélincourt, *Le Parfait Chasseur*, Paris, Gabriel Quinet, 1683.
On notera qu'il n'est pas question de race proprement dite ; il n'y a aucune précision quant aux chiens couchants.

Tableau 4
Les chiens au XVIIIᵉ siècle

Type de chien	Qualités du chien	Particularités	Utilisations
Chien courant anglais	Sagesse Vitesse Pugnacité Résistance Mais donne peu de la voix Et odorat médiocre	Poil gris moucheté Corsage, oreilles et jarrets plus courts que le français Tête plus menue Jambe mieux faite Museau plus long et plus étroit Allure plus légère	Chasse à courre Tout cervidé Renard Sanglier
Chien courant français	Vitesse Pugnacité Résistance Donne de la voix Mais odorat médiocre	Poil blanc, ou taché noir ou fauve sur fond blanc Jambe ronde et droite Jarret Museau pointu Oreilles grandes, souples et pendantes Queue forte à l'attache, velue, mais nue à l'extrémité Rein court, haut, large, nerveux et peu charnu Ventre avalé	Chasse à courre Tout cervidé Sanglier
Chien courant normand ou baubis	Pugnacité Résistance Odorat médiocre	Corsage plus épais que le français Oreilles moins longues Tête plus courte	Chasse à courre Tout cervidé Sanglier
Basset	Repère la voie Pénètre dans le terrier Pénètre dans la tanière	Petite taille	Chasse à courre Blaireau Lapin Lièvre Renard
Barbet	Poursuit dans l'eau	Poil frisé Grande taille	Chasse à courre Renard
Braque français, hongrois, allemand	Travaille en pays ouvert Travaille par temps chaud Odorat excellent	Poil ras	Chasse à courre Tout gibier

Chien calabrais	Pugnacité Résistance		Chasse à courre Loup Sanglier
Dogue	Affaiblit le gros gibier		Chasse à courre et à l'approche Cerf Ours Sanglier
Lévrier d'attaque anglais, français ou turc	Chasse à l'œil et à la vitesse Odorat moins que médiocre	Jambes hautes Selon la taille	Chasse à courre Cervidé Lièvre Loup Renard Sanglier
Levron anglais dit lévrier harpé ou lévrier gigoté	Chasse à l'œil et à la vitesse	Petite taille Devant et côtés ovales Gigot court et gros, corps allongé	Chasse à courre Lapin
Limier	Ne donne pas de la voix Repère la voie Détourne le gibier	Souvent croisement de basset et de mâtin	Chasse à courre Daim Cerf Chevreuil Sanglier
Mâtin	Attaque avec vigueur	Jambes longues et musclées Oreilles larges et pendantes Poil court partout Queue haute et recourbée vers l'avant Tête grosse et ronde	Chasse à courre et à l'approche Ours Sanglier
Chien couchant	Quête le nez haut Arrête tout gibier		Chasse au vol et à l'affût Caille Perdrix Lapin Lièvre
Epagneul breton, français, espagnol	Quête le nez bas Travaille en pays boisé	Poil plus fourni que les braques	Chasse à l'affût Oiseaux Petit gibier
Griffon du Piémont	Quête le nez haut Arrête tout gibier	Poil hérissé	Chasse à l'affût Tout gibier

Setter anglais, irlandais Syn. Epagneul	Quête le nez bas Donne de la voix Travaille en pays ouvert	Poil long	Chasse à l'affût Oiseaux Petit gibier

D'après Gaffet de la Briffardière, *Nouveau Traité de vénerie*, Paris, Mesnier, 1742 ; P. Massé, *Dictionnaire portatif des eaux-et-forêts*, Paris, Vincent, 1766 ; et L. Liger, *La Nouvelle Maison rustique ou Economie générale de tous les biens de la campagne*, Paris, Dessaint, 1772 ; Le Verrier de la Conterie, *L'Ecole de la chasse aux chiens courants*, Rouen, Laurent Dumesnes, 1778 ; Auguste Desgraviers, *Essai de vénerie, ou l'art du valet de limier*, Paris, Prault, 1784 ; WW. d'Yauville, *Traité de vénerie*, Paris, Imprimerie royale, 1788.

La race apparaît, mais elle renvoie autant à la provenance qu'à la morphologie, exception faite des trois catégories de chiens courants. Cette évolution interviendra au XIXᵉ siècle, période où les races de chiens d'arrêt sont définies. Ainsi, longtemps, les chiens furent décrits comme les oiseaux de proie : en fonction du gibier chassé.

Tableau 5
Les doléances sur la chasse

Bailliage en 1789	Auxerre	Autun	Sens	Troyes
Département en 1790	Yonne (centre), Côte-d'Or (sud-est), Nièvre (sud)	Saône-et-Loire (est) Nièvre (est)	Yonne (nord et est), Seine-et-Marne (sud-ouest)	Aube, Haute-Marne (est)
Particularités physiques	Au nord-est, forêt d'Othe Au sud, bois et bocage de la Puisaye Au sud-ouest, bois du Morvan Vignes, blés, bois	Au nord-est, forêt du Morvan Bois, bocage A l'est, vignes sur les coteaux, bois sur les hauteurs, zones humides dans les vallées	Au sud-est, forêt d'Othe	Au sud-ouest, forêt d'Othe Au sud-est, côte des Bars Au centre est, forêt d'Orient
Nombre de cahiers	84	33	155	82
Nombre de cahiers avec la chasse	15	02	043	030
SUR LES GARDES				
— Procédure injustifiée	06		05	04
— Port d'arme injustifié	02		02	01

SUR LE GIBIER				
Pigeons				
— Trop nombreux	04		18	05
— Non enfermés			03	01
— Non autorisés	02		01	02
Lapins et lièvres				
— Trop nombreux	04		12	09
— Chasse à autoriser	01			
Autres gibiers				
— Trop nombreux, dont le loup	02	02 01	16	06 02
— Pas assez chassé	02			01
— Chassé hors période et dans culture	01		02	
— Chasse seigneuriale insuffisante	02	01	10	03
RÉFORMES PROPOSÉES				
— Nécessité du dédommagement			04	04
— Suppression des capitaineries			01	01
— Suppression des réserves			01	02
— Suppression des garennes				03

			03	
— Suppression du braconnage				
— Liberté d'avoir un chien				2
— Liberté d'avoir une arme				2
— Liberté de la chasse	4	1	02	3
Total des d'occurrences	30	05	80	51
Moyenne par cahier évoquant la chasse	02	02,5	1,8	01,7

Sources : C. Demay, *Cahiers des paroisses du bailliage d'Auxerre, textes complets d'après les originaux*, Auxerre, extr. du *BSSHNY*, 1883 ; *Id.*, Cahiers de doléances des villes de Cosne, Varzy et de la paroisse de Lignorelles, Auxerre, extr. du *BSSHNY*, 1897 ; P. Montarlot, « Le bailliage d'Autun d'après les cahiers des trois ordres », *Mémoires de la Société éduenne*, 1892 ; C. Porée, « Cahiers de doléances du bailliage de Sens pour les états généraux de 1789 », Auxerre, *Bulletin de la Société des sciences historiques et naturelles de l'Yonne (BSSHNY)*, 1908 ; J.-J. Vernier, *Cahiers de doléances du bailliage de Troyes (principal et secondaires), et du bailliage de Bar-sur-Seine, pour les états généraux de 1789*, Troyes, 1909-1911, 3 vol.
On notera que la chasse semble secondaire, les priorités étant la réforme de l'Etat, des impôts et des institutions. Néanmoins, elle est mentionnée dans 25 % des cahiers (90 sur 364). A chaque fois les données sont brèves, souvent limitées à un ou deux articles : le volume des suppressions est faible, moins toutefois que celui des solutions ; enfin, la chasse seigneuriale paraît admise, à condition d'être régulatrice : n'étant pas considérée comme un plaisir, mais comme un devoir, elle doit respecter le calendrier imposé. Par contre, les pigeons et les lapins sont universellement détestés car excédentaires et destructeurs : les premiers profitent des colombiers non autorisés, qui procurent de la viande ; les seconds, des garennes dont il est peu question par rapport à l'Île-de-France. On notera aussi que, dans le Morvan, l'importance des espaces collectifs supprime quasiment les revendications sur le sujet. Celles-ci sont d'autant plus nombreuses que le seigneur chasse moins, cas du Sénonais où les propriétés du clergé régulier et de la noblesse parlementaire sont nombreuses.

Tableau 6
Les appellations du loup

Age	Mâle	Femelle
Moins de 6 mois	Louveteau	Louveteau
De 6 à 12 mois	Louvart	Louvarde
De 1 à 2 ans	Jeune loup	Jeune louve
De 2 à 4 ans	Loup	Louve
De 4 à 5 ans	Vieux loup	Vieille louve
De 5 à 15 ans	Grand loup	Vieille louve

D'après C. A., Fougeyrollas, *Le Loup*, Paris, Perrin, 1969.
Ainsi, le « grand méchant loup » qu'affronte le Petit Chaperon rouge est un loup âgé en quête de victimes faciles...

Tableau 7
Les espèces voisines de la loutre

Espèce	Observation	Traces	Empreintes antérieures	Empreintes postérieures	Excréments
Loutre	À la nage Sur terre	5 doigts en éventail mais pouce souvent manquant Pelotes espacées et en biais, au contraire du blaireau 6 × 6 cm	Griffes petites et rondes, peu visibles	Griffes petites et rondes, peu visibles Palmure discrète sur terre 6 × 7 cm 7 × 9 cm pour les mâles	Carnivore Epreintes Toujours sur les mêmes places, mais pas toujours par la même Urine sur l'épreinte (femelle) Urine proche de l'épreinte (mâle)
Blaireau	Sur terre	5 doigts	Griffes allongées et très visibles Très loin des doigts 6 × 6 cm	Griffes allongées et visibles Assez loin des doigts 6 × 7 cm	Omnivore Fiente
Castor	À la nage Sur terre	5 doigts			Omnivore Fiente
Fouine	Sur terre Sur neige	5 doigts mais pouce manquant	4 × 3 cm	4 × 3 cm	Carnivore Fiente
Martre	Sur terre Sur neige	5 doigts mais pouce manquant	4 × 3 cm	4 × 3 cm	Carnivore Fiente
Putois	À la nage Sur terre	5 doigts mais pouce manquant	4 × 3 cm	4 × 3 cm	Carnivore Fiente nau-séabonde
Ragondin (introduit)*	À la nage Sur terre	5 doigts		Palmure discrète sur terre	Herbivore Crotte 4 × 1 cm
Rat musqué (introduit)	À la nage	5 doigts		Palmure discrète sur terre	Herbivore Crotte 1 × 0,5 cm
Vison	À la nage Sur terre	5 doigts mais pouce manquant	4 × 3 cm	4 × 3 cm	Carnivore Fiente cylindrique

D'après Christian Bouchardy, *La Loutre*, Paris, Le Sang de la Terre, 1986.
* Au début du XXᵉ siècle, le ragondin et le rat musqué ont été introduits d'Amérique du Nord pour l'un, d'Amérique du Sud pour leur fourrure, la loutre devenant rare ; ils ont colonisé toute la France.

Tableau 8
Etats de la louveterie : 1776-1786

Année	1776	1777	1778	1779	1780	1781	1782	1783	1784	1785	1786
Loup enfui	54	60	63	58	68	77	69	64	62	75	72
Loup manquant	36	47	43	39	37	39	25	26	08	17	19
Loup blessé*	06	09	07	11	00	01	00	03	04	03	00
Loup tué	09	07	04	02	07	11	22	14	26	37	17
Loup forcé	23	16	18	17	28	35	24	27	36	24	38
Nombre de loups tués	038	032	029	30	035	047	46	44	66	64	55
Nombre de sorties effectuées	090	107	106	97	105	111	94	90	70	92	91
Nombre de loups par sortie	0,42	0,29	0,27	0,30	0,33	0,42	0,48	0,48	0,94	0,69	0,60

Arch. nat., O 1 n° 982 à n° 992, registres.
On remarque que le nombre d'échecs, loups enfuis (« laisser courre ») et loups manquants (« buisson creux »), est important, ce qui explique que les populations aient installé des pièges avec appâts.
* « Loup blessé » signifie qu'il a été retrouvé et abattu, car sinon il serait comptabilisé « Loup enfui ».

Tableau 9
Nombre de loups tués en Isère, 1790-1850

Décennies	Estimation minimale d'après les registres comptables	Moyenne annuelle de loups tués
1790-1799	109	10,9
1800-1809	152	15,2
1810-1819	167	16,7
1820-1829	186	18,6
1830-1839	213	21,3
1840-1849	148	14,8
Total	975	19,5

D'après T. Pfeiffer, *Sur les traces des Brûleurs de loups*, Paris, L'Harmattan, 2009.
La chasse au loup en tuerait donc 19,5 par an, tous procédés confondus. La montée en puissance caractérise donc la première moitié du XIXᵉ siècle, avec l'usage du fusil. Le même phénomène s'observe dans les Hautes-Alpes, où la population lupine du département était plus nombreuse. La chasse tuait 26,6 loups par an entre 1790 et 1799, soit un tiers de moins qu'à l'époque de la Restauration.

Tableau 10
Les lieux-dits au loup

Nom du lieu-dit	Variantes	Occurrences masculines	Occurrences féminines
Exprimant son action, par ordre de fréquence			
Chanteloup	Chante-Loup	241	104
Gratte-loup	Gratteloup	108	013
	Grateloup		
	Grate-Loup		
Pisseloup	Pisse-Loup	066	005
Jappe-Loup	Jappeloup	028	
Guette-Loup	Guetteloup	019	
Passeloup	Passe-Loup	011	
Chieloup	Chie-Loup	005	
Saute-Loup	Sauteloup	005	
Bagne-Loup		003	
Beugle-Loup		001	
Exprimant son procès ou sa fin			
Hucheloup	Huche-Loup	019	
Chasseloup	Chasse-Loup	016	001
	Cacheloup		
	Chasse-Loup		
Heurteloup	Heurte-Loup	013	
	Hurte-Loup		
Corneloup	Corne-Loup	011	
Pinceloup	Pince-Loup	010	
Bouteloup		009	
Tue-Loup		007	
Retourne-Loup	Retourneloup	006	
Trompe-Loup	Trompeloup	004	
Trousse-Loup		002	
Echaude-Loup		001	

Corpus toponymique des cartes au 1/25 000ᵉ de l'IGN, base de données (BD NYME) contenant 1,6 millions de topo-nymes. D'après M. Tamine, « Le loup en toponymie », *Le Loup en Europe du Moyen Age à nos jours*, Presses univer-sitaires de Valenciennes, 2009.

Tableau 11
Nombre d'ours tués par région : 1550-1950

Période	Ariège	Andorre	Pyrénées-Atlantiques
1550-1600		094	112
1600-1650		035	130
1650-1700	053	081	134
1700-1750	149	094	092
1750-1800	115	145	015
1800-1850	033	080	037
1850-1900	030	080	057
1900-1950	035	007	063
Total	415	536	640

D'après J.-Cl. Bouchet, *Histoire de la chasse dans les Pyrénées françaises, XVIᵉ-XXᵉ siècles*, Pau, Marrimpouey, 1990. Ce nombre est calculé à partir des primes. En fait, les effectifs abattus excèdent les effectifs déclarés, surtout après la décision des deux conseils généraux d'arrêter les récompenses départementales. Dans les Pyrénées-Atlantiques, la décrue débute au XVIIIᵉ siècle, cinquante ans avant l'Ariège, cent ans avant l'Andorre. L'évolution dans cette république, très enclavée, rappelle celle de l'Isère.

Tableau 12
Les subventions des fédérations et des sociétés de chasse*

Année	Fédération départementale	Sociétés de chasse	Associations forestières**	Associations sportives***
1923	?	500 F.		
1924	50 000 F.	500 F.	7 940 F.	
1925	65 000 F.	?	21 540 F.	
1926	73 000 F.	2 500 F.	12 000 F.	
1927	100 000 F.	?	17 000 F.	
1928	74 000 F.	37 800 F.	79 300 F.	
1929	110 000 F.	24 500 F.	183 400 F.	
1930	145 000 F.	65 120 F.	469 700 F.	
1931	123 400 F.	1 500 F.	192 000 F.	
1932	105 000 F.	35 700 F.	131 500 F.	42 000 F.
1933	100 000 F.	4 000 F.	40 000 F.	18 000 F.
1934	100 000 F.		184 100 F.	

1935	100 000 F.		83 180 F.	10 000 F.
1936				
1937			17 000 F	
1938			49 100 F.	5 000 F.
1939				

Source : Arch. dép. Gironde, 7 M, dossier Subventions, 1922-1939.
A partir de 1932, les subventions accordées à la Fédération sont plafonnées tandis que les sociétés subissent une réduction drastique de crédits, dont profitent les associations forestières, mais de manière discontinue après le pic de 1930, lié en grande partie à la reconstitution des parcelles brûlées. L'année 1936 semble avoir connu une remise à plat du système, d'où le gel des crédits, qui ne revinrent pas les années suivantes. Le Trésor était vide et la guerre, prévisible.

* Précisons qu'il s'agit des subventions accordées sur dossier ; elles ne sont pas forcément distribuées...
** Ces groupements concernent l'étude du pin, la propagande sur le « reboisement » – il s'agit de boisements –, les opérations de boisement proprement dites (drainage, plantation), de protection contre l'incendie et de construction de desserte forestière.
*** Les associations sportives concernent uniquement les aéroclubs, à la différence de la Loire-Atlantique, où figurent des clubs de gymnastique, de football et surtout de pétanque, les boulistes l'emportant largement sur tous les autres bénéficiaires.

Tableau 13
Les réserves de nature à la veille de Natura 2000

Type de classement	Création par	Nombre de sites	Surface en hectares
Arrêté de biotope	Arrêté préfectoral	00 426	0 010 500 ha
Forêt de protection	Décret en Conseil d'Etat	00 070	0 075 000 ha
Parc national	Décret en Conseil d'Etat	00 006	0 087 000 ha
Réserve naturelle	Décret en Conseil d'Etat	00 134	0 325 000 ha
Réserve naturelle volontaire	Arrêté préfectoral	00 113	0 120 000 ha
Réserve de chasse et de faune sauvage	Arrêté préfectoral	12 000	2 500 000 ha
Réserve nationale de chasse et de faune sauvage (*)	Arrêté ministériel	00 008	0 030 000 ha
Site naturel classé	Arrêté ministériel	00 210	0 350 000 ha

D'après « Classement des Espaces protégés réglementaires », établi par l'ONCFS en 1999.
Les données intègrent le domaine public fluvial (DPF) et le domaine public maritime (DPM), les réserves de pêche couvrant moins de 350 hectares.

Tableau 14
Les espèces déclarées « nuisibles » jusqu'en 1976

Catégories des espèces	Désignation des espèces
Carnassiers	Blaireau
	Belette
	Chat sauvage
	Chat haret
	Civette
	Fouine
	Genette
	Loup
	Loutre
	Martre
	Putois
	Renard
Omnivores	Ours
	Sanglier
Rongeurs	Ecureuil
	Lapin
	Aigles (tous)
	Autour
	Balbuzard
Rapaces	Balbuzard fluviatile
	Butor
	Busard
	Corbeau
	Corneille
	Crécerelle
	Crécerine
	Epervier
	Faucons (tous, sauf le Kobez)
	Geai
	Grand duc
	Pie

Arch. dép. Lozère, M n° 5155, instructions relatives à la destruction des animaux malfaisants et nuisibles, 1921.
D'après Anne Vourc'h et Valentin Pelosse, « Chasseurs et protecteurs : les paradoxes d'une contradiction », in A. Cadoret, *Protection de la Nature : de la nature à l'environnement*, Paris, L'Harmattan, Alternatives paysannes, 1985, p. 111.
Cette liste fut retouchée en 1954, bien que le passage de certains « nuisibles » dans la catégorie « gibier » ait été contesté.

Tableau 15
Les espèces concernées par les réserves
gérées par l'ONCFS

Statut juridique	Dénomination	Département	Espèces concernées	Surface en hectares
Réserve naturelle	Baie de l'Aiguillon I	Vendée	Avifaune migratrice	2 300 ha
	Baie de l'Aiguillon II	Charente-Maritime	Avifaune migratrice	2 600 ha
	Estagnol	Hérault	Avifaune migratrice	0 078 ha
	Etang de la Horre	Aube Haute-Marne	Avifaune migratrice	0 415 ha
	Jujols	Pyrénées-Orientales	Isard, rapaces, marmotte	0 472 ha
Réserve nationale de chasse et de faune sauvage	Arjuranx	Landes	Avifaune migratrice	2 452 ha
	Caroux-Espinouse	Hérault	Mouflon	1 724 ha
	Chambord	Loir-et-Cher	Cervidés, sanglier	5 440 ha
	Chizé	Deux-Sèvres Charente-Maritime	Chevreuil, sanglier	2 572 ha
	Lac du Der-Chantecoq Etang d'Outines et d'Arrigny	Marne Haute-Marne	Avifaune migratrice	5 651 ha
	Lac de Madine Etang de Pannes	Meuse Meurthe-et-Moselle	Avifaune migratrice	1 735 ha
	La Petite-Pierre	Bas-Rhin	Cervidés, sanglier	2 674 ha
Arrêté de biotope	Domaine de la Peyroutarie	Hérault	Mouflon, rapaces	0 114 ha
Réserve de chasse et de faune sauvage	Asco	Haute-Corse	Mouflon	3 511 ha
	Belledonne Sept-Laux	Isère	Bouquetin des Alpes	2 387 ha

Beniguet	Finistère	Avifaune migratrice	0 064 ha
Casabianda	Haute-Corse	Avifaune migratrice	1 748 ha
Chanteloup	Vendée	Avifaune migratrice	0 038 ha
Donzère-Mondragon	Drôme Vaucluse	Avifaune migratrice	1 490 ha
Grand'mare	Eure	Avifaune migratrice	0 145 ha
Hable-d'Ault	Somme	Avifaune migratrice	0 062 ha
Iles Chausey	Manche	Avifaune migratrice	0 054 ha
Les Bohons	Manche	Avifaune migratrice	0 265 ha
Le Chapelier	Ain	Avifaune migratrice	0 056 ha
Le Rhin	Bas-Rhin	Avifaune migratrice	4 461 ha
Le Massereau	Loire-Atlantique	Avifaune migratrice	0 393 ha
Malzone	Loir-et-Cher	Avifaune migratrice	0 077 ha
Pierlas	Alpes-Maritimes	Aigle royal, perdrix rochassière, chamois, marmotte	1 100 ha
Pointe d'Arcay	Vendée	Avifaune migratrice	1 015 ha
Printegarde Saulce-sur-Rhône	Ardèche Drôme	Avifaune migratrice, castor	0 710 ha
Sainte-Marie-du-Mont	Manche	Avifaune migratrice	0 135 ha
Segure Ristolas	Hautes-Alpes	Tétras-lyre, chamois	1 200 ha
Quatre-Cantons	Alpes-Maritimes	Aigle royal, tétras-lyre, chamois	1 418 ha

Certaines réserves de l'ONCFS sont cogérées avec l'ONF, d'autres avec la Ligue pour la protection des oiseaux (LPO), d'autres enfin avec les fédérations départementales des chasseurs. Le système des conventions est appelé à se développer car il impose une concertation permanente entre public et privé. S'y ajoutent avec des modalités comparables les réserves de l'ONF en forêts domaniales : la protection de l'entofaune et de la faune, des oiseaux notamment, n'est pas limitée à la densité des arbres secs (perchoirs) ou creux (nids)...

Tableau 16
Les gibiers d'eau pouvant être chassés
Arrêté ministériel du 10 avril 1990

Espèces autorisées	
Barge à queue noire	Fuligule milouin
Barge rousse	Fuligule milouinan
Bécasseau maubèche	Fuligule morillon
Bécassine des marais	Garot à l'œil d'or
Bécassine sourde	Harelde de miquelon
Canard chipeau	Huîtrier pie
Canard colvert*	Macreuse brune
Canard pilet	Macreuse noire
Canard siffleur	Nette rousse
Canard siffleur	Oie cendrée
Canard souchet	Oie des moissons
Chevalier aboyeur	Oie rieuse
Chevalier arlequin	Pluvier argenté
Chevalier combattant	Pluvier doré
Chevalier gambette	Poule d'eau
Courlis cendré	Râle d'eau
Courlis corlieu	Sarcelle d'hiver
Eider à duvet	Sarcelle d'été
Foulque macroule	Vanneau huppé

Les deux établissements qui assistent le ministère de l'Environnement, la Direction de la nature et des paysages (DNP) et le Conseil national de la Chasse et de la Faune sauvage (CNCFS), assurent l'organisation et l'animation du secteur cynégétique et faunique national. A cela s'ajoute l'Office national de la chasse (ONC), qui assume les tâches administratives et techniques de recherche, de police, d'enseignement, d'information, d'éducation et de coordination concernant la chasse et la faune en France. Les Directions départementales de l'Agriculture et de la Forêt (DDAF), sous l'autorité des préfets, instruisent, coordonnent et assurent toute mission « milieux, faune, nature, chasse » du ressort conjoint de l'Agriculture et de l'Environnement. Le Conseil départemental de la Chasse et de la Faune sauvage, composé des représentants de tous les acteurs, conseille les préfets pour les problèmes cynégétiques, fauniques et d'espaces naturels. Les Fédérations départementales des chasseurs (FDC) représentent et défendent les intérêts des chasseurs près de l'administration de tutelle (l'Environnement). Ce sont elles qui organisent l'indemnisation des dégâts de grand gibier et mettent en place la préparation de l'examen du permis de chasse, ce qui est dans la droite ligne des orientations gouvernementales prises dans l'entre-deux-guerres. Cela fait tout de même beaucoup d'intervenants, de concertations, de complications, et de lourdeurs par conséquent !

* Seul le canard colvert peut être élevé et commercialisé en vue de la chasse. Il est donc traité comme d'autres, notamment le faisan et la perdrix.

Tableau 17
Le prélèvement sur les effectifs ongulés : évolution

Espèce ongulée	Année	Prélèvements autorisés	Prélèvements réalisés	Ecart en fin de campagne
Cerf	1975	07 000 têtes	06 000 têtes	– 16 %
	1985	12 000 têtes	10 000 têtes	– 20 %
	1995	30 000 têtes	20 000 têtes	– 50 %
Chevreuil	1975	050 000 têtes	025 000 têtes	+ 50 %
	1985	110 000 têtes	100 000 têtes	– 09 %
	1995	310 000 têtes	300 000 têtes	– 3 %

Tableau 17 bis
Le prélèvement sur les effectifs ongulés : adaptation

Espèce ongulée	Effectifs abattus Année 2001	Croissance des Tableaux de chasse 1999-2000	Croissance des Tableaux de chasse 1979-2000
Cerf	035 300 têtes	+ 6,0 %	+ 360 %
Chevreuil	430 200 têtes	+ 5,3 %	+ 600 %
Sanglier	382 500 têtes	+ 2,5 %	+ 600 %

Tableau 17 ter
Le prélèvement sur les effectifs ongulés : insuffisance

Espèce ongulée	Ecart entre plan de chasse et tableau de chasse 1999-2000
Cerf	40 %
Chevreuil	13 %
Sanglier*	
Isard	32 %
Mouflon	29 %
Chamois	12 %

* L'espèce fait partie des Proliférants : non soumise au plan de chasse, elle peut même, dans certains départements, être chassée tous les jours (sauf le mercredi, jour de congé scolaire) et du 15 août au 1er mars, voire au 31 mars, alors dans les autres, la saison dure du 8 septembre au 31 janvier.
D'après données de l'Office national de la chasse et de la faune sauvage (ONCFS).

TEXTES

Texte 1

Une chasse au vol sous Louis XIII

« Il semble que le roi ait quelque secrète intelligence sur les oiseaux et une puissance inconnue aux hommes. Et à la vérité, outre une inclination grande dont il les aime, il a une inimitable adresse à les traiter, soit à les leurrer ou à les faire voler, ce qui ne peut représenter par discours. Les inventions que Sa Majesté trouve tous les jours de nouveau le témoignent. Et qui ouïe jamais dire que des Faucons prissent le Corbeau ? Si tant de seigneurs qui le voient aujourd'hui n'étaient (mes) garants, je n'oserais non plus l'écrire que le réciter.

« C'est en la présence de la reine que ce fait arriva. Le mois de janvier passé, comme elle allait du côté d'Aubervilliers, étant à la promenade dans son carrosse, un Corbeau vint comme par bravade donner plaisir à Sa Majesté. Monsieur le baron de la Chastaigneraye fit jeter deux faucons après lui, qui l'ayant longuement travaillé (pourchassé) et lui ayant donné plusieurs coups tant à la montée qu'à la descente, enfin le lièrent et le menèrent à bas, le tuant à force de coups (...) On doit croire que les oiseaux qui volent le Corbeau, c'est par colère ou par exercice de courage, et non par appétit. Donc on se conduira bien de ne les faire voler guère souvent à ce gibier et de les paître de telle prise » (pour empêcher l'accoutumance qui altérerait la spécialisation due au dressage).

Cité in J.-C. Chenu,
La Fauconnerie ancienne et moderne, Paris, 1862.

Texte 2

Le match au héron :
le gerfaut du roi contre celui de la reine

« La reine étant arrivée (au Bourget), on apporta au roi un Gerfaut nommé la Perle (...) et fut présenté à Sa Majesté par M. le grand fauconnier, lequel après en porta un autre à la reine, mais, à cause que le temps était quelque peu humide, elle ne voulut quitter son carrosse, (ce) qui fut cause qu'il s'arrêta près d'elle pour tenir son Gerfaut et le jeter à point nommé. Et après, le roi commanda d'attaquer le Héron. (...). Sa Majesté, qui avait son Gerfaut sur son poing, les ailes ouvertes, s'apprêtant pour l'effet auquel on le voulait employer, commence à le découvrir, l'ayant longuement tenu en patience, pour mieux faire voir la gaillardise de son oiseau par un admirable jet. Ce Gerfaut blanc, ayant bien vu le Héron, part du poing, part du poing du roi ; la reine fait jeter le sien partant aussitôt l'un que l'autre. Or ayant même dessein, ces oiseaux vont par différente carrière et, montant sur queue, font si bien qu'en peu de temps, ils se trouvent de hauteur presque égale. »

« Le Héron monte en altitude aussi haut que possible et tente de se dégager à coups de bec jusqu'à ce que, épouvanté « et ne sachant comment résister, (il) se laisse choir, les ailes ouvertes, les pieds devant et le col en haut. En cet état, un des Gerfauts, nommé la Perle, le lia et le mena à bas. Etant à terre, aussitôt qu'il sent approcher les lévriers, il échappe et repart, mais en vain, car la Perle le lia encore et le retint sans autre secours.

« Qui n'a vu, à ce vol, les Lévriers qui sont pour secourir les Oiseaux (les gerfauts), il ne pourrait le croire, même lorsqu'ils attendent la chute du Héron ; ils vont courant qui deçà, qui delà, à toute leur force, ayant toujours les yeux en haut pour voir les oiseaux et se trouver à la chute pour avoir part à la victoire. »

Cité in J.-C. Chenu,
La Fauconnerie ancienne et moderne, Paris, 1862, p. 18.

Texte 3

D'un maniement dangereux :
les nouveaux fusils

« Le fils aîné du feu comte de Tonnerre étant à la chasse à la plaine Saint-Denis avec le second fils d'Amelot (de Gournay), conseiller d'Etat lors ambassadeur d'Espagne, le tua d'un coup de fusil le 6 septembre. Mme de Tonnerre fit prendre le large à son fils et vint demander sa grâce au roi, l'assurant que le fusil était parti sans que son fils y pensât, et que le jeune Amelot était fort son ami.

« En même temps, Mme de Vaubecourt, sœur d'Amelot, vint demander au roi de ne point donner grâce à l'assassin de son neveu qui l'avait couché en joue, et assura qu'il l'avait tué de propos délibéré. Ce jeune Amelot était toute l'espérance de sa famille, ayant le corps et l'esprit aussi bien faits que son aîné les avait disgraciés, qui devint pourtant (un) président à mortier.

« Tonnerre était une manière d'hébété fort obscur et fort étrange. Il eut sa grâce un mois après : il entra pour un an à la Bastille, donna dix mille livres aux pauvres, distribuables par le cardinal de Noailles, et eut défense sous de grandes peines de se trouver jamais en nul lieu public ni particulier où M. Amelot le trouverait. Il a peu servi, quoique avec de la valeur, a épousé une fille de Blanzac et passe sa vie tout seul dans sa chambre ou à la campagne, en sorte qu'on ne le voit jamais. »

Saint-Simon, *Mémoires*, Paris, Gallimard,
La Pléiade, tome III, 1707-1710.

Amelot de Gournay avait seize ans. Héritier de sa famille, noblesse de finance, sa perte était moindre que ce qu'aurait été celle de l'aîné des Tonnerre, noblesse chevaleresque. Cela explique la relative indulgence du roi envers le meurtrier.

Texte 4

La gibelotte de lapin :
un plat commun

« Faites revenir du lard coupé en gros dés et de petits oignons : lorsque le tout a pris couleur, retirez lard et oignons. Faites revenir ensuite dans la même casserole et cuire, pendant une demi-heure, votre lapin coupé en morceaux. Ajoutez-y alors vos champignons, sel, poivre, un bouquet garni et un verre de vin, achevez la cuisson. Puis ôtez le bouquet, dégraissez la sauce et servez bien chaud.

« Toute modification à la recette ci-dessus est subversive, destructive de la règle établie. En deçà ou au-delà de cette règle, il n'y a plus de gibelotte ! Il y a les ténèbres au milieu desquelles des cuisiniers fantaisistes essayent des fioritures de mauvais goût. »

Charles Jobey, *La Chasse et la Table,*
Nouveau traité en vers et en prose…, Paris, Furne, s. d.

Texte 5

De la manière de conserver le gibier
pendant deux mois

« Elle ne consiste qu'à ouvrir le gibier et le vider, ôter encore le jabot aux oiseaux, laisser les uns dans leur poil et les autres dans leurs plumes ; les remplir ensuite de froment et, après les avoir recousus, les enterrer dans un tas de blé. On peut user particulièrement de ce moyen pour en conserver pendant tout le Carême sans qu'il soit à craindre qu'il perde rien de sa finesse. »

Arch. dép. Loiret, D n° 5, Pièces imprimées, Manière de conserver le gibier pendant plus de deux mois, in Annonces, affiches, nouvelles et avis divers de l'Orléanais.

Texte 6

La terrine d'ortolans : un plat festif

« Hachez en portions égales la chair d'un ou deux perdreaux et de la panne de porc ; ne vous contentez pas de hacher, mais assaisonnez et pilez jusqu'à ce que la pâte soit bien lisse, coupez les cous et les pattes des ortolans, étendez une couche de farce dans la terrine, semez dessus de la truffe.

« Rangez sur votre farce un lit d'ortolans que vous assaisonnez de sel épicé ; mettez une seconde couche de farce sur laquelle vous semez de nouveau des truffes ; couchez une autre rangée d'ortolans que vous assaisonnez comme la première. Finissez par une couche de farce et de truffes. Couvrez de bardes de lard, mettez une feuille de laurier dessus. Couvrez la terrine et faites cuire. »

Alexandre Dumas, *Dictionnaire de cuisine*, 1873.

N.B. : Alexandre Dumas emprunta la recette à un grand chef du XVIIe siècle.

Texte 7

Le Lapin de garenne
ou le Bonheur du braconnier

Strophe I
On connaît Jean Lapin,
Seigneur de la Garenne,
Qui va soir et matin
Broutant la marjolaine,
La bruyère et le thym
Autour de son domaine.

Strophe V
Jeannot vit au hasard
De sa tête légère.
Pourtanr maître Renard,
Fin et rusé compère,
Fait à notre pillard
Une cruelle guerre.

Strophe VI
Voici certain collet
Tendu sur son passage ;
Voici certain furet,
Bestiole de carnage
Qui veut l'étrangler net
Au sein de son ménage.

Strophe VII
Renard, chasseur et chien,
C'est la Mort qui lui crie :
maheureux ! pour ton bien,
Pense à changer de vie....
Jeannot ne pense à rien :
C'est sa philosophie.

Charles Jobey, *La Chasse et la Table.*
Nouveau traité en vers et en prose
donnant la manière de chasser,
de tuer et d'apprêter le gibier,
Paris, Firne et Cie, s. d.

Texte 8

La chasse au furet

Il existe trois variantes de cette chasse.

Chasse alimentaire :
« Si on veut prendre indistinctement tous les lapins, on enferme le terrier avec des panneaux, à deux toises au moins des gueules (entrées) les plus éloignées. On introduit des furets dans le terrier ; on a près de soi un chien sûr, attentif et muet, et on attend en silence. Les lapins poursuivis par les furets sortent et se précipitent dans le panneau, dont les mailles les enveloppent. Le chien les y suit, les tue et revient à son maître. »

Chasse alimentaire dans les garennes, où les femelles (hases) sont à épargner :
« On adapte à chacune des gueules une bourse faite de filet, dont l'ouverture est proportionnée à celle de la gueule. Le lapin poursuivi se jette dans cette bourse avec un effort qui la referme, et on peut le prendre vivant. Ainsi on a l'avantage de choisir les mâles pour les tuer. »

Chasse avec tir et cible mouvante :
« Lorsqu'on a introduit le furet dans le terrier, on se place à portée, le visage tourné du côté du vent. Et on tue à coups de fusil les lapins qui sortent avec une vitesse extrême pour se dérober à la poursuite du furet. »

Précautions nécessaires dans tous les cas :
« ... les furets doivent être emmuselés assez pour qu'ils ne puissent pas tuer les lapins qu'ils chassent : sans cela, ils jouiraient d'abord et resteraient endormis dans le terrier... »

« Dans un grand terrier un ou deux furets se lassent inutilement ; il en faut souvent six et même plus pour tourmenter les lapins et les forcer. »

« La fatigue rebute les furets et les endort. Alors on a souvent de la peine à les reprendre. Quelques garenniers enfument le terrier avec de la paille, du soufre, de la poudre, etc. pour les éveiller et les contraindre à sortir.

« Ainsi le plus sûr moyen de reprendre son furet, c'est de faire au milieu du terrier un trou rond, d'un pied et demi de diamètre (40 cm) et de deux à trois pieds de profondeur (75 cm). Ce trou doit être placé de manière qu'il aboutisse par plusieurs passages aux principales chambres du terrier. On place au fond un lit de foin et on se retire. Le furet qui est accoutumé à coucher sur le foin rencontre ce lit, et on l'y retrouve presque toujours endormi le lendemain matin. »

Encyclopédie, article « Fureter »,
signé de M. Leroy, lieutenant des Chasses
du parc de Versailles.

Texte 9

Chanson gaie de braconnier

Premier couplet

Pour tous les bougres qui braconnent
dedans la Sologne aux bourgeois
Ce n'est pas quand la lune donne
Qu'il faut aller au bois :
Sous les sapinières profondes
On rampe dans le noir
J'aime la Française qu'est blonde !
Faut pas tout voir en noir...

Dernier couplet

J'ai fait ça que je vous raconte
En retournant avec mes amours
Un soir où j'ai réglé le compte d'un garde d'alentour.
Le sang faisait des flaques rondes...
C'était rouge et puis noir.
J'aime la Française qu'est blonde !
Faut pas tout voir en noir.

Gaston Couté,
« La chanson d'un gars qu'a mal tourné »,
cité in *Le Livre du braconnier*.

Texte 10

Complainte du braconnier

Premier couplet sur l'air de « Soir et matin sur la fougère »

Un enfant dort à sa mamelle ;
Elle en porte un autre à son dos.
L'aîné qu'elle traîne après elle
Gèle pieds nus dans ses sabots.
Hélas ! des gardes qu'il courrouce
Au loin, le père est prisonnier.
Dieu, veillez sur Jeanne-la-Rousse :
On a surpris le braconnier

> Pierre Jean de Béranger,
> « Jeanne-la-Rousse, ou la Femme du braconnier »,
> in *Chansons*, 1837.

Texte 11

Une commune crie « Au secours ! »

M. le maire de Bucy-Saint-Liphard à M. le conseiller d'Etat, baron de Talleyrand, préfet du Loiret.

« Je vois (...) que Son Excellence (le ministre de l'Intérieur) observe que les commissions d'officiers de louveterie imposent diverses obligations à ceux qui les obtiennent. Ces obligations consistent à avoir les équipages convenables contre les loups et à faire les chasses nécessaires pour les détruire.

« Je vois (...) que les propriétaires et cultivateurs de ce département s'occupent de la chasse aux loups, et avec plus de succès que n'en obtiendraient deux hommes de l'art exercés dans cette chasse et ayant de bons équipages.

« Si Son Excellence savait qu'il n'y a pas dans tout le département un seul chien bien dressé à la chasse du loup, si elle savait que les propriétaires et cultivateurs ne s'occupent pas, et ne peuvent pas s'occuper de cette chasse, d'abord parce qu'ils n'ont ni le port d'armes ni les permissions de chasse nécessaires et, en second lieu, parce que le pays est tellement boisé et les bois sont tellement fourrés et épineux que les hommes ne peuvent rien sans le secours des chiens dressés à cet exercice, Son Excellence sentirait la nécessité de prendre quelque mesure efficace pour détruire ces terribles animaux qui, chaque jour, se montrent plus nombreux et plus menaçants.

« C'est à vous, M. le préfet, qu'il appartient de pourvoir à la sécurité (des habitants)... Ne nous abandonnez pas aux moyens ordinaires car, franchement, ils sont de toute nullité. Et vous verriez infailliblement se renouveler les malheurs dont ce pays a eu gémi il y a environ dix-huit mois (mars 1815). »

Arch. dép. Loiret, O suppl. n° 20, requête du maire de Bucy-Saint-Liphard, 9 septembre 1816.

Une nouvelle fois, cette missive illustre l'insuffisance des informations sur lesquelles le pouvoir central fonde sa politique générale : inadaptée aux situations locales, elle échoue inévitablement.

Texte 12

L'annonce d'une battue entre Seine et Yonne
14 février 1715

Louis Jean Bertier de Sauvigny, chevalier, conseiller d'Etat ordinaire, premier président au Parlement et intendant de la généralité de Paris, et Louis Bénigne François Bertier, chevalier, conseiller du roi en ses conseils, maître des requêtes ordinaires en son Hôtel, intendant adjoint,

Vu les provisions accordées le 30 mars 1770 et l'extension donnée à icelles en faveur de Monsieur de l'Isle, chevalier, seigneur de Moncel et autres lieux, lieutenant des Maréchaux de France, premier louvetier de Monsieur et de SAS Monseigneur le prince de Condé, dans le Clermontois et dépendances, pour exercer les fonctions de premier lieutenant de la Grande Louveterie de France, tout considéré :

Nous avons permis et permettons audit sieur de Moncel de faire assembler les habitants des paroisses de la partie de notre généralité, entre la Seine et l'Yonne, à l'exception néanmoins des privilégiés de droit et, en son absence, les gentilshommes, ses adjoints, ou autres représentants et préposés dans les chasses et traques qu'il croira nécessaire pour la destruction des loups et autres bêtes voraces, en se conformant aux arrêts et règlements intervenus sur cet objet.

Ne pourront être lesdits habitants commandés pour les susdites chasses et traques qu'à raison d'un homme ou (d'un) jeune garçon de ce capable, par feu, et une seule fois chaque année. (...)

Ordonnons que, pour assurer d'une manière certaine le nombre de loups qui y seront tués, leurs corps entiers seront présentés à l'officier de justice et notables présents à la chasse et, à défaut, aux officiers municipaux les plus proches d'icelles, lesquels en délivreront aux préposés de M. de Moncel les certificats et procès-verbaux, selon la forme imprimée et par lui déposée en nos bureaux, lesquels il fera passer avec les oreilles desdits loups à nos subdélégués, chacun en droit, soit pour nous en rendre compte et être par nous expédiées telles ordonnances qu'il appartiendra.

(…)

Nota. Les syndics observeront les articles suivants :

1er. Du 1er au 20 octobre, nos susdites traques n'auront lieu que les dimanches et fêtes, après la messe paroissiale, pour ne pas nuire aux travaux champêtres.

2e. Les tireurs, non compris dans nos listes de ceux au fait des armes, qui apporteront des fusils aux traques, pour éviter la peine de percer les forts, les remettront au syndic jusqu'au dernier appel pour prévenir les accidents, et traqueront avec les autres.

(…)

Arch. nat., O1 n° 977, 14 février 1715, imprimé affiché par ordre de Louis Jean Bertier de Sauvigny, intendant de la généralité de Paris. Elle couvrait quasiment le Bassin parisien.

Texte 13

Les Brûleurs de loups

« Brandissant dans la nuit leurs torches de mélèze,
Des glaces de l'Oisans jusqu'aux forêts de l'Omblèze,
Du Champsaur au Queyras, de Lente à Riabloux,
Nos aïeux poursuivaient le noir troupeau des loups.
Au fond de quelque gorge, ils acculaient la horde
Des hurleurs aux crocs blancs puis, sans peur qu'elle morde,
Faisant rouler sur eux les sapins du rocher,
Ils allumaient dans l'ombre un étrange bûcher
Et pensifs sous le ciel rougi par l'incendie,
Les enfants écoutaient, l'âme grandie,
Le crépitement clair des damnés au poil roux.
Les Dauphinois sont fils de ces Brûleurs de loups ».

Cité par Paul Berret, *Au pays des Brûleurs de loups.*
Contes et légendes du Dauphiné, Paris, 1924.

Texte 14

La bascule à loup : un engin de mort

Elle évitait les poisons et les pièges, dont les animaux domestiques constituaient les principales victimes, étant moins rusés que la bête. Elle assurait en outre la discrétion, n'étant ni apparente ni odorante. L'appât était une brebis, tenue par des ventrières au-dessus de la fosse. Il était donc placé dans une bergerie postiche, qui camouflait la double bascule. Le système résultait ainsi de l'observation minutieuse de ce canidé.

« A mille mètres ou environ d'une métairie fréquentée par les loups ou dans le voisinage des grands bois, dresser une loge en bois semblable à celle de nos gardes-ventes, pratiquer une ouverture pour une porte au milieu de chaque basse-goutte et absolument en face l'une de l'autre (pour que le fauve croie la fuite aisée. Chaque ouverture fermera avec une porte brisée, dont la partie inférieure aura cinq dixième de mètres en hauteur (75 cm). La partie supérieure s'ouvrira de droite et de gauche avec deux ventaux. Entre ces deux portes, creuser une espèce de puits ou précipice de trois mètres et demi de profondeur, que l'on garnira de toutes parts de madriers. Au-dessus de ce puits et entre les deux portes, placer une double bascule, dont la pente conduirait au précipice. Aux deux côtés de ces bascules qui seront très mobiles, avoir des clairevoies qui laisseront voir des brebis de droite et de gauche… Pendant un mois (les bascules étant bloquées), il sera à propos de déposer tous les soirs quelques vieilles brebis, dans cette espèce de bergerie qui, à cet effet, sera bien fermante. Ces brebis auront la facilité de se promener partout, même sur les bascules, qu'elles imprégneront bientôt de l'odeur de leurs excréments. »

Bellenone-Chartier, *Mémoire sur un plan de bascule pour la destruction des loups*, Blois, Jahyer, 1807, 11 p.

Texte 15

Les femmes et la chasse à courre

« Nous allions à la campagne de bonne heure, au printemps, pour tout l'été. Il y avait dans le château de Hautefontaine vingt-cinq appartements à donner aux étrangers, et ils étaient souvent remplis. Cependant le beau voyage avait lieu au mois d'octobre seulement.

« Il y avait à Hautefontaine un équipage de cerf dont la dépense se partageait entre mon oncle, le prince de Guéménée et le duc de Lauzun. J'ai ouï dire qu'elle ne montait pas à plus de 30 000 francs (début XIXe siècle). Mais il ne faut pas comprendre dans cette somme les chevaux de selle des maîtres, et seulement les chiens, les gages des piqueurs qui étaient anglais, leurs chevaux et la nourriture de tous. L'équipage chassait l'été et l'automne dans les forêts de Compiègne et de Villers-Cotterêts (...).

« A sept ans, je chassais déjà à cheval une ou deux fois par semaine et je me cassai la jambe, à dix ans, le jour de la Saint-Hubert. On dit que je montrai un grand courage. On me rapporta de cinq lieues sur un brancard de feuillage, et je ne poussai pas un soupir. »

Liedekerke Beaufort C., comte de, éd,
*Mémoires de la marquise de La Tour du Pin,
journal d'une femme de cinquante ans, 1778-1815*,
Paris, Mercure de France, Le Temps retrouvé, 2002.

Texte 16

La vénerie française et anglaise

En 1913, le diplomate Paul Morand courut le renard avec ses amis anglais, ce qui lui permit de montrer les différences avec l'Outre-Manche, où cet animal était piégé ou tiré, mais peu ou pas couru, au contraire du sanglier, de la loutre et des cervidés. C'est que la Grande-Bretagne comportait peu de futaies feuillues, la forêt ne représentant qu'un faible pourcentage de la superficie nationale, où dominaient les landes et les prairies. Cela reflétait tout autant les données du climat, des vents surtout, et les choix effectués à la fin du Moyen Age de développer son industrie lainière, et donc l'élevage ovin. Cependant, le regard de Paul Morand reste celui d'un esthète nourri de références picturales.

« La chasse se déploie maintenant dans les grands plans doucement inclinés, où les rouges des habits et les verts des prés contrastent. Ce sont partout de vraies peintures de Morland, des gravures d'après Wootton. Je pense à chaque *full cry* aux anciennes étiquettes représentant une chasse au galop, par Sturgess, sur les bouteilles d'Elliman's Embrocation.

« Quel contraste avec la lente majesté de la vénerie française, la perspective ombreuse des allées de forêt, les profonds appels des trompes sonnant la vue, les cris des piqueurs et les conversations au trot entre nos dames et nos cavaliers ou pendant les longues attentes au coin d'un taillis. »

P. Morand, *Londres*, 1933,
suivi de *Londres revisité*, 1963, Paris, Plon, 1990.

Texte 17

L'introduction pour la chasse
des oiseaux exotiques

Comme Louis XIV voulut introduire le dindon dans ses forêts, Napoléon III souhaita tirer des volatiles exotiques, outre les faisans, les cailles et les perdrix rouges et grises, élevés à cette fin dans les faisanderies impériales, mais avec des résultats inégaux. Ce fut le cas du faisan doré et du faisan argenté, originaires de Chine, le premier étant naturalisé dans les bois du Buisson-de-Massouri, près de Melun (Seine-et-Marne). Ce fut le cas des colins huppés, des tétras, des pintades, des perruches d'Australie, des perdrix de Californie et de la Chine et, surtout, des perdrix Gambra, originaires d'Afrique du Nord et expérimentées en forêt de Compiègne (Val-d'Oise). Les problèmes de l'acclimation puis de la naturalisation furent semblables à ceux rencontrés pour les essences exotiques : à l'issue de ces processus, il n'était pas certain que le volatile répondrait aux exigences cynégétiques, pas davantage que l'arbre exotique donnerait un bois de qualité en milieu forestier.

« En 1859, 40 000 œufs de perdrix Gambra, recueillis par les soins des bureaux arabes, furent envoyés à la Vénerie, qui les distribua dans toutes les inspections forestières de la Couronne et chez plusieurs grands propriétaires amateurs de chasse. (…)

« A ma grande surprise, les œufs étaient excellents (et) les éclosions réussirent à merveille : 1 800 perdreaux sortirent de mes 2 300 œufs, dont il faut retrancher du reste une quarantaine trouvée cassée dans la caisse. (…)

« Trois semaines après l'éclosion, il en restait environ cent cinquante (…). Vers la Toussaint, nous n'en voyions plus qu'une cinquantaine. L'Empereur et ses invités en tuèrent une dizaine environ (à la chasse du 31 octobre à Compiègne). (…) Quelques jours après la chasse, il n'y en avait plus un seul dans le tiré. »

A. de La Rue, *Les Chasses du Second Empire*, 1852-1870, 1ʳᵉ éd. 1872, Paris, Firmin-Didot, 1882, rééd, Paris, Pygmalion, Les Grands Maîtres de la Chasse et de la Vénerie, 1983.

Texte 18

La location de « mères porteuses » :
des poules pour une faisane

Marché passé entre l'inspecteur des Domaines et forêts de Fontainebleau et un fournisseur de volailles

« Il a été convenu ce qui suit :

« Le sieur Ribouillard s'engage à louer pour le service de la Faisanderie
impériale de Fontainebleau 400 poules couveuses environ. La livraison de
ces poules commencera à partir du 10 avril et continuera sans interruption
de manière qu'au 20 du même mois, il y ait 90 poules reçues, au premier
mai suivant 180, au 10, 270, 300 et au 25, 400. Ces chiffres ne sont
qu'approximatifs et pourront sur la demande de l'inspecteur être augmen-
tés ou diminués selon les besoins du service...

« Le sieur Ribouillard s'engage à reprendre sans indemnité toutes les
poules qui, dans les huit jours à partir de celui où elles auront été mises
sur les œufs, ne voudraient pas continuera couver, à en fournir d'autres,
en échange de celles qui lui auront été rendues. Les poules louées seront
reprises sans frais par le sieur Ribouillard, qui en prend l'engagement, au
fur et à mesure qu'elles seront devenues inutiles au service de la faisanderie...

« De son côté, M. l'inspecteur des Forêts prend l'engagement de ne pas
avoir d'autre fournisseur que le sieur Ribouillard pour toutes les poules
dont il aura besoin en 1864...

« Il sera payé au sieur Ribouillard une indemnité de 1,5 franc pour
chaque couveuse qui mourra à la faisanderie après réception définitive. »

Arch. nat. O5 n° 895, contrat d'exclusivité,
Fontainebleau, 5 avril 1864.

Texte 19

La loi de 1844 :
nouvelle version du permis de chasse

Le texte du 3 mai 1844 comprend quatre sections. La première concerne
l'exercice du droit de chasse. Elle suscita bien davantage de difficultés dans
son application que la deuxième sur les peines applicables à chaque délit,

la troisième sur la manière dont ils seraient constatés et poursuivis, ou la quatrième sur les dispositions annexes aux trois autres.

Section I
Article 1
Nul n'aura la faculté de chasser, sauf les exceptions ci-après, si la chasse n'est pas ouverte et s'il ne lui a pas été délivré un permis de chasse par l'autorité compétente. Nul n'aura la faculté de chasser sur la propriété d'autrui sans le consentement du propriétaire et de ses ayants droit.

Article 2
Le propriétaire peut chasser ou faire chasser en tout temps, sans permis de chasse dans ses possessions dépendant d'une habitation et entourées d'une clôture continue faisant obstacle à toute communication avec les héritages voisins.

Article 3
Les préfets détermineront, par des arrêtés publiés au moins dix jours à l'avance, l'époque de l'ouverture et celle de la clôture de la chasse dans chaque département. Ces arrêtés seront pris par le préfet de police pour la circonscription de la préfecture de police.

Article 4
Dans chaque département, il est interdit de mettre en vente, de vendre, de colporter, de prendre ou de détruire sur le terrain d'autrui des œufs et des couvées de faisans, de perdrix et de cailles.

...

Article 6
Les préfets pourront refuser le permis de chasse à la charge de rendre immédiatement compte des motifs du refus au ministre de l'Intérieur qui statuera.

Article 7

Article 8
...

Article 9
Des ordonnances royales porteront règlement d'administration publique qui détermineront dans quel cas et sous quelles conditions la chasse sera permise pendant la nuit.

Elles détermineront également :

1° Les procédés et modes de chasse, les filets et engins qui, étant de nature à nuire à la conservation des récoltes et du gibier devront être prohibés.

2° L'époque de la chasse des oiseaux de passage et les modes et procédés de cette chasse

3° Le temps pendant lequel il sera permis de chasser dans les marais et dans les étangs

4° Les espèces d'animaux malfaisants que le propriétaire, possesseur ou fermier pourra détruire sur ses terres et les conditions d'exercice de ce droit

5° La gratification qui sera accordée aux gardes et gendarmes rédacteurs des procès-verbaux ayant pour objet de constater des délits

6° Et enfin toutes les dispositions relatives à l'exécution de la présente loi.

Le Moniteur universel,
11 février-17 février 1844.

Texte 20

La chasse au tir
pendant le premier conflit mondial

En 1914, et il en ira de même en 1939, un arrêté ministériel interdit la chasse « temporairement » ou « jusqu'à nouvel ordre ». Mais il s'agissait de la chasse au tir, d'où la réaction aux premières rumeurs, en 1915 avec la stabilisation du front et en 1940 avec la signature de l'armistice, que cette mesure serait supprimée.

Ce fut le cas d'un conseiller, qui estimait injuste de priver les soldats mobilisés d'une ressource reconstituée grâce à un an d'interruption. Même si le gibier, trop abondant, abîmait les récoltes, le chasser serait leur récompense quand ils reviendraient enfin. On voit bien que le tir relève, pour lui, du registre du sport, de la joie, de l'égalité et du divertissement, et non de la nécessité.

« Il est juste que l'abondance du gibier constitue, à la fin de la guerre, une sorte de compensation et de récompense pour tous ceux qui, appelés sous les drapeaux, ont dû abandonner leur foyer pour collaborer à l'œuvre de la défense nationale. Il paraîtrait tout au moins étrange que l'espoir qu'ils ont pu concevoir de ce chef soit anéanti pour une mesure qui donnerait aux autres, pendant qu'on se bat encore sur le front, le droit de profiter de cette abondance, inconnue depuis tant d'années et de se procurer des ressources et aussi une distraction qui jure envers les événements tragiques auxquels nous assistons. »

Arch. dép. Gers, 4 M n° 34, dossier Chasse,
ouverture en 1915, lettre au préfet, 19 juin 1915.

Texte 21

La justification du tir
pendant le premier conflit mondial

En Sologne, les demandes d'autorisation de chasser les sarcelles, macreuses ou judelles, requêtes envoyées au préfet du Loiret par le vicomte de Poncins, mais aussi et surtout sur les canards sauvages (halbrans) comme le montre la lettre ouverte de Louis de Vivès publiée dans le *Journal du Loiret*. Tous deux possédaient de vastes chasses louées.

« ... je persiste à considérer les canards comme des animaux très malfaisants, et il est facile aujourd'hui de constater les dégâts importants que cause dans les récoltes ce gibier nuisible entre tous, particulièrement dans les avoines et orges sur pied ou en javelles avant leur ramassage. Leurs bandes arrivent surtout le soir, à la nuit tombante, dans les récoltes situées à peu de distance des étangs ou cours d'eau où ils se tiennent et se sont reproduits, ce qui est le cas surtout en Sologne. Or c'est par centaines cette année qu'on les voit arriver, même là où on n'en avait jamais vu jusque-là. La moindre enquête doit fournir de nombreuses preuves de ce que j'avance ici, et cela s'explique, le canard étant un des volatiles qui atteint dans un temps restreint et le plus vite la taille d'adulte. Il décuple de grosseur en quelques semaines, mais cela ne peut se faire qu'à l'aide d'une abondante nourriture. Aussitôt donc que le développement de ses ailes le lui permet, il va chercher cette nourriture dans les champs et où coïncide avec le moment de la maturité des grains.

« En telle sorte que, si on arrivait à détruire le halbran au moment de l'ouverture, on préserverait très efficacement les récoltes actuellement ravagées. »

Le 7 juillet 1917, le préfet accorda ces requêtes en octroyant des lettres d'autorisation mentionnant le nombre des chasseurs, de destructions tous les jours soit en battues, soit au poste, soit au chien d'arrêt, « mais seulement dans les marais et à moins de trente mètres des rives des étangs et rivières », accompagnées de lettres de transport et de vente de ce gibier d'eau dans tous les départements jusqu'au 3 septembre, sur certificat d'origine des maires, « afin de permettre l'utilisation pour l'alimentation publique ». Mais il précisait que le permis de chasse serait exigé puisqu'il s'agissait « d'animaux non classés comme nuisibles », malgré les arguments des requérants !

Arch. dép. Loiret, *Journal du Loiret*,
7 juillet 1917 et 5 août 1917.

Texte 22

La limitation des chasses
en temps de guerre

La décision de limiter les chasses à celles au furet, aux pièges ou aux panneaux, qui convenait assez aux sociétés du Sud-Ouest, souleva ailleurs un tollé. Les chasseurs réclamaient l'usage du fusil, que contestaient les non-chasseurs. Un instituteur résuma les critiques en déclarant : « Pourquoi voulez-vous vous amuser quand les autres se font tuer ? » Les chasseurs rétorquèrent que, si les engins pouvaient servir contre les migrateurs granivores », ils n'étaient d'aucun intérêt au sujet du lapin : dans cette saison, l'usage du furet introduit dans le terrier avec des bourses ou des pilets pour capturer le rongeur serait vain.

« A cette époque, tant qu'il y aura de la feuille, le lapin ne terre pas : on peut faire dix terriers sans en rencontrer deux, et aucun si le bois est rempli de bruyère ou d'épines. Puis il y a beaucoup de terriers où on ne peut mettre de bourses, ce qui est d'ailleurs une perte de temps énorme à cause des épines, des bruyères ou de la configuration du terrain (...).

« On sait bien que le propriétaire qui fait ce métier unique ne s'amuse guère et n'agit que dans l'intérêt de l'agriculture. Et ils ne sont pas nombreux au surplus, qui pourraient le faire, toute la jeunesse ainsi que les gardes étant au service militaire. En revanche, les quelques braconniers restés ne se privent pas de tirer la nuit des faisans au brancher, avec mi-charge. En petite quantité, cela se vend facilement. »

Arch. dép. Loiret, *Journal du Loiret*,
lettre ouverte d'un propriétaire
sur les mesures du ministre de l'Agriculture,
21 septembre 1914.

Texte 23

La constitution d'une société de chasse
La Protectrice

« Entre les soussignés, etc. (suivent 27 noms)
« Ont constitué une société de chasse dont le siège est fixé à la mairie de Charsonville. Cette société a pour but d'accorder à ses adhérents le droit de chasse sur les propriétés de ceux-ci sises sur la commune de Charsonville.

« La société ainsi constituée fera assermenter un garde qui pourra verbaliser tous délinquants qui seront rencontrés chassant sans autorisation sur n'importe quelle parcelle, dont les adhérents de la présente société sont propriétaires ou locataires.

« Chaque adhérent pourra amener deux fusils ou donner des autorisations de chasse à deux personnes. Les autorisations seront valables sur toutes les propriétés de l'ensemble des adhérents. Et le garde ne pourra pas verbaliser contre les chasseurs munis d'une autorisation délivrée par l'un des sociétaires ou chasseurs accompagnés d'un sociétaire. (...)

« Chaque adhérent versera une somme de dix francs comme cotisation entre les mains du président de la société. Cette cotisation sera exigible le jour de l'ouverture de la chasse. Les sociétaires ne devront chasser que pendant la durée de la chasse.

« Fait par-devant notaire, le 5 août 1914. »

Cette société recouvre 600 hectares « de terres en culture (arrondissement d'Orléans). Paul Brioche, son président, assermente comme garde particulier Désiré Bourgoin, cultivateur.

Arch. dép. Loiret, O supplément n° 406, 1 I-13 et 3 I-1, 5 août 1924, enregistré à Orléans le 18 août 1924 et agréé par le préfet du Loiret le 22 août 1924.

Texte 24
La difficulté de concilier tolérances de chasse et mesures de protection

Appliquant les directives préfectorales, le chef d'escadron Bouchard ordonna à ses hommes de ne pas verbaliser les chasseurs d'alouettes. Mais ces directives contredisaient la convention internationale du 19 mars 1902, que le gouvernement avait ratifiée avec l'approbation de la représentation nationale. Ainsi, entre les votes de 1903 et le second conflit mondial (et au-delà), rien ne changeait. La missive adressée au préfet révèle l'embarras sur le terrain : les gendarmes savaient leur tolérance mal interprétée : il serait quasiment plus simple de dénoncer cette convention ! Son propos ne manque cependant pas de courage et de fermeté.

« J'attire votre bienveillante attention sur le fait que, d'accord avec vous, nous allons dans la tolérance beaucoup plus loin que ne le permettaient les lettres de vos prédécesseurs ... car aucun (d'eux) ne parle de filets : seuls les lacets et les matoles sont tolérés, la vente et le colportage sont rigoureusement interdits, de même que la destruction des petits oiseaux (...). Avec toutes ces dérogations et les diverses dérogations qu'on leur donne, on en arrive à des anomalies et à des injustices que je préfère ne pas qualifier.

« Nous ne sommes pas les seuls à faire respecter la loi. La Fédération de chasse du département à juste titre ne reste pas inactive et son activité, en présence de notre inaction, tend à faire croire à notre carence aux yeux des non-initiés. Au milieu de toutes ces opinions et interdictions souvent contradictoires, l'action du gouvernement devient impossible sans le respect de la loi.

« (…) vous savez dans quel esprit d'accord avec vous, j'ai prescrit de respecter certaines habitudes, (mais) aller plus loin serait incompatible avec le sentiment que j'ai du devoir et contraire à ma fonction. Je ne pourrais y consentir, quelles que soient les interventions et les suites que mon attitude puisse comporter. »

Arch. dép. Landes, 4 M n° 91,
lettre au préfet des Landes, 14 mars 1938.

Texte 25

« Pitié pour les oiseaux »

Au début, les protecteurs de la nature admettaient plus ou moins les « vraies chasses », c'est-à-dire les chasses sportives, à courre et au tir, mais dénonçaient les chasses traditionnelles car, non contentes de porter préjudice à l'agriculture, elles détruisaient les populations sans que l'élevage compense leurs prélèvements, puisqu'il s'agissait d'espèces migratrices. On notera que Louis Ternier définit ces chasses populaires par le gibier chassé, et non par le mode de chasse. Vingt à trente ans plus tard, sa diatribe en faveur des petits oiseaux vaudra pour la palombe et d'autres gibiers à plume, puis pour d'autres gibiers.

« Il faudrait que les chasseurs puissent comprendre qu'auprès de leurs confrères, même de ceux qui habitent des régions peu favorisées sous le rapport du vrai gibier (cervidés, sangliers, faisans), ils deviennent – je puis dire le mot – ridicules en se vantant de ce que je ne puis croire qu'ils considèrent comme des prouesses et, qu'auprès des étrangers, ils font tort à la réputation de tous les chasseurs de France.

« Les petits oiseaux ne sont pas du gibier : ils sont indignes du coup de feu de tout vrai sportsman ; ils ne sont même pas dignes du coup de fusil du braconnier ! Les détruire par conséquent uniquement pour tirer des coups de fusil sans adresse, car leur tir n'en est pas un au point de vue sportif, c'est causer inutilement un tort considérable aux agriculteurs dont ils protègent tous, dans une certaine mesure, les récoltes. Et c'est, pour employer une vieille expression qui montre que mes critiques ne sont pas nouvelles, " brûler inutilement sa poudre aux moineaux". »

L. Ternier, « La protection des petits oiseaux »,
Le Chasseur français, n° 443, 1927, p. 69.

Texte 26

La mort d'un ours

Le récit est envoyé à un journal orléanais par un de ses abonnés en villégiature à Cauterets (Hautes-Pyrénées). La nuit d'avant, l'animal avait enlevé un veau et des moutons : « on entendait des histoires plus terribles que celles d'Alexandre Dumas : la bête du Gévaudan était revenue ! ». Tout le monde participe à la traque, chasseurs et public, celui-ci à distance, curieux du spectacle.

« Le soir, sur la place, je vois les guides qui s'assemblent. On convient de traquer la bête. Le lendemain, je suis les chasseurs à distance. Ceux qui avaient des montures occupent les détours des chemins, l'œil attentif et l'oreille au vent ; ceux qui sont à pied, bien agiles, bien chaussés, le couteau au côté, des balles dans le fusil, se dispersent et tâchent de se cacher derrière les roches. On attend. – Six heures… Rien. – Huit heures… Rien. – Midi… Rien. On commençait à perdre patience. On voulait changer de place lorsque tout à coup, sur le penchant du Viscause, on entend du bruit. Tous les chiens des fusils se lèvent ensemble et, plus prompt que l'éclair, chacun regagne sa cachette. Pan !… Pan !… Pan !… Pan !… Pan !… Les coups de fusil retentissent et l'écho les répète avec des rugissements terribles. L'ours passait devant Calypso. Pan !… Un dernier coup retentit et l'animal, grâce au penchant de la montagne, continue à rouler. "A toi, Cazeneuve, la prime !" »

Le chasseur Calypso a donc perdu la prime, mais, beau joueur, il est de la liesse générale. Nocturne, cette fête est devenue une réjouissance touristique.

« Nous avons vu arriver la troupe des chasseurs au Café Anglais. Tous, le béret sur l'oreille, vêtus de la veste bleu ciel, le fusil orné de lianes en fleur, ont pris place en chantant des chœurs en patois, autour d'un grand punch qu'arrosait maître Cazeneuve, le héros de la fête. »

Deux jours plus tard, les estivants eurent du bifteck d'ours au déjeuner : le fauve pesait sept cents kilos…

« Une chasse à l'ours », *Journal du Loiret*, 17 août 1884, p. 2.

Texte 27

La dénonciation politique de la curée

Napoléon III propose à ses invités une chasse à courre dans le domaine de Compiègne. Zola, républicain, relève les détails propres à choquer les non-chasseurs, voire les chasseurs qui ne pratiqueraient pas le courre ; il insiste donc sur le caractère pléthorique du personnel et dérisoire de la chasse, organisée pour une poignée d'initiés ; il insiste lourdement sur la « curée froide », moment où, dans la soirée, une fois les maîtres repus, les chiens reçoivent les dépouilles. Ecole de dressage et de barbarie, la curée excite le sadisme des spectateurs et l'avidité de la meute. C'est à l'image de la coterie impériale. Napoléon III la rétribue sur les biens des victimes spoliées au terme des expropriations.

« Le déjeuner fut avancé ce matin-là. Dans la galerie des Cartes, on causa beaucoup du temps qui était excellent pour une chasse à courre. (...). Les voitures de la Cour partirent du château un peu avant midi. Le rendez-vous était au Puits-du-Roi, vaste carrefour en pleine forêt. La vénerie impériale attendait là depuis une heure, les piqueurs à cheval en culotte de drap rouge avec le grand chapeau galonné en bataille, les valets de chiens chaussés de souliers noirs à boucles d'argent pour courir à l'aise au milieu des taillis, et les voitures des invités venus des châteaux voisins, alignées correctement, formaient un demi-cercle en face de la meute tenue par les valets, tandis que des groupes de dames et de chasseurs en uniforme faisaient au centre un sujet de tableau ancien, une chasse sous Louis XV...

« (...) au milieu, devant le perron, les débris du cerf, en tas sur le pavé, étaient recouverts de la peau de l'animal, étalée la tête en avant, tandis que, à l'autre bout, contre la grille, la meute attendait, entourée des piqueurs. Là, des valets de chiens, en habits vert avec de grands bas de coton blancs, agitaient des torches. Une vive clarté rougeâtre, traversée de fumées dont la suie roulait vers la ville, mettait dans une lueur de fournaise les chiens serrés les uns contre les autres, soufflant fortement, les gueules ouvertes. (...) »

L'empereur donne le signal de la curée, l'équivalent de la mise à sac d'une cité vaincue.

« Tout d'un coup, au moment où un valet montrait la tête du cerf à la meute affolée, Firmin, le maître d'équipage, placé sur le perron, abaissa son fouet. Et la meute, qui attendait ce signal, traversa la cour en trois bonds, les flancs haletant d'une rage d'appétit. Mais Firmin avait relevé son fouet. Les chiens, arrêtés à quelque distance du cerf, s'aplatirent un instant sur le pavé, l'échine secouée de frissons, la gueule cassée d'aboiements de désir. Et ils durent reculer : ils retournèrent se ranger à l'autre bout, près de la grille...

« Le chevalier Rusconi applaudissait. Des dames se penchaient, très excitées, avec de petits battements aux coins des lèvres, le cœur tout gonflé du besoin de voir les chiens manger...

« Cependant, Firmin, à deux reprises, avait levé et baissé son fouet. La meute écumait, exaspérée. A la troisième fois, le maître d'équipage ne releva pas le fouet... Les chiens se ruèrent, se vautrèrent sur les débris ; leurs abois furieux s'apaisaient dans un grognement sourd, un tremblement convulsif de jouissance. Des os craquaient. Alors, sur le balcon, ce fut une satisfaction : les dames avaient des sourires aigus en serrant leurs dents blanches ; les hommes soufflaient, les yeux vifs, les doigts occupés à tordre quelque cure-dent apporté de la salle à manger. »

E. Zola, *Son Excellence Eugène Rougon*,
in *Les Rougon-Macquart*, tome II,
Robert Laffont, 2002, p. 439.

Texte 28

Tartarin de Tarascon ou le Chasseur mythomane

Le narrateur décrit l'antre de Tartarin : un jardin peuplé d'arbres exotiques, mais de la taille des légumes, et une pièce dédiée à la chasse. Au fond, dans ses rêves de chasse, seules les armes sont réelles. Les armes blanches y dominent. Or, la vue du sang le fait défaillir !

« Ce cabinet, une des curiosités de la ville, était au fond du jardin, ouvrant de plain-pied sur le baobab par une porte vitrée. Imaginez-vous une grande salle tapissée de fusils et de sabres depuis en haut jusqu'en bas ; toutes les armes de tous les pays du monde : carabines, rifles, tromblons, couteaux corses, couteaux catalans, couteaux revolvers, couteaux poignards, kriss malais, flèches caraïbes, flèches de silex, coups de poing, casse-tête, massues hottentotes, lassos mexicains...

« (...) Ce qui rassurait pourtant, c'était le bon air d'ordre et de propreté qui régnait sur toute cette yataganerie. Tout y était rangé, soigné, brossé, étiqueté comme dans une pharmacie. »

A. Daudet,
*Les Aventures prodigieuses de Tartarin
de Tarascon*, in *Œuvres*,
Paris, Gallimard,
La Pléiade, 1986, p. 474.

Texte 29

Les gaietés du palais de justice

« Le 9 décembre dernier, une berline cheminait dans la forêt de Saint-Germain. Dans la voiture*, se trouvaient un monsieur et une dame ; sur le siège, un autre monsieur, d'une apparence respectable causait avec le cocher. Tout à coup, il se retourne, se baisse vers la glace de la voiture, qui s'ouvre, et on lui passe un fusil chargé et armé. Une détonation se fait entendre. Les deux messieurs mettent pied à terre et reviennent bientôt, chargés d'une magnifique chevrette** que la dame dissimule sous l'ampleur de ses vastes jupons. Tout allait bien jusque-là. Mais voilà qu'un homme à cheval accourt au galop et intime l'ordre au cocher de s'arrêter. Le chasseur s'y refuse. Mais des quatre coins de l'horizon, arrive une nuée de cavaliers. Il faut s'exécuter : la voiture est visitée ; le cadavre accusateur ferme la bouche à toutes les dénégations et un procès-verbal est dressé. »

> Extr. de la *Gazette des tribunaux*,
> reproduit dans le *Journal du Loiret*, 9 décembre 1850.
> Repris dans les quotidiens régionaux,
> ce fait divers suscita l'ironie des journalistes satiriques.

Texte 30

Condamné, le père de Miette échoue au bagne de Toulon. Elle proteste lorsqu'on insulte sa mémoire. Tueur oui – de gibier et de garde –, mais pas voleur ! Elle reçoit l'appui d'un ami qui l'a connu, chasseur professionnel et braconnier occasionnel comme lui : ils ne respectaient pas les limites de propriété, les interdits d'espèce et la fermeture des chasses, rébellion qui érigea le Braconnier en symbole de liberté en 1789, 1830 et 1848.

« La petite a raison, dit-il. Chantegreil était un des nôtres. Je l'ai connu. Jamais on n'a bien vu clair dans son affaire. Moi, j'ai toujours cru à la vérité de ses déclarations devant les juges. Le gendarme qu'il a descendu à la chasse, d'un coup de fusil, devait déjà le tenir lui-même au bout de sa

---

* La voiture est attelée, l'un des passagers étant assis à l'avant. A la Belle Epoque, les caricaturistes actualisèrent ce thème en remplaçant l'attelage par l'automobile.
** Femelle du chevreuil.

carabine. On se défend, que voulez-vous ! Mais Chantegreil était un honnête homme. Chantegreil n'a pas volé. »

Emile Zola, *La Fortune des Rougon*, in *Les Rougon-Macquart :
histoire naturelle et sociale d'une famille sous le Second Empire*,
Paris, Gallimard, La Pléiade, 1966,
voir tome I, p. 34.

Texte 31

Raboliot

L'aspect « Code d'honneur » fléchit au cours du XIXe siècle. Au XXe siècle, le braconnier ressemble au chasseur, professionnel ou non, sur un point : vivant au contact de la nature, ils en ont tous deux la violence. Les romanciers les condamnent à tuer, à moins d'être tués. En cela, les littérateurs sont dans le camp des « intellectuels », catégorie où se rangeraient tous les hommes de l'écrit et de l'oral, fonctionnaires, journalistes ou enseignants.

Raboliot en est un bon exemple : ce braconnier va quitter sa femme, sa maison et sa contrée quand le gendarme Bourrel le surprend chez lui et lui explique l'aide que lui ont fournie les habitants excédés par ses succès à la chasse et près des femmes. Cela déclenche le drame : Raboliot le massacre à coups de tisonnier et se condamne ainsi à la guillotine. La fascination pour le sang le poursuit jusque-là :

« Le bec du tisonnier, forgé, aplati au marteau, aigu et long comme une lame de couteau, avait plongé tout entier dans l'orbite. Un spasme secoua les jambes de Bourrel, un autre encore. Son corps tourna doucement sur le côté, s'appesantit du buste sur la table, ne bougea plus, les jambes pendantes et fléchies à demi. Alors, seulement, Raboliot vit le sang : il coulait vite, s'épandait en flaque sous le cadavre et, du bord de la table, tombait sur le carrelage avec un bruit continu de fontaine.

« Il regarda sans plus lever les yeux le point où le filet de sang atteignait les carreaux de brique, coulant sans trêve, élargissant par terre une autre flaque. Il se disait, le cerveau vide : Que c'est long ! Que c'est long ! Est-ce que ça va couler toujours ? »

Maurice Genevoix, *Raboliot*, Paris, Bernard Grasset, 1925,
rééd. Le Livre de Poche, 1983, p. 217-218.

Texte 32

La destruction des pies et des corneilles

« Les Corvidés ne sont pas tous également nuisibles : les corbeaux freux, qui arrivent à l'automne en bandes nombreuses, sont surtout granivores et insectivores, mais la corneille noire, dont de nombreux spécimens nichent chez nous, est très carnassière. Nids de petits oiseaux et d'oiseaux-gibier, petits canards, perdreaux et faisandeaux, et même, levrauts et lapereaux sont détruits en grande quantité... »

Les pilules de strychnine sont achetées chez le pharmacien au moyen d'un bon d'achat* et déposées dans un morceau de lard mis dans une coquille d'œuf évidée car les corneilles ont, comme les pies, « un amour immodéré pour les œufs ».

Ces coquilles seront disposées à la fin de février, quand « nos ennemis commencent à retrouver leur malfaisante activité », « le soir à la brume ou le matin avant le jour, à une distance d'environ cinquante mètres les unes des autres, au voisinage des grands arbres où (elles) se perchent habituellement. Il est important de déposer les coquilles orifice en bas, sur un pré ou une partie de terrain gazonnée (car), placées sur un labour par exemple, elles seraient le plus souvent dédaignées ».

> Arch. dép. Loiret, pièces imprimées, versement n° 280,
> *Destruction des pies et des corneilles au moyen de poison*
> *employé à très petites doses*, Orléans,
> Fédération départementale des chasseurs
> et sociétés de chasse du Loiret, janvier 1942.

Texte 33

La moralisation de la chasse :
l'interdiction des canardières

Les canardières connurent leur apogée dans la première moitié du XXe siècle. Décriées par les chasseurs eux-mêmes, qui leur préféraient le

---

* Le bon devait être demandé à la Fédération et visé par le service municipal pour être accepté du pharmacien, mesure qui n'empêcha pas l'emploi criminel de ce poison foudroyant !

fusil canardier*, elles furent interdites dans les années 1950 (1947 sur le littoral et 1951 en Saône-et-Loire, dernier département à les autoriser). Elles remontaient au XVIIIe siècle et furent inventées pour répondre aux insuffisances des armes ordinaires : la distance de tir était trop grande pour laisser aux plombs une force de pénétration satisfaisante. La détonation ressemblant à un coup de canon les fit appeler « canons canardiers ». Leur portée était d'autant plus longue que le plomb était de gros calibre : elle atteignait 70 mètres avec du numéro 2 et 90 mètres avec du numéro 0. Les vrais chasseurs estimaient que cela diminuait l'intérêt de l'approche d'autant plus vif qu'on tire de plus près un oiseau extrêmement méfiant. En général, le chasseur tirait de plus de cinquante mètres une cartouche où la charge en plombs était réduite de 15 à 20 % avec la même charge en poudre, ce qui facilitait la dispersion. D'où des tableaux de chasse effarants. Ainsi, le propriétaire du château de Fontallier à Saint-Pierre-le-Moutier (Allier), qui chassait sur la rivière entre Moulins et Saincaize, tua 115 canards en un seul coup ! Vu leur poids, ces armes étaient montées sur punt ou sur canot automobile.

« Je les déconseille avec conviction pour deux raisons. La précision n'est possible que par calme plat, circonstance qui se réalise rarement l'hiver. En tirant du très gros plomb à toute distance, on raccrochera quelques pièces qu'on achèvera ensuite au petit fusil et on blessera beaucoup d'autres. Ce n'est plus de la chasse. Ce n'est du sport que pour celui qui porte un canon de soixante-dix kg de la voiture au canot et l'embarque dans la vase molle. Le tir au canon a mauvaise presse auprès des chasseurs du pays... »

in Charles Jéronnez, *La Chasse en punt dans les estuaires*,
Paris, Compagnie française des arts graphiques, 1947.

Texte 34

« Les vautours volent à nouveau dans les gorges de la Jonte »

« Les 15, 16, 17 et 18 décembre 1981, quatre couples de rapaces sont sortis des volières, timidement, comme si la liberté leur faisait peur. Quittant leur état d'assistés, ils ont lancé leurs premiers battements d'ailes vers l'indépendance et la vie en plein air. Une indépendance toute relative car les organisateurs des lâchers les suivent et les couvent d'une manière presque paternaliste. Ils ont fixé sur les ailes rectrices des mini-émetteurs pour les localiser par télé-

---

* Le fusil canardier, d'un poids de 6 kg, se différencie par la longueur du fût, supérieure à 0,75 m.

métrie. Deux oiseaux se font électrocuter par les lignes électriques, un troisième est blessé et récupéré, un autre recherchait trop la compagnie de l'homme : ce phénomène est l'"imprégnation". L'oiseau depuis sa naissance est habitué à voir dans son environnement des humains et il les considère comme faisant partie de son quotidien. Ce vautour, ami de l'homme*, s'est alors mis à provoquer des embouteillages sur les routes, cherchant à établir un contact avec les automobilistes. Il a dû être récupéré et replacé en volière. »

Le Midi libre, « Les vautours volent à nouveau dans les gorges de la Jonte », 2 juin 1982.

Texte 35
Les chasseurs et la réserve du Vaccarès

La réserve de Camargue remonte à 1927. Pendant longtemps, les chasseurs y virent un territoire où se reconstituaient les populations cynégétiques, et non un espace consacré à la protection de la nature, des migrateurs notamment. Car la plupart d'entre eux étaient convaincus que « [leur] peuplement ne diminue guère et atteint en certaines saisons une inimaginable densité ». Cette erreur fut dissipée au tournant des années 1980 grâce aux décomptes des espèces. C'est dire que jusque-là la zone avait été décrite comme un eldorado cynégétique.

« Voulez-vous tirer des perdreaux ou les forcer à cheval ? Une compagnie de rouges se lèvera de chaque îlot de pins, de chaque vigne et de chaque nappe de salicorne lorsque la chaleur y a desséché et craquelé la vase ou le sable salé. Le lapin ? Je me souviens du temps où, avec deux amis, à quinze ans, nous en rapportions trois cents après deux jours de chasse devant nous. Le sanglier ? dans le carnet de chasse d'un garde ami, quarante ou cinquante figurent chaque année, tirés au cul-levé, ou seul avec un corniaud. Le faisan, le renard, la grive, quelques bécasses. Et puis tous les oiseaux, tous sans exception : canards, sarcelles, oies, bécassines, foulques, hérons de toutes espèces. Et tout le gibier de plage : barges, avocettes, pluviers, alouettes de mer que leurs noms locaux, sonores et amicaux, rendent plus sympathiques encore... »

Tony Burnand, *46 articles des principaux spécialistes, membres du syndicat des journalistes de pêche, de chasse et d'élevage*, Paris, L.G.L., 1946, p. 82-83.

---

* A Rocamadour, l'un d'eux faisait le bonheur des touristes, qui lui tendaient un morceau de pain. Pourtant, certains exprimaient crainte et dégoût : ils écartaient les enfants comme si l'oiseau allait s'envoler avec ou le chassaient d'un coup de pied. L'importun essayait ailleurs de trouver « un père ».

Texte 36

Les huttiers picards en 1945

Comme le canard, le vanneau et la sarcelle étaient tirés, ce que la guerre excluait, ils cessèrent de l'être : pendant cinq ans, la côte fut interdite, les baies truffées de mines et les fusils déposés (en principe) dans les mairies. Sitôt la paix conclue, les huttiers picards reprirent la chasse aux débouchés de la Canche et de l'Authie avec d'autant plus de hâte que le maintien du rationnement permettait de bien les vendre. Hormis quelques rares sportifs, les petites gens y trouvaient donc distraction et revenu : ils jugeaient impensable de les perdre, d'où leur refus de la législation communautaire, en matière de calendrier notamment. Par son ancienneté, antérieure à l'usage du fusil, et par son savoir-faire, c'est une chasse « traditionnelle » au sens juridique du terme et ce qui la menace, c'est moins Bruxelles que le vieillissement des pratiquants et la difficulté de la transmission.

« Le départ d'un huttier ferait rire plus d'un de nos Nemrod de plaine. En effet, il faut souvent faire des kilomètres à pied, lourdement chargé, pour atteindre sa hutte après de nombreux détours dans la vase gluante de la baie. Quand on veut faire seulement la "volée du matin" il faut partir vers deux heures du matin : le parcours en pleine nuit, si la connaissance du chemin n'est pas parfaite, est la cause de chutes et d'envasages fréquents. Le huttier porte sur son dos une bonne botte de foin, le sac contenant des appelants, le fusil, le carnier plein de cartouches, la musette avec un sérieux casse-croûte et un thermos de "bistouille". Ainsi appelle-t-on en picard le café arrosé d'eau-de-vie...

« Parvenu à sa hutte, il faut aller dans la mare, quelle que soit la température, poser ses appelants à l'aide de piquets. Puis on revient s'installer, allongé car le plafond est bas, sur le foin devant les fenêtres de visée. Les cris des appelants renseignent avec exactitude – lorsqu'on en a l'habitude – de la direction d'où viennent les canards, si c'est un isolé ou une bande : le silence soudain après des appels serrés précise l'amerrissage des sauvages sur la mare. »

Jacques Elluin, *46 articles des principaux spécialistes,*
membres du syndicat des journalistes de pêche,
de chasse et d'élevage, Paris, L.G.L., 1946, p. 88.

Texte 37
La promotion sociale du piégeur

« Intérêt du carnet de piégeage

« Pour améliorer nos connaissances sur les animaux susceptibles d'être piégés en France et, par le fait même, pour assurer une meilleure gestion de ces espèces, l'Office national de la Chasse, à la demande de la direction de la Protection de la Nature (ministère de l'Environnement), a conçu ce carnet à l'attention des piégeurs.

(...)

« Afin de pouvoir interpréter l'évolution des captures effectuées, il faut connaître la pression de piégeage pour chaque type de pièges utilisés. En un lieu donné, cette pression sera estimée, à partir du nombre de pièges posés et du nombre de jours de piégeage, sur des périodes de temps homogènes tenant compte de la biologie des espèces. »

« Introduction », in *Le Guide du piégeur*,
Paris, UNFDC avec l'aide de l'ONC, 1992, p. 10.

Texte 38
Le fonctionnement d'un Groupement d'intérêt cynégétique (GIC)

Le Loiret compte deux associations, l'Association des chasseurs d'oiseaux migrateurs du Loiret (ACOML), 700 membres dispersés sur les cours d'eau et les plans d'eau du département, et ce GIC, créé en 1990 pour rassembler ceux qui bénéficiaient d'une autorisation sur les lots du domaine public fluvial, une centaine de membres sur un territoire de 132 km d'est en ouest, dont 45 % en réserve.

« Tout chasseur peut s'inscrire sur la liste d'attente moyennant un droit d'entrée de 15 e. Tous les ans, il y a des places disponibles puisque environ 10 % de l'effectif se renouvelle*. Les attributions se font bien sûr en fonction des départs, des demandes de changement exprimées par les chasseurs en place et dans l'ordre de la liste. Tous ces paramètres font que l'on n'a pas forcément dès la première année une place devant chez soi, mais seulement celle qui correspond à une place vacante. Ce n'est qu'avec le

---

* Chaque année, 10 à 15 de ces chasseurs n'utilisent pas leurs cartes, ce qui ne signifie pas un non-renouvellement l'année suivante.

temps et un jeu d'échanges que ça devient possible. On peut donc se retrouver au début à chasser à plus de cent km de chez soi, ce qui n'est pas très commode compte tenu de tout ce que cela suppose (installation, déplacements, matériel...

« (...) Chaque chasseur, sur la partie du fleuve qui lui est réservée, est soumis à des règles strictes propres au règlement intérieur du GIC... Le maximum autorisé est de 10 becs plats par jour, cinq pièces pour les autres espèces de gibier, mais le chiffre n'est que rarement atteint, puisque la moyenne établie sur dix ans sur 37 espèces chassables n'est que de 1, 07 pièce par chasseur et par sortie, au maximum 150 jours par an, mais dans la réalité des faits pour chaque chasseur, c'est beaucoup moins. Ce sont à 85 % des cols-verts et 8 % de sarcelles, des chiffres bien connus car tous les chasseurs du GIC ont l'obligation de tenir à jour un carnet de prélèvement. »

La Loire et ses terroirs, n° 5,
janvier-février 1993, p. 44 et p. 46.

Glossaire

ABROUTISSEMENT
Destruction des bourgeons par les cervidés en particulier, par les herbivores en général (de « broust », bourgeon, et de « brouster », brouter). Voir APPÉTENCE.

ACCLIMATÉE (adj.)
Caractérise une essence ou une espèce qui, loin de son aire, croît en milieu naturel : son développement n'exige aucune assistance (XVIIIe siècle). Syn. NATURALISÉE (XVIIIe siècle). Voir EXOTIQUE, INDIGÈNE, SPONTANÉE.

ACCLIMATER
Habituer une essence ou une espèce à de nouvelles conditions.

AFFAITER (fauconnerie)
Dresser un oiseau de proie. VOIR DRESSAGE.

AFFRIANDER (fauconnerie)
Habituer un rapace à la viande d'un gibier.

AGRAIN (chasse à l'agrain)
Technique pour attirer les oiseaux vers la trappe ou vers le filet, l'« agrain » désignant les graines qui servent à les appâter.

ALLOTISSEMENT (désuet)
Terre seigneuriale (lande, forêt), divisée en lots et soumise à un certain nombre de droits (cens, lods, ventes) car son détenteur possède la propriété éminente (de « lotir », XVIIe siècle). Voir LOTISSEMENT.

AMORCE
Poudre fine, versée dans le bassinet. Graines répandues dans la chasse au filet ou à la trappe. Voir AGRAIN.

ANDOUILLER (vénerie)
Ramification des bois du cerf. VOIR CORS, DIX-CORS.

APPÂT
Animal, aliment, graines ou viandes, ou composé, ailes et pattes, destinés à attirer le gibier ou à faire revenir un oiseau de proie. Voir LEURRE.

APPEAU (chasse aux appeaux)
Technique pour attirer les oiseaux vers les gluaux ou vers le filet, « l'appeau » désignant le sifflet ou la forme qui imitent l'appel d'un oiseau ou sa silhouette, ce qui fait venir ses semblables. Instrument dirigeant un oiseau vers un piège (gluau, lecque, halliette, pliette) qui le retient prisonnier, l'assomme ou l'étrangle.

APPELANT
Oiseau attaché qui attire ses semblables par ses appels de détresse ou ses battements d'ailes. Voir CHASSE AU MIROIR.

APPÉTENCE
Qualité d'un aliment qui attire le gibier. Voir ABROUTISSEMENT.

ARBRE D'ÉLITE
Expression concernant un sujet sélectionné (XIXe siècle) pour ses graines (vergers à graines) ou pour son bois (futaies).

ARBRISSEAU
Ligneux de taille modeste qui, adulte, est ramifié du collet à la cime (noisetier, bruyère).

ARBUSTE
Ligneux de taille modeste qui, adulte, n'est pas ramifié du collet à la cime en raison de l'élagage naturel (houx, aubépine).

ARMER UN FUSIL
Le mettre en état de tirer : la balle introduite dans le canon peut être propulsée, rien ne la retenant plus.

AUX ABOIS (vénerie)
Expression désignant le moment où les chiens entourent le cerf.

AUTOURSERIE (fauconnerie)
Art de dresser l'autour et l'épervier.

BAIE
Fruit de feuillu à péricarpe mou et pulpeux. Syn. FRUIT CHARNU.

BALIVEAU
Arbre né de semis et destiné à la reproduction ou à la production de bois. Arbre cultivé en pépinière (semis, rejet, drageon, marcotte, bouture) ayant au moins deux ans d'âge (tige branchue, flèche formée). Autrefois, la sylviculture identifiait les baliveaux en fonction du taillis qui les entourait. Ainsi, les baliveaux de l'âge avaient celui du taillis, les modernes avaient le double, et les anciens, le triple.

BAS VOL (fauconnerie)
Technique de chasse appliquée au gibier à poil et à plume qui évolue à terre ou à faible hauteur (pie, faisan, perdrix). Est pratiquée par certains

rapaces (autour, épervier), encore que le faucon chasse aussi la pie, la perdrix, le canard. Voir Vol.

BATARDEAU
Coutelas à dépecer.

BECCADE (fauconnerie)
Petit morceau de viande que le dresseur donne à la main. Petit morceau de gibier qu'il laisse prendre au rapace pour l'affriander. Voir Affriander.

BERGERIE
Enclos en pierres sèches qui, la nuit, accueille les ovins en transhumance et ceux de la communauté. Voir Estive, Estivage.

BÊTE DE COMPAGNIE
Sanglier qui vit en troupe.

BÊTE IGNOBLE (désuet)
Gibier délaissé à la chasse vile.

BÊTE NUISIBLE
Syn. ravageur, nuisible, proliférant.

BÊTE NOBLE
Gibier réservé à la chasse noble.

BÊTE ROUSSE
Sanglier ayant dix à douze mois.

BÊTE NOIRE
Sanglier ayant plus d'un an.

BLANC-ÉTOC
Exploitation qui prélève tous les arbres d'une parcelle. Syn. coupe rase, coupe à ras de terre, coupe à fleur de terre.

BOCAGE
Bois de petite surface (XIIᵉ siècle). Composition avec arbres plantés à intervalles irréguliers (XIXᵉ siècle). Organisation avec haies délimitant les propriétés ou les parcelles qui les composent.

BOIS
Ensemble des vaisseaux conducteurs et des fibres imprégnées de lignine.

BOIS
Plantation d'arbres (du gallo-romain *boscum*, du germain occidental *bosk*). Voir Bosquet.

BOIS (vénerie)
Arme de combat chez les cervidés.

BOIS BLANC
Toute essence à bois tendre. Voir Bois tendre.

BOIS DUR
Toute essence à bois dense, d'où sa résistance à la torsion, à la pression et à la flexion. Voir Bois noble, Essence noble, Noble. Bois situé au centre du tronc où la sève ne circule plus. Syn. bois parfait.

BOIS NOBLE
Toute essence fournissant du bois dur (chêne, châtaignier). Voir ESSENCE NOBLE. Bois résistant à la corruption et aux insectes. Voir BOIS DUR.

BOIS TENDRE
Toute essence à bois tendre (bouleau, tilleul, coudrier, noisetier). Bois de faible densité, de faible résistance et de combustion rapide. Voir BOIS BLANC.

BOSQUET
Bois de petite surface résultant de plantation (de l'italien *bosquetto*, « petit bois », 1549). Bois de petite surface structuré pour la promenade, rurale (XVIe siècle) ou urbaine (XVIIe siècle), avec allées droites. Bois de petite surface, structuré pour le paysage, avec allées sinueuses (XVIIIe siècle).

BOULEVARD
Ouvrage fortifié et arboré (du hollandais *bolwec*, XVIIe siècle). Promenade ombragée ceinturant la ville, établie sur les remparts ou en contrebas (XVIIIe siècle).

BOUQUET
Petit groupe d'arbres.

BOUTOIR
Paire de défenses chez le sanglier. Voir DÉFENSES.

BRAME
Période automnale caractérisée par l'affrontement et l'accouplement des cerfs.

BREUIL
Bois entouré de murs ou de haies.

BRISÉES
Branches cassées par le passage d'un animal et indiquant par leur hauteur celle du garrot.

BROSSE
Taillis mal entretenu en lisière de bois ou de champ (du latin « broussaille », XIIe siècle).

BROUSSAILLE
Taillis impénétrable (ronces, épines, genévrier) en lisière de bois (XVIe siècle). Taillis recépé pour devenir bien venant (XVIIIe siècle).

BROUTARD
Agneau sevré.

BUFFETADE (fauconnerie)
Choc du rapace qui, par sa descente rapide, assomme sa victime. Par extension, heurt du gibier à plume en cours de vol.

BUISSON
Touffe d'arbrisseaux sauvages et épineux. Taille des fruitiers pour raccourcir la tige, avec branches architecturées en vase (XVIIe siècle).

CADUQUE (adj.)
Caractérise les feuilles qui vivent la durée d'une saison. Caractérise les essences soumises à ce rythme.

CANTONNEMENT
Procédure qui permet à un propriétaire d'éteindre les servitudes qui grèvent son bien en cédant une partie de celui-ci aux usagers.

CAPITAINERIE
Circonscription et juridiction relevant directement du roi, qui étend son droit de suite au-delà du domaine. La Révolution les supprima pour atteinte au droit de propriété.

CARTOUCHE
Projectile réunissant une amorce et une balle ou une amorce et des plombs, le tout dans une enveloppe en carton ou en métal (douille). Syn. Munition.

CATICHE
Chambre souterraine de la loutre et de tout mammifère aquatique.

CÉDADE
Filet de cinquante centimètres destiné à protéger les vendanges en capturant les grives.

CÉPÉE
Ensemble de rejets émis par les bourgeons proventifs (à la base du tronc ou de la souche), d'où leur forme en crosse. Certaines courbures étaient recherchées pour les navires (membrures), les tonneaux et les boisseaux (cercles), les sièges (dossiers).

CHABLIS
Arbre que le vent arrache et renverse (du verbe « chabler », XVIe siècle). Ensemble d'arbres victimes du vent (cassés, brisés, tordus, ployés, versés) (XIXe siècle).

CHANGE (fauconnerie, vénerie)
« Prendre le change » caractérise l'action d'un oiseau de proie ou d'un chien de meute qui laissent le gibier désigné pour en poursuivre un autre. « Donner le change » caractérise l'action du gibier qui, en changeant de trajectoire de manière à couper la piste d'un autre, induit en erreur l'oiseau de proie ou le chien de meute.

CHAPERON
Coiffe ornée d'aigrette qui couvre la tête et les yeux des oiseaux de proie. Dressés, l'autour et l'épervier n'en ont pas besoin, au contraire du faucon. Voir Tête, Faire la tête.

CHARGEUR (subst.)
Personne employée au chargement des fusils. Voir Tir, Tiré.

CHARRIER (fauconnerie)
Essayer d'emporter sa proie.

CHASSE À COURRE
Technique où les chiens poursuivent le gibier à poil. Les veneurs les accompagnent à pied ou à cheval. Voir VÈNERIE PETITE et GRANDE.

CHASSE À L'AFFUT
Technique où le ou les chasseurs sont postés dans l'attente du gibier.

CHASSE À L'APPROCHE
Technique où le ou les chasseurs marchent en direction du gibier.

CHASSE À LA LANTERNE (avec lanterne)
Technique nocturne où le chasseur trompe l'oiseau grâce à la clarté d'une lumière. Voir APPEAU, APPÂT.

CHASSER AU FURET
Technique de chasse où l'auxiliaire principal est le furet. Elle est pratiquée au bâton ou au fusil, avec ou sans chien. Voir FURETER.

CHASSE AU MIROIR (avec miroir)
Technique diurne où le chasseur trompe l'oiseau grâce à la réflexion d'un miroir. Voir APPEAU, APPÂT.

CHASSE AU VOL
Technique où le ou les chasseurs emploient un rapace, les chiens rapportant le gibier.

CHASSE CUISINIÈRE (péj.)
Technique de chasse qui privilégie l'utilitaire. Voir CHASSE NOURRICIÈRE.

CHASSE NOBLE, CHASSE PRIVILÉGIÉE
Chasse spécifique à la noblesse en raison de sa naissance, de son statut ou de sa fonction. Voir ESPÈCE NOBLE, GIBIER NOBLE. Chasse respectant les règles du combat loyal. Voir CHASSE À COURRE, FAUCONNERIE, CHASSE À TIR.

CHASSE POPULAIRE, CHASSE NOURRICIÈRE
Chasse spécifique aux habitants d'une région, indépendamment de leur naissance, de leur statut ou de leur fonction, légitimée par les coutumes d'une province ou d'un pays. Chasse utilitaire, destinée à alimenter la famille, indépendamment des règles du combat loyal. Elle concerne essentiellement les migrateurs.

CHASSE VILE, CHASSE ROTURIÈRE
Chasse spécifique à la roture, c'est-à-dire au troisième ordre du royaume (paysannerie, bourgeoisie) que définit la pratique d'un travail manuel. Voir CHASSE POPULAIRE, CHASSE NOURRICIÈRE.

CHIEN COUCHANT
Chien restant immobile jusqu'à ce qu'il reçoive l'ordre de rapporter le gibier. Voir CHIEN D'ARRÊT.

CHIEN COURANT
Chien poursuivant le gibier et travaillant en meute. Voir CHASSE À COURRE.

CHIEN D'ARRÊT
Chien repérant le gibier à plume, le contraignant à l'envol et le rapportant au besoin. Voir CHIEN COUCHANT.

CLAIRIÈRE
Espace dégarni à l'intérieur d'un bois ou d'une forêt. Aménagement conçu pour un usage cynégétique, parc, chasse, réserve (XVIIᵉ siècle). Aménagement dessiné dans un parc paysager (XVIIIᵉ siècle).

COLOMBIER (droit de)
Privilège seigneurial permettant l'élevage des pigeons. Voir PIGEON.

CONIFÈRE
Sous-embranchement des phanérogames caractérisé par la reproduction sexuée et la protection de la semence par un cône. Il comporte quelques familles ligneuses et peu de familles herbacées. Syn. fam. résineux, mais discutable.

COR
Trompe de chasse.

CORS
Pointes des andouillers du cerf.

COUPE À BLANC-ÉTOC
Exploitation qui enlève tous les arbres d'une parcelle ou d'un canton. Par extension, superficie aménagée par contenance. Voir BLANC-ÉTOC, COUPE BLANCHE, COUPE À BLANC, COUPE À RAS DE TERRE, COUPE À FLEUR DE TERRE, COUPE SOMBRE.

COUPER (un arbre, une voie)
Abattre un arbre. Se dit du gibier dont la trajectoire croise celle d'un autre.

CURE (fauconnerie)
Nettoyage de l'estomac des rapaces en leur faisant restituer une pelote de résidus au lieu des plumes ou des poils s'ils vivaient à l'état libre. Voir PELOTE.

CYNÉGÉTISATION (néologisme)
Processus complexe qui transforme un animal sauvage en gibier. Exemple : le lapin au Moyen Age ou le mouflon dans la seconde moitié du XXᵉ siècle. L'un profita du réchauffement climatique pour étendre son aire au nord de la Loire. L'autre fut introduit dans les massifs méridionaux rappelant l'aire originelle (montagnes corses). Outre ces données biologiques, les données sociétaires rendent acceptables leur comportement et leur apparence comme bêtes chassables.

DÉCOUPLER (les chiens)
Libérer les chiens de meute attachés par deux jusqu'au moment du lâcher courre.

DÉFENDS
Espace forestier où il est interdit sinon de pénétrer, du moins interdit d'exploiter le peuplement et, par extension, de chasser le gibier. Voir Réserve.

DÉFENSES
Incisives des suidés qui leur servent à fouiller le sol. Armes de combat des suidés sauvages. Voir Boutoir.

DÉBOURRAGE
Réveil des protubérances qui entourent le cône du bourgeon. C'est l'ébauche des feuilles. Fragiles, elles sont protégées par un vernis (marronnier) ou des poils (charme).

DÉBOURREMENT
Déploiement de la feuille que contenait le bourgeon.

DÉBOURRER
Evoluer, mais concerne les seuls bourgeons : ils naissent au début de l'été ; ils prennent les aspects de leur fonction (rameau floral ou branchu) au cours de l'hiver ; ils poussent au printemps suivant. C'est dans cette période qu'ils attirent les herbivores, cervidés, bovins et ovins. Voir Appétence. Leur observation conditionne l'art de la taille. Voir Taille.

DÉFOLIATION
Détachement des feuilles.Voir Caduque, Marcescent, Pubescent.

DEUX-CORS (vénerie)
Cerf ayant deux ans.

DIX-CORS (vénerie)
Cerf dont les andouillers auraient dix cors. Expression insinuant un âge avancé et un port magnifique.

DONNER DE LA VOIX
Aboyer, le chien indiquant que le gibier est repéré.

DRESSAGE
Art d'apprendre à un auxiliaire de chasse, rapace, cheval, loutre, furet ou chien, à travailler avec son maître.

ÉCLAIRCIE
Espace où pénètre la lumière. Opération permettant d'obtenir cet effet. Voir Clairière.

ÉCLAIRCIR
Diminuer la densité des arbres pour accroître la lumière au niveau des troncs ou du sol (du verbe « éclairer », XVIᵉ siècle).

ÉCOBUAGE
Opération où l'on décape la couverture végétale, retourne les mottes, les entasse et les recouvre de terre avant la mise à feu (feu couvert). Ensuite,

les dépôts cendreux sont étalés et la terre, travaillée encore tiède. Ce procédé anéantit les espèces qui nichent ou vivent au sol. Voir ESSARTAGE.

ÉCORCE
Manchon couvrant la tige ligneuse. Toutes les écorces comportent cette épaisseur de liège. Voir LIÈGE. Syn. peau.

ÉCORCER
Enlever l'écorce. Syn. PELER, LEVER LES PEAUX, ÉMASCLER (chêne-liège).

ÉJOINTAGE
Opération qui consiste à sectionner les plumes nécessaires à l'envol.

ÉMEUT (fauconnerie)
Fiente des oiseaux de proie et des autres.

EMPIÉTER (fauconnerie)
Plaquer une proie au sol pour l'autour et pour l'épervier. Le faucon n'empiète pas, mais la « lie », c'est-à-dire qu'il la saisit en vol.

ÉNERVER (vénerie)
Sectionner le nerf sous la langue du chien. Voir EVÉRER.

ENTRAVES (fauconnerie)
Système comprenant deux jets (lanières courtes fixées aux tarses de l'oiseau par un nœud bouclé) et un touret (deux anneaux réunis par un rivet et tournant l'un sur l'autre). Les jets sont fixés à l'anneau supérieur et la longe (lanière de 1,20 m), à l'anneau inférieur. Elle permet d'attacher l'oiseau « à la perche », un fac-similé de tronc, ou « au bloc », un poteau avec anneau ou une motte avec piquet.

ENTRAVER (fauconnerie)
Poser les entraves. Syn. armer. Voir ENTRAVES.

ENTRÉES
Débouchés des galeries d'un terrier ou d'un catiche. Voir TERRIER, CATICHE.

ÉPREINTES
Fèces de loutre.

ÉQUIPAGE
Ensemble des hommes, chevaux, oiseaux, chiens et matériel de chasse.

ESCAP (fauconnerie)
Gibier attaché ou libéré devant un rapace pour l'entraîner à attaquer une espèce précise et vivante. Voir VIF.

ESPÈCE NOBLE, ESPÈCES NOBLES
Tout gibier supérieur, dont la chasse relève de la noblesse. Bêtes rousses (cervidés) ou noires (suidés, ursidés). Voir CHASSE NOBLE, CHASSE PRIVILÉGIÉE.

ESSARTAGE
Opération où l'on coupe les feuillus rejetant de souche avant la mise à feu (feu courant). Tout aussi destructrice que l'écobuage en ce qui concerne

le petit gibier, elle laisse intact le système racinaire, d'où la reconstitution rapide des taillis une fois la parcelle délaissée. Voir Écobuage.

ESSENCE NOBLE
Tout arbre dominant, dont la coupe suppose une autorisation préalable, soit du roi ou de son administration, soit du seigneur ou de ses représentants. Arbres à bois noble (chêne, châtaignier, parfois hêtre). Voir Baliveau, Étalon, Semencier.

ESTIVAGE
Stationnement des troupeaux sur les pâturages d'altitude. Voir Estive.

ESTIVE
Pâturage d'altitude.

ÉTAGE PRINCIPAL
Etage supérieur d'un peuplement forestier. Il est constitué par les arbres dominants en raison de leur hauteur ou de leur âge.

ÉTAGE SECONDAIRE
Etage inférieur d'un peuplement forestier. Il est constitué par les arbres dominés et les futurs arbres dominants.

ÉTÊTER
Sectionner la cime pour arrêter la pousse. Syn. écimer.

ÉVÉRER (anc.)
Retirer le ver, littéralement. Syn. énerver.

EXOTIQUE (adj.)
Caractérise une essence ou une espèce allochtones, installées en milieu contrôlé (avec assistance) ou naturel (sans assistance). Voir Acclimatée, Naturalisée. Voir Indigène, Allochtone.

FAISANDERIE
Administration gérant un ensemble d'oiseaux. Enclos où ils sont élevés, faisan compris, avant d'être relâchés en milieu ouvert pour être chassés.

FAISANDIER
Eleveur de faisans de chasse.

FAUCON (désuet)
Terme désignant l'espèce et tout autre rapace.

FAUCONNERIE
Administration gérant un ensemble d'oiseaux de proie. Enclos où ils sont logés, nourris et dressés pour la chasse au vol.

FAUCONNIER
Dresseur de rapaces pour la chasse au vol.

FAUVE
Carnassier attaquant les hommes et les troupeaux. Voir Féroce. Grand félin.

FENÊTRE D'IMPRÉGNATION
Période où le petit est suffisamment dépendant de l'homme pour le reconnaître sinon de son espèce, du moins de sa famille. Cette empreinte modifie durablement le comportement d'un animal sauvage. Voir IMPRÉGNER.

FERME (vénerie)
Dernier instant du cerf réduit aux abois. Voir AUX ABOIS.

FÉROCE (subs., adj.) (désuet)
Carnassier attaquant les hommes ou les troupeaux. Voir FAUVE, PRÉDATEUR.

FEU ROULANT
Tir continu qui caractérise certaines grandes chasses ou le bouquet dans leurs tirés.

FEUILLAISON
Ramassage des feuilles. Syn. droit de litière.

FEUILLÉE
Endroit situé sous le couvert des arbres (de « feuille », XVIᵉ siècle). Endroit couvert de feuillages coupés. Vente de bois dont le montant est versé chaque année (« à la nouvelle feuille ») jusqu'à l'année de coupe (XVIIᵉ siècle).

FILIÈRE (Fauconnerie)
Corde légère pouvant atteindre une vingtaine de mètres, pour retenir l'oiseau ou pour attacher un leurre et l'attirer. Syn. créance. Voir MAUVAISE CRÉANCE.

FOLIATION
Développement des feuilles.

FORÊT
Espace densément arboré (du latin *forestis* « qui dépend de la justice royale », XIIᵉ siècle et s'applique à *silva*). Syn. forêt naturelle, forêt artificielle, sylve, massif.

FORÊT ARTIFICIELLE
Espace densément arboré, mais planté. Syn. plantation.

FORÊT NATURELLE
Espace densément arboré, mais non planté. Syn. massif, sylve.

FORME
Femelle d'un rapace. Voir TIERCELET.

FORS (désuet)
Coutumes concernant le droit de chasse.

FOURRÉ
Recrû végétal composé d'essences épineuses. Formation serrée, mais basse. Voir HALLIER.

FUMET
Odeur qui imprègne la viande de gibier plus ou moins longuement faisandé, c'est-à-dire en attente de cuisson.

FUMÉES
Fèces de cervidés et de sangliers.

FURETER (cynégétique, sylviculture)
Chasser avec un furet. Syn. chasse au furet. Couper un peuplement forestier par pieds d'arbre, en fonction de l'usage, donc sans ordre (désuet) soit en fonction du diamètre, donc selon un ordre. Syn. jardiner.

FÛT
Partie du tronc sans branches.

FUTAIE
Peuplement composé de grands arbres (du latin *fustis*, « pieu », XVe siècle). Peuplement composé d'arbres réservés sur une surface (« tiers de futaie », XVIe siècle, « quart de futaie », XVIIe siècle). Arbre réservé pour produire du bois d'œuvre et surmontant un taillis (« futaies sur taillis », XVIIe siècle). Peuplement composé d'arbres nés de semis (XIXe siècle).

GARENNE
Réserve à gibier, affectée au seul lapin à partir du XVIIe siècle.

GLU
Colle fabriquée avec l'aubier du houx ou du gui, et destinée à la chasse aux gluaux. Voir GLUAUX.

GLUAUX (chasse aux gluaux)
Technique pour attirer le ou les oiseaux, avec ou sans appeau, avec ou sans appelant, vers la surface encollée pour les retenir par les ailes ou par les pattes. Voir GLU.

GORGE (fauconnerie)
Quantité d'aliment accordée au rapace. Selon son volume, bonne gorge, demi-gorge ou quart de gorge.

GORGE CHAUDE (fauconnerie)
Nourriture vivante. Voir VIF.

GRAINAGE
Emplacement où les oiseaux granivores se posent pour se nourrir.

GRAINER
Manger des grains.

GRIVIÈRE
Installation saisonnière pour prendre les grives en vol. Elle n'était pas soumise à redevance, au contraire des palombières. Elle excluait l'usage d'une arme à feu. Voir PALOMBIÈRE, PALOMANCE.

GROUPEMENT D'INTÉRÊT CYNÉGÉTIQUE (GIC)
Association de sociétés de chasse qui, sur un territoire géographiquement défini, accepte le plan de chasse négocié avec l'État, la région, le départe-

ment et les autres associations. Outre la régulation, il participe au repeuplement, à l'information du public, à la formation de ses adhérents et à l'encadrement des tirs (calepins de chasse et bracelets de chasse).

GRUME
Fût gisant dont le collet et la cime son retirés car non utilisables comme bois d'œuvre.

HAIE
Bois conservé à des fins militaires (du franc *hagda*, xiie siècle). Plantation linéaire d'une ou de plusieurs essences.

HALLIER
Recru composé d'essences pionnières. Formation serrée, mais haute. Voir Fourré.

HALLIETTE (chasse aux halliettes)
Technique pour attirer les oiseaux dans un couloir de rameaux qui masque le piège. Rameau feuillu (de hallier). Voir Hallier.

HARDE
Ensemble composé d'un cerf, des biches, des juvéniles et des faons.

HASE
Femelle du lièvre.

HÉLIOPHILE (adj.)
Caractérise les essences qui, jeunes, réclament de la lumière. Par la suite, la plupart supportent mal d'être dominées, d'où la nécessité de les dégager. Voir Eclaircie, Eclaircir.

HAUSSE-PIED (fauconnerie)
Faucon lâché pour obliger le héron à prendre de l'altitude. Le chasseur fait alors intervenir deux autres faucons, le « teneur » et le « tombisseur », l'un liant la proie et l'autre précipitant leur descente.

HAUT VOL (fauconnerie)
Technique de chasse concernant les oiseaux qui volent très haut (buse, héron, milan, corneille). Est pratiquée uniquement avec un faucon. Voir Vol.

HÉRONNIÈRE
Espace humide destiné à élever ou à abriter le héron ou tout oiseau aquatique destiné à être chassé. Voir Réserve.

HYGROPHILE (adj.)
Caractérise les essences qui réclament la présence de l'eau ou qui en consomment beaucoup.

IMMONDE (adj.)
Qualifie la viande impure en raison des interdits d'espèce ou d'état. Voir Impur, Interdits d'espèce, Interdits d'état.

IMPRÉGNER
Obtenir d'un animal sauvage qu'il admette l'homme dans sa sphère. Voir FENÊTRE D'IMPRÉGNATION.

IMPUR (adj.)
Qualifie une espèce dont la viande est considérée comme non consommable. Voir IMMONDE, INTERDITS D'ESPECE, INTERDITS D'ETAT.

INDIGÈNE (adj.)
Caractérise une essence ou une espèce née dans son aire naturelle et s'y reproduisant sans aide ni assistance. Voir EXOTIQUE. Syn. SPONTANÉE, NATIVE.

IRRÉGULIER (adj.)
Caractérise les taillis où l'exploitation n'enlève pas tout le peuplement d'une parcelle, mais prélève les tiges en fonction du diamètre recherché, dit diamètre d'exploitabilité. Voir RÉGULIER.

INTERDIT(S) D'ESPÈCE
Exclusion des animaux immondes, leur chair étant déclarée impure. Dans la religion chrétienne, aucun animal d'élevage n'est concerné, aucun suidé sauvage non plus.

INTERDIT(S) D'ÉTAT
Exclusion des animaux trépassés, leur chair étant déclarée impure en raison du mode d'abattage ou de conservation, en milieu naturel (charnier) ou habité (cimetière, décharge, fosse et puits).

JARDIN
Enclos (du gallo-romain *hortus gardinus*, « jardin entouré de clôture »). Enclos planté autour de la maison ou du village (du saxon et du scandinave *garth* « clôture », du franc *gart* « clôture », du gallo-romain *gardo* « ceinture », du normand *gardin*, d'où l'italien *giardino* et l'anglais *garden*). Espace planté de végétaux différents (XIᵉ siècle).

JARDINÉE (adj.)
Caractérise les futaies où le bûcheron n'enlève pas tout le peuplement d'une parcelle, mais prélève les arbres en fonction du diamètre, dit terme d'exploitabilité. On le déduit de l'âge moyen d'un certain nombre d'arbres (arbres d'expérience), quand ils atteignent la dimension d'exploitabilité. Voir RÉGULIÈRE.

JARDINER (fauconnerie, sylviculture)
Promener un rapace. Exploiter un peuplement en futaie selon le diamètre atteint. Voir FURETER.

JETER (fauconnerie)
Lancer un faucon loin du poing. Par contre, on lâche un autour ou un épervier.

LAIE
Femelle du sanglier.

LAPIN DE GARENNE
Espèce sauvage, même élevée dans une réserve. Voir GARENNE.

LECQUES (chasse aux lecques)
Technique pour attirer les oiseaux vers une dalle qui les étourdit en tombant. Dalles constituant une chambre où l'oiseau sera assommé. Voir TENDELLE.

LEURRE (fauconnerie)
Simulacre d'oiseau servant au dressage d'un rapace. Oiseau retenu par une filière servant à le faire revenir vers son dresseur. Par extension, appeau servant à attirer un oiseau, puis un gibier. Voir APPEAU.

LEVÉE
Enlèvement de la peau d'un ours.

LEVEUR
Celui qui dépiaute l'animal. Voir LEVÉE, QUÊTE.

LICE
Femelle du chien en âge de procréer.

LISIÈRE
Paroi du couvert forestier vue de l'extérieur du bois ou de la forêt (du français *lis*, XIIIᵉ siècle). Bordure de bois : ses essences diffèrent de l'intérieur du peuplement. Syn. ourlet. Voir ORÉE.

LOTISSEMENT
Terrain privé divisé en lots et desservi par une voirie (de « lotir », XVIIᵉ siècle). Syn. allotissement (désuet).

MAIN (fauconnerie)
Serre du faucon, appelée « pied » dans le cas de l'autour ou de l'épervier.

MAÎTRISE PARTICULIÈRE DES EAUX ET FORÊTS
Circonscription forestière. Administration dirigeant les forêts domaniales et communales, et inspectant les forêts privées. Juridiction intermédiaire entre la Table de Marbre, cour d'appel pour les délits en forêt, et la Gruerie royale, tribunal jugeant des délits mineurs. Les délits de chasse relèvent des grueries et des maîtrises lorsqu'ils sont commis en forêt domaniale. Sinon, ils relèvent du juge seigneurial, sous réserve de l'appel.

MARCASSIN
Petit du sanglier.

MARCESCENTE (adj.)
Caractérise les feuilles qui se dessèchent sans se détacher : elles résistent jusqu'à la foliation suivante. Cette propriété est exploitée pour les haies ornementales et intervient dans la localisation et le camouflage des nids.

MARQUEUR (subst.)
Personne employée à la recension des cibles touchées. Voir TIR, TIRE.

MASSIF
Espace densément arboré ou planté. Syn. forêt, sylve, jardin. Bois constituant un volume plein, mesurable en pieds-cubes puis en mètres-cubes (XIXᵉ siècle). Voir BOIS.

MAUVAISE CRÉANCE (fauconnerie)
Oiseau difficile à dresser. Voir CRÉANCE, FILIÈRE, DRESSAGE.

MERRAIN (bois de)
Matériau destiné à la tonnellerie. Dans certaines régions, il englobe le bois d'œuvre. Syn. bois de tonnellerie, bois d'œuvre, bois de construction. Partie centrale des bois d'un cerf. Voir BOIS.

MEUTE
Ensemble de chiens agissant à la voix et au cor de manière coordonnée.

MIRE (adj.)
Caractérise un sanglier de plus de cinq ans. Par extension, nom d'un tel sanglier.

MIXTE (adj.)
Caractérise un peuplement composé de résineux et de feuillus, ou de plusieurs feuillus. Voir NON SPÉCIFIQUE. Caractérise une forêt présentant un tel peuplement. Elle est riche en gibier, à condition de comporter des essences fruitières, des espaces clairières et des ressources en eau. Voir CLAIRIÈRE, ÉCLAIRCIE.

MONOSPÉCIFIQUE (adj.)
Caractérise un peuplement composé d'une seule essence, issu en général de plantation. Ce type de couvert est pauvre en gibier. Voir MIXTE.

MORDANT (subst., adj.) (désuet)
Carnassier attaquant les hommes ou les troupeaux. Voir FAUVE, PRÉDATEUR, FÉROCE.

MORT-BOIS
Ensemble comprenant des arbustes et des arbrisseaux qui, naguère, étaient abandonnés aux populations pour le fagotage, à condition qu'elles ne les commercialisent pas, d'où l'adjectif « mort ». Voir ARBUSTE, ARBRISSEAU. Abritant le gibier, ils facilitent sa reproduction et son alimentation. Voir APPÉTENCE.

MONTER EN FAUCONNIER
Expression indiquant que le cavalier porte un faucon : comme le rapace repose sur le poing gauche, le cavalier monte à droite.

MUE
Chute annuelle des plumes chez tous les oiseaux.

NATURELLE (adj.)
Caractérise une essence ou une espèce née dans son aire et s'y reproduisant en milieu ouvert. Syn. INDIGÈNE, SPONTANÉE.

NATURALISÉE (adj.)
Caractérise une essence ou une espèce qui, loin de son aire, se reproduit en milieu ouvert. Voir Exotique, Acclimatée.

NIAIS (fauconnerie) (adj.)
Caractérise un oiseau pris au nid. Voir passager.

NUISIBLE (désuet)
Espèce indésirable. Par extension, espèce qui consomme les récoltes ou menace les autres gibiers. Syn. ravageur, remplacé au XIXe siècle par nuisible et au XXe siècle par proliférant.

ORÉE
Sortie du couvert forestier vue de l'intérieur du bois ou de la forêt. Voir Lisière.

PAISSON
Droit d'usage accordant l'errance des porcs en forêt, moyennant versement au seigneur d'une redevance. Cela explique les cochongliers, issus d'un sanglier et d'une truie ou d'un porc et d'une laie.

PANNAGE
Droit d'usage accordant la récolte des glands en forêt, moyennant versement au seigneur d'une redevance. L'administration des Eaux et forêts le préférait au précédent et réussit souvent à l'imposer, mais la graphie rend souvent leur distinction assez compliquée.

PALOMANCE
Droit d'usage autorisant l'installation d'un filet à palombes, moyennant versement au seigneur d'une redevance. Voir Palombière.

PALOMBIÈRE
Installation saisonnière (en ce qui concerne les filets) pour prendre les palombes en vol. Elle est soumise à redevance. Voir Palomance, Pantière, Grivière.

PARC À GIBIER
Enclos dont le gibier est réservé à la chasse noble (du gallo-romain *parricus*, « enclos », XIIe siècle). Enclos où les cervidés sont élevés à cette fin. Enclos aménagé pour présenter des animaux, des arbres ou des fleurs, voire les trois (XVIIIe siècle).

PARC DE LOISIRS
Espace clôturé ou non, arboré, mais à vocation ludique.

PARQUET (sylviculture, cynégétique)
Emplacement couvert de recrû (ex. parquet de chêneaux). Emplacement couvert de graines, essences ou céréales. Voir Agrainer, Agrainage.

PAYSAGÉ (adj.)
Caractérise un espace aménagé pour donner l'illusion d'un paysage naturel.

PASSAGER (fauconnerie) (adj.)
Caractérise un oiseau capturé au moment de sa migration. Par extension, espèce migratrice.

PÈLERIN
Faucon commun. Syn. gentil.

PELOTE (fauconnerie)
Quantité de plumes, de poils et d'étoupe, roulée en boule et garnie de viande qui, avalée avec les aliments, sera régurgitée dès le lendemain. Voir CURE. Voir NIAIS.

PENNAGE (fauconnerie)
Ensemble des longues plumes de l'aile, la plus longue étant la « longue ». Chez les faucons, c'est la deuxième ; chez l'autour et l'épervier, la quatrième. Cette position différencie les rameurs et les voiliers. Voir RAMIER, VOILIER.

PÉPINIÈRE
Espace consacré à la multiplication et au conditionnement des végétaux destinés à une plantation en un autre lieu (de « pépin », XVIe siècle).

PÉPINIÈRE VOLANTE
Pépinière provisoire, qui fournit les plants nécessaires au repeuplement d'un canton dégradé. Antonyme pépinière fixe, monarchique ou aristocratique, départementale ou communale, qui fournit continûment des plants. Cette distinction valait pour les réserves et les resserres à gibier. Voir REMISES, RÉSERVES, RESSERRES.

PERSISTANTES (adj.)
Caractérise les feuilles qui ne tombent pas chaque année : selon les espèces, elles restent deux à six ans : leur consistance est coriace, plus ou moins dure (buis, laurier ; pin, sapin). Caractérise les essences qui ne perdent pas leurs feuilles à l'automne, leur renouvellement étant continu. Leur peuplement abrite les animaux recherchés pour leur fourrure.

PIGEON
Voir RAMIER, RAMEUR.

PIONNIÈRE (adj.)
Caractérise les essences feuillues (bouleau) ou résineuses (pin) qui exigent beaucoup de lumière : elles préparent le terrain pour d'autres essences.

PLACE
Espace pour l'assemblée des habitants. Espace découvert entouré de bâtiments. Partie d'un jardin entourée de verdures.

PLAN DE CHASSE
Document indiquant l'effectif maximum à prélever sur un territoire géographiquement défini et l'effectif minimum à atteindre lorsqu'une espèce cause trop de dégâts.

PLANTATION
Espace densément arboré, mais planté. Acte d'installer des végétaux (du latin *plantatio*, XVIᵉ siècle). Ensemble de plantes basses ou d'arbres, d'arbustes et d'arbrisseaux implantés de manière ordonnée. Voir Forêt artificielle.

PLATE-BANDE
Bande étroite (plate, à dos-d'âne, à dos-de-carpe) recevant des plantes basses, des arbustes ou des arbrisseaux à usage décoratif. Syn. planche (distinction à partir du XIXᵉ siècle).

PLIETTE (chasse aux pliettes)
Technique pour attirer les oiseaux vers les pliettes. Piège constitué d'un crin et d'une rouette où l'oiseau s'étrangle.

POPULATION
Ensemble des individus d'une espèce (faune ou flore) sur un territoire géographiquement défini. Voir Espèce. Syn. Peuplement (Sylviculture).

PRÉDATEUR
Animal carnassier. Syn. fauve, féroce, carnivore, nuisible, ravageur.

PUANT (bête puante) (subst., adj.) (désuet)
Mustélidé comme la loutre, le blaireau, le putois ou la martre, petit carnassier qui marque son secteur grâce aux glandes anales. L'odeur des fèces et des urines est forte et non pas âcre, à la différence de celle des félins ou des félidés. Voir Immonde.

QUÊTE
Exhibition de la peau d'un ours.

RAGOT (subst., adj.)
Caractérise un sanglier de deux à trois ans. Par extension, nom d'un tel sanglier.

RAMEUR (fauconnerie) (adj.)
Caractérise le faucon car ses ailes sont presque aussi longues que sa queue. Voir Voilier.

RAMIER
Caractérise le pigeon migrateur, même logé dans un colombier.

RAVAGEUR (disparu)
Espèces qui détruisent les récoltes (granivores) ou dévastent les basses-cours (petits carnassiers). Syn. nuisible.

RECRU
Repousse des cépées abattues. Syn. recrue. Voir Cépée.

REFAITS
Jeunes bois recouverts de velours.

RÉGULIER (adj.)

Caractérise les jardins au tracé géométrique. Caractérise les taillis où l'âge d'exploitation est fixé dans l'aménagement. Le taillis peut être simple (le peuplement présente un seul étage où tous les arbres ont le même âge) ou composé (le peuplement présente deux ou trois étages, l'âge de chacun étant le double de celui qu'il domine). Voir IRRÉGULIER. Voir PAYSAGE.

RÉGULIÈRE (adj.)

Caractérise les futaies où l'aménagement fixe le plafond d'exploitation. Voir JARDINÉE.

REJET

Pousse émise par un bourgeon proventif, à la base du tronc ou de la souche. Voir ROUETTE, ROITTE, TRAÎNANT, CÉPÉE.

REJETER

Emettre un rejet proventif (né d'un bourgeon sur le tronc ou sur la souche). Cela caractérise quelques conifères et beaucoup de feuillus (chêne, châtaignier, charme, frêne, orme, érable, aulne, bouleau, tilleul).

REMISE (désuet)

Syn. réserve.

RETRAIT

Fourré abritant le sanglier et sa famille. Voir FOURRÉ.

RÉSERVE (cynégétique, sylviculture)

Espace apposé pour la conservation du gibier (réserve cynégétique) ou pour le vieillissement des arbres (réserve sylvicole). Syn. RESSERRE, REMISE. Voir FUTAIE, FUTAIES.

RÉSERVE DE CHASSE (1934)

Mise en défens d'un territoire géographiquement défini pour la reconstitution des ressources cynégétiques. Syn. Warren (période franque), Garenne (en français).

RÉSERVE DE CHASSE APPROUVÉE (1951)

Idem. Le ministre de l'Agriculture, « approuvant » cette création, quel qu'en soit l'auteur, la place sous l'autorité du président d'une Fédération : les gardes fédéraux y contrôlent la mise en défens du territoire et y régulent les espèces dommageables, ce qui transfère la responsabilité du propriétaire à la collectivité cynégétique.

RÉSERVE NATIONALE DE CHASSE (1968)

Mise en défens d'un territoire géographiquement défini pour le repeuplement ou la sauvegarde d'une ou des espèces. Elles sont gérées par le Conseil Supérieur de la Chasse (CSC, 1941), puis par l'Office National de la Chasse (ONC, 1972), puis par l'Office National de la Chasse et de la Faune Sauvage (ONCFS, 2000). Elles dépendent du ministère de l'Environnement.

RÉSERVE NATURELLE (1930, statut amendé en 1957 et 1967, redéfini en 1976)
Mise en défens d'un territoire géographiquement défini à des fins conservatoires et concernant l'ensemble des composantes de la biocénose. Syn. Espace géré pour la faune.

RÉSERVES
Baliveaux martelés afin que leurs semences repeuplent un canton et que leurs grumes procurent du bois d'œuvre. Voir ÉTALONS.

RÉSINEUX (adj).
Caractérise un conifère produisant de la résine (thuya, cyprès, pin, sapin, cèdre, genévrier, etc.) Syn. conifère, mais approximatif.

RETROUVER LA VOIE
Revenir vers la trace perdue.

RÉVOLUTION
Rotation des parcelles mises en exploitation pendant une période définie. Pour les taillis, elle est inférieure à la durée d'une génération humaine. Pour les futaies, elle est pluriséculaire, mais aujourd'hui, avant l'exploitation terminale, des interventions (éclaircies) sont prévues. Voir ÉCLAIRCIE.

RIDEAU
Paroi ligneuse de faible dimension qui masque un bâtiment, une activité industrielle, une exploitation forestière (de « rider », « plisser », XVIᵉ siècle). Paroi servant de brise-vent. Syn. plessis (désuet).

ROUETTE
Rejet traînant servant à lier les gerbes de blé et les coupons de bois flottés. Syn. roitte. Voir REJET, TRAÎNANT, CÉPÉE.

SAISON DE CHASSE
Période où la chasse est ouverte. Aujourd'hui, son début et son terme varient avec l'espèce, plus exactement avec sa reproduction et non, comme le croient certains, avec l'arrivée sur le sol national quand il s'agit d'espèces migratrices !

SAISON DE VÉGÉTATION
Période commençant avec l'accélération de la sève et cessant avec son ralentissement, lié à la diminution de la lumière et à la baisse des températures. Syn. saison végétative.

SARMENTEUX (adj.)
Caractérise un rameau, une tige longue, flexible, grimpante (du latin *sarmentosus*, XVIᵉ siècle). Ces parties servent aux oiseaux pour édifier la paroi externe du nid.

SAUVAGE (subst., adj.)
Toute espèce en milieu libre, lande ou forêt, étang ou cours d'eau. Syn. gibier. Cette définition posait le problème des animaux capturés pour être montrés ou élevés pour être chassés (XIXᵉ s.)

SCIAPHIQUE (adj.)
Caractérise l'essence qui réclame une lumière filtrée (« essence d'ombre »). Caractérise les sujets juvéniles qui réclament un abri (sapin sous chêne, par exemple). En devenant adultes, certains perdent ce caractère. Voir HÉLIOPHILE.

SECONDAIRES (adj.)
Caractérise les bois blancs. Aujourd'hui, ils sont réhabilités pour améliorer le sol et gainer le peuplement principal, voire pour eux-mêmes ; ils contribuent à la nourriture hivernale des herbivores. Voir BOIS BLANCS.

SERVIR (un cervidé)
Porter le coup fatal à l'arme blanche, épée ou dague.

SOLITAIRE
Sanglier qui a quitté sa compagnie.

SONNETTES (fauconnerie)
Grelots attachés aux pieds d'un rapace qui permettent de le repérer quand il se branche ou se pose loin du fauconnier.

SOUS-BOIS
Ensemble de plantes basses qui, en forêt, participent au sous-étage. Ensemble de plantes qui, en jardin, poussent sous une végétation arborescente (XIXe siècle). Par nature, il est composé de plantes rustiques et sciaphiques. Voir SCIAPHIQUE, RUSTIQUE.

SOUS-ÉTAGE
Peuplement accessoire que dominent les autres strates. Il est composé d'arbustes et d'arbrisseaux, ainsi que des sujets qui, en grandissant, formeront l'étage secondaire (étage inférieur) et l'étage principal (étage supérieur).

SPONTANÉE (adj.)
Caractérise une essence née dans son aire et se reproduisant en milieu naturel. Syn. indigène, naturelle.

SYLVE
Forêt naturelle. Syn. forêt.

TAILLER (sylviculture, vénerie)
Couper les pousses inutiles ou préjudiciables à la croissance d'un arbre (du latin talea, « bouture », « scion », XIIe siècle). Couper au plus court pour rejoindre la compagnie.

TAILLIS
Peuplement composé d'arbres jeunes (de « tailler », XIIIe siècle). Peuplement composé d'arbres coupés régulièrement (« triages », « coupons », « coupes », « ventes », ordinaires »). Arbres destinés au chauffage, dominés par les arbres de futaie (« taillis composé ») ou constituant l'ensemble du peuplement (« taillis simple »). Peuplement composé de rejets (XIXe siècle).

TAILLIS COMPOSÉ
Peuplement qui comprend deux ou trois étages, le dominant étant deux fois plus âgé que le dominé.

TAILLIS SIMPLE
Peuplement qui comprend un seul étage, tous les arbres ayant le même âge.

TANIN
Substance produite par les cellules sécrétrices des chênes et des châtaigniers et ne servant ni à la croissance ni aux réserves. Le parenchyme de l'écorce en contient beaucoup. Le tanin imprègne également le bois parfait, d'où une odeur répulsive pour les insectes lignivores. L'écorce, dite écorce à tan, constituait la matière première de l'industrie tannique. Les tanins donnaient les produits dégraissants et décapants nécessaires au travail des laines (teinturerie), des feutres (chapellerie), des peaux (pelleterie) et des cuirs (sellerie, gainerie, maroquinerie).

TENDELLE
Syn. lecque. Voir LECQUES (chasse aux lecques), Tenderie.

TENDERIE (chasse à la tenderie)
Technique pour attirer les oiseaux et les capturer. Montage permettant la capture des oiseaux et des rongeurs. Comme dans la tendelle, le but est de les prendre vivants, à demi étranglés (tenderie) ou à demi assommés (tendelle). Ces mots devinrent quasiment synonymes. Voir TENDERIE, PLIETTES, HAILLETTES, GLUAUX.

TENIR, TENIR FERME (fauconnerie)
Diminuer ou supprimer la nourriture (pât) d'un rapace.

TÊTE, FAIRE LA TÊTE (fauconnerie)
Habituer le rapace à son capuchon. Voir CHAPERON.

TERRIER
Chambre souterraine où vivent le lapin et tout rongeur terrestre.

TIERCELET (fauconnerie)
Mâle chez toute espèce de rapace. Il est toujours plus petit que la femelle, d'un tiers disait-on, du cinquième en fait. Ce terme vaut pour l'autour, le gerfaut, l'émerillon, le faucon, le hobereau, d'où tiercelet d'autour, tiercelet de gerfaut, etc., excepté pour le sacre (sacret), le lanier (laneret) et l'épervier (mouchet, émouchet). Voir FORME.

TIR AUX PIGEONS
Système qui propulse des disques en plâtre de manière aléatoire, afin d'améliorer le tir à l'instinct, c'est-à-dire sans viser.

TIRÉ
Organisation d'une chasse au tir qui repose sur la préparation du terrain et l'avancement des chasseurs. Apporté dans les jours qui précédent, le gibier s'envole ou se sauve devant la ligne de tir.

TRACES
Empreintes des extrémités d'un animal.

TOMBER DANS LE PANNEAU
Prendre un gibier, lapin ou oiseau au filet.

TRAÎNANT
Rejet situé à la base de la souche et placé vers l'extérieur de la cépée, d'où une pousse parallèle au sol. Syn. rouette, roitte. Voir REJET.

TROPHÉE
Partie, tête ou ornements (chez les suidés leurs défenses ou leurs pieds, chez les cervidés, leurs bois ou leurs pieds) qui rappelle la beauté de l'animal et sa combativité.

VALET DE LIMIER (vénerie)
Personne qui escorte les chiens cherchant la voie du gibier. VOIR VÉNERIE.

VÉNÉRABLE (adj.)
Caractérise l'arbre très âgé. Syn. vieille écorce, vétuste (péjoratif).

VENEUR
Personne participant à une chasse à courre.

VÉNERIE
Technique de chasse où les chiens sont courants. Personnel effectuant l'entretien des chiens et des chevaux. Administration des hommes, des services et des équipages. Voir ÉQUIPAGE, CHASSE À COURRE.

(PETITE) VÉNERIE
Technique de chasse où les veneurs accompagnent les chiens à pied. Concerne surtout le renard, le blaireau, la loutre et le chevreuil.

(GRANDE) VÉNERIE
Technique de chasse où les veneurs accompagnent la meute à cheval. Concerne surtout le loup, l'ours, le cerf, le sanglier, voire le renard en Grande-Bretagne.

VERGER
Enclos planté d'arbres fruitiers (du latin *viridiarium*, « lieu planté d'arbres »).

VERVELLES
Paire d'ornements métalliques accrochés aux pieds du rapace. Autrefois, la plaque portait son nom et celui du maître. Remplacée par une bague, elle annonce le baguage employé pour connaître les migrations des oiseaux (XIXe s.), puis de toute espèce (XXe s.). Naguère, elles recevaient directement la longe, ce qui suffisait à retenir les faucons car, chaperonnés, ils restent perchés, à la différence de l'autour et de l'épervier. Voir CHAPERON, FILIÈRE.

VIDANGE
Ensemble des opérations de transport des produits ligneux, rassemblés en bordure de voie, vers le site de transformation ou de commercialisation. C'est donc la dernière étape de l'exploitation.

VIF (fauconnerie)
Espèce vivante qu'attaque le rapace. Voir ESCAP.

VOL (fauconnerie)
Equipage de rapaces avec tout ce qui s'y rattache. Le vol pour champs désigne celui qui sert à chasser lièvre, perdrix et caille ; le vol pour rivière, celui qui sert à chasser canard et autres oiseaux d'eau. Voir EQUIPAGE. Chasse d'un gibier précis, par exemple « vol de la pie », « vol du héron », « vol du milan », etc. Voir HAUT VOL, BAS VOL.

VOLER (fauconnerie)
Chasser un gibier avec un rapace dressé.

VOLERIE (fauconnerie)
Ensemble de rapaces destinés à la chasse. Par extension, chasse au vol.

VOLIÈRE
Ensemble d'oiseaux destinés à l'agrément.

XÉROPHILE (adj.)
Caractérise les essences qui réclament peu d'eau et supportent mal un sol saturé ou une forte humidité atmosphérique. Leurs fruits et leurs feuilles donnent une saveur particulière aux espèces inféodées, par exemple les genévriers à la grive.

ZONE SPÉCIALE DE CONSERVATION (ZPS, ZSC, etc.)
Espace consacré, en application des directives internationales, à la sauvegarde des oiseaux et des habitats. Etendu à d'autres espèces (faune et flore), il constitue le réseau Natura 2000.

ZONE D'INTÉRÊT COMMUNAUTAIRE POUR LA CONSERVATION DES OISEAUX EUROPÉENS (ZICO)
Sites ornithologiques majeurs de concentration d'une ou de plusieurs espèces aviaires.

Table

Collection « Pour l'Histoire »
Parmi les derniers ouvrages parus

Composition et mise en page

NORD COMPO
m u l t i m é d i a

Cet ouvrage a été imprimé en France
par CPI Bussière
à Saint-Amand-Montrond (Cher)
en octobre 2010

N° d'édition : 2672. — N° d'impression : 102899/1.
Dépôt légal : octobre 2010.